JURA

Juristische Ausbildung

Übungen

herausgegeben von

Prof. Dr. Dagmar Coester-Waltjen, München
Prof. Dr. Dirk Ehlers, Münster
Prof. Dr. Hans-Uwe Erichsen, Münster
Prof. Dr. Klaus Geppert, Berlin
Prof. Dr. Dr. h.c. Harro Otto, Bayreuth
Prof. Dr. Klaus Schreiber, Bochum

W
DE
G

de Gruyter · Berlin · New York

Friedrich Schoch

Übungen
im Öffentlichen Recht I

Verfassungsrecht und
Verfassungsprozeßrecht

W
DE
G

de Gruyter · Berlin · New York 2000

Dr. jur. *Friedrich Schoch*
Universitätsprofessor und Direktor des Instituts für Öffentliches Recht
der Albert-Ludwigs-Universität Freiburg sowie
Richter im Nebenamt beim Verwaltungsgerichtshof Baden-Württemberg

Gedruckt auf säurefreiem Papier,
das die US-ANSI-Norm über Haltbarkeit erfüllt.

Die Deutsche Bibliothek – CIP-Einheitsaufnahme

Schoch, Friedrich:
Übungen im Öffentlichen Recht / Friedrich Schoch. –
Berlin ; New York : de Gruyter
(Jura : Übungen)

1. Verfassungsrecht und Verfassungsprozeßrecht. – 2000
   ISBN 3-11-009594-7

Umschlaggestaltung: Iris Farnschläder, D-34131 Kassel
Konvertierung/Satz: WERKSATZ Schmidt & Schulz, D-06773 Gräfenhainichen
Druck und Bindung: Kösel GmbH & Co., D-87407 Kempten

Vorwort

Die *Übungen im Öffentlichen Recht* wenden sich an Studierende der Rechtswissenschaft, die an einer vertieften Behandlung der Methodik der Fallbearbeitung interessiert sind. Der vorliegende Band, der thematisch das Verfassungsrecht und das Verfassungsprozeßrecht zum Gegenstand hat, zielt mit Blick auf den Adressatenkreis bereits auf die Anfängerübung. Zugleich will das Buch Examenskandidaten bei der Vorbereitung auf die Erste Juristische Staatsprüfung unterstützen und demnach als »Begleiter« für das ganze Jurastudium fungieren. Von seiner Grundanlage her handelt es sich um ein Arbeitsbuch; es will nicht durchgelesen, sondern die einzelnen Teile wollen erarbeitet sein. Entsprechend sind die Ausrichtung und die Aufbereitung der drei Teile gestaltet.

Der *erste Teil* befaßt sich mit didaktischen und methodischen Grundlagen. Zunächst werden Bedeutung und Funktion der Übungen im Öffentlichen Recht in der universitären Ausbildung skizziert. Die anschließende »Methodik der Fallbearbeitung« will nicht in Konkurrenz zu entsprechenden allgemeinen Anleitungswerken treten, sondern – zur systematischen Fundierung der Fallösungen im dritten Teil – wesentliche Grundregeln der Fallbearbeitung im Öffentlichen Recht zusammenfassen und auf Besonderheiten im Verfassungsrecht aufmerksam machen.

Im *zweiten Teil* wird die Funktion von Aufbauschemata bei der Fallbearbeitung erläutert. Ein – mit Erklärungen versehenes – Schema zur Verfassungsbeschwerde ist abgedruckt. Aufbauschema und Erläuterungen dienen neben der allgemeinen Information zum richtigen Umgang mit derartigen Aufbauhilfen insbesondere der Vorbereitung für die Fallösungen im dritten Teil des Buches.

Der *dritte Teil* enthält neun Fälle mit Musterlösungen. Thematisch behandeln sie zentrale Probleme des Verfassungsrechts und des Verfassungsprozeßrechts. Im Vordergrund steht zum einen die Methodik der Fallbearbeitung, so daß es auf ein exemplarisches Lernen anhand der Fälle ankommt. Zum anderen wird die sachliche Wissensvermittlung und -wiederholung angestrebt; die Fallgestaltungen sind so gewählt, daß möglichst viele Einzelkomplexe der genannten Rechtsgebiete, die in Übung und Examen von Bedeutung sind, angesprochen werden.

Die im dritten Teil abgedruckten Fälle sind Gerichtsentscheidungen nachgebildet, weisen also durchgängig einen starken Praxisbezug auf. Teilweise handelt es sich um komplexe Fallgestaltungen, die so in Übung oder Examen nicht ausgegeben werden würden. Folglich könnten von Studierenden und Examenskandidaten entsprechende Lösungen nicht erwartet werden. Es sollte jedoch die Chance geboten werden, möglichst viele methodische und inhaltliche Probleme des Verfassungs(prozeß)rechts zu behandeln. Zur Dokumentation des jeweiligen Streit- und Meinungsstandes sind alle Lösungen mit einem Anmerkungsapparat versehen. Fall 3 ist auch im übrigen in der äußeren Form einer Hausarbeit abgedruckt. Die einer jeden Musterlösung beigefügten Erläuterungen zu Aufbau und Inhalt dienen dem vertieften Verständnis der vorausgehenden Fallbearbeitung; die Rechtsprechungs- und Literaturhinweise stellen das Angebot an private Arbeitsgemeinschaften bzw. »Einzelkämpfer« dar, eigeninitiativ zu werden und zur Verbreiterung und Vertiefung des Wissens den zusammengestellten Fundus zu nutzen.

Die Fälle im dritten Teil sind im übrigen – komplett oder auszugsweise – mehrfach in universitären Veranstaltungen »erprobt« worden, beruhen also auf einem gewissen Erfahrungsschatz. Dennoch werden die Darlegungen nicht völlig fehlerfrei sein. Hinweise, Anregungen, Kritik und Verbesserungsvorschläge sind willkommen. Es wäre wünschenswert, wenn durch das vorliegende Übungsbuch auch ein Erfahrungsaustausch mit Lernenden und anderen Lehrenden zustande käme.

Freiburg i. Br., 28. Dezember 1999   Friedrich Schoch

Inhalt

2. Teil: Schemata zum Aufbau verfassungsrechtlicher Fallösungen

3. Teil: Fallbearbeitungen

Zulässigkeit und Begründetheit einer Verfassungsbeschwerde gegen ein Gesetz – Gesetz als Beschwerdegegenstand einer Verfassungsbeschwerde – Anforderungen an die Beschwerdebefugnis (Behauptungslast, Möglichkeit der Grundrechtsverletzung) – Rechtswegerschöpfung und Subsidiarität der Verfassungsbeschwerde (Vorrang fachgerichtlichen Rechtsschutzes und Ausnahmen vom Subsidiaritätsgrundsatz) – Schutzbereich des Grundrechts der Berufsfreiheit und mittelbarer Grundrechtseingriff (»Maßnahme mit berufsregelnder Tendenz«) – Anforderungen an die Verfassungsmäßigkeit eines Eingriffs in die Berufsfreiheit (formelle und materielle Verfassungsmäßigkeit des schrankenziehenden Gesetzes) – Gesetzgebungskompetenz von Bund und Ländern im Arbeitsrecht – Anforderungen an Berufsausübungsregelungen (Dreistufenlehre und Übermaßverbot; Verfolgung eines verfassungslegitimen Regelungsziels; Geeignetheit, Erforderlichkeit und Verhältnismäßigkeit berufsregelnder Maßnahmen) – Abgrenzung zwischen Berufsfreiheit und Eigentumsgarantie – Struktur und Inhalt des allgemeinen Gleichheitssatzes (Bildung von Vergleichsgruppen; Anforderungen an die Verfassungsmäßigkeit einer Ungleichbehandlung von Personengruppen; Belastungsgleichheit der Bürger bei Abgaben).

Gesetzgebungskompetenz des Bundes zum Abgeordnetenrecht – Grundsatz
des freien Mandats (rechtlicher Schutz des Mandatsträgers; Parteibindung
der Abgeordneten; Sicherung des Abgeordnetenstatus bei Parteibezogenheit
des freien Mandats; Zulässigkeit eines Fraktionswechsels) – Prüfungskompetenz des Bundespräsidenten bei der Gesetzesausfertigung (formelle und
materielle Prüfungskompetenz; Stellung des Bundespräsidenten im Ab-
schlußverfahren der Bundesgesetzgebung; rechtswahrende Kontrollfunktion der Verfassungsorgane bei der Gesetzgebung; Recht des Bundespräsidenten zur Wahrnehmung einer vollständigen Gesetzesprüfung).

Zulässigkeit und Begründetheit einer Urteilsverfassungsbeschwerde – Beschwerdegegenstand (Angriffsobjekt bei der Urteilsverfassungsbeschwerde)
– Beschwerdebefugnis: Behauptungslast und Möglichkeit der Grundrechtsverletzung (Grundrechtsgeltung im Sonderstatusverhältnis, spezifische
Grundrechtsbindung bei fachgerichtlicher Entscheidung) – Schutzbereich
des Grundrechts der Meinungsäußerungsfreiheit und Beeinträchtigung der
Meinungsfreiheit – Schrankenziehung durch »allgemeine Gesetze« (»Allgemeinheit« des Gesetzes i.S.d. Sonderrechtslehre; materielle Verfassungsmäßigkeit eines »allgemeinen Gesetzes« nach der Wechselwirkungslehre) –
Auslegung und Anwendung einer Schrankenregelung im Einzelfall – Überprüfung der Verletzung »spezifischen Verfassungsrechts« bei der Urteilsverfassungsbeschwerde – Anwendung des Übermaßverbots bei der Gesetzeskonkretisierung.

Rechtliches Verhältnis zwischen dem Grundrecht der Versammlungsfreiheit und dem Grundrecht der Kunstfreiheit – Schutzbereich der Versammlungsfreiheit (Versammlungsbegriff, Umfang der Versammlungsfreiheit) –
Juristische Person des Privatrechts als Grundrechtsträger – Verfassungsmäßigkeit eines Eingriffs in die Versammlungsfreiheit (Gesetzesvorbehalt
als Schrankenregelung, Anwendung einer gesetzlichen Eingriffsermächti-
gung) – Eingriffsvoraussetzungen beim Eingriff in die Versammlungsfreiheit (Nichtanmeldung einer Versammlung, Fehlen einer straßenrechtlichen
Erlaubnis, Beleidigung eines Verfassungsorgans bei einer Versammlung) –
Ermessen bei der Versammlungsauflösung und Wahrung des Übermaßverbots – Schutzbereich der Kunstfreiheit (Schutzgut »Kunst« und Kunst-

begriffe; Werkbereich und Wirkbereich der Kunstfreiheit) – Rechtfertigung eines Eingriffs in die Kunstfreiheit (verfassungsimmanente Schranken durch Grundrechte Dritter, Notwendigkeit einer gesetzlichen Grundlage für Grundrechtseingriffe) – Anwendung einer Schrankenregelung gegenüber der Kunstfreiheit (Schutz kollidierenden Verfassungsrechts, verhältnismäßiger Ausgleich konfligierender Grundrechtspositionen).

Gesetzgebungsverfahren nach dem Grundgesetz (Einleitungsverfahren und Hauptverfahren) – Gesetzesinitiative der Bundesregierung (Initiativrecht der Bundesregierung, Beteiligung des Bundesrats im Einleitungsverfahren) – Unterscheidung zwischen Einspruchs- und Zustimmungsgesetzen – Voraussetzungen für die Zustimmungsbedürftigkeit eines Gesetzes (Enumerationsprinzip zur Zustimmungspflicht; Zustimmungsbedürftigkeit wegen Vollzugs von Bundesgesetzen durch die Länder; Schutz der Organisationshoheit der Länder und deren Verwaltungskompetenz; Zustimmungsbedürftigkeit von Änderungsgesetzen zu bestehenden Bundesgesetzen) – Behandlung einer versagten Zustimmung des Bundesrates beim Einspruchsgesetz (Umdeutung der versagten Zustimmung in einen Einspruch; Voraussetzungen und Funktion des Vermittlungsverfahrens) – Wahlrechtsgrundsätze für die Bundestagswahl (Allgemeinheit, Freiheit, Geheimheit, Gleichheit der Wahl) – Kollisionslage bei Wahlrechtsgrundsätzen (Ausgleich gegenläufiger Wahlrechtsgrundsätze, Optimierungsgebot für den Gesetzgeber) – Zulässigkeit einer Sperrklausel im Verhältniswahlrecht (Wahlgleichheit als Erfolgswertgleichheit; Beeinträchtigung der Wahlgleichheit durch Sperrklausel; Anforderungen an die Rechtfertigung einer gesetzlichen Sperrklausel) – Zulässigkeitsvoraussetzungen der abstrakten Normenkontrolle.

Verhältnis spezieller Freiheitsgrundrechte zum allgemeinen Freiheitsgrundrecht – Schutzbereich des Grundrechts auf freie Entfaltung der Persönlichkeit (allgemeine Handlungsfreiheit; Schutzbereichsverengung auf spezifische Entfaltung der Persönlichkeit; Recht auf autonome Persönlichkeitsentfaltung) – Eingriff in den Schutzbereich des allgemeinen Freiheitsgrundrechts (Entzug bestehender Betätigungsmöglichkeiten; Abgrenzung des Eingriffs von Leistung und Teilhabe an der Wegeinfrastruktur) – Grundrechtsschranken beim allgemeinen Freiheitsgrundrecht – Inhalt der

»verfassungsmäßigen Ordnung« als verfassungsmäßige Rechtsordnung –
Abgrenzung der Gesetzgebungskompetenzen zwischen Bund und Ländern
(Vorrang des Bundesrechts; Rahmengesetzgebung des Bundes und Rah-
menausfüllung durch die Länder) – Begrenzung der Freiheitseinschrän-
kung durch das Übermaßverbot (Verfassungslegitimität des Regelungsziels;
Anforderungen zur Geeignetheit, Erforderlichkeit und Verhältnismäßigkeit
einer freiheitsbeschränkenden Maßnahme) – Anforderungen des Rechts-
staatsprinzips an die Gesetzgebung (Bestimmtheit, Vertrauensschutz) –
Gleichheitssatz (Ungleichbehandlung und deren Rechtfertigung beim allgemeinen Gleichheitssatz).

Spezielle Gleichheitsrechte im Verfassungsrecht – Ungleichbehandlung von
Frauen und Männern – Maßstab zur Kontrolle einer an das Geschlecht
anknüpfenden Ungleichbehandlung (Differenzierungsverbot wegen des
Geschlechts, Gebot der Gleichberechtigung von Mann und Frau, Gleichberechtigung der Geschlechter als Differenzierungsverbot) – Anforderungen
an die Rechtfertigung einer Ungleichbehandlung der Geschlechter (Gleichberechtigung als sog. absolutes Differenzierungsverbot; Anknüpfung an
biologische Unterschiede zwischen Mann und Frau; Typisierungsfeindlichkeit des Differenzierungsverbots und Rechtsgewinnung im Einzelfall) –
Rechtfertigung der Ungleichbehandlung von Frauen und Männern durch
kollidierendes Verfassungsrecht – Beschränkung des Feuerwehrdienstes als
herkömmliche öffentliche Dienstleistungspflicht für Männer (grundsätzliches Verbot des Arbeitszwangs; Zulässigkeit herkömmlicher öffentlicher
Dienstleistungspflichten; Verbot geschlechtsspezifischer Differenzierungen
bei allgemeinen und für alle gleichen Pflichten; Anforderungen an den
Abbau faktischer Nachteile von Frauen) – konkrete Normenkontrolle beim
BVerfG (allgemeine Vorlagevoraussetzungen; frühere Entscheidung des
BVerfG als Verfahrenshindernis; Begründung der Vorlageentscheidung
durch das Fachgericht; Entscheidung des BVerfG zur Vorlagefrage).

Vorbehalt des Gesetzes (Herleitung des allgemeinen Vorbehalts des Gesetzes
im Verfassungsrecht) – Inhalt und Reichweite des Parlamentsvorbehalts
(sog. Wesentlichkeitstheorie als Ausprägung des Rechtsstaats- und Demo-
kratieprinzips; Grundrechtsrelevanz staatlichen Handelns; Bedeutung staatlichen Handelns für das Gemeinwesen) – Grenzen des Vorbehalts des Ge-

setzes im Staatsorganisationsrecht (gewaltenteilende Kompetenzordnung
und gewaltenteilende Demokratie; Inhalt und Bedeutung eines sog. institutionellen Gesetzesvorbehalts; punktuelle staatsorganisationsrechtliche Gesetzesvorbehalte) – Verteilung der Organisationsgewalt zwischen Parlament
und Regierung (Gesetzesvorbehalt zur Verwaltungsorganisation; Kabinettsbildungsrecht und Regierungsorganisation; Verantwortlichkeit des Regierungschefs für die Regierungspolitik) – Gewaltenteilung im Verfassungsstaat (Inhalt und Funktion der Gewaltenteilung; Kernbereich von Regierung und Verwaltung) – Unabhängigkeit der Rechtsprechung und der
Richter (Zuordnung der Gerichtsverwaltung zur Exekutive; verfassungsrechtliche Sicherung der rechtsprechenden Gewalt gegenüber der Exekutive; sachliche und persönliche Unabhängigkeit der Richter) – Zulässigkeit
eines verfassungsgerichtlichen Organstreitverfahrens.

Struktur und Inhalt der verfassungsrechtlichen Eigentumsgarantie –
Schutzbereich des Eigentumsgrundrechts (normgeprägter Schutzbereich;
Inhalt und Umfang des verfassungsrechtlichen Eigentumsschutzes) – Grundrechtsfähigkeit juristischer Personen des Öffentlichen Rechts (Grundsatz
der fehlenden Grundrechtsberechtigung und Ausnahmen; Theorie der
grundrechtstypischen Gefährdungslage; fehlender Grundrechtsschutz bei
Gemeinden als Inhaber mittelbarer Staatsgewalt) – Eingriff in die Eigentumsfreiheit (Eigentumsbeeinträchtigung durch Rechtsänderung; Eingriff
in das Grundeigentum durch Nutzungsbeschränkung) – Anforderungen an
die Verfassungsmäßigkeit von Eigentumsbeeinträchtigungen (Beeinträchtigung von Eigentümerrechten durch Inhalts- und Schrankenbestimmungen
sowie durch Enteignung; Abgrenzung zwischen Enteignung sowie Inhalts-
und Schrankenbestimmung; formalisierter Enteignungsbegriff; Neuordnung eines Rechtsgebiets als Eigentumsinhaltsbestimmung; Naturschutzverordnung als Inhalts- und Schrankenbestimmung des Grundeigentums;
Möglichkeit des Teilentzugs von Eigentumspositionen) – Verfassungsmäßigkeit einer Inhalts- und Schrankenbestimmung durch Rechtsverordnung (Wirksamkeit der Verordnungsermächtigung und verfassungsgemäßes Gebrauchmachen von der Ermächtigung; Verhältnismäßigkeit einer
Eigentumsbindung: Direktiven für eine angemessene Eigentumsbindung,
Situationsgebundenheit des Grundeigentums, schonender Ausgleich bei
der Beeinträchtigung sog. Altrechte).

Schrifttum

A. Verfassungsrecht

I. Lehrbücher

Berg Staatsrecht – Kurzlehrbuch, 2. Aufl 1997

Degenhart Staatsrecht I – Staatszielbestimmungen, Staatsorgane, Staatsfunktionen, 15. Aufl 1999

Gallwas Grundrechte, 2. Aufl 1995

Hesse Grundzüge des Verfassungsrechts der Bundesrepublik Deutschland, Neudruck der 20. Aufl 1999

Ipsen Staatsrecht I – Staatsorganisationsrecht, 11. Aufl 1999

ders Staatsrecht II – Grundrechte, 2. Aufl 1998

Katz Staatsrecht – Grundkurs im öffentlichen Recht, 14. Aufl 1999

Kremser/Leisner Verfassungsrecht III – Staatsorganisation, 1999

Manssen Staatsrecht I – Grundrechtsdogmatik, 1995

Maunz/Zippelius Deutsches Staatsrecht, 30. Aufl 1998

Maurer Staatsrecht, 1999

von Münch Staatsrecht, Bd 1, 5. Aufl 1993

Pieroth/Schlink Grundrechte – Staatsrecht II, 15. Aufl 1999

Schmalz Staatsrecht, 3. Aufl 1996

Schwabe Grundkurs Staatsrecht, 5. Aufl 1995

Stein Staatsrecht, 16. Aufl 1998

II. Kommentare zum Grundgesetz

AK-GG, Kommentar zum Grundgesetz für die Bundesrepublik Deutschland, Reihe Alternativkommentare (Gesamthrsg R. Wassermann), 2. Aufl 1989

BK, Bonner Kommentar zum Grundgesetz (Hrsg R. Dolzer), Loseblatt, Stand: August 1999

Dreier (Hrsg), Grundgesetz Kommentar, Bd I 1996, Bd II 1998

Jarass/Pieroth Grundgesetz für die Bundesrepublik Deutschland, 4. Aufl 1997

von Mangoldt/Klein/Achterberg/Schulte Das Bonner Grundgesetz, Bd 6, 3. Aufl. 1991

von Mangoldt/Klein/Pestalozza Das Bonner Grundgesetz, Bd 8, 3. Aufl 1996

von Mangoldt/Klein/Starck Das Bonner Grundgesetz, Bd 1, 4. Aufl 1999

Maunz/Dürig (Hrsg), Grundgesetz Kommentar, Loseblatt, Stand: Februar 1999

von Münch/Kunig (Hrsg), Grundgesetz-Kommentar, Bd 1, 4. Aufl 1992;
  Bd 2, 3. Aufl 1995; Bd 3, 3. Aufl 1996
Sachs (Hrsg), Grundgesetz Kommentar, 2. Aufl 1999
Schmidt-Bleibtreu/Klein Kommentar zum Grundgesetz, 9. Aufl 1999
Seifert/Hömig Grundgesetz für die Bundesrepublik Deutschland, 6. Aufl
  1999

III. Handbücher

Benda/Maihofer/Vogel (Hrsg), Handbuch des Verfassungsrechts (Hdb-
  VerfR), Studienausgabe, 2. Aufl 1995
Isensee/P. Kirchhof (Hrsg), Handbuch des Staatsrechts der Bundesrepublik
  Deutschland (HStR), 9 Bände, 1987 ff
H.-P. Schneider/Zeh (Hrsg), Parlamentsrecht und Parlamentspraxis in der
  Bundesrepublik Deutschland, 1989
Schreiber Handbuch des Wahlrechts zum Deutschen Bundestag, 6. Aufl
  1998
Stern Das Staatsrecht der Bundesrepublik Deutschland, Bd I, 2. Aufl 1984;
  Bd II 1980; Bd III/1 1988; Bd III/2 1994

B. Verfassungsprozeßrecht

I. Lehrbücher

Benda/Klein Lehrbuch des Verfassungsprozeßrechts, 1991
Fleury Verfassungsprozeßrecht, 3. Aufl 2000
Pestalozza Verfassungsprozeßrecht, 3. Aufl 1991
Robbers Verfassungsprozessuale Probleme in der öffentlich-rechtlichen
  Arbeit, 1996
Schlaich Das Bundesverfassungsgericht, 4. Aufl 1997

II. Kommentare zum Bundesverfassungsgerichtsgesetz

Lechner/Zuck Bundesverfassungsgerichtsgesetz, 4. Aufl 1996
Maunz/Schmidt-Bleibtreu/Klein/Ulsamer Bundesverfassungsgerichtsgesetz,
  Loseblatt, Stand: Februar 1999
Umbach/Clemens (Hrsg), Bundesverfassungsgerichtsgesetz, 1992

1. Teil: Didaktische und methodische Grundlagen

A. Übungen im Öffentlichen Recht in der universitären Ausbildung

I. Die Übung im Ausbildungssystem

Nach den Studienordnungen und Studienplänen der Rechtswissenschaftlichen Fakultäten bzw. Fachbereiche der Universitäten in der Bundesrepublik Deutschland werden den Studierenden unterschiedlichste Lehrveranstaltungen (Vorlesungen, Arbeitsgemeinschaften, Kolloquien, Seminare, Repetitorien, Wiederholungs- und Vertiefungskurse, Klausurenkurse etc.) angeboten[1], unter denen die *Übung* in einem formalen Sinne spezifische Funktionen erfüllt. Die erfolgreiche Teilnahme an der »Übung im Öffentlichen Recht für Fortgeschrittene« (Bezeichnung z. T. »für Vorgerückte«) ist Zulassungsvoraussetzung für die Erste Juristische Staatsprüfung. Die »Übung im Öffentlichen Recht für Anfänger« dient im Ausbildungssystem mehreren Funktionen. Teilweise ist die erfolgreiche Anfängerübung Voraussetzung für die Teilnahme an der Fortgeschrittenenübung, teilweise sogar Zulassungsvoraussetzung zum Referendarexamen, teilweise dient sie der »studienbegleitenden Leistungskontrolle«, indem bestimmte Aufsichtsarbeiten als Übungsklausur und zugleich als Leistungskontrollklausur gewertet werden.

Zunehmend finden sich Übungen in Vorlesungen integriert. Den Studierenden wird nach der systematischen Darstellung des Lehrstoffs Gelegenheit geboten, das theoretisch Erfahrene und Erlernte am praktischen Fall zu erproben. Sind Vorlesungen und Übungen jedoch, wie zumeist, organisatorisch und personell getrennt, liefert die Stoffvermittlung in der Vorlesung regelmäßig die Voraussetzung für den erfolgreichen Besuch der daran anschließenden Übung.

Unter »Übungen« (im Öffentlichen Recht) versteht man herkömmlicherweise Veranstaltungen, in denen der Dozent in Form des Lehrgesprächs die Methodik der Rechtsanwendung vermittelt und den Übungs-

---

1 Überblick zu den Typen der Lehrveranstaltungen im Universitätsstudium bei *Bauer/Braun/Tenckhoff* Sonderheft für Studienanfänger (JA-Sonderheft 1), 5. Aufl 1992, 41 ff.

teilnehmern Gelegenheit gibt, die erforderlichen Kenntnisse und Fähigkeiten zur Rechtsanwendung in Klausuren sowie Hausarbeiten nachzuweisen[2]. Eine Parallele zum Examen[3] besteht insoweit, als dort mindestens eine (in den meisten Ländern mehrere) öffentlichrechtliche Klausur(en) zu schreiben ist (sind). In einigen norddeutschen Ländern kann die Examenshausarbeit aus dem Öffentlichen Recht gewählt werden. Eine weitere Verbindung zwischen Übung und Examen ergibt sich daraus, daß bei Kandidaten, die die Erste Juristische Staatsprüfung nicht bestanden haben, sog. »Auflagenscheine« verfügt werden können, die nicht selten auf den erneuten Erwerb eines Übungsscheines hinauslaufen.

II. Sachliche Funktionen der Übung

Jede juristische Übung verfolgt mehrere Anliegen[4]. Sie soll den Leistungsstand kontrollieren, die Kenntnisse der Übungsteilnehmer verfestigen und vertiefen, die gutachtliche Methodik der Fallbearbeitung einüben und – selbstverständlich – dem Scheinerwerb dienen. Im Öffentlichen Recht unterscheiden sich Anfänger- und Fortgeschrittenenübung zumeist in Inhalt und Gegenstand.

1. Gegenstand der Übungen

Thematisch baut die Übung im Öffentlichen Recht für Anfänger in aller Regel auf dem Stoff der Vorlesungen Staatsrecht I, II und III auf. Die Übung im Öffentlichen Recht für Fortgeschrittene hat ihre gegenständlichen Schwerpunkte typischerweise im Allgemeinen Verwaltungsrecht, im Verwaltungsverfahrens- und Verwaltungsprozeßrecht sowie in den Pflichtfächern des Besonderen Verwaltungsrechts (insbesondere Polizei- und Ordnungsrecht, Kommunalrecht, Baurecht). Allerdings kommt den verfassungsrechtlichen Grundlagen angesichts der Verfassungsgeprägtheit des Verwaltungsrechts auch in der Fortgeschrittenenübung eine wesentliche Bedeutung zu. Ohne Kenntnis solch elementarer Grundprinzipien wie der Gesetzmäßigkeit der Verwaltung (Vorrang und Vorbehalt des Gesetzes), der Geltung des verfassungsrechtlichen Übermaßverbots in der Ermessens-

---

2   Vgl dazu i.e. *Steimel* Am Beginn des Studiums, in: JuS-Studienführer, 4. Aufl 1997, 98 (112).
3   Ausf zu Inhalt und Ausgestaltung der Ersten Juristischen Staatsprüfung *Rinken* Einführung in das juristische Studium – Juristenausbildung und Juristenpraxis im Verfassungsstaat, 3. Aufl 1996, 24 ff.
4   Vgl dazu auch *Otto* Übungen im Strafrecht, 4. Aufl 1995, 1 ff.

lehre, des Einflusses der Grundrechte auf die Auslegung und Anwendung des Verwaltungsrechts[5] etc. läßt sich die Fortgeschrittenenübung sinnvollerweise nicht absolvieren. Gewisse Grundkenntnisse des jeweiligen Vorlesungsstoffs sind unabdingbare Voraussetzung für die erfolgreiche Teilnahme an den Übungen[6].

2. Vorbereitung auf die Übung

Eine spezifische, gezielte Vorbereitung auf die Übung gibt es nicht. Wohl aber kann von einem »Vorbereitetsein im weiteren Sinne« gesprochen werden. Es stellt sich jetzt nämlich, bei der Arbeit am Fall, heraus, was an sachlichen Kenntnissen vorhanden ist. Die Methodik der Fallbearbeitung, in ihrer Funktion als juristisches Handwerkszeug besser als »Technik der Fallösung« zu bezeichnen, ist relativ schnell erlernbar. Mitunter ist in Arbeitsgemeinschaften und Propädeutika der Grund gelegt, auf dem in der Übung aufgebaut werden kann. Methodik bzw. Technik ohne Inhalt ist freilich wertlos. Sie ist nur das Instrument, mit dem das Sachwissen am Fall zur Fallösung umgesetzt wird.

Die – von der Übung vorausgesetzte – Erarbeitung und (partielle) Beherrschung des Lehrstoffs weist auf eine Problematik hin, die mit der Metapher »Elend des Jurastudiums« bzw. der juristischen Ausbildung schon vor einiger Zeit[7] und unlängst erneut[8] treffend gekennzeichnet worden ist. Das politische System in Deutschland beweist auch bezüglich der Juristenausbildung seine – seit vielen Jahren allseits beklagte – Reformunfähigkeit. Eingehende Analysen zur Situation der deutschen Juristenausbildung sowie überzeugende Diagnosen zu ihren Stärken und Schwächen liegen vor[9]. Der Deutsche Juristentag hat im September 1998 die derzeitige Juristenausbildung kritisiert[10]. Die Justizministerkonferenz hat am 5.11.1998 einmal mehr eine Reform der Juristenausbildung beschlossen[11]. Ein – im Kern

---

5 Vgl dazu u Fall 4 zur Ausstrahlungswirkung des Art 8 Abs 1 GG auf die Auslegung der §§ 14, 15 VersG.

6 *Tettinger* Einführung in die juristische Arbeitstechnik, 2. Aufl 1992, 5.

7 *Großfeld* Das Elend des Jurastudiums, JZ 1986, 357.

8 *Erichsen* Thesen zum Elend und zur Reform des Jurastudiums, Jura 1998, 449.

9 Vgl nur etwa *Böckenförde* Juristenausbildung – auf dem Weg ins Abseits?, JZ 1997, 317; *Ranieri* Juristen für Europa: Wahre und falsche Probleme in der derzeitigen Reformdiskussion zur deutschen Juristenausbildung, JZ 1997, 801.

10 Vgl Beschlüsse des 62. Deutschen Juristentages zur Juristenausbildung, JuS 1999, 100; dazu Bericht von *Hermanns* Juristenausbildung – quo vadis?, JA 1999, 83; ausf *Ranieri* Reform der Juristenausbildung ohne Ende?, JZ 1998, 831; *Böttcher* Die Reform der Juristenausbildung und der Deutsche Juristentag, BayVBl 1999, 97.

weithin akzeptiertes – Reformmodell ist der Fachöffentlichkeit präsentiert worden[12]. Dennoch will es augenscheinlich nicht oder nur mit Mühe gelingen, die Reformdiskussion zielführend zu gestalten[13]. Immerhin setzt sich zunehmend die Einsicht durch, daß eine »innere« Reform des Jurastudiums überhaupt nur erfolgreich sein kann, wenn sich die äußeren Rahmenbedingungen ändern[14]: Weg von dem »Frontalunterricht« in Massenveranstaltungen und hin zu einem Kurssystem mit dialogischer Unterrichtsform. Es liegt auf der Hand, daß dadurch unmittelbar auch die »Übung« betroffen ist. Doch ungeachtet möglicher Reformen der Juristenausbildung sind aus der Sicht eines Übungsleiters zwei Bemerkungen an die Adresse der Studierenden veranlaßt: zu wenig intensives und zu spät beginnendes Lernen sowie strukturell falsch angelegtes und unsystematisches Lernen.

Der erste Punkt steht, wie unzählige Gespräche mit Teilnehmern von Übungen und erst recht mit Examenskandidaten belegen, weithin außer Zweifel. Der bloße Besuch selbst der vorbildlichsten Vorlesung genügt ohne aktives Bemühen um den Lehrstoff (unter Heranziehung z. B. einer Ausbildungszeitschrift oder eines Lern- bzw. Lehrbuchs) nicht, um gewisse Mindeststandards an Kenntnissen frühzeitig zu erwerben[15]. Zum Lernen selbst fällt zunehmend auf, daß anstelle des wegen der immer größer werdenden Stoffülle[16] notwendigen strukturellen Arbeitens und Denkens[17] versucht wird, sich umfassend Detailwissen anzueigen. Das Scheitern die-

---

11 Beschluß der JMK Herbst 1998 zur Juristenausbildung, JuS 1999, 102; krit *Schöbel* Volljurist ohne Referendariat – ein Irrweg?, Jura 1999, 21.

12 Vgl Initiative für eine Reform des juristischen Studiums, NJW 1997, 2935, sowie Modell einer Reform der universitären Juristenausbildung, NJW 1998, 2797; beides zusammenfassend: Reform der universitären Juristenausbildung – Das »Ladenburger Manifest«, JuS-Beilage zu Heft 2/1999.

13 Signifikant die Diskussion zwischen *Braun* 10 Antithesen zur Reform des juristischen Studiums, ZRP 1998, 41, sowie *Martinek* Das Juristische Manifest – Zehn Synthesen zur Revolution des juristischen Studiums im 21. Jahrhundert, ZRP 1998, 201, und – erwidernd – *Eichmann* Das Juristische Manifest, ZRP 1999, 75.

14 *Reifner* Juristenausbildungsdiskussion am Ende?, ZRP 1999, 43; *Lechner* Reform des juristischen Studiums in Österreich und Deutschland – Das Ende der Massenvorlesung?, BayVBl 1999, 523; *Schöbel* Die Diskussion um eine Reform der Juristenausbildung auf dem Weg in das nächste Jahrtausend, JA 1999, 805.

15 Sehr krit zu fehlender Begabung und mangelndem Fleiß vieler Jurastudenten *Foerste* Reform des Jurastudiums im Interesse der Rechtspflege, Jura 1999, 122.

16 Dazu muß deutlich gesagt werden, daß zuständige Gesetz- und Verordnungsgeber, aber auch Justizprüfungsämter und Fakultäten bisher darin versagt haben, die notwendige Eingrenzung des vorgeschriebenen Ausbildungs- und Prüfungsstoffs vorzunehmen.

17 Vgl hierzu insbes *Haft* Einführung in das juristische Lernen, 6. Aufl 1997, 194 ff.

ser Methode liegt angesichts der kapazitären Gedächtnisgrenzen auf der Hand. Dabei wird gerade in Ausbildungszeitschriften immer wieder dargestellt, wie systematisch und in Zusammenhängen denkend das Erkenntnisinteresse des Lernenden primär den Strukturen des jeweiligen (Teil-) Rechtsgebiets gelten sollte, um anschließend in ein festes Gerüst leichter Einzelinformationen aufnehmen und speichern zu können[18]. Das gilt im Verfassungsrecht vor allem für den Grundrechtsbereich.

1. Beispiel: Zur Figur des Grundrechtseingriffs macht es wenig Sinn, sich eine Vielzahl von Einzelmaßnahmen zu merken. Erkennt man vielmehr als übergreifende Leitidee den allgemeinen Gedanken der »Schutzbereichsverkürzung« i. S. einer Freiheitseinbuße des jeweiligen Grundrechtsträgers, werden auch solche Grundrechtsbeeinträchtigungen erfaßbar, die als Maßnahmen der öffentlichen Gewalt nicht final sowie normativ und unmittelbar den Schutzbereich eines Grundrechts tangieren, sondern insoweit z. B. nur mittelbar wirken (vgl. dazu Fall 1) oder von der Leistungs- bzw. Teilhabedimension der Grundrechte abgegrenzt werden müssen (vgl. Fall 6).

2. Beispiel: Zu den Grundrechtsschranken bedarf es selbstverständlich solider Kenntnisse zum Schrankenvorbehalt eines jeden Grundrechts. Davor sollte jedoch die allgemeine Systemerkenntnis stehen, daß jedes Grundrecht wegen der Einheit der Verfassung[19] einschränkbar ist. Mit dieser allgemeinen Kategorie können – gleichsam als Einzelausprägungen – der grundrechtliche Gesetzesvorbehalt (dazu Fall 1 sowie bzgl. Art. 8 Abs. 2 GG Fall 4, auch Fall 9), der Schrankenvorbehalt des Art. 5 Abs. 2 GG (vgl. Fall 3) oder der allgemeine Rechtssatzvorbehalt des Art. 2 Abs. 1 GG (vgl. Fall 6) erschlossen werden. Handhabbar werden aber auch die Einschränkbarkeit verfassungstextlich vorbehaltlos normierter Freiheitsgrundrechte (vgl. Fall 4 zu Art. 5 Abs. 3 S. 1 GG) und sogar die mögliche Differenzierung zwischen verschiedenen Personengruppen bei sog. absoluten Gleichheitsrechten (vgl. Fall 7).

3. Beispiel: Auf der Ebene der Gegenschranken (»Schrankenschranken«) ist das verfassungsrechtliche Übermaßverbot von herausragender Bedeutung. Wichtig ist die Kenntnis seiner allgemeinen Struktur[20]: (1) Verfolgung eines verfassungslegitimen Ziels durch das grundrechtsbeeinträchti-

---

18 Vgl dazu nur *Schwintowski* Ein Lernkonzept für ein erfolgreiches juristisches Studium, JA-Übungsblätter 1989, 129; *Meurer/Rennig* Lernen lernen, JuS 1990, L 1 und L 9.
19 Vgl dazu u S 69.
20 Näher dazu u S 24f.

gende Gesetz (2) mit einem Mittel, das zur Zielverwirklichung geeignet, erforderlich und verhältnismäßig ist. Dieses Modell läßt sich im Rahmen unterschiedlicher Schrankenvorbehalte konkretisieren: bei Art. 12 Abs. 1 GG bezüglich der sog. Dreistufenlehre (Fall 1), bei Art. 5 Abs. 1 und 2 GG zur sog. Wechselwirkungslehre (Fall 3), bei Art. 8 GG zum einfachen grundrechtlichen Gesetzesvorbehalt (Fall 4), bei Art. 2 Abs. 1 GG zum allgemeinen Rechtssatzvorbehalt (Fall 6) und bei Art. 14 Abs. 1 und 2 GG zum Ausgleich zwischen der Eigentumsfreiheit und der sog. Sozialbindung des Eigentums (Fall 9).

Die Vorteile strukturellen Lernens und Denkens – letztlich: Nutzung der entlastenden Wirkung von Rechtsdogmatik – kommen gerade in der Übung zum Zuge, wenn unbekannte Rechtsfragen einer Lösung zugeführt werden müssen. Fundierte Grundlagenkenntnisse, strukturelles Denkvermögen und das Beherrschen der juristischen Arbeitstechnik bieten die Gewähr, daß auch unbekannte Fälle gelöst werden können[21]. Dies gilt – selbstverständlich – auch im Examen und zahlt sich insbesondere im Rahmen der eigenständig organisierten Examensvorbereitung aus[22].

3. Übung als Üben

In der modernen Massenuniversität vermag der Veranstaltungstyp »Übung« seine Funktionen oftmals nur mit Mühe und auch nur teilweise zu erfüllen. Das Abdriften der Übung zur Massenveranstaltung mit dem alleinigen Ziel des Scheinerwerbs, passives Verhalten der Übungsteilnehmer in der Anonymität der großen Masse, »Erschleichen« des Übungsscheins, aber andererseits ebenso schlechte Vorbereitung der Übungsleiter, Konzeptionslosigkeit der Dozenten und mitunter schlampige (Vor-)Korrekturen durch die Korrekturassistenten sind einige der jedem halbwegs Kundigen bekannten Probleme des heutigen Übungsalltags. Vielfache Erfahrung lehrt

---

21   Hier erweist sich vor allem die systembildende Kraft der Allgemeinen Grundrechtslehren und des Allgemeinen Verwaltungsrechts. Sichere Kenntnis in beiden Rechtsgebieten ist nicht nur für die Anfänger- bzw Fortgeschrittenenübung unumgänglich, sondern für das Verständnis des Öffentlichen Rechts insgesamt unerläßlich.

22   Ausf dazu *Berge/Rath/Wapler* Examen ohne Repetitor – Leitfaden für eine selbstbestimmte und erfolgreiche Examensvorbereitung, 1998; dazu Bespr *Rosenau* Jura 1999, 222. – Vgl ferner *Bacher/Freymann* Methodisches Lernen in der Arbeitsgemeinschaft, JuS 1999, 622; *Ehlert/Niehues/Bleckmann* Vorbereitung auf das Erste Staatsexamen in privater Arbeitsgemeinschaft, JuS 1995, L 25; *Schack* Studieren ohne Repetitor, JuS 1998, 190, mit Ergänzung *Schäffer* JuS 1999, 311, sowie Erwiderung *Schroiff* JuS 1999, 1144.

indes, daß es bei einiger Anstrengung (auf allen Seiten) und mit gutem Willen auch anders geht[23].

a) Teilnahme an der Übung

Grundlage jeder erfolgreichen Teilnahme (im materiellen Sinne!) an der Übung ist der regelmäßige Besuch der Veranstaltung. Daß die Praxis dem weithin nicht entspricht, ist allenthalben bekannt. Um so mehr besteht Anlaß, auf die Notwendigkeit einer regelmäßigen Teilnahme an der Übung hinzuweisen[24].

b) Aktive Mitarbeit in der Übung

Der regelmäßige Besuch der Veranstaltung muß mit dem Mitdenken bei der Entwicklung der Fallösung und der Mitarbeit bei der Fallbearbeitung verbunden sein. Nur so verspricht die Übungsteilnahme Ertrag, und nur so kann bei einer späteren Wiederholung die erarbeitete Fallösung ohne weiteres nachvollzogen werden. Ständige Erfahrung mit dem Übungsbetrieb zeigt, daß auch bei einer relativ großen Teilnehmerzahl die aktive Mitarbeit möglich ist; erst recht gilt dies bei Kleingruppen der Übung, die – parallel zur sog. Großgruppe – zunehmend angeboten werden. Die Übung bietet die seltene Möglichkeit, den rein rezeptiven Arbeitsstil zu durchbrechen und Eigenständigkeit sowie Kreativität zu praktizieren[25].

c) Übungsarbeiten

Daß die Übungsarbeiten selbständig verfaßt werden sollten, um keiner Täuschung über den eigenen Wissens- und Erkenntnisstand zu erliegen, versteht sich. Im übrigen ist das »Risiko« selbständigen Arbeitens bei mehreren angebotenen Klausuren und Hausarbeiten gering; es bestehen hinreichend Chancen auf den Scheinerwerb, der ohnehin eher als »willkommenes Nebenprodukt« abfallen sollte (vgl. dazu nachf. 4.).

Im übrigen kann nicht oft genug darauf hingewiesen werden, daß möglichst alle angebotenen Arbeiten mitgeschrieben werden sollten und nicht nur die zum Scheinerwerb notwendige Klausur und Hausarbeit[26]. Bei den

---

23 *Bauer/Braun/Tenckhoff* Sonderheft Studienanfänger (Fn 1) 43 f.
24 *Schwerdtfeger* Öffentliches Recht in der Fallbearbeitung, 10. Aufl 1997, Rn 24.
25 Zur Bedeutung aktiven Lernens im Universitätsstudium *Haft* Juristisches Lernen (Fn 17) 279.
26 *Tettinger* Juristische Arbeitstechnik (Fn 6) 5 f; *Millgramm* Studienbeginn Rechtswissenschaft, in: Jura Extra – Studium und Examen (Hrsg Erichsen), 2. Aufl 1983, 1 (24); *Schwerdtfeger* Öffentliches Recht (Fn 24) Rn 25.

Aufsichtsarbeiten sollte dies ohnehin selbstverständlich sein. Aber auch das Anfertigen einer zweiten Hausarbeit in der laufenden Übung – mit Blick auf die Länder mit »Hausarbeit-Examen« sowieso angezeigt – kostet bei einer schon bestandenen ersten Hausarbeit viel weniger Zeit als meistens angenommen wird, wenn anstelle zeitraubender »Seminar-Diskussionen« konzentriert gearbeitet wird. Der Übungs- und Lerneffekt wird dadurch nachhaltig gesteigert[27].

d) Ablauf und Inhalt der Übung

Eine gut vorbereitete und organisierte Übung zeichnet sich zunächst dadurch aus, daß sie zeitlich und inhaltlich klar strukturiert ist. Spätestens in der ersten Übungsstunde wird den Übungsteilnehmern der Zeitplan bekanntgegeben. So kann man sich auf die einzelnen Übungsstunden einstellen und die Übung mit den anderen Veranstaltungen des laufenden Semesters koordinieren. Die Bearbeitung der Hausarbeit(en) kann dem zeitlichen Konzept eingepaßt und die Vorbereitungsphasen für die Klausuren können festgelegt werden.

Eine gute Übung weist ein inhaltlich geschlossenes Konzept auf, das zum Übungsbeginn vorgestellt wird. Thematisch werden ausbildungs- und examensrelevante Sachbereiche erfaßt, diese auf die einzelnen Fälle verteilt und diese wiederum untereinander strukturiert. Beispiel:

– *Anfängerübung* behandelt wesentliche Fragen aus dem Verfassungsprozeßrecht (Verfassungsbeschwerde, Organstreitverfahren, abstrakte und konkrete Normenkontrolle), dem Staatsorganisationsrecht (z.B. Gesetzgebungskompetenzen, Gesetzgebungsverfahren, Staatsstrukturmerkmale und -zielbestimmungen, Kompetenzen der Verfassungsorgane) und zu den Grundrechten (z.B. allgemeine Grundrechtslehren, inhaltliche Ausgestaltung des Schutzbereichs ausgewählter Grundrechte, Rechtsfragen zu den Grundrechtsschranken);
– *Fortgeschrittenenübung* befaßt sich mit Fragen aus dem Verwaltungsprozeßrecht, dem Verwaltungsverfahrensrecht, dem Allgemeinen Verwaltungsrecht und Teilen des Besonderen Verwaltungsrechts (z.B. Polizei- und Ordnungsrecht, Kommunalrecht, z.T. Baurecht und z.T. Beamtenrecht).

---

27   *Lüke* Hinweise zur Studiengestaltung, in: JuS-Studienführer (Fn 2) 114 (122), betont, daß die Hausarbeit als oftmals einzige Möglichkeit zu echter rechtswissenschaftlicher Arbeit und zum vertieften Kennenlernen der Literatur auch dort ernst genommen werden sollte, wo das Referendarexamen im schriftlichen Teil nur aus Klausuren bestehe.

So erhalten die Übungsteilnehmer einen gewissen Überblick zu examensrelevanten Problemen. Von der inhaltlichen Strukturierung her sollten die Aufsichtsarbeiten auf die gemeinsam erarbeiteten Übungsfälle abgestimmt sein. Es ist nicht sinnvoll, da der Idee »Übung« zuwiderlaufend, thematisch völlig unvorbereitete Fälle für die Klausur auszugeben. Ein wesentlicher Zweck der Übung würde verfehlt. Die in den Übungsstunden praktizierte Methodik der Fallbearbeitung erfährt über die Aufsichtsarbeiten einen Gradmesser bezüglich des erzielten Lernerfolgs. Bei diesem Konzept versteht sich, daß die vor der jeweiligen Klausur liegenden Übungsstunden methodisch und inhaltlich-thematisch zur Klausur hinführen, ohne diese allerdings zu stark »vorzubereiten«. – Bei den über mehrere Wochen laufenden Hausarbeiten mag dies etwas anders sein; völlig abgekoppelt sind auch sie vom Übungskonzept nicht.

In der praktischen Umsetzung sieht ein solches Konzept (am Beispiel der Anfängerübung) so aus, daß der zur Verfügung stehende zeitliche Rahmen in drei Blöcke unterteilt wird, wobei in den Übungsstunden und in der den »Block« abschließenden Klausur z. B. aus dem materiellen Recht behandelt werden

- 1. Block: »Kommunikationsgrundrechte« (insbes. Art. 5 und 8 GG) sowie vorbehaltlose Grundrechte (Art. 4, 5 Abs. 3 GG),
- 2. Block: ausgewählte Probleme aus dem Staatsorganisationsrecht,
- 3. Block: »Wirtschaftsgrundrechte« (insbes. Art. 12 Abs. 1 und 14 GG, auch Art. 2 Abs. 1 GG) sowie Gleichheitsrechte,

jeweils versehen mit Problemen aus dem Verfassungsprozeßrecht. Die Hausarbeiten stehen zur Abdeckung (auch dieser und) weiterer Themenbereiche zur Verfügung.

4. Übungseffekt und Scheinerwerb

Ein derartiges oder ein ähnliches Übungskonzept sollte als Chance begriffen und angenommen werden. Zur Optimierung des Übungs- und Lerneffekts sollten Rückgabe und Besprechung der Arbeit genutzt werden. Die verbreitete Unsitte der nur formal am Scheinerwerb Interessierten, an der Klausurbesprechung nicht teilzunehmen (ähnlich bei der Rückgabe der Hausarbeit), sollte von juristisch ernsthaft interessierten Übungsteilnehmern nicht nachgeahmt werden[28]. Die Kombination aus Korrekturanmer-

---

28 *Bauer/Braun/Tenckhoff* Sonderheft Studienanfänger (Fn 1) 44; *Lüke* JuS-Studienführer (Fn 27) 122.

kungen, Klausur- bzw. Hausarbeitsbesprechung und Rückfragemöglich-
keiten in der Besprechungsstunde sollte – trotz nicht zu leugnender Un-
zulänglichkeiten – insgesamt eine tragfähige Grundlage dafür bilden, die
zutreffende Einschätzung über Stärken und Schwächen der eigenen Arbeit
vornehmen zu können. Viele Übungsleiter eröffnen zudem – unter Berufung auf die Besprechung durch Übungsteilnehmer, die sich ungerecht
benotet fühlen – eine »Beschwerdemöglichkeit« und korrigieren die betreffende Arbeit nochmals.

Bei einer Übung im skizzierten Sinne ist der Scheinerwerb nicht das
alleinige Motiv für den Besuch der Veranstaltung. Wer das angebotene Konzept annimmt und praktiziert, erhält den Übungsschein praktisch als »Ab-
fallprodukt« des Übens. Diese These ist durch mannigfache Erfahrung
gestützt. Diejenigen, die eine Übung in erster Linie als Veranstaltung zum
»Scheinerschlagen« begreifen, vergeben nicht nur eine Chance, sondern
sind an der Rechtswissenschaft oftmals ernsthaft gar nicht interessiert. Vor
einer Fehlvorstellung muß allerdings gewarnt werden: Auch diejenigen, die
eine Übung mit der richtigen Grundeinstellung absolvieren und damit
einen wesentlichen Schritt nach vorne getan haben, dürfen nicht annehmen-
men, das betreffende Rechtsgebiet nun schon in hinreichendem Maße für
das Examen zu beherrschen[29]. Ein wichtiger Grundstein zum Examens-
erfolg ist gelegt – nicht mehr und nicht weniger[30].

B. Grundzüge zur Methodik der Fallbearbeitung im Verfassungsrecht

Zur »Methodik der Fallbearbeitung« können die Studierenden heutzutage
auf eine Reihe von Anleitungsbüchern zurückgreifen, die sich allgemein mit
der juristischen Arbeitstechnik[31] oder speziell mit der Fallbearbeitung im

---

29   *Lüke* JuS-Studienführer (Fn 27) 123.
30   Einen Gesamtüberblick zur sinnvollen Gestaltung des Jurastudiums gibt *Deckert*
Praktische Anleitung für ein erfolgreiches Jurastudium, JuS 1994, L 1, L 9, L 25, L 33.
31   *Tettinger* Juristische Arbeitstechnik (Fn 6) 80 ff; *Schwacke/Uhlig* Juristische
Methodik, 2. Aufl 1985; *Brühl* Die juristische Fallbearbeitung in Klausur, Hausarbeit
und Vortrag, 1989; *Schramm* Klausurentechnik, 8. Aufl 1990; *Butzer/Epping* Arbeitstechnik im Öffentlichen Recht – Vom Sachverhalt zur Lösung (Methodik, Technik,
Materialerschließung), 1994; vgl auch *Schwerdtfeger* Öffentliches Recht (Fn 24) Rn 1 ff
und Rn 772 ff.

Öffentlichen Recht[32] bzw. – konkreter noch – im Verfassungsrecht[33] befassen. Für die weitere Vertiefung liegen etliche Werke zu den Grundlagen der Rechtswissenschaft[34] sowie – didaktisch für Studierende aufbereitet – zur Methodenlehre[35] vor.

Dieses Buch verfolgt eine praktische Zielsetzung, indem es die Fallbearbeitung im Verfassungs(prozeß)recht einüben möchte. Im Rahmen der didaktischen und methodischen Grundlegung, die auf die praktische Fallbearbeitung (Teil 3 dieses Buches) vorbereiten soll, geht es demzufolge zunächst darum, Besonderheiten der Fallbearbeitung im Verfassungs-(prozeß)recht hervorzuheben (I.). Anschließend ist die Technik der Fallbearbeitung im Verfassungsrecht in den Grundzügen zu skizzieren (II.).

I. Besonderheiten verfassungsrechtlicher Fälle

Die Fallbearbeitung im Verfassungsrecht unterscheidet sich in mehrfacher Hinsicht von derjenigen im Bürgerlichen Recht und im Strafrecht, in etlichen Punkten aber auch von derjenigen im Verwaltungsrecht. Der Anspruchsaufbau im Bürgerlichen Recht und die Trias »Tatbestand – Rechtswidrigkeit – Schuld« im Strafrecht liefern für den äußeren Aufbau einer Fallösung und die innere Vorgehensweise einen ersten Orientierungsmaßstab, der in jenen Rechtsgebieten eine gewisse Sicherheit vermittelt. Bei der

---

32 Vgl nur etwa *Stender-Vorwachs* Prüfungstraining Staats- und Verwaltungsrecht, 3. Aufl 1997 (Bd 1: Methodik der Fallbearbeitung, Bd 2: Fälle mit Musterlösungen).

33 *Schramm/Strunk* Staatsrechtliche Klausuren und Hausarbeiten, 6. Aufl 1992; *Kisker/Höfling* Fälle zum Staatsorganisationsrecht, 2. Aufl 1996; *Brauner/Stollmann/Weiß* Fälle und Lösungen zum Staatsrecht, 6. Aufl 1999; *Grote/Kraus* Fälle zu den Grundrechten, 1997.

34 *Esser* Vorverständnis und Methodenwahl in der Rechtsfindung, 2. Aufl 1972; *Viehweg* Topik und Jurisprudenz, 5. Aufl 1974; *Wank* Grenzen richterlicher Rechtsfortbildung, 1976; *Koch/Rüßmann* Juristische Begründungslehre – Eine Einführung in Grundprobleme der Rechtswissenschaft, 1982; *Canaris* Die Feststellung von Lücken im Gesetz, 2. Aufl 1983; *Larenz* Methodenlehre der Rechtswissenschaft, 6. Aufl 1991; *Raisch* Juristische Methoden – Vom antiken Rom bis zur Gegenwart, 1995; *F. Müller* Juristische Methodik, 7. Aufl 1997; *Engisch* Einführung in das juristische Denken, 9. Aufl 1997 (hrsg von Würtenberger/Otto); *Pawlowski* Methodenlehre für Juristen, 3. Aufl 1999; *A. Kaufmann* Das Verfahren der Rechtsgewinnung – Eine rationale Analyse, 1999.

35 *Larenz/Canaris* Methodenlehre der Rechtswissenschaft (Studienausgabe), 3. Aufl 1995; *Wank* Die Auslegung von Gesetzen – Eine Einführung, 1997; *Schmalz* Methodenlehre für das juristische Studium, 4. Aufl 1998; *J. Vogel* Juristische Methodik, 1998; *Zippelius* Juristische Methodenlehre, 7. Aufl 1999.

Fallbearbeitung im Verwaltungsrecht haben viele Studierende zwar immer noch Schwierigkeiten, eine gesetzesorientierte, methodisch saubere und aufbaumäßig konsistente Lösung zu entwerfen. Unterdessen ist die Methodik der Fallbearbeitung zu verwaltungsrechtlichen Aufgabenstellungen jedoch kaum weniger ausgeprägt als die Methodik im Bürgerlichen Recht und im Strafrecht[36]. Die bei Anfängern ebenso wie bei Examenskandidaten bestehende »Scheu vor der öffentlichrechtlichen Fallbearbeitung«[37] betrifft in erster Linie also das Verfassungsrecht.

1. Offenheit verfassungsrechtlicher Normen

a) Notwendigkeit der Verfassungskonkretisierung

Die Ursachen für diesen Befund sind vielfältig. Abgesehen vom Fehlen detaillierter Prüfungsschemata[38] sowie von mitunter ungewohnten Fragestellungen zum Einstieg in die Fallbearbeitung[39] und ungeachtet bestehender Ausbildungsdefizite zum Verfassungsrecht sowie fehlender Neigung vieler Studierender zu diesem Rechtsgebiet dürfte der Hauptgrund für das verbreitete Unbehagen in der Offenheit verfassungsrechtlicher Normen liegen. In der Sache ist dieser Befund den Eigenarten der Materie geschuldet[40]; für die Fallbearbeitung ist diese Feststellung indes folgenreich.

Die Weite der Formulierung von Verfassungsbestimmungen führt zu einer relativen inhaltlichen Unbestimmtheit der Verfassungsnormen. Deren Anwendung ist durch »einfache Subsumtion« – wie großenteils im Bürgerlichen Recht und im Strafrecht, vielfach aber auch im Verwaltungsrecht – nicht möglich[41]. Gefordert ist vielmehr ein Prozeß der Konkretisierung, der über die Sinnermittlung vorgegebener einzelner Rechtsvorschriften

---

36 Einzelheiten dazu bei *Schoch* Übungen im Öffentlichen Recht II, Verwaltungsrecht und Verwaltungsprozeßrecht, 1992, 10 ff.

37 So *Schwerdtfeger* Öffentliches Recht (Fn 24) Rn 1.

38 Vgl zu dieser Thematik Teil 2 in diesem Buch.

39 Es geht in der verfassungsrechtlichen Fallbearbeitung nicht etwa stereotyp um die Erfolgsaussichten eines Rechtsbehelfs. Vielfach stehen materiellrechtliche Fragestellungen im Vordergrund; dabei kann nur für die Grundrechtsprüfung eine allgemeine Prüfungssystematik entwickelt werden (vgl dazu nachf im Text sub B. I. 2. a), nicht jedoch für das Staatsorganisationsrecht (vgl die Fragestellungen zu den Fällen 2, 5, 8).

40 Vgl zur Eigenart des Verfassungsrechts *Hesse* Verfassung und Verfassungsrecht, in: HdbVerfR, § 1 Rn 13 ff; zu Struktur und Funktion der Verfassung ferner *Hesse* Grundzüge des Verfassungsrechts, Rn 19 ff.

41 *Schramm/Strunk* Staatsrechtliche Klausuren (Fn 33) 1; *Schmalz* Methodenlehre (Fn 35) Rn 356.

hinausgeht, in der Verfassung angelegte Lösungsansätze zu aufgeworfenen Rechtsproblemen fortentwickelt und bisweilen in einem partiell rechtsschöpferischen Akt bloß prinzipienhafte verfassungsrechtliche Vorgaben zu anwendbaren Rechtsregeln verdichtet[42]. Erst durch solche Konkretisierungsleistungen kann oftmals der verfassungsrechtliche (Entscheidungs-) Maßstab gewonnen werden[43].

b) Verfassungsauslegung als besonderes methodisches Problem

Die Weite verfassungsrechtlicher Rechtsbegriffe ist mit Blick auf die Lebenswirklichkeit unabdingbar[44], für die Fallbearbeitung in Studium und Prüfung schafft sie Probleme. Knappe und allgemein gehaltene Regelungen, ferner der besondere Gegenstand des Verfassungsrechts, nämlich die zu »Recht« geronnene politische Entscheidung, bereiten Auslegungsschwierigkeiten, die in dieser Form anderen Rechtsbereichen nicht bekannt sind[45]. Infolgedessen erhält die Verfassungsinterpretation in dem Prozeß der Rechtsgewinnung ein ganz besonderes Gewicht. Wenn dazu kritisch bemerkt wird, es fehle an einem festen Kanon zulässiger Methodenschritte[46], so trifft diese Beobachtung auf die Rechtsprechungspraxis gewiß zu[47]. Für die verfassungsrechtliche Fallbearbeitung in Studium und Examen ist jedoch dringend zu raten, von den üblichen Auslegungsmethoden auszu-

---

42 Einzelheiten dazu bei *Böckenförde* Verfassungsgerichtsbarkeit: Strukturfragen, Organisation, Legitimation, NJW 1999, 9 (12 f).

43 Diese Erkenntnis ist wichtig für eine bestimmte Darstellungsweise in der verfassungsrechtlichen Fallösung: Bei der Grundrechtsprüfung dient die mitunter ausführlich zu haltende Ermittlung des Schutzbereichs der Maßstabsgewinnung für die Beurteilung der Verfassungsmäßigkeit einer staatlichen Maßnahme (signifikantes Bsp dazu in Fall 6 zu Art 2 Abs 1 GG); im Staatsorganisationsrecht muß der Maßstab manchmal regelrecht aufbereitet werden (plastisch dazu Fall 8 zur Reichweite des Vorbehalts des Gesetzes).

44 *Hesse* Grundzüge des Verfassungsrechts, Rn 23: Zur Bewältigung der sich ständig ändernden Lebensverhältnisse muß die Verfassung inhaltlich weithin »in die Zeit hinein« offen bleiben. Keine Offenheit, sondern Verbindlichkeit beanspruchen allerdings die Grundlagen der Ordnung des Gemeinwesens (verfassungsrechtliche Leitprinzipien, rechtlicher Gesamtrahmen) sowie der staatliche Aufbau, die Kompetenzordnung und das Verfahren zur Entscheidungsgewinnung (aaO, Rn 25 ff).

45 *Maurer* Staatsrecht, § 1 Rn 48.

46 *Böckenförde* (Fn 42), NJW 1999, 9 (13).

47 Krit zum Verfassungs- und Methodenverständnis des BVerfG *Scherzberg* Wertkonflikte vor dem Bundesverfassungsgericht – zur Bewältigung politisch-moralischer Streitfragen im Verfassungsprozeß, DVBl 1999, 356 (361 ff).

gehen und ggf. ergänzend Besonderheiten der Verfassungsinterpretation zu berücksichtigen[48].

Nur so kann es gelingen, eine sichere Grundlage für die gutachtliche Fallösung zu gewinnen und nicht ungesichertes wissenschaftliches Terrain zu betreten. Insoweit sind die Methoden der Verfassungsinterpretation mit Blick auf die Eigenart der Verfassung und die Rechtsprechung des BVerfG nach wie vor[49] in der Diskussion[50]. Die einzelnen wissenschaftlichen Positionen basieren auf verfassungstheoretischen Grundannahmen, die – eben deshalb über die Auslegung einzelner, zumal offen formulierter Verfassungsbestimmungen hinausreichend – ein bestimmtes Grundverständnis der Verfassung offenbaren. Wer die Verfassung als Rahmenordnung für den politischen Prozeß begreift, versteht das Verfassungsrecht primär als Grenzziehung für das politische Handeln, das innerhalb des rechtlichen Rahmens von juristischen Bindungen frei ist[51]. Wer in der Verfassung demgegenüber die rechtliche Grundordnung (und damit zugleich Wertordnung) des Gemeinwesens erkennt, schafft einen an bestimmten Sinnprinzipien ausgerichteten Strukturplan, der auch auf die Schaffung, Geltung und Durchsetzung der Normen der übrigen Rechtsordnung (Gesetze, Verordnungen, Satzungen, Tarifverträge etc.) einwirkt[52].

Die Rechtsprechung des BVerfG läßt sich keiner der beiden Grundpositionen eindeutig zuordnen. Immerhin wird man im Sinne einer Tendenzbeschreibung sagen können, daß die Judikatur den Grundrechtsteil der Verfassung eher als einen das Verhältnis von Staat und Gesellschaft betreffenden Bereich der Grundordnung des Gemeinwesens versteht[53], während im Staatsorganisationsrecht, wo es primär um den staatlichen Aufbau sowie die Zuordnung von Kompetenzen und die Regelung von Verfahren im politischen Entscheidungsprozeß geht, eher der Rahmencharakter der Verfassung

---

48 Einzelheiten dazu u S 68 ff.

49 Unverändert gültig die gründliche Analyse von *Böckenförde* Die Methoden der Verfassungsinterpretation – Bestandsaufnahme und Kritik, NJW 1976, 2089.

50 Einzelheiten dazu u S 56 ff.

51 *Isensee* Verfassungsrecht als »politisches Recht«, in: HStR, Bd VII, 1992, § 162 Rn 43 ff.

52 *Hesse* Grundzüge des Verfassungsrechts, Rn 17 f.

53 Besonders deutlich wird dies dort, wo Grundrechte auf die Auslegung und Anwendung einfachen Gesetzesrechts »ausstrahlen« und »einwirken«; vgl vor allem Fall 4. – Andere Beispiele für den generellen Befund sind die Pflicht des Gesetzgebers zum verhältnismäßigen Ausgleich konfligierender Interessen (vgl Fall 1), verfassungsrechtliche Optimierungsgebote gegenüber dem Gesetzgeber (vgl Fall 5) und grundrechtliche Begrenzungen gesetzgeberischer Differenzierungen (vgl Fall 7).

betont wird[54]. Für die Fallbearbeitung sollten daraus jedoch keine vorschnellen Schlußfolgerungen zur Verfassungsinterpretation gezogen werden[55].

c) Einheit der Verfassung

Vielmehr muß als übergreifendes Leitprinzip, das nahezu durchgängig als Besonderheit verfassungsrechtlicher Fälle in Erscheinung tritt, die »Einheit der Verfassung« zu wahren versucht werden. Dabei handelt es sich zunächst um ein Interpretationsziel. Gerade wegen der inhaltlichen Weite und der relativen Unbestimmtheit vieler verfassungsrechtlicher Vorgaben dürfen einzelne Elemente der Verfassung – unabhängig davon, ob als bloße Rahmenordnung oder als Grundordnung verstanden – nicht isoliert herangezogen und gedeutet werden; vielmehr ist der Gesamtzusammenhang zu sehen, um die einheitsstiftende Funktion der Verfassung erkennen und durch entsprechende Interpretation entwickeln zu können[56]. Infolgedessen geht es bei der Verfassungskonkretisierung (Auslegung und Anwendung des Verfassungsrechts) neben der Ab- und Ausgrenzung immer auch um die Zuordnung und Zusammenführung bestimmter Teilgehalte der Verfassung[57].

---

54   Das gilt insbes in Fällen der Kompetenzabgrenzung und Kompetenzzuweisung zwischen Verfassungsorganen; vgl dazu Fall 8.

55   Zu weitgehend *Wank* Auslegung von Gesetzen (Fn 35) 59: zum Organisationsteil der Verfassung »Auslegung im eigentlichen Sinne«, Interpretation von Grundrechten dagegen iS der »Konkretisierung von Generalklauseln«. – Will man generalisierende Aussagen treffen, kann allenfalls folgendes gesagt werden: Die zu den überkommenen Auslegungsmethoden hinzutretenden Besonderheiten der Verfassungsinterpretation beziehen sich in erster Linie auf die *materiellrechtlichen* Gehalte der Verfassung (Grundrechte, grundrechtsgleiche Rechte, Staatszielbestimmungen, Staatsstrukturmerkmale). Damit ist aber nicht ausgeschlossen, daß auch zur Lösung staatsorganisationsrechtlicher Fragestellungen – jenseits der üblichen Auslegungsmethoden – auf allgemeine Wertungsprinzipien des Verfassungsrechts zurückgegriffen werden muß (vgl zB Fall 2 zur Prüfungskompetenz des Bundespräsidenten bei der Ausfertigung von Gesetzen, Fall 5 zur Ermittlung der Zustimmungsbedürftigkeit von Bundesgesetzen durch den Bundesrat).

56   *Hesse* Grundzüge des Verfassungsrechts, Rn 20.

57   Damit werden Spannungen und mitunter auch Widersprüche zwischen einzelnen Elementen der Verfassung keineswegs übersehen. Aber bevor Zuflucht bei einer Abwägungsentscheidung genommen wird, die notwendigerweise Anteile einer Dezision beinhaltet, muß die präzise Zuordnung von Teilgehalten der Verfassung erfolgen. Ein anschauliches Bsp hierfür bietet Fall 2 zum Verhältnis zwischen dem freien Abgeordnetenmandat (Art 38 Abs 1 S 2 GG) und der Parteiendemokratie (Art 21 Abs 1 S 1 GG). Ein typisches Bsp zur verhältnismäßigen Zuordnung von Freiheitsinteressen und Gemeinwohlbelangen findet sich in Fall 3 im Rahmen der Wechselwirkung zwischen Art 5 Abs 1 und Abs 2 GG.

Das Interpretationsziel »Einheit der Verfassung« hat unmittelbare Rückwirkung auf die Methode der Rechtsgewinnung. Da es nicht selten um die Entscheidung zwischen konfligierenden (Verfassungs-)Rechtspositionen geht, bedingt das Ziel »Einheit« die Suche nach einem Kompromiß. Da die (in der Sache »richtige«) Rechtsgewinnung immer auch die Legitimation der zutreffenden Entscheidung sichern muß, geht es um das Auffinden eines optimalen und gerechten Kompromisses zwischen den antinomischen Positionen[58]. Besonders deutlich wird dies im Falle konfligierender Grundrechte[59], aber auch bei der Austarierung zwischen grundrechtlich geschützter Freiheit und gegenläufigen, von der Verfassung anerkannten öffentlichen Interessen (sog. Gemeinwohlbelangen)[60]. Im Grundrechtsbereich wird die Entscheidungsfindung in jenen Fällen vor allem mit Hilfe des Übermaßverbots strukturiert[61]. Soweit es dabei auf der Stufe der Verhältnismäßigkeit (= Angemessenheit bzw. Zumutbarkeit einer Maßnahme für den Betroffenen) – unvermeidlich – um Wertungen geht, kann die Suche nach dem optimalen und gerechten Kompromiß vor allem durch die systematische und teleologische Verfassungsinterpretation gesteuert werden[62]. Dadurch kann es letztlich gelingen, die Besonderheiten der Verfassungsauslegung mit dem Kanon der herkömmlichen Auslegungsmethoden zu verknüpfen[63].

2. Materiellrechtliche Grundprobleme

Klausuren und Hausarbeiten aus dem Verfassungsrecht unterscheiden sich hinsichtlich der materiellrechtlichen Aufgabenstellung nicht unwesentlich von verwaltungsrechtlichen Arbeiten. In erster Linie ist dies durch den Prüfungsgegenstand und den Prüfungsmaßstab bedingt:

– *Prüfungsgegenstand* in der Fallbearbeitung sind häufig Parlamentsgesetze (vgl. Fall 1, 2, 5, 6, 7), vielfach auch sonstige rechtserhebliche Maßnahmen von Verfassungsorganen (vgl. Fall 8) und ferner Gerichtsentscheidungen (vgl. Fall 3). Die Überprüfung von Maßnahmen der Ver-

---

58 Vgl *Zippelius* Methodenlehre (Fn 35) 48 ff (zur Auslegung als Legitimationsproblem) sowie 55 f und 60 f (zum Postulat des optimalen und gerechten Kompromisses).

59 Beispiele hierfür finden sich insbes in Fall 4 und in Fall 6.

60 Vgl dazu vor allem Fall 1 und Fall 9.

61 Einzelheiten dazu u S 24 f.

62 *Zippelius* Über die rationale Strukturierung rechtlicher Erwägungen, JZ 1999, 112 (116).

63 Zur Problematik vgl u S 57 ff.

waltungsbehörden, die in der verwaltungsrechtlichen Fallbearbeitung vorherrscht, ist eher selten und primär aus didaktischen Gründen dort anzutreffen, wo der Aufgabensteller keinen prozessualen Teil zur Urteilsverfassungsbeschwerde vorsehen möchte (vgl. Fall 4 und Fall 9).

– *Prüfungsmaßstab* ist das Verfassungsrecht (Grundgesetz, seltener – vgl. aber Fall 8 – Landesverfassung). Beinhaltet die Aufgabenstellung auch einen prozeßrechtlichen Teil (vgl. Fall 1, 3, 5, 7, 8), erfolgt die Zulässigkeitsprüfung anhand des einschlägigen Prozeßrechts (in der Regel BVerfGG, seltener – vgl. aber Fall 8 – Gesetz für die Landesverfassungsgerichtsbarkeit). Für die verfassungsgerichtliche Kontrolle einer Maßnahme resultieren aus dem auf das Verfassungsrecht fixierten Prüfungsmaßstab bedeutsame Restriktionen, die auch in der Fallbearbeitung zu beachten sind[64].

Um weiteren Aufschluß zu Besonderheiten verfassungsrechtlicher Fälle gewinnen zu können, muß zwischen dem Grundrechtsbereich und dem Staatsorganisationsrecht unterschieden werden.

a) Bearbeitung von Grundrechtsfällen

Die Fallbearbeitung im Bereich der Grundrechte sieht sich der generellen Herausforderung ausgesetzt, daß die Grundrechtsbestimmungen zumeist knapp und generalklauselartig formuliert sind. Damit teilen sie die bereits allgemein festgestellte Weite und Offenheit vieler Verfassungsvorschriften[65]. Konsequenterweise ist die Grundrechtsinterpretation in der wissenschaftlichen Diskussion mit ähnlichen Unsicherheiten konfrontiert wie die Verfassungsinterpretation allgemein: Vorverständnis und theoretische Grundannahmen prägen den jeweiligen Standpunkt; für den Grundrechtsbereich ist dies die jeweils vertretene Grundrechtstheorie[66].

Für die gutachtliche Bearbeitung von Grundrechtsfällen, die zu einem klaren Ergebnis führen muß, ist jedoch ein eindeutiger Maßstab vonnöten,

---

64 Zur Figur des »spezifischen Verfassungsrechts« vgl u S 31.

65 Vgl o B. I. 1. a).

66 Grundlegend *Böckenförde* Grundrechtstheorie und Grundrechtsinterpretation, NJW 1974, 1529, mit idealtypischer Unterscheidung zwischen fünf Grundrechtstheorien: (1) liberale (bürgerlich-rechtsstaatliche) Grundrechtstheorie, (2) institutionelle Grundrechtstheorie, (3) Werttheorie der Grundrechte, (4) demokratischfunktionale Grundrechtstheorie, (5) sozialstaatliche Grundrechtstheorie. – Wichtig ferner *Ossenbühl* Die Interpretation der Grundrechte in der Rspr des Bundesverfassungsgerichts, NJW 1976, 2100. – Den liberal-rechtsstaatlichen Ansatz fortentwickelnd *Brugger* Elemente verfassungsliberaler Grundrechtstheorie, JZ 1987, 633; ferner *Koch* Die Begründung von Grundrechtsinterpretationen, EuGRZ 1986, 345.

der seinerseits von festen und handhabbaren methodischen Regeln bei der Auslegung der Grundrechte abhängt[67]. Insoweit ist nochmals zu betonen[68], daß in der Fallbearbeitung auch bei der Grundrechtsinterpretation zunächst mit den klassischen Auslegungsmethoden zu arbeiten ist[69]. Im übrigen haben Rechtsprechung und Rechtswissenschaft zur Struktur der Grundrechtsprüfung eine gut handhabbare und weithin akzeptierte Dogmatik entwickelt. Diese macht die Allgemeinen Grundrechtslehren zu den Grundrechtsgewährleistungen und -beschränkungen[70] für den Fallaufbau fruchtbar und differenziert im Ausgangspunkt kategorial zwischen Freiheitsgrundrechten und Gleichheitsrechten:

– *Freiheitsgrundrechte* dienen mit ihrer primären Funktion der Abwehr ungerechtfertigter Eingriffe der öffentlichen Hand in die Rechtssphäre des Einzelnen, um dem Individuum eine Freiheitssphäre zur eigenen Entscheidung und Betätigung zu erhalten[71] (Abwehrfunktion der Grundrechte[72]).

– *Gleichheitsgrundrechte* (und gleichheitsähnliche Rechte der Verfassung[73]) sollen verhindern, daß der Einzelne bzw. eine Gruppe von Individuen im Vergleich zu anderen Individuen ohne Rechtfertigung ungleich behandelt wird[74].

Von diesem Ausgangspunkt her lassen sich die jeweiligen Stufen der Grundrechtsprüfung klar strukturieren.

---

67 *Pieroth/Schlink* Grundrechte, Rn 8.
68 Vgl bereits o S 13 f.
69 Dazu u S 58 ff.
70 Vgl dazu insbes *Pieroth/Schlink* Grundrechte, Rn 195 ff.
71 *Schwerdtfeger* Öffentliches Recht (Fn 24) Rn 444.
72 Wichtig dazu *Schlink* Freiheit durch Eingriffsabwehr – Rekonstruktion der klassischen Grundrechtsfunktion, EuGRZ 1984, 457; erwidernd dazu *Ladeur* Klassische Grundrechtsfunktion und »post-moderne« Grundrechtstheorie, KJ 1986, 197. – Zu weiteren Grundrechtsdimensionen vgl insbes *Suhr* Freiheit durch Geselligkeit – Institut, Teilhabe, Verfahren und Organisation im systematischen Raster eines neuen Paradigmas, EuGRZ 1984, 529; *Jarass* Grundrechte als Wertentscheidungen bzw objektivrechtliche Prinzipien in der Rspr des Bundesverfassungsgerichts, AöR 110 (1985), 363; *Jeand´Heur*, Grundrechte im Spannungsverhältnis zwischen subjektiven Freiheitsgarantien und objektiven Grundsatznormen, JZ 1995, 161. – Zusammenfassend zu den Grundrechtsfunktionen *Maurer* Staatsrecht, § 9 Rn 23 ff; *Pieroth/Schlink* Grundrechte, Rn 57 ff.
73 Vgl zB Art 33 Abs 2 GG oder (zur Wahlrechtsgleichheit) Art 38 Abs 1 S 1 GG (dazu Fall 5).
74 *Schwerdtfeger* Öffentliches Recht (Fn 24) Rn 444.

aa) Freiheitsgrundrechte (Abwehrfunktion)

Bei Grundrechtsfällen geht es in der Regel um die Frage, ob eine bestimmte staatliche Maßnahme, mit der ein Betroffener nicht einverstanden ist, gegen ein Freiheitsgrundrecht verstößt, auf das sich der Betroffene beruft (vgl. Fälle 1, 3, 4, 6, 9). Vor diesem Hintergrund ist die Struktur der Grundrechtsprüfung vorgezeichnet: Zu fragen ist, (1) ob ein Eingriff in den Schutzbereich des fraglichen Grundrechts vorliegt und ggf.[75] (2) ob dieser Eingriff verfassungsrechtlich gerechtfertigt ist. Diese Systematik beinhaltet der Sache nach drei Prüfungspunkte[76]: (1) Erfaßt der grundrechtliche Schutzbereich das Rechtsgut bzw. Verhalten des Betroffenen? (2) Stellt die umstrittene Maßnahme einen Eingriff in den Schutzbereich dar? (3) Ist der Eingriff durch Grundrechtsschranken gerechtfertigt? Keine Grundrechtswidrigkeit ist gegeben, wenn schon der grundrechtliche Schutzbereich nicht einschlägig ist, wenn die staatliche Maßnahme nicht als Grundrechtseingriff zu qualifizieren ist oder wenn der Grundrechtseingriff gerechtfertigt ist[77].

Dieses Prüfungsraster umfaßt einige immer wiederkehrende Prüfungspunkte:

- *Schutzbereich*: Die Prüfung des Schutzbereichs beantwortet die Frage, ob ein bestimmter Grundrechtstatbestand bezüglich bestimmter Verhaltensweisen (z. B. sog. Straßentheater, vgl. Fall 4; z. B. Reiten im Wald, vgl. Fall 6) oder Rechtsgüter (Grundeigentum nebst bestimmter Nutzung, vgl. Fall 9) überhaupt einschlägig ist[78]. Zu ermitteln ist die Zuordnung eines Ausschnitts aus der Lebenswirklichkeit zum Tatbestand einer Grundrechtsnorm; bejahendenfalls ist ein grundrechtlich geschützter Lebensbereich vorhanden[79]. Der Schutzbereich eines jeden Freiheits-

---

75 Liegt schon kein Eingriff in den Schutzbereich des Grundrechts vor, ist die umstrittene staatliche Maßnahme nicht grundrechtswidrig. Häufig beruft sich der Betroffene auf mehrere Grundrechte; denkbar ist, daß die Maßnahme den Schutzbereich eines Grundrechts (oder auch mehrerer Grundrechte) unberührt läßt, in den Schutzbereich eines anderen Grundrechts jedoch eingreift (vgl dazu Fall 6).

76 Diese »Drei-Schritt-Prüfung« (*Maurer* Staatsrecht, § 9 Rn 43; *Pieroth/Schlink* Grundrechte, Rn 9) rezipiert die allgemeine Dogmatik der Freiheitsgrundrechte: Schutzbereich – Eingriff – Rechtfertigung.

77 Überblick zur Systematik bei *Höfling* Grundrechtstatbestand – Grundrechtsschranken – Grundrechtsschrankenschranken, Jura 1994, 169.

78 *Schwerdtfeger* Öffentliches Recht (Fn 24) Rn 446; *Dreier* in: ders, GG, Bd I, Vorb Art 1 Rn 78.

79 *Pieroth/Schlink* Grundrechte, Rn 195 ff; *Jarass* in: ders/Pieroth, GG Vorb Art 1 Rn 13.

grundrechts hat eine sachliche und eine personale Komponente. Letzt-
genannte beantwortet die Frage nach der Grundrechtsberechtigung
(Grundrechtsträger, Grundrechtsinhaber); soweit es um natürliche Personen geht, ist zwischen Deutschen und Nichtdeutschen zu unterscheiden und mitunter die Grundrechtsberechtigung im Sonderstatusverhältnis zu thematisieren (vgl. Fall 3), bei juristischen Personen – des
Privatrechts (dazu Fall 4) oder des Öffentlichen Rechts (dazu Fall 9) –
bestimmt sich die Grundrechtsberechtigung nach Art. 19 Abs. 3 GG. In
sachlicher Hinsicht wird der Schutzbereich durch das normprägende
Tatbestandsmerkmal[80] gekennzeichnet; dieses ist durch Auslegung zu
ermitteln[81]. Mitunter ist der Schutzbereich eines Grundrechts enger
gefaßt als sein Regelungsbereich[82]. Außerdem besteht bisweilen Anlaß,
neben dem Schutzgegenstand zusätzlich die damit verknüpfte Reichweite der Freiheitsgewährung ausdrücklich zu ermitteln; insoweit geht
es um die umfängliche Bestimmung des geschützten Grundrechts-
gebrauchs[83]. Bei konkurrierenden Freiheitsgrundrechten kann sich die
Frage stellen, ob beide Schutzbereiche für ein bestimmtes Verhalten einschlägig sind (vgl. Fall 4); Art. 2 Abs. 1 GG greift allerdings immer nur
subsidiär als Auffanggrundrecht ein (vgl. Fall 6)[84].

– *Eingriff*: Da die Grundrechte nicht vor jeder Einwirkung des Staates
auf den Schutzbereich eines im konkreten Fall einschlägigen Grundrechts schützen, muß die staatliche Maßnahme – um grundrechts-
erheblich zu sein – als »Eingriff« (Beeinträchtigung, Beschränkung,

80 Beispiele: Art 12 Abs 1 GG »Beruf« (Fall 1); Art 5 Abs 1 S 1 GG: »Meinung« (Fall 3); Art 5 Abs 3 S 1 GG: »Kunst« (Fall 4); Art 8 Abs 1 GG »versammeln« (Fall 4); Art 2 Abs 1 GG »freie Entfaltung seiner Persönlichkeit« (Fall 6); Art 14 Abs 1 S 1 GG »Eigentum« (Fall 9).
81 *von Münch* in: ders/Kunig, GG, Bd 1, Vorb Art 1 Rn 50, mit dem Hinweis, daß hier die Methoden der Verfassungsinterpretation zur Anwendung gelangen.
82 Bsp: Der Regelungsbereich des Art 8 Abs 1 GG erfaßt Versammlungen; ge-schützt sind aber nur friedliche und ohne Waffen stattfindende Versammlungen (vgl Fall 4).
83 Beispiele: Welche Freiheitsbetätigungen umfaßt die Gewährleistung der Kunst durch Art 5 Abs 3 S 1 GG (Fall 4)? – Welche Nutzungsbefugnisse sind von der Eigen-tumsgarantie gem Art 14 Abs 1 S 1 GG beim Grundeigentum mitgeschützt (Fall 9)?
84 *Schwerdtfeger* Öffentliches Recht (Fn 24) Rn 446, betont mit Blick auf einen häufig anzutreffenden Fehler, daß auf Art 2 Abs 1 GG selbstverständlich nicht mehr zurückgegriffen werden darf, wenn ein spezielles Freiheitsgrundrecht thematisch einschlägig ist. Das gilt unabhängig davon, ob dann im folgenden der Grundrechts-eingriff verneint oder als gerechtfertigt erachtet wird.

Einschränkung[85]) qualifiziert werden können[86]. Voraussetzung hierfür ist ein rechtserhebliches Verhalten eines Grundrechtsadressaten (vgl. Art. 1 Abs. 3 GG), das als konkret-individueller Akt (z. B. Verwaltungsakt, Realakt der Verwaltung, Gerichtsurteil) oder als abstrakt-generelle Maßnahme (z. B. Gesetz, Verordnung) freiheitsverkürzend den grundrechtlichen Schutzbereich beeinträchtigt. Der sog. klassische Grundrechtseingriff (final, unmittelbar, normativ, imperativ)[87] ist unschwer als solcher zu erkennen[88]. Der Grundrechtsschutz ist jedoch längst nicht mehr auf klassische Grundrechtseingriffe begrenzt[89]. Erfaßt werden unterdessen auch Realakte[90], mittelbare (aber beabsichtigte) Schutzbereichsverkürzungen[91] und mitunter sogar unbeabsichtigte Freiheitsbeeinträchtigungen[92]. Besondere Probleme können bei normgeprägten Schutzbereichen entstehen, die auf eine gesetzliche Ausgestaltung angewiesen sind (z. B. Art. 14 Abs. 1 GG); auch dort kann, wie Fall 9 belegt, im Falle der Freiheitsverkürzung ein Grundrechtseingriff zu bejahen sein[93].

– *Rechtfertigung*: Wird ein Grundrechtseingriff bejaht, ist noch nichts zur Grundrechtsverletzung[94] gesagt; diese ist – anders als bei der Indizwirkung eines strafrechtlichen Tatbestandes für die Rechtswidrigkeit –

85 Diese Begriffe werden synonym benutzt. Der Ausdruck »(Grundrechts-)Verletzung« hingegen markiert den unzulässigen, also verfassungsrechtlich nicht gerechtfertigten Eingriff und darf infolgedessen im vorliegenden Zusammenhang keine Verwendung finden (*Pieroth/Schlink* Grundrechte, Rn 224 f).

86 *Jarass* in: ders/Pieroth, GG, Vorb Art 1 Rn 19.

87 Vgl dazu *Maurer* Staatsrecht, § 9 Rn 46; *Pieroth/Schlink* Grundrechte, Rn 238; *Dreier* in: ders, GG, Bd I, Vorb Art 1 Rn 81.

88 Krit *Sachs* in: ders, GG, Vorb Art 1 Rn 80 f, der der Finalität und der Unmittelbarkeit neben der Imperativität keine selbständige Bedeutung beimißt.

89 Einzelheiten bei *Sachs* Die relevanten Grundrechtsbeeinträchtigungen, JuS 1995, 303.

90 Speziell hierzu *M. Albers* Faktische Grundrechtsbeeinträchtigungen als Schutzbereichsproblem, DVBl 1996, 233.

91 Bekanntestes Bsp: Einwirkungen auf den Schutzbereich von Art 12 Abs 1 GG durch Maßnahmen mit berufsregelnder Tendenz (vgl dazu Fall 1).

92 Mit den Einzelheiten sollte man sich in der Übung und in der Examensvorbereitung unbedingt vertraut machen. Zusammenfassende, aktuelle Überblicke zu der Thematik bieten *Pieroth/Schlink* Grundrechte, Rn 240 ff; *Dreier* in: ders, GG, Bd I, Vorb Art 1 Rn 82; *Sachs* in: ders, GG, Vorb Art 1 Rn 83 ff.

93 *Pieroth/Schlink* Grundrechte, Rn 213 f; nicht zutreffend *Jarass* in: ders/Pieroth, GG, Vorb Art 1 Rn 25.

94 Zur Terminologie vgl o Fn 85; gleichbedeutend mit dem Begriff »Grundrechtsverletzung« ist der Terminus »Grundrechtsverstoß«.

durch den Eingriff nicht indiziert[95]. Ein Grundrechtseingriff ist rechtfertigungsbedürftig und prinzipiell auch rechtfertigungsfähig. Die verfassungsrechtliche Rechtfertigung des Grundrechtseingriffs stellt eine in
der Fallbearbeitung selbständig zu untersuchende Prüfungsstufe dar.
Generell kann formuliert werden, daß ein Grundrechtseingriff verfassungsrechtlich gerechtfertigt ist, wenn er sich im Rahmen der für das
Grundrecht geltenden Schrankenregelung hält. Dies setzt (a) die Ermittlung der einschlägigen Schrankenregelung und (b) die Überprüfung
ihrer verfassungsgemäßen Anwendung (Konkretisierung) im konkreten
Fall voraus:

– *Grundrechtsschranken*: Systematisch ist zwischen Grundrechten mit ausdrücklichen Schrankenregelungen und verfassungstextlich vorbehaltlos
  garantierten Grundrechten zu unterscheiden[96]. Die im Verfassungstext
  ausdrücklich benannten Beschränkungsmöglichkeiten von Grundrechten sind in einfache Gesetzesvorbehalte[97] und qualifizierte Gesetzesvorbehalte[98] zu unterteilen[99]. Gesetzesvorbehalte tragen dem Umstand
  Rechnung, daß es in der heutigen Gesellschaft eine schrankenlose Freiheit der Individuen nicht geben kann und weisen dem demokratischen
  Gesetzgeber eine Ausgleichsaufgabe bezüglich unterschiedlicher Freiheitsinteressen und/oder Gemeinwohlbelangen zu[100]. Die Grundrechtsbeschränkung kann unmittelbar »durch Gesetz«[101] oder – bei einer entsprechenden Ermächtigung im Parlamentsgesetz – »aufgrund eines

95   AA *Jarass* in: ders/Pieroth, GG, Vorb Art 1 Rn 28a (m Ausnahme der Art 2
Abs 1 und 3 Abs 1 GG).

96   Einzelheiten zu der Thematik bei *Sachs* Die Gesetzesvorbehalte der Grundrechte des Grundgesetzes, JuS 1995, 693, sowie *dems* Grundrechtsbegrenzungen
außerhalb von Gesetzesvorbehalten, JuS 1995, 984.

97   Vgl zB Art 2 Abs 2 S 3 GG, Art 8 Abs 2 GG (dazu Fall 4), Art 10 Abs 2 S 1 GG. –
Von der hM gleichgestellt (und nur noch in bezug auf Art 19 Abs 1 GG differenziert,
der sich lediglich auf »echte« Gesetzesvorbehalte beziehen soll) werden der
Schrankenvorbehalt der allgemeinen Gesetze gem Art 5 Abs 2 GG (vgl Fall 3), der
Regelungsvorbehalt des Art 12 Abs 1 S 2 GG (vgl Fall 1), der Ausgestaltungsvorbehalt
des Art 14 Abs 1 S 2 GG (vgl Fall 9) und – in der strukturellen Wirkung –
die Schranke der verfassungsmäßigen Ordnung gem Art 2 Abs 1 GG (vgl Fall 6). Vgl
dazu die Übersicht bei *Schwerdtfeger* Öffentliches Recht (Fn 24) Rn 449.

98   Vgl dazu Art 11 Abs 2 GG, Art 13 Abs 2 ff GG.

99   Ausf zu den grundrechtlichen Gesetzesvorbehalten und materiell gleichgestellten Grundrechtsschranken *Sachs* in: ders, GG, Vorb Art 1 Rn 101 ff.

100   Glaubens- und Gewissensfreiheit (Art 4 GG), Kunstfreiheit (Art 5 Abs 3 S 1
GG), Versammlungen nicht unter freiem Himmel (Art 8 Abs 1 GG, dazu *Schoch*
Übungen im Öffentlichen Recht II, 251 ff).

101   Bsp dazu Fall 1 und Fall 6.

Gesetzes« durch eine Maßnahme der Exekutive[102] erfolgen. Mitunter bedarf es in der Fallbearbeitung der Ermittlung des Sinngehalts einer Schrankenregelung; so muß z. B. präzise herausgearbeitet werden, was unter der »verfassungsmäßigen Ordnung« i. S. d. Art. 2 Abs. 1 GG zu verstehen ist (Fall 6), wann ein »allgemeines Gesetz« gem. Art. 5 Abs. 2 GG vorliegt (Fall 3) und was eine »Inhalts- und Schrankenbestimmung« nach Art. 14 Abs. 1 S. 2 GG meint (Fall 9). Grundrechte ohne Gesetzesvorbehalt[103] sind keineswegs schrankenlos gewährleistet. Mit Rücksicht auf den Sozialbezug der Grundrechtsausübung und – rechtsdogmatisch – die Einheit der Verfassung unterliegen auch vorbehaltlose Grundrechte rechtlichen Schranken, allerdings müssen sich diese aus dem Verfassungsrecht ergeben[104] (sog. verfassungsimmanente Schranken[105]). Infolgedessen sind kollidierende Grundrechte Dritter und sonstige mit Verfassungsrang ausgestattete Rechtsgüter mit Rücksicht auf die Einheit der Verfassung in der Lage, verfassungstextlich vorbehaltlos garantierten Grundrechten Schranken zu ziehen[106]. Formalgesetzlich bedarf es bei der Beschränkung sog. schrankenloser Grundrechte – selbstverständlich – einer gesetzlichen Grundlage; die Schrankenziehung ist nicht unter geringeren Voraussetzungen zulässig als bei Grundrechten mit Gesetzesvorbehalt[107].

– *Schranken-Schranken*: Die Einschränkung von Grundrechten (durch den Gesetzgeber selbst oder aufgrund eines Gesetzes durch die Verwaltung) ist ihrerseits Grenzen ausgesetzt (sog. Schranken-Schranken bzw.

102 Bsp dazu Fall 3, Fall 4 und Fall 9.

103 Bsp dazu Fall 4 (zur Kunstfreiheit).

104 Zusammenfassend *Dreier* in: ders, GG, Bd I, Vorb Art 1 Rn 88 f.

105 Infolgedessen gibt es für vorbehaltlose Grundrechte weder einen ungeschriebenen allgemeinen Gemeinschaftsvorbehalt noch kann die Schrankentrias des allgemeinen Freiheitsgrundrechts gem Art 2 Abs 1 GG auf spezielle, vorbehaltlose Grundrechte übertragen werden, und auch die Heranziehung des Vorbehalts der »allgemeinen Gesetze« (so aber *Schwerdtfeger* Öffentliches Recht [Fn 24], Rn 482 f; zum Meinungsstand vgl ferner Fall 4) ist ausgeschlossen; *Maurer* Staatsrecht, § 9 Rn 59; *Jarass* in: ders/Pieroth, GG, Vorb Art 1 Rn 30 f.

106 Einzelheiten hierzu (sowie mit Kritik an der bisweilen ausufernden, da zT unreflektiert auch auf Kompetenz-, Ermächtigungs- und Organisationsvorschriften des Grundgesetzes zurückgreifenden Rspr) bei *Sachs* in: ders, GG, Vorb Art 1 Rn 120 ff; speziell zur (Un-)Tauglichkeit von grundgesetzlichen Kompetenztiteln als »kollidierendes Verfassungsrecht« *Selk* Einschränkung von Grundrechten durch Kompetenzregelungen?, JuS 1990, 895; umfassende Analyse bei *Misera-Lang* Dogmatische Grundlagen der Einschränkbarkeit vorbehaltloser Freiheitsgrundrechte, 1999.

107 *Pieroth/Schlink* Grundrechte, Rn 333; *Jarass* in: ders/Pieroth, GG, Vorb Art 1 Rn 40.

Gegenschranken). Der Grundrechtsträger muß nur verfassungsmäßige Grundrechtsbeeinträchtigungen hinnehmen. Infolgedessen muß die grundrechtsbeschränkende Maßnahme des Staates, um als Grundrechtseingriff verfassungsrechtlich gerechtfertigt zu sein, in jeder Hinsicht formell und materiell der Verfassung entsprechen[108]. Das verfassungsmäßige Gebrauchmachen von einer Grundrechtsschranke im konkreten Fall setzt die Einhaltung insbesondere folgender Vorgaben voraus[109]:

– Formelle Verfassungsmäßigkeit (Gesetzgebungskompetenz, Gesetzgebungsverfahren),
– Verbot des Einzelfallgesetzes (Art. 19 Abs. 1 S. 1 GG),
– Beachtung des Zitiergebots (Art. 19 Abs. 1 S. 2 GG),
– Wahrung der Wesensgehaltsgarantie (Art. 19 Abs. 2 GG),
– Einhaltung rechtsstaatlicher Anforderungen (Bestimmtheitsgebot und Vertrauensschutz, insbes. Rückwirkungsverbot),
– Beachtung des Übermaßverbots.

In der Fallbearbeitung spielen Art. 19 Abs. 1 und 2 GG kaum eine Rolle. Dagegen kann die Wahrung der Gesetzgebungskompetenz bei grundrechtsbeeinträchtigenden Maßnahmen durchaus prüfungsrelevant sein (vgl. Fall 1 und Fall 6), ebenso die Beachtung rechtsstaatlicher Standards (vgl. Fall 6). Überragende Bedeutung auf der Ebene der Schranken-Schranken hat das Übermaßverbot[110]; es muß in jedem Fall als Gegenschranke eines Grundrechtseingriffs geprüft werden. Das Übermaßverbot weist eine klare rechtsdogmatische Struktur auf, so daß bei seiner Anwendung im konkreten Fall ein hohes Maß an Rationalität verbürgt ist[111]. Bei der zweistufigen Prüfung[112] muß zunächst geklärt werden, welches Ziel (welchen Zweck) der Grundrechtseingriff verfolgt und ob dieses vom Staat angestrebte Ziel verfassungsrechtlich legitim ist[113]. Auf der zweiten Stufe, die aus drei Unterstufen besteht, ist zu prüfen, ob das zur Zielverwirklichung eingesetzte

108 *Sachs* in: ders, GG, Vorb Art 1 Rn 135.
109 Näher zum folgenden *Maurer* Staatsrecht, § 9 Rn 51 ff; *Pieroth/Schlink* Grundrechte, Rn 274 ff; *Dreier* in: ders, GG, Bd I, Vorb Art 1 Rn 91 ff.
110 Überblick dazu bei *Kluth* Das Übermaßverbot, JA 1999, 606.
111 *Dreier* in: ders, GG, Bd I, Vorb Art 1 Rn 91.
112 Besonders klar zur Prüfungsstruktur *Maurer* Staatsrecht, § 8 Rn 56 f.
113 Der Gesetzgeber ist, da nur an die Verfassung gebunden (Art 1 Abs 3, 20 Abs 3 GG), grundsätzlich frei in seiner Zielverfolgung. Beschränkungen bestehen bei qualifizierten Gesetzesvorbehalten und bei der Einschränkung vorbehaltloser Grundrechte. Umgekehrt gibt es an der Verfassungslegitimität des gesetzgeberisch verfolgten Ziels keinen Zweifel, wenn der Zweck des Grundrechtseingriffs sogar dem Schutz eines Verfassungsgutes dient; Beispiele: Berufsbeamtentum gem Art 33

Mittel[114] (d. h. die zur Zweckerreichung vorgesehene Maßnahme) geeignet (zwecktauglich), erforderlich (notwendig) und verhältnismäßig (zumutbar, angemessen) ist[115]. Wichtig im Fallaufbau ist die vorrangige Prüfung des verfassungslegitimen Ziels, weil nur so der notwendige Bezugspunkt vorhanden ist, um die Geeignetheit, Erforderlichkeit und Verhältnismäßigkeit einer grundrechtsbeeinträchtigenden Maßnahme inhaltlich untersuchen zu können. Im übrigen sind manche, von der Rechtsprechung entwickelte dogmatische Figuren lediglich bereichsspezifische Ausprägungen des Übermaßverbots. So beschreibt die sog. Dreistufentheorie bei Art. 12 Abs. 1 GG nichts anderes als die Anforderungen an die Verfassungslegitimität des Zwecks einer Reglementierung der Berufsfreiheit (vgl. Fall 1). Die Wechselwirkungslehre zu Art. 5 Abs. 1 und 2 GG ist eine spezifische Ausformung des Übermaßverbots (vgl. Fall 3). Und der verfassungsrechtlich dem nach Art. 14 Abs. 1 S. 2 GG agierenden Gesetzgeber aufgegebene Ausgleich zwischen der Eigentumsfreiheit (Art. 14 Abs. 1 S. 1 GG) einerseits und der Sozialbindung des Eigentums (Art. 14 Abs. 2 GG) andererseits ist ebenfalls ein Anwendungsfall des Übermaßverbots (Fall 9). Schließlich ist für die Fallbearbeitung zu beachten, daß sich die Anwendung des Übermaßverbots sowohl auf die gesetzliche Grundrechtsbeeinträchtigung (vgl. Fälle 1 und 6) als auch auf den Gesetzesvollzug (vgl. Fälle 4 und 9) erstreckt (beide Aspekte treten in Fall 3 auf).

bb) Gleichheitsgrundrechte

Bei der Prüfung von Gleichheitsgrundrechten geht es – anders als bei den Freiheitsgrundrechten – nicht um den Schutz grundrechtlicher Freiheit gegenüber staatlichen Eingriffen. Zu beurteilen ist vielmehr die Frage, ob

Abs 5 GG (Fall 3), Recht der persönlichen Ehre gem Art 2 Abs 1 iVm Art 1 Abs 1 GG (Fall 4), Rechte anderer gem Art 2 Abs 1 GG und Umweltschutz gem Art 20a GG (Fall 6), Sozialpflichtigkeit des Eigentums gem Art 14 Abs 2 GG und Umweltschutz gem Art 20a GG (Fall 9).

114 *Pieroth/Schlink* Grundrechte, Rn 279, fordern zusätzlich, daß das vom Staat eingesetzte Mittel *als solches* verfassungsmäßig sein muß. Das ist an sich zutreffend, allerdings ist aus Übung und Examen kein Bsp bekannt, in dem dies jemals problematisch gewesen wäre.

115 Zu den inhaltlichen Anforderungen an die Geeignetheit, Erforderlichkeit und Verhältnismäßigkeit knapp und präzise *Maurer* Staatsrecht, § 8 Rn 57; *Dreier* in: ders, GG, Bd I, Vorb Art 1 Rn 92–94. – Nicht zu folgen ist *Pieroth/Schlink* Grundrechte, Rn 289 ff, die entgegen der ganz hM die Verhältnismäßigkeit als Element des Übermaßverbots für verzichtbar halten. Zum Grundsatz der Verhältnismäßigkeit als dogmatisch unaufgebbare Abwägungsrichtlinie vgl u S 70 (am Bspl der »praktischen Konkordanz«).

eine bestimmte staatliche Maßnahme eine ungerechtfertigte (Un-)Gleich-
behandlung von verschiedenen Personen(gruppen) bzw. Sachverhalten
darstellt[116]. Diese Struktur der Gleichheitsproblematik führt in der Fallbearbeitung zu einer zweistufigen Prüfung[117]:

(1) Liegt eine (Un-)Gleichbehandlung vor? – Wenn ja:
(2) Ist diese (Un-)Gleichbehandlung verfassungsrechtlich gerechtfertigt?

Auf der ersten Stufe der Gleichheitsprüfung geht es darum, verschiedene,
aber durch einen gemeinsamen Oberbegriff als Bezugspunkt (genus proximum) vergleichbare Personen(gruppen) oder Sachverhalte zu bilden, um
anschließend zu ermitteln, ob die Vergleichspaare durch denselben Träger
öffentlicher Gewalt (un)gleich behandelt werden[118]. Ist dies der Fall, muß
auf der zweiten Stufe untersucht werden, ob diese (Un-)Gleichbehandlung
verfassungsrechtlich gerechtfertigt ist. Die speziellen Gleichheitsrechte[119]
stellen hohe Anforderungen an die Zulässigkeit einer staatlichen (Un-)-
Gleichbehandlung. So normiert Art. 3 Abs. 2 S. 1 GG ein striktes Gleichberechtigungsgebot zwischen Mann und Frau, und Art. 3 Abs. 3 S. 1 GG
normiert sog. absolute Differenzierungsverbote[120]. Der spezielle wahlrecht-
liche Gleichheitssatz[121] wird streng formal verstanden und erlaubt Differenzierungen nur in engen Grenzen[122]. Im Anwendungsbereich des allgemei-

---

116   *Pieroth/Schlink* Grundrechte, Rn 10; *Dreier* in: ders, GG, Bd I, Vorb Art 1 Rn 95;
aA: *Jarass* in: ders/Pieroth, GG, Vorb Art 1 Rn 13, 22: Schutzbereich auch bei Gleichheitsgrundrechten, Verwendung eines bestimmten Differenzierungskriteriums als
Grundrechtseingriff.

117   Vgl dazu Aufbauschema bei *Pieroth/Schlink* Grundrechte, Rn 501; ausf *Koenig*
Die gesetzgeberische Bindung an den allgemeinen Gleichheitssatz – Eine Darstellung
des Prüfungsaufbaus zur Rechtssetzungsgleichheit, JuS 1995, 313; dazu krit Erwiderung *Martini* JuS 1996, 1142.

118   Zu beachten ist, daß der Gleichheitssatz in zwei Richtungen wirkt: wesentlich
Gleiches darf nicht unzulässigerweise ungleich behandelt werden, und wesentlich
Ungleiches darf nicht ungerechtfertigt gleich behandelt werden; vgl nur etwa
BVerfGE 98, 365 (385).

119   Art 3 Abs 2 und 3 GG, Art 6 Abs 5 GG, Art 33 Abs 2 und 3 GG, Art 38 Abs 1 S 1
GG.

120   Einzelheiten dazu in Fall 7.

121   So nunmehr (unter Änderung der Rspr, die die Wahlrechtsgleichheit zu Unrecht nur als Anwendungsfall des allgemeinen Gleichheitssatzes gesehen hatte)
BVerfGE 99, 1 = DVBl 1998, 1334 = DÖV 1999, 26 = NJW 1999, 43 = BayVBl 1999,
207 (m Anm *M. Breuer*) = *Erichsen* JK 99, GG Art 3 I/29; dazu *Lang* DÖV 1999, 712,
sowie *Tietje* JuS 1999, 957.

122   Vgl dazu Fall 5.

nen Gleichheitssatzes (Art. 3 Abs. 1 GG)[123] hatte das BVerfG über eine jahrzehntelange Rechtsprechung eine (Un-)Gleichbehandlung bereits dann als gerechtfertigt angesehen, wenn sie nicht als »willkürlich« qualifiziert werden konnte. Daraus resultierte nur eine schwache Kontrolle des Gesetzgebers und der Verwaltung. Nach der unterdessen eingetretenen Fortentwicklung der Judikatur[124] sollte in der Fallbearbeitung differenziert werden zwischen »personenbezogenen« und »verhaltensbezogenen« Merkmalen[125]. Das überkommene Willkürverbot findet allenfalls noch bei der letztgenannten Kategorie Anwendung[126]. Bei personenbezogenen (Un-)Gleichbehandlungen – die zudem oftmals Auswirkungen auch auf Freiheitsgrundrechte haben und überdies den Differenzierungsverboten (vgl. Art. 3 Abs. 3 S. 1 GG) nahe stehen können – wird danach gefragt, ob zwischen den Vergleichsgruppen Unterschiede von solcher Art und solchem Gewicht bestehen, daß sie eine Ungleichbehandlung rechtfertigen können[127]. Rechtsdogmatisch stellt diese Verschärfung des Kontrollmaßstabs eine Annäherung an die Prüfung des Übermaßverbots bei den Freiheitsgrundrechten dar[128]. Für die Fallbearbeitung bedeutet dies, daß in der Sache auf Überlegungen zurückgegriffen werden kann, die im Rahmen jener Prüfung angestellt worden sind (Beispiele dazu in Fall 1 und Fall 6).

b) Bearbeitung von Fällen aus dem Staatsorganisationsrecht

Das Staatsorganisationsrecht ist eine ebenso breit gefächerte wie heterogene Materie, so daß es nicht verwundert, wenn sich Aufgabenstellungen aus diesem Bereich bei Übungsteilnehmern und Examenskandidaten keiner großen Beliebtheit erfreuen. Ein allgemeines System (vergleichbar den Allgemeinen Grundrechtslehren) kann es im Staatsorganisationsrecht auf-

---

123 Dazu *Sachs* Die Maßstäbe des allgemeinen Gleichheitssatzes – Willkürverbot und sogenannte neue Formel, JuS 1997, 124; *Krugmann* Gleichheit, Willkür und Evidenz, JuS 1998, 7.
124 Ausf *Schoch* Der Gleichheitssatz, DVBl 1988, 863; *Hesse* Der allgemeine Gleichheitssatz in der neueren Rechtsprechung des Bundesverfassungsgerichts zur Rechtsetzungsgleichheit, in: FS Lerche, 1993, 121.
125 *Schwerdtfeger* Öffentliches Recht (Fn 24) Rn 493; vertiefende Analyse zur Judikatur bei *Bryde/Kleindiek* Der allgemeine Gleichheitssatz, Jura 1999, 36.
126 Insoweit muß freilich nochmals differenziert werden: Der strengere, personenbezogene Differenzierungsmaßstab (vgl Text zu Fn 127) kommt auch dann zur Anwendung, wenn eine Ungleichbehandlung von Sachverhalten mittelbar eine Ungleichbehandlung von Personengruppen bewirkt; BVerfGE 99, 129 (139); 99, 367 (388).
127 Zuletzt etwa – mwN – BVerfGE 99, 165 (177).
128 *Dreier* in: ders, GG, Bd I, Vorb Art 1 Rn 95; vgl ie *Huster* Gleichheit und Verhältnismäßigkeit, JZ 1994, 541.

grund seiner disparaten Gegenstände nicht geben. Folglich fehlen generelle Klausurregeln und allgemeine Aufbauschemata. Hinzu kommt die große »Politiknähe« des Staatsorganisationsrechts. Vor diesem Hintergrund ist die Gefahr, bei der Fallösung in unjuristische Argumentationen zu verfallen, besonders groß[129].

Die Angst vor der Fallbearbeitung im Staatsorganisationsrecht sollte indes nicht übertrieben werden. Ein Mindestmaß an Sicherheit stellt sich ein, wenn Klarheit über fünf wesentliche Bedingungen herrscht: den unbedingt zu erarbeitenden Stoff, die Notwendigkeit der Methodensicherheit, die Möglichkeit zur Entwicklung eigenständiger Überlegungen, Verknüpfungen vieler Aufgabenstellungen mit dem Grundrechtsteil der Verfassung, »Entlastung« durch prozeßrechtliche Ausrichtungen oder Ergänzungen der Aufgabenstellung:

(1) Der übungs- und examensrelevante Stoff zum Staatsorganisationsrecht läßt sich naturgemäß nicht abschließend eingrenzen[130]. Immerhin kann aber festgehalten werden, daß die Themenbereiche »Staatszielbestimmungen und Staatsstrukturmerkmale« (vgl. Art. 20, 28 Abs. 1 S. 1 GG)[131], »Verfassungsorgane« (vgl. Art. 38 ff., 50 ff., 54 ff., 62 ff. GG)[132] sowie »Staatsfunktionen« (Art. 70 ff., 83 ff., 92 ff. GG)[133] zum Kernbestand notwendigen Wissens im Staatsorganisationsrecht gehören.

---

129 *Schwerdtfeger* Öffentliches Recht (Fn 24) Rn 600, hebt hervor, daß »auch staatsrechtliche Fälle mit *juristischer Methode,* nicht durch unverbindliches Gerede zu lösen sind«.

130 Zu sehr vereinfachend daher *Stender-Vorwachs* Prüfungstraining Bd 1 (Fn 32) 9: Probleme des Staatsorganisationsrechts in der Fallbearbeitung seien vorwiegend (1) die Verfassungsmäßigkeit von Rechtsnormen, (2) Rechte und Bindungen von Staatsorganen, (3) die innere Organisation der Staatsorgane, (4) das Verhältnis von Bund und Ländern.

131 Bzgl Bundesstaat vgl Fälle 1 und 6 (Gesetzgebungskompetenz), Fall 5 (Mitwirkung des Bundesrates an der Gesetzgebung); bzgl Demokratie vgl Fall 2 (repräsentatives System), Fall 5 (Wahlrechtsgrundsätze), Fall 8 (Vorbehalt des Gesetzes); bzgl Rechtsstaat vgl Fall 6 (Bestimmtheit von Gesetzen, Vertrauensschutz), Fall 8 (Vorbehalt des Gesetzes, Gewaltenteilung), Fall 9 (Verordnungsermächtigung).

132 Zum Bundespräsidenten vgl Fall 2 (Prüfungskompetenz bei Gesetzen); zum Parlament vgl Fall 2 (Abgeordnetenstatus und Parteieneinfluß), Fall 6 (Legitimation durch Wahl), Fall 8 (Rechtsetzungskompetenz); zum Bundesrat vgl Fall 5 (Mitwirkung an der Gesetzgebung); zur Regierung vgl Fall 8 (Kompetenzabgrenzung zum Parlament).

133 Zur Gesetzgebung vgl Fall 5 (Gesetzgebungsverfahren) und Fall 9 (Delegation an Verordnungsgeber); zur Rspr vgl Fall 8 (Unabhängigkeit der Justiz), im übrigen Fälle 1, 3, 5, 7, 8 (zur Verfassungsgerichtsbarkeit).

(2) Gerade weil das Staatsorganisationsrecht durch viele generalklausel-
artige, aber oftmals auch knappe und lückenhaft erscheinende Regelungen
geprägt ist, muß dem Methodenbewußtsein hohe Priorität eingeräumt
werden. Der geschriebene Verfassungstext ist ernst zu nehmen[134], die systematische Verfassungsinterpretation erlangt große Bedeutung[135], den Besonderheiten der Verfassungsauslegung[136] ist zur Ermittlung des Sinngehalts von Verfassungsvorschriften Rechnung zu tragen[137], und die Qualität
der juristischen Argumentation erhält angesichts der nur selten »eindeutigen Ergebnisse« einen besonderen Stellenwert.

(3) Eben deshalb bieten Fallbearbeitungen im Staatsorganisationsrecht
häufig Möglichkeiten zur Entwicklung eigenständiger Überlegungen. Dies
sollte man als Chance für die Fallösung begreifen: Nicht so sehr Detailwissen zu bestimmten Streitfragen ist gefordert, sondern Verständnis zur
Rechtsproblematik; es besteht Raum für eine juristische Erörterung
mit »pro« und »contra«[138], das erzielte Ergebnis ist für die Qualität der
Fallösung nicht von entscheidender Bedeutung[139].

(4) Staatsorganisationsrechtliche Probleme sind nicht selten in einer Aufgabe mit grundrechtlichen Fragestellungen verknüpft. Das gilt insbesondere zur Gesetzgebungskompetenz (vgl. Fall 1 und Fall 6), könnte aber auch
mit dem Gesetzgebungsverfahren erfolgen und bietet sich ferner mit Blick
auf rechtsstaatliche Aspekte – z. B. Bestimmtheit eines Gesetzes und Vertrauensschutz (Fall 6), Vorbehalt des Gesetzes sowie Rechtsprechung und
Rechtsschutzgarantie (Fall 8) – an oder kann sich auf das Verhältnis zwischen Gesetz und Verordnung erstrecken (Fall 9).

(5) Fallbearbeitungen mit »reinem« Staatsorganisationsrecht sind auch
deshalb nicht die Regel, weil die Aufgabenstellungen häufig mit einer ver-

---

134 *Schwerdtfeger* Öffentliches Recht (Fn 24) Rn 601 f.
135 Vgl etwa Fall 2 zur Abgrenzung zwischen Art 38 Abs 1 S 2 GG und Art 21 Abs 1
S 1 GG sowie bei der Ausfertigung von Gesetzen, Fall 8 zur Bestimmung der Reichweite des Vorbehalts des Gesetzes.
136 Vgl dazu u S 68 ff.
137 Vgl etwa Fall 5 zur Ausgestaltung des Bundestagswahlrechts, Fall 8 zur Funktionentrennung und zu den Anforderungen an die Unabhängigkeit der Justiz.
138 Signifikantes Bsp dazu in Fall 2 zur Prüfungskompetenz des Bundespräsidenten bei der Gesetzesausfertigung; weiteres instruktives Bsp zur Strukturierung des
Gedankenganges bei *Schwerdtfeger* Öffentliches Recht (Fn 24) Rn 604.
139 Dies wird schon dadurch deutlich, daß die Lösungen von Fall 2 sowie (jeweils
zum materiellrechtlichen Teil) von Fall 5 und Fall 8 mit entsprechender Argumentation im Ergebnis auch anders hätten ausfallen können.

fassungsprozessualen Fragestellung versehen sind, sei es zum Zweck eines prozessualen Fallaufbaus (Zulässigkeit und Begründetheit eines Organstreits, einer abstrakten Normenkontrolle etc.) oder sei es als Zusatzfrage (vgl. Fall 5, 7, 8). Das für Übung und Examen notwendige Verfassungsprozeßrecht ist aber ohne weiteres erlernbar.

3. Bedeutung des Verfassungsprozeßrechts

Das Prozeßrecht spielt in den Übungen im Öffentlichen Recht (sowohl in der Anfängerübung als auch in der Fortgeschrittenenübung) eine ungleich größere Rolle als in den Übungen im Bürgerlichen Recht und im Strafrecht [140]. Entsprechendes gilt für die Aufgabenstellungen im Examen. Dieser Umstand sollte für die Fallbearbeitung als Vorteil begriffen werden. Zum einen stehen für die verfassungsprozessuale Prüfung Aufbauschemata zur Verfügung, die neben der formalen Prüfungssystematik auch ein Raster für wesentliche Rechtsfragen bieten [141]. Zum anderen sind die übungs- und examensrelevanten prozessualen Probleme überschaubar und erlernbar, so daß die Studierenden von daher für ein Mindestmaß an Prüfungssicherheit selbst sorgen können. Schwierige verfassungsprozessuale Probleme können in einer Hausarbeit gestellt werden; zur Lösung kann dann aber auf Hilfsmittel zurückgegriffen werden.

Zur umfänglichen Gewichtung des Anteils des Prozeßrechts in der Fallösung können Faustregeln (wie z. B. ein Verhältnis von 1 : 2 zwischen Prozeßrecht und materiellem Recht) nicht gegeben werden. Generalisierende Aussagen verbieten sich schon deshalb, weil die in der Fallbearbeitung zu behandelnden verfassungsrechtlichen Probleme sehr heterogen sein können. Es gibt auch Aufgaben im Verfassungsrecht ohne prozessualen Teil (vgl. Fall 2, 4, 6, 9). Eine verfassungsprozessuale Frage kann im übrigen der materiellrechtlichen Aufgabenstellung nachgeordnet sein (vgl. Fall 5, 7, 8). Immerhin wird man zur Fallbearbeitung im Verfassungsrecht sagen können, daß das Schwergewicht – eindeutiger als bei der Fallbearbeitung im Verwaltungsrecht – im materiellen Recht liegt. Letztlich hängt die Gewichtung zwischen den prozeßrechtlichen und den materiellrechtlichen Teilen der Fallösung ganz von der Aufgabenstellung ab. Die richtige Proportion zu erkennen, ist Teil der Prüfungsanforderungen.

---

140   *Schwerdtfeger* Öffentliches Recht (Fn 24) Rn 4.
141   Zum Aufbauschema der Verfassungsbeschwerde vgl u Teil 2; die wichtigsten Verfahrensarten im übrigen sind in Teil 3 im Zusammenhang mit der prozessualen Fragestellung des jeweiligen Falles dargestellt: Organstreit Fall 8, abstrakte Normenkontrolle Fall 5, konkrete Normenkontrolle Fall 7.

In der Sache ist die verfassungsprozessual geprägte Fallbearbeitung durch zwei Besonderheiten gekennzeichnet, die – da es zumeist um eine Entscheidung des BVerfG (manchmal auch eines LVerfG) geht – mit der Stellung der Verfassungsgerichtsbarkeit [142] zusammenhängen [143]: Die Kompetenzabgrenzung zur sog. Fachgerichtsbarkeit und diejenige zum demokratischen Gesetzgeber. Die Zuständigkeit des BVerfG bezieht sich auf »Verfassungsstreitigkeiten« [144]. Die Auslegung und Anwendung einfachen Gesetzesrechts ist Sache der sog. Fachgerichte und der Kompetenz des BVerfG – grundsätzlich – entzogen [145]. In der Fallbearbeitung stellt sich diese Problematik bei der Urteilsverfassungsbeschwerde; die Grenzziehung zwischen der Verfassungs- und der Fachgerichtsbarkeit wird mit der Formel »spezifische Verfassungsrechtsverletzung« zu ziehen versucht [146]. Besonders heikel ist unter dem Gesichtspunkt der Gewaltenteilung die Abgrenzung der Kompetenzen zwischen Verfassungsgerichtsbarkeit und demokratischem Gesetzgeber (sowie demokratisch gewählter Regierung [147]). Im Falle der »Überinterpretation« verfassungsrechtlicher Normen droht eine Verschiebung im Gewaltenteilungsgefüge zu Lasten der demokratischen Ordnung (Juridifizierung der Politik, Politisierung der Rechtsprechung) mit – wegen der erhöhten Bindungswirkung verfassungsgerichtlicher Entscheidungen (§ 31 BVerfGG) [148] – unabsehbaren Folgen für die Balance im Verfassungssystem. Bei einer zu großen Zurückhaltung gegenüber der Politik kann der Rechtsschutz- und Kontrollauftrag der Verfassungsgerichtsbarkeit mit der Folge verfehlt werden, daß z. B. die Gesetzgebung Grundrechte mißachtet [149] oder Verfassungsorgane bzw. Teile von ihnen ihre verfassungs-

---

142   Das BVerfG ist zugleich »Verfassungsorgan« und »Gericht« (§ 1 BVerfGG). Vgl dazu *Friesenhahn* Verfassungsgerichtsbarkeit, Jura 1982, 505; ferner *von Münch* Das Bundesverfassungsgericht als Teil des Rechtsstaates, Jura 1992, 505.
143   Zum folgenden eindrucksvoll *Hesse* Verfassungsrechtsprechung im geschichtlichen Wandel, JZ 1995, 265; *Böckenförde* (Fn 42), NJW 1999, 9.
144   Dazu *Bethge* Verfassungsstreitigkeiten als Rechtsbegriff, Jura 1998, 529; zu den verfassungsprozessualen Verfahrensarten *ders* Verfahrenskonkurrenzen beim Bundesverfassungsgericht, Jura 1997, 591.
145   Zur Kompetenzabgrenzung zwischen Verfassungsgerichtsbarkeit und Fachgerichtsbarkeit *Robbers* Für ein neues Verhältnis zwischen Bundesverfassungsgericht und Fachgerichtsbarkeit, NJW 1998, 935.
146   Einzelheiten dazu in Fall 4.
147   Instruktiv die – unzutreffende – Entscheidung, die Fall 8 zugrundeliegt.
148   Zur Bindungswirkung nach § 31 BVerfGG vgl Fall 7.
149   Beispiele zu grundrechtsverletzenden Gesetzen in Fall 1 und Fall 7, zum Verstoß gegen grundrechtsgleiche Rechte vgl Fall 5.

rechtlichen Kompetenzen nicht wahrnehmen können[150]. Eine »Patentformel« gibt es zur Lösung dieser komplexen funktionellrechtlichen Problematik nicht. In der Fallbearbeitung hilft auch hier nur ein striktes Methodenbewußtsein, um zwischen Verfassungsrecht und juristisch nicht mehr faßbarer politischer Entscheidung differenzieren zu können[151].

4. Konsequenzen für die Fallbearbeitung

Die skizzierten Besonderheiten zur Fallbearbeitung im Verfassungsrecht machen auf einige Schwierigkeiten aufmerksam, die sich im Bürgerlichen Recht, im Strafrecht und großenteils auch im Verwaltungsrecht in dieser Form nicht ergeben. Gerade weil sich im Verfassungsrecht neue und zusätzliche Probleme stellen, ist nicht ein Weniger, sondern ein Mehr an methodischer und inhaltlicher Präzision angezeigt. Der bei der Fallbearbeitung im Verfassungsrecht zu beobachtenden Neigung, unter Vernachlässigung methodischer Fertigkeiten sowie unter Zurückstellung rechtsdogmatischer Erkenntnisse und bisweilen auch der Ausblendung des positiven Rechts[152] bestehen zu wollen, sollte in keinem Fall nachgegeben werden. Zur Vermeidung individueller Beliebigkeit müssen auch in der verfassungsrechtlichen Fallbearbeitung klare Obersätze gebildet sowie normgebunden interpretiert, argumentiert und subsumiert werden. Die Voraussetzungen hierfür sind so schlecht nicht:

– Die übungs- und examensrelevanten Probleme des Verfassungsprozeßrechts sind erlernbar und beherrschbar.
– Die Qualität der grundrechtlichen Fallbearbeitung hängt von der Kenntnis der Allgemeinen Grundrechtslehren und vom Wissen der wesentlichen Gehalte einzelner Grundrechte ab; ersteres ist bei einiger intellektueller Anstrengung verstehbar, letzteres kann mit dem nötigen Fleiß erworben werden.
– Das Staatsorganisationsrecht trifft zu den Verfassungsorganen und zu den Staatsfunktionen (insbes. Gesetzgebung) im Verfassungstext durch-

150 Zur Funktion des Organstreitverfahrens als Instrument des »Minderheitsschutzes« im parlamentarischen Regierungssystem vgl Fall 8.
151 Das gilt insbes, wenn die generalklauselartig formulierten Staatszielbestimmungen bzw -strukturmerkmale (Art 20, 28 Abs 1 S 1 GG) Grundlage der Argumentation sind. Vgl dazu am Bsp von »Demokratie« und »Rechtsstaat« den materiellrechtlichen Teil von Fall 8.
152 Vgl dazu auch *Schwerdtfeger* Öffentliches Recht (Fn 24) Rn 605 f, der davor warnt, bei der Fallbearbeitung im Staatsorganisationsrecht mit Kategorien der Allgemeinen Staatslehre zu argumentieren.

aus klare Aussagen, die offen formulierten Staatszielbestimmungen und -strukturmerkmale bedürfen indes der Konkretisierung, und die nicht immer detailliert ausgeprägten Kompetenzen verlangen nach Abgrenzung; ersteres verschafft mehr Sicherheit als oftmals angenommen wird, letzteres gibt die Chance zur Entwicklung überzeugender eigenständiger juristischer Argumentation.

Letztlich bietet – das notwendige Wissen zu den Sachfragen vorausgesetzt – allein die strikte Einhaltung der methodengerechten Fallbearbeitung das probate Mittel, auch im Verfassungsrecht zu rational nachprüfbaren Fallösungen zu gelangen.

II. Technik der Fallösung
1. Bedeutung der juristischen Arbeitstechnik

Die »Methodik der Fallbearbeitung« ist von der wesentlich umfassenderen »Juristischen Methodenlehre«[153], deren Gegenstand u. a. Struktur und Funktion von Rechtsnormen, Fragen der Rechtserzeugung, der Geltung von Normen sowie deren Auslegung, der Lückenausfüllung, der Rechtsfortbildung, der teleologischen Reduktion usw. ist, zu unterscheiden. Im folgenden geht es lediglich um die juristische Arbeitstechnik am Fall, also um die Technik der Fallösung in der bestehenden Rechtsordnung.

Die Beschäftigung mit dem Handwerklichen in der Rechtswissenschaft wird vielfach nicht so recht ernst genommen. Derartigen Tendenzen ist indes deutlich zu widersprechen: das juristische Handwerkszeug ist nämlich unabdingbare Voraussetzung dafür, Lebenssachverhalte in rational nachvollziehbarer Weise rechtlichen Lösungen zuzuführen[154]. Die Geringschätzung der juristischen Arbeitstechnik verkennt, daß Fachwissen mitunter wenig nutzt, wenn es mit Blick auf die Probleme der Lebenswirklichkeit nicht richtig umgesetzt werden kann[155].

---

153 Vgl dazu Nachw o Fn 34.
154 Treffend *K. Vogel* Der Verwaltungsrechtsfall, 8. Aufl 1980, 5: Die Verachtung des Handwerklichen an der Jurisprudenz habe schon immer einen gewissen Snob-Appeal gehabt.
155 Hier treffen sich die unterschiedlichen Konzepte einer systematischen Stoffpräsentation und der case method; vgl dazu *E. Klein/Weaver* Fallmethode oder systematische Stoffpräsentation? – Zu den Lehrmethoden an amerikanischen und deutschen Rechtsfakultäten, JuS 1993, 272.

2. Grundschritte bei der Fallösung

Die »Technik der Fallösung« ist nicht Selbstzweck, sondern hat im Rahmen der Fallbearbeitung eine dienende Funktion. Ausgangspunkt ist die Aufgabenstellung. In der Regel geht es darum, in der vorgegebenen Zeit die an den Sachverhalt anschließende(n) Fallfrage(n) in einem klaren gedanklichen Aufbau unter überzeugender Erörterung der relevanten Rechtsprobleme mit stringenter rechtlicher Argumentation einer zutreffenden Lösung zuzuführen.

Die zur Erreichung dieses Ziels einzusetzende Arbeitstechnik wird gemeinhin in *vier Grundschritte* aufgefächert[156]. Im einzelnen geht es um

– das Erfassen des Sachverhalts,
– das richtige Verständnis der Fallfrage(n),
– die Entwicklung eines Lösungskonzepts durch inhaltliche Prüfung und schriftliche Fixierung der fallrelevanten Rechtsfragen in einem falladäquaten Aufbau,
– die gutachtliche Ausarbeitung der Lösung unter Beachtung der Regeln der Rechtsanwendung (Verfassungs- bzw. Gesetzesauslegung und Subsumtion) und unter Berücksichtigung der Anforderungen an eine gutachtliche Darstellung bei der Niederschrift der Lösung.

Diese Grundschritte gelten gleichermaßen für Klausur und Hausarbeit. Bei der Hausarbeit sind zusätzlich einige Besonderheiten (insbesondere in formaler Hinsicht) zu bedenken.

a) Erfassen des Sachverhalts

Die Fallbearbeitung beginnt mit dem richtigen und vollständigen *Erfassen des Sachverhalts*. Trotz der Selbstverständlichkeit dieser Aussage lehrt die Erfahrung, daß insoweit bisweilen gravierende Fehler gemacht werden[157]. Vor allem in der Klausur wird der Arbeit am Sachverhalt oftmals zu wenig

---

156 Vgl etwa *Zündorf* Einführung in die staatsrechtliche Fallbearbeitung, Verwaltungsrundschau (VR) 1991, 301; *Tettinger* Juristische Arbeitstechnik (Fn 6) 80; *Schwerdtfeger* Öffentliches Recht (Fn 24) Rn 772. – In der Sache ebenso, die Prüfungsabschnitte jedoch weiter ausdifferenzierend *Butzer/Epping* Arbeitstechnik im Öffentlichen Recht (Fn 31) 11 ff; *Schmalz* Methodenlehre (Fn 35) Rn 455 ff. – Für das Zivilrecht *Hopt* Fallösungstechnik für Beginner – Hinweise zur Bearbeitung von Klausuren und Hausarbeiten, Jura 1992, 225.
157 Beispiele bei *Rips* Typische Fehlerquellen bei Klausuren und Hausarbeiten, JuS 1979, 42.

Aufmerksamkeit gewidmet[158]. Dabei ist die genaue Kenntnis des Sachverhalts das Fundament einer jeden Fallbearbeitung[159]. Wer von einem unzutreffenden Sachverhalt ausgeht, erzielt keine zutreffende Lösung. Der Kardinalfehler »Thema verfehlt« ist um so ärgerlicher, als er völlig überflüssig ist. Bei gehöriger Sorgfalt wird die gestellte Aufgabe zutreffend erfaßt.

aa) Fehlerquellen

Eine der gefährlichsten Fehlerquellen firmiert unter dem Stichwort »*Fall bekannt*«[160]. Bearbeiter meinen nach dem ersten flüchtigen Durchlesen des Sachverhalts mitunter, einen bekannten Fall (aus einer früheren Übung, als Nachbildung einer bestimmten Gerichtsentscheidung etc.) vor sich zu haben. Die Gefahr besteht darin, daß es sich nur um einen ähnlichen Fall handelt, der in Problemstellung, Lösungsaufbau und inhaltlicher Problemlösung andere Wege als der »bekannte Fall« gehen kann. Das Ergebnis einer derartigen sog. »Sachverhaltsquetsche« ist die Lösung eines anderen als des ausgegebenen Falles, was einen schweren Fehler darstellt[161]. Der Gefahr, unreflektiert die »bekannte Lösung« niederzuschreiben, kann nur dadurch entgangen werden, daß unvoreingenommen und mit derselben Präzision an den Sachverhalt herangetreten wird wie bei einer unbekannten Aufgabenstellung.

Nicht selten liegen Fehler darin, daß der ausgegebene *Sachverhalt in Frage gestellt* wird[162]. Die Zeit, die darauf verwendet wird, Aussagen im Sachverhalt als unwahrscheinlich oder gar lebensfremd bzw. unrichtig zu qualifizieren, fehlt am Ende der Bearbeitungszeit. In der Übung (und in der

---

158 *Tettinger* Juristische Arbeitstechnik (Fn 6) 81; *Schwerdtfeger* Öffentliches Recht (Fn 24) Rn 774 ff.

159 Vgl *Hamann* Anfängerprobleme in juristischen Klausuren, VR 1983, 145 (149): Man müsse den Sachverhalt mit eigenen Worten wiedergeben können, ohne den Aufgabentext heranziehen zu müssen. Großzügiger *Schmalz* Methodenlehre (Fn 35) Rn 462: Mit der Lösung könne auch dann bereits begonnen werden, wenn der Sachverhalt noch nicht restlos klar sei; das vollständige Verständnis des Sachverhalts könne sich während der Erarbeitung der Lösungsskizze einstellen. Daran ist richtig, daß der Sachverhalt bei den weiteren Arbeitsschritten immer wieder in Erinnerung gerufen und weiter ausgewertet werden muß. Das ändert aber nichts daran, daß der Sachverhalt vor Eintritt in die rechtliche Lösung erfaßt sein muß. Vgl auch *Tettinger* Juristische Arbeitstechnik (Fn 6) 96.

160 *Rips* (Fn 157), JuS 1979, 42; *H. Zuck* Das Anfertigen von Übungsarbeiten – Praktische Hinweise für Anfänger-, Fortgeschrittenen- und Examensarbeiten, JuS 1990, 905 Fn 2; *Tettinger* Juristische Arbeitstechnik (Fn 6) 86 f.

161 *Schmalz* Methodenlehre (Fn 35) Rn 463.

162 *Rips* (Fn 157), JuS 1979, 42; *Schwerdtfeger* Öffentliches Recht (Fn 24) Rn 779.

Ersten Juristischen Staatsprüfung) muß der vorgegebene Sachverhalt als feststehend hingenommen und bearbeitet werden, und er darf auch nicht in Teilen in Frage gestellt werden. Dies gilt selbst dann, wenn die Sachverhaltsangaben dem Bearbeiter unwahrscheinlich oder gekünstelt erscheinen [163]. In Studium und Examen ist davon auszugehen, daß der angegebene Sachverhalt unstrittig ist; deshalb muß der Bearbeiter den Fall als gegeben hinnehmen [164].

Ähnlich verhält es sich mit dem – unzulässigen – *Verändern des Sachverhalts*. Dabei wird in den Sachverhalt oftmals (positiv) etwas hineingelesen, um die Basis für die Erörterung bestimmter Rechtsfragen zu legen (»Wissen abladen«). Indessen dürfen nur solche Rechtsfragen in der Fallbearbeitung erörtert werden, die im gegebenen Sachverhalt angelegt sind. Das Verändern des Sachverhalts führt dazu, daß teilweise ein anderer Fall als der ausgegebene behandelt wird [165].

Als besonderes Problem werden sog. *Sachverhaltslücken* erachtet. In den Augen der Bearbeiter fehlen für die Behandlung eines im Sachverhalt angelegten Rechtsproblems bestimmte Angaben im Tatsächlichen. Zumeist handelt es sich allerdings nur um eine scheinbare Lücke [166]. Das zeigt sich deutlich in solchen Fallgestaltungen, bei denen anläßlich der Prüfung der Rechtmäßigkeit eines Aktes öffentlicher Gewalt von der Einhaltung der einschlägigen Verfahrens- und Formvorschriften auszugehen ist [167]. Die Annahme rechtswidrigen Verhaltens ist eine unzulässige Sachverhaltsunter-

---

163   *Butzer/Epping* Arbeitstechnik im Öffentlichen Recht (Fn 31) 11; *Tettinger* Juristische Arbeitstechnik (Fn 6) 82, macht darauf aufmerksam, daß eine bestimmte Sachverhaltsgestaltung didaktische Gründe haben kann; dennoch krit *J. Vogel* Juristische Methodik (Fn 35) 33: Ausgabe feststehender Sachverhalte beim universitären Rechtsfall »methodisch problematisch« und einseitig – »als wolle die Universität nur Revisionsrichter ausbilden«.

164   *Schnapp* Wann und warum fertigt man ein Hilfsgutachten?, JuS 1998, 420 (421); *Stender-Vorwachs* Prüfungstraining Bd 1 (Fn 32) 2.

165   *Tettinger* Juristische Arbeitstechnik (Fn 6) 83, bezeichnet den kreativen Umgang mit dem Sachverhalt durch Bearbeiter als »juristisches Harakiri«.

166   *Schnapp* (Fn 164), JuS 1998, 420 (421): Sachverhalt ist in der Regel vollständig und eindeutig.

167   Dazu folgendes Bsp bei *Erbel* Öffentlich-rechtliche Klausurenlehre mit Fallrepetitorium, Bd I Staatsrecht, 2. Aufl 1983, 21: Der Bundespräsident verweigert mit Hinweis auf Art 12 und 14 GG die Ausfertigung eines ihm zugeleiteten Gesetzes; schweigt der Sachverhalt zum Gesetzgebungsverfahren, ist vom Normalfall auszugehen, daß das Gesetz verfahrensrechtlich ordnungsgemäß zustande gekommen ist.

stellung[168]. Eine echte Sachverhaltslücke läßt sich oftmals durch eine vernünftige Sachverhaltsauslegung schließen. Sie erfolgt dadurch, daß – dem Maßstab des Wahrscheinlichen folgend – der nach der allgemeinen Lebenserfahrung normale Verlauf der Dinge zugrunde gelegt wird. Außergewöhnliche Geschehensabläufe sind im Sachverhalt mitgeteilt[169]. Im Aufbau der Fallösung wird die Sachverhaltsauslegung im Rahmen der Subsumtion vorgenommen, wenn es also darum geht, den herangezogenen Rechtssatz auf einen bestimmten Sachverhalt(sabschnitt) anzuwenden. Auch bei der Sachverhaltsauslegung sollte jedoch immer die Kontrollüberlegung angestellt werden, ob es für die Lösung des Falles auf die vermißte Tatsache tatsächlich ankommt.

Führt auch die Sachverhaltsauslegung nicht weiter, kann in den seltenen Fällen einer echten Sachverhaltslücke ausnahmsweise an eine *Alternativlösung* gedacht werden[170]. Insoweit ist allerdings äußerste Zurückhaltung geboten, weil der Sachverhalt in der Regel die notwendigen Angaben enthält und der Aufgabensteller den Fall in der gegebenen Form gelöst haben möchte[171]. Vor einer Alternativlösung ist selbstkritisch zu prüfen, ob in Wahrheit nicht gerne erörterte Rechtsfragen dem Fall unterschoben werden sollen oder ob nicht – umgekehrt – die eindeutige Stellungnahme zu bestimmten Rechtsproblemen umgangen werden soll. Streng zu unterscheiden von der Sachverhaltsalternative ist die stets unzulässige Alternativlösung in einer Rechtsfrage. Diese ist immer eindeutig und abschließend zu entscheiden[172].

bb) Fehlervermeidung

Fehler beim Erfassen des Sachverhalts sind vermeidbar, also überflüssig. Ein Teil der möglichen Fehlervermeidung ist im Zusammenhang mit den skizzierten Fehlerquellen bereits angesprochen worden. Im übrigen kann in erster Linie das wiederholte und konzentrierte *Lesen* des Sachverhalts Fehlvorstellungen vermeiden. Der Sachverhalt sollte fest im Gedächtnis eingeprägt sein. *Sachverhaltsangaben* sind grundsätzlich weder überflüssig

---

168 Zur Unzulässigkeit von Sachverhaltsunterstellungen *Schmalz* Methodenlehre (Fn 35) Rn 465.
169 *Tettinger* Juristische Arbeitstechnik (Fn 6) 98.
170 *Schwerdtfeger* Öffentliches Recht (Fn 24) Rn 817 f.
171 *Tettinger* Juristische Arbeitstechnik (Fn 6) 101 f.
172 *Schnapp* (Fn 164), JuS 1998, 420 (422); *Tettinger* Juristische Arbeitstechnik (Fn 6) 103; differenzierend hingegen *Schwabe* Geheimnisvolle Gutachtentechnik, Jura 1996, 533.

noch zufällig; jeder mitgeteilte Umstand ist von Bedeutung[173]. Nicht ausgeschlossen ist damit freilich, daß der Aufgabentext – colorandi causa – ausschmückendes Beiwerk enthält. Dies läßt sich zumeist auf den ersten Blick als für die Lösung unbeachtlich erkennen.

Einen anderen Stellenwert genießen die im Aufgabentext geschilderten *Rechtsansichten* von Beteiligten (vgl. z. B. Fall 3, 4, 6, 7, 8, 9). Diese sind als Vorgaben für die Fallösung selbstverständlich unmaßgeblich[174]. Damit sind sie aber nicht unbeachtlich. Ihrer Tragfähigkeit sollte schon deshalb nachgegangen werden, weil mitgeteilte Rechtsauffassungen nicht selten Hinweise auf lösungsrelevante Rechtsprobleme enthalten[175]. Sind in diesem Zusammenhang auch Rechtsvorschriften genannt, müssen diese nachgelesen werden. Alles andere wäre fahrlässig.

Beachtung verdienen bisweilen *Fallvarianten*. In erster Linie geht es um Abwandlungen des Sachverhalts, manchmal auch um Fortentwicklungen des Ausgangsfalles. In der Regel besteht eine enge Anlehnung an den Grundfall. In der Darstellung der Lösung ist insoweit zur Vermeidung von Wiederholungen auf die Erörterungen zum Ausgangsfall zu verweisen. Im übrigen kann mit Blick auf das präzise Erfassen der Sachverhaltsvariante davon ausgegangen werden, daß im Verhältnis zum Ausgangsfall eine abweichende Lösung nicht unwahrscheinlich ist[176].

b) Verstehen der Fallfrage

Inhalt, Reichweite und Gang der Untersuchung werden entscheidend durch die *Fallfrage* geprägt. Das richtige Verständnis der Fallfrage(n) kann deshalb nicht ernst genug genommen werden. Fehler an dieser Stelle präjudizieren beinahe zwangsläufig unzutreffende Lösungen.

Zunächst gilt als »eherne Regel«, daß nur die gestellte(n) Fallfrage(n) zu behandeln ist (sind)[177]. Auch noch so interessante weitergehende Ausführungen tragen zur Lösung des gestellten Falles nichts bei, sind also über-

---

173 *Butzer/Epping* Arbeitstechnik im Öffentlichen Recht (Fn 31) 12; *Stender-Vorwachs* Prüfungstraining Bd 1 (Fn 32) 2.
174 *Rips* (Fn 157), JuS 1979, 42; *Hamann* (Fn 159), VR 1983, 145 (150); *Schmalz* Methodenlehre (Fn 35) Rn 469.
175 *Lemke* Einführung in die Methodik der Fallbearbeitung am Bsp der öffentlich-rechtlichen Klausur, JuS 1991, L 17 (18); *Schmalz* Methodenlehre (Fn 35) Rn 471.
176 *Tettinger* Juristische Arbeitstechnik (Fn 6) 95.
177 *Zündorf* (Fn 156), VR 1991, 301 (302); *Hopt* (Fn 156), Jura 1992, 225; *Butzer/Epping* Arbeitstechnik im Öffentlichen Recht (Fn 31) 13.

flüssig und letztlich falsch[178]. Dennoch wird in Übung und Examen immer wieder gegen diese Grundregel verstoßen.

Inhaltlich hängt das exakte Verständnis der Fallfrage(n) davon ab, wie konkret eine Frage gestellt ist. Keine Probleme bereiten unzweideutige Fragestellungen wie z. B.[179]

– »Hat die Verfassungsbeschwerde Aussicht auf Erfolg?« (Fall 3) oder
– »Ist § 46 Abs. 1 S. 1 Nr. 6 BWahlG verfassungsmäßig?« (Fall 2) oder
– »Ist die Naturschutzverordnung mit dem Eigentumsgrundrecht vereinbar?« (vgl. Fall 9).

Schwierigkeiten sind hingegen mit allgemein gehaltenen Fragestellungen verbunden wie z. B.

– »Wie ist die Rechtslage?«[180] oder
– »Wie kann das Gericht eine verbindliche Klärung … herbeiführen?« (vgl. insoweit Fall 7),

weil der Bearbeiter die Fragestellung erst einmal konkretisieren muß, um das Ziel der Fallbearbeitung ermitteln zu können. Bei auslegungsbedürftigen Fragestellungen ist die sich aus der Sachverhaltsschilderung ergebende Interessenlage der Betroffen Richtschnur für das genaue Verständnis der Fallfrage[181]. In der Regel sind die Aufgaben so formuliert, daß bei einem interessenbewußten Verständnis des Sachverhalts ohne allzu große Probleme geklärt werden kann, welche konkrete(n) Rechtsfrage(n) gutachtlich untersucht werden soll(en)[182].

Verfassungsrechtliche Aufgabenstellungen sind häufig, wie mehrfach erwähnt, mit prozessualen Fragen versehen (vgl. Fall 1, 3, 5, 7, 8). Wird nach der Erfolgsaussicht eines Antrags an das BVerfG gefragt, ist die Zulässigkeit des Rechtsbehelfs vor der Begründetheit zu prüfen. Selbstverständlich gilt dies auch dann, wenn der Antrag bereits gestellt ist; eine gerichtliche

---

178 *Tettinger* Juristische Arbeitstechnik (Fn 6) 105; *Stender-Vorwachs* Prüfungstraining Bd 1 (Fn 32) 5.

179 Weitere Beispiele bei *Butzer/Epping* Arbeitstechnik im Öffentlichen Recht (Fn 31) 14.

180 Bsp aus dem Verfassungsrecht dazu bei *Stein* Staatsrecht, 32, zum Verlangen des Bundespräsidenten, den Bundestag aufzulösen.

181 *Lemke* (Fn 175), JuS 1991, L 17 (18); *Tettinger* Juristische Arbeitstechnik (Fn 6) 106 f; *Schmalz* Methodenlehre (Fn 35) Rn 476.

182 *Schwerdtfeger* Öffentliches Recht (Fn 24) Rn 784, empfiehlt, sich in die Rolle des Rechtsanwalts zu versetzen, der sich seinerseits in die Rolle des Klienten hineindenken müsse, um so mit juristischer Phantasie zu ergründen, worauf dessen Interessen konkret gerichtet seien; dann könnten genaue Fragen formuliert werden.

Sachentscheidung (d. h. Entscheidung zur Begründetheit des Begehrens) kommt nur in Betracht, wenn die Zulässigkeit feststeht. Im Falle der Unzulässigkeit des Antrags ist seine Begründetheit in einem Hilfsgutachten zu erörtern[183]. Umgekehrt ist die materiellrechtliche Seite des Falles zuerst zu begutachten, wenn bei mehreren Fallfragen nach der Zulässigkeit eines Rechtsbehelfs erst in zweiter Linie gefragt ist. Es darf davon ausgegangen werden, daß sich der Aufgabensteller bei dieser Reihenfolge etwas gedacht hat: bestimmte Schwerpunktsetzung unter Entlastung des prozessualen Teils (vgl. Fall 8 bzgl. der Antragsbefugnis im Organstreit), bestimmte Problemsicht (vgl. Fall 5 zum Zeitpunkt einer zulässigen abstrakten Normenkontrolle), Vermeidung komplizierter Inzidentprüfungen zum materiellen Recht im Rahmen prozeßrechtlicher Fragestellungen (vgl. Fall 7 zur konkreten Normenkontrolle).

Zielt die Fragestellung nur auf die Begutachtung der materiellen Rechtslage (Fall 2, 4, 6, 9), sind prozessuale Ausführungen verfehlt[184]. Prozeßrecht ist auch nicht ausnahmsweise zu erörtern[185]. Dies widerspräche der »ehernen Regel«, daß nur die gestellte(n) Frage(n) im Gutachten zu erörtern ist (sind).

Mehrere Fragen sind nacheinander in der gestellten Reihenfolge zu beantworten. In der öffentlichrechtlichen Fallbearbeitung – anders mag das vielleicht im Bürgerlichen Recht oder im Strafrecht sein – ist nicht zu erkennen, daß zwingende oder hinreichend gewichtige Gründe eine Umstellung der Prüfungsreihenfolge erlauben[186]. Auch hier gilt, daß der Aufgabensteller die Abfolge der Fragen mit Grund gebildet hat[187]. Bei Fallabwandlungen (Zusatzfragen) versteht sich ohnehin, daß zunächst der

---

183 Allg zur Vorgehensweise in Form des Hilfsgutachtens *Schnapp* (Fn 164), JuS 1998, 420 (422 f); *Schmalz* Methodenlehre (Fn 35) Rn 584 ff. – Fallbeispiel zu einem Hilfsgutachen aus dem Verfassungsrecht bei *Ipsen/Epping* Der Berlin/Bonn-Beschluß der Bundesregierung, Jura 1994, 605 (608).
184 *Tettinger* Juristische Arbeitstechnik (Fn 6) 109.
185 So aber *Schwerdtfeger* Öffentliches Recht (Fn 24) Rn 791, mit der angeblichen »Faustregel«, daß »prozessuale Möglichkeiten von aktuellem Interesse« kurz zu behandeln seien.
186 So aber *Schmalz* Methodenlehre (Fn 35) Rn 479, mit dem wenig überzeugenden verwaltungsrechtlichen Bsp »Wird die Klage Erfolg haben? Ist der Verwaltungsrechtsweg zulässig?«, das keinen Realitätsbezug hat – will sich der Aufgabensteller nicht völlig blamieren!
187 Fall 4 und Fall 8 bilden dazu anschauliche Beispiele und zeigen zugleich, wie durch die Art der Fragestellung der Gang der rechtlichen Prüfung gesteuert werden kann.

Ausgangsfall gelöst werden muß, bevor die Fallvariante sinnvoll erörtert werden kann[188].

Ist dem Sachverhalt (vgl. Fall 7) oder sogar der Fallfrage (vgl. Fall 1 und 1. Frage bei Fall 7) ein Bearbeitungsvermerk beigefügt, ist dieser unbedingt zu beachten. Der Vermerk kann auf eine Präzisierung der zu erörternden Rechtsfrage zielen (so bei Fall 1) oder zum Verständnis der Rechtslage beitragen (so bei Fall 7). Beinhaltet der Vermerk einen Abdruck von Rechtsvorschriften (vgl. Fall 1, 2, 3, 6, 7, 9), ist bei der Beantwortung der Fallfrage selbstverständlich von der Maßgeblichkeit dieser Bestimmungen für die Lösung auszugehen.

c) Entwickeln der Lösung

Der dritte Grundschritt bei der Fallbearbeitung, das *Entwickeln der Lösung*, betrifft die Arbeitsphase bis zur Niederschrift des Gutachtens. Fehler, die in diesem Kernstück der gedanklichen, rechtsfragenorientierten Arbeit gemacht werden, lassen sich bei der anschließenden Niederschrift schon aus Zeitgründen kaum ausbessern[189].

aa) Aufspüren der fallrelevanten Rechtsfragen

(1) Strukturierung der rechtlichen Prüfung

Auf der Grundlage des korrekt zur Kenntnis genommenen Sachverhalts und nach Maßgabe der richtig verstandenen Fallfrage(n) sind die für die *Lösung relevanten Rechtsfragen* aufzuspüren. Auch wenn dafür neben fundierten Rechtskenntnissen sehr persönliche Voraussetzungen wie Phantasie, Erkennen von Zusammenhängen oder Gewinnen eines Überblicks wesentliche Bedingungen darzustellen vermögen, muß davor gewarnt werden, vorab eine »Lösung nach Rechtsgefühl« zu treffen[190]. Damit soll

---

188   *Tettinger* Juristische Arbeitstechnik (Fn 6) 107 f, m Hinw darauf, daß das »Hauptgutachten« dort in Bezug zu nehmen ist, wo sich in der rechtlichen Lösung nichts Abweichendes ergibt.
189   *Schwerdtfeger* Öffentliches Recht (Fn 24) Rn 772, fordert zu Recht, daß jedenfalls in der Klausurlösung Schwerpunktbildung und Aufbau vor Beginn der Niederschrift feststehen sollten, und er weist darauf hin, daß Abweichungen vom Plan während der Niederschrift das ganze Gefüge zerstören und zu Widersprüchen führen können. In diesem Sinne auch *Stein* Staatsrecht, 462.
190   Teilweise aA *Schmalz* Methodenlehre (Fn 35) Rn 151: Rechtsgefühl als »Leitlinie, zumindest für klare Fälle«; aA zutr *ders*, aaO Rn 530: Kreativität und diszipliniertes formales Denken als »die beiden Grundelemente jeder zielgerichteten geistigen Tätigkeit«. – Kaum hilfreich *Schwerdtfeger* Öffentliches Recht (Fn 24) Rn 793, mit der Empfehlung an den Bearbeiter eines Falles »alsbald sein *Judiz* zu befragen,

nicht das für den Praktiker mitunter nützliche »gesunde Judiz« diskreditiert
werden. Im Studium stellt eine »vorläufige Entscheidung nach Rechtsgefühl« jedoch eine Gefahrenquelle dar, weil die notwendige Unbefangenheit für die Fallösung verlorengeht. Zu Beginn der Fallbearbeitung kennt
der gutachtlich arbeitende Jurist – auf der Suche nach einer Lösung – das
Ergebnis seiner Überlegungen naturgemäß noch nicht. Er ist ergebnisoffen.
Zudem kommt es, was oftmals übersehen wird, für den Wert einer Arbeit
auf das »richtige Ergebnis« allein nicht an[191]. Spontane Problemerkennt-
nisse und Lösungsvorstellungen sollten allerdings auf einem gesonderten
Blatt notiert werden, damit gute Ideen – aufbaumäßig später an der richtigen Stelle verwertet – nicht vergessen werden[192].

   Die demnach notwendige *rationale Vorgehensweise* hängt in ihrer konkreten Ausgestaltung von der Fallfrage ab. Einen relativ sicheren Halt für die
Struktur der Prüfung (Prüfungsabfolge) und – bei sinnvollem Umgang
(vgl. dazu 2. Teil) – das Aufspüren potentieller Rechtsprobleme bieten die
Prüfungsschemata. Danach kann – allerdings ohne ängstliches Festklam-
mern an einzelnen Prüfungspunkten – Schritt für Schritt der Weg zur Lösung
ertastet werden. Gedanklich ist jeweils zu ergründen,

– ob rechtlich Problematisches vorliegt,
– welches im einzelnen die Rechtsprobleme sind,
– welche Rechtsvorschriften zur Problemlösung in Betracht kommen,
– wie und ggf. vor dem Hintergrund welcher Streitfragen die einschlägige
  Bestimmung bzw. eines ihrer (Tatbestands-)Elemente auszulegen ist,
– was dies für die Anwendung der Vorschrift auf den Sachverhalt und das
  damit erzielte (Teil-)Ergebnis bedeutet.

Bei der Hausarbeit kommen die Auswertung und Berücksichtigung von
Rechtsprechung und Schrifttum hinzu.

   Daß sich diese gedankliche Arbeit mit Erfolg nur bewältigen läßt, wenn
bestimmte Grundkenntnisse aus dem Verfassungsrecht sowie aus dem Verfassungsprozeßrecht vorhanden sind, die nicht erst in der Übung vermittelt
werden können, versteht sich.

---

wie das *Ergebnis* aller rechtlichen Überlegungen wohl lauten müßte«, um dann einzuschränken, der Bearbeiter solle bei der Entwicklung der Lösung »aber möglichst
lange seine *Unbefangenheit* bewahren«.
191   *Hamann* (Fn 159), VR 1983, 145 (152); *Lemke* (Fn 175), JuS 1991, L 17 (18).
192   *Butzer/Epping* Arbeitstechnik im Öffentlichen Recht (Fn 31) 12: »brainstorm-
ing«.

(2) Inhaltliche Problemerkenntnis

Die strukturierte Stufung der Gedankenabfolge trifft noch keine inhaltlichen Aussagen. Es ist jedoch die Basis dafür gelegt, sich schrittweise den inhaltlichen Problemen des Falles nähern zu können. Bei der gedanklichen Vorarbeit sollte jede Stufe abgeschritten werden, schon um ein mögliches Rechtsproblem nicht zu übersehen.

Problemerkenntnis und Auffinden der zur Lösung beitragenden Rechtsnorm(en) sind eng miteinander verbunden. Mangelndes Problembewußtsein hat seinen Grund nicht selten in mangelnder Kenntnis der für das Studium bedeutsamen Teile der Rechtsordnung. Auch im Verfassungsrecht geht es zunächst darum, auf die aufgeworfene(n) Frage(n) die die mögliche Antwort enthaltende(n) Norm(en) in der (Verfassungs-)Rechtsordnung zu finden[193]. Diese Normsuche hat nach der bekannten allgemeinen Überlegung zu erfolgen, ob die abstrakte Rechtsfolge der zu ermittelnden (geschriebenen oder ungeschriebenen) Rechtsnorm möglicherweise der gesuchten konkreten Rechtsfolge entspricht[194]. Da die Verfassungsbestimmungen in der Regel jedoch nicht nach dem »wenn-dann-Schema« i. S. von Tatbestand und Rechtsfolge (wie das Bürgerliche Recht und großenteils auch das Verwaltungsrecht) strukturiert sind[195], sondern im Grundrechtsbereich Freiheitssphären beschreiben (= sachlicher Grundrechtstatbestand) und zuordnen (= Grundrechtsberechtigung, -trägerschaft) und zur Staatsorganisation Kompetenzen zuweisen und Verfahren zur Entscheidungsfindung normieren, muß die gesuchte Rechtsfolge – durch rechtsdogmatische Kenntnis gewonnen oder durch systematische bzw. teleologische Interpretation ermittelt – normalerweise erst noch mit einer gedanklichen Operation hergestellt werden. Bei den Grundrechten ist dies der sog. Abwehranspruch, bei den Kompetenzen handelt es sich um die Entstehung bestimmter Befugnisse. Beispiele:

– Art. 5 Abs. 3 S. 1 GG und Art. 8 Abs. 1 GG sagen explizit nichts zur »Abwehr« ungerechtfertigter staatlicher Schutzbereichsbeeinträchtigungen. Mit Hilfe der Abwehrfunktion der Grundrechte (als allgemein anerkannte dogmatische Kategorie) ist es in Fall 4 jedoch selbstverständlich, daß der rechtswidrige behördliche Eingriff in die Kunstfreiheit und in

193 Einzelheiten und Beispiele zur Normsuche und Normsammlung bei *Tettinger* Juristische Arbeitstechnik (Fn 6) 113 f.
194 *Schmalz* Methodenlehre (Fn 35) Rn 534.
195 Gegenbeispiel hierzu: Art 68 Abs 1 S 1 GG (Vertrauensfrage des Bundeskanzlers an den Bundestag); zur Analyse dieser konditional strukturierten Verfassungsbestimmung instruktiv *Stein* Staatsrecht, 33 f (mit Fallbeispiel).

die Versammlungsfreiheit vom Grundrechtsberechtigten »abgewehrt« werden kann. – Sogar bei den Gleichheitsrechten kann man davon sprechen, daß ungerechtfertigte Ungleichbehandlungen »abgewehrt« werden können (vgl. Fall 7).

– Art. 82 Abs. 1 S. 1 GG bestimmt als Rechtsfolge nicht ausdrücklich, daß der Bundespräsident unter bestimmten Voraussetzungen die Ausfertigung von Gesetzen verweigern darf. Für den Einstieg in die Lösung der 2. Frage von Fall 2 ist es jedoch bei der Suche nach der einschlägigen Rechtsfolgeanordnung nicht zweifelhaft, daß der Bundespräsident die Ausfertigung eines Gesetzes verweigern darf, wenn dieses nicht nach den Vorschriften des Grundgesetzes zustande gekommen ist. – Ebenso ist es bei der ersten Teilfrage zur materiellrechtlichen Problematik von Fall 8 klar, daß – Rechtsfolge – der Landtag die alleinige Kompetenz zur Organisation der Regierung nur dann hat, wenn – Voraussetzung (»Tatbestand«) – der Vorbehalt des Gesetzes auch in diesem Bereich des Staatsorganisationsrechts gilt.

Im übrigen liegt – läßt man verfassungsprozessuale Fragestellungen einmal außer Betracht – der »Schlüssel zum Auffinden der rechtlichen Gesichtspunkte« im Öffentlichen Recht (und vor allem im Verfassungsrecht) stärker als im Bürgerlichen Recht und im Strafrecht im Sachverhalt[196]. Dieser gibt oftmals kontroverse Rechtsauffassungen wieder, die auch auf solche Rechtsprobleme aufmerksam machen, welche nicht alle Bearbeiter ohne weiteres erkennen würden. Beispiele:

– In Fall 6 zwingt die Argumentation von R dazu, vor der – letztlich allein maßgeblichen – Prüfung von Art. 2 Abs. 1 GG auch auf Art. 11 Abs. 1, 12 Abs. 1, 14 Abs. 1 GG einzugehen.

– Ebenfalls in Fall 6 macht der Hinweis auf Zweifel an der Gesetzgebungskompetenz des Landes darauf aufmerksam, daß (im Rahmen des Merkmals »verfassungsmäßige Ordnung« in Art. 2 Abs. 1 GG) die Vereinbarkeit des neu geschaffenen Landesrechts mit einfachem Bundesrecht (BWaldG, BNatSchG) zu untersuchen ist.

– Die Argumentation der Landtagsmehrheit ruft in Fall 7 Art. 12 Abs. 2 GG in Erinnerung und veranlaßt bei der Problemzuordnung die Überlegung, daß diese Verfassungsbestimmung rechtsdogmatisch allein als sog. verfassungsimmanente Schranke gegenüber Art. 3 Abs. 2 S. 1, Abs. 3 S. 1 GG geprüft werden kann.

---

196 *Schmalz* Methodenlehre (Fn 35) Rn 521.

Wenn schließlich darauf hingewiesen wird, daß – nach erfolgreicher Suche der für die Fallbearbeitung relevanten Rechtsnorm(en) – auch im Verfassungsrecht eine genaue Prüfung der Voraussetzungen der gesuchten Rechtsfolge durchgeführt werden muß[197], so sollten auch insoweit verfassungsrechtliche Besonderheiten in Rechnung gestellt werden:

- Im Grundrechtsfall geht es bei den Freiheitsgrundrechten um die Ermittlung des sachlichen und personellen Schutzbereichs sowie des Grundrechtseingriffs und ggf. seiner Rechtfertigung; bei den Gleichheitsrechten sind die Bildung der relevanten Vergleichsgruppen sowie der Vergleich unter ihnen und schließlich die Rechtfertigung der – unterbliebenen oder vorgenommenen – (Un-)Gleichbehandlung zu erörtern.

- Fälle aus dem Staatsorganisationsrecht verlangen – je nach Problemlage – unter dem Aspekt »verfassungsrechtliche Voraussetzungen« häufig die Prüfung der Gesetzgebungskompetenz (vgl. Fall 1, 5, 6) und der Vorschriften zum Gesetzgebungsverfahren (vgl. Fall 5) und vor allem die gutachtliche Klärung der Kompetenzen von Verfassungsorganen bzw. Teilen von ihnen (vgl. Fall 2, 8).

Dieses Eindringen in die fallrelevanten Rechtsfragen ist eingebettet in den noch näher zu behandelnden größeren Zusammenhang der gutachtlichen Arbeitstechnik »Obersatz – Heranziehen und Auslegung der Norm(en) – Anwendung (Subsumtion) – Ergebnis«[198] und stellt in diesem idealtypischen Modell die zweite Stufe dar. Wird der Fall, wozu dringend zu raten ist, vor Beginn der Niederschrift gedanklich vollständig gelöst, beinhaltet das Aufspüren der fallrelevanten Rechtsfragen sodann die »Binnenanalyse« der als einschlägig erachteten Rechtsnorm(en). Beispiele:

- Fall 3: Ist auch ein Beamter im Dienst »jeder« i. S. d. Art. 5 Abs. 1 S. 1 GG? Geht es um »äußern« bzw. »verbreiten« einer »Meinung«, wenn jemand an seiner Kleidung eine Plakette trägt? Was ist ein »allgemeines Gesetz« i. S. d. Art. 5 Abs. 2 GG? Erfüllt § 35 BRRG diese Voraussetzungen?

- Fall 4: Handelt es sich bei der Theateraufführung um eine »Versammlung« gem. Art. 8 Abs. 1 GG? Ist die Versammlung »friedlich und ohne Waffen«? Ist das Grundrecht der Versammlungsfreiheit i. S. d. Art. 19 Abs. 3 GG seinem »Wesen nach« auf einen Verein »anwendbar«?

---

197 *Stein* Staatsrecht, 33.
198 Näher dazu u S 50 ff und 75 ff.

- Fall 8: Aus welchen Verfassungsbestimmungen ergibt sich der von der Opposition reklamierte Vorbehalt des Gesetzes? Gilt der Vorbehalt gesetzlicher Entscheidung gegenüber exekutivem Handeln auch im Staatsorganisationsrecht? Erstrecken sich die staatsorganisationsrechtlichen Gesetzesvorbehalte auf die Regierungs(um)bildung?

Hier nun sind in bezug auf den konkreten Fall Problem- und Streitstände sowie deren Lösung zu erörtern. Es geht also nicht mehr um »Methodik«, sondern um verfassungsrechtliche Inhalte der Fallösung.

bb) Aufbau und Problemgewichtung

Die skizzierte Methode des gedanklich folgerichtigen Eindringens in die fallrelevanten Rechtsfragen führt zur Festlegung der Prüfungsreihenfolge[199]. Die gedankliche Abfolge der gutachtlichen Überlegungen sollte in der Grobstruktur vor Beginn der Niederschrift feststehen. Verfeinerungen und gewisse Änderungen können durchaus noch während der Ausarbeitung vorgenommen werden. Aber die Grobgliederung zum Aufbau des Gutachtens sollte »stehen«.

Zur Gewinnung des richtigen Aufbaus[200], aber auch zur Vermeidung späterer sachlicher Fehler (vor allem Übersehen von Rechtsproblemen) sollten in diesem Stadium des Entwickelns einer Lösung vor der dann folgenden Niederschrift die allgemein anerkannten Aufbauregeln zur verfassungsrechtlichen Fallbearbeitung[201] in der Gliederung der Arbeit ihren Niederschlag finden. Beispiele:

- Bei prozessualen Fragestellungen Erörterung der Zulässigkeit eines Rechtsbehelfs vor der Begründetheit (vgl. Fall 1 und Fall 3).
- Im Grundrechtsfall Prüfung der Freiheitsgrundrechte vor den Gleichheitsrechten (vgl. Fall 1 und Fall 6) sowie Prüfung der speziellen Grundrechte vor dem allgemeinen Grundrecht (vgl. Fall 6).

---

199 Allg dazu *Schmalz* Methodenlehre (Fn 35) Rn 537 ff.
200 Der Aufbau muß aus sich heraus verständlich und schlüssig sein, Erläuterungen zum Aufbau sind verfehlt; *Butzer/Epping* Arbeitstechnik im Öffentlichen Recht (Fn 31) 18.
201 Das ist nicht iS einer umfassenden, generellen Faustregelung zu verstehen; eine solche gibt es – wie bereits mehrfach betont – im Verfassungsrecht nicht. Die im Text nachfolgend formulierten Aufbauregeln haben allerdings eine formale Gemeinsamkeit darin, daß sie der sog konstruktiven Methode (und nicht der historischen Abfolge) entsprechen, dh einen sachbezogenen Problemzugang aufweisen und von daher aufgeben, das logisch vorrangige Element zuerst zu untersuchen (logisches Rangverhältnis). Vgl dazu auch *Tettinger* Juristische Arbeitstechnik (Fn 6) 118.

– Bei der Untersuchung von Freiheitsgrundrechten Ermittlung des Schutzbereichs (sachlich, personell) – ggf. seiner Anwendbarkeit (vgl. Fall 4) – vor dem Grundrechtseingriff; zur Rechtfertigung eines Grundrechtseingriffs Herausarbeitung der anwendbaren Schrankenregelung (Gesetzesvorbehalt, verfassungsimmanente Schranken bei vorbehaltlosen Grundrechten) und Klärung ihrer inhaltlichen Anforderungen vor Darstellung des verfassungsmäßigen Gebrauchmachens von der Schrankenregelung (vgl. insbes. Fall 3 und Fall 4).

– Zur verfassungsmäßigen Aktualisierung einer Grundrechtsschranke Darlegung des kompetenzgerechten Gebrauchmachens vor Ausführung der inhaltlichen Anforderungen (vgl. Fall 1 und Fall 6).

– Für die Beachtung des Übermaßverbots beim Grundrechtseingriff Herausstellung des verfassungslegitimen Ziels der staatlichen Maßnahme vor Überprüfung des nicht übermäßigen (also: geeigneten, erforderlichen, verhältnismäßigen) Einsatzes des zur Zielverwirklichung gewählten Mittels (vgl. Fall 1, 3, 4, 6, 9).

– Bei Kompetenzstreitigkeiten im Staatsorganisationsrecht Heranziehung der von einem Verfassungsorgan für sich reklamierten Kompetenznorm vor »Gegennormen«, deren Exegese zu der letztlich notwendigen Kompetenzabgrenzung führt (vgl. Fall 2 und Fall 8).

– Im Falle der Beurteilung von Maßnahmen der Staatsfunktionen (im Verfassungsrecht: vornehmlich Gesetzgebung) Prüfung in der Reihenfolge: Zuständigkeit, Verfahren, materieller Maßstab zur möglichen bzw. geltend gemachten Verfassungswidrigkeit, materielle Rechtfertigungsgründe (vgl. Fall 2 und Fall 5).

Die gedankliche Vorarbeit zum Aufbau des Gutachtens und zu den inhaltlichen Problemen des Falles sollte unbedingt durch das Anfertigen einer *Lösungsskizze* festgehalten werden[202]. Wie ausführlich sie sein sollte, läßt sich generell nicht sagen, sondern hängt vom persönlichen Arbeitsstil ab. Als Grundlage für die spätere Niederschrift sollte die gliederungsmäßig strukturierte Lösungsskizze mit inhaltlich aussagekräftigen Stichworten den endgültigen Lösungsweg beschreiben. Hinsichtlich des Zeitaufwands für das Erstellen der Lösungsskizze hat sich für die Klausur die Faustregel bewährt, daß ungefähr ein Drittel der insgesamt zur Verfügung stehenden Arbeitszeit auf das Erarbeiten der Lösungsskizze verwendet werden sollte. Um dieses Zeitlimit zu erreichen oder gar zu unterschreiten, muß eine entsprechende Routine gewonnen werden, die nur durch oftmaliges Klausu-

---

202 Vgl dazu auch *Butzer/Epping* Arbeitstechnik im Öffentlichen Recht (Fn 31) 15 ff.

renschreiben zu erreichen ist. Auch aus diesem Grunde sollten sämtliche der in einer Übung angebotenen Klausuren mitgeschrieben werden.

Vor der Niederschrift des Gutachtens muß auch die *Problemgewichtung* vorgenommen werden[203]. Sie drückt sich in der sachlichen Schwerpunkt-bildung aus und erfolgt auf der Grundlage der angefertigten Lösungsskizze. Richtige Problemgewichtung und Schwerpunktbildung gehören anerkann-termaßen zu den Grundvoraussetzungen einer guten Fallbearbeitung. Häu-fige Fehler, die übrigens nicht nur Anfängern unterlaufen, sondern auch noch in Examensarbeiten nicht selten festzustellen sind, sind folgende:

— Punkt für Punkt erfolgendes »Abspulen« des jeweiligen Aufbauschemas.
— Breite Ausführungen zu unproblematischen rechtlichen Anforderungen.
— Zu starke Gewichtung prozessualer Fragen im Zulässigkeitsteil mit der Konsequenz (Zeitnot!) nur noch stichwortartiger Darstellung von Be-gründetheitsproblemen.
— Bei Hausarbeiten z. T. »krampfhaftes« Forschen nach »dem« Problem mit entsprechender Fehlgewichtung[204].

Aus dieser Auflistung typischer Mängel ergibt sich, daß es in der Fallbear-beitung ausschließlich um die Lösung des konkreten Falles geht[205]. Gedan-ken (und bei der späteren Niederschrift: Ausführungen), die zur Fallösung nichts beitragen, sind überflüssig. Mit Blick auf die Niederschrift muß jede Erwägung (also jeder folgende Satz) einen weiteren Schritt auf dem Weg zur Lösung darstellen. Die nur durch ständige Übung zu erringende Fähigkeit, Wesentliches und Unwesentliches zu unterscheiden, hat Auswirkungen bis hin zum Stil der Niederschrift. Bereits im Lösungskonzept sollte festgehal-ten werden, welche Punkte kurz und knapp abgehandelt werden. Insbeson-dere bei widerstreitenden Gesichtspunkten werden die zu skizzierenden Ausführungen notwendigerweise etwas breiter ausfallen, ohne allerdings weitschweifig zu werden und den Bezug zum konkreten Fall zu verlieren.

---

203 Allg zur richtigen Schwerpunktbildung *Schmalz* Methodenlehre (Fn 35) Rn 627 ff.
204 Dem liegt die wohl unausrottbare Vorstellung zugrunde, daß ein Hausarbeits-fall immer mit Problemen gespickt sein müsse. Selbstkritisch ist freilich anzu-merken, daß die verbreitete universitäre Ausbildung am pathologischen Fall der Ein-sicht hinderlich ist, dem Aufgabensteller könne es primär auch darum gehen, von den Bearbeitern eine aufbaumäßig überzeugende, methodisch korrekte und in der rechtlichen Argumentation ansprechende Lösung – ohne die fortwährende Behand-lung von Streitständen – zu fordern.
205 *Schwerdtfeger* Öffentliches Recht (Fn 24) Rn 825: Es geht nicht um »l'art pour l'art«.

d) Das Gutachten

Die Niederschrift der Fallösung setzt die entworfene Lösungsskizze in ein ausformuliertes *Rechtsgutachten* um. Dieses muß sowohl der geforderten Gutachtentechnik als auch der adäquaten Darstellungsweise entsprechen. Im übrigen kommt der Niederschrift, was selbstverständlich sein sollte, auch deshalb ausschlaggebende Bedeutung für die Bewertung der Arbeit zu, weil nur das im Rechtsgutachten zu Papier Gebrachte Berücksichtigung findet. Auch noch so zutreffende weitere Gedanken, die der Bearbeiter im Kopf hatte oder in der Lösungsskizze notiert hatte, interessieren nicht.

aa) Gutachtentechnik

Kennzeichen des Rechtsgutachtens ist das schrittweise Hintasten von der aufgeworfenen Fragestellung zum Ergebnis. Dies erfolgt idealtypisch in *vier Denkschritten*[206].

(1) Obersatz: Der Ausgangspunkt der gutachtlichen Überlegungen wird mit einer Fragestellung formuliert, die das mögliche (hypothetische) Ergebnis enthält.

(2) Normbenennung und -auslegung: Es werden die gesetzliche(n) Vorschrift(en) und ihre Voraussetzung(en) ermittelt, unter denen das hypothetische Ergebnis bestätigt werden kann.

(3) Subsumtion: Der vorgegebene (Lebens-)Sachverhalt wird zu den abstrakten gesetzlichen Voraussetzungen derart in Beziehung gebracht, daß entschieden werden kann, ob sich beides deckt oder nicht deckt.

(4) Ergebnis: Auf die anfänglich gestellte Frage ist mit einem eindeutigen Ergebnis zu antworten.

Diese vier Denkschritte geben idealtypisch die gutachtliche Vorgehensweise wieder. Sie kann und, wie noch zu zeigen sein wird, darf allerdings nicht in reiner Form durchgehalten werden. Im übrigen ist es die Regel, daß innerhalb der Gesamtausarbeitung etliche »kleinere Gutachten« anfallen, weil eine Vorschrift selten nur eine (in concreto problematische) Voraussetzung enthält und innerhalb des Gesamtgutachtens regelmäßig mehrere Vorschriften mit wiederum mehreren Tatbestandsvoraussetzungen und Rechtsfolgeanordnungen zu untersuchen sind.

Im folgenden werden – den »Grundzügen« einer Technik der Fallbearbeitung entsprechend und ohne Darstellung der in die allgemeine juri-

---

206 Vgl *H. Zuck* (Fn 160), JuS 1990, 905 (907); *Tettinger* Juristische Arbeitstechnik (Fn 6) 123 ff; *Butzer/Epping* Arbeitstechnik im Öffentlichen Recht (Fn 31) 18 ff; *Schmalz* Methodenlehre (Fn 35) Rn 494; *J. Vogel* Methodik (Fn 35) 173 ff.

stische Methodenlehre sowie in die Rechtstheorie und Rechtsphilosophie hineinragenden Verästelungen – nur die für die Fallbearbeitung notwendigen Kernpunkte der Gutachtentechnik skizziert.

(1) Obersatz (Hypothese)

Der richtige Einstieg in die Fallbearbeitung nimmt die Fallfrage direkt auf und formuliert in Form einer *Hypothese* die generelle Antwort. Beispiele (in Anlehnung an Fälle aus dem 3. Teil):

– U könnte gegen das Gesetz das BVerfG im Wege der Verfassungsbeschwerde anrufen. Diese hat Erfolg, wenn sie zulässig und begründet ist (vgl. Fall 1).

– Das behördliche Einschreiten gegenüber V könnte in den Schutzbereich von Art. 8 Abs. 1 GG eingreifen und durch die Schrankenregelung gem. Art. 8 Abs. 2 GG nicht gedeckt sein (vgl. Fall 4).

– Die Zusammenlegung der Ministerien durch den Organisationserlaß könnte gegen den Vorbehalt des Gesetzes und gegen die Gewaltenteilung verstoßen (vgl. Fall 8).

Der erste Satz im Gutachten knüpft also unmittelbar an die Fallfrage an und gibt allgemein die passende Antwort.

Diese Vorgehensweise wiederholt sich im Verlauf der Niederschrift des Gutachtens auf den folgenden, konkreten Prüfungsstufen ständig, indem in bezug auf einzelne Voraussetzungen einer Verfassungsbestimmung immer wieder mit dieser Technik gearbeitet wird: Der zunächst zu formulierende *Obersatz* enthält – gleichsam an der Spitze des »Einzelgutachtens« im Rahmen der Gesamtbegutachtung des Falles stehend – in Frageform das mögliche Ergebnis; ob es tatsächlich erzielt wird, ist noch offen. Der Obersatz stellt folglich eine Annahme (Hypothese) dar, die sich erst am Ende der vier Denkschritte als zutreffend oder als unzutreffend erweist. Beispiele in Anlehnung zu den Fällen im 3. Teil:

– Der Eingriff in die Meinungsfreiheit wäre gerechtfertigt, wenn er sich auf ein »allgemeines Gesetz« i. S. d. Art. 5 Abs. 2 GG zurückführen ließe, das im Einklang mit der Verfassung ausgelegt und angewendet worden ist (vgl. Fall 3).

– Die Abschaffung der Briefwahl könnte gegen den Grundsatz der Allgemeinheit der Wahl (Art. 38 Abs. 1 S. 1 GG) verstoßen und durch gegenläufige Wahlrechtsgrundsätze nicht gerechtfertigt sein (vgl. Fall 5).

– Bei der Naturschutzverordnung müßte es sich um eine Inhalts- und Schrankenbestimmung i. S. d. Art. 14 Abs. 1 S. 2 GG handeln, die durch die Sozialbindung des Eigentums (Art. 14 Abs. 2 GG) gerechtfertigt ist.

Diese Beispiele zeigen, daß ein Obersatz als jeweiliger Ausgangspunkt der Überlegungen schon recht präzise auf eine in Betracht kommende Rechtsnorm bzw. einzelne ihrer Voraussetzungen hin zu formulieren ist, aus der sich die Antwort möglicherweise ergibt. Dadurch entsteht bereits auf der ersten Stufe der vier Denkschritte der – gerade für die Verfassungsinterpretation von Kritikern der herkömmlichen Auslegungsmethoden im Verfassungsrecht[207] immer wieder angemahnte[208] – Zusammenhang zwischen rechtlichem Obersatz und Lebenssachverhalt. Mit Blick auf die vom Sachverhalt jeweils aufgeworfene konkrete Frage bedeutet dies für das Gutachten, daß Ausgangspunkt der rechtlichen Prüfung eine genau zu bezeichnende Rechtsnorm ist[209]. Ihr kommt weichenstellende Bedeutung zu[210].

(2) Normbenennung und Auslegung
Dies führt in dem idealtypischen Modell der Gutachtentechnik zum zweiten Schritt, der *Benennung der Vorschrift*, der die Lösung der im Obersatz aufgeworfenen Problematik entnommen werden kann. Die Bestimmung ist möglichst präzise zu bezeichnen, soweit eine ungeschriebene Verfassungsregel den normativen Maßstab bildet, ist diese exakt zu benennen. Beispiele aus den im 3. Teil behandelten Fällen:

– Der Eingriff in das Grundrecht der Berufsfreiheit ist gerechtfertigt, wenn er sich im Rahmen des Regelungsvorbehalts gem. Art. 12 Abs. 1 S. 2 GG hält (vgl. Fall 1).
– Die Auflösung der Versammlung war rechtmäßig, wenn die Eingriffsvoraussetzungen gem. § 15 Abs. 2 VersG erfüllt gewesen sind und das Ermessen ordnungsgemäß ausgeübt worden ist (vgl. Fall 4).
– Die Beeinträchtigung der freien Entfaltung der Persönlichkeit ist mit dem Übermaßverbot vereinbar, wenn der Grundrechtseingriff einem verfassungslegitimen Ziel dient und das eingesetzte gesetzliche Mittel geeignet, erforderlich und verhältnismäßig zur Zielerreichung ist (vgl. Fall 6).

---

207 Zur Problematik vgl u S 58.
208 Vgl *Hesse* Grundzüge des Verfassungsrechts, Rn 67; *Stein* Staatsrecht, 42 f; umfassend *F. Müller* Juristische Methodik, Rn 397 ff, 481 ff.
209 *Rips* (Fn 157), JuS 1979, 42 (43); *Lemke* (Fn 175), JuS 1991, L 17 (19).
210 *Engisch* Juristisches Denken (Fn 34) 72, arbeitet heraus, daß es um die Gewinnung abstrakter juristischer Urteile aus den Rechtssätzen durch Auslegung und Verstehen der Rechssätze geht und bemerkt pointiert: »Man kann sogar sagen, daß das, was man juristische Methodenlehre nennt, in erster Linie die Gewinnung des juristischen Obersatzes zum Gegenstand hat.«

Müssen mehrere Voraussetzungen einer Bestimmung kumulativ erfüllt sein, ist aber im konkreten Fall nur eine (verfassungs)rechtliche Vorgabe problematisch, wird bei der Normbenennung lediglich darauf eingegangen.

- Beispiel aus Fall 2: Nach Art. 82 Abs. 1 S. 1 GG ist – da die Gegenzeichnung erfolgt ist – allein fraglich, ob das Gesetz nach den Vorschriften des Grundgesetzes zustande gekommen ist.
- Beispiel aus Fall 4: Fraglich ist, ob die Theateraufführung auf dem Marktplatz eine »Versammlung« i. S. d. Art. 8 Abs. 1 GG ist … Anhaltspunkte dafür, daß die Versammlung nicht etwa friedlich und ohne Waffen verlaufen ist, bestehen nach dem Sachverhalt nicht.

Mit der Normbenennung ist nun allerdings in den seltensten Fällen schon die Voraussetzung für die *Rechtsanwendung* geschaffen. Angesichts der Unvollkommenheit sprachlicher Ausdrucksmöglichkeiten und der Mehrdeutigkeit von Gesetzestexten geht der Gesetzesanwendung in der Regel die *Gesetzesauslegung* voraus. Dieser schon auf der Ebene des sog. einfachen Rechts unvermeidliche Zwang zur Norminterpretation besteht angesichts der Offenheit und Weite der Verfassung sowie der vielen knappen Formulierungen des Verfassungsrechts bei der verfassungsrechtlichen Fallbearbeitung allemal. Ferner besteht zwischen dem zweiten und dem dritten Denkschritt eine Wechselbeziehung[211] dergestalt, daß die meisten Elemente der Exegese nur mit Blick auf die Subsumtion (den sog. »Syllogismus«) verständlich werden[212]. Gesetzesauslegung und Verfassungsinterpretation sind in der Fallbearbeitung nicht Selbstzweck, sondern dienen der Lösung der konkreten Aufgabe; unweigerlich muß ständig ein Blick auf den vorgegebenen Sachverhalt geworfen werden[213]. Dies ist zu bedenken, wenn im folgenden idealtypisch die Regeln der Verfassungsinterpretation dargestellt werden.

(a) Bedingungen des Interpretationsprozesses

Die Auslegung von Gesetzen (und insbesondere auch der Verfassung) ist ihrer Struktur nach sowohl ein Erkenntnisakt als auch ein Voluntativakt: »Interpretation als Erschließung des in der Norm vorhandenen Gehalts«

---

211 Zur strukturellen Parallele zwischen dem ersten und zweiten Denkschritt vgl o Text zu Fn 207–209.
212 *Schmalz* Methodenlehre (Fn 35) Rn 223 ff.
213 Vgl ie zur fallbezogenen Auslegung (Hin- und Herwandern des Blickes zwischen Norm/Rechtsbegriff und Lebenssachverhalt) *Engisch* Juristisches Denken (Fn 34) 74 ff.

sowie »als schöpferische Leistung des Interpreten«[214]. Unter der Herrschaft des Grundgesetzes darf einer Rechtsnorm nicht etwa – gleichsam als Ergebnis eines freien Willensaktes – eine beliebige Bedeutung nach der subjektiven Meinung des Interpreten zugewiesen werden. Die Normativität der Verfassung zwingt vielmehr umgekehrt den Interpreten, sein Ergebnis aus der Rechtsnorm zu gewinnen. Denn nach Art. 20 Abs. 3 GG ist die Gesetzgebung an die verfassungsmäßige Ordnung, und die vollziehende Gewalt und die Rechtsprechung sind an Gesetz und Recht gebunden. Speziell für den Grundrechtsbereich bekräftigt Art. 1 Abs. 3 GG, daß die Grundrechte sowohl Gesetzgebung als auch vollziehende Gewalt und Rechtsprechung als unmittelbar geltendes Recht binden.

Daraus folgt für die Fallbearbeitung, daß zur Lösung des in der Aufgabenstellung dokumentierten Interessenwiderstreits anhand objektivierbarer rechtswissenschaftlicher Kriterien eine von anderen nachvollziehbare, plausible und überzeugende Auslegung gefunden werden muß[215]. Um diese Prämisse erfüllen zu können, muß zunächst Klarheit über die Funktion der Verfassungsinterpretation herrschen (b). Sodann muß erkannt werden, daß es bei der Verfassungsinterpretation nicht schlicht um das Auffinden von etwas in der Rechtsordnung konkret Vorgegebenem geht. Es handelt sich vielmehr um einen Auslegungsprozeß, in dem zwischen den Zielen der Auslegung (c), den Methoden der Auslegung (d) sowie den logischen Schlußfolgerungen (f) unterschieden werden muß[216]; im Verfassungsrecht treten zu den herkömmlichen allgemeinen Auslegungsmethoden Besonderheiten der Interpretation hinzu (e). Schließlich kann man nach dem Verhältnis der verschiedenen Kriterien zueinander fragen (g).

(b) Funktion der Verfassungsinterpretation

Aufgabe einer jeden rechtlichen Interpretation ist die Ermittlung des (Sinn-)Gehalts der Rechtsnorm zum Zweck der Rechtsanwendung im konkreten Fall, um die aufgeworfene(n) Frage(n) beantworten zu können[217]. Die Rechtsgewißheit, die der Interpret verschafft, besteht allerdings nicht nur um der Entscheidung willen. Gefordert ist vielmehr die nach der normati-

---

214 *Isensee* Vom Ethos des Interpreten – Das subjektive Element der Normauslegung und seine Einbindung in den Verfassungsstaat, in: FS G. Winkler, 1997, 367 (369).
215 *Tettinger* Juristische Arbeitstechnik (Fn 6) 123 f.
216 *Brugger* Konkretisierung des Rechts und Auslegung der Gesetze, AöR 119 (1994) 1 (20).
217 *Tettinger* Juristische Arbeitstechnik (Fn 6) 124; *Schmalz* Methodenlehre (Fn 35) Rn 219.

ven Ordnung richtige, d. h. nach der einschlägigen Rechtsnorm begründete Entscheidung. Funktion der Verfassungsinterpretation ist es daher, das verfassungsmäßig richtige Ergebnis in einem rationalen und kontrollierbaren Verfahren zu finden und dieses Ergebnis rational und kontrollierbar zu begründen[218].

Nun ist bereits mehrfach darauf hingewiesen worden, daß viele Normen des Verfassungsrechts von einer gewissen Weite und Offenheit sind, so daß Zweifel daran entstehen könnten, ob es bei der Verfassungsinterpretation »das richtige Ergebnis« überhaupt geben kann. Die strukturellen und inhaltlichen Eigenarten des Verfassungsrechts legen vielmehr die Vermutung nahe, daß verschiedene Interpreten bei der Auslegung einer Verfassungsbestimmung zu unterschiedlichen Ergebnissen gelangen können. In der Tat belegen etliche Ausarbeitungen im 3. Teil diesen Befund[219]. Auch das BVerfG scheint zu bestätigen, daß es die *eine* richtige Entscheidung bei der Verfassungsinterpretation nicht gibt[220]:

> »Die Auslegung insbesondere des Verfassungsrechts hat den Charakter eines Diskurses, in dem auch bei methodisch einwandfreier Arbeit nicht absolut richtige, unter Fachkundigen nicht bezweifelbare Aussagen dargeboten werden, sondern Gründe geltend gemacht, andere Gründe dagegengestellt werden und schließlich die besseren Gründe den Ausschlag geben sollen.«

Aus dieser zutreffenden Beschreibung eines faktischen Phänomens darf indes nicht die juristische Schlußfolgerung gezogen werden, im Rechtssinne sei »richtig« jeweils eine Vielzahl möglicher Interpretationsergebnisse und Fallösungen. Die Leitidee der einen »richtigen« Interpretation ist vielmehr für die Rechtswissenschaft unaufgebbar[221]. Dies gilt auch und gerade für die Auslegung im Verfassungsrecht. Geht es auch dort letztlich um »die Ermittlung des genauen Sinns« von Rechtsnormen[222], kann es keine beliebig

---

218 *Hesse* Grundzüge des Verfassungsrechts, Rn 51.
219 Signifikante Beispiele unterschiedlicher Verfassungsinterpretation mit entsprechend divergierenden Konsequenzen für die Rechtsanwendung: Fall 2 zum Verhältnis zwischen freiem Mandat und Parteibindung des Abgeordneten sowie zur Prüfungskompetenz des Bundespräsidenten bei der Gesetzesausfertigung; Fall 5 zur Abschaffung oder Beibehaltung der Briefwahl; Fall 7 zur (jahrzehntelang durch die Rspr bejahten) Zulässigkeit der Beschränkung der Feuerwehrdienstpflicht auf Männer; Fall 8 zur Geltung des Vorbehalts des Gesetzes bezüglich der Regierungsorganisation.
220 BVerfGE 82, 30 (38 f).
221 *Isensee* FS Winkler (Fn 214) 369: »Die Idee der Richtigkeit ist die ratio essendi der Rechtswissenschaft.«
222 *Stein* Staatsrecht, 35.

austauschbaren Sinngehalte geben. Die »Richtigkeit« prägt als regulative Idee die Verfassungsinterpretation ebenso wie die übrige Gesetzesauslegung[223].

(c) Ziel der Verfassungsinterpretation

Zu den Bedingungen der Verfassungsinterpretation (a) ist bereits darauf hingewiesen worden, daß die juristische Methode an die Stelle subjektiver Beliebigkeit objektive Kriterien zur Rechtserkenntnis setzt. Allein sie genügen, so war erkannt worden, rechtsstaatlichen Anforderungen und ermöglichen rational nachvollziehbare Darstellungen. Das schließt nicht aus, daß der an Gesetz und (Verfassungs-)Recht gebundene (Art. 20 Abs. 3 GG) Rechtsanwender im Rahmen des Zulässigen (d. h. methodisch im Rahmen der teleologisch-funktionalen Interpretation) soziale, wirtschaftliche, technische etc. Faktoren aus dem realen Umfeld bei der Rechtsgewinnung berücksichtigt. Der Vorrang der Verfassung und das Gesetzmäßigkeitsprinzip ziehen aber unübersteigbare Grenzen; Änderungen der durch Art. 20 Abs. 3 GG dem Interpreten und Rechtsanwender auferlegten Bindungen sind in die Kompetenz der rechtsetzenden Organe gelegt.

Vor diesem Hintergrund hat sich in dem – bisweilen überbewerteten – Disput um das maßgebliche *Auslegungsziel* zwischen der subjektiven Theorie und der objektiven Theorie[224] jedenfalls im Öffentlichen Recht die Auffassung durchgesetzt, daß Ziel der Gesetzesauslegung der sog. »objektivierte Wille des Gesetzgebers« (und nicht etwa subjektive Vorstellungen der am Zustandekommen eines Gesetzes Beteiligten) ist[225]. Konsequenterweise gilt auch für das Verfassungsrecht, daß Ziel der Auslegung der *objektive Sinngehalt* einer Norm ist[226]. Das bedeutet nicht, daß der »Wille des Gesetzgebers« bzw. des verfassungsändernden Gesetzgebers (Art. 79 GG) völlig unmaßgeblich wäre. Insbesondere im Rahmen der verfassungskonformen

---

223 Zutr der Hinw von *Isensee* FS Winkler (Fn 214) 370, als regulative Idee könne die Richtigkeit durchweg nicht rein, nicht vollständig und nicht endgültig verwirklicht werden, sondern idR sei nur eine Annäherung möglich; das aber sei kein Argument gegen die regulative Idee als solche.

224 Vgl dazu ie *Deckert* Die Methodik der Gesetzesauslegung, JA 1994, 412 (413 f); *Brugger* (Fn 216), AöR 119 (1994) 1 (19 f); *Zippelius* Methodenlehre (Fn 35) 21 ff; *Larenz/Canaris* Methodenlehre (Fn 35) 137 ff; *Engisch* Juristisches Denken (Fn 34) 110 ff; *Wank* Auslegung von Gesetzen (Fn 35) 33 ff; *J. Vogel* Juristische Methodik (Fn 35) 129 f.

225 BVerfGE 1, 299 (312); 11, 126 (130); 62, 1 (45); 79, 106 (121); *Tettinger* Juristische Arbeitstechnik (Fn 6) 124.

226 *Maurer* Staatsrecht, § 1 Rn 49; *Sachs* in: ders, GG, Einf Rn 37; letztlich auch *Stein* Staatsrecht, 35, jedoch in dem Sinne, daß objektives Recht Element der sozialen

Auslegung[227] weist das BVerfG immer wieder darauf hin, daß diese ihre Grenze unter anderem dort findet, wo sie zu »dem klar erkennbaren Willen des Gesetzgebers in Widerspruch treten würde«[228]. Damit ein gesetzgeberisches Anliegen (Regelungsziel) bei der Interpretation Berücksichtigung finden kann, muß es aber wenigstens andeutungsweise im Normtext einen Niederschlag gefunden haben[229].

Ist dies der Fall, kann der »objektivierte Wille« bei der Heranziehung der Entstehungsgeschichte einer Norm für ihre Auslegung eine nicht unwesentliche Bedeutung erlangen[230]. Die herkömmlichen Auslegungsmethoden sind also in der Lage, gesetzgeberischen Regelungsabsichten Rechnung zu tragen. Das ändert aber nichts daran, daß für das *Erkenntnisziel* der Verfassungs- oder Gesetzesexegese die sog. objektive Auslegungstheorie maßgebend ist[231]. Nur so können im übrigen die Verfassungsrechtslage und die Gesetzeslage vor Erstarrung bewahrt und im Rahmen des methodisch Zulässigen veränderten Bedingungen der Lebenswirklichkeit durch Interpretation angepaßt werden[232].

(d) Methoden der Verfassungsinterpretation

Die – keineswegs abgeschlossene – Diskussion um den Kanon der richtigen Methoden zur Gesetzesauslegung hat die herrschende[233] – vielfach jedoch

---

227 Vgl dazu u S 71 f.

228 BVerfGE 90, 263 (275); 93, 37 (81); 98, 17 (45); 99, 341 (358).

229 BVerfGE 86, 59 (64); BVerwGE 90, 265 (269).

230 *Kenntner* Normgeberwille und Verfassungsinterpretation – zur »historischen« Auslegung von Art 72 Abs 2 GG nF, VBlBW 1999, 289 (291 f). – Im Ergebnis führt dies zu einer Kombination von subjektiver und objektiver Auslegungstheorie; vgl *A. Kaufmann* Verfahren der Rechtsgewinnung (Fn 34) 81 ff.

231 Dazu pointiert BVerfGE 36, 342 (362): »Das Gesetz kann eben klüger sein als die Väter des Gesetzes.« – Gemünzt ist diese Formulierung auf das Verhältnis zwischen Art 142 GG und Art 31 GG.

232 Zu Inhalt und Grenzen dieses Interpretationsansatzes *Hesse* Grundzüge des Verfassungsrechts, Rn 77: Möglichkeit eines Verfassungswandels durch Interpretation, aber keine Verfassungsdurchbrechung (Abweichung vom Text im Einzelfall) und keine Verfassungsänderung durch Interpretation.

233 Vgl nur etwa *Gern* Die Rangfolge der Auslegungsmethoden, VerwArch 80 (1989) 415 (416 ff); *Schwintowski* Theorie der juristischen Argumentation, JA 1992, 102 (105); *Deckert* (Fn 224), JA 1984, 412 (414 ff); *Koch/Rüßmann* Juristische Begründungslehre (Fn 34), 1982, 166 ff; *Zippelius* Methodenlehre (Fn 35) 42 ff; *Butzer/Epping* Arbeitstechnik im Öffentlichen Recht (Fn 31) 19 ff; *Larenz/Canaris* Methodenlehre (Fn 35) 141 ff; *Raisch* Juristische Methoden (Fn 34) 138 ff; *Engisch* Juristisches Denken (Fn 34) 92 ff; *Schmalz* Methodenlehre (Fn 35) Rn 230 ff; *J. Vogel* Juristische Methodik (Fn 35) 112 ff.

kritisierte[234] – sog. »klassische Methodenlehre« hervorgebracht. Sie beinhaltet einen Kanon von vier Auslegungskriterien (grammatische, systematische, historische, teleologische Interpretation), die weder beziehungslos noch gleichgewichtig nebeneinander stehen. Diese Auslegungsregeln finden – da die Verfassung nicht eine bestimmte (andere) Auslegungsmethode vorschreibt[235] – auch im Verfassungsrecht Anwendung[236], u. z. in zweifacher Hinsicht: Zum einen sind die Normen der Verfassung unter Heranziehung der herkömmlichen allgemeinen Auslegungsmethoden zu interpretieren[237]; insoweit dienen die klassischen Auslegungskriterien der verfassungsrechtlichen *Maßstabsgewinnung*[238]. Zum anderen kommt der traditionelle Methodenkanon zur Anwendung, wenn eine einfachrechtliche Norm *Gegenstand* der verfassungsrechtlichen Überprüfung ist[239]; aus der Sicht des Verfassungsrechts muß der normative Gehalt der Bestimmung ermittelt werden, um entscheiden zu können, ob die Norm verfassungsmäßig

---

234 Vgl etwa *Herzberg* Kritische Überlegungen zur Methodik der Fallbearbeitung, JuS 1990, 728 und 810 (insbes am Bsp des Strafrechts); *Schlehofer* Juristische Methodologie und Methodik der Fallbearbeitung, JuS 1992, 572 (insbes am Bsp des Strafrechts); *Rinken* Einführung in das juristische Studium (Fn 3) 226 ff; *F. Müller* Juristische Methodik, Rn 151 ff (insbes am Bsp des Verfassungsrechts).

235 BVerfGE 88, 145 (166 f).

236 Signifikante Beispiele aus Teil 3: Interpretation des Art 82 Abs 1 S 1 GG zur Prüfungskompetenz des Bundespräsidenten bei der Gesetzesausfertigung (Fall 2); Auslegung des Art 5 Abs 2 GG zur Ermittlung des Sinngehalts des Merkmals »allgemeine Gesetze« (Fall 3); Deutung des Art 19 Abs 3 GG zur Klärung der Grundrechtsfähigkeit juristischer Personen des Öffentlichen Rechts.

237 *Brugger* (Fn 216), AöR 119 (1994) 1 (22 ff); *Maurer* Staatsrecht, § 1 Rn 49; *Jarass* in: ders/Pieroth, GG, Einl Rn 6; *Sachs* in: ders, GG, Einf Rn 38; *Schmalz* Methodenlehre (Fn 35) Rn 355. – *Pieroth/Schlink* Grundrechte, Rn 8, erklären die »fortdauernde Bedeutung« der klassischen Auslegungsmethoden auch damit, daß es über den Streit um das Methodenproblem bislang nicht gelungen ist, über die Kritik (vgl Nachw 234) hinausgehend neue verläßliche Regeln zu entwickeln. – Gerade das Verfassungsrecht bestätigt diese Diagnose: Nach *Hesse* (Grundzüge des Verfassungsrechts, Rn 68, 69, 76, 78) gelangen die herkömmlichen Auslegungsmethoden bei der Ermittlung des »Normprogramms« zur Anwendung, bei der Erhellung des Normbereichs sei ein problembezogenes, normativ geleitetes und begrenztes topisches Vorgehen angezeigt. *Stein* (Staatsrecht, 35 ff) geht ebenfalls von den herkömmlichen Auslegungsmethoden aus, erklärt dann jedoch die topische Methode wegen ihrer Beliebigkeit für unbrauchbar zur Verfassungskonkretisierung und fordert eine Argumentation mit der sog Folgenanalyse ein (aaO, 40 ff).

238 Das gilt selbstverständlich auch bei der Maßstabsgewinnung auf der Ebene des Gesetzesrechts, also insbes bei der Auslegung von Vorschriften des BVerfGG.

239 Vgl dazu Fall 1, 2, 5, 6, 7; inzidente Normenkontrolle in Fall 3, zT auch in Fall 4 und Fall 9.

oder verfassungswidrig ist[240]. Bei der »verfassungs«konformen Auslegung einer »Gesetzes«bestimmung treffen sich beide Ansätze.

Die Kritik am klassischen Auslegungskanon gerade im Verfassungsrecht als zu positivistisch, zu realitätsfern, in jedem Falle ergänzungsbedürftig[241] hat ihre *sachliche* Wirkung nicht verfehlt. In *methodischer* Hinsicht wird darum gerungen, ob den Besonderheiten der Verfassungsinterpretation durch eine Verbreiterung des Methodenkanons zu begegnen ist (»externe Ergänzung«) oder ob den Eigenarten systemimmanent Rechnung getragen werden kann[242]. Unabhängig davon verdient auch bei der Verfassungsinterpretation zunächst einmal die klassische Auslegungslehre Beachtung.

(aa) Grammatische Auslegung. Das Medium, mit dem Rechtsnormen »transportiert« (»intersubjektiv vermittelbar gemacht«) werden, ist die Sprache. Das gilt für Verfassungsnormen ebenso wie für Normen des einfachen Rechts. Jede Gesetzesauslegung[243] und ebenfalls jede Verfassungsinterpretation[244] beginnt daher mit der Ermittlung des Wortsinns einer Regelung[245]. Die *grammatische (philologische) Interpretation* bildet eine unüberwindliche Schranke der juristischen Auslegung: Der nach dem juristischen Sprachgebrauch noch mögliche Bedeutungsgehalt eines Rechtsbegriffs ist die Grenze der Textexegese[246]; wer die vom Wortsinn markierte

---

240 Anschauliches jüngeres Bsp aus der Praxis: BVerfGE 98, 145 (154 ff) zur Auslegung einer gesetzlichen Inkompatibilitätsvorschrift zwecks Klärung ihrer Vereinbarkeit mit Art 137 Abs 1 GG.

241 *Hesse* Grundzüge des Verfassungsrechts, Rn 55 ff.

242 Vgl dazu u S 70 f.

243 *Gern* (Fn 233), VerwArch 80 (1989) 415 (432, 433); *Schwintowski* (Fn 233), JA 1992, 102 (105); *Deckert* (Fn 224), JA 1994, 412 (414); *Koch/Rüßmann* Juristische Begründungslehre (Fn 234) 166; *Zippelius* Methodenlehre (Fn 35) 45; *Larenz/Canaris* Methodenlehre (Fn 35) 141; *Schmalz* Methodenlehre (Fn 35) Rn 230.

244 *Maurer* Staatsrecht, § 1 Rn 51; *Stein* Staatsrecht, 36 f; *Sachs* in: ders, GG, Einf Rn 40.

245 Maßgeblich ist nicht die umgangssprachliche Bedeutung eines Begriffs, sondern der juristische Sprachgebrauch; *Wank* Auslegung von Gesetzen (Fn 35) 48 f; *J. Vogel* Juristische Methodik (Fn 35) 114 f. – Ausf zum Verhältnis zwischen Recht und Sprache *M. Winkler* Juristische Texte als Werkzeuge, JuS 1995, 1056.

246 Zutr BVerfGE 71, 108 (115) und E 92, 1 (12): »Der mögliche Wortsinn des Gesetzes markiert die äußerste Grenze zulässiger richterlicher Interpretation«; BVerwGE 90, 265 (269): »jede Auslegung des Gesetzes findet ihre absolute Schranke dort, wo der klare Wortlaut ihr entgegensteht«. Aus dem Schrifttum idS *Gern* (Fn 233), VerwArch 80 (1989) 415 (432); *Zippelius* Methodenlehre (Fn 35) 47 und 62; *Larenz/Canaris* Methodenlehre (Fn 35) 143; *J. Vogel* Juristische Methodik (Fn 35) 117.

Grenze ignoriert, betreibt nicht mehr Verfassungsinterpretation bzw. Gesetzesauslegung, sondern (unzulässige) Rechtsfortbildung[247].

Dieser – ersten – Grenzziehung kann nicht etwa »positivistische Enge« oder dergleichen vorgeworfen werden; sie hat vielmehr die Verfassungs- und Gesetzesbindung eines jeden Rechtsanwenders (Art. 20 Abs. 3 GG) auf ihrer Seite[248]. Die Begrenztheit der grammatischen Auslegung wird dabei keineswegs verkannt. Wenn der Wortsinn einer Rechtsnorm oder eines Rechtsbegriffs offen oder gar mehrdeutig ist (vgl. dazu sogleich die Beispiele), wird eben eine erste unübersteigbare Grenze nicht gezogen, und die weiteren Auslegungsmethoden müssen die Klärung des normativen Gehalts bewirken[249]. Im übrigen rechtfertigen auch Schwierigkeiten bei der Sinnermittlung kein Ignorieren des Mediums, dessen sich die Verfassung und die Gesetze bedienen. Deshalb ist es methodisch unhaltbar und inhaltlich mit Art. 20 Abs. 3 GG unvereinbar, wenn das BVerfG formuliert, eine »Auslegung gegen den Wortlaut einer Norm ist aber nicht von vornherein ausgeschlossen, wenn andere Indizien deutlich belegen, daß ihr Sinn im Text unzureichend Ausdruck gefunden hat«[250]. Diese Rechtsprechung wird vom BVerfG selbst widerlegt: Der Interpretation ist nur zugänglich, was im Normtext Niederschlag gefunden hat[251].

Es bleibt also dabei, daß der mögliche Wortsinn eines Gesetzes sowie einer Verfassungsbestimmung die äußerste Grenze zulässiger Interpretation markiert. Das gilt um so mehr, als bereits die grammatische Auslegung vielfach zu eindeutigen Ergebnissen führt oder für eine bestimmte Interpretation spricht. Beispiele:

---

247 Die in der Praxis – zur Lückenschließung – auftretende (richterliche) Rechtsfortbildung des einfachen Gesetzesrechts kommt in Klausur und Hausarbeit nicht in Betracht. – Zur grundsätzlichen Zulässigkeit vgl BVerfGE 98, 49 (59 f); Gegenposition bei *Hillgruber* Richterliche Rechtsfortbildung als Verfassungsproblem, JZ 1996, 118. Aus der Ausbildungsliteratur zu der Thematik *Zippelius* Methodenlehre (Fn 35) 79 ff; *Wank* Auslegung von Gesetzen (Fn 35) 95 ff; *J. Vogel* Juristische Methodik (Fn 35) 83 ff, 160 ff; *Schmalz* Methodenlehre (Fn 35) Rn 416 ff.
248 IdS auch *Hesse* Grundzüge des Verfassungsrechts, Rn 77.
249 Instruktives Bsp aus der Praxis: BVerfGE 94, 49 (95 f) zur Ermittlung des Regelungsgehalts von Art 16a Abs 2 GG: Weder der Wortlaut noch die Entstehungsgeschichte der Vorschrift erlaubten verläßliche Rückschlüsse, wohl aber das Gesamtkonzept der Regelung (Systematik) und ihr Ziel (Telos).
250 So BVerfGE 97, 186 (196), später allerdings einschränkend, es gehe um eine teleologische Reduktion (vgl dazu noch u S 74).
251 Vgl Nachw o Fn 229. – Die Judikatur zu Fn 250 widerspricht auch Erkenntnissen zu den Grenzen der verfassungskonformen Auslegung: gegen den Wortlaut eines Gesetzes unzulässig, BVerfGE 99, 341 (358) mwN zur stRspr.

- *Fall 2:* Die Formulierung in Art. 82 Abs. 1 S. 1 GG, daß der Bundespräsident die »nach den Vorschriften dieses Grundgesetzes zustande gekommenen Gesetze« ausfertigt, deutet sehr stark darauf hin, daß der Bundespräsident jedenfalls über eine formelle Prüfungskompetenz verfügt.
- *Fall 4:* Der Text von Art. 8 Abs. 2 GG bringt unmißverständlich zum Ausdruck, daß die Versammlungsfreiheit einem einfachen Gesetzesvorbehalt unterliegt; aus Art. 5 Abs. 3 GG ergibt sich ebenso unmißverständlich, daß die Kunstfreiheit einem Schrankenvorbehalt verfassungstextlich nicht unterworfen ist.
- *Fall 5:* Der strikte Wortlaut des Art. 76 Abs. 2 S. 1 GG läßt kaum Spielraum für eine Interpretation, die die Bestimmung als bloße Ordnungsvorschrift begreift und einen Verstoß gegen die Regelung als rechtlich irrelevant und folgenlos erachtet.
- *Fall 7:* Art. 3 Abs. 2 S. 1 GG ist eindeutig dahingehend formuliert, daß sich das Gleichberechtigungsgebot auf die Geschlechter (und nicht etwa auf andere Personenkreise) erstreckt; das Diskriminierungsverbot gem. Art. 3 Abs. 3 S. 1 GG knüpft nach dem Wortlaut u. a. ebenfalls an das Geschlecht an.

Oftmals ist der Verfassungswortlaut jedoch offen, das Normverständnis nach dem Wortsinn also ambivalent, so daß erst mit Hilfe der anderen Interpretationskriterien eindeutige Auslegungsergebnisse erzielt werden können. Beispiele:

- *Fall 5:* Allein dem Wortlaut des Art. 84 Abs. 1 GG läßt sich nicht entnehmen, ob das Änderungsgesetz zum BWahlG zustimmungspflichtig ist oder nicht.
- *Fall 6:* Ob das Reiten im Wald als »freie Entfaltung der Persönlichkeit« vom Schutzbereich des Art. 2 Abs. 1 GG erfaßt wird, läßt sich nicht schon aufgrund des Verfassungswortlauts beantworten.
- *Fall 7:* Der Wortlaut des Art. 100 Abs. 1 GG gibt nicht kund, daß nur nachkonstitutionelle förmliche Gesetze bei der konkreten Normenkontrolle vorlagefähig sind.
- *Fall 8:* Der Vorbehalt des Gesetzes ist – als allgemeine verfassungsrechtliche Kategorie – an keiner Stelle der Verfassung ausdrücklich erwähnt. Dem Wortlaut der Art. 20, 28 Abs. 1 S. 1 GG läßt sich nicht entnehmen, daß der allgemeine Vorbehalt des Gesetzes im Rechtsstaats- und Demokratiegebot verankert ist.
- *Fall 9:* Der Wortlaut des Art. 19 Abs. 3 GG läßt offen, ob juristische Personen des Öffentlichen Rechts grundrechtsberechtigt sind. Der Ver-

fassungstext des Art. 14 GG sagt nicht, was unter einer »Enteignung« und was unter einer »Inhalts- und Schrankenbestimmung« zu verstehen ist.

Schließlich stößt die Wortlautinterpretation auch dort auf Grenzen, wo einem Rechtsbegriff im juristischen Sprachgebrauch nicht immer derselbe Bedeutungsgehalt zukommt. Wird der Begriff in verschiedenen Gesetzen benutzt, ergibt sich dies mitunter aufgrund der jeweiligen Systematik. Aber auch innerhalb desselben Gesetzes bzw. der Verfassung kann dem Wortsinn eine unterschiedliche juristische Bedeutung zukommen. Beispiele:

- *Fall 1 und Fall 5:* Während der Begriff »öffentliche Gewalt« in Art. 19 Abs. 4 S. 1 GG nach h.M. nur die Exekutive umfaßt, ist das Begriffsverständnis in Art. 93 Abs. 1 Nr. 4a GG, § 90 Abs. 1 BVerfGG weiter und umfaßt alle drei grundrechtsgebundenen (vgl. Art. 1 Abs. 3 GG) Staatsfunktionen.
- *Fall 3:* Was ein »allgemeines« Gesetz ist, wird in Art. 5 Abs. 2 GG und in Art. 19 Abs. 1 S. 1 GG unterschiedlich beantwortet.
- *Fall 6:* Auch der Begriff »verfassungsmäßige Ordnung« hat in Art. 2 Abs. 1 GG einen anderen Bedeutungsgehalt als in Art. 9 Abs. 2 GG und in Art. 20 Abs. 3 GG.

Insgesamt zeigt sich, daß der Wortlaut einer (Verfassungs-)Bestimmung bei der Auslegung eine bestimmte (Vor-)Klärung bringen kann, daß er in anderen Fällen aber nicht (entscheidend) weiterhilft, so daß die anderen Auslegungsmethoden die Bedeutung des Rechtssatzes erschließen müssen.

(bb) Systematische Auslegung. Die systematische Auslegung trägt dem Umstand Rechnung, daß jeder Rechtssatz in ein größeres Normengefüge eingebettet ist. Sie stellt eine Regelung in einen objektiv sinnvollen Bedeutungszusammenhang mit anderen Vorschriften des Gesetzes, bisweilen auch mit der übrigen Rechtsordnung[252]. Dem liegt die Prämisse zugrunde, daß sachliche Zusammenhänge im Gesetz in einem verständlichen Sinne geregelt sind, mithin ein widerspruchsfreies Rechtsnormensystem existiert[253]. Dahinter steht als regulative Idee die Wahrung der »Einheit des Rechts«, die logische Widersprüche zu vermeiden sucht und (potentielle)

---

252   Ausf dazu *Zippelius* Methodenlehre (Fn 35) 52 ff; *Raisch* Juristische Methoden (Fn 34) 147 ff; *Wank* Auslegung von Gesetzen (Fn 35) 63 ff; *Schmalz* Methodenlehre (Fn 35) Rn 243 ff.
253   BVerfGE 48, 246 (257); *Tettinger* Juristische Arbeitstechnik (Fn 6) 127 f.

Normenkonflikte zu einem gerechten und schonenden Ausgleich bringen möchte[254].

Die systematische Auslegung gilt insbesondere auch für die Verfassungsinterpretation[255]. Ebenso wie eine Gesetzesvorschrift im einfachen Recht darf auch eine Verfassungsnorm nicht isoliert betrachtet und allein aus sich heraus ausgelegt werden. Auch sie steht in einem Sinnzusammenhang mit den übrigen Vorschriften der Verfassung[256]. Folglich zielt die systematische Verfassungsinterpretation auf die Ermittlung des normativen Gehalts eines Verfassungsrechtssatzes, indem dessen Stellung im Verfassungsgefüge analysiert wird.

Zu unterscheiden ist zwischen dem äußeren System und dem inneren System[257]. Das *äußere System* wird durch die Gliederung eines Gesetzes bzw. der Verfassung bestimmt. Der Bedeutungszusammenhang erklärt sich von daher aus dem Kontext und dem systematischen Ort einer Norm. Die hieran anknüpfende logisch-systematische Auslegung führt mitunter zu eindeutigen Interpretationsergebnissen[258]. Beispiele:

- *Fall 1:* Daß der Begriff »öffentliche Gewalt« i. S. d. § 90 Abs. 1 BVerfGG auch die Gesetzgebung und die Rechtsprechung umfaßt, zeigt die Heranziehung der §§ 93 Abs. 3, 94 Abs. 3, 95 Abs. 2 und 3 BVerfGG.
- *Fall 2 und Fall 5:* Die Kompetenzbestimmung in Art. 38 Abs. 3 GG zeigt, daß Gegenstand bundesgesetzlicher Regelungen sowohl das Bundestagswahlrecht (Art. 38 Abs. 1 S. 1 GG) als auch die Rechtsstellung der Bundestagsabgeordneten (Art. 38 Abs. 1 S. 2 GG) sein kann.
- *Fall 4:* Die Schranken der »allgemeinen Gesetze« in Art. 5 Abs. 2 GG beziehen sich aufgrund des systematischen Standorts dieser Schranken-

254 *Zippelius* Methodenlehre (Fn 35) 43. – Überzogen allerdings BVerfGE 98, 106 (118 f), wonach sich die Widerspruchsfreiheit der Rechtsordnung aus dem Rechtsstaatsgebot ergeben soll und eine widerspruchsfreie Gesamtkonzeption auch dort postuliert wird, wo mehrere Normgeber tätig sind. Kritik dazu bei *Lege* Kooperationsprinzip contra Müllvermeidung?, Jura 1999, 125 (128); Versuch einer Rechtfertigung hingegen durch *Sodan* Das Prinzip der Widerspruchsfreiheit der Rechtsordnung, JZ 1999, 864.
255 *Maurer* Staatsrecht, § 1 Rn 55; *Stein* Staatsrecht, 40 f; *Jarass* in: ders/Pieroth, GG, Einl Rn 6; *Sachs* in: ders, GG, Einf Rn 42.
256 BVerfGE 99, 1 (11) – zum Verhältnis zwischen dem allgemeinen Gleichheitssatz (Art 3 Abs 1 GG) und der Wahlrechtsgleichheit (Art 38 Abs 1 S 1 GG) sowie deren Geltung im Landesverfassungsrecht (Art 28 Abs 1 S 2 GG).
257 *Larenz/Canaris* Methodenlehre (Fn 35) 263 ff und 302 ff; im Anschluß daran *J. Vogel* Juristische Methodik (Fn 35) 120 ff.
258 Selbstverständlich findet sich auch das Gegenteil. Bsp: Fall 2 zur materiellen Prüfungskompetenz des Bundespräsidenten bei der Gesetzesausfertigung, wo systematische Überlegungen »pro et contra« kein klares Ergebnis liefern.

regelung (*nach* Abs. 1 und *vor* Abs. 3) sowie des – durch den Wortlaut angedeuteten (»Diese Rechte …«) – Bedeutungszusammenhangs nur auf die Grundrechte gem. Art. 5 Abs. 1 GG und nicht auf diejenigen gem. Art. 5 Abs. 3 S. 1 GG.

– *Fall 7:* Art. 117 Abs. 1 GG zeigt, daß Art. 3 Abs. 2 S. 1 GG auch auf den Fall der rechtlichen (und nicht nur der faktischen) Gleichbehandlung anwendbar ist; bei der Auslegung des Art. 12 Abs. 2 GG ergibt die Mitberücksichtigung von Art. 3 Abs. 3 S. 1 GG und von Art. 12a Abs. 1, Abs. 4 GG, daß »herkömmliche« Dienstleistungspflichten keine Differenzierungen nach dem Geschlecht festschreiben (wollen).

– *Fall 8:* Die ausdrückliche Erstreckung des Gesetzesvorbehalts auf die Verwaltung unterhalb der Regierungsebene in Art. 77 S. 1 LV NW und das Absehen von einer Vorbehaltsregelung bei der Regierungsbildung (Art. 52 LV NW) deuten sehr stark darauf hin, daß die Kabinettsorganisation nicht dem Vorbehalt des Gesetzes unterliegt.

Das zuletzt genannte Beispiel weist bereits darauf hin, daß die systematische Auslegung hinreicht bis zu den logischen Schlußfolgerungen, auf die noch gesondert einzugehen ist (f).

Das *innere System*, das seiner Struktur nach auf Offenheit hin angelegt ist[259], knüpft die Einheit der Rechtsordnung an ihren Stufenbau und an ihre Prinzipien und versucht von daher Wertungswidersprüche zu vermeiden. Hierhin gehören die später zu behandelnden Besonderheiten der Verfassungsinterpretation (e), wie z.B. die »verfassungskonforme Auslegung« und die »praktische Konkordanz«.

(cc) Historisch-genetische Auslegung. Die historisch-genetische Auslegung[260] fragt nach der Entstehung einer Rechtsnorm und ihrer weiteren

---

259 *Larenz/Canaris* Methodenlehre (Fn 35) 314ff, stellen den offenen und fragmentarischen Charakter des inneren Systems heraus und betonen mit Blick auf die Wandlungsfähigkeit der zugrunde liegenden Prinzipien, daß ein offenes System immer unvollendet und unvollendbar sei, daß aber unter Rückgriff auf das äußere System jeweils eine Systembildung gelingen könne.

260 Historische und genetische Interpretation werden mitunter als zwei verschiedene Auslegungskriterien oder doch als zwei zu unterscheidende Auslegungsvarianten der entstehungsgeschichtlichen Interpretation aufgefaßt; vgl zB *Brugger* (Fn 216), AöR 119 (1994) 1 (26f); *Deckert* (Fn 224), JA 1994, 412 (415f); *J. Vogel* Juristische Methodik (Fn 35) 128f; speziell zum Verfassungsrecht *Maurer* Staatsrecht, § 1 Rn 52 und Rn 54. Es herrscht jedoch keine Klarheit darüber, wie weit das »historische« und wie weit das »genetische« Element reicht, so daß jene Differenzierung letztlich nicht weiterführt; vgl *Koch/Rüßmann* Juristische Begründungslehre (Fn 34) 34f; *Tettinger* Juristische Arbeitstechnik (Fn 6) 128f.

Entwicklung (z. B. Anlaß, Grund, Art und Ziel von Änderungen). Es geht also darum, die Entstehungsgeschichte bei der Ermittlung des normativen Gehalts eines Rechtssatzes fruchtbar zu machen[261].

Dieses Auslegungs*kriterium* darf nicht mit dem oben (c) erörterten Auslegungs*ziel* der subjektiven Auslegungstheorie verwechselt werden. Die historisch-genetische Auslegung erforscht zwar auch Absichten und Motive z. B. von Gesetzgebungsorganen, aber letztlich doch nur zur Ermittlung des objektiven Gesetzesinhalts. Zudem bleibt die Interpretationsmethode nicht bei den Vorstellungen und Zielrichtungen des »historischen Gesetzgebers« stehen, sondern ergründet zudem anhand der Gesetzesmaterialien (Entwürfe und Entwurfsbegründungen, Beratungsprotokolle, Berichte von Parlamenten sowie Ausschüssen und Kommissionen etc.) – also aufgrund äußerer Umstände – den objektiven Hergang zur Entstehung einer Norm (Entwurfsfassung, Veränderung, Ergänzung usw.), um Erkenntnisse über den Norminhalt zu gewinnen. Die Berücksichtigung der Entstehungsgeschichte bei der Interpretation einer Norm bezieht folglich sowohl subjektive Vorstellungen der am Rechtsetzungsprozeß beteiligten Organe als auch objektive Entstehungsbedingungen, Leitbilder und Zeitumstände ein[262].

Auch im Verfassungsrecht zählt die Entstehungsgeschichte zu den anerkannten Methoden im Auslegungskanon[263]. In der Praxis wird ihre Aussagekraft zwar verbal nicht sehr hoch veranschlagt, bei der tatsächlichen Exegese jedoch intensiv genutzt. So soll das Auslegungskriterium, gleichsam eine Hilfsfunktion einnehmend, nur die Richtigkeit eines nach den anderen Auslegungsmethoden bereits gefundenen Ergebnisses bestätigen oder letzte noch verbleibende Zweifel ausräumen[264]; tatsächlich jedoch wird die Entstehungsgeschichte, wo sie aussagekräftig ist, gleichberechtigt neben den anderen Methoden fruchtbar gemacht, um den normativen Gehalt einer Verfassungsbestimmung zu erschließen[265]. In Übung und Examen kommt

---

261　Einzelheiten dazu bei *Larenz/Canaris* Methodenlehre (Fn 35) 149 ff; *Raisch* Juristische Methoden (Fn 34) 145 ff; *Schmalz* Methodenlehre (Fn 35) Rn 261 ff.
262　Instruktiv zum Verfassungsrecht *Stein* Staatsrecht, 38 ff.
263　*Jarass* in: ders/Pieroth, GG, Einl Rn 6; *Sachs* in: ders, GG, Einf Rn 41.
264　So vor allem BVerfGE 11, 126 (130); 62, 1 (45); der Entstehungsgeschichte eine »bestätigende« Funktion zuerkennend auch E 67, 100 (130) und E 83, 341 (354); ebenso *Gern* (Fn 233), VerwArch 80 (1989) 415 (426 f); *Tettinger* Juristische Arbeitstechnik (Fn 6) 128; *Butzer/Epping* Arbeitstechnik im Öffentlichen Recht (Fn 31) 21.
265　Aus der jüngeren Rspr vgl etwa BVerfGE 88, 40 (56 f) zu Art 7 Abs 5 GG; BVerfGE 92, 91 (111 f) zu Art 12 Abs 2 GG (vgl dazu auch Fall 7); BVerfGE 96, 139 (149) zu Art 29 Abs 4 GG; BVerfGE 99, 1 (13 ff) zur Wahlrechtsgleichheit gem Art 28

die historisch-genetische Auslegung naturgemäß nur bei der Hausarbeit in Betracht (vgl. dazu Fall 3).

(dd) Teleologische Auslegung. Die *teleologische Auslegung* – auch funktionale oder teleologisch-funktionale oder objektiv-teleologische Auslegung genannt – fragt nach dem Sinn und Zweck einer Rechtsnorm (ratio legis, telos = Ziel einer Regelung)[266]. Ihr liegt die Prämisse zugrunde, daß kein Rechtssatz um seiner selbst willen erlassen wird, sondern (allein oder in Verbindung mit anderen Regelungen) der Verwirklichung bestimmter Ziele dienen soll. Das gilt – mit Blick auf die Politikgestaltung – auch im Organisationsrecht. Soweit es um Rechtsnormen im Staat-Bürger-Verhältnis geht, zielen die Normen in der Regel auf die Steuerung sozialen Verhaltens[267].

Damit gerät notwendigerweise der Realbereich mit in den Blick[268], und die dortige Interessenlage wird der Analyse des Interpreten zugänglich. Da es der teleologischen Auslegung um eine *sachgemäße* Lösung im konkreten Fall geht[269], entsteht an dieser Stelle eine »offene Flanke«. Diese ist nicht von vornherein negativ zu bewerten. Gewiß besteht eine Gefahr für die Gesetzesbindung (Art. 20 Abs. 3 GG), wenn ein einzelner Interpret notwendige Wertungen mit seinem persönlichen Vorverständnis ausfüllt[270]. Auf das Ganze gesehen aber ist die Rechtsordnung flexibel genug, um gesellschaft-

---

Abs 1 S 2, 38 Abs 1 S 1 GG. – Überdies kommt die verfassungsgerichtliche Praxis nicht umhin, ein Gesetz als Prüfungs*gegenstand* (vgl Text zu Fn 239) mit Hilfe der Entstehungsgeschichte zu erschließen, um die Verfassungsmäßigkeit beurteilen zu können; vgl nur zB BVerfGE 89, 291 (303) zu § 10 BWahlG; BVerfGE 90, 1 (17 f) zu § 1 GjS; BVerfGE 91, 367 (387) zu § 84 BPersVG; BVerfGE 95, 64 (95 f) zu Art 4 WoBindÄndG.

266   Einzelheiten dazu bei *Drüen* Über »Sinn und Zweck« des Gesetzes. – Die Struktur der teleologischen Auslegung, JuS 1997, L 81; *Zippelius* Methodenlehre (Fn 35) 50 ff; *Larenz/Canaris* Methodenlehre (Fn 35) 153 ff; *Wank* Auslegung von Gesetzen (Fn 35) 79 ff; *Schmalz* Methodenlehre (Fn 35) Rn 272 ff.

267   *Zippelius* Methodenlehre (Fn 35) 50.

268   Zu der daran anschließenden Einbeziehung der Sozialwissenschaften vgl *Rinken* Einführung in das juristische Studium (Fn 3) 267 ff.

269   Pointiert zur Wechselbezüglichkeit zwischen vorgegebenen Sachstrukturen und der teleologischen Auslegung *Larenz/Canaris* Methodenlehre (Fn 35) 154, unter Hinw darauf, daß sich die Beachtlichkeit dieser Methode für die Auslegung daraus ergebe, »daß das betreffende Gesetz – was im Zweifel anzunehmen ist – eine der *Sache angemessene* Regelung bezweckt«.

270   Vgl dazu *Koch/Rüßmann* Juristische Begründungslehre (Fn 34) 169 ff, 210 ff; zur »Normalität« des hermeneutischen Zirkels zwischen dem Vorverständnis des Interpreten und dem zu interpretierenden Gesetzestext *J. Vogel* Juristische Methodik (Fn 35) 119 Fn 31.

liche Veränderungen zu berücksichtigen[271] und einen Bedeutungswandel von Rechtsnormen in der Realität durch Fortentwicklung der Interpretation zu manifestieren[272]. Damit wird nicht etwa einer »normativen Kraft des Faktischen« Tür und Tor geöffnet. Es wird aber der – in der Realität doch unvermeidliche – dialektische Prozeß bei der Gesetzesauslegung anerkannt[273], der die Rechtsordnung im übrigen davor bewahrt, »blutleer« zu werden.

Die entscheidende Frage nach der Ermittlung des Normzwecks ist angesichts des großen Normenbestandes und der unzähligen Funktionen einzelner Vorschriften generell nicht zu beantworten[274]. Für das einfache Gesetzesrecht lassen sich immerhin einige Regeln – beginnend mit ausdrücklichen Zweckbestimmungen in neueren Gesetzen bis hin zur Ermittlung von Wertungsgesichtspunkten aus Grundrechten – zur Erschließung des Gesetzeszwecks aufstellen[275]. Für die Verfassungsinterpretation fehlen derartige Anknüpfungsmöglichkeiten, so daß die normativ abgesicherte und rational begründete teleologische Auslegung hier unter wesentlich schwierigeren Umständen zu leisten ist.

Im Ausgangspunkt ist es zweckmäßig, zwischen konkreten Verfassungszwecken und allgemeinen Zwecken des Verfassungsrechts zu unterscheiden[276]. In der erstgenannten Kategorie sind Sinn und Zweck gleichsam Pro-

---

271 Beispiele dazu aus Teil 3: Ehrenamtliches Engagement von Arbeitnehmern und berufliche Freistellung (Fall 1); Mobilität der Bevölkerung und Funktion der Briefwahl (Fall 5); Freizeitverhalten der Individuen und Abgrenzung konfligierender Nutzerinteressen in der freien Natur (Fall 6); Rolle der Frau in der Gesellschaft und Feuerwehrdienst (Fall 7); Umweltgefährdungen und Sozialbindung des Eigentums (Fall 9).

272 *Zippelius* Methodenlehre (Fn 35) 51 f.

273 Vgl bereits o Text zu und in Fn 213.

274 Aus diesem Befund werden – hier nicht weiter zu verfolgende – radikale Konsequenzen gezogen: Für eine (weitgehende) Verabschiedung der teleologischen Auslegung *Herzberg* Kritik der teleologischen Gesetzesauslegung, NJW 1990, 2525; weitgehend zust *Deckert* (Fn 224), JA 1994, 412 (417). – Demgegenüber *Stein* Staatsrecht, 36: Es gibt nicht vier klassische Auslegungsmethoden, sondern nur eine einzige, die teleologische, deren drei Elemente die sprachliche, die historische und die systematische Interpretation sind. – Ganz anders wiederum *Raisch* Juristische Methoden (Fn 34) 149: teleologische Auslegung als Unterfall der systematischen Auslegung.

275 Übersicht dazu bei *Schoch* Übungen im Öffentlichen Recht II, 38 f.

276 Auf der Ebene des einfachen Gesetzesrechts unterscheidet *J. Vogel* Juristische Methodik (Fn 35) 124, zwischen »konkreten Gesetzeszwecken« und »allgemeinen Rechtszwecken«.

dukt der anderen Auslegungsmethoden, denen es ja auch um die ratio der Norm geht[277]. Ein signifikantes Beispiel hierfür bietet die Auslegung von Art. 76 Abs. 2 S. 1 GG in Fall 5. Sodann kann für die praktische Rechtsanwendung ergänzend auf Präjudizien zurückgegriffen werden[278] (vgl. auch § 31 BVerfGG), vor allem aber kann die Dogmatik des Verfassungsrechts fruchtbar gemacht werden[279]:

– Das Verständnis der Grundrechte als Freiheitsrechte wird durch den Wortlaut vieler Bestimmungen ausdrücklich gestützt (vgl. Art. 2 Abs. 1, 4 Abs. 1, 5 Abs. 1 und Abs. 3, Art. 11 Abs. 1, Art. 12 Abs. 1, Art. 18 GG); die Grundrechtssystematik, die die Schrankenvorbehalte dem Schutzbereich nachordnet, ist Basis für die Entwicklung des Übermaßverbots (als Schranken-Schranke).

– Die vielfältigen Kompetenzzuordnungen im Staatsorganisationsrecht markieren zugleich Kompetenzgrenzen und bringen in der Gesamtheit ein normatives Konzept zum Ausdruck, das auf Gewaltenteilung zielt und damit – auch – die funktionell richtige Entscheidungszuständigkeit bezweckt.

Soweit die teleologische Auslegung nicht auf die grammatische, systematische oder entstehungsgeschichtliche Auslegung zurückgeführt werden kann, ist sie offen für sonstige verfassungsrechtliche Wertungsgesichtspunkte. Das bedeutet nun keineswegs Beliebigkeit oder »grenzenlose« Topik[280], sondern hat eine inhaltliche und eine methodische Konsequenz: In der Sache geht es, da Wertungsgesichtspunkte normativer Art gefunden werden müssen, um den Rückgriff auf fundamentale Prinzipien des Verfassungsrechts; ihr Zusammenspiel und ihre Zusammenschau vermitteln die ratio legis, was insbesondere über das innere System der systematischen

---

277 *Schwintowski* (Fn 233), JA 1992, 102 (105); *Brugger* (Fn 216), AöR 119 (1994) 1 (27): Zweckauslegung als Bestandteil der Text-, Kontext- und historischen Auslegung. – Zu weitgehend *M. Winkler* (Fn 245), JuS 1995, 1056 (1057), der zwar betont, Ziel aller Auslegung sei die Erkenntnis des Gesetzeszwecks, daraus aber folgert, die sog teleologische Auslegung sei keine zusätzliche Auslegungsmethode, sondern gebe die *Richtung* für die (anderen) Auslegungstechniken an.
278 *Maurer* Staatsrecht, § 1 Rn 57. – Dahinter stehen allgemeine Wertungen der Rechtsordnung wie zB der Gedanke der Gerechtigkeit und das Prinzip der Gleichbehandlung; *Larenz/Canaris* Methodenlehre (Fn 35) 155.
279 *Hesse* Grundzüge des Verfassungsrechts, Rn 68.
280 Zur Unvereinbarkeit einer nicht normativ geleiteten Topik mit Art 20 Abs 3 GG *Engisch* Juristisches Denken (Fn 34) 255 ff; im Ergebnis auch *Hesse* Grundzüge des Verfassungsrechts, Rn 78.

Auslegung[281] erschlossen werden kann[282]. Methodisch muß, da der Interpret auf allgemeine Gemeinwohlbelange (als Zielen des Rechts) zurückgreift[283], eine rationale Argumentation stattfinden, so daß die teleologische Auslegung die Einbruchstelle für rationale und normativ zulässige Argumente ist[284]. Diesen Anforderungen gerecht zu werden, ist Aufgabe des Einzelfalles (vgl. i. e. die Fallösungen im 3. Teil).

(e) Besonderheiten der Verfassungsinterpretation
Im Ergebnis muß konstatiert werden, daß der Kanon der vier allgemeinen, herkömmlichen Auslegungsmethoden nur in manchen Fällen eindeutige Ergebnisse liefert. Die skizzierten Kriterien stellen keine exakten Instrumente zur unbezweifelbaren Lösung aller Auslegungsfragen dar[285]. Spätestens dann, wenn Wortlaut, Systematik und Entstehungsgeschichte für die teleologische Interpretation Auslegungsspielräume belassen, bleibt ein argumentativer Auswahlprozeß für »Gründe« und »Gegengründe« zur Gewinnung der Auslegungsergebnisse[286]. Der dem Interpreten eröffnete Spielraum für Wahl- und Wertungsmöglichkeiten zeigt, daß die Auslegung zwar in rational strukturierten Bahnen verlaufen muß, am Ende aber auch rational nicht auflösbare Wertungen kennt[287].

Die Verfassungsinterpretation weist gegenüber der »normalen« Gesetzesauslegung Besonderheiten auf, die der Eigenart der Verfassung Rechnung tragen (aa). Hinzu tritt das Prinzip der Normerhaltung (bb).

---

281 Vgl o in und zu Fn 259.
282 Dazu am Bsp des BGB *Larenz/Canaris* Methodenlehre (Fn 35) 157.
283 *Brugger* (Fn 216), AöR 119 (1994) 1 ff, nennt dazu die Trias Rechtssicherheit, Legitimität und Zweckmäßigkeit.
284 Weitergehend *Schwintowski* (Fn 233), JA 1992, 102 (104): Einbruchstelle für rationale Argumente jeder Art. Zur Ausgrenzung normativ unzulässiger Argumente Beispiele bei *Schmalz* Methodenlehre (Fn 35) Rn 296. – Umstritten ist – wegen ihrer ungesicherten Grundlagen – nach wie vor die Zulässigkeit der sog Folgenorientierung bzw Folgenberücksichtigung; vgl dazu *Böhlk/Unterseher* Die Folgen der Folgenorientierung, JuS 1980, 323; *Deckert* Zur Einführung: Die folgenorientierte Auslegung, JuS 1995, 480; *Koch/Rüßmann* Juristische Begründungslehre (Fn 34) 170 ff, 227 ff; zur grundsätzlich abl hM vgl *Larenz/Canaris* Methodenlehre (Fn 35) 184 f; *Raisch* Juristische Methoden (Fn 34) 185 ff; *J. Vogel* Juristische Methodik (Fn 35) 127: »verdeckte Rechtspolitik«.
285 *Zippelius* Methodenlehre (Fn 35) 62.
286 *Brugger* (Fn 216), AöR 119 (1994) 1 (28), spricht von einer »große(n) Anzahl von Wahlmöglichkeiten innerhalb der teleologischen Auslegung«.
287 *Zippelius* Methodenlehre (Fn 35) 64.

(aa) Konkretisierung von Verfassungsnormen. Die Besonderheiten der Verfassungsinterpretation basieren zum einen auf knappen und sehr abstrakten Verfassungsrechtsbegriffen, zum anderen auf der prinzipiellen Funktion der Verfassung als einheitsstiftende normative Ordnung für das Gemeinwesen[288]. Bei der Sinnermittlung im Verfassungsrecht geht die Auslegung (im klassischen Sinne) über zur Konkretisierung. Der Interpret knüpft zwar an das normativ Vorgegebene an, schreitet jedoch fort zu der (auch schöpferischen) Ausfüllung offener Rechtsbegriffe, die nur dem Prinzip nach Festlegungen treffen und kaum mehr als die Richtung der Interpretation vorgeben[289]. Um als Entscheidungsmaßstab tauglich zu sein, bedarf der jeweilige Verfassungsrechtsbegriff zunächst der (auch gestaltenden) Konkretisierung[290].

Dafür sind Auslegungskriterien entwickelt worden, die in Wissenschaft und Praxis weithin Akzeptanz finden[291].

– *Einheit der Verfassung*: Dieses Prinzip beschreibt primär ein Auslegungsziel. Danach ist keine Verfassungsbestimmung isoliert zu sehen, sondern der Gesetzeszusammenhang ist zu beachten, damit Widersprüche zwischen Verfassungsnormen vermieden werden[292]. Jede Verfassungsnorm ist so auszulegen, daß derartige Widersprüche unterbleiben, weil nur so die innere Einheit der Verfassung gewahrt werden kann[293].

---

288 Zusammenfassend zu den daraus resultierenden Besonderheiten *Stern* Staatsrecht I, 127.
289 Signifikant ist dies bei den Staatsstrukturmerkmalen »Rechtsstaat« und »Demokratie« (vgl Fall 8). Im Grunde nicht anders verhält es sich im Grundrechtsbereich; vgl zB die Sinnermittlung zur »freien Entfaltung der Persönlichkeit« gem Art 2 Abs 1 GG (Fall 6) oder zur »Inhalts- und Schrankenbestimmung« beim Eigentum (Fall 9).
290 *Böckenförde* (Fn 42), NJW 1999, 9 (13).
291 Vgl ie *Hesse* Grundzüge des Verfassungsrechts, Rn 70 ff; *Maurer* Staatsrecht, § 1 Rn 60 ff; *Butzer/Epping* Arbeitstechnik im Öffentlichen Recht (Fn 31) 23 f; *J. Vogel* Juristische Methodik (Fn 35) 123; *Schmalz* Methodenlehre (Fn 35) Rn 357; *Stern* Staatsrecht I, 131 ff.
292 Aus der Praxis zuletzt BVerfGE 99, 1 (12 f) zur Gleichbehandlung der fünf Wahlrechtsgrundsätze gem Art 28 Abs 1 S 2, 38 Abs 1 S 1 GG bezüglich der verfassungsgerichtlichen Kontrolle.
293 Näher dazu Fall 2 zum Verhältnis zwischen Art 38 Abs 1 S 2 GG (freies Mandat) und Art 21 Abs 1 S 1 GG (Parteiendemokratie), Fall 4 zur Einschränkbarkeit des vorbehaltlos gewährleisteten Art 5 Abs 3 S 1 GG (Kunstfreiheit), Fall 7 zur Berücksichtigung von Art 3 Abs 2 S 1, Abs 3 S 1 GG bei der Interpretation des Art 12 Abs 2 GG.

- *Praktische Konkordanz:* Dieses Auslegungsprinzip – im Dienste der »Einheit der Rechtsordnung« stehend – wirkt der (dezisionistischen) vorschnellen Güterabwägung entgegen, wenn Vorschriften in einem Spannungsverhältnis zueinander stehen. Dadurch soll verhindert werden, daß ein verfassungsrechtlich geschütztes Rechtsgut einseitig bevorzugt und auf Kosten eines anderen realisiert wird. Vielmehr sind die Rechtsgüter in der Kollisionslage einander so zuzuordnen, daß jedes Gut möglichst optimale Wirksamkeit erhält. Dabei geht es nicht um eine abstrakte Abwägung, sondern um einen verhältnismäßigen Ausgleich im konkreten Fall[294].
- *Funktionelle Richtigkeit:* Diese Auslegungsmaxime orientiert sich an der verfassungsrechtlichen Kompetenz- und Funktionenordnung (Gewaltenteilung). Die Zuordnung von Aufgaben und das vorgeschriebene Zusammenwirken der Träger staatlicher Funktionen müssen respektiert und dürfen nicht durch Interpretation verschoben werden[295].
- *Integrationswirkung:* Dieses Auslegungsprinzip ist Konsequenz des Auslegungsziels »Einheit der Verfassung«, findet seine Anwendung vornehmlich im Staatsorganisationsrecht und verlangt im Zweifelsfall den Vorzug derjenigen Gesichtspunkte, die einheitsstiftend und einheitserhaltend wirken (z. B. Bundestreue, Verfassungsorgantreue).
- *Normative Kraft der Verfassung:* Diese Auslegungsmaxime zielt darauf, Verfassungsbestimmungen möglichst optimale juristische Wirkkraft zu verleihen. Daß die Verfassung keine bloßen Programmsätze beinhaltet, ergibt sich für den Grundrechtsbereich bereits aus Art. 1 Abs. 3 GG. Zum Staatsorganisationsrecht kann als Beispiel auf die Auslegung von Art. 76 Abs. 2 S. 1 GG in Fall 5 hingewiesen werden.

Diese Besonderheiten der Verfassungsinterpretation müssen nicht als externe Ergänzung des klassischen Auslegungskanons verstanden werden, sondern lassen sich durch interne Differenzierung systemimmanent einpassen: Einheit der Verfassung, praktische Konkordanz und funktionelle Richtigkeit können als spezifische Anwendungsfälle der systematischen Interpretation qualifiziert werden; die integrierende Wirkung und die

---

294 Beispiele finden sich in den in Fn 292 genannten Fällen; ferner Fall 5 zum Ausgleich zwischen konfligierenden Wahlrechtsgrundsätzen (Art 38 Abs 1 S 1 GG), Fall 9 zum Ausgleich zwischen Eigentümerfreiheit und Eigentumsbindung (Art 14 Abs 1 und Abs 2 GG).
295 Vgl dazu im Verhältnis Rechtsetzung und Rspr Fall 9 zur Wahrung gesetzgeberischer Gestaltungskompetenzen; zum Verhältnis zwischen Verfassungs- und Fachgerichtbarkeit Fall 3; zum Verhältnis Parlament-Regierung Fall 8.

normative Kraft der Verfassung sind Elemente der teleologischen Auslegung[296].

(bb) Verfassungskonforme Auslegung. Die *verfassungskonforme Auslegung*[297] weist einen zweifachen Bedeutungsgehalt auf:

– Als Interpretations*ziel* will sie eine bestimmte einfachgesetzliche Norm in ihrem rechtlich nicht zu beanstandenden Geltungsumfang erhalten.
– Als Interpretations*methode* erreicht sie dieses Ziel durch restriktive Interpretation des zunächst anhand der herkömmlichen Auslegungskriterien ermittelten Geltungsumfangs der fraglichen Gesetzesvorschrift.

Die verfassungskonforme Auslegung betrifft zwar nicht unmittelbar die Auslegung des Verfassungsrechts, sondern der Gesetze. Sie ist aber eng mit der Verfassungskonkretisierung verknüpft und hat im übrigen über Art. 100 Abs. 1 GG auch einen unmittelbaren verfassungsrechtlichen Bezugspunkt (dazu sogleich).

Das Gebot der verfassungskonformen Gesetzesauslegung fußt als *Interpretationsziel* auf dem Prinzip der Einheit der Rechtsordnung und auf der Prämisse eines durchgängigen Stufenbaus (Verfassung – Gesetz – Rechtsverordnung usw.) der Rechtsordnung[298]. Streng genommen ist das Gebot also ein Unterfall der systematischen Auslegung und zielt auf Normerhaltung[299]. Im Zweifel ist ein Rechtssatz so auszulegen, daß er im Einklang mit höherrangigem Recht steht[300]; verfassungswidrige Interpretationsergebnisse sind auszuscheiden.

Als *Interpretationsmethode* kommt die verfassungskonforme Auslegung zur Anwendung, wenn die herkömmlichen Auslegungskriterien mehrere Deutungen einer Rechtsnorm zulassen, von denen eine oder mehrere verfassungsmäßig, eine oder mehrere andere dagegen verfassungswidrig sind[301]. Der verfassungskonformen Auslegung ist der Vorzug zu geben[302].

---

296   *Brugger* (Fn 216), AöR 119 (1994) 1 (31).
297   Überblick dazu bei *Drüen* (Fn 266), JuS 1997, L 81 (83f); *Maurer* Staatsrecht, § 1 Rn 67ff; *Schmalz* Methodenlehre (Fn 35) Rn 361ff; ferner *W. Roth* Die verfassungsgerichtliche Überprüfung verfassungskonformer Auslegung im Wege abstrakter Normenkontrolle, NVwZ 1998, 563.
298   *Hesse* Grundzüge des Verfassungsrechts, Rn 81; *J. Vogel* Juristische Methodik (Fn 35) 122.
299   *Tettinger* Juristische Arbeitstechnik (Fn 6) 128.
300   BVerfGE 66, 313 (319); 67, 70 (88); 74, 297 (355); 83, 201 (214); 90, 263 (274f).
301   BVerfGE 41, 65 (86); 44, 102 (122); 47, 285 (317); 93, 37 (81); 95, 64 (93).
302   BVerfGE 59, 336 (355); 64, 229 (242); 69, 1 (55); 88, 145 (166); 88, 203 (331).

Aus funktionellrechtlichen Gründen kommt die verfassungskonforme Auslegung nicht in Betracht, wenn die Auslegung eines Rechtssatzes (vor allem nach dem möglichen Wortsinn sowie nach Sinn und Zweck) zu einem eindeutigen Interpretationsergebnis führt[303]. Steht dieses im Widerspruch zur Verfassung, ist die (eindeutige) Norm für verfassungswidrig zu erachten[304]. Andernfalls würde dem zur Konkretisierung der Verfassung in erster Linie berufenen Gesetzgeber durch »verfassungskonforme Auslegung« eine so nicht gewollte gesetzliche Regelung unterschoben. Im Falle der Nichtigerklärung einer eindeutig verfassungswidrigen Norm hingegen ist die Möglichkeit einer inhaltlichen Neugestaltung durch den Gesetzgeber eröffnet[305].

Das BVerfG hat sich an die eigenen Vorgaben vielfach nicht gehalten[306]. In der Fallbearbeitung ist diese »Großzügigkeit« – Beiseiteschieben des Gesetzeswortlauts durch vermeintlich teleologische Erwägungen – kritisch zu bedenken. Andererseits ist davor zu warnen, Gesetzesvorschriften im Gutachten vorschnell für verfassungswidrig zu erklären[307]. Im Umgang mit der verfassungskonformen Auslegung ist also – unter Besinnung auf die beiden skizzierten tragenden Elemente – äußerste Behutsamkeit angesagt.

Eine herausragende Rolle spielt die verfassungskonforme Auslegung im Verfassungsprozeßrecht bei der konkreten Normenkontrolle. Lassen Wortlaut, Systematik, Entstehungsgeschichte sowie Sinn und Zweck einer Vorschrift mehrere Deutungen zu, von denen jedenfalls eine zu einer verfassungsgemäßen Auslegung der Norm führt, so ist diese Auslegung geboten. Die Vorlage gem. Art. 100 Abs. 1 GG ist unzulässig, da die fragliche Gesetzesbestimmung bei entsprechender Interpretation mit dem Grundgesetz in Einklang steht (vgl. i. e. Fall 7).

---

303 BVerfGE 67, 382 (390); 71, 81 (105); 78, 20 (24); 88, 203 (333); 90, 263 (275); 95, 64 (93).

304 BVerfGE 92, 158 (182 f); 98, 17 (45); 99, 341 (358).

305 *Hesse* Grundzüge des Verfassungsrechts, Rn 83.

306 Beispiele: BVerfGE 9, 194 ff; krit dazu *H. Bogs* Die verfassungskonforme Auslegung von Gesetzen, 1966, 71; *Prümm* Verfassung und Methodik, 1977, 246 f – BVerfGE 35, 263 ff; krit dazu *Prümm* »Verfassungskonforme Auslegung«, JuS 1975, 299; zust *Koch/Rüßmann* Juristische Begründungslehre (Fn 34) 269 f.

307 Beispiele aus Teil 3 zur verfassungskonformen Auslegung: Einschränkende Interpretation von §§ 14, 15 VersG (Fall 4); vgl auch *Geis* Die »Eilversammlung« als Bewährungsprobe verfassungskonformer Auslegung, NVwZ 1992, 1025. – Auslegung von § 76 BVerfGG iSd Art 93 Abs 1 Nr 2 GG (Fall 5). – Deutung von § 14 BWaldG als Rahmenvorschrift iSd Art 75 GG (Fall 6).

(f) Logische Schlußfolgerungen

Bei der Auslegung und Anwendung des Rechts gelten die Gesetze der Logik. Im Zusammenhang mit den Auslegungsregeln ist deshalb auch auf einige logische Schlußfolgerungen hinzuweisen, die sowohl bei der Gesetzes- als auch bei der Verfassungsinterpretation von Bedeutung sein können. Zu beachten ist, daß ein logisch einwandfreier Schluß nur die Folgerichtigkeit gewährleistet, nicht aber die inhaltliche Richtigkeit des erzielten Ergebnisses. Damit auch dies der Fall ist, muß die Prämisse für die Schlußfolgerung sachlich zutreffend sein[308].

- Beim *argumentum e contrario* (Umkehrschluß) wird aus dem Umstand, daß das Gesetz bzw. die Verfassung für einen bestimmten Fall eine Rechtsfolge anordnet, nicht aber für den in Rede stehenden Fall, die Schlußfolgerung gezogen, daß jene Rechtsfolge im vorliegenden Fall nicht eintritt[309]. Dieses logische Schlußverfahren »lebt« von der Prämisse, daß es sich bei der ausdrücklich getroffenen Regelung um eine abschließende handelt[310]. Andernfalls müßte die Analogie in Betracht gezogen werden. Ein einfaches Beispiel für den Umkehrschluß findet sich in Fall 2 zur Nichtausfertigung eines Gesetzes durch den Bundespräsidenten, wenn das Gesetz nicht nach den Vorschriften des Grundgesetzes zustande gekommen ist, ein komplexeres Beispiel in Fall 8 zur Reichweite des Vorbehalts des Gesetzes im Organisationsrecht.

- Beim *argumentum a maiore ad minus* (erst-recht-Schluß) wird eine gesetzliche oder verfassungsrechtliche Regelung (Rechtsfolge) auf einen nicht geregelten Fall übertragen, wenn sie nach der ratio legis darauf in noch höherem Maße zutrifft[311]. Ein Beispiel hierfür findet sich in Fall 4 zur Notwendigkeit einer gesetzlichen Grundlage beim Eingriff in vorbehaltlose Grundrechte.

- Vor dem umgekehrten Schlußverfahren, dem *argumentum a minore ad maius*, das von einer eng begrenzten Norm auf einen vergleichbaren,

---

308 *Schmalz* Methodenlehre (Fn 35) Rn 179.
309 *Koch/Rüßmann* Juristische Begründungslehre (Fn 34) 260 f; *Tettinger* Juristische Arbeitstechnik (Fn 6) 152; *Butzer/Epping* Arbeitstechnik im Öffentlichen Recht (Fn 31) 28; *Wank* Auslegung von Gesetzen (Fn 35) 103; *J. Vogel* Juristische Methodik (Fn 35) 121.
310 *Schmalz* Methodenlehre (Fn 35) Rn 183.
311 *J. Vogel* Juristische Methodik (Fn 35) 121.

aber weiter reichenden Teil schließt[312], muß – jedenfalls im Öffentlichen Recht – gewarnt werden[313].

– Bei der *teleologischen Reduktion* wird eine im Gesetzestext nicht ausdrücklich enthaltene Einschränkung zum Geltungsumfang einer Norm aus deren Sinn und Zweck entnommen[314]. Aufgrund dieser Reduktion bleibt der Normanwendungsbereich hinter dem Gesetzeswortlaut zurück[315]. Die verfassungskonforme Auslegung ist ein wesentlicher Anwendungsfall der teleologischen Reduktion.

Die *Analogie*, im einfachen Gesetzesrecht von großer Bedeutung, kann im Verfassungsrecht vernachlässigt werden. Für die Fallbearbeitung ist entscheidend, daß der Grundrechtsschutz wegen Art. 2 Abs. 1 GG und Art. 3 Abs. 1 GG lückenlos ist. Im Organisationsrecht verbietet sich die analoge Anwendung von Kompetenz- und Verfahrensvorschriften von vornherein.

(g) Verhältnis der Kriterien zueinander

Zwischen den Auslegungskriterien besteht keine *abstrakte Rangordnung* dergestalt, daß das Gewicht einer Interpretationsmethode generell größer wäre als dasjenige einer anderen Methode. Das Fehlen einer allgemeingültigen Rangfolge der Auslegungskriterien ist indes nicht, wie mitunter angenommen wird[316], bedenklich. Denn alle Elemente im Auslegungskanon sind auf dasselbe Ziel gerichtet, nämlich den Sinngehalt einer Rechtsnorm zu ermitteln[317]. Von daher ergänzen sich die Kriterien; kein Gesichtspunkt ist entbehrlich und kein Element reicht in der Regel für sich allein zur Sinnermittlung aus[318]. Deshalb sind bei der Verfassungsinterpretation grundsätzlich alle Auslegungskriterien heranzuziehen. Die Prüfung im Einzelfall muß dann ergeben, ob und inwieweit jedes einzelne Element zur Klärung beitragen kann[319]. Die konkrete Fallbearbeitung zeigt, daß die »Er-

---

312 *Butzer/Epping* Arbeitstechnik im Öffentlichen Recht (Fn 31) 29; *Wank* Auslegung von Gesetzen (Fn 35) 102.

313 *Tettinger* Juristische Arbeitstechnik (Fn 6) 153.

314 *Butzer/Epping* Arbeitstechnik im Öffentlichen Recht (Fn 31) 29; *Wank* Auslegung von Gesetzen (Fn 35) 104; *J. Vogel* Juristische Methodik (Fn 35) 135; *Schmalz* Methodenlehre (Fn 35) Rn 402 ff.

315 Aus der jüngeren Rechtsprechungspraxis vgl dazu BVerfGE 88, 145 (167); 97, 186 (196).

316 *Sachs* in: ders, GG, Einf Rn 39.

317 BVerfGE 11, 126 (130); 35, 263 (279); *Larenz/Canaris* Methodenlehre (Fn 35) 163 ff; *J. Vogel* Juristische Methodik (Fn 35) 120.

318 *Tettinger* Juristische Arbeitstechnik (Fn 6) 131.

319 *Maurer* Staatsrecht, § 1 Rn 59.

schließungsfunktion« der Methoden – je nach Rechtslage – naturgemäß von unterschiedlichem Wert ist[320].

Das Fehlen einer abstrakten Rangfolge bedeutet nun allerdings nicht, daß die *Reihenfolge der Prüfung* beliebig wäre. Es besteht nicht etwa ein beziehungsloses Nebeneinander; die Kriterien stellen aufeinander bezogene, sich ergänzende und einander zuzuordnende Elemente einer rational geleiteten juristischen Interpretation dar. Ihr Zusammenwirken garantiert die vollständige Erfassung der für die Fallösung maßgeblichen Gesichtspunkte. Dabei leistet der Wortlaut einer Norm vielfach erste Eingrenzungen. Sodann gibt oftmals die Systematik (ggf. auch die Entstehungsgeschichte) verbindliche Vorgaben für die teleologische Auslegung. Daher ist vom Wortlaut auszugehen, der – auch wenn er mehrere Deutungen zuläßt – einen Rahmen absteckt; die Systematik (evtl. auch die Entstehungsgeschichte) kann weitere Erkenntnisse liefern, so daß dem möglichen Wortsinn und dem Kontext eine eingrenzende Funktion für die Anwendung der teleologischen Interpretation zukommt[321]. Schließlich kommt die verfassungskonforme Auslegung nur in Betracht, wenn (noch) mehrere Deutungen einer Gesetzesvorschrift möglich sind.

(3) Subsumtion

Der Gesetzesauslegung folgt die Gesetzesanwendung; der Verfassungsinterpretation folgt demgemäß die Anwendung der für die Fallösung als einschlägig ermittelten Verfassungsnorm(en). Diese Rechtsfindung im konkreten Fall muß – ebenso wie die Auslegung – transparent sein; sie muß sich in einer begründeten Entscheidung niederschlagen[322].

Die fallbezogene Anwendung eines Rechtssatzes vollzieht sich nach einem logischen Schema: Dem folgerichtigen Schließen von Prämissen (= Rechtsnormen) auf Konsequenzen (= Rechtsfolgen)[323]. Diese sog. *Subsumtion* stellt mit ihrem Kernstück, dem *juristischen Syllogismus,* die eigentliche Rechtsanwendung dar. An diesem dritten Schritt der Gutachtentechnik scheitern erfahrungsgemäß viele Arbeiten, weil entweder die

---

320 Signifikant die Beispiele in Fall 2 (zur Prüfungskompetenz des Bundespräsidenten bei der Gesetzesausfertigung) und Fall 3 (zum Begriff des »allgemeinen Gesetzes« iSd Art 5 Abs 2 GG).
321 *Larenz/Canaris* Methodenlehre (Fn 35) 165; *Engisch* Juristisches Denken (Fn 34) 98 ff; *Schmalz* Methodenlehre (Fn 35) Rn 303; speziell zum Verfassungsrecht *Maurer* Staatsrecht, § 1 Rn 59.
322 Treffend *Raisch* Juristische Methoden (Fn 34) 134: »die Begründung muß rational nachvollziehbar und argumentationsgesättigt sein.«
323 *Larenz/Canaris* Methodenlehre (Fn 35) 91 f.

Subsumtion als solche nicht beherrscht wird oder abstraktes Wissen nicht richtig in die Fallbearbeitung umgesetzt werden kann. Die Subsumtion verlangt zum einen die Beachtung des juristischen Syllogismus und zum anderen das richtige Zusammenwirken mit der Gesetzesauslegung sowie deren Folgen.

Rechtssätze stellen in der Regel abstrakt-generell formulierte Sollenssätze mit dem Anspruch auf Beachtung in der Lebenswirklichkeit dar[324]. Die Funktionserfüllung geschieht durch *Rechtsanwendung*. Für die Fallbearbeitung bedeutet dies die Anwendung von Rechtsvorschriften auf einen vorgegebenen Sachverhalt. Die konkrete Rechtsanwendung erfolgt im Wege der *Subsumtion*. Darunter versteht man die Zuordnung des Sachverhalts unter eine (oder mehrere) Rechtsnorm(en)[325]. Es wird ermittelt, ob der feststehende Sachverhalt unter die abstrakt-generelle Norm »paßt«.

(a) Grundmodell des Syllogismus
Dieser Vorgang erfolgt aufgrund der Regeln des *Syllogismus,* eines formallogischen Schlußverfahrens. Es handelt sich um einen dreiaktigen Denkvorgang, bei dem unter den Prämissen eines Obersatzes und eines Untersatzes ein Schlußsatz, die sog. conclusio, gebildet wird. Das übliche Erläuterungsbeispiel[326] lautet:

Obersatz: Jeder Mensch ist sterblich.
Untersatz: Sokrates war ein Mensch.

Schlußsatz: Also war Sokrates sterblich.

Der aus drei Aussagen bestehende Syllogismus ist also dadurch gekennzeichnet, daß aus zwei vorhandenen eine logisch folgerichtige dritte Aussage durch Eliminierung des sowohl im Obersatz als auch im Untersatz enthaltenen Mittelbegriffs (im Beispiel: »Mensch«) in der conclusio gewonnen wird.

Der Syllogismus als solcher bietet keine Gewähr für die sachliche Richtigkeit der gewonnenen neuen Aussage. Insoweit kommt es auf die inhaltliche Korrektheit der aufgestellten Prämissen an. Ist das nicht der Fall, ist

---

324 Vgl o Text zu Fn 267.
325 *Schwintowski* (Fn 233), JA 1992, 102 (104); *Tettinger* Juristische Arbeitstechnik (Fn 6) 134.
326 Vgl etwa *Köbler* Die einzelnen Materien des rechtswissenschaftlichen Studiums, in: JuS-Studienführer (Fn 2) 87 (89); *Schmalz* Methodenlehre (Fn 35) Rn 19; *A. Kaufmann* Verfahren der Rechtsgewinnung (Fn 34) 46.

zwar die conclusio nicht zu beanstanden, die gewonnene Aussage ist aber sachlich unrichtig[327].

(b) Juristischer Syllogismus

Beim *juristischen Syllogismus* bildet eine Rechtsnorm (i. S. eines vollständigen Rechtssatzes) den Obersatz, der Sachverhalt stellt den Untersatz dar, und die juristische Beurteilung führt zum Schlußsatz:

Obersatz: Rechtsnorm (bestehend aus Tatbestand und Rechtsfolge).
Untersatz: konkreter (Lebens-)Sachverhalt.

Schlußsatz: konkrete Rechtsfolge.

In diesem Modell trifft der Obersatz eine abstrakt-generelle Aussage, während der Untersatz von einem konkreten (Lebens-)Sachverhalt gebildet wird und auch der Schlußsatz auf eine konkrete Rechtsfolge zielt. Ist in der Fallbearbeitung mit Blick auf eine bestimmte Folge zu prüfen, ob der vorgegebene Sachverhalt unter den Tatbestand einer herangezogenen Rechtsnorm »paßt«, dann gilt: Immer wenn der gesetzliche Tatbestand T in einem konkreten Sachverhalt S verwirklicht ist, gilt für S die Rechtsfolge R[328].

Dieses In-Beziehung-Setzen des vorgegebenen Sachverhalts mit der zu prüfenden Rechtsnorm stellt die Subsumtion dar. Bei dem – zu Unrecht vielfach kritisierten[329], da bei der Rechtsanwendung unverzichtbaren[330] – juristischen Syllogismus wird im Unterschied zum Grundmodell kein gemeinsamer Mittelbegriff zwischen Obersatz und Untersatz gebildet und zur Gewinnung des Schlußsatzes wieder eliminiert. Der Schlußsatz wird viel-

---

327   Ausf *Koch/Rüßmann* Juristische Begründungslehre (Fn 34) 59 ff.

328   *J. Vogel* Juristische Methodik (Fn 35) 173.

329   Subsumtion und Syllogismus (aus der Sicht des Strafrechts) abl *Herzberg* (Fn 234), JuS 1990, 728 (mit Erwiderung *Winkler* JuS 1991, 704); Allg abl *Rinken* Einführung in das juristische Studium (Fn 3) 217 ff (»statisches Rechtsverständnis«, »verkürztes Rechtsanwendungsmodell«, »realitätsfern«, »an autoritärem Richterbild orientiert« etc). – Kritik auch bei *A. Kaufmann* Verfahren der Rechtsgewinnung (Fn 34) 1 ff, dann aber konzedierend (aaO, 68): »Jedes Rechtsgewinnungsverfahren endet mit einer Subsumtion bzw mit der Feststellung, daß eine Subsumtion nicht möglich ist. Nur erschöpft sich die juristische Methode nicht entfernt in einer Subsumtion.« Letzteres behauptet freilich niemand! – Eine konstruktive Kritik zu Leistungen und Defiziten des überkommenen Subsumtionsmodells bieten *Koch/Rüßmann* Juristische Begründungslehre (Fn 34) 14 ff.

330   *Larenz/Canaris* Methodenlehre (Fn 35) 96; *Engisch* Juristisches Denken (Fn 34) 256 (mit treffender Kritik an der selektiv argumentierenden Gegenauffassung, die die Rechtsanwendung fälschlicherweise auf eine – angeblich – »mechanische« Subsumtionstechnik zu reduzieren versuche); *J. Vogel* Juristische Methodik (Fn 35) 174 f.

mehr bereits gewonnen, wenn der speziellere »Fall« des Sachverhalts in der allgemeineren Rechtsnorm enthalten ist oder – umgekehrt – nicht enthalten ist. Beispiel:

Obersatz (= Rechtsnorm): Die nach den Vorschriften dieses Grundgesetzes zustande gekommenen Gesetze werden vom Bundespräsidenten nach Gegenzeichnung ausgefertigt und im Bundesgesetzblatt verkündet (Art. 82 Abs. 1 S. 1 GG).

Untersatz (= Sachverhalt): Das Änderungsgesetz zum Bundeswahlgesetz ist im Gesetzgebungsverfahren als Vorlage der Bundesregierung direkt dem Bundestag zugeleitet worden.

Schlußsatz (= konkrete Rechtsfolge): Also wird das Änderungsgesetz vom Bundespräsidenten nicht ausgefertigt und im Bundesgesetzblatt verkündet.

(c) Struktur von Rechtsnormen

Das vorstehende Beispiel ist so gewählt, daß es vom sachlichen Ergebnis her einleuchtet, wenn man Art. 76 Abs. 2 S. 1 GG kennt. Das Beispiel zeigt jedoch auch die Vielschichtigkeit des Subsumtionsvorgangs im Gesamtablauf der Rechtsanwendung auf. Es ist nämlich vorausgesetzt, daß

– eine Gegenzeichnung stattgefunden hat,
– die Nichteinhaltung des Verfahrens nach Art. 76 Abs. 2 S. 1 GG (ungeachtet des Art. 78 GG) ein Gesetz i.S.d. Art. 82 Abs. 1 S. 1 GG nicht zustande kommen läßt,
– die Folge hieraus die Nichtausfertigung durch den Bundespräsidenten ist, obwohl dies in Art. 82 Abs. 1 S. 1 GG nicht ausdrücklich so bestimmt ist.

Dies zeigt, daß die Subsumtion unter eine Rechtsnorm in der juristischen Fallösung komplizierter ist als es nach den einfach gearteten Grundmodellen aussieht.

(aa) Vollständige Rechtssätze. Die beim rechtlichen Syllogismus in Rechnung zu stellende Komplexität gilt bereits für den sog. vollständigen Rechtssatz. Dieser bringt konditional strukturierte Rechtsnormen hervor und besagt, wie erwähnt, daß die Rechtsfolge R für den Sachverhalt S immer dann gilt, wenn der Tatbestand T verwirklicht ist. Der juristische Syllogismus der Rechtsfolgebestimmung setzt an sich derartige vollständige Rechtssätze voraus[331]. Dies ist im Verfassungsrecht nur begrenzt der Fall. Weitere Bei-

---

331 Vgl *Larenz/Canaris* Methodenlehre (Fn 35) 92.

spiele (neben dem bereits erwähnten Art. 82 Abs. 1 S. 1 GG) sind Art. 84 Abs. 1 GG (vgl. dazu Fall 5) und Art. 100 Abs. 1 GG (vgl. dazu Fall 7). Schon bei derart strukturierten Verfassungsbestimmungen muß folgendes beachtet werden:

– Die Subsumtion ist untrennbar mit der Verfassungs- bzw. Gesetzesauslegung verknüpft. Es wäre ein Irrtum, bei der Aufbereitung des Obersatzes annehmen zu wollen, dieser ließe sich mit Blick auf den konkreten Sachverhalt der Verfassung bzw. dem Gesetz subsumtionsfähig entnehmen. Der Verfassungs- bzw. Gesetzestext wirft, wie erwähnt, in aller Regel Auslegungsprobleme auf. Ausgelegt wird zwar der abstrakt-generelle Rechtssatz. Doch dies geschieht in der Fallbearbeitung im Hinblick auf die gestellte Aufgabe. So entsteht in der Fallösung zwischen Gesetzesinterpretation und Subsumtion eine eigenartige *Interdependenz*: Die Auslegung der jeweiligen Rechtsnorm erfolgt fallbezogen, der konkret untersuchte Rechtsbegriff wird in derjenigen Intensität interpretiert, daß seine Übereinstimmung oder Nichtübereinstimmung mit dem entsprechenden Sachverhaltsteil festgestellt werden kann[332], so daß eine Rechtsnorm umfänglich nur insoweit ausgelegt wird, wie es zur Gewinnung des Schlußsatzes notwendig ist[333].

– Da die meisten Vorschriften mehrere Voraussetzungen statuieren, ist der *Tatbestand* erst erfüllt, wenn sämtliche Tatbestandselemente vorliegen. Fehlt es im konkreten Fall auch nur an einem Merkmal, tritt die vorgesehene Rechtsfolge nicht ein. Im Extremfall müssen also mehrere Auslegungen und Subsumtionen durchgeführt werden, um feststellen zu können, ob sämtliche Elemente des Obersatzes im Untersatz wiederkehren[334]. Gedanklich und im Konzeptpapier sollte dies auch getan werden. In der Praxis der Fallbearbeitung zeigt sich aber, daß bestimmte Tatbestandsvoraussetzungen bezüglich des zu subsumierenden Sach-

---

332 *Zippelius* Methodenlehre (Fn 35) 99; *Larenz/Canaris* Methodenlehre (Fn 35) 102; *Schmalz* Methodenlehre (Fn 35) Rn 27 ff. – Methodisch ist und bleibt allerdings die Auslegung logische Voraussetzung der Subsumtion (die ihrerseits logische Voraussetzung für das Auslegungsergebnis ist); vgl *Engisch* Juristisches Denken (Fn 34) 65.
333 Hier zeigt sich nochmals, daß von einer »mechanischen« Subsumtionstechnik in der Tat keine Rede sein kann. Die eigentliche Problematik der sachlich richtigen Rechtsgewinnung in dem skizzierten Schlußverfahren liegt in der sachlich zutreffenden Bildung der Prämissen; vgl bereits Text zu Fn 327; ferner *Schwintowski* (Fn 233), JA 1992, 102 (105); *Raisch* Juristische Methoden (Fn 34) 134 f; *Larenz/Canaris* Methodenlehre (Fn 35) 93.
334 *Schmalz* Methodenlehre (Fn 35) Rn 21 ff.

verhalts oftmals unproblematisch und ohne weiteres erfüllt sind. Aufwendige Interpretations- und Subsumtionsvorgänge (sowie die Einhaltung des Gutachtenstils) sind insoweit, wie in Teil 3 zu zeigen sein wird, nicht erforderlich.

– Nach Prüfung der Voraussetzungen konditional strukturierter Rechtssätze bedarf es der Bestimmung der *Rechtsfolge* mittels des Schlußsatzes. In dem Modell des juristischen Syllogismus meint »R« im Obersatz die generell umschriebene, abstrakte Rechtsfolge; »R« im Schlußsatz meint die konkrete Rechtsfolge für den Sachverhalt[335]. Ziel der Rechtsanwendung ist die Gewinnung der konkreten Rechtsfolge[336]. Bei eindeutigen abstrakt-generellen Rechtsfolgebestimmungen bereitet die Folgerung im Schlußsatz keine Schwierigkeit. So muß ein Fachgericht die Vorlage an das BVerfG beschließen, wenn die Voraussetzungen des Art. 100 Abs. 1 GG gegeben sind. Umgekehrt darf der Bundespräsident ein Gesetz nicht ausfertigen, wenn die Voraussetzungen gem. Art. 82 Abs. 1 S. 1 GG nicht erfüllt sind.

(bb) Besonderheiten bei Verfassungsnormen. Auch bei Verfassungsnormen, die – wie in der Regel – nicht konditional strukturiert sind, kommt der juristische Syllogismus zur Anwendung. Diese Form der Rechtsanwendung ist nicht darauf begrenzt, das Vorliegen bestimmter rechtlicher (gesetzlicher) Voraussetzungen festzustellen, um anhand der abstrakt-generellen Rechtsfolge mit Hilfe des Schlußsatzes eine konkrete Rechtsfolge zu ziehen. Vielmehr ist das Modell auch tauglich, um die rechtlichen Vorgaben anders strukturierter Rechtsnormen für einen konkreten Fall zu ermitteln und dann rechtliche Folgerungen zu ziehen. Beispiele:

– Bei den Freiheitsgrundrechten wird zum Grundrechtstatbestand durch die Bildung von Obersätzen (zu den sachlichen und personellen Schutzbereichselementen) und Untersätzen (d. h. Sachverhaltsaussagen) ebenfalls ein Konzept zur Folgerung von Schlußsätzen praktiziert. Das Resultat ist indes nicht eine »Rechtsfolge« im üblichen Sinne; vielmehr ist der Schutzbereich eröffnet (oder auch – bei negativem Prüfungsverlauf – nicht). Ebenso müssen zum Eingriffsbegriff durch die Formulierung eines Obersatzes Hypothesen gebildet werden, um den maßgeblichen Sachverhalt(sausschnitt) daraufhin beurteilen zu können, ob im konkreten Fall ein Eingriff bejaht wird. Die Folge daraus ist die Recht-

---

335 *Larenz/Canaris* Methodenlehre (Fn 35) 96.
336 *Schmalz* Methodenlehre (Fn 35) Rn 37.

fertigungsbedürftigkeit der betreffenden Maßnahme. Auch dazu werden wiederum anhand der einschlägigen Schrankenregelungen Obersätze gebildet, der Lebenssachverhalt wird herangezogen, und es wird im Wege einer mehrstufigen Prüfungsfolge mit Schlußfolgerungen (zum Gesetzesvorbehalt und seinen Voraussetzungen, zum Übermaßverbot und seinen Voraussetzungen) im Schlußverfahren festgestellt, ob im konkreten Fall der Eingriff tatsächlich gerechtfertigt ist.

– Bei den Kompetenznormen im Staatsorganisationsrecht werden Obersätze zur Reichweite der Kompetenz (z. B. einer Gebietskörperschaft oder eines Verfassungsorgans) formuliert. Oftmals kann der Sachverhalt nicht sogleich herangezogen und der ermittelten Kompetenz abschließend zugeordnet werden, weil es Gegennormen geben kann, die ebenfalls durch Obersatz und Untersatz – vorläufige – Schlußfolgerungen zulassen (vgl. Fall 8). Dann können Abgrenzungsfragen zu entscheiden sein, bevor schließlich die Zuordnung des Sachverhalts(abschnitts) zu der festgestellten Kompetenz erfolgt.

– Selbst bei Abwägungsentscheidungen – sei es im Grundrechtsbereich z. B. im Rahmen des Übermaßverbots bei der Verhältnismäßigkeit oder bei der Austarierung kollidierender Grundrechte, sei es im Staatsorganisationsrecht bei der Zuordnung antinomischer Regeln oder Prinzipien – werden Obersätze gebildet, Untersätze formuliert und Schlußfolgerungen gezogen, um zu einer konkreten Entscheidung gelangen zu können.

Daß dieses Modell insbesondere bei offenen, wertausfüllungsbedürftigen Begriffen nicht idealtypisch praktiziert werden kann, sondern »Rechtsfrage« und »Tatfrage« ineinander übergehen, ist nicht etwa bedenklich, sondern dem Gegenstand der Rechtsanwendung geschuldet. Das schon mehrfach erwähnte Hin- und Herwandern des Blickes zwischen Norm und Wirklichkeit (Sachverhalt) ist auf der Ebene der Rechtsanwendung Ausdruck der schritt- und stufenweisen Konkretisierung von Recht[337]. Gerade die Verfassungskonkretisierung liefert dafür anschauliche Beispiele.

(4) Ergebnis

Der letzte Schritt in der Gutachtentechnik ist die Formulierung des *Ergebnisses*. Es besteht – als Produkt der Prüfung – in der Feststellung der konkreten Rechtsfolge[338]. Obwohl insoweit inhaltliche Schwierigkeiten naturgemäß nicht auftreten, findet man selbst in Hausarbeiten immer wieder

---

337 *Zippelius* Methodenlehre (Fn 35) 99 f.
338 *H. Zuck* (Fn 160), JuS 1990, 905 (908).

den Fehler, daß Ergebnisse nicht festgehalten werden. Der Mangel wiegt um so schwerer, wenn z. B. nach der Erörterung kontroverser Gesichtspunkte (Streitstände) anhand der aufgezeigten Argumente allenfalls mittelbar ergründet werden kann, zu welchem Ergebnis die Prüfung geführt haben soll.

Genau genommen werden im Laufe der Fallbearbeitung viele (»kleine«) Ergebnisse gewonnen, die, bezogen auf verschiedene Prüfungspunkte, auch im Detail exakt festgehalten werden sollten[339]. Beispiele:

– Somit ist der Schutzbereich des Art. 12 Abs. 1 GG eröffnet.
– Demnach liegt ein Grundrechtseingriff vor.
– Die gesetzliche Maßnahme verfolgt also ein verfassungslegitimes Ziel.
– Damit ist die Verhältnismäßigkeit der Maßnahme ebenfalls gewahrt.

In einer derartigen Deutlichkeit sollte auf jeder der einzelnen Prüfungsstufen das (Zwischen-)Ergebnis festgehalten werden, bevor der nächste Punkt erörtert wird. Am Ende ist das Gesamtergebnis zu formulieren, das auf die Fallfrage Antwort gibt.

bb) Darstellung

Die skizzierte Gutachtentechnik beschreibt, wie erwähnt, Denkschritte, nicht notwendigerweise Schreibschritte. Die *Darstellung* (Niederschrift) der Fallösung ist geprägt durch den Gutachtenstil, bestimmte sprachliche Anforderungen im übrigen und die äußere Gestaltung.

(1) Gutachtenstil

In der Übung (und im Examen) sind die geforderten Fallösungen in Form eines Rechtsgutachtens anzufertigen. Im Kern markieren die erläuterten Denkschritte das Typische des *Gutachtenstils*[340]. Die gutachtliche Vorgehensweise ist geprägt durch

– das *Suchen* der Antwort auf die Fallfrage
– über eine Vielzahl von *Zwischenergebnissen*
– nach dem *viertaktigen Denkschema* Fragestellung – Normbenennung und -auslegung – Subsumtion (Syllogismus) – Ergebnis[341].

Die Gedankenabfolge geht typischerweise von einer bestimmten Fragestellung aus und entwickelt das Ergebnis schrittweise. Das durch die Art der Fragestellung anvisierte Ziel

---

339 *Hopt* (Fn 156), Jura 1992, 225 (228).
340 Vertiefend dazu *G. Wolf* Bemerkungen zum Gutachtenstil, JuS 1996, 30, mit Erwiderung *Fahl* JuS 1996, 280; *J. Vogel* Juristische Methodik (Fn 35) 178 ff.
341 *Tettinger* Juristische Arbeitstechnik (Fn 6) 120.

– *Beispiel:* Die angegriffene Entscheidung des BVerwG könnte einen Akt öffentlicher Gewalt i. S. d. § 90 Abs. 1 BVerfGG darstellen. –

ist nur ein hypothetisches; ob es tatsächlich erreicht wird, ist vor Beendigung des Prüfungsschritts offen. Dieses (suchende) gutachtliche Denken findet seinen Niederschlag in einer spezifischen Ausdrucksweise, die durch Vokabeln wie »könnte«, »müßte«, »kommt in Betracht«, »somit«, »demnach«, »also« als Verbindungsglieder zwischen den einzelnen Gedanken gekennzeichnet ist[342].

Demgegenüber wird beim Urteil das Ergebnis vorangestellt, die anschließenden Erörterungen dienen der Begründung[343]. Prägend für den *Urteilstil* sind Ausdrücke wie »denn«, »weil«, »da«. Derartige Worte leiten von der Feststellung über zur Rechtfertigung (Begründung) des Ergebnisses. Die beiden folgenden Beispiele zu (a) Fragestellung bzw. Feststellung und (b) conclusio bzw. Rechtfertigung verdeutlichen den Unterschied.

(a) Gutachten: Die behördliche Maßnahme könnte in den Schutzbereich des Art. 12 Abs. 1 GG eingreifen. Dann müßte zunächst …
(a) Urteil: Die behördliche Maßnahme greift in den Schutzbereich des Art. 12 Abs. 1 GG ein, denn sie …

(b) Gutachten: … stellt die Maßnahme also einen Akt öffentlicher Gewalt i. S. d. § 90 Abs. 1 BVerfGG dar. Somit ist die Verfassungsbeschwerde statthaft.
(b) Urteil: Die Verfassungsbeschwerde ist statthaft. Denn die angegriffene behördliche Maßnahme stellt einen Akt öffentlicher Gewalt i. S. d. § 90 Abs. 1 BVerfGG dar, weil …

In den Übungsarbeiten (und im Examen) erfolgt die Niederschrift, da ein Gutachten zu erstellen ist, grundsätzlich im Gutachtenstil. Damit ist eine teilweise Benutzung des prägnanteren Urteilstils nicht ausgeschlossen. Zu warnen ist allerdings vor einer zu großzügigen Handhabung insoweit. Die Gedankenabfolge soll in ihrem wahren Verlauf dargeboten werden. Das prägt auch den Stil. Nicht angebracht sind freilich Übertreibungen des Gutachtenstils[344]. Nicht jeder Gedankenschritt ist in der viertaktigen Abfolge

---

342 *Knödler* Zur Vermeidung von formalen Fehlern in Klausuren, JuS 1996, L 73 (74); *Schmalz* Methodenlehre (Fn 35) Rn 496. – Überzogen demgegenüber *G. Wolf* (Fn 340), JuS 1996, 30 (32 ff), der einen völligen Verzicht auf den Konjunktiv fordert und ausschließlich »indikativische Bedingungsgefüge« zulassen möchte.
343 *Schmalz* Methodenlehre (Fn 35) Rn 510.
344 *Schwerdtfeger* Öffentliches Recht (Fn 24) Rn 836.

schriftlich zu präsentieren. Selbstverständlichkeiten, offensichtlich erfüllte rechtliche Voraussetzungen, Passagen, zu denen kein vernünftiger Zweifel aufkommen kann, werden im Urteilstil formuliert. Auch wo durch das krampfhafte Festhalten am Gutachtenstil umständliche Wendungen entstehen, kann in den Urteilstil gewechselt werden. Während sich Anfänger zwecks Formulierung geordneter Gedankengänge eher strikt am Gutachtenstil orientieren sollten, erwerben Fortgeschrittene mit zunehmender Routine sicherlich eine ansprechende Symbiose zwischen den beiden Stilarten.

(2) Darstellungsweise
Unabhängig von den stilistischen Fragen unterliegt die Darstellungsweise gewissen Regeln. Zunächst verlangt die Aufgabenstellung »Fallösung« eine *Beschränkung* auf die zur Fallbearbeitung *notwendigen Ausführungen*[345]. Nur ein Teil der gedanklichen sowie der konzipierten Erwägungen findet Eingang in die Niederschrift. Jeder niedergeschriebene Satz muß einen Schritt hin zur Lösung des Falles darstellen, sonstige Gedanken werden nicht zu Papier gebracht[346].

Das gutachtliche Vorgehen verlangt im Öffentlichen Recht eine Gedankenführung nach der *logischen Methode,* auch »konstruktive« Methode genannt. Die im Strafrecht und teilweise im Zivilrecht anzutreffende historische Methode, die den Sachverhalt nach dem chronologischen Ablauf der Ereignisse einer Überprüfung unterzieht, ist ungeeignet[347]. Die logische Methode findet denn auch in der skizzierten Gutachtentechnik ihren Niederschlag.

Die Darstellung hat sich auf die *inhaltliche* Lösung des Falles zu beschränken. Der gewählte *Aufbau* muß aus sich heraus verständlich sein, Erklärungen dazu verbieten sich[348]. Dennoch für notwendig befundene Erläuterungen indizieren Aufbaufehler. Ebenso verhält es sich mit der nicht selten anzutreffenden verselbständigten Vorwegbehandlung vermeintlicher »Vorfragen«. Dadurch wird die logische Methode verlassen.

Die um einwandfreies Deutsch bemühte *sprachliche Ausdrucksweise* verzichtet auf überflüssige Fremdwörter, vermeidet sie aber nicht um jeden Preis. Der Fachausdruck (z.B. aus dem Lateinischen) kann ebenso ange-

---

345 *H. Zuck* (Fn 160), JuS 1990, 905 (908f); *Lemke* (Fn 175), JuS 1991, L 17 (18); *G. Wolf* (Fn 340), JuS 1996, 30 (31); *Knödler* (Fn 342), JuS 1996, L 73 (74).
346 *Knödler* (Fn 342), JuS 1996, L 73 (74): vorangehender Satz veranlaßt den nachfolgenden Satz, und dieser treibt die Lösung des Falles voran.
347 Vgl o Fn 201.
348 *Tettinger* Juristische Arbeitstechnik (Fn 6) 159: vgl bereits o Fn 200.

bracht sein wie die der stilistischen Entkrampfung dienende Benutzung eines Fremdwortes, wenn in mehreren aufeinander folgenden Sätzen dieselbe sachliche Bezeichnung notwendig ist[349]. Im übrigen ist die Ausdrucksweise schon zur Verdeutlichung der Sachaussage klar[350], der Stil sachlich[351]. Das schließt Polemiken und Übertreibungen (z. B. »zweifellos«, »ganz eindeutig«) aus[352]. Ferner sind »Ich-Formulierungen« (z. B. »Ich halte die Auffassung … für überzeugender.«) und die Floskel »m. E.« zu unterlassen[353].

Die *Argumentation* muß nachvollziehbar und überzeugend sein. Nachvollziehbar ist eine auf der Grundlage einer bestimmten rechtlichen Prämisse in sich geschlossene und juristisch konsequente Gedankenführung. Eine überzeugende Argumentation verlangt bei zutreffender Schwerpunktbildung die klare Herausarbeitung der richtigen Fragestellungen, den sicheren Umgang mit den herangezogenen Vorschriften (insbesondere bezüglich Auslegung und Anwendung) und nicht zuletzt die offene und kritische Darlegung der Rechtsprobleme. Vorhandene Zweifel sollten also nicht unterdrückt, sondern durch die Niederschrift mitgeteilt werden. Sonst droht die Gefahr einer »schwachen« Argumentation. Problemerkenntnis, Problemdarstellung und argumentative Lösung sind in der Fallbearbeitung wichtiger als das (vermeintlich) »richtige« Ergebnis, das in der Übungsarbeit von minderer Bedeutung ist[354].

Die *Gedankenführung* soll, der Wortbedeutung entsprechend, den Leser durch Problembehandlungen der Lösung schrittweise zuführen. Von daher ist die Warnung vor einer Wiedergabe von Sachverhaltsteilen oder des Gesetzesinhalts[355] nur im Grundsatz richtig. Beides kann der Verständlichkeit der Darstellung dienen[356] und ist dann selbstverständlich zulässig. Gerade bei komplexen Problemen kann es hilfreich sein, wenn zu Beginn der Ge-

349 *K. J. Müller* Sprache und Examen, JuS 1996, L 49 (51); zu pauschal *Knödler* (Fn 342), JuS 1992, L 73 (74): Fremdworte erschwerten grundsätzlich das Verständnis.
350 Katalog vermeidbarer Fehler bei *Tettinger* Juristische Arbeitstechnik (Fn 6) 159f.
351 *Rips* (Fn 157), JuS 1979, 42 (45); *H. Zuck* (Fn 160), JuS 1990, 905 (909); *Butzer/Epping* Arbeitstechnik im Öffentlichen Recht (Fn 31) 50.
352 *Schmalz* Methodenlehre (Fn 35) Rn 659.
353 *Hopt* (Fn 156), Jura 1992, 225 (229).
354 Vgl bereits o S 29.
355 *K. J. Müller* (Fn 349), JuS 1996, L 49 (51); *Schmalz* Methodenlehre (Fn 35) Rn 655.
356 Zum Postulat, den Leser zu führen, *Schwerdtfeger* Öffentliches Recht (Fn 24) Rn 835.

dankenführung – im Gutachtenstil und zum Rechtsproblem hinführend – gesagt wird, welcher Teil des Sachverhalts im Hinblick auf welche Merkmale einer Rechtsnorm im folgenden Schritt erörtert wird. Dagegen sollte die verbreitete Unsitte, einen ganzen Gesetzesparagraphen (wörtlich) wiederzugeben, unterbleiben.

Im übrigen betreffen *sprachliche Wendungen* häufig Geschmacksfragen. Zu weit geht daher die Forderung, mit Formulierungen wie z. B.

– »Es erhebt sich die Frage, ob ...« oder
– »Fraglich ist, ob ...«

solle man keinen neuen Gedankengang beginnen, weil dem Leser der Zusammenhang mit dem Vorangegangenen nicht deutlich werde[357]. Insoweit kommt es auf den Zusammenhang der Formulierung und auf die Genauigkeit der Fragestellung im »ob-Satz« an (vgl. dazu in den Fallbearbeitungen im 3. Teil).

(3) Äußere Gestaltung
Für Hausarbeit und Klausur gelten einige gemeinsame *Formalien*. Die Niederschrift erfolgt auf DIN-A4-Blättern. Die Seiten sind durchzunumerieren, und die Blätter sollen – schon zwecks erleichterten Austausches einzelner Seiten nach festgestellten Fehlern – nur einseitig beschrieben werden. Der auf der linken Seite für Korrekturbemerkungen vorgesehene Rand beträgt mindestens ein Drittel[358]. Auf dem ersten Blatt, das bei der Klausur nicht unbedingt wie bei der Hausarbeit ein gesondertes Deckblatt sein muß, sind Vor- und Familienname, Semesterzahl, Angabe der Übung und des Übungsleiters und der Hinweis, um die wievielte Klausur bzw. Hausarbeit es sich handelt, zu notieren[359]. Sollten weitere Angaben als notwendig erachtet werden, wird darauf in der Übung hingewiesen.

Die Forderung nach einer lesbaren *Schrift*[360] sei als Selbstverständlichkeit nur der Vollständigkeit halber erwähnt. In der Klausur und (wegen der Fußnoten) verstärkt in der Hausarbeit werden *Abkürzungen* benutzt. Sie stehen nicht im Belieben der Bearbeiter. Die gängigen Abkürzungen von

357 *Schmalz* Methodenlehre (Fn 35) Rn 653; ähnlich *K. J. Müller* (Fn 349), JuS 1996, L 49 (51).
358 Das ist eine allg Empfehlung; vgl etwa *H. Zuck* (Fn 160), JuS 1990, 905 (910); *U. Wagner* Hinweise zur Form juristischer Übungsarbeiten, JuS 1995, L 73, 76.
359 *Hopt* (Fn 156), Jura 1992, 225 (229); *Tettinger* Juristische Arbeitstechnik (Fn 6) 165.
360 *Lemke* (Fn 175), JuS 1991, L 17 (19); *Knödler* (Fn 342), JuS 1996, L 73 (75); *Tettinger* Juristische Arbeitstechnik (Fn 6) 165.

Gesetzen (z. B. GG, BVerfGG, BWahlG), Gerichten (z. B. BVerfG, BVerwG, BGH, BayVGH), Entscheidungssammlungen (z. B. BVerfGE, BVerwGE, BGHZ, ESVGH, OVGE, AS) und Zeitschriften (z. B. AöR, EuGRZ, DÖV, DVBl, NJW, NVwZ, JA, Jura, JuS, VerwArch) sollten den Übungsteilnehmern schon von den Anfangssemestern des Studiums her bekannt sein. Im übrigen ist auf das Abkürzungsverzeichnis der Rechtssprache von *H. Kirchner* zu verweisen[361]. Soweit gewisse Gestaltungsspielräume bestehen, ist davon zur Illustration in den Fallbearbeitungen im 3. Teil Gebrauch gemacht.

Bei der Klausur (vgl. zur Hausarbeit sogleich) ist eine der Arbeit vorangestellte *Gliederung*, die mit Seitenzahlen versehen zugleich ein Inhaltsverzeichnis darstellt, nicht erforderlich. Das bedeutet aber nicht, daß die Niederschrift der Fallösung nicht nach sachlichen Gesichtspunkten gegliedert sein müßte. Die gegliederte Arbeit läßt das Konzept des Verfassers erkennen und erlaubt Rückschlüsse auf den Aufbau und auf die Gedankenführung[362]. Ob die Gliederungspunkte (zusätzlich) in Form kurzer Überschriften markiert werden sollen, wird unterschiedlich beantwortet. Sowohl die bessere Erkennbarkeit der Gedankenführung für den Leser als auch der Zwang für den Bearbeiter zu einer streng fallorientierten Lösung sprechen dafür[363].

Hausarbeiten und Klausuren sind von den Bearbeitern zu unterschreiben.

III. Zusätzliche Anforderungen bei der Hausarbeit

Die bisherigen Ausführungen gelten für Hausarbeit und Klausur gleichermaßen. Die Hausarbeit ist darüber hinaus in sachlicher und in formaler Hinsicht zusätzlichen Anforderungen unterworfen. Angesichts der wesentlich längeren Bearbeitungszeit sowie des Zugriffs auf Rechtsprechung und Schrifttum sind die Rechtsprobleme in der Hausarbeit in der Regel umfangreicher und schwieriger, und es wird eine intensive Auseinandersetzung mit den Problemen des Falles erwartet. Daraus ergeben sich unmittelbar Folgen für die formale Darstellung. Dem Anspruch nach soll in der Hausarbeit eine wissenschaftliche Fallbearbeitung vorgenommen werden[364].

361 *H. Kirchner* Abkürzungsverzeichnis der Rechtssprache, 4. Aufl 1993; auch als Studienausgabe erschienen: Jura Extra – Abkürzungen für Juristen, 2. Aufl 1993.
362 *Hopt* (Fn 156), Jura 1992, 225 (228).
363 *Knödler* (Fn 342), JuS 1996, L 65 (66), plädiert für Überschriften bei Hauptunterteilungen oder Klausurschwerpunkten.
364 *Tettinger* Juristische Arbeitstechnik (Fn 6) 166.

1. Sachliche Besonderheiten

Beim ersten Arbeitsschritt treten noch keine Besonderheiten auf, wenn – einer verbreiteten Empfehlung gemäß[365] – zunächst eine klausurmäßige Lösung entworfen wird. Dabei handelt es sich selbstverständlich nicht um eine ausformulierte Fallösung, sondern um einen skizzenhaften, aber gedanklich vollständigen ersten Lösungsversuch.

Die Vorteile eines derartigen »Einstiegs« werden in der unvoreingenommenen Annäherung an den Fall, die ungezieltes »Herumlesen« vermeidet, sowie darin gesehen, daß für die folgende Beschäftigung mit Rechtsprechung und Schrifttum ein Orientierungsrahmen besteht.

a) Berücksichtigung von Rechtsprechung und Schrifttum

Der Anspruch einer wissenschaftlichen Fallbearbeitung verlangt die Heranziehung und Auswertung von Rechtsprechung und Schrifttum. Unterbleibt dies, wird die Hausarbeit schon formal den Anforderungen nicht gerecht, kann aber zudem zu katastrophalen sachlichen Konsequenzen führen, weil z. B. ohne Judikatur und Literatur bestimmte Probleme, neuere Rechtsentwicklungen etc. nicht gesehen werden. Derartige Mängel treten auch immer wieder in Examenshausarbeiten auf.

Zunächst geht es um das Auffinden der einschlägigen Rechtsprechung und Literatur. Das ist unterdessen auch im Öffentlichen Recht kein Problem mehr. Wichtig ist die *gezielte Heranziehung* der Hilfsmittel. Schon bei der skizzenhaften klausurmäßigen Lösung stößt man auf Rechtsprobleme, die fundiert nur mit Hilfe von Rechtsprechung und Schrifttum gelöst werden können. Weitere derartige Punkte, die sämtlich notiert werden, treten im Laufe der ersten Phase der Fallbearbeitung hinzu, so daß nach einiger Zeit feststeht, wozu Rechtsprechung und Schrifttum auszuwerten sind. In der technischen Vorgehensweise kann man die Suche – traditionell – über Kommentare und Lehrbücher beginnen[366] oder über juristische Datenbanken organisieren[367]. Das Durchforsten von Rechtsprechungsübersich-

365 *Rollmann* Die juristische Hausarbeit, JuS 1988, 42 (44); *Brühl* Zur Arbeitstechnik bei der Bearbeitung von Hausarbeiten, Jura 1989, 359 (360); *Hopt* (Fn 156), Jura 1992, 225 (230). – Allg zu Vorbereitungen für die Hausarbeit *Jaroschek* Praktische Hinweise zur Erstellung von Juristischen Hausarbeiten, JA 1997, 313.
366 *Brühl* (Fn 365), Jura 1989, 359 (360).
367 Vgl dazu *Pawlak* Juris nutzen für juristische Hausarbeiten, Jura 1996, 440; *Haft* Das Internet in der Juristenausbildung, Jura 1998, 625; *Herberger* »Lernraum Internet« – Angebote zur Juristenausbildung im Internet, NJW 1998, 2882; *Braun/Beurskens* CALL – Die juristische Suchmaschine der Zukunft, JuS 1999, 202;

ten, Registern über Rechtsprechungssammlungen und von Zeitschriften, Leitsatzkarteien, Fundheften, Nachschlagewerken, JURIS usw. sollte zur späteren Ergänzung erst einmal zurückgestellt werden[368].

Die *Stoffsammlung* selbst erfolgt, abgesehen von verfügbaren Büchern[369], nach wie vor durch das Anfertigen von Fotokopien, zunehmend aber im ersten Zugriff durch die Nutzung elektronischer Medien. Das zusammengetragene – und letztlich, was zu beachten ist, zitierfähige – Material muß ausgewertet, systematisiert und einer nach Schwerpunkten geordneten Lösungsskizze oder einer aussagekräftigen Gliederung zugeordnet werden. Im einzelnen hängen die Arbeitsschritte sehr vom persönlichen Arbeitsstil ab. Generell jedoch müssen die in Rechtsprechung und Schrifttum vertretenen Auffassungen möglichst genau festgehalten und den einzelnen Problembereichen zugeordnet werden. In dem Material gefundene weitere Nachweise müssen bei Verwendung selbstverständlich nachgelesen werden. Meinungsunterschiede in Judikatur und Literatur verdienen eine besondere Aufmerksamkeit. Derartigen Kontroversen kann z.B. ein – darzustellender – Theorienstreit zugrunde liegen, sie können aber z.B. auch nur unterschiedliche rechtsdogmatische Begründungen für ein bestimmtes Ergebnis sein.

Der Bearbeiter muß sich anhand des Rechtsprechungs- und Literaturmaterials zu den einzelnen Rechtsproblemen eine *eigene Auffassung* bilden. Gefordert ist damit nicht etwa die Kreation neuer Theorien oder das krampfhafte Bemühen um Originalität. Notwendig ist aber die kritische Verarbeitung des Gelesenen. Die gute Fallbearbeitung besteht nämlich nicht in der Präsentation großer Belesenheit, garniert mit Fußnoten. Vielmehr muß unter argumentativer Auseinandersetzung mit dem verwerteten Material eine rechtlich konsistent begründete Lösung entwickelt werden.

N. Müller Juristische Datenbanken, Jura 1999, 502, 553, 609, 667; ausf *N. Müller/ Schallbruch* PC-Ratgeber für Juristen – Textverarbeitung, Datenbanken, Internet, 2. Aufl 1999.
368 *Haft* (Fn 367), Jura 1998, 625 (626), betont, für Studierende spiele die Aktualität von Gerichtsentscheidungen längst nicht dieselbe Rolle wie dies etwa bei Anwälten der Fall sei.
369 Als Aufgabensteller sollte man die für die Fallbearbeitung wichtigsten und in nur geringer Stückzahl vorhandenen Werke vor Ausgabe der Arbeit bei der Seminaraufsicht zum Zwecke der Einsichtnahme bzw des Fotokopierens (gegen Ausweis) durch die Übungsteilnehmer hinterlegen. Diese mehrfach geübte Praxis hat sich bewährt.

b) Darstellung von Streitfragen

Demzufolge verbietet es sich, unterschiedliche Rechtsauffassungen, die für die Lösung von Bedeutung sind, durch einen schlichten Verweis auf die »h. M.« erledigen zu wollen[370]. Bei der Heranziehung von Rechtsprechung und Schrifttum im Rahmen der Hausarbeit muß deren Funktion als Hilfsmittel bedacht werden. Prägnante und durchaus allgemeinverbindliche Hinweise dazu enthalten die an die Kandidaten im Referendarexamen ausgegebenen Merkblätter.

Besondere Schwierigkeiten bereitet erfahrungsgemäß die *Darstellung rechtlicher Streitfragen*[371]. Kommen unterschiedliche Rechtsauffassungen trotz verschiedenartigen Ansatzes und divergierender rechtsdogmatischer Begründungen – mit Blick auf den zu lösenden Fall – zu demselben Ergebnis, erübrigt sich – sobald dies deutlich ist – eine ausführliche Erörterung des Meinungsstandes. Allenfalls sollte der Kern der Argumentationen dargestellt und auf die Folgenlosigkeit der Divergenzen für die Fallösung hingewiesen werden[372]. Bei Streitfragen, die für die Entscheidung des Falles erheblich sind[373], kann der argumentativen Auseinandersetzung mit den verschiedenen Rechtsauffassungen nicht ausgewichen werden. Die vielfach anzutreffende Darstellung nach dem Muster

»(1) Auffassung des BVerfG,

(2) Auffassung des BVerwG,

(3) Auffassung von Pieroth/Schlink,

(4) Auffassung von Maurer«

370 *Hamann* (Fn 159), VR 1983, 145 (152); *Hopt* (Fn 156), Jura 1992, 225 (229); *Tettinger* Juristische Arbeitstechnik (Fn 6) 187. Dabei kann hier offenbleiben, wann überhaupt von einer »hM« oder »hL« gesprochen werden kann; vgl zur »Schaffung einer hM« die Glosse von *Horn* Die Mehr- oder Mindermeinung, JZ 1983, 719.

371 Vgl ie dazu *Brauner* Streitige Rechtsfragen in der Fallbearbeitung, Jura 1992, 15; *Tettinger* Juristische Arbeitstechnik (Fn 6) 171 ff; *Butzer/Epping* Arbeitstechnik im Öffentlichen Recht (Fn 31) 30 ff; *Schmalz* Methodenlehre (Fn 35) Rn 665 ff.

372 Beispiele: Diskussion um den Schutzbereich von Art 8 Abs 1 GG (Fall 4); Zustimmungserfordnis gem Art 84 Abs 1 GG bei Änderungsgesetzen (Fall 5).

373 Beispiele: Parteibindung des Abgeordneten im Parlamentsrecht (Fall 2); Prüfungskompetenz des Bundespräsidenten bei der Gesetzesausfertigung (Fall 2); Reichweite der Meinungsfreiheit im Sonderrechtsverhältnis (Fall 3); Vorrang widerstreitender Wahlrechtsgrundsätze (Fall 5); Schutzbereich des Art 2 Abs 1 GG (Fall 6); Begrenzung des Feuerwehrdienstes auf Männer (Fall 7); Reichweite des allgemeinen Vorbehalts des Gesetzes im Staatsorganisationsrecht (Fall 8); Abgrenzung der Enteignung von der Inhalts- und Schrankenbestimmung (Fall 9).

mit dem Zusatz

»Ich schließe mich der Meinung des BVerfG an.« bzw. »Eigene Meinung …«

wirkt allerdings hölzern und wenig überzeugend[374]. Sie stellt lediglich Institutionen und Personen gegenüber. Argumentativ geschickter und den Anforderungen des Rechtsgutachtens weitaus mehr entsprechend ist eine Darstellung, die – bei den Sachargumenten zu einem Rechtsproblem ansetzend – mit eigenen Worten auf der Grundlage der abzulehnenden Auffassung z. B. eine bestimmte Verfassungsinterpretation vorträgt, anschließend Gegenargumente formuliert und schließlich mit eigenen Worten Argumente derjenigen Rechtsauffassung darlegt, der man letztlich folgt[375]. Ein solches Vorgehen zeigt Verständnis für den Inhalt eines Streitstandes und gibt ihn nach sachlichen Gesichtspunkten wieder. Bei mehr als zwei Auffassungen werden nach diesem Muster zunächst die abzulehnenden Rechtsansichten behandelt, die für überzeugend erachtete Meinung folgt am Schluß.

Zu den schwierigsten und generell nur schwer zu beantwortenden Fragen gehört diejenige nach der Darstellung jahrelang oder jahrzehntelang bestehender rechtlicher Streitstände mit festgefügten Fronten. Zweifelhaft ist schon, inwieweit der Meinungsstreit überhaupt aufgegriffen werden soll und die verschiedenen Rechtsauffassungen zurückzuverfolgen sind. Orientierungshilfen für den richtigen »Schnitt« vermögen nur der ständige Blick auf die konkrete Fallösung und eine fundierte Problemkenntnis zu geben. Die Entscheidung für die Tiefe einer Problemerörterung fällt danach unterschiedlich aus:

- *Fall 2:* Die Prüfungskompetenz des Bundespräsidenten bei der Gesetzesausfertigung ist nach wie vor völlig umstritten (und auch für die Praxis nicht durch das BVerfG geklärt), so daß eine intensive Erörterung unausweichlich ist.

- *Fall 6:* Bei der Untersuchung des Schutzbereichs von Art. 2 Abs. 1 GG muß heutzutage – da nicht mehr vertreten – die sog. Persönlichkeitskerntheorie nicht mehr diskutiert werden.

- *Fall 7:* Die Unzulässigkeit der Feuerwehrdienst- und -abgabepflicht nur für Männer ist mittlerweile vom EGMR wie vom BVerfG erkannt worden. Angesichts jahrzehntelanger abweichender herrschender Auf-

---

374 *Tettinger* Juristische Arbeitstechnik (Fn 6) 185; *Schwerdtfeger* Öffentliches Recht (Fn 24) Rn 838.
375 *Lemke* (Fn 175), JuS 1991, L 17 (19); *Knödler* (Fn 342), JuS 1996, L 65 (67).

fassung und Rechtspraxis muß die Verfassungsrechtslage sorgfältig erörtert werden.

– *Fall 9:* Die Abgrenzung zwischen Enteignung sowie Inhalts- und Schrankenbestimmung bei der Eigentumsbeeinträchtigung ist durch das BVerfG nur im Kern geleistet, wobei an der Lösung nach wie vor Kritik geäußert wird. Daher muß die Diskussion nachgezeichnet und es können durchaus neue Einzelaspekte aufgezeigt werden.

2. Äußere Form

In der äußeren Form unterscheidet sich die Hausarbeit[376] von der Klausur zunächst dadurch, daß Vor- und Familienname, Semesterzahl usw. (s. o. zur Klausur) auf einem gesonderten *Deckblatt* anzugeben sind. Sodann ist der *Text der Aufgabe* beizufügen, u. z. als Abschrift oder – soweit nichts Gegenteiliges angegeben wird – durch das ausgegebene Textblatt. Es folgen ein Literaturverzeichnis, ein Abkürzungsverzeichnis, eine Gliederung sowie der Lösungstext unter Angabe der einschlägigen Zitate in Fußnoten. Große Erleichterung bei den einzelnen Arbeitsschritten schafft die Textverarbeitung mit dem PC[377].

a) Literaturverzeichnis

Jede Hausarbeit beinhaltet ein *Literaturverzeichnis*. Dieses stellt nicht etwa eine Dokumentation zur Belesenheit des Bearbeiters der Hausarbeit dar (also: keine Bibliographie zum Thema der Hausarbeit), sondern soll den Leser in die Lage versetzen, das benutzte Schrifttum wiederzufinden, um in den zitierten Abhandlungen nachlesen zu können[378]. Daher wird in das Literaturverzeichnis nur das benutzte und für die Fallösung ausweislich der Fußnoten ausgewertete Schrifttum aufgenommen[379]. In den Fußnoten ent-

---

376   Zur Form von Hausarbeiten ausf *U. Wagner* (Fn 358), JuS 1995, L 73; *Dietrich* Die Formalien der juristischen Hausarbeit, Jura 1998, 142; *Schwerdtfeger* Öffentliches Recht (Fn 24) Rn 839 a ff.

377   Dazu *Spona* Die juristische Hausarbeit mit dem PC, JuS 1996, 267; *Schallbruch* Häufig gestellte Fragen: Hausarbeiten mit Winword 6.0, Jura 1996, 498; *N. Müller/ Schallbruch* PC-Ratgeber (Fn 367) 85 ff.

378   *Hopt* (Fn 156), Jura 1992, 225 (230); *Spona* (Fn 377), JuS 1996, 367 (368); *Schwerdtfeger* Öffentliches Recht (Fn 24) Rn 841.

379   Um die Erstellung des Literaturverzeichnisses zu erleichtern und vor allem, um Zeitdruck zu vermeiden, muß frühzeitig Vorsorge zur Erfassung der verarbeiteten Literatur (zB auf Karteikarten oder mittels PC) getroffen werden. Vgl dazu die div Hinw bei *Rollmann* (Fn 365), JuS 1988, 42 (47 f); *Dietrich* (Fn 376), Jura 1998, 142 (145); *Butzer/Epping* Arbeitstechnik im Öffentlichen Recht (Fn 31) 47.

haltene Literaturnachweise müssen sich also auf eine entsprechende Angabe im Literaturverzeichnis zurückführen lassen. Andererseits sind Werke, die z. B. nur zum Einlesen und Vorbereiten benutzt worden sind, aber nicht zur Lösung herangezogen und in die Fußnoten eingegangen sind, nicht zu dokumentieren[380]. Gerichtsentscheidungen (Entscheidungssammlungen) sind ebensowenig in das Literaturverzeichnis aufzunehmen wie Gesetze und Gesetzesmaterialien[381].

Äußerlich ist das Literaturverzeichnis alphabetisch nach Verfassernamen geordnet. Eine weitere Untergliederung nach sachlichen Rubriken (Lehrbücher, Kommentare, Aufsätze usw.) ist zulässig[382], aber nicht unumstritten[383]. Da die Angaben präzise sein müssen, sind Verfasservornamen jedenfalls dann anzugeben, wenn in den Arbeiten Verfasser gleichen Familiennamens zitiert werden. Akademische Titel, sonstige Titel und Dienstbezeichnungen werden nicht erwähnt. Grundsätzlich ist die neueste Auflage eines Werkes zu benutzen. Ein Rückgriff auf ältere Auflagen kommt bei einer darin enthaltenen, von der Neuauflage abweichenden Auffassung in Betracht, der man sich anschließen möchte. Selbständig erscheinende Schriften (Lehrbücher, Kommentare, Handbücher, Monographien etc.) sind unter Angabe von Verfasser, Titel, Auflage, Erscheinungsort und -jahr aufzuführen. Dissertationen werden zusätzlich mit dem Hinweis »Diss.« und der Universität, an der die Promotion erfolgte, angegeben. Bei Loseblattsammlungen (insbesondere aus der Kommentarliteratur) sind diese als solche kenntlich zu machen, und anstelle des Erscheinungsjahres wird der aktuelle Stand des Loseblattwerkes angegeben[384]. Teilweise wird zusätzlich gefordert, den Stand der zitierten Bearbeitung anzugeben[385].

---

380 *U. Wagner* (Fn 358), JuS 1995, L 73 (74); *Spona* (Fn 377), JuS 1996, 367 (368); *Tettinger* Juristische Arbeitstechnik (Fn 6) 191.

381 *Hopt* (Fn 156), Jura 1992, 225 (230); *U. Wagner* (Fn 358), JuS 1995, L 73 (74); *Spona* (Fn 377), JuS 1996, 367 (368); *Dietrich* (Fn 376), Jura 1998, 142 (147); *Schwerdtfeger* Öffentliches Recht (Fn 24) Rn 842.

382 *Hopt* (Fn 156), Jura 1992, 225 (230); *U. Wagner* (Fn 358), JuS 1995, L 73 (74); *Jaroschek* (Fn 365), JA 1997, 313 (316); Untergliederung nach Kategorien bei umfangreichem Literaturverzeichnis empfohlen von *H. Zuck* (Fn 160), JuS 1990, 905 (910).

383 Eingewandt wird die entstehende Unübersichtlichkeit, die das Auffinden der in den Fußnoten zitierten Literatur erschwere; vgl etwa *Spona* (Fn 377), JuS 1996, 367 (368); *Dietrich* (Fn 376), Jura 1998, 142 (145); *Butzer/Epping* Arbeitstechnik im Öffentlichen Recht (Fn 31) 46; *Schwerdtfeger* Öffentliches Recht (Fn 24) Rn 841.

384 *U. Wagner* (Fn 358), JuS 1995, L 73 (74).

385 *Tettinger* Juristische Arbeitstechnik (Fn 6) 190; *Butzer/Epping* Arbeitstechnik im Öffentlichen Recht (Fn 31) 47.

Jedes Werk kann ferner in einer Kurzbezeichnung genannt werden, nach der es zur Entlastung der Fußnoten dort zitiert wird[386]. Nicht selbständig erscheinende Beiträge (Aufsätze, Entscheidungsanmerkungen, Abhandlungen in Sammelwerken) werden unter Angabe von Verfasser(n), Titel des Beitrags und Fundstelle nach Titel der Zeitschrift (in entsprechender Abkürzung) bzw. des Werkes sowie Band und/oder Erscheinungsjahr aufgeführt.

Um präzise Vorstellungen über das Erscheinungsbild eines Literaturverzeichnisses erhalten zu können, bedarf es der praktischen Anschauung. Ein Muster findet sich in Fall 3[387].

b) Abkürzungsverzeichnis

Da man sowohl im Lösungstext als auch in den Fußnoten ohne Abkürzungen nicht auskommt, ist an sich ein *Abkürzungsverzeichnis* anzufertigen[388]. Umgangsprachliche Abkürzungen (wie bzw. = beziehungsweise; z. B. = zum Beispiel) sind nicht aufzunehmen. Aus der juristischen Fachsprache sollten ohnehin nur gebräuchliche Abkürzungen verwendet werden[389]. Auf die Anfertigung eines Abkürzungsverzeichnisses kann verzichtet werden, wenn die Abkürzungen in dem anerkannten Verzeichnis von *H. Kirchner*[390] benutzt werden und darauf am Ende des Literaturverzeichnisses verwiesen wird[391]. Nur wenn weitere Abkürzungen verwendet werden (müssen), sind diese ergänzend in einem Verzeichnis zu erläutern.

c) Gliederung

Der Fallösung ist schließlich eine Gliederung voranzustellen[392]. Diese muß die Disposition der Arbeit erkennen lassen, darf aber nicht zu einer Inhalts-

---

386   *U. Wagner* (Fn 358), JuS 1995, L 73 (74).
387   Muster ferner bei *Butzer/Epping* Arbeitstechnik im Öffentlichen Recht (Fn 31) 48. – Beispiele für die Aufnahme der wichtigsten Literaturgattungen in das Literaturverzeichnis bieten *Dietrich* (Fn 376), Jura 1998, 142 (146 f); *Schwerdtfeger* Öffentliches Recht (Fn 24) Rn 841.
388   *Tettinger* Juristische Arbeitstechnik (Fn 6) 191.
389   Vgl *Rips* (Fn 157), JuS 1979, 42 (45); *Schwerdtfeger* Öffentliches Recht (Fn 24) Rn 840.
390   Vgl dazu Nachw o Fn 361.
391   *U. Wagner* (Fn 358), JuS 1995, L 73 (74); *Spona* (Fn 377), JuS 1996, 367 (368); *Butzer/Epping* Arbeitstechnik im Öffentlichen Recht (Fn 31) 49.
392   Ob die Gliederung vor oder nach dem Literaturverzeichnis einzuordnen ist, wird nicht einheitlich beantwortet; vgl dazu *Dietrich* (Fn 376), Jura 1998, 142 (145).

angabe oder einem Auszug aus der Arbeit werden[393]. Im übrigen sind ganze Sätze sowie direkte Fragen als Gliederungspunkte zu vermeiden.

Dem äußeren Erscheinungsbild nach kann das herkömmliche Gliederungsmuster (A I 1 a aa) oder das numerische Schema (1 – 1.1 – 1.1.1/ 1.1.2 – 1.2 usw.) benutzt werden[394]. Gedanken auf einer Ebene müssen auf derselben Gliederungslinie fortgesetzt werden. Wer also unter »A. Zulässigkeit der Verfassungsbeschwerde« prüft, muß dies konsequent fortführen mit »B. Begründetheit der Verfassungsbeschwerde« (und nicht etwa mit »II. ...«). Ferner muß, was häufig nicht beachtet wird, wer »1.« sagt, auch »2.« sagen, und auf »a)« muß »b)« folgen.

Da die Gliederung zugleich ein Inhaltsverzeichnis darstellt, muß zu jedem Gliederungspunkt die entsprechende Seitenzahl der Fallösung angegeben werden[395]. Die Gliederungspunkte selbst sind – jedenfalls soweit sie nicht untergeordnet sind – als Überschriften zu den jeweiligen Prüfungspunkten in den Text der Arbeit zu übernehmen. Besser noch werden alle Gliederungspunkte im Text als Überschrift wiedergegeben.

d) Lösungstext mit Fußnoten

Zum Lösungstext selbst bestehen – außer, daß er maschinenschriftlich gefertigt ist[396] – bei der Hausarbeit keine Besonderheiten. Abweichend von der Klausur ist die Lösung jedoch durch sog. *Fußnoten* mit einem Anmerkungsapparat versehen. Dabei handelt es sich um Ziffern, die im Lösungstext angebracht sind, auf derselben Seite unterhalb des Textes linksbündig wiederkehren und Rechtsprechung sowie Schrifttum anführen. Gegenstand der Fußnote und Art ihrer Gestaltung werden durch die Funktion des Anmerkungsapparats bestimmt.

Die Fußnote hat zunächst die *Funktion* der Quellenangabe, wenn in indirekter Rede fremde Gedanken wiedergegeben werden[397]. Bei der Darstellung von Meinungsstreitigkeiten dient sie als Beleg dafür, welche Auffassungen mit welcher Begründung in Rechtsprechung und Schrifttum

393 Vgl zur Funktion und zum Inhalt der Gliederung auch *Hopt* (Fn 156), Jura 1992, 225 (230); *U. Wagner* (Fn 358), JuS 1995, L 73 (74); *Knödler* (Fn 342), JuS 1996, L 65 (66); *Spona* (Fn 377), JuS 1996, 367 (368).
394 Ein Muster findet sich in Fall 3. – Gliederungsmuster ferner bei *Jaroschek* (Fn 365), JA 1997, 313 (316); *Dietrich* (Fn 376), Jura 1998, 142 (144, 145); *Butzer/Epping* Arbeitstechnik im Öffentlichen Recht (Fn 31) 46; *Schwerdtfeger* Öffentliches Recht (Fn 24) Rn 843.
395 *Tettinger* Juristische Arbeitstechnik (Fn 6) 191.
396 Zum Layout des Gutachtentextes *Dietrich* (Fn 376), Jura 1998, 142 (147).
397 *Tettinger* Juristische Arbeitstechnik (Fn 6) 189.

vertreten werden. Da die Fußnote niemals Selbstzweck ist, sind Selbstverständlichkeiten ebensowenig zu belegen wie der Gesetzesinhalt[398]. Im übrigen ist die Benennung des Urhebers eines fremden Gedankens nicht nur ein Gebot der wissenschaftlichen Redlichkeit; gefordert ist auch eine präzise Zitierweise, die den aufgegriffenen Gedanken exakt wiedergibt und ferner eine mühelose Nachprüfung ermöglicht[399]. Sog. »Blindzitate«, also die ungeprüfte Übernahme von Nachweisen z. B. aus Kommentaren oder Lehrbüchern, sind unzulässig[400].

Der *Inhalt* der Fußnote ist durch ihre Funktion als Quellenangabe und Beleg klar umrissen. Es sind lediglich Rechtsprechung und Schrifttum zu dokumentieren. Die z. B. aus wissenschaftlichen Aufsätzen bekannten weiterführenden Hinweise wie »vgl. hierzu ...« oder gar Sachaussagen und rechtliche Erörterungen haben in der Anmerkung nichts zu suchen[401]. Viele der in den Ausbildungszeitschriften (JA, Jura, JuS) veröffentlichten Fallbearbeitungen verstoßen übrigens gegen diese Regel. Ärgerlich ist das in einer Fußnote immer wieder anzutreffende »a. A.«[402]. Entweder ist die andere, abweichende Auffassung für die Lösung des Falles von Bedeutung; dann muß eine entsprechende sachliche Auseinandersetzung im Text erfolgen. Oder jene Auffassung ist für die Fallbearbeitung irrelevant; dann braucht sie nicht erwähnt zu werden.

Die *Zitierweise* muß in erster Linie dem Gebot der Klarheit entsprechen[403]. Gerichtsentscheidungen sind nach der Bezeichnung des Gerichts und der Fundstelle anzuführen. Nach Möglichkeit sollte die »Amtliche Sammlung« zitiert werden[404]. Allerdings werden nicht alle Entscheidungen dort abgedruckt; zum anderen werden aktuelle Entscheidungen in den Fachzeitschriften rascher veröffentlicht. Steht die wiedergegebene Äußerung nicht auf der Anfangsseite der Entscheidung, ist die genaue Seitenbezeichnung in einem Klammerzusatz anzugeben. Beispiele:

398 *Schwerdtfeger* Öffentliches Recht (Fn 24) Rn 845.

399 *Hopt* (Fn 156), Jura 1992, 225 (230); *Butzer/Epping* Arbeitstechnik im Öffentlichen Recht (Fn 31) 52.

400 *U. Wagner* (Fn 358), JuS 1995, L 73 (75); *Dietrich* (Fn 376), Jura 1998, 142 (148).

401 *Rollmann* (Fn 365), JuS 1988, 42 (47); *Dietrich* (Fn 376), Jura 1998, 142 (149); *Butzer/Epping* Arbeitstechnik im Öffentlichen Recht (Fn 31) 54.

402 Unzutreffend daher die Empfehlung, »aA« in den Fußnoten für die Kenntlichmachung abweichender Meinungen zu verwenden; so aber *U. Wagner* (Fn 358), 1995, L 73 (75); *Schwerdtfeger* Öffentliches Recht (Fn 24) Rn 845.

403 Beispiele zur (richtigen und falschen) Zitiertechnik bei *Dietrich* (Fn 376), Jura 1998, 142 (148 ff); *Butzer/Epping* Arbeitstechnik im Öffentlichen Recht (Fn 31) 55 ff.

404 *Tettinger* Juristische Arbeitstechnik (Fn 6) 190.

- BVerfGE 80, 137 (151);
- VGH BW, VBlBW 1983, 314 (315).

Entsprechendes gilt für Zeitschriftenaufsätze, wobei der im Literaturverzeichnis aufgeführte Titel des Beitrags in der Fußnote nicht mehr erscheint. Beispiele:

- *J. Ipsen* JuS 1990, 634 (637).
- *Bryde/Kleindiek* Jura 1999, 36 (43).

Lehrbücher werden unterschiedlich zitiert (vgl. i. e. die Fälle im 3. Teil), wenn möglich nach Randnummern oder Paragraphen mit Randnummern, andernfalls durch Seitenangabe. Bei mehreren Autoren in Sammelwerken ist der Autor des zitierten Beitrags zu nennen; Auflage, Jahr und Erscheinungsort des Gesamtwerks werden, da im Literaturverzeichnis aufgeführt, im Zitat nicht erwähnt. Ist im Literaturverzeichnis die Kurzfassung eines Werkes formuliert worden, ist das Zitat danach zu orientieren. Kommentare werden nach Paragraph und Randnummer zitiert, ggf. nach Paragraph und Anmerkung. Ob innerhalb einer Fußnote bei mehreren Zitaten eine nach Sachgesichtspunkten strukturierte Reihenfolge einzuhalten ist, wird unterschiedlich gehandhabt. In den Fallösungen des 3. Teils wird – der Übersichtlichkeit wegen – eine Zitierweise bevorzugt, die die (für die Rechtspraxis bedeutsamere) Rechtsprechung vor dem Schrifttum erwähnt und innerhalb der Judikatur nach dem Gewicht (Rang und Instanz) der Gerichte unterscheidet. Innerhalb der Literatur ist die favorisierte, aber nicht zwingende Abfolge Zeitschriftenaufsatz, Lehrbuch, Kommentar etc. Zu beachten ist schließlich, daß bei der Benutzung verschiedener Auflagen eines Werkes in der Fußnote die herangezogene Auflage kenntlich zu machen ist.

Die *Plazierung* der Fußnoten erfolgt unter dem Text derjenigen Seite, auf der sich die mit einer entsprechenden Ziffer versehenen und zu belegenden Ausführungen befinden. Eine aus Raumgründen nicht zu Ende geführte Fußnote kann auf der folgenden Seite fortgesetzt werden. Eine Anmerkung sollte dagegen auf der nächsten Seite nicht erst begonnen werden. Die *Numerierung* der Fußnoten kann insgesamt fortlaufend oder nur fortlaufend je Seite und immer wieder mit »1« beginnend erfolgen.

Einen häufig vorkommenden Fehler stellt das sog. *Fallzitat* dar. Mit Zitaten können nur Rechtsauffassungen belegt werden, nicht jedoch konkret erzielte Subsumtionsergebnisse[405]. Es ist deshalb unzutreffend, wenn z. B. geschrieben wird

---

405 *Spona* (Fn 377), JuS 1996, 367 (368 f); *Dietrich* (Fn 376), Jura 1998, 142 (148 f).

»Somit stellt die gesetzliche Maßnahme einen Eingriff in die Berufsfreiheit (Art. 12 Abs. 1 S. 1 GG) von Unternehmer U dar[17].«

und es dann in der entsprechenden Fußnote heißt

[17] BVerfGE 77, 308 (332).

weil das BVerfG den zu bearbeitenden Fall mit Sicherheit nicht entschieden hat. Gegen diese Regel ist in den Fallbearbeitungen des 3. Teils ebensowenig verstoßen wie gegen das oben für unzulässig erklärte »vgl.«. Wenn in den unten ausgearbeiteten Fällen mitunter zu Subsumtion und Ergebnis ein Zitat mit »vgl.« angeführt wird, erfüllt eine solche Fußnote in *diesem* Übungsbuch die ganz andere Funktion, auf eine bestimmte Stelle derjenigen Entscheidung (z. T. auch Besprechung) hinzuweisen, der der Fall nachgebildet ist. Sämtliche der bearbeiteten Fälle sind nämlich der Praxis entnommen, und es soll dokumentiert werden, wie sich das in praxi entscheidende Gericht zu einer bestimmten Rechtsfrage verhalten hat.

2. Teil: Schemata zum Aufbau verfassungsrechtlicher Fallösungen

A. Wert und Unwert von Aufbauschemata

Die Diskussion um den – richtigen – Einsatz von Aufbauschemata bei der Fallbearbeitung ist so alt wie die juristische Fallbearbeitung selbst. Nicht selten wird angesichts negativer Korrekturerfahrungen vor einer strikten Orientierung an derartigen Aufbauhilfen gewarnt. Die dadurch zum Ausdruck gebrachte Sorge ist berechtigt, wenn Bearbeiter den *Gefahren* erliegen, die mit einer allzu engen Anlehnung an ein Schema bei der Fallösung verbunden sind. Diese Gefahren müssen, um ihnen entgehen zu können, deutlich sein (I.). Bei kritischer Distanz vermitteln Aufbauschemata für die Fallbearbeitung aber *wertvolle Hilfen*; sie führen bei richtiger Anwendung dazu, aufbaumäßig korrekt und methodisch exakt eine Fallösung entwickeln zu können, die auch in der Sache die wesentlichen Probleme nicht übersieht (II.).

Bei der verfassungsrechtlichen Fallbearbeitung kommt eine Besonderheit hinzu. Ein gleichsam »durchgehend« anwendbares Aufbauschema steht nur für die Grundrechtsprüfung zur Verfügung (B.). Fälle aus dem Staatsorganisationsrecht können schon wegen der Heterogenität der Materie einem einheitlichen Aufbauschema nicht zugeordnet werden, und in prozessualer Hinsicht hängt es allein von der Verfahrensart ab, welche Zulässigkeitsvoraussetzungen zu prüfen sind. Insoweit lassen sich dann aber klare Aussagen treffen.

I. Gefahrenquellen eines Aufbauschemas

Die erste mit der Anlehnung an ein Aufbauschema verbundene Gefahr bei der Fallbearbeitung ist die *starre Anwendung* der einzelnen Prüfungspunkte. Hierbei handelt es sich um einen weit verbreiteten Fehler im Umgang mit der Aufbauhilfe. Die insoweit vorgebrachte Kritik[1] besteht zu Recht. Sie betrifft vornehmlich – und so auch bei der Verfassungsbeschwerde – die in

---

1 *Tettinger* Einführung in die juristische Arbeitstechnik, 2. Aufl 1992, 115: »einzelne Stufen gleichförmig heruntergeklappert«; *Butzer/Epping* Arbeitstechnik im Öffentlichen Recht – Vom Sachverhalt zur Lösung, 1994, 49: »stures ›Abprüfen‹ von Punkten«; *Schwerdtfeger* Öffentliches Recht in der Fallbearbeitung – Grundfallsystematik, Methodik, Fehlerquellen, 10. Aufl 1997, Rn 835: »seitenlang Schemata abklappert«.

einem Schema zusammengeführten Zulässigkeitsvoraussetzungen eines Rechtsbehelfs. Dabei handelt es sich aber nur um einen Teil der Aufbauregeln. Im übrigen trifft die Kritik nicht das Schema, sondern dessen Anwendung. Insbesondere ungeübte und unsichere Bearbeiter neigen dazu, die ihnen bekannten Zulässigkeitsvoraussetzungen darzustellen, selbst wenn sie im konkreten Fall unproblematisch sind. Zulässigkeitsvoraussetzungen dürfen in der Fallbearbeitung grundsätzlich aber nur erörtert werden, soweit sich aus dem Sachverhalt für die Notwendigkeit ihrer Prüfung ein Anhaltspunkt ergibt. Für bestimmte Voraussetzungen folgt – wie am Beispiel der Verfassungsbeschwerde noch zu erläutern ist – hieraus, daß sie nur ausnahmsweise zu prüfen sind.

In engem Zusammenhang damit besteht die zweite Gefahr. Eine unkritische Erörterung[2] aller nur denkbaren Zulässigkeitsvoraussetzungen bewirkt eine *falsche Schwerpunktbildung* in der Arbeit. In dem – vermeintlich – sicheren Gefühl, wenigstens zum prozessualen Teil etwas Richtiges zu Papier bringen zu können, wird der Zulässigkeitsteil der Fallösung übermäßig ausgedehnt, während für die notwendige Begründetheitsprüfung weder Kraft noch Zeit verbleiben. Überflüssige Ausführungen (zur Zulässigkeit) auf der einen Seite kontrastieren mit der Nichtbehandlung fallrelevanter materiellrechtlicher Fragen (im Begründetheitsteil) auf der anderen Seite.

Eine dritte Gefahr betrifft die Bewältigung *atypischer Fallkonstellationen*. Diese lassen sich nicht in ein bekanntes Aufbauschema einfangen[3]. Wer zu sehr daran »klebt«, unternimmt den untauglichen Versuch, den Sachverhalt zur rechtlichen Bewältigung in starre Strukturen einpassen zu wollen. Es kommt jedoch darauf an, mit Hilfe eines ordentlichen Grundwissens und sicherer methodischer Fertigkeiten den Fall »in den Griff zu bekommen«. Insoweit ist ein kritischer und relativierender Umgang mit dem Aufbauschema angezeigt.

II. Funktionen eines Aufbauschemas

Um ein Aufbauschema falladäquat einsetzen zu können, muß man sich seiner Funktionen bewußt sein. Im Ausgangspunkt ist nicht zweifelhaft, daß

---

2 Häufig wird vergessen, daß kein Aufbauschema auf jeden Einzelfall zugeschnitten sein kann; *Stender-Vorwachs* Prüfungstraining Staats- und Verwaltungsrecht, Bd 1: Methodik der Fallbearbeitung, 3. Aufl 1997, 7.
3 Im übrigen ist das sog Prozeßschema ohnehin nur anwendbar, wenn die Aufgabenstellung nach der Zulässigkeit und Begründetheit eines Rechtsbehelfs fragt; *Schwerdtfeger* Öffentliches Recht (Fn 1) Rn 13.

ein Aufbauschema für die Fallbearbeitung unverzichtbar ist[4]. Auch der Praktiker (z. B. Richter, Rechtsanwalt) entwickelt nicht ohne Aufbauregel, quasi orientierungslos, seine Entscheidung. Für den auszubildenden Juristen stellt das Aufbauschema eine pädagogische Hilfe und ein Gerüst methodisch geleiteter Rechtsfindung dar. Dies ist für die Fallbearbeitung außerordentlich wichtig und von einem nicht zu unterschätzenden Wert[5].

Der konkrete Nutzen eines Aufbauschemas besteht zunächst darin, dem Bearbeiter eine Art *Checkliste* an die Hand zu geben[6]. Hier findet man Merkposten, die davor schützen können, Wesentliches zu übersehen. Deshalb sollten jedenfalls diejenigen Bearbeiter, denen noch die notwendige Routine oder die Fähigkeit zum Erkennen fallrelevanter Probleme fehlt, in Gedanken oder in der Lösungsskizze die einzelnen Stationen durchprüfen, um nichts zu vergessen. Das bedeutet nicht, das alles, was durchdacht worden ist, bei der Ausformulierung des Gutachtens zu Papier gebracht wird. In die endgültige Fallösung dürfen nur solche Prüfungspunkte Eingang finden, die erörterungsbedürftig, weil lösungsrelevant, sind. Dies betrifft in erster Linie die eigentlichen Rechtsfragen; aber auch Unproblematisches muß bisweilen – wenn auch in feststellender Ausdrucksweise und nicht etwa im Gutachtenstil – niedergeschrieben werden. Beispiele: Qualifizierung einer Verwaltungsmaßnahme als »öffentliche Gewalt«; denn an die Feststellung des Gegenstands einer Verfassungsbeschwerde schließt sich die Prüfung der Beschwerdebefugnis an. Bejahung der Rechtswegerschöpfung bei einem Urteil des BVerwG; es folgt hierauf die Untersuchung der Subsidiarität der Verfassungsbeschwerde. Bewertung einer staatlichen Maßnahme als Grundrechtseingriff; es folgt die Prüfung seiner verfassungsrechtlichen Rechtfertigung.

Ein Aufbauschema liefert sodann Anhaltspunkte, um zu den *sachlichen Problemen* des Falles vorzudringen[7]. Dies setzt allerdings voraus, daß der Bearbeiter bereits über ein gewisses Sachwissen verfügt und zudem in der

---

4 Vgl *Stein* Staatsrecht, 460: »Alle Aufbauregeln sind nichts anderes als Zusammenstellungen von Voraussetzungen für die Bejahung oder Verneinung der allgemeinen Rechtsfrage, auf die sich das Aufbauschema bezieht.«

5 Daß man von einem Aufbauschema keine »Wunderdinge« erwarten darf, ist selbstverständlich. *Schwerdtfeger* Öffentliches Recht (Fn 1) Rn 11: Nicht jeder Sachverhalt könne ohne weiteres mit den einschlägigen Paragraphen und Rechtsproblemen in Zusammenhang gebracht und zur richtigen Lösung geführt werden.

6 *Tettinger* Juristische Arbeitstechnik (Fn 1) 115: »Gedächtnisstütze«, falls genügend Sachwissen vorhanden sei.

7 Unzutr *Butzer/Epping* Arbeitstechnik im Öffentlichen Recht (Fn 1) 49: »Schemata sind nur Checklisten, mehr nicht!«

Lage ist, dieses Wissen mit den einzelnen Gliederungspunkten des Schemas in Verbindung zu bringen und auf dem Weg zur Lösung zu verknüpfen. Insoweit kann ein Aufbauschema – über die Funktion einer Checkliste hinausgehend – in seinen jeweils fallrelevanten Punkten zugleich ein sachliches *Lösungsprogramm* darstellen. Dies bedeutet, daß z. B. bei der Verfassungsbeschwerde

- unter dem Aspekt der »Parteifähigkeit« die materielle Grundrechtsfähigkeit (vor allem juristischer Personen),
- bei dem Prüfungspunkt »Eingriff in den Schutzbereich« die Voraussetzungen des Grundrechtstatbestandes,
- über den Merkposten »Gegenschranken« das Übermaßverbot

angesprochen werden. So gesehen kann dem Aufbauschema auch eine systematisierende Funktion beigemessen werden: Anhand des Aufbauschemas wird einem Bearbeiter die Fallrelevanz seiner verfassungsrechtlichen Kenntnisse deutlich, und über die Anforderungen einer methodisch geleiteten Fallösung entsteht für ihn eine systematische Verknüpfung vorhandenen Einzelwissens im Verfassungsrecht. Daß dabei nicht alle Fragen eines Falles »angesteuert« werden[8] und ein Schema somit keine Garantie für die richtige Fallösung liefert[9], ist zwar selbstverständlich, mindert die Bedeutung des Schemas bei der Aufdeckung von Sachproblemen jedoch in keiner Weise[10].

Ein richtig strukturiertes Aufbauschema dient schließlich dem *logischen Aufbau* bei der Fallösung. Ein bestimmter Aufbau ist zwar nirgends verbindlich festgelegt; Plausibilitäts- und Zweckmäßigkeitserwägungen bestimmen zu einem großen Teil die Prüfungsabfolge in Klausur und Hausarbeit. Es gibt jedoch – gerade bei der Fallbearbeitung im Verfassungsrecht – unumstößliche Regeln, die auf logischen Erwägungen beruhen. Wird gegen sie verstoßen, sind Aufbaufehler und oftmals auch methodische und sachliche Mängel vorprogammiert. So stellt der Begründetheitsteil des Schemas zur Verfassungsbeschwerde (vgl. nachf. B) nichts anderes dar als die aufbaumäßige Rezeption der allgemeinen Grundrechtsdogmatik[11].

---

8 *Schwerdtfeger* Öffentliches Recht (Fn 1) Rn 16.
9 *Stender-Vorwachs* Prüfungstraining (Fn 2) 7.
10 Wenn *Schwerdtfeger* Öffentliches Recht (Fn 1) Rn 15, meint, ein Schema verrate nicht, hinter welchen Punkten sich die eigentlichen Probleme des Falles verbergen, ist dies für sich genommen zwar richtig, hat aber den gänzlich unwissenden Juristen zur Voraussetzung; anders denn auch aaO Rn 17: Schema als Denkhilfe beim Überlegen der Lösung zu den hinter jedem Schemapunkt stehenden Problemen.
11 *Pieroth/Schlink* Grundrechte, Rn 1166.

Dieser Teil des Aufbauschemas kann infolgedessen zur Grundlage einer rein materiellrechtlichen Prüfung im Grundrechtsfall gemacht werden[12].

B. Aufbauschema zur Verfassungsbeschwerde

Die Verfassungsbeschwerde stellt den zahlenmäßig bedeutsamsten verfassungsprozessualen Rechtsbehelf dar und macht etwa 96% aller beim BVerfG anhängigen Verfahren aus[13]. Auch in Übung und Examen ist die Verfassungsbeschwerde außerordentlich prüfungsrelevant, da grundrechtliche Aufgabenstellungen zumeist prozessual eingekleidet sind[14]. Im Staatsorganisationsrecht stehen für die wichtigsten Verfahrensarten (Organstreit, abstrakte und konkrete Normenkontrolle) für die Zulässigkeitsprüfung ebenfalls Aufbauhilfen zur Verfügung[15]. Diese sind relativ einfach und überschaubar und werden daher in Teil 3 zum jeweiligen Fall erläutert[16]. Bezüglich der Begründetheit entziehen sich jene Verfahrensarten infolge der Heterogenität staatsorganisationsrechtlicher Aufgabenstellungen einer (ver)einheitlichen(den) Prüfungssystematik.

Zur Verfassungsbeschwerde werden in der Ausbildungsliteratur etliche Varianten eines Aufbauschemas angeboten[17]. Das folgende Schema legt – über die oftmals nur beschriebenen Zulässigkeitsvoraussetzungen des Rechtsbehelfs hinausgehend – einen Schwerpunkt auf die methodische Anleitung zur Prüfung der Begründetheit des Rechtsbehelfs. Der Begründetheitsteil kann außerdem, um dies nochmals zu betonen, als selbständige Aufbauhilfe benutzt werden, wenn im Grundrechtsbereich nur nach der materiellen Verfassungsmäßigkeit einer Maßnahme öffentlicher Gewalt gefragt ist.

---

12 Vgl *Stein* Staatsrecht, 243 f (zur Prüfung bei Freiheitsgrundrechten) und 393 (zur Prüfung bei Gleichheitsrechten); ferner *Stender-Vorwachs* Prüfungstraining (Fn 2) 64 ff. – Zur praktischen Anschauung vgl Fall 4, 6, 7, 9 (jeweils ohne oder mit einem als »2. Frage« nachgeordneten prozessualen Teil).
13 *Pieroth/Schlink* Grundrechte, Rn 1118.
14 *Manssen* Staatsrecht I, Rn 740.
15 Vgl etwa *Maurer* Staatsrecht, § 20 Rn 43 ff (Organstreit), Rn 77 ff (abstrakte Normenkontrolle), Rn 110 ff (konkrete Normenkontrolle); ferner *Stender-Vorwachs* Prüfungstraining (Fn 2) 12 ff; *Brauner/Stollmann/Weiß* Fälle und Lösungen zum Staatsrecht, 6. Aufl 1999, 25 ff.
16 Organstreit Fall 7; abstrakte Normenkontrolle Fall 5; konkrete Normenkontrolle Fall 7.
17 Vgl zB *Pieroth/Schlink* Grundrechte, Rn 1121 ff; *Maurer* Staatsrecht, § 20 Rn 125 ff; *Manssen* Staatsrecht I, Rn 741 ff; *Stender-Vorwachs* Prüfungstraining (Fn 2) 49 ff; *Brauner/Stollmann/Weiß* Fälle und Lösungen (Fn 15) 23 f.

Aufbauschema zur Prüfung der Erfolgsaussichten einer Verfassungsbeschwerde

A. Zulässigkeit der Verfassungsbeschwerde

   I. Zuständigkeit des BVerfG (Art. 93 Abs. 1 Nr. 4 a GG; § 13 Nr. 8 a BVerfGG)

  II. Ordnungsgemäßer Antrag (§§ 23 Abs. 1, 92 BVerfGG)

 III. Parteifähigkeit (§ 90 Abs. 1 BVerfGG: »jedermann«), d.i.: Grundrechtsfähigkeit. Dabei zu beachten die Differenzierungen:
   1. Natürliche Person
      a) Deutsche
      b) Nichtdeutsche (Ausländer und Staatenlose)
   2. Juristische Person (Grundrechtsfähigkeit nach Maßgabe des Art. 19 Abs. 3 GG)
      a) Juristische Personen des Privatrechts
      b) Juristische Personen des Öffentlichen Rechts
      c) Annex: Nicht rechtsfähige Gebilde (z. B. Personengesellschaften wie OHG und KG; politische Parteien)

 IV. Prozeßfähigkeit (= »Grundrechtsmündigkeit«)

  V. Beschwerdegegenstand (§ 90 Abs. 1 BVerfGG: »öffentliche Gewalt«)

 VI. Beschwerdebefugnis; dabei als Prüfungspunkte beachten:
   1. Rügepotential: Nur Grundrechte und die übrigen in § 90 Abs. 1 BVerfGG genannten grundrechtsgleichen Rechte
   2. Behauptungslast: Möglichkeit der Grundrechtsverletzung
   3. Betroffenheit des Beschwerdeführers durch den Akt öffentlicher Gewalt: selbst, gegenwärtig, unmittelbar

VII. Rechtswegerschöpfung (§ 90 Abs. 2 BVerfGG)
   1. Grundsatz (§ 90 Abs. 2 S. 1 BVerfGG)
      a) Vorhandensein eines Rechtswegs
      b) Erschöpfung dieses Rechtswegs
   2. Ausnahmen (§ 90 Abs. 2 S. 2 BVerfGG)

VIII. Subsidiarität der Verfassungsbeschwerde

 IX. Beschwerdefrist (§ 93 BVerfGG)

  X. Allgemeines Rechtsschutzbedürfnis

B. Begründetheit der Verfassungsbeschwerde

Die Verfassungsbeschwerde ist begründet, wenn der Beschwerdeführer durch den angefochtenen Akt öffentlicher Gewalt in einem seiner Grundrechte oder grundrechtsgleichen Rechte tatsächlich verletzt ist.

I. Prüfung von Freiheitsgrundrechten
  1. Prüfung bei Verfassungsbeschwerde gegen Gesetz
    a) Eingriff in den Schutzbereich des Grundrechts
    (durch das Gesetz)
      aa) Schutzbereich einschlägig (= erfaßt fragliches Verhalten)
      bb) Eingriff durch Regelung(en) des Gesetzes
    b) Verfassungsmäßigkeit des Eingriffs (= des Gesetzes):
    Einhaltung der für das Grundrecht maßgeblichen Schrankenregelung, formell und materiell ordungsgemäßes Gebrauchmachen von der Grundrechtsschranke
      aa) Ordnungsgemäßes Zustandekommen (Zuständigkeit, Verfahren, Inkrafttreten; bei Bundesgesetzen Art. 70 ff. GG)
      bb) Materielle Verfassungsmäßigkeit
        (1) Kein Verstoß gegen Grundrecht(e)
          (a) Schrankenregelung, also Einschränkbarkeit des jeweiligen Grundrechts; dabei die differenzierten Schrankenregelungen beachten:
            – Einfacher Gesetzesvorbehalt (z. B. Art. 2 Abs. 2 S. 3; 8 Abs. 2; 10 Abs. 2 S. 1 GG)
            – Qualifizierter Gesetzesvorbehalt: Gesetz erfüllt Qualifikationsmerkmale (z. B. Art. 11 Abs. 2; 13 Abs. 2 GG)
            – Regelungsvorbehalt (z. B. Art. 12 Abs. 1 S. 2 GG)
            – Inhalts- und Schrankenbestimmung (z. B. Art. 14 Abs. 1 S. 2 GG)
            – Schrankenvorbehalt der »allgemeinen Gesetze« (z. B. Art. 5 Abs. 2 GG)
            – Verbal vorbehaltlos gewährleistete Grundrechte: Gesetz schützt Grundrechte Dritter und sonstige Verfassungsgüter (z. B. bei Art. 4 Abs. 1 und Abs. 2 sowie Abs. 3; 5 Abs. 3 GG)
            – Schrankentrias des Art. 2 Abs. 1 GG (insbes.: »verfassungsmäßige Ordnung«)

     (b) Beachtung der Gegenschranken (= Grenzen der Einschränkbarkeit), insbes. Übermaßverbot (Verfolgung eines verfassungslegitimen Ziels; Geeignetheit, Erforderlichkeit, Verhältnismäßigkeit des Gesetzes zur Zielverwirklichung); äußerste Grenze: Art. 19 Abs. 2 GG

  (2) Kein Verstoß gegen andere Verfassungsnormen (insbes. die Staatszielbestimmungen und Staatsstrukturmerkmale des Art. 20 GG, aber auch Art. 19 Abs. 1 S. 1 und 19 Abs. 1 S. 2 GG)

2. Prüfung bei Verfassungsbeschwerde gegen Einzelakt (Entscheidung der Exekutive, zumeist gerichtlich bestätigt) aufgrund förmlichen Gesetzes

  a) Eingriff in den Schutzbereich des Grundrechts (durch den Einzelakt)

    aa) Schutzbereich einschlägig (= erfaßt fragliches Verhalten)

    bb) Eingriff durch den Einzelakt

  b) Verfassungsmäßigkeit des Eingriffs: Es bedarf einer wirksamen Rechtsgrundlage, und von dieser muß verfassungskonform Gebrauch gemacht worden sein.

    aa) Gültige Rechtsgrundlage

      (1) In Betracht kommende Rechtsgrundlage für den Einzelakt

      (2) Verfassungsmäßigkeit der Rechtsgrundlage

        (a) Formelle Verfassungsmäßigkeit
          hier: vgl. oben 1. b) aa)

        (b) Materielle Verfassungsmäßigkeit

          (aa) Kein Verstoß gegen das zu prüfende (= vom Einzelakt beeinträchtigte) Grundrecht
            – Schrankenregelung des Grundrechts
             hier: Prüfung wie oben 1. b) bb) (1) (b)

          (bb) Kein Verstoß gegen andere Grundrechte
             hier: Prüfung wie vorstehend (aa)

          (cc) Kein Verstoß gegen andere Verfassungsnormen
             hier: vgl. oben 1. b) bb) (2)

    bb) Verfassungsmäßiges Gebrauchmachen von der Rechtsgrundlage: Prüfung, ob bei Auslegung und Anwendung der Rechtsgrundlage die Einwirkungen (Ausstrahlungswirkungen; wertsetzende Bedeutung) des Grundrechts (bzw. der Grundrechte) auf das einfache Recht beachtet worden sind. Dabei besonderes Problem bei Verfassungsbeschwerde gegen Gerichtsentscheidung: Abgrenzung der Kompetenzen zwischen BVerfG und den Fachgerichten. Das BVerfG ist keine »Superrevisionsinstanz«; sein Kontrollbereich ist umschrieben mit der Formel von der Überprüfung der Verletzung »spezifischen Verfassungsrechts«.

II. *Prüfung von Gleichheitsgrundrechten*
1. Feststellung, ob durch einen Akt öffentlicher Gewalt
   a) entweder im wesentlichen Gleiches ungleich oder
   b) im wesentlichen Ungleiches gleich behandelt ist. Wenn ja:
2. Rechtmäßigkeit der festgestellten Gleich- bzw. Ungleichbehandlung
   a) Formelle Verfassungsmäßigkeit des (zugrunde liegenden) Gesetzes, s. o.
   b) Materielle Verfassungsmäßigkeit
      aa) Spezielle Differenzierungsverbote bzw. Sonderregelungen (z. B. Art. 3 Abs. 2 und Abs. 3, 6 Abs. 5, 33 Abs. 1 bis 3, 38 Abs. 1 S. 1 GG)
      bb) Beim allgemeinen Gleichheitssatz des Art. 3 Abs. 1 GG: Prüfung, ob die Gleich- bzw. Ungleichbehandlung sachlich gerechtfertigt ist. Orientierungsmaßstab ist der jeweilige Regelungszweck. Im Falle der Ungleichbehandlung von Personengruppen müssen zwischen den verschiedenen Gruppen von Normadressaten Unterschiede von solcher Art und solchem Gewicht bestehen, daß sie die Ungleichbehandlung rechtfertigen. Umgekehrt müssen bei der Gleichbehandlung verschiedener Gruppen solche Unterschiede fehlen, so daß eine unterlassene Differenzierung gerechtfertigt ist.

Erläuterungen zum Aufbauschema

In der *Zulässigkeitsstation* sind im Gutachten zu den Voraussetzungen A. V. bis VIII. Erörterungen immer angezeigt. Die sonstigen Zulässigkeitsvoraussetzungen sind nur zu prüfen, wenn der Sachverhalt Anlaß dafür bietet[18]. Ist dies nicht der Fall, kann in der Fallbearbeitung mit knappen Worten festgestellt werden, daß am Vorliegen dieser Voraussetzungen keine Bedenken bestehen[19]. Zur Prüfungsreihenfolge empfiehlt sich die Erörte-

---

18 Ebenso *Pieroth/Schlink* Grundrechte, Rn 1121, denen zufolge aber auch noch die Beschwerdefähigkeit stets zu prüfen sein soll.
19 Vgl Fall 1 und Fall 3 (jeweils beim Zwischenergebnis zur Zulässigkeit der Verfassungsbeschwerde).

rung des Beschwerdegegenstandes vor der Beschwerdebefugnis, weil letztere hinsichtlich der inhaltlichen Anforderungen vom Beschwerdegegenstand (Gesetzesvorschrift oder Verwaltungsmaßnahme oder Gerichtsentscheidung) abhängt. Die Frage der Grundrechtsfähigkeit (Grundrechtsträgerschaft) kann mit gutem Grund nicht schon bei der Parteifähigkeit, sondern erst im Rahmen der Beschwerdebefugnis geprüft werden.

Die Prüfungsreihenfolge in der *Begründetheitsstation* wird zunächst von der Grundrechtssystematik bestimmt. Freiheitsrechte sind vor Gleichheitsrechten zu prüfen und spezielle Freiheits- bzw. Gleichheitsrechte vor dem allgemeinen Freiheitsrecht (Art. 2 Abs. 1 GG) bzw. dem allgemeinen Gleichheitssatz (Art. 3 Abs. 1 GG). Im übrigen wird die Prüfungssystematik durch den Beschwerdegegenstand beeinflußt. Während das Parlamentsgesetz (i. d. R. des Bundes) nur an der Verfassung gemessen wird, müssen sich Einzelakte zunächst auf ein rechtswirksames Gesetz zurückführen lassen, und bei dessen Auslegung und Anwendung darf unter verfassungsrechtlichen Vorzeichen (vgl. Urteilsverfassungsbeschwerde) nur die Verletzung sog. »spezifischen Verfassungsrechts« überprüft werden. Zu beachten ist überdies, daß das Schema erweitert werden muß, wenn es um eine untergesetzliche Rechtsnorm (als Eingriffsregelung oder als Rechtsgrundlage für den Einzelakt) geht; die Rechtsverordnung bzw. die Satzung muß ihrerseits auf eine wirksame gesetzliche Grundlage zurückgeführt werden können, und deren Rahmen muß eingehalten sein.

Die Forderung in der Ausbildungsliteratur, im Gutachten müsse auch das *Annahmeverfahren* (§§ 93a ff. BVerfGG), das in der Praxis eine ganz erhebliche Rolle spielt, geprüft werden[20], ist unzutreffend; in der Klausur kann ihr im übrigen aus faktischen Gründen nicht nachgekommen werden. Die Annahmevoraussetzungen gem. § 93a Abs. 2 BVerfGG sind so komplex und setzen eine derart genaue Kenntnis der Rechtsprechung des BVerfG voraus[21], daß ihre Beherrschung in der Klausur (und realistischerweise auch in der Hausarbeit) von den Bearbeitern nicht erwartet werden kann. Außerdem handelt es sich bei dem Annahmeverfahren im strengen Sinne nicht um eine Zulässigkeits- oder Begründetheitsvoraussetzung der Verfassungsbeschwerde. Erst die durchgeführte gutachtliche Prüfung der Zulässigkeit und Begründetheit könnte zeigen, wie die Verfassungsbeschwerde im Annahmeverfahren zu behandeln ist[22].

---

20 *Schwerdtfeger* Öffentliches Recht (Fn 1) Rn 508.
21 Vgl ie *Seegmüller* Praktische Probleme des Verfassungsbeschwerdeverfahrens, DVBl 1999, 738.
22 *Pieroth/Schlink* Grundrechte, Rn 1120.

Fall 1: Bezahlter Sonderurlaub durch Arbeitgeber

Sachverhalt

Das Sonderurlaubsgesetz des Landes L gewährte in seiner bislang geltenden Fassung Arbeitnehmern für bestimmte ehrenamtliche Tätigkeiten in der Jugendarbeit einen Anspruch auf unbezahlten Sonderurlaub. Die Arbeitgeber mußten nur die Beiträge für die Kranken- und Arbeitslosenversicherung weiterzahlen. Nach einem ordnungsgemäßen Gesetzgebungsverfahren im Landtag von L tritt ein neues Sonderurlaubsgesetz (SoUrlG) in Kraft, das u. a. folgendes bestimmt:

§ 1

(1) Den ehrenamtlich und führend in der Jugendarbeit der Jugendverbände, der öffentlichen Jugendpflege und -bildung, sonstiger Jugendgemeinschaften und deren Zusammenschlüssen sowie den im Jugendsport in Vereinen, dem Landessportbund und in den Sportfachverbänden tätigen Personen über 18 Jahren ist auf Antrag bezahlter Sonderurlaub zu gewähren

1. für die Tätigkeit als Helfer in Zeltlagern, Jugendherbergen und Heimen, in denen Jugendliche vorübergehend zur Erholung untergebracht sind, sowie bei sonstigen Veranstaltungen, in denen Jugendliche betreut werden,

2. zum Besuch von Tagungen, Lehrgängen und Seminaren der Jugendverbände, der öffentlichen Jugendpflege und -bildung sowie im Rahmen des Jugendsports.

(2) Sonderurlaub ist ferner zu gewähren für die Tätigkeit als Leiter oder pädagogischer Mitarbeiter bei Veranstaltungen nach Abs. 1 Nr. 1 und 2.

(3) Der Sonderurlaub kann nur dann nicht in der vom Arbeitnehmer vorgesehenen Zeit genommen werden, wenn dringende betriebliche Erfordernisse entgegenstehen.

§ 2

(1) Der Sonderurlaub beträgt bis zu zwölf Arbeitstage im Jahr. Er kann auf höchstens drei Veranstaltungen im Jahr verteilt werden.

(2) Der Sonderurlaub ist auf das nächste Jahr nicht übertragbar.

§ 3

(1) ...

(2) Die Anträge sind dem Arbeitgeber oder Dienstherrn mindestens sechs Tage vor dem beabsichtigten Antritt des Sonderurlaubs vorzulegen.

§ 5

Der Anspruch auf Erholungsurlaub oder auf Freistellung von der Arbeit nach anderen gesetzlichen oder vertraglichen Bestimmungen wird durch dieses Gesetz nicht berührt.

Der mit seinem Betrieb in der metallverarbeitenden Industrie tätige Unternehmer U befürchtet, daß neue und erhebliche finanzielle Belastungen auf seinen Betrieb zukommen. U meint, auch wenn ehrenamtliche Jugendarbeit in unserer Gesellschaft zu begrüßen sei, könne er nicht einsehen, daß dafür eine bezahlte Freistellung von Arbeitnehmern durch die Arbeitgeber notwendig sei. Die Arbeitnehmer in Deutschland verfügten über ein üppiges Maß an Freizeit, in der sie ehrenamtlichen Tätigkeiten nachgehen könnten. Jedenfalls dürfe eine gesamtgesellschaftliche Aufgabe nicht einseitig auf Kosten der gewerblichen Freiheit der Unternehmer gelöst werden. Zudem dürfe das Land ein Sonderurlaubsgesetz gar nicht erlassen. Im Bundesurlaubsgesetz sei der Anspruch auf Erholungsurlaub geregelt, und das Berufsbildungsgesetz des Bundes sehe einen Bildungsurlaub für alle Arbeitnehmer vor; damit müsse es sein Bewenden haben.

Die bei U beschäftigte Arbeitnehmerin A, die als pädagogische Mitarbeiterin an einer von Pfadfindern veranstalteten Ungarnreise teilnehmen möchte, benötigt dafür zwölf Tage Sonderurlaub und beansprucht für den betreffenden Zeitraum eine Lohnweiterzahlung i. H. v. 1.400,– DM. Dieser Vorgang veranlaßt U, eine Klärung der Rechtslage herbeizuführen.

U fragt, ob und mit welchem Erfolg er eine Überprüfung der in § 1 Abs. 1 und 2 SoUrlG getroffenen Regelung durch Anrufung des BVerfG erreichen kann.

Lösung

U könnte gegen das Sonderurlaubsgesetz das BVerfG im Wege der Verfassungsbeschwerde (Art. 93 Abs. 1 Nr. 4a GG, § 13 Nr. 8a BVerfGG) anrufen. Diese hat Erfolg, wenn sie zulässig und begründet ist.

A. Zulässigkeit der Verfassungsbeschwerde

Die Zulässigkeit der Verfassungsbeschwerde bestimmt sich nach §§ 90 ff. BVerfGG. Hier ist allenfalls fraglich, ob sich U befugterweise gegen einen tauglichen Beschwerdegegenstand wendet und nicht zunächst fachgerichtlichen Rechtsschutz in Anspruch nehmen muß.

4. Beschwerdegegenstand

Gegenstand einer Verfassungsbeschwerde ist gem. § 90 Abs. 1 BVerfGG »*die öffentliche Gewalt*«. U müßte sich danach gegen eine Maßnahme wenden, die in Ausübung öffentlicher Gewalt ergangen ist. Angriffsziel der Verfassungsbeschwerde ist das Sonderurlaubsgesetz des Landes L. U wendet sich also gegen ein *Parlamentsgesetz*. Begrifflich umfaßt das Merkmal »öffentliche Gewalt« ohne weiteres Akte der Gesetzgebung. Im Geltungs- und Anwendungsbereich des formellen Hauptgrundrechts gem. Art. 19 Abs. 4 GG sollen förmliche Gesetze dennoch vom Begriff »öffentliche Gewalt« nicht umfaßt werden[1]. Daraus können jedoch zwingende Schlußfolgerungen für die Begriffsbestimmung im Rahmen des § 90 Abs. 1 BVerfGG nicht gezogen werden[2].

In verschiedenen Rechtsvorschriften kann ein Begriff unterschiedliche normative Gehalte aufweisen. Die Gesetzessystematik sowie Sinn und Zweck des § 90 Abs. 1 BVerfGG bieten maßgebliche Anknüpfungspunkte für die Ermittlung des Begriffs »öffentliche Gewalt«. §§ 93 Abs. 3, 94 Abs. 4 und 95 Abs. 3 BVerfGG setzen notwendigerweise voraus, daß eine Verfassungsbeschwerde gegen Gesetze zulässig ist[3]. Dies entspricht im übrigen Sinn und Zweck des Rechtsbehelfs. Mit der Verfassungsbeschwerde soll der vom Grundgesetz gewährleistete materielle Grundrechtsschutz verfahrensmäßig gesichert werden. Daher sind diejenigen Akte öffentlicher Gewalt der verfassungsgerichtlichen Prüfung nach § 90 Abs. 1 BVerfGG zu unterziehen, die gem. Art. 1 Abs. 3 GG grundrechtsgebunden sind[4]. Dazu zählt auch die Gesetzgebung. »Öffentliche Gewalt« i.S.d. § 90 Abs. 1 BVerfGG umfaßt somit Parlamentsgesetze[5]. Angreifbar sind neben Bundesgesetzen auch Landesgesetze[6].

Die von U gegen das Sonderurlaubsgesetz des Landes L zu erhebende Verfassungsbeschwerde hat somit einen statthaften Beschwerdegegenstand.

---

1 BVerfGE 24, 33 (49 ff); 24, 367 (401); 31, 364 (367 f); 45, 297 (334); *Hesse* Grundzüge des Verfassungsrechts, Rn 337; *Jarass* in: ders/Pieroth, GG, Art 19 Rn 25; *Pieroth/Schlink* Grundrechte, Rn 1010.

2 *H. Weber* JuS 1992, 122 (124).

3 *H. Weber* JuS 1995, 114; *Erichsen/Frenz* Jura 1995, 542.

4 *Pestalozza* Verfassungsprozeßrecht, § 12 Rn 23; *Pieroth/Schlink* Grundrechte, Rn 1125.

5 BVerfGE 60, 360 (369 f); 70, 35 (49); *Robbers* Verfassungsprozessuale Probleme, 16; *Lechner/Zuck* BVerfGG, § 90 Rn 81.

6 *Benda* in: ders/Klein, Verfassungsprozeßrecht, Rn 426.

II. Beschwerdebefugnis
1. Behauptungslast

Gem. § 90 Abs. 1 BVerfGG müßte U weiterhin behaupten können, durch das angegriffene Gesetz in einem seiner Grundrechte oder grundrechtsgleichen Rechte verletzt zu sein. Die Befugnis zur Einlegung einer Verfassungsbeschwerde setzt demnach eine Beschwer voraus. Dieses Zulässigkeitserfordernis dient dem Ausschluß sog. Popularbeschwerden[7]. Demzufolge reicht die bloß *verbale Behauptung* der Grundrechtsverletzung nicht[8]; andererseits ist die Frage der Grundrechts*verletzung*, also der rechtswidrigen Grundrechtsbeeinträchtigung[9], Gegenstand der Begründetheitsprüfung[10]. Ausgehend von der prozessualen Filterfunktion der Beschwerdebefugnis ist es infolgedessen notwendig und hinreichend, wenn nach dem Sachvortrag des Beschwerdeführers eine Grundrechtsverletzung nicht von vornherein ausgeschlossen ist, sondern wenn die *Möglichkeit* einer Grundrechtsverletzung besteht[11].

2. Möglichkeit der Grundrechtsverletzung

Hier könnte U durch das Sonderurlaubsgesetz insbesondere in seinem Grundrecht aus Art. 12 Abs. 1 GG (unter Umständen auch Art. 14 Abs. 1, 3 Abs. 1 GG) verletzt sein. »*Durch*« den angegriffenen Hoheitsakt (§ 90 Abs. 1 BVerfGG) ist eine Grundrechtsverletzung bei einem *Gesetz* wegen dessen abstrakt-genereller Regelungsstruktur und der damit in der Regel gegebenen Vollzugsbedürftigkeit nur möglich, wenn das angegriffene Gesetz den Regelungsbereich eines Grundrechts dergestalt nachteilig betrifft, daß der Grundrechtsinhaber *selbst, gegenwärtig* und *unmittelbar* beeinträchtigt ist[12].

---

7 BVerfGE 60, 360 (370); 64, 301 (319); *Schlaich* Das Bundesverfassungsgericht, Rn 209.
8 *H. Weber* JuS 1992, 122 (124).
9 *Erichsen* Jura 1991, 638 (639).
10 *Pieroth/Schlink* Grundrechte, Rn 1129.
11 BVerfGE 47, 253 (270); 78, 320 (329); 92, 158 (175); *Robbers* Verfassungsprozessuale Probleme, 21.
12 BVerfGE 50, 290 (319); 58, 81 (104); 59, 1 (17 f); 60, 360 (370); 70, 35 (50); 74, 297 (318); 79, 174 (187); 81, 70 (82); 88, 384 (399 f); 90, 128 (135); 98, 265 (295); *Fleury* Verfassungsprozeßrecht, Rn 297; *Schlaich* Das Bundesverfassungsgericht, Rn 223.

a) Beeinträchtigung eines grundrechtlichen Normbereichs

Das Sonderurlaubsgesetz könnte insbesondere den Regelungsbereich von Art. 12 Abs. 1 GG tangieren. Grundrechtlich gewährleistet ist danach die Berufsfreiheit[13]. Sie erfaßt jede Tätigkeit, die auf Dauer angelegt ist und der Schaffung und Erhaltung der Lebensgrundlage dient[14]. U betreibt als Unternehmer einen Betrieb in der metallverarbeitenden Industrie. Damit liegt eine Tätigkeit vor, die vom Normbereich des Art. 12 Abs. 1 GG erfaßt wird. Indem § 1 SoUrlG Arbeitgeber, zu denen U gehört, verpflichtet, Arbeitnehmern unter bestimmten Voraussetzungen bezahlten Sonderurlaub zu gewähren, wird die Freiheit der beruflichen Betätigung des Unternehmers reglementiert. Der Regelungsbereich des Art. 12 Abs. 1 GG ist somit nachteilig betroffen.

b) Betroffenheit: selbst, gegenwärtig, unmittelbar

U müßte durch die im Sonderurlaubsgesetz getroffenen Regelungen *selbst* betroffen sein. § 90 Abs. 1 BVerfGG verlangt nämlich, daß der Beschwerdeführer in »seinen« Grundrechten beeinträchtigt ist. Die in § 1 SoUrlG normierte Freistellungs- und Entgeltfortzahlungsbestimmung verpflichtet U als Arbeitgeber; daraus folgt die Selbstbetroffenheit[15]. Ferner müßte U – damit eine Grundrechts»verletzung« überhaupt in Betracht gezogen werden kann – *gegenwärtig* in seiner Rechtsstellung aus Art. 12 Abs. 1 GG beeinträchtigt sein. Daran fehlte es, wenn die angefochtene gesetzliche Regelung den Grundrechtsinhaber entweder nur in der Vergangenheit betroffen hätte oder erst irgendwann in der Zukunft beträfe[16]. U müßte vor allem nicht nur virtuell, sondern gegenwärtig durch die beanstandeten gesetzlichen Bestimmungen Rechtspflichten unterworfen sein. Das ist zu bejahen, wenn einer der betriebsangehörigen Arbeitnehmer auf der Grundlage des angegriffenen Gesetzes bezahlten Sonderurlaub beansprucht[17]. Dies ist hier durch die Arbeitnehmerin A erfolgt. Die *unmittelbare* Betroffenheit ist

---

13 BVerfGE 33, 303 (329 f); 95, 193 (214); *Frotscher* JuS 1990, L 81; *Specht* JA 1991, Ü 16; *Hesse* Grundzüge des Verfassungsrechts, Rn 419; *Tettinger* in: Sachs, GG, Art 12 Rn 8.
14 BVerfGE 68, 272 (281); 75, 284 (292); *Schwabe* Grundkurs Staatsrecht, 97; *Stein* Staatsrecht, 357; *Jarass* in: ders/Pieroth, GG, Art 12 Rn 4; *J. Ipsen* Staatsrecht II, Rn 596.
15 BVerfGE 77, 308 (326).
16 BVerfGE 60, 360 (371); *Fleury* Verfassungsprozeßrecht, Rn 311 ff; *Schlaich* Das Bundesverfassungsgericht, Rn 226; *Robbers* Verfassungsprozessuale Probleme, 25; *Lechner/Zuck* BVerfGG, § 90 Rn 117.
17 BVerfGE 85, 226 (233).

gegeben, wenn das Gesetz als solches direkt, also ohne einen weiteren vermittelnden Vollzugsakt, in den Rechtskreis des Beschwerdeführers einwirkt[18]. Auch diese Voraussetzung ist vorliegend erfüllt. Nach § 1 SoUrlG
genügt grundsätzlich ein Antrag des anspruchsberechtigten Arbeitnehmers
auf Gewährung bezahlten Sonderurlaubs, um die Verpflichtung des Arbeitgebers zur Arbeitsbefreiung unter Fortzahlung des Entgelts auszulösen.
Eines weiteren besonderen (behördlichen) Vollzugsaktes zur Herbeiführung
der gesetzlichen Rechtsfolge bedarf es nicht. Bei einer solchen Gesetzeslage
ist ein Beschwerdeführer durch die gesetzlichen Freistellungs- und Entgelt-
fortzahlungsvorschriften unmittelbar betroffen[19].

U ist demnach beschwerdebefugt.

III. Rechtswegerschöpfung

Gem. § 90 Abs. 2 S. 1 BVerfGG darf eine Verfassungsbeschwerde erst nach
Erschöpfung des Rechtswegs erhoben werden, wenn gegen die gerügte Grundrechtsverletzung der Rechtsweg zulässig ist. Rechtsweg ist jede gesetzlich
vorgesehene Möglichkeit zur Anrufung eines Gerichts[20]. Mit der Verfassungsbeschwerde wendet sich U gegen § 1 Abs. 1 und Abs. 2 SoUrlG, also
gegen eine Regelung des parlamentarischen Gesetzgebers. Gegen Parlamentsgesetze steht indes, wie sich § 93 Abs. 3 BVerfGG entnehmen läßt, ein
Rechtsweg nicht offen[21]. Infolgedessen greift § 90 Abs. 2 S. 1 BVerfGG bei
Verfassungsbeschwerden gegen Gesetze im förmlichen Sinne nicht ein[22].
U kann danach Verfassungsbeschwerde unmittelbar gegen § 1 Abs. 1 und 2
SoUrlG einlegen.

IV. Subsidiarität der Verfassungsbeschwerde

Der Zulässigkeit der Rechtssatzverfassungsbeschwerde könnte jedoch der
Grundsatz der *Subsidiarität der Verfassungsbeschwerde* entgegenstehen[23].
Dieser allgemeine Grundsatz könnte in § 90 Abs. 2 S. 1 BVerfGG eine

---

18 BVerfGE 71, 305 (334f); 72, 39 (43); 74, 69 (74); 81, 70 (82); 90, 128 (135f);
BVerfG, NJW 1993, 2367 (2368); BVerfG, NVwZ 1998, 1286.
19 BVerfGE 77, 308 (326).
20 BVerfGE 67, 157 (170); *Pieroth/Schlink* Grundrechte, Rn 1150; *Pestalozza*
Verfassungsprozeßrecht, § 12 Rn 46.
21 *H. Weber* JuS 1992, 122 (126); *Pieroth/Schlink* Grundrechte, Rn 1149.
22 *Schlaich* Das Bundesverfassungsgericht, Rn 244.
23 BVerfGE 71, 305 (334); 75, 108 (145); 84, 90 (116); 90, 128 (136f); 91, 294 (306);
BVerfG, NVwZ 1999, 867; *Gersdorf* Jura 1994, 398 (406).

spezielle Anerkennung gefunden haben[24]; generell könnte die Verfassungsbeschwerde als ultima ratio des Grundrechtsschutzes anzusehen sein[25]. Danach verlangte der allgemeine Subsidiaritätsgrundsatz, daß ein Beschwerdeführer über das Gebot der Rechtswegerschöpfung i.S.d. § 90 Abs. 2 S. 1
BVerfGG hinaus alle ihm zur Verfügung stehenden prozessualen Mittel er-
greift, um eine Korrektur der geltend gemachten Grundrechtsverletzung zu
erwirken[26].

1. Vorrang fachgerichtlichen Rechtsschutzes

Aufgrund der Funktion der Verfassungsbeschwerde sollen zunächst die
Fachgerichte eine Klärung darüber herbeiführen, ob und in welchem Ausmaß ein Beschwerdeführer durch die angegriffene Regelung in seinen
Grundrechten verletzt ist[27]. Die vorrangige Anrufung der Fachgerichte
gewährleistet eine umfassende Vorprüfung des Beschwerdevorbringens;
für das Verfassungsbeschwerdeverfahren wird ein regelmäßig in mehreren
Instanzen geprüftes Tatsachenmaterial aufbereitet und die Fallanschauung
der Fachgerichte vermittelt[28]. Kommt ein Fachgericht zu der Auffassung,
bestimmte Vorschriften des mittelbar angegriffenen nachkonstitutionellen
Parlamentsgesetzes seien verfassungswidrig, hat es gem. Art. 100 Abs. 1 GG
die Entscheidung des BVerfG einzuholen. Auf diese Weise ist – ebenso wie
im Falle der Urteilsverfassungsbeschwerde – gewährleistet, daß sich die
verfassungsgerichtliche Prüfung auf umfassend geklärte Tatsachen und auf
eine fachgerichtliche Beurteilung stützen kann[29].

Im vorliegenden Fall könnte der Subsidiaritätsgrundsatz eingreifen.
U könnte die Freistellung von A bzw. die Entgeltfortzahlung ablehnen.
A könnte dagegen beim Arbeitsgericht klagen (§ 2 Abs. 1 Nr. 3 ArbGG);
Rechtsmittel bestünden zum Landesarbeitsgericht (§ 64 ArbGG) und ggf.
zum Bundesarbeitsgericht (§ 72 ArbGG). Gegen dessen Entscheidung
könnte U im Falle der Prozeßniederlage Verfassungsbeschwerde zum

---

24 BVerfGE 63, 77 (78); 68, 376 (379); 72, 39 (43); 73, 322 (325); 86, 382 (386); 95,
193 (207).
25 *Warmke* JA 1990, 106 und 129 (131); *Erichsen* Jura 1991, 638 (641); *Seegmüller*
DVBl 1999, 738 (744).
26 BVerfGE 68, 384 (389); 70, 180 (185); 73, 322 (325); 74, 102 (113); 95, 163 (171);
BVerfG, NJW 1999, 2031.
27 BVerfGE 74, 69 (74); 78, 350 (355); 79, 1 (19 f).
28 BVerfGE 72, 39 (43); 74, 102 (113 f.); 86, 382 (386 f.); BVerfG, NVwZ 1998, 1286;
NVwZ 1999, 867; *Detterbeck* DÖV 1990, 558 (559).
29 BVerfGE 69, 122 (125 f.); 74, 69 (75).

BVerfG einlegen. Erachtete ein Spruchkörper der Arbeitsgerichtsbarkeit § 1 Abs. 1 und 2 SoUrlG für verfassungswidrig, müßte er nach Art. 100 Abs. 1 GG verfahren. Der Grundsatz der Subsidiarität der Verfassungsbeschwerde könnte sonach unter dem Gesichtspunkt eingreifen, daß dem Beschwerdeführer Möglichkeiten einer inzidenten Normenkontrolle zur Verfügung stehen, um eine Korrektur der geltend gemachten Grundrechtsverletzung zu erreichen[30]. Danach könnte die Verfassungsbeschwerde von U wegen der Subsidiarität des Rechtsbehelfs als unzulässig zu erachten sein.

2. Ausnahmen vom Subsidiaritätsgrundsatz

Dieser Grundsatz greift allerdings nur ein, wenn die Verweisung auf den Rechtsweg vor die Fachgerichte dem Betroffenen *zumutbar* ist[31]. Das ist dann nicht der Fall, wenn die Anwendung des Subsidiaritätsgrundsatzes dazu führte, daß ein wirksamer Grundrechtsschutz nicht mehr gewährleistet ist[32]. Eine Verweisung des Beschwerdeführers auf den Rechtsweg kommt daher nicht in Betracht, wenn vor den Fachgerichten zeitgerecht ein tatsächlich und rechtlich wirkungsvoller Rechtsschutz nicht erlangt werden kann[33]. Dies trifft insbesondere zu, wenn von der vorherigen Durchführung eines fachgerichtlichen Verfahrens weder tatsächliche Aufklärungen noch Fallanschauungen im Lichte des einfachen Rechts zu erwarten sind, auf die die Entscheidung über die Verfassungsbeschwerde angewiesen wäre[34]. Setzt die verfassungsgerichtliche Entscheidung weder nähere Sachverhaltsermittlungen noch die Auslegung und Anwendung von Vorschriften des einfachen Rechts voraus, sondern hängt sie allein von der Beurteilung verfassungsrechtlicher Fragen ab, ist die Verfassungsbeschwerde gegenüber anderen Rechtsschutzmöglichkeiten nicht subsidiär[35]. Dann nämlich kann der Sinn des Subsidiaritätsgrundsatzes, eine vorherige Klärung einschlägiger tatsächlicher und einfachrechtlicher Fragen durch die Fachgerichte zu gewährleisten, nicht erfüllt werden[36].

---

30 *Detterbeck* DÖV 1990, 558 (559); *Gersdorf* Jura 1994, 398 (399, 407); *Oppenborn* JuS 1996, 1143 (1144).
31 BVerfGE 71, 305 (336); 85, 80 (86); BVerfG, NVwZ 1998, 1286 (1287); *Warmke* JA 1990, 106 (112); *van den Hövel* NVwZ 1993, 549 (550); *H. Weber* JuS 1995, 114 (118); *Lechner/Zuck* BVerfGG, § 90 Rn 140.
32 BVerfGE 74, 69 (76).
33 BVerfGE 78, 350 (355).
34 BVerfGE 87, 181 (195 f); 88, 384 (400).
35 BVerfGE 68, 319 (326 f).
36 BVerfGE 90, 128 (137); 91, 294 (306).

U will wissen, ob er unter den Voraussetzungen von § 1 Abs. 1 und 2 SoUrlG bezahlten Sonderurlaub gewähren muß. Die Beantwortung dieser Frage hängt allein von der Auslegung und Anwendung verfassungsrechtlicher Maßstäbe ab. Die Arbeitsgerichte müßten, wenn sie § 1 Abs. 1 und 2 SoUrlG für grundgesetzwidrig hielten, das BVerfG gem. Art. 100 Abs. 1 GG anrufen. Dabei könnten keine Tatsachen oder Auffassungen über die Auslegung des einfachen Rechts vermittelt werden, auf die es zur Entscheidung über die Verfassungsmäßigkeit von § 1 Abs. 1 und 2 SoUrlG ankäme; der Sinn der einfachgesetzlichen Bestimmungen ist unmißverständlich. Demnach muß es U vor der Anrufung des BVerfG nicht vorab auf eine arbeitsgerichtliche Streitigkeit ankommen lassen, um die Grundgesetzkonformität von § 1 Abs. 1 und 2 SoUrlG durch das BVerfG überprüfen lassen zu können.

V. Zwischenergebnis

Eine Verfassungsbeschwerde von U gem. Art. 93 Abs. 1 Nr. 4a GG, §§ 13 Nr. 8a, 90 ff. BVerfGG gegen § 1 Abs. 1 und 2 SoUrlG wäre somit zulässig. In der Begründung der schriftlich beim BVerfG einzureichenden (§ 23 Abs. 1 BVerfGG) Verfassungsbeschwerde müßte U das als verletzt behauptete Grundrecht und das Gesetz, durch das er sich verletzt fühlt, bezeichnen (§ 92 BVerfGG). Schließlich müßte U darauf achten, daß er die Verfassungsbeschwerde rechtzeitig innerhalb der Beschwerdefrist von einem Jahr (§ 93 Abs. 3 BVerfGG) seit Inkrafttreten des Sonderurlaubsgesetzes erhebt.

B. Begründetheit der Verfassungsbeschwerde

Die Verfassungsbeschwerde ist begründet, wenn der Beschwerdeführer durch die angefochtene Maßnahme öffentlicher Gewalt tatsächlich in einem der in Art. 93 Abs. 1 Nr. 4a GG, § 90 Abs. 1 BVerfGG genannten Rechte verletzt ist. Das ist dann der Fall, wenn der angegriffene Hoheitsakt den Schutzbereich eines Grundrechts bzw. grundrechtsgleichen Rechts beeinträchtigt und dieser Grundrechtseingriff von einer Schrankenregelung nicht gedeckt wird, also rechtswidrig ist[37]. Im vorliegenden Fall kommt eine Verletzung des U in seinen Grundrechten aus Art. 12 Abs. 1, 14 Abs. 1 und 3 Abs. 1 GG in Betracht.

---

37 *Erichsen* Jura 1992, 142; *Pieroth/Schlink* Grundrechte, Rn 1165 ff.

I. Berufsfreiheit (Art. 12 Abs. 1 GG)
1. Eingriff in den Schutzbereich

Zunächst müßte § 1 Abs. 1 und 2 SoUrlG in den Schutzbereich von Art. 12 Abs. 1 GG eingreifen. Im Rahmen der Beschwerdebefugnis wurde bereits festgestellt, daß der Regelungsbereich des Art. 12 Abs. 1 GG nachteilig betroffen ist. In den *Schutzbereich* wäre eingegriffen, wenn durch § 1 Abs. 1 und 2 SoUrlG das Grundrecht der Berufsfreiheit sachlich eingeschränkt würde. Ein Eingriff läge jedenfalls dann vor, wenn durch einen zielgerichteten Rechtsakt unmittelbar eine Schutzbereichsverkürzung erfolgen würde.

Ein derartiger sog. klassischer Grundrechtseingriff ist hier nicht gegeben. Die Berufswahl wird durch die gesetzlichen Regelungen ohnehin nicht eingeschränkt. Auch die Berufsausübung der Arbeitgeber wird nicht zielgerichtet und unmittelbar reglementiert. Durch die Freistellungs- und Entgeltfortzahlungsregelungen im Sonderurlaubsgesetz des Landes L werden den Arbeitgebern lediglich unter der Voraussetzung, daß Arbeitnehmer von den ihnen eingeräumten Ansprüchen Gebrauch machen, Freistellungs- und Kostenlasten aufgebürdet. Damit wird die Verfügung der Arbeitgeber über die Arbeitskraft ihrer Arbeitnehmer eingeschränkt. Dies stellt einen *mittelbaren Eingriff* in die *Berufsausübungsfreiheit* der Arbeitgeber dar[38]. Eine derartige Beeinträchtigung ist der unmittelbaren und imperativen Schutzbereichsverkürzung gleichgestellt, wenn die mittelbar beeinträchtigend wirkende Regelung in einem engen Zusammenhang mit der Ausübung des betroffenen Berufs steht und objektiv eine berufsregelnde Tendenz deutlich erkennen läßt[39]. Das ist regelmäßig der Fall, wenn die Vorschrift ausschließlich oder im wesentlichen nur auf berufliche Tätigkeiten anwendbar ist[40].

Diese Voraussetzungen werden von § 1 Abs. 1 und 2 SoUrlG erfüllt. Die gesetzlichen Bestimmungen zur Freistellungs- und Entgeltfortzahlungspflicht treffen ausschließlich Arbeitgeber in ihrer Berufsausübungsfreiheit. Die gesetzlichen Regelungen stehen damit in einem unauflösbaren Zusammenhang mit der beruflichen Betätigung der Verpflichteten und weisen zwangsläufig eine berufsregelnde Tendenz auf. Ein Eingriff in den Schutzbereich des Art. 12 Abs. 1 GG durch § 1 Abs. 1 und 2 SoUrlG liegt demnach vor.

---

38 BVerfGE 77, 308 (332).
39 BVerfGE 70, 191 (214); 82, 209 (223f); 95, 267 (302); *Gubelt* in: von Münch/ Kunig, GG, Bd 1, Art 12 Rn 43; *Tettinger* in: Sachs, GG, Art 12 Rn 73, 76.
40 *Jarass* in: ders/Pieroth, GG, Art 12 Rn 11; *Wieland* in: Dreier, GG, Bd I, Art 12 Rn 79.

2. Verfassungsmäßigkeit des Eingriffs

Der Eingriff ist verfassungsrechtlich gerechtfertigt, also verfassungsmäßig, wenn er sich im Rahmen der für das Grundrecht der Berufsfreiheit geltenden *Schrankenregelung* hält. Gem. Art. 12 Abs. 1 S. 2 GG kann die Berufsausübung durch Gesetz oder aufgrund eines Gesetzes geregelt werden. Dieser *Regelungsvorbehalt* stellt der Sache nach einen *Gesetzesvorbehalt* dar[41]. Ihm ist nur Genüge getan, wenn das den Schutzbereich des Art. 12 Abs. 1 GG einschränkende Gesetz in formeller und materieller Hinsicht mit dem Grundgesetz in Einklang steht[42].

a) Formelle Verfassungsmäßigkeit

Ein verfassungsmäßiges Gebrauchmachen vom Schrankenvorbehalt gem. Art. 12 Abs. 1 S. 2 GG setzt zunächst voraus, daß ein *formell verfassungsmäßiges Gesetz* vorliegt[43]. Das ist der Fall, wenn das Gesetz kompetenzgemäß und in dem verfassungsrechtlich vorgeschriebenen Verfahren zustande gekommen ist. Zweifelhaft könnte die – von U gerügte – Gesetzgebungszuständigkeit des Landes L sein. Mit Art. 12 Abs. 1 S. 2 GG steht nur ein solches Gesetz in Einklang, das sich im Rahmen der *Verbandskompetenz* (Art. 70 ff. GG) hält[44]. Das Land L müßte also die Gesetzgebungskompetenz zum Erlaß des Sonderurlaubsgesetzes besitzen.

aa) Kompetenztitel

Die Länder haben das Recht der Gesetzgebung nur, soweit das Grundgesetz nicht dem Bund Gesetzgebungsbefugnisse verleiht (Art. 70 Abs. 1 GG). Zur Abgrenzung der Gesetzgebungskompetenzen zwischen Bund und Ländern nach dem Grundgesetz kommt es auf die geregelte Materie, also auf den Gegenstand des Gesetzes, an[45]. Der Schwerpunkt des Sonderurlaubsgesetzes von L liegt in der Schaffung und Ausgestaltung eines besonderen Urlaubsanspruchs. Infolgedessen wird der Inhalt von Arbeitsverhältnissen

---

41 BVerfGE 47, 285 (313); 54, 237 (246); *Specht* JA 1991, Ü 16 (17); *Erichsen* Jura 1992, 142 (146); *Gallwas* Grundrechte, Rn 500, 502; *Pieroth/Schlink* Grundrechte, Rn 808; *Katz* Staatsrecht, Rn 795.
42 BVerfGE 13, 237 (239); 38, 61 (79); 95, 193 (214); 99, 202 (211); *Gusy* JA 1992, 257 (263); *Manssen* in: von Mangoldt/Klein/Starck, GG, Bd 1, Art 12 Rn 102.
43 *Erichsen/Frenz* Jura 1995, 542 (544); *Gallwas* Grundrechte, Rn 501; *Gubelt* in: von Münch/Kunig, GG, Bd 1, Art 12 Rn 41.
44 BVerfGE 40, 371 (377 f); 47, 285 (313); 98, 265 (298); *Tettinger* in: Sachs, GG, Art 12 Rn 83.
45 BVerfGE 68, 319 (327 f); 77, 308 (329); *Degenhart* in: Sachs, GG, Art 70 Rn 50.

gestaltet. Der Regelungsgegenstand gehört demnach zum Arbeitsrecht[46]. Das Sachgebiet »Arbeitsrecht« ist gem. Art. 74 Abs. 1 Nr. 12 GG Gegenstand der konkurrierenden Gesetzgebung zwischen Bund und Ländern. Somit verfügt der Bund neben den Ländern über einen einschlägigen Kompetenztitel.

bb) Kompetenzausübung

Im Bereich der konkurrierenden Gesetzgebung haben die Länder gem. Art. 72 Abs. 1 GG die Befugnis zur Gesetzgebung nur, solange und soweit der Bund von seiner Gesetzgebungszuständigkeit nicht Gebrauch gemacht hat. Als abschließende Vollregelung eines Rechtsgebiets steht das bürgerlichrechtliche Kodifikationsprinzip einer landesgesetzlichen Urlaubsregelung nicht entgegen, weil sich das Arbeitsrecht, wie eine Gegenüberstellung von Nr. 12 und Nr. 1 des Art. 74 Abs. 1 GG zeigt, zu einem selbständigen Rechtsgebiet neben dem allgemeinen bürgerlichen Recht entwickelt hat[47]. Zudem regelt § 616 Abs. 1 BGB im Vergleich zu § 1 Abs. 1 und 2 SoUrlG einen ganz anderen Fall der bezahlten Arbeitnehmerfreistellung[48].

Nach Art. 72 Abs. 1 GG könnte die landesgesetzliche Kompetenz jedoch deshalb ausgeschlossen sein, weil der Bund die fragliche Materie im Bundesurlaubsgesetz und im Bundesbildungsgesetz geregelt hat. Dabei handelt es sich jedoch nur um Teilbereiche, die bundesgesetzlich normiert sind. Im Bundesurlaubsgesetz wird der Erholungsurlaub geregelt[49]. Das Berufsbildungsgesetz sieht einen primär beruflich orientierten Bildungsurlaub für Arbeitnehmer vor[50]. Abschließende arbeitsrechtliche Regelungen sind folglich durch den Bund nicht getroffen. Insbesondere sind nach den beiden Bundesgesetzen weitergehende Urlaubsansprüche für besondere Zwecke nicht ausgeschlossen; insofern bleibt Raum für den Landesgesetzgeber[51].

Das Sonderurlaubsgesetz des Landes L konnte demnach gem. Art. 70 Abs. 1, 74 Abs. 1 Nr. 12, 72 Abs. 1 GG erlassen werden. Es ist kompetenzgemäß und, da an der Ordnungsmäßigkeit des Gesetzgebungsverfahrens nach dem Sachverhalt kein Zweifel besteht, insgesamt formell verfassungsgemäß zustande gekommen.

---

46 BVerfGE 85, 226 (233).
47 BVerfGE 7, 342 (348).
48 BVerfGE 77, 308 (330).
49 BVerfGE 85, 226 (234).
50 BVerfGE 77, 308 (330).
51 BVerfGE 85, 226 (234); *Dellmann* in: Seifert/Hömig, GG, Art 74 Rn 12.

b) Materielle Verfassungsmäßigkeit

§ 1 Abs. 1 und 2 SoUrlG müßte, um mit dem Grundgesetz in Einklang zu stehen, auch materiell verfassungsmäßig sein. Insbesondere müßte das verfassungsrechtliche *Übermaßverbot* beachtet sein. Das ist der Fall, wenn das Gesetz einen verfassungslegitimen Zweck verfolgt und die zur Zielverwirklichung getroffene Regelung geeignet, erforderlich und verhältnismäßig ist[52].

aa) Verfassungslegitimer Zweck

Das Übermaßverbot verlangt im Rahmen des Art. 12 Abs. 1 GG zunächst, daß der Eingriff in die Berufsfreiheit einen *verfassungsrechtlich legitimen Zweck* verfolgt[53]. Die inhaltlichen Anforderungen an die Rechtfertigung des Grundrechtseingriffs bestimmen sich danach, ob die Grundrechtsbeeinträchtigung eine Berufsausübungs- oder eine (subjektive oder objektive) Berufswahlregelung darstellt. Durch § 1 Abs. 1 und 2 SoUrlG wird, wie bei der Prüfung des Eingriffs in den Schutzbereich bereits festgestellt, die *Berufsausübungsfreiheit* der Arbeitgeber reglementiert. Von dieser Regelung der Berufsausübung gehen im übrigen keine Auswirkungen aus, die einem Eingriff in die Freiheit der Berufswahl nahekommen, so daß die insoweit strengeren verfassungsrechtlichen Anforderungen erfüllt sein müßten[54]. Vielmehr erschöpft sich § 1 Abs. 1 und 2 SoUrlG sowohl im normativen Gehalt als auch in den tatsächlichen Wirkungen in einer Reglementierung der Berufsausübung.

Beschränkungen der Berufsausübung müssen durch *sachgerechte und vernünftige Erwägungen des Gemeinwohls* gerechtfertigt sein[55]. Dabei kommt dem Gesetzgeber für die Festlegung der zu verfolgenden berufs-, arbeits- oder sozialpolitischen Ziele eine weitreichende Gestaltungskompetenz zu[56]. Der Gesetzgeber darf Gesichtspunkte der Zweckmäßigkeit in den Vordergrund stellen. Die Gestaltungskompetenz ist sehr weit, wenn – wie

---

52 BVerfGE 94, 372 (389 f); 95, 173 (183); *Berg* JuS 1988, L 61 (62); *J. Ipsen* JuS 1990, 634 (636 f); *Erichsen/Frenz* Jura 1995, 542 (544); *Pieroth/Schlink* Grundrechte, Rn 847, 849; *Manssen* in: von Mangoldt/Klein/Starck, GG, Bd 1, Art 12 Rn 120.

53 BVerfGE 77, 84 (107); 81, 70 (84); *J. Ipsen* JuS 1990, 634 (636); *ders* Staatsrecht II, Rn 634; *Gubelt* in: von Münch/Kunig, GG, Bd 1, Art 12 Rn 41.

54 BVerfGE 65, 116 (127 f); 72, 26 (32); 77, 84 (106); 86, 28 (38 f).

55 BVerfGE 59, 336 (355); 70, 1 (28); 72, 26 (31); 81, 70 (84); 86, 28 (41); 91, 148 (164); 98, 265 (298).

56 BVerfGE 77, 84 (106); 77, 308 (332); *Jarass* in: ders/Pieroth, GG, Art 12 Rn 23; *Wieland* in: Dreier, GG, Bd I, Art 12 Rn 113.

im vorliegenden Fall – die grundrechtsbeeinträchtigende Regelung keinen unmittelbar berufsregelnden Charakter aufweist[57].

Zweck des Sonderurlaubsgesetzes ist, wie sich § 1 Abs. 1 entnehmen läßt, die Förderung der Jugendarbeit der Verbände und Vereine, der öffentlichen Jugendpflege und des Jugendsports. Die Jugendarbeit bietet Entfaltungsmöglichkeiten für Jugendliche außerhalb von Elternhaus und Schule. Gefördert werden die Wahrnehmung sinnvoller Aufgaben, die Entwicklung individueller Fähigkeiten sowie das Gruppenverhalten mit gleichgesinnten Altersgenossen. Der darin liegende erzieherische Wert der Jugendarbeit ist von großem gesellschaftlichen Nutzen. Das gesetzlich durch die Sonderurlaubsregelungen verfolgte Ziel steht daher mit sachgerechten und vernünftigen Gemeinwohlbelangen im Einklang[58].

bb) Vereinbarkeit des Mittels mit dem Übermaßverbot

Das zur Verwirklichung des verfassungslegitimen Zwecks eingesetzte *konkrete Mittel* müßte mit dem Übermaßverbot vereinbar sein. Das ist der Fall, wenn die getroffene gesetzliche Maßnahme zur Zielerreichung geeignet und erforderlich ist und wenn bei einer Gesamtabwägung zwischen der Schwere des Eingriffs und dem Gewicht der ihn rechtfertigenden Gründe die Grenze der Zumutbarkeit noch gewahrt wird[59].

(1) Geeignetheit

Die den Arbeitgebern durch § 1 Abs. 1 und 2 SoUrlG unter bestimmten Voraussetzungen auferlegten Freistellungs- und Entgeltfortzahlungspflichten müßten zur Zielverfolgung zunächst *geeignet* sein. Die Zwecktauglichkeit des eingesetzten Mittels ist zu bejahen, wenn mit seiner Hilfe der gewünschte Erfolg gefördert werden kann[60]. Das ist hier der Fall. § 1 Abs. 1 und 2 SoUrlG erhöht die Bereitschaft von Arbeitnehmern zur Teilnahme an Veranstaltungen der Jugendarbeit. Durch den Anspruch auf bezahlten Sonderurlaub wird interessierten Arbeitnehmern die ehrenamtliche Tätigkeit in der Jugendarbeit wesentlich erleichtert. Sie müssen hierfür weder ihren Erholungsurlaub in Anspruch nehmen noch Einkommenseinbußen ertragen. Die gesetzgeberische Einschätzung, daß ohne Freistellung und

---

57 BVerfGE 77, 308 (332).
58 BVerfGE 85, 226 (234).
59 BVerfGE 68, 155 (171); 71, 183 (196 f); 72, 26 (31); 77, 308 (332); 95, 173 (183); *Hesse* Grundzüge des Verfassungsrechts, Rn 422; *Katz* Staatsrecht, Rn 798.
60 BVerfGE 30, 292 (316); 40, 196 (222); 81, 156 (192); *J. Ipsen* Staatsrecht II, Rn 636; *Hömig* in: Seifert/Hömig, GG, Art 12 Rn 12; *Manssen* in: von Mangoldt/ Klein/Starck, GG, Bd 1, Art 12 Rn 126.

Entgeltfortzahlung erheblich weniger Kräfte zur Jugendarbeit bereit wären, ist verfassungsrechtlich nicht zu beanstanden. Im übrigen ist die Jugendarbeit auf ehrenamtlich Tätige angewiesen; festangestellte Mitarbeiter bei Vereinen und Verbänden können allein die notwendige und angemessene Jugendarbeit nicht verwirklichen[61]. § 1 Abs. 1 und 2 SoUrlG ist demnach zur Förderung der Gesetzesziele geeignet.

(2) Erforderlichkeit

Arbeitnehmerfreistellungs- und Entgeltfortzahlungspflicht müßten zur Erreichung des Gesetzeszwecks auch *erforderlich* sein. Erforderlich ist eine Maßnahme, wenn zur Zielverwirklichung ein gleich geeignetes, den Grundrechtsinhaber aber weniger belastendes Mittel nicht vorhanden ist[62]. Hier könnte man in Betracht ziehen, Zeltlager, Sportveranstaltungen und andere Aktivitäten der Jugendarbeit in arbeitsfreie Zeiten (Feierabend, Wochenende, Ferien- und Urlaubszeit) zu verlegen. Dadurch würde die Berufsausübungsfreiheit der Arbeitgeber geschont. Diese Alternativen sind jedoch zur Zielverwirklichung weniger geeignet als die in § 1 Abs. 1 und 2 SoUrlG vorgesehenen Regelungen. Nicht alle Veranstaltungen wären zu jenen Zeiten durchführbar, und die Teilnehmerzahlen dürften bei lebensnaher Betrachtung niedriger sein, so daß der Erfolg der Jugendarbeit im Ergebnis schlechter wäre. Ebenfalls schonender für den Arbeitgeber wäre ferner ein Lohnverzicht der Arbeitnehmer für Sonderurlaub. Dann jedoch bestünde ein wesentlich geringeres Engagement ehrenamtlich Tätiger. Auch ohne Entgeltfortzahlung könnte daher von einer gleich geeigneten Zielverwirklichung nicht gesprochen werden. § 1 Abs. 1 und 2 SoUrlG ist also auch erforderlich i. S. d. Übermaßverbots.

(3) Verhältnismäßigkeit

Die den Arbeitgebern durch § 1 Abs. 1 und 2 SoUrlG auferlegten Freistellungs- und Entgeltfortzahlungspflichten zugunsten derjenigen Arbeitnehmer, die Sonderurlaub beanspruchen, müßten schließlich *verhältnismäßig* sein. Die Feststellung der Verhältnismäßigkeit des eingesetzten Mittels verlangt eine Abwägung zwischen der Schwere des Eingriffs und dem Gewicht sowie der Dringlichkeit der ihn rechtfertigenden Gründe; dabei müssen im Ergebnis die Grenzen der Zumutbarkeit gewahrt werden[63]. Je stärker der

---

61 BVerfGE 85, 226 (234 f).
62 BVerfGE 30, 292 (316); 40, 196 (223); 75, 246 (269); 77, 84 (109); 80, 1 (30); J. *Ipsen* JuS 1990, 634 (637); *Pieroth/Schlink* Grundrechte, Rn 850; *Gubelt* in: von Münch/Kunig, GG, Bd 1, Art 12 Rn 49; *Wieland* in: Dreier, GG, Bd I, Art 12 Rn 114.
63 BVerfGE 68, 193 (219); 71, 183 (200); 77, 84 (111); 81, 70 (92); 83, 1 (19); 94, 372 (390).

Grundrechtsinhaber in seiner Berufsausübung beeinträchtigt wird, um so wichtiger müssen die Gemeinwohlbelange sein, denen die gesetzliche Regelung dienen soll[64]. Andernfalls ist bei der verfassungsrechtlichen Bewertung der Zweck-Mittel-Relation die Proportionalität des gesetzgeberischen Grundrechtseingriffs nicht beachtet.

Die Verpflichtung zur *Freistellung* von Arbeitnehmern bedeutet wegen der Auswirkungen auf die Gesamtleistung eines Betriebs mit möglicherweise unabwendbaren Engpässen eine Belastung der Betriebsabläufe. Im Vergleich zu sonstigen Freistellungsgründen (z. B. Erholungsurlaub, Krankheit) können die Fälle eines Sonderurlaubs jedoch gering veranschlagt werden. Es handelt sich demnach nicht um einen besonders schweren Grundrechtseingriff. Im übrigen ist der Arbeitgeber durch § 1 Abs. 3 SoUrlG gegenüber besonderen Härten geschützt. Die Zumutbarkeit der Arbeitnehmerfreistellung wird schließlich dadurch gewahrt, daß § 2 SoUrlG umfängliche Begrenzungen des Sonderurlaubs statuiert und § 3 Abs. 2 SoUrlG durch die sechstägige Antragsfrist Arbeitgeber in die Lage versetzt, den Ausfall von Sonderurlaubsberechtigten einzuplanen. Bei einer derartigen gesetzlichen Ausgestaltung ist die Pflicht zur Arbeitnehmerfreistellung angemessen ausgeformt, also zumutbar[65].

Zweifelhaft ist jedoch die Verhältnismäßigkeit der *finanziellen Belastungen* des Arbeitgebers. Einerseits ist zu berücksichtigen, daß ehrenamtliche Mitarbeiter in der Jugendarbeit ihren Lebensunterhalt aus dem Arbeitsentgelt bestreiten und auf die damit verbundene soziale Sicherheit angewiesen sind. Ohne arbeitsrechtliche Absicherung werden sie daher häufig nicht bereit sein, an Veranstaltungen der Jugendarbeit mitzuwirken. Andererseits ist jedoch fraglich, warum die Arbeitgeber, die durch die Freistellung ehrenamtlich tätiger Arbeitnehmer ohnehin eine Last im Gemeinschaftsinteresse zu übernehmen haben, mit der Tragung der Lohnkosten für die Zeit des Sonderurlaubs eine gesamtgesellschaftliche Aufgabe sollen finanzieren müssen. Dabei ist zu beachten, daß die Belastung des einzelnen Arbeitgebers mit den vollen Lohnkosten erheblich ins Gewicht fallen kann. Das träfe vor allem zu, wenn kleinere Betriebe mehreren Mitarbeitern Sonderurlaub gewähren müßten[66]. Bei einer Güterabwägung ist daher auf der

---

64   BVerfGE 86, 28 (40); *Gallwas* Grundrechte, Rn 517; *Katz* Staatsrecht, Rn 798; *J. Ipsen* Staatsrecht II, Rn 641; *Hömig* in: Seifert/Hömig, GG, Art 12 Rn 12; *Gubelt* in: von Münch/Kunig, GG, Bd 1, Art 12 Rn 49; *Jarass* in: ders/Pieroth, GG, Art 12 Rn 27.
65   BVerfGE 85, 226 (235).
66   BVerfGE 85, 226 (236 f).

einen Seite zu beachten, daß die Bereitschaft des Arbeitnehmers, für Zwecke der Jugendarbeit Sonderurlaub zu nehmen, durch die Entgeltfortzahlung erhöht wird; auf der anderen Seite fehlen jedoch Gründe, diese Belastung allein dem einzelnen Arbeitgeber aufzuerlegen. Daß gerade er dafür aufzukommen hat, ist vom Gemeinwohlinteresse her nicht vorgegeben[67]. Eine Verantwortungsbeziehung des einzelnen Arbeitgebers zur Jugendarbeit ist nicht so eng, daß gerade ihm zumutbarerweise die vollen Lohnkosten aufgebürdet werden dürften. Die Pflicht zur vollen Entgeltzahlung belastet den einzelnen Arbeitgeber somit unverhältnismäßig.

Danach verstößt § 1 Abs. 1 und 2 SoUrlG insoweit gegen Art. 12 Abs. 1 GG, als dem einzelnen Arbeitgeber ohne einen finanziellen Ausgleich eine Pflicht zur vollen Entgeltfortzahlung während eines Sonderurlaubs von Arbeitnehmern für Zwecke der Jugendarbeit auferlegt wird. Insoweit wäre eine Verfassungsbeschwerde von U begründet.

II. Eigentumsgarantie (Art. 14 Abs. 1 GG)

§ 1 Abs. 1 und 2 SoUrlG könnte ferner mit der Eigentumsgarantie gem. Art. 14 Abs. 1 GG unvereinbar sein. Voraussetzung hierfür wäre jedoch, daß die dem Arbeitgeber gesetzlich auferlegten Freistellungs- und Entgeltfortzahlungspflichten überhaupt den *Schutzbereich* von Art. 14 Abs. 1 GG beeinträchtigen. Dies könnte in bezug auf die Kostenlast der Fall sein.

Art. 14 Abs. 1 GG schützt als »Eigentum« im verfassungsrechtlichen Sinne die rechtliche Zuordnung eines vermögenswerten Gutes an einen Rechtsträger[68]. Der Schutzbereich der grundgesetzlichen Eigentumsgarantie umfaßt alle vom Gesetzgeber gewährten vermögenswerten Rechte als eigentumsfähige Positionen[69]. Es ist zweifelhaft, ob bei U durch die mit § 1 Abs. 1 SoUrlG verbundene Kostenlast eine konkrete Rechtsposition betroffen ist. Die gesetzliche Pflicht zur Entgeltfortzahlung beeinträchtigt nicht das Eigentum, insbesondere auch nicht den Bestand eines eingerichteten und ausgeübten Gewerbebetriebs; sie belastet bei U nur dessen Vermögen. Das Vermögen als solches wird vor der Auferlegung von Geldleistungspflichten durch Art. 14 Abs. 1 GG jedoch grundsätzlich nicht geschützt[70]. Etwas

---

67 BVerfGE 85, 226 (237).

68 BVerfGE 58, 300 (330); 72, 175 (193); 78, 58 (71); 83, 201 (208); 89, 1 (6); 91, 207 (220); 91, 294 (307); 95, 173 (187 f.).

69 *Jarass* in: ders/Pieroth, GG, Art 14 Rn 5f; *Wieland* in: Dreier, GG, Bd I, Art 14 Rn 26.

70 BVerfGE 74, 129 (148); 77, 308 (339); 78, 232 (243); 78, 249 (277); 81, 108 (122); 89, 48 (61); 91, 207 (220); 96, 375 (397).

anderes könnte allenfalls in Betracht kommen, wenn die finanzielle Last erdrosselnd oder konfiskatorisch wirkt[71]. Ein solcher Ausnahmefall ist hier allerdings nicht ersichtlich.

Demnach ist der Schutzbereich von Art. 14 Abs. 1 GG schon nicht betroffen. Eine Verletzung der verfassungsrechtlichen Eigentumsgarantie durch § 1 Abs. 1 und 2 SoUrlG liegt nicht vor.

III. Allgemeiner Gleichheitssatz (Art. 3 Abs. 1 GG)

Die landesgesetzlichen Regelungen zur Freistellung und Entgeltfortzahlung könnten gegen den allgemeinen Gleichheitssatz (Art. 3 Abs. 1 GG) verstoßen. Solchen Arbeitgebern, die ehrenamtlich in der Jugendarbeit tätige Arbeitnehmer beschäftigen, könnten ungerechtfertigt Lasten für eine gesamtgesellschaftliche Aufgabe auferlegt worden sein, von der andere Gruppen verschont geblieben sind.

1. Ungleichbehandlung

Der Gruppe derjenigen Arbeitgeber, die in der Jugendarbeit tätige Arbeitnehmer mit einem Anspruch auf Sonderurlaub beschäftigen, steht die Gruppe solcher Arbeitgeber ohne derartige Beschäftigte gegenüber. Zwischen beiden Gruppen liegt eine *Ungleichbehandlung* in bezug auf die Freistellung von Arbeitnehmern und deren Entgeltfortzahlung vor. Der erstgenannten Gruppe stehen ferner alle sonstigen Gruppen von Steuerzahlern gegenüber, die an der Finanzierung der Jugendarbeit durch eine spezifische Finanzierungslast nicht beteiligt werden. Auch insoweit besteht eine Ungleichbehandlung.

2. Verfassungsrechtliche Rechtfertigung

Nach Art. 3 Abs. 1 GG sind alle Menschen vor dem Gesetz gleich; gem. Art. 1 Abs. 3 GG ist auch der Gesetzgeber an den Gleichheitssatz gebunden. Durch § 1 Abs. 1 und 2 SoUrlG wird indes eine *Ungleichbehandlung von Personengruppen* vorgenommen. Insoweit unterliegt der Gesetzgeber einer strengen verfassungsrechtlichen Bindung[72]. Eine diesbezügliche gesetzliche Differenzierung ist nur verfassungsmäßig, wenn Gründe von solcher Art und solchem Gewicht bestehen, daß sie die ungleichen Rechtsfolgen recht-

---

71   BVerfGE 70, 219 (230); 78, 232 (243); 82, 159 (190); 87, 153 (169); 95, 267 (300).
72   BVerfGE 55, 72 (88); 88, 87 (96); 91, 346 (362 f); 91, 389 (401); 92, 53 (68 f); 95, 143 (155); 98, 365 (389); 99, 367 (388); *Jarass* NJW 1997, 2545 (2547).

fertigen können[73]. Dabei sind die Grenzen der gesetzgeberischen Differenzierungsbefugnis um so enger, je stärker sich die Ungleichbehandlung auf verfassungsrechtlich gewährleistete Freiheiten auswirkt[74].

a) Sachlicher Grund für die Ungleichbehandlung

Durch die in § 1 Abs. 1 und 2 SoUrlG getroffenen Regelungen wird, wie zu Art. 12 Abs. 1 GG festgestellt, die Berufsausübungsfreiheit derjenigen Arbeitgeber beeinträchtigt, die ehrenamtlich in der Jugendarbeit tätige Arbeitnehmer beschäftigen. Möglicherweise wäre es gerechtfertigt, den Arbeitgebern als Gesamtheit die Kosten der Entgeltfortzahlung aufzuerlegen, weil der Staat, der die Jugendarbeit auf vielfältige Weise fördert, für die gesellschaftlichen Aktivitäten nicht allein aufzukommen braucht[75]. Für den einzelnen Arbeitgeber, der Ansprüchen aus § 1 Abs. 1 und 2 SoUrlG ausgesetzt ist, sind denkbare Vorteile aus der Jugendarbeit jedoch so wenig greifbar, daß ihm die volle Entgeltfortzahlung gleichsam als »Sonderopfer« nicht zugemutet werden kann. Es fehlt also ein sachlich gerechtfertigtes Differenzierungskriterium, so daß eine Prüfung am Maßstab des allgemeinen Gleichheitssatzes zu keinem anderen Ergebnis führt als die Untersuchung anhand des Art. 12 Abs. 1 GG[76].

b) Belastungsgleichheit der Bürger

Der im allgemeinen Gleichheitssatz wurzelnde Grundsatz der Belastungsgleichheit der Bürger[77] könnte dieses Ergebnis bestätigen. Die Gleichheit der Bürger bei der Auferlegung öffentlicher Lasten ist ein fundamentaler Grundsatz des Verfassungsrechts[78]. Gemeinlasten sind nach der Finanzverfassung des Grundgesetzes grundsätzlich aus Steuern zu finanzieren[79]. Bei materieller Betrachtung wirkt die Entgeltfortzahlungspflicht gem. § 1 Abs. 1 und 2 SoUrlG, indem sie eine gesamtgesellschaftliche Aufgabe mit-

---

73 BVerfGE 82, 126 (146); 88, 5 (12); 92, 26 (52); 92, 277 (318); 92, 365 (407 f); 95, 39 (45); 96, 315 (325); 97, 332 (344); 98, 1 (12); 98, 365 (389); 99, 129 (139); 99, 165 (177); *Schoch* DVBl 1988, 863 (875 f).
74 BVerfGE 67, 256 (274); 88, 87 (96); 90, 46 (56); 92, 53 (69); 95, 267 (316 f); *Koenig* JuS 1995, 313 (315 ff); *Sachs* JuS 1997, 124 (127 f); *Jarass* NJW 1997, 2545 (2549); *Krugmann* JuS 1998, 7 (8); *Bryde/Kleindiek* Jura 1999, 36 (43).
75 BVerfGE 85, 226 (237).
76 BVerfGE 85, 226 (237).
77 BVerfGE 92, 91 (116).
78 BVerfGE 55, 274 (303); 82, 159 (179); 90, 60 (105); 91, 186 (202).
79 BVerfGE 67, 256 (278); 78, 249 (266 f); 82, 159 (178); *Henseler* NJW 1987, 3103 (3105); *Wilms* NVwZ 1995, 550 (551); *Britz* JuS 1997, 404 (405).

finanziert, wie eine Sonderabgabe. Die Auferlegung einer derartigen Abgabe ist allenfalls aus einer spezifischen Sachnähe der Abgabepflichtigen zu der zu finanzierenden Sachaufgabe gerechtfertigt[80]. Deshalb muß insoweit die zu der Last herangezogene Gruppe durch eine gemeinsame, in der Rechtsordnung oder gesellschaftlichen Wirklichkeit vorgegebene Interessenlage oder durch besondere gemeinsame Gegebenheiten von der Allgemeinheit abgrenzbar sein[81]. Demnach ist für derartige Sonderlasten – jedenfalls wenn sie primär der Finanzierung bestimmter gesetzlicher Zwecke dienen – eine besondere Finanzierungsverantwortlichkeit der Gruppe der Zahlungspflichtigen notwendig[82]. Dies trifft im vorliegenden Fall nicht zu. Arbeitgeber, die ehrenamtlich in der Jugendarbeit engagierte Arbeitnehmer beschäftigen, haben kein irgendwie geartetes besonderes Interesse an der Jugendarbeit. Das Interesse an einer erfolgreichen Jugendarbeit ist kein Gruppen-, sondern ein Allgemeininteresse. Die Finanzierung einer solchen öffentlichen Aufgabe hat grundsätzlich durch die Allgemeinheit mittels der Gemeinlast »Steuer« zu erfolgen[83]. Wird in einem solchen Fall dennoch nur ein abgegrenzter Personenkreis finanziell belastet, verstößt dies gegen den allgemeinen Gleichheitssatz nach Art. 3 Abs. 1 GG[84].

Somit ist § 1 Abs. 1 und 2 SoUrlG hinsichtlich der Entgeltfortzahlungspflicht auch mit Art. 3 Abs. 1 GG unvereinbar.

> **Ergebnis**: Eine Verfassungsbeschwerde von U wäre zulässig und insoweit begründet, als er sich gegen die Pflicht zur vollen Entgeltfortzahlung ohne einen Ausgleich wendet.

---

80 BVerfGE 93, 319 (344); 98, 83 (100 f); *Murswiek* NVwZ 1996, 417 (419); *Degenhart* Staatsrecht I, Rn 172.
81 BVerfGE 55, 274 (305 f); 82, 159 (180); 92, 91 (120); *Ruhe* in: Seifert/Hömig, GG, Art 105 Rn 3; *Pieroth* in: Jarass/Pieroth, GG, Art 105 Rn 9; *Starck* in: von Mangoldt/Klein/Starck, GG, Bd 1, Art 3 Rn 123.
82 BVerfGE 57, 139 (167); 93, 319 (344); *Schmalz* Staatsrecht, Rn 636.
83 BVerfGE 55, 274 (306); 75, 108 (147); 78, 249 (266 f); 82, 159 (180).
84 BVerfGE 92, 91 (121); *Siekmann*, in: Sachs, GG, vor Art 104a Rn 122.

Hinweise zur methodischen und sachlichen Vertiefung

1. Aufbau

Die Fallbearbeitung bietet keine besonderen Aufbauprobleme. Die Zulässigkeit der Verfassungsbeschwerde ist vor der Begründetheit zu prüfen. Auf der Grundlage des empfohlenen Aufbauschemas sind im *Zulässigkeitsteil* nur diejenigen vier Voraussetzungen anzusprechen, zu denen Erörterungen immer angezeigt sind. Auch die Prüfungsreihenfolge liegt fest. Zunächst sind Darlegungen zum Beschwerdegegenstand veranlaßt, weil die inhaltlichen Anforderungen an die Beschwerdebefugnis unter anderem von dem Akt öffentlicher Gewalt abhängen, gegen den sich der Beschwerdeführer wendet. Anschließend ist die Frage der Rechtswegerschöpfung zu prüfen. Von dieser Zulässigkeitsvoraussetzung deutlich zu unterscheiden – und nicht etwa in § 90 Abs. 2 S. 1 BVerfGG mitenthalten – ist die sog. Subsidiarität der Verfassungsbeschwerde (*H. Weber,* JuS 1995, 114 [117]). Sie ist abschließend (nach Grundsatz und Ausnahme) zu erörtern. – Da nach der Fallgestaltung Verfassungsbeschwerde noch nicht erhoben ist, können in der Zulässigkeitsstation abschließend knappe Hinweise zur Schriftlichkeit des Rechtsschutzantrags, zur Begründung der Verfassungsbeschwerde und zur Beschwerdefrist gemacht werden. Ausführungen zu dem – in der Praxis bedeutsamen – Vorprüfungsverfahren (§§ 93 a ff. BVerfGG) sind in der Übungsarbeit nicht veranlaßt (*Pieroth/ Schlink,* Grundrechte, Rn. 1120).

Im Aufbau der *Begründetheitsprüfung* kommt zunächst der Grundsatz zur Geltung, daß Freiheitsgrundrechte vor Gleichheitsrechten zu erörtern sind. Im übrigen wird Art. 12 Abs. 1 GG wegen der größeren Sachnähe zur Aufgabenstellung vor Art. 14 Abs. 1 GG geprüft. Im Rahmen der Untersuchung zur Berufsfreiheit kommt die allgemeine Grundrechtsdogmatik zur Entfaltung. Zunächst ist der Eingriff in den Schutzbereich des Grundrechts zu erörtern, bevor der Frage nach seiner verfassungsrechtlichen Rechtfertigung nachgegangen werden kann. Auf der Ebene der Grundrechtsschranken muß zuerst geprüft werden, ob von Art. 12 Abs. 1 S. 2 GG in formeller Hinsicht rechtsfehlerfrei Gebrauch gemacht worden ist; anschließend stellt sich die Frage nach der materiellen Verfassungsmäßigkeit des Grundrechtseingriffs. Insoweit wird in Übereinstimmung mit der neueren Judikatur des BVerfG zu Art. 12 Abs. 1 GG (vgl. z.B. E 77, 84 [107 ff.]; 77, 308 [332 ff.]; 83, 1 [16 ff.]; 85, 226 [234 ff.]; 87, 363 [382 ff.]; 88, 145 [161 ff.]; 92,

140 [152]; 94, 372 [389 ff.]; 95, 173 [181 ff.]; 99, 202 [212 ff.]) zunächst geprüft, ob das grundrechtsbeeinträchtigende Gesetz überhaupt einen verfassungslegitimen Zweck verfolgt. Auf dieser – ersten – Ebene kann die
sog. Dreistufentheorie herangezogen werden, um mit Hilfe der Feststellung,
ob eine Berufsausübungsregelung oder eine subjektive oder eine objektive
Berufszulassungsregelung vorliegt, zu untersuchen, welche *prinzipielle* verfassungsrechtliche Anforderung das grundrechtsbeeinträchtigende Gesetz
im Hinblick auf sein Regelungsziel (Verfolgung sachgerechter und vernünftiger Erwägungen des Gemeinwohls? Schutz wichtiger Gemeinschaftsgüter?
Abwehr nachweisbarer oder höchstwahrscheinlicher schwerwiegender Gefahren für ein überragend wichtiges Gemeinschaftsgut?) erfüllen muß. Auf
der anschließenden – zweiten – Ebene stellt sich dann die Frage, ob das zur
Verwirklichung des an sich verfassungslegitimen Zieles eingesetzte *konkrete
Mittel* zur Zweckverwirklichung geeignet, erforderlich und verhältnismäßig
ist (ebenso zur Prüfungsstruktur *Berg*, JuS 1988, L 61 [62]; *J. Ipsen*, JuS
1990, 634 [636 ff.]; *Erichsen/Frenz*, Jura 1995, 542 [544 f.].). Der Sache nach
ist dies die Anwendung des Übermaßverbots; dabei läßt sich ohne Bestimmung des gesetzlichen Zwecks nicht beurteilen, ob die konkrete gesetzliche
Regelung zwecktauglich (geeignet) ist, das mildeste Mittel darstellt (Interventionsminimum) und angemessen (verhältnismäßig) wirkt (Proportionalität der Mittel-Zweck-Relation). Aufbaumäßig ließen sich manche Erwägungen zur Angemessenheit bereits bei der Erforderlichkeit anstellen; die
Lösung folgt indes der Argumentation des BVerfG. – Beim allgemeinen
Gleichheitssatz wird dem üblichen Aufbau gefolgt und nach der Feststellung der Ungleichbehandlung verschiedener Gruppen nach dem sachlichen Differenzierungsgrund gefragt.

2. Inhalt

Sachlich beinhaltet der Fall unterschiedliche Schwierigkeitsgrade. Zumeist
handelt es sich um eher einfache Fragestellungen. Dies gilt zunächst für die
Zulässigkeit einer Rechtssatzverfassungsbeschwerde. Die Voraussetzungen
dieses für Übung und Examen typischen Rechtsbehelfs müßten dem
Grunde nach vertraut sein; gewisse Schwierigkeiten bieten allenfalls die
Fragen bei der Subsidiarität der Verfassungsbeschwerde. Im materiellrechtlichen Teil sollten die wesentlichen Prüfungspunkte bei Art. 12 Abs. 1
und 14 Abs. 1 GG bekannt sein; etwas erhöhte Anforderungen weisen die
Probleme zur Gesetzgebungskompetenz und abschließend zum allgemeinen Gleichheitssatz auf.

a) Zulässigkeit der Verfassungsbeschwerde

Im Ergebnis unproblematisch ist die Qualifizierung eines förmlichen Gesetzes als »*öffentliche Gewalt*« i. S. d. § 90 Abs. 1 BVerfGG. Immerhin sollten zur Begründung einige knappe Hinweise gegeben werden, da zu demselben Begriff in Art. 19 Abs. 4 GG von der h. M. Abweichendes vertreten wird. Mit Hilfe üblicher Auslegungsmethoden – Gesetzessystematik, Sinn und Zweck – kann eine zwingende Argumentation entwickelt werden.

Zur *Beschwerdebefugnis* bietet die Aufgabenstellung die üblichen Fragen bei der Rechtssatzverfassungsbeschwerde. Die für die Beschwer zu erfüllende sog. Behauptungslast (»Möglichkeit der Grundrechtsverletzung«) verlangt, daß wenigstens der Regelungs- bzw. Normbereich des einschlägigen Grundrechts betroffen ist (*Erichsen*, Jura 1991, 638 [639]); andernfalls erschöpft sich die – in vielen Übungsarbeiten zu lesende – schlichte These, die Möglichkeit der Grundrechtsverletzung sei nicht von vornherein auszuschließen, in einer substanzlosen Behauptung. Da, wie § 90 Abs. 1 BVerfGG voraussetzt, die (Möglichkeit der) Grundrechtsverletzung »durch« die öffentliche Gewalt, also den Beschwerdegegenstand, gegeben sein muß, verlangt die Annahme der Beschwerdebefugnis bei der direkten verfassungsgerichtlichen Anfechtung eines Gesetzes mit einem Individualrechtsbehelf, daß der Beschwerdeführer selbst, gegenwärtig und – vor allem – unmittelbar durch das angegriffene Gesetz in seinem Grundrecht betroffen ist. – Nach Bejahung der Beschwerdebefugnis anhand des Art. 12 Abs. 1 GG müssen im Rahmen der Zulässigkeitsprüfung Art. 14 Abs. 1 GG und Art. 3 Abs. 1 GG nicht zusätzlich auch noch angesprochen werden (zur Praxis *Müller-Franken*, Über den Umgang mit ungerügten Grundrechten bei der Verfassungsbeschwerde, DÖV 1999, 590).

Die von § 90 Abs. 2 S. 1 BVerfGG geforderte *Rechtswegerschöpfung* spielt bei der Verfassungsbeschwerde gegen ein Parlamentsgesetz keine Rolle, weil ein Rechtsweg zu den sog. Fachgerichten nicht besteht.

Die *Subsidiarität der Verfassungsbeschwerde* ist – als im (Grund-)Gesetz nicht vorgesehene Kreation des BVerfG – als Sachentscheidungsvoraussetzung schon dem Grunde nach immer noch nicht allseits akzeptiert (*Pestalozza*, Verfassungsprozeßrecht, § 12 Rn. 50: gesetzeswidrige Sachentscheidungsvoraussetzung; krit. auch *Schlaich*, Das Bundesverfassungsgericht, Rn. 246 f.; *Posser*, Die Subsidiarität der Verfassungsbeschwerde, 1993, S. 296 ff.). Für die Übungs- und Examensarbeit empfiehlt sich indes, von dieser Zulässigkeitsvoraussetzung, die der st. Rspr. des BVerfG entspricht und von der h. L. unterdessen angenommen ist, auszugehen. Im rechtsdogmatischen Ansatz genügt ein Hinweis auf die spezielle Normierung in § 90 Abs. 2 S. 1 BVerfGG sowie auf die funktionellrechtliche »Arbeitsteilung« zwischen dem BVerfG und den sog. Fachgerichten. Nach wie vor nicht abschließend geklärt sind die Ausnahmen vom Subsidiaritätsgrundsatz (vgl. dazu unten Literaturhinweise), so daß sich völlig zweifelsfreie Ergebnisse nicht immer erzielen lassen. Im vorliegenden Fall läßt sich eine tragfähige Argumentation von der Funktion des Subsidiaritätsgrundsatzes her entwickeln.

b) Begründetheit der Verfassungsbeschwerde

In der Begründetheitsprüfung sind zu Art. 12 Abs. 1 GG die Ausführungen zum *Eingriff in den Schutzbereich* durch die Darlegungen zur Beschwerdebefugnis vorgeprägt. Genügte dort wegen der bloßen Filterfunktion der Zulässigkeitsvoraussetzung die Feststellung, daß die Berufsausübungsfreiheit durch § 1 SoUrlG ohne vermittelnden behördlichen Vollzugsakt betroffen ist, so muß nunmehr präzise dargelegt werden, daß im grundrechtsdogmatischen Sinne wegen der notwendigen Willensentschließung sonderurlaubsberechtigter Arbeitnehmer strenggenommen in der Gesetzesregelung nur ein mittelbarer Grundrechtseingriff liegt. Dieser ist freilich im konkreten Fall dem »klassischen« Grundrechtseingriff ohne weiteres gleichzustellen.

Bei der *Verfassungsmäßigkeit des Eingriffs* muß erkannt werden, daß das grundrechtsbeeinträchtigende Gesetz formell und materiell mit dem Grundgesetz in Einklang stehen muß. Nur ein unter Einhaltung der Kompetenzordnung erlassenes Gesetz kann Grundrechte verfassungsgemäß einschränken (*Kunig*, Jura 1996, 254 [260]). Zu prüfen ist daher zunächst die Gesetzgebungskompetenz des Landes. Dabei ist im System der Art. 70 ff. GG zuerst nach einem Kompetenztitel für den Gesetzgeber zu fragen und – bejahendenfalls (hier: Art. 74 Abs. 1 Nr. 12 GG) – anschließend die Frage nach der verfassungsmäßigen Kompetenzausübung aufzuwerfen (bei der konkurrierenden Gesetzgebung für ein Land: Art. 72 Abs. 1 GG; für den Bund käme es auf Art. 72 Abs. 2 GG an). In materieller Hinsicht muß das grundrechtseingreifende Gesetz das Übermaßverbot beachten. Dies entspricht zu Art. 12 Abs. 1 GG längst der Rechtsprechung des BVerfG (s. o. zum Aufbau bzgl. der Prüfungsstruktur), so daß die in der Ausbildungsliteratur gegen die sog. Dreistufentheorie vorgetragene Kritik (z. B. *J. Ipsen*, JuS 1990, 634 f.; *Gusy*, JA 1992, 257 [263 f.]; *Langer*, JuS 1993, 203 [209 f.]; *Rüssel*, JA 1998, 406 [410]; *Schwabe*, Grundkurs Staatsrecht, S. 97) ihr Ziel weithin verfehlt. Im übrigen trifft die Abstufung der Grundrechtsingerenzen verfassungsrechtsdogmatisch durchaus den Kern der Problematik und bietet i. V. m. dem Übermaßverbot eine durch Typisierung und Differenzierung begründete klare Strukturierung (*Hesse,* Grundzüge des Verfassungsrechts, Rn. 423; *Tettinger,* in: Sachs, GG, Art. 12 Rn. 100). Sie ist in der Fallbearbeitung vorzugswürdig (*Frotscher,* JuS 1990, L 81 [84]). In der Sache eröffnet die Verhältnismäßigkeitsprüfung einen gewissen Argumentationsspielraum. Die hier vorgeschlagene Lösung stimmt mit der Entscheidung des BVerfG überein, die dem Fall zugrunde liegt.

Beim *allgemeinen Gleichheitssatz* ist das Ergebnis der Lösung durch die Erörterungen zu Art. 12 Abs. 1 GG vorgeprägt. Da es insoweit als unverhältnismäßig erachtet worden ist, eine bestimmte Gruppe von Arbeitgebern mit Kosten für die Arbeitnehmerfreistellung zu belasten, ist jene Differenzierung im Rahmen des Art. 3 Abs. 1 GG konsequenterweise als sachlich nicht gerechtfertigte Ungleichbehandlung zu erachten. Der zweite Aspekt, die vom Staat grundsätzlich geschuldete Belastungsgleichheit der Bürger, geht über die Anforderungen einer Übung hinaus, wurde in der Fallbearbeitung jedoch zur Abrundung der Lösung mit einigen knappen Ausführungen skizziert.

3. Rechtsprechungs- und Literaturhinweise
a) Ausgangsfall

Der Fall ist gebildet nach BVerfG, Beschl v 11.2.1992 – 1 BvR 890/84 ua – E 85, 226 = DVBl 1992, 759 = EuGRZ 1992, 149 = NZA 1992, 641 = *Kunig* JK 92, GG Art 12 I/28. – Eine ähnliche Fallgestaltung (»Bezahlter Bildungsurlaub«) behandelt BVerfG, Beschl v 15.12.1987 – 1 BvR 563/85 ua – E 77, 308 = NJW 1988, 1899. – Die Normwiederholung des Hessischen Landesgesetzgebers für verfassungswidrig erklärt BVerfG, Beschl v 15.7.1997 – 1 BvL 20/94 ua – E 96, 260.

b) Zur Verfassungsbeschwerde

Zuck Die Zulässigkeitsvoraussetzungen der Verfassungsbeschwerde nach § 90 BVerfGG, JuS 1988, 370; *Erichsen* Die Verfassungsbeschwerde, Jura 1991, 561 und 638 sowie Jura 1992, 142; *H. Weber* Die Zulässigkeit der Verfassungsbeschwerde in der öffentlichrechtlichen Arbeit, JuS 1992, 122; *ders.* Beschwerdebefugnis und Rechtswegerschöpfung bei der Rechtssatzverfassungsbeschwerde – BVerfGE 86, 382, JuS 1995, 114. – Zu einzelnen Problemkreisen *Floßdorf* Die Beteiligungsfähigkeit im Rahmen der Verfassungsbeschwerde oder der »Jedermann« des Art 93 I Nr 4 a GG, JuS 1993, L 49; *Warmke* Die Subsidiarität der Verfassungsbeschwerde, JA 1990, Ü 106 und Ü 129; *Gersdorf* Der Grundsatz der Subsidiarität der Rechtssatzverfassungsbeschwerde, Jura 1994, 398 und 495; *Oppenborn* Der Grundsatz der Subsidiarität der Verfassungsbeschwerde in Theorie und Praxis, JuS 1996, 1143; *Menzel* Rücknahme von Verfassungsbeschwerden »Last Minute«? – BVerfG, NJW 1998, 2515, JuS 1999, 339.

c) Zum Grundrecht der Berufsfreiheit

Aus der Ausbildungsliteratur: *Frotscher* Das Grundrecht des Art. 12 I GG, JuS 1988, L 81; *J. Ipsen* »Stufentheorie« und Übermaßverbot – Zur Dogmatik des Art. 12 GG, JuS 1990, 634; *Specht* Grundzüge der Berufsfreiheit, JA 1991, Ü 16; *Gusy* Die Freiheit von Berufswahl und Berufsausübung, JA 1992, 257; *Langer* Strukturfragen der Berufsfreiheit, JuS 1993, 203; *Rüssel* Faktische Beeinträchtigungen der Berufsfreiheit, JA 1998, 406.

Aus der Rechtsprechung:

– BVerfGE 86, 28 = DVBl 1992, 1154 = NJW 1992, 2621 = *Kunig* JK 92, GewO § 36/1 = JuS 1993, 70 (*Sachs*) – Bedürfnisprüfung bei Sachverständigen; dazu Besprechung *Jahn* JuS 1993, 643.

– BVerwGE 96, 293 = NVwZ 1995, 475 = *Erichsen* JK 95, GG Art. 12 I/36 = JA 1995, 933 (*Erdemir*) = JuS 1995, 834 (*Sachs*) – Betrieb eines Sportwettunternehmens. – Parallelentscheidung BVerwGE 96, 302 = DVBl 1995, 47 = NVwZ 1995, 478 = JuS 1995, 833 (*Sachs*) – Betrieb einer Spielbank.

– BVerwG, DVBl 1996, 807 = NJW 1996, 3161 = *Erichsen* JK 97, GG Art. 12 I/40 = JA 1997, 284 (*Schliesky*) = JuS 1997, 180 (*Selmer*) – Veröffentlichung von Warentests durch eine Behörde.

– BVerfGE 94, 372 = NJW 1996, 3067 = EuGRZ 1996, 426 = *Kunig* JK 97, GG Art. 12 I/42 – Werbeverbot für Apotheker.

– BVerfGE 98, 49 = NJW 1998, 2269 (m. Anm. *Lerch* NJW 1999, 401) = JZ 1998, 1062 (m. Anm. *Henssler*) = *Erichsen* JK 99, GG Art. 3 I/28 = JA 1999, 548 (*Lüdemann*) = JuS 1999, 702 (*Sachs*) – Sozietät zwischen Anwaltsnotar und Wirtschaftsprüfer.

d) Zum allgemeinen Gleichheitssatz

Aus der Ausbildungsliteratur: *Gusy* Der Gleichheitsschutz des Grundgesetzes, JuS 1982, 30; *Koenig* Die gesetzgeberische Bindung an den allgemeinen Gleichheitssatz – Eine Darstellung des Prüfungsaufbaus zur Rechtssetzungsgleichheit, JuS 1995, 313, mit Erwiderung *Martini* JuS 1996, 1142; *Sachs* Die Maßstäbe des allgemeinen Gleichheitssatzes – Willkürverbot und sogenannte neue Formel, JuS 1997, 124; *Krugmann* Gleichheit, Willkür und Evidenz, JuS 1998, 7; *Bryde/Kleindiek* Der allgemeine Gleichheitssatz, Jura

1999, 36. – Vertiefend *Hesse* Der allgemeine Gleichheitssatz in der neueren Rechtsprechung des Bundesverfassungsgerichts zur Rechtsetzungsgleichheit, in: FS Lerche, 1993, 121; *Huster* Gleichheit und Verhältnismäßigkeit, JZ 1994, 541; *Sachs* Der Gleichheitssatz als eigenständiges subjektives Grundrecht, in: FS Friauf, 1996, 309; *Jarass* Folgerungen aus der neueren Rechtsprechung des BVerfG für die Prüfung von Verstößen gegen Art. 3 I GG, NJW 1997, 2545.

e) Zu den Sonderabgaben

Aus der Ausbildungsliteratur: *Britz* Verfassungsmäßigkeit des Wasserpfennigs, JuS 1997, 404; *Walther* Die Sonderabgabe, JA 1998, 373. – Vgl. ferner zu Grundstrukturen der Finanzverfassung *Jachmann* Grundbegriffe des Rechts der öffentlichen Abgaben, JuS 1996, L 17; *Beaucamp* Grundzüge der Finanzverfassung, JA 1998, 774.

f) Fallbearbeitungen (insbesondere zu Art. 12 Abs. 1 GG)

Schwierigkeitsgrad einer Anfängerübung: *Berg* Das Nachtbackverbot, JuS 1988, L 61, sowie *ders.* Die Warnung vor Zigarettenrauch, JuS 1998, L 62 (beides einfache Klausuren zum Einstieg); *Suerbaum* Einwegdosen – Probleme der Berufsfreiheit, Jura 1988, 539 (Zwischenprüfungsklausur Öffentliches Recht); *Jachmann* Die ungleiche Zulagengewährung, JuS 1993, L 36; *Jeand´Heur/Jorczyk* Verbraucherschutz vor Mikrowellen, JuS 1997, 728, mit Erwiderung *Roßmann* JuS 1998, 384.

Examens(kurs)klausuren: *Stock* »Zwergenwerfen« und Menschenwürde, NWVBl 1994, 195; *Erichsen/Frenz* Bedarfszulassung von »Kassenärzten«, Jura 1995, 542; *Tettinger/Ennuschat* Die selbstbewußte Stellenanzeige, NWVBl 1998, 125. – Ferner *Classen* Die gekündigten Hausmeister, Jura 1997, 542 (prozessual zur konkreten Normenkontrolle, in bezug auf die Berufsfreiheit auch zur Schutzpflicht aus Art. 12 Abs. 1 GG).

Klausur zum Komplex »Steuer und Sonderabgabe«: *Bartone* Keinen Pfennig für die Kohle, Jura 1997, 322.

Fall 2: Freies Mandat und Parteibindung der Abgeordneten

Sachverhalt

Im Deutschen Bundestag sind die Parteien A, B, C und D vertreten. In der Vergangenheit hatte es hin und wieder Fraktionswechsel einzelner Abgeordneter mit der Folge gegeben, daß die Mehrheit der die Regierung tragenden Fraktionen A und B im Parlament schrumpfte. Nunmehr wird ein Gesetzentwurf erarbeitet, nach dem – in Ergänzung des § 46 Abs. 1 S. 1 BWahlG um eine Nr. 6 – ein Abgeordneter die Mitgliedschaft im Deutschen Bundestag auch verliert,

a) mit dem Ende der Parteimitgliedschaft, sofern der Abgeordnete über die Landesliste in den Bundestag gewählt worden ist oder

b) wenn der Abgeordnete als Direktkandidat gewählt worden ist und sich für den Fall eines Fraktionswechsels zu Beginn der Wahlperiode schriftlich gegenüber seiner Fraktion zur Niederlegung seines Mandats verpflichtet hat.

Der Entwurf wird politisch kontrovers diskutiert, jedoch nach ordnungsgemäßem Verfahren in Bundestag und Bundesrat mit der Mehrheit von A und B als Gesetz verabschiedet. Nach erfolgter Gegenzeichnung wird das Gesetz dem Bundespräsidenten zur Ausfertigung zugeleitet.

1. Ist der neue § 46 Abs. 1 S. 1 Nr. 6 BWahlG verfassungsmäßig?
2. Darf der Bundespräsident, sofern er das Gesetz wegen Verstoßes gegen Art. 38 Abs. 1 S. 2 GG für verfassungswidrig halten sollte, die Ausfertigung des Gesetzes verweigern?

Lösung
1. Frage: Verfassungsmäßigkeit des § 46 Abs. 1 S. 1 Nr. 6 BWahlG

Die in § 46 Abs. 1 S. 1 Nr. 6 BWahlG getroffene Neuregelung ist verfassungsmäßig, wenn die Vorschrift sowohl in formeller als auch in materieller Hinsicht mit dem Grundgesetz in Einklang steht. Das ist der Fall, wenn dem Bund die Gesetzgebungskompetenz zum Erlaß der gesetzlichen Regelung zusteht und das Gesetzgebungsverfahren verfassungskonform durchgeführt worden ist; ferner dürfte § 46 Abs. 1 S. 1 Nr. 6 BWahlG inhaltlich nicht gegen Bestimmungen des Grundgesetzes verstoßen.

I. Formelle Verfassungsmäßigkeit

Das Gesetzgebungsverfahren ist nach dem Sachverhalt ordnungsgemäß durchgeführt worden. Fraglich könnte allenfalls die Gesetzgebungsbefugnis des Bundes sein.

Aus Art. 73 ff. GG läßt sich für die getroffene Neuregelung kein Kompetenztitel für den Bund entnehmen. Der 7. Abschnitt des Grundgesetzes (Art. 70 ff. GG) enthält jedoch keine abschließende Normierung zur Bundesgesetzgebung; Kompetenztitel finden sich im Grundgesetz auch außerhalb des Abschnitts zur Gesetzgebung des Bundes. Im vorliegenden Fall könnte sich die Kompetenz des Bundes zum Erlaß des § 46 Abs. 1 S. 1 Nr. 6 BWahlG aus Art. 38 Abs. 3 GG ergeben. Die danach bestehende *ausschließliche Gesetzgebungszuständigkeit* umfaßt zunächst die nähere Ausgestaltung des Bundestagswahlrechts[1]. Darum geht es hier jedoch nicht. Art. 38 Abs. 3 GG bezieht sich aber nicht nur auf das Wahlrecht i. S. d. Art. 38 Abs. 1 S. 1 GG; aus dem systematischen Standort des Art. 38 Abs. 3 GG läßt sich schließen, daß bundesgesetzlich Näheres auch zu Art. 38 Abs. 1 S. 2 GG bestimmt werden darf[2]. Die Kompetenznorm ermächtigt demnach zu gesetzlichen Vorschriften über die Rechtsstellung der Abgeordneten des Deutschen Bundestages[3].

Somit gibt Art. 38 Abs. 3 GG dem Bund die Kompetenz zum Erlaß von gesetzlichen Regelungen über den Verlust des Abgeordnetenmandats als Kehrseite des Erwerbs[4]. Die Neuregelung des § 46 Abs. 1 S. 1 Nr. 6 BWahlG ist folglich von der Gesetzgebungskompetenz des Bundes gem. Art. 38 Abs. 3 GG gedeckt.

---

1 BVerfGE 95, 335 (349); *Kunig* Jura 1996, 254 (256); *von Mangoldt/Klein/Achterberg/Schulte* GG, Bd 6, Art 38 Rn 159; *Schreiber* Handbuch des Wahlrechts zum Deutschen Bundestag – Kommentar zum Bundeswahlgesetz, 6. Aufl 1998, Einführung, Rn 40.
2 *Maunz* in: Maunz/Dürig, GG, Art 38 Rn 71; *Morlok* in: Dreier, GG, Bd II, Art 38 Rn 120.
3 *Silberkuhl* in: Seifert/Hömig, GG, Art 38 Rn 21; *Magiera* in: Sachs, GG, Art 38 Rn 114 f.
4 *von Münch* Staatsrecht I, Rn 715.

II. Materielle Verfassungsmäßigkeit

Zweifelhaft ist, ob die gesetzliche Neuregelung zum Mandatsverlust von Bundestagsabgeordneten materiell mit dem Grundgesetz vereinbar ist. § 46 Abs. 1 S. 1 Nr. 6 BWahlG könnte gegen Art. 38 Abs. 1 S. 2 GG verstoßen. Dies könnte zunächst in bezug auf »Listenkandidaten« der Fall sein, ferner aber auch bei direkt gewählten Abgeordneten zutreffen.

1. § 46 Abs. 1 S. 1 Nr. 6a BWahlG
a) Grundsatz des freien Mandats

Art. 38 Abs. 1 S. 2 GG könnte der in § 46 Abs. 1 S. 1 Nr. 6 a BWahlG vorgesehenen Neuregelung entgegenstehen, weil der verfassungsrechtlich gewährleistete *Grundsatz des freien Mandats* mißachtet wird. Der zweite Halbsatz von Art. 38 Abs. 1 S. 2 GG schließt jede rechtsverbindliche Wirkung von Instruktionen an die Abgeordneten aus und unterwirft diese nur ihrem Gewissen. Durch Art. 38 Abs. 1 S. 2 GG sind die Abgeordneten des Deutschen Bundestages demnach darin geschützt, nur nach ihrer politischen Überzeugung zu handeln[5]; verfassungsrechtlich normiert ist der Grundsatz des freien Mandats[6]. Im übrigen sind die Abgeordneten gem. Art. 38 Abs. 1 S. 2 GG im Sinne des Repräsentationsprinzips »Vertreter des ganzen Volkes« und nicht etwa Vertreter ihrer jeweiligen politischen Partei.

Dieser grundgesetzliche Rechtsstatus des Abgeordneten gewährleistet, daß kein Mandatsträger *rechtlich* zu einem bestimmten Verhalten gezwungen werden kann[7]. Das freie Mandat beinhaltet die rechtliche Befugnis des Fraktions- oder Parteiaustritts bzw. -wechsels. Der verfassungsrechtlich nur seinem Gewissen, also seiner politischen Überzeugung unterworfene Abgeordnete darf seine Partei und Fraktion jederzeit verlassen. Dies kommt etwa in Betracht, wenn er deren Grundsätze oder Entwicklung nicht länger vertreten kann. Daher darf nach Maßgabe des Art. 38 Abs. 1 S. 2 GG an einen Fraktionsaustritt oder -wechsel kein Mandatsverlust geknüpft wer-

---

5 *Silberkuhl* in: Seifert/Hömig, GG, Art 38 Rn 13; *Magiera* in: Sachs, GG, Art 38 Rn 47.
6 *Frotscher* JuS 1987, L 81 (82); *Dreier* Jura 1997, 249 (255); *Schwabe* Grundkurs Staatsrecht, 45; *von Münch* Staatsrecht I, Rn 627; *J. Ipsen* Staatsrecht I, Rn 239; *Katz* Staatsrecht, Rn 354; *Maurer* Staatsrecht, § 13 Rn 60.
7 *Sendler* NJW 1985, 1425 (1428); *Hesse* Grundzüge des Verfassungsrechts, Rn 600; *Stern* Staatsrecht I, 1069 ff; *Badura* in: Parlamentsrecht und Parlamentspraxis in der Bundesrepublik Deutschland (Hrsg H.-P. Schneider/W. Zeh), 1989, § 15 Rn 20 ff; *Morlok* in: Dreier, GG, Bd II, Art 38 Rn 136 ff.

den[8]. Wäre das Abgeordnetenmandat an eine Parteimitgliedschaft oder Fraktionszugehörigkeit gekoppelt, bestünde die rechtsnormativ von Art. 38 Abs. 1 S. 2 GG verbürgte Freiheit in Wirklichkeit nicht mehr, sondern sie wäre durch den Umstand des Mandatsverlustes beeinträchtigt[9].

Die in § 46 Abs. 1 S. 1 Nr. 6 a BWahlG vorgesehene Regelung begegnet somit verfassungsrechtlichen Bedenken aus Art. 38 Abs. 1 S. 2 GG.

b) Parteibindung des Abgeordneten

Die Stellung des Abgeordneten ist andererseits durch das Verhältnis zu seiner Partei und seiner Fraktion geprägt. Dies entspricht nicht nur der Parlamentswirklichkeit. Die Verfassung selbst verleiht der *Parteiendemokratie* durch Art. 21 Abs. 1 GG ihren rechtsnormativen Ausdruck. Danach wirken die *Parteien* bei der politischen Willensbildung des Volkes mit. Dies erfolgt unter anderem durch die Mitgestaltung der öffentlichen Meinung sowie dadurch, daß die Parteien Einfluß auf die Willensbildung vor Wahlen nehmen und die politische Führung stellen[10]. Auch die *Fraktionen* sind verfassungsrechtlich anerkannt (Art. 53 a Abs. 1 S. 2 GG). Für die Arbeit des Bundestages sind sie politisches Gliederungsprinzip und im Zeichen der Entwicklung zur Parteiendemokratie notwendige Einrichtungen des Verfassungslebens und maßgebliche Faktoren der politischen Willensbildung[11]. Aufgrund dieser verfassungsrechtlich anerkannten Parteienstaatlichkeit kann die Rechtsstellung der Mandatsträger, die (fast) ausnahmslos Mitglieder politischer Parteien sind[12] und ohne Parteizugehörigkeit ein Bundestagsmandat praktisch nicht erringen können[13], ungeachtet des freien Mandats nicht ohne Berücksichtigung der *Parteibindung des Abgeordneten* erfaßt werden[14].

Insbesondere diejenigen Parlamentarier, die über Landeslisten in den Bundestag gewählt worden sind (§ 1 Abs. 2 und § 6 BWahlG), verdanken

8 *H. Säcker* DVBl 1970, 567 (571 f); *Tsatsos* DÖV 1971, 253 (255 f); *J. Ipsen* Staatsrecht I, Rn 243; *H.-P. Schneider* in: HdbVerfR, § 13 Rn 52.
9 *H. Säcker* DVBl 1971, 642 (643).
10 BVerfGE 85, 264 (284 f); *W. Schmidt* NJW 1984, 762 (763 f); *Maurer* JuS 1991, 881 (885 f); *Kunig* in: HStR II, § 33 Rn 15 ff; *Grimm* in: Parlamentsrecht (Fn 7), § 6 Rn 2 ff; *ders* in: HdbVerfR, § 14 Rn 6 ff; *Preuß* in: AK-GG, Art 21 Rn 14 ff.
11 BVerfGE 80, 188 (219); 84, 304 (322).
12 *Bruha/Möllers* JA 1985, 13 (17 f); *Grimm* in: Parlamentsrecht (Fn 7), § 6 Rn 5.
13 *Kunig* Jura 1991, 247 (255); *von Münch* Staatsrecht I, Rn 628; *ders* in: von Münch/Kunig, GG, Bd 2, Art 21 Rn 40.
14 *Kese* Verwaltungsrundschau 1993, 266 (267); *Dreier* Jura 1997, 249 (255); *Hesse* Grundzüge des Verfassungsrechts, Rn 598 f; *Badura* in: Parlamentsrecht (Fn 7), § 15 Rn 17 f; *Grimm* in: HdbVerfR, § 14 Rn 56 ff.

das errungene Mandat ersichtlich ihrer Parteizugehörigkeit[15]. Als Vertreter ihrer Partei verleihen sie i. S. d. repräsentativen Demokratie der parteimäßigen Gliederung des Wählerwillens parlamentarischen Ausdruck[16]. Ein Parteiaustritt oder Parteiwechsel ohne Mandatsverlust könnte demzufolge die Wahlentscheidung verfälschen, da sich die Wähler mit dem Wahlakt in erster Linie für eine bestimmte Partei entschieden haben. Auch während der Legislaturperiode kommt den Parteien über ihre Fraktionen im Parlament (§ 10 GeschOBT) ein wesentlicher Einfluß auf die Abgeordneten zu[17].

Aufgrund dieser herausgehobenen Stellung der Parteien könnte es verfassungsrechtlich gerechtfertigt sein, bei den über *Landeslisten* in den Bundestag gewählten Abgeordneten mit dem Ende der Parteimitgliedschaft den Mandatsverlust zu verknüpfen[18].

c) **Parteibezogenheit des freien Mandats**

Somit könnten zwei Grundgesetzbestimmungen zu der Frage der Verfassungsmäßigkeit der in § 46 Abs. 1 S. 1 Nr. 6 a BWahlG vorgesehenen Regelung gegensätzliche Antworten geben. Zwischen Art. 21 Abs. 1 GG und Art. 38 Abs. 1 S. 2 GG könnte eine prinzipielle Unvereinbarkeit gegeben sein[19]. Eine Auflösung des zwischen diesen beiden Vorschriften bestehenden Spannungsverhältnisses könnte nur so erfolgen, daß ermittelt wird, welches Prinzip bei der Entscheidung einer konkreten verfassungsrechtlichen Frage jeweils das höhere Gewicht hat[20]. Die Gegensätzlichkeit zwischen freiem Mandat und Parteiendemokratie wäre folglich anders als auf dezisionistische Weise nicht zu bewältigen[21].

Es ist jedoch zweifelhaft, ob mit einer derartigen Gegenüberstellung der Regelungsgehalt von Art. 38 Abs. 1 S. 2 GG und Art. 21 Abs. 1 GG rechtlich zutreffend erfaßt wird. Indem das Grundgesetz beide Bestimmungen beinhaltet, wird rechtsnormativ deutlich gemacht, daß die Abgeordnetenstellung nicht ohne das Wirken der politischen Parteien verstanden werden

15 *H. Säcker* DVBl 1970, 567 (568); *Siegfried* ZRP 1971, 9 f; *Trute* Jura 1990, 184 (187); *von Münch* Staatsrecht I, Rn 715.
16 *Kriele* ZRP 1971, 99 (100 f); *Azzola* JuS 1972, 561 (562); *Preuß* in: AK-GG, Art 21 Rn 58.
17 *Stern* Staatsrecht I, 1073 f.
18 *Kriele* ZRP 1969, 241; *ders* ZRP 1971, 99 ff; *ders* VVDStRL 29 (1971), 46 (71 f); *H. Säcker* DVBl 1970, 567 (571); *ders* DVBl 1971, 642; *Siegfried* ZRP 1971, 9 (13); *von Münch* Staatsrecht I, Rn 715; *Preuß* in: AK-GG, Art 21 Rn 58.
19 BVerfGE 2, 1 (72); *Katz* Staatsrecht, Rn 355.
20 BVerfGE 41, 399 (416); *von Münch* Staatsrecht I, Rn 715; *Schwabe* Grundkurs Staatsrecht, 45.
21 *H.-P. Schneider* in: AK-GG, Art 38 Rn 32.

kann, wie umgekehrt für die Mitwirkung der politischen Parteien im Parlament das freie Mandat des Abgeordneten wesentlich ist[22]. Freies Mandat und Parteibindung des Abgeordneten dürfen daher nicht in einen prinzipiellen Gegensatz zueinander gesetzt werden, der nur auf Kosten des einen oder anderen Prinzips lösbar ist[23]. Die *Einheit der Verfassung* verlangt vielmehr eine Lösung am Maßstab der *praktischen Konkordanz*; konfligierenden verfassungsrechtlichen Positionen muß jeweils zu optimaler Wirksamkeit verholfen werden[24].

Danach vermag das freie Mandat die Parteibezogenheit der Abgeordnetenstellung nicht aufzuheben; andererseits sind die Partei- und Fraktionsdisziplin auf Überzeugung, Vertrauen und freie Zustimmung der Abgeordneten angewiesen[25]. Das schließt tatsächliche Einflußnahme und faktischen Druck auf die Abgeordneten nicht aus[26]. Rechtlich jedoch setzt das freie Mandat – dem verfassungsrechtlichen Prinzip der innerparteilichen Demokratie (Art. 21 Abs. 1 S. 3 GG) entsprechend[27] – den Bindungen an die Partei Grenzen, indem Art. 38 Abs. 1 S. 2 GG rechtliche Sanktionen gegenüber einzelnen Entscheidungen des jeweiligen Abgeordneten untersagt[28]. Art. 38 Abs. 1 S. 2 GG wird also durch Art. 21 Abs. 1 GG rechtlich nicht eingeschränkt, sondern geht als Spezialnorm des *Parlamentsrechts* dem allgemein gehaltenen Parteienartikel vor[29]. Art. 38 Abs. 1 S. 2 GG schützt demzufolge die Parlamentsmitgliedschaft grundsätzlich gegen einen unfreiwilligen Verlust[30].

In Kenntnis des Art. 21 Abs. 1 GG und trotz der Parteibezogenheit des Mandats gewährleistet Art. 38 Abs. 1 S. 2 GG somit die Unabhängigkeit des durch den Wahlakt begründeten Abgeordnetenstatus gegenüber der Parteizugehörigkeit. Die verfassungsrechtliche Legitimation des Abgeordneten ist

---

22 *Hesse* Grundzüge des Verfassungsrechts, Rn 598; *Bruha/Möllers* JA 1985, 13 (15 f); *Badura* in: BK, Art 38 Rn 65; *ders* in: Parlamentsrecht (Fn 7), § 15 Rn 18.
23 *J. Ipsen* Staatsrecht I, Rn 239; *Grimm* in: HdbVerfR, § 14 Rn 57.
24 *Hesse* Grundzüge des Verfassungsrechts, Rn 72; *Schulze-Fielitz* DÖV 1989, 829 (833).
25 *Sendler* NJW 1985, 1425 (1428); *Hesse* Grundzüge des Verfassungsrechts, Rn 600.
26 *Sendler* NJW 1985, 1425 (1429); *Kunig* Jura 1991, 247 (255); *Stein* Staatsrecht, 79 f; *Degenhart* Staatsrecht I, Rn 406; *J. Ipsen* Staatsrecht I, Rn 240.
27 *Kese* Verwaltungsrundschau 1993, 266 (267); *H.-P. Schneider* in: HdbVerfR, § 13 Rn 57; *Grimm* in: HdbVerfR, § 14 Rn 57.
28 *Stern* Staatsrecht I, 1073; *Morlok* in: Dreier, GG, Bd II, Art 38 Rn 150.
29 *Silberkuhl* in: Seifert/Hömig, GG, Art 38 Rn 15.
30 *H. Säcker* DVBl 1970, 567 (570); *Katz* Staatsrecht, Rn 357; *Maurer* Staatsrecht, § 13 Rn 64; *Silberkuhl* in: Seifert/Hömig, GG, Art 38 Rn 14; *Badura* in: Parlamentsrecht (Fn 7), § 15 Rn 22.

demnach eine selbständige, das Mandat ist nicht an die Zugehörigkeit zu einer Partei oder Fraktion gebunden[31]. Diese Ausgestaltung des freien Mandats harmoniert – dem Prinzip der praktischen Konkordanz entsprechend – mit Art. 21 Abs. 1 GG. Diese Bestimmung statuiert gerade kein Parteienmonopol für die politische Willensbildung, sondern beschränkt die Rolle der Parteien trotz ihrer herausgehobenen Stellung rechtsnormativ auf eine bloße Mitwirkung[32]. Dem entspricht, insbesondere im Vorfeld der Parlamentstätigkeit vor Wahlen, die Kandidatenaufstellung durch die Parteien. Insoweit ist der bisherige Abgeordnete durch Art. 38 Abs. 1 S. 2 GG nicht geschützt; hier hat vielmehr die Partei auf der Grundlage des Art. 21 Abs. 1 GG das Recht, etwa wegen des parlamentarischen Verhaltens eines Abgeordneten, diesen bei der Kandidatenaufstellung nicht erneut zu berücksichtigen[33]. Trotz der durch die parlamentsrechtliche Bestimmung des Art. 38 Abs. 1 S. 2 GG gezogenen verfassungsrechtlichen Grenzen für den Parteieneinfluß kann sich die parteienrechtliche Regelung gem. Art. 21 Abs. 1 S. 1 GG also in der politischen Wirklichkeit wirksam entfalten. Ein unauflöslicher Gegensatz zwischen beiden Verfassungsbestimmungen besteht nicht[34].

d) Verfassungswidrigkeit des § 46 Abs. 1 S. 1 Nr. 6 a BWahlG

Art. 38 Abs. 1 S. 2 GG schützt somit den Parteiaustritt und Parteiwechsel ohne Mandatsverlust[35]. Soweit die in § 46 Abs. 1 S. 1 Nr. 6 a BWahlG vorgesehene Regelung das Ende der Parteimitgliedschaft – und damit das Ende der Mitgliedschaft im Deutschen Bundestag – durch einen *Parteiausschluß* in Bezug nimmt, ist eine solche Gesetzesvorschrift mit Art. 38 Abs. 1 S. 2 GG unvereinbar[36]. Dadurch würde das Abgeordnetenmandat zur Disposition

---

31 *H.-J. Schröder* DVBl 1971, 132 (134); *ders* ZRP 1971, 97 (99); *Hesse* Grundzüge des Verfassungsrechts, Rn 601; *Badura* in: Parlamentsrecht (Fn 7), § 15 Rn 23.
32 BVerfGE 52, 63 (83); 85, 264 (284); *Kese* Verwaltungsrundschau 1993, 266 (267); *von Mangoldt/Klein/Achterberg/Schulte* GG, Bd 6, Art 38 Rn 51.
33 *Magiera* in: Sachs, GG, Art 38 Rn 51; *Morlok* in: Dreier, GG, Bd II, Art 38 Rn 150.
34 *Grimm* in: HdbVerfR, § 14 Rn 57.
35 *Azzola* JuS 1972, 561 (562); *Achterberg* JA 1983, 303 (305 f); *Hesse* Grundzüge des Verfassungsrechts, Rn 601; *J. Ipsen* Staatsrecht I, Rn 243; *Stern* Staatsrecht I, 1074; *H. H. Klein* in: HStR II, § 41 Rn 18; *Grimm* in: Parlamentsrecht (Fn 7), § 6 Rn 16; *Badura* in: BK, Art 38 Rn 80; *ders* in: Parlamentsrecht (Fn 7), § 15 Rn 23, 33 f; *H.-P. Schneider* in: HdbVerfR, § 13 Rn 52; *Schreiber* HdbWahlR (Fn 1), § 46 Rn 3.
36 *Achterberg* JA 1983, 303 (305); *von Münch* Staatsrecht I, Rn 715; *J. Ipsen* Staatsrecht I, Rn 243; *Preuß* in: AK-GG, Art 21 Rn 58; *von Mangoldt/Klein/Achterberg/Schulte* GG, Bd 6, Art 38 Rn 53.

der Partei gestellt. Mit dem Mittel des Parteiausschlusses könnte entgegen Art. 38 Abs. 1 S. 2 GG ein Mandatsverlust bewirkt werden.

Fraglich könnte sein, ob § 46 Abs. 1 S. 1 Nr. 6 a BWahlG auch im Falle des *freiwilligen Parteiaustritts* oder *-wechsels* gegen Art. 38 Abs. 1 S. 2 GG verstößt. Hiergegen könnte erwogen werden, diese Konfliktsituation gesetzlich durch Schaffung eines neuen Tatbestandes zum Verlust der Mitgliedschaft im Bundestag zu lösen, um den Wählerwillen nicht zu verfälschen[37]. Dem steht jedoch entgegen, daß Art. 38 Abs. 1 S. 2 GG als Spezialnorm des Parlamentsrechts die rechtliche Unabhängigkeit des Mandats, also des gewählten Abgeordneten, statuiert und juristisch verbindliche Einwirkungsmöglichkeiten der Parteien auf die Abgeordnetenstellung grundsätzlich auf das Vorfeld der parlamentarischen Tätigkeit verweist[38]. Mit § 46 Abs. 1 S. 1 Nr. 6 a BWahlG würde demgegenüber gesetzlich die durch Art. 38 Abs. 1 S. 2 GG versagte parteienstaatliche Mittelbarkeit des Abgeordnetenmandats einzuführen versucht[39].

Die verfassungsrechtliche Zulässigkeit einer gesetzlichen Regelung, die den Verlust des Abgeordnetenmandats an einen Parteiaustritt oder -wechsel knüpft, könnte sich schließlich aus der Erwägung ergeben, daß zwischen »*Wahlkreiskandidaten*« und »*Listenkandidaten*« unterschieden werden darf[40]. Dann müßte eine solche Differenzierung verfassungsrechtlich zulässig sein. Dies ist aber nicht der Fall[41]. Die Grundsätze der egalitären Demokratie (Art. 20 Abs. 1 GG) und der Gleichheit der Wahl (Art. 38 Abs. 1 S. 1 GG) begründen den gleichen Status aller Bundestagsabgeordneten (Art. 38 Abs. 1 S. 2 GG). Es gibt keine verfassungsrechtliche Zweiteilung der Mandatsträger in unterschiedliche Klassen; Art. 38 Abs. 1 GG kennt nur gleichwertige Abgeordnetenmandate[42].

Ergebnis: § 46 Abs. 1 S. 1 Nr. 6 a BWahlG ist wegen Verstoßes gegen Art. 38 Abs. 1 S. 2 GG verfassungswidrig.

---

37   *H. Säcker* DVBl 1970, 567 (571); *ders* DVBl 1971, 642 f; *Kriele* VVDStRL 29 (1971), 116; *ders* ZRP 1971, 99 ff; *von Münch* Staatsrecht I, Rn 715.
38   *Achterberg* JA 1983, 303 (308); *von Mangoldt/Klein/Achterberg/Schulte* GG, Bd 6, Art 38 Rn 54.
39   *Tsatsos* DÖV 1971, 253 (255 f); *Badura* in: Parlamentsrecht (Fn 7), § 15 Rn 34.
40   *Kriele* ZRP 1969, 241 (242).
41   BVerfGE 40, 296 (317 f); *Kese* Verwaltungsrundschau 1993, 266 (270).
42   *Henkel* DÖV 1974, 181 (184); *von Münch* Staatsrecht I, Rn 715; *J. Ipsen* Staatsrecht I, Rn 243; *Badura* in: Parlamentsrecht (Fn 7), § 15 Rn 16 f.

2. § 46 Abs. 1 S. 1 Nr. 6 b BWahlG

Die in § 46 Abs. 1 S. 1 Nr. 6 b BWahlG vorgesehene Regelung zum Mandatsverlust im Falle des Fraktionswechsels bei entsprechender vorheriger schriftlicher Verpflichtung könnte ebenfalls wegen Verletzung des Art. 38 Abs. 1 S. 2 GG verfassungswidrig sein. Bei der Rücktrittsverpflichtung i. S. d. § 46 Abs. 1 S. 1 Nr. 6 b BWahlG könnte es sich jedoch auch um einen verfassungsrechtlich zulässigen freiwilligen Mandatsverzicht handeln. Ein derartiger Fall des Verlustes der Mitgliedschaft im Deutschen Bundestag ist in der Form des § 46 Abs. 1 S. 1 Nr. 4, Abs. 3 BWahlG im geltenden Recht bereits vorgesehen. Insoweit bestehen keine verfassungsrechtlichen Bedenken[43]. Der freiwillige Mandatsverzicht gehört zu den Statusrechten des Abgeordneten (Art. 38 Abs. 1 S. 2 GG), ist also als Bestandteil des freien Mandats verfassungsrechtlich gewährleistet[44]. Im Unterschied zu der vorhandenen Regelung des Mandatsverzichts soll § 46 Abs. 1 S. 1 Nr. 6 b BWahlG jedoch einen sog. Rücktrittsrevers normieren. Dabei handelt es sich um eine Verpflichtungserklärung, die den Mandatsverzicht im voraus festlegt und nur vom Eintritt einer bestimmten Bedingung, dem Fraktionswechsel, abhängig macht[45].

Diese Form des Mandatsverzichts könnte mit dem freien Mandat unvereinbar sein. Art. 38 Abs. 1 S. 2 GG garantiert dem einzelnen Abgeordneten eine Rechtsstellung, aufgrund derer er seine Entscheidungen nach seiner politischen Überzeugung frei treffen können soll. Dies bezieht sich auch auf die Fraktionsmitgliedschaft. Denn ihre Bildung beruht auf der in Ausübung des freien Mandats getroffenen Entscheidung der Abgeordneten (Art. 38 Abs. 1 S. 2 GG)[46]. Eine Entscheidung über die weitere Fraktionszugehörigkeit kann jedoch nicht wirklich frei getroffen werden, wenn sie durch einen drohenden Mandatsverlust vorbelastet ist. Außerdem stellt die in § 46 Abs. 1 S. 1 Nr. 6 b BWahlG vorgesehene Verpflichtungserklärung einen Akt innerparteilicher Disziplinierung dar, der durch Art. 38 Abs. 1 S. 2 GG ebenfalls ausgeschlossen sein soll[47]. Aus den zu § 46 Abs. 1 S. 1 Nr. 6 a BWahlG genannten Gründen ist der geplante Rücktrittsrevers auch nicht etwa durch

---

43 *H. Säcker* DVBl 1970, 567 (571); *Schreiber* HdbWahlR (Fn 1), § 46 Rn 8.
44 NdsStGH, DVBl 1985, 1063 (1064) = DÖV 1985, 676 (677) = NJW 1985, 2319; *von Mangoldt/Klein/Achterberg/Schulte* GG, Bd 6, Art 38 Rn 48.
45 *H. Säcker* DVBl 1970, 567 (570).
46 BVerfGE 80, 188 (220); 84, 304 (322); 96, 264 (278).
47 *Degenhart* Staatsrecht I, Rn 407.

Art. 21 Abs. 1 GG gerechtfertigt. Eine Regelung, wie sie § 46 Abs. 1 S. 1 Nr. 6 b BWahlG vorsieht, ist unvereinbar mit Art. 38 Abs. 1 S. 2 GG[48].

> **Ergebnis**: Auch § 46 Abs. 1 S. 1 Nr. 6 b BWahlG ist wegen Mißachtung des Art. 38 Abs. 1 S. 2 GG verfassungswidrig.

2. Frage: Verweigerung der Gesetzesausfertigung durch den Bundespräsidenten

Der Bundespräsident darf die Ausfertigung des Gesetzes verweigern, wenn ihm eine entsprechende *Kompetenz* zusteht. Diese könnte gem. Art. 82 Abs. 1 S. 1 GG gegeben sein. Danach werden die nach den Vorschriften des Grundgesetzes zustande gekommenen Gesetze vom Bundespräsidenten nach Gegenzeichnung ausgefertigt. Gesetze, die nicht verfassungskonform zustande gekommen sind, werden demzufolge vom Bundespräsidenten nicht ausgefertigt. Daraus ergibt sich die Prüfungskompetenz des Bundespräsidenten in bezug auf die tatbestandlichen Voraussetzungen des Art. 82 Abs. 1 S. 1 GG; sind sie nicht erfüllt, darf von der Rechtsfolge (Ausfertigung und Verkündung der Bundesgesetze) der Bestimmung nicht Gebrauch gemacht werden[49].

Im vorliegenden Fall ist die Gegenzeichnung erfolgt. Fraglich ist, ob das vom Bundespräsidenten wegen Verstoßes gegen Art. 38 Abs. 1 S. 2 GG für verfassungswidrig erachtete Gesetz i.S.d. Art. 82 Abs. 1 S. 1 GG nach den Vorschriften des Grundgesetzes zustande gekommen ist.

I. Formelle Prüfungskompetenz

Die tatbestandliche Formulierung des Art. 82 Abs. 1 S. 1 GG zum »Zustandekommen« eines Gesetzes stimmt mit dem Wortlaut des Art. 78 GG überein. Diese Vorschrift regelt die *verfahrensmäßigen* Voraussetzungen für das Zustandekommen von Bundesgesetzen. Nach dem Wortlaut des Art. 82 Abs. 1 S. 1 GG und dem inneren Zusammenhang mit Art. 78 GG besitzt der

48 *Frotscher* JuS 1987, L 81 (82); *von Münch* Staatsrecht I, Rn 667; *Katz* Staatsrecht, Rn 357; *Stern* Staatsrecht I, 1074 f; *Badura* in: BK, Art 38 Rn 81; *Schreiber* HdbWahlR (Fn 1), § 46 Rn 11.
49 *Martini* JuS 1994, 717.

Bundespräsident also eine *formelle Prüfungskompetenz*[50]. Diese bezieht sich i.S.d. Art. 78 GG auf die Ordnungsmäßigkeit des Gesetzgebungsverfahrens und – da es um das Zustandekommen von Bundesgesetzen geht – auf die Gesetzgebungszuständigkeit des Bundes[51]. Der Bundespräsident wäre somit befugt, die Ausfertigung des Änderungsgesetzes zum BWahlG zu verweigern, wenn das Gesetz wegen formeller Verfassungswidrigkeit gegen das Grundgesetz verstieße. Das ist jedoch nicht der Fall. Die – objektiv vorliegende und – vom Bundespräsidenten erkannte Verfassungswidrigkeit des Gesetzes besteht in der Verletzung des Art. 38 Abs. 1 S. 2 GG, also in einem Verstoß gegen materielles Verfassungsrecht.

II. Materielle Prüfungskompetenz

Die fehlende *inhaltliche* Verfassungskonformität eines Bundesgesetzes berechtigt den Bundespräsidenten zur Verweigerung der Ausfertigung, wenn der Tatbestand des Art. 82 Abs. 1 S. 1 GG auch die materielle Grundgesetzwidrigkeit eines Bundesgesetzes erfaßt. Ist dies der Fall, ist das Gesetz nicht i.S.d. Art. 82 Abs. 1 S. 1 GG nach den Vorschriften des Grundgesetzes zustande gekommen, so daß die Ausfertigung durch den Bundespräsidenten zu Recht unterbleibt. Fraglich ist allerdings, ob dem Bundespräsidenten eine *materielle Prüfungskompetenz* von der Verfassung eingeräumt ist.

1. Wortlautinterpretation

Der *Wortlaut* des Art. 82 Abs. 1 S. 1 GG könnte wegen der sprachlichen Parallele zu Art. 78 GG für ein restriktives Tatbestandsverständnis sprechen, so daß sich die Prüfungskompetenz des Bundespräsidenten lediglich auf das kompetenzgerechte und verfahrensmäßige Zustandekommen (Art. 78 GG) des Gesetzes erstreckte und nicht auch auf die Verfassungsmäßigkeit des Gesetzesinhalts[52]. Andererseits kann ein Begriff in verschiedenen Vorschriften durchaus einen unterschiedlichen normativen Gehalt aufweisen, und die Formulierung »nach den Vorschriften dieses Grundgesetzes zu-

---

50 *Frotscher/Becht* Jura 1984, 608 (613); *Adolf* JuS 1985, 399 (402); *Frotscher/Afflerbach* JuS 1992, L 4 (7).
51 *Borysiak/Fleury* JuS 1993, L 81 f; *Kunig* Jura 1994, 217 (220); *Erdemir* JA 1996, Ü 52 (53); *J. Ipsen* Staatsrecht I, Rn 410; *Bauer* in: Dreier, GG, Bd II, Art 82 Rn 12.
52 *Hederich* ZG 1999, 123 (124); *Friesenhahn* in: FS G. Leibholz, Bd II, 1966, 679; *Stein* Staatsrecht, 103 f; *Ramsauer* in: AK-GG, Art 82 Rn 18; *Lücke* in: Sachs, GG, Art 82 Rn 3 f.

stande gekommenen Gesetze« ist so eindeutig nicht, daß sie nicht auch materielle Verfassungsbestimmungen umfassen könnte[53].

Der Wortlaut des Art. 82 Abs. 1 S. 1 GG läßt die Beantwortung der Frage nach der materiellen Prüfungskompetenz also offen.

2. Systematische Verfassungsinterpretation

Möglicherweise läßt sich aus dem *systematischen Zusammenhang* des Art. 82 Abs. 1 S. 1 GG mit anderen Grundgesetzbestimmungen auf die Aufgabenstellung des Bundespräsidenten schließen und damit auch die Frage nach der materiellen Prüfungskompetenz beantworten.

a) Amtseid und Präsidentenanklage

Indem der Bundespräsident nach seinem *Amtseid* (Art. 56 GG) das Grundgesetz zu wahren und zu verteidigen hat und die Verletzung des Grundgesetzes unter bestimmten Voraussetzungen zur *Präsidentenanklage* (Art. 61 GG) führen kann, könnte ihm das Recht eingeräumt sein, seiner Auffassung nach verfassungswidrige Gesetze nicht auszufertigen. Diese Überlegung beinhaltet indes einen Zirkelschluß. Art. 56 und 61 GG begründen keine Kompetenzen, sondern setzen sie voraus und knüpfen daran an[54]. Aus den beiden Vorschriften können keine Kompetenzen des Bundespräsidenten abgeleitet werden, die ihm nicht aus den Bestimmungen des Grundgesetzes zukommen[55]. Eine Verletzung der Verfassung durch die Ausfertigung eines inhaltlich gesetzwidrigen Gesetzes und damit ein Verstoß gegen Art. 56 GG mit der denkbaren Folge des Art. 61 GG kann der Bundespräsident nur begehen, wenn er eine materielle Prüfungskompetenz hat[56]. Das ist aber gerade die zu beantwortende Frage.

Da Art. 56 und 61 GG keine Kompetenzen des Bundespräsidenten begründen, läßt sich diesen Bestimmungen zur materiellen Prüfungskompetenz nichts entnehmen.

53 *Erichsen* Jura 1985, 424 (425); *Degenhart* Staatsrecht I, Rn 464; *Maurer* Staatsrecht, § 17 Rn 88.
54 *Fröhlinger* Jura 1983, 442 (447); *Erichsen* Jura 1985, 424 (425); *Ipsen/Epping* JuS 1992, 305 (309); *Kunig* Jura 1994, 217 (220); *Maurer* Staatsrecht, § 17 Rn 88.
55 *Frotscher/Afflerbach* JuS 1992, L 4 (7); *Riedel/Schmidt* DÖV 1991, 371 (372); *Borysiak/Fleury* JuS 1993, L 81 (82).
56 *Frotscher/Becht* Jura 1984, 608 (614); *Degenhart* Staatsrecht I, Rn 464; *Friesenhahn* in: FS Leibholz (Fn 52) 686.

b) Trennung von formeller
und materieller Verfassungsmäßigkeit

Diese Kompetenz könnte sich jedoch aus Art. 82 Abs. 1 S. 1 i.V. m. Art. 79 Abs. 1 S. 1 GG ergeben. Ein gegen das Grundgesetz verstoßendes Gesetz könnte als verfassungsänderndes Gesetz zu qualifizieren sein[57], so daß nach Art. 79 Abs. 1 S. 1 GG der Wortlaut des Grundgesetzes ausdrücklich geändert oder ergänzt werden müßte. Also wäre das materiell verfassungswidrige Gesetz wegen Verstoßes gegen Art. 79 Abs. 1 S. 1 GG auch formell verfassungswidrig. Daraus könnte sich ergeben, daß eine verfahrensrechtliche, also formelle Prüfung ohne Rückgriff auf den Inhalt des Gesetzes ohne weiteres gar nicht vorgenommen werden kann[58], so daß mangels einer *Trennung von formeller und materieller Prüfung* die Feststellung einer lediglich formellen Verfassungsmäßigkeit ohne materielle Prüfung nicht möglich wäre[59].

Demgegenüber ist jedoch zu beachten, daß *Verfassungsdurchbrechungen* gem. Art. 79 Abs. 1 S. 1 GG gerade unzulässig sind; eine Änderung des Grundgesetzes bedarf einer Verfassungstextänderung. Ein formell i. S. d. Art. 79 Abs. 1 S. 1 GG nicht als Verfassungsänderung verabschiedetes Gesetz ist demnach immer ein einfaches Gesetz[60]. Bei ihm kann zwischen formeller und materieller Verfassungsmäßigkeit unterschieden werden[61]. Ohne Berücksichtigung des Gesetzesinhalts kann nicht ermittelt werden, ob ein Zustimmungs- oder nur ein Einspruchsgesetz vorliegt. Insoweit muß jedoch nur der Regelungsgegenstand des Gesetzes als solcher festgestellt werden; einer Prüfung der materiellrechtlichen Vereinbarkeit der Gesetzesvorschriften mit dem Grundgesetz bedarf es nicht[62].

Formelle und materielle Verfassungsmäßigkeit eines Gesetzes lassen sich somit unterscheiden. Die formelle Prüfungskompetenz bedingt nicht notwendigerweise eine materielle Prüfungskompetenz.

---

57 *von Münch* Staatsrecht I, Rn 821.

58 *Lehngut* DÖV 1992, 439 (442).

59 *Fröhlinger* Jura 1983, 442 (447); *von Münch* Staatsrecht I, Rn 821; *Stern* Staatsrecht II, 233; *Maunz* in: Maunz/Dürig, GG, Art 82 Rn 2.

60 *Ipsen/Epping* JuS 1992, 305 (309); *Riedel/Schmidt* DÖV 1991, 371 (373); *Borysiak/Fleury* JuS 1993, L 81 (83); *J. Ipsen* Staatsrecht I, Rn 413.

61 *Frotscher/Becht* Jura 1984, 608 (614); *Erichsen* Jura 1985, 424 (426); *Frotscher/Afflerbach* JuS 1992, L 4 (7); *Hederich* ZG 1999, 123 (126); *Friesenhahn* in: FS Leibholz (Fn 52) 684 f; *Bryde* in: von Münch/Kunig, GG, Bd 3, Art 82 Rn 6; *Friauf* in: FS Carstens, Bd 2, 1984, 545 (556 f); *Maurer* in: BK, Art 82 Rn 37.

62 *Friesenhahn* in: FS Leibholz (Fn 52) 685; *Borysiak/Fleury* JuS 1993, L 81 (83).

c) Gewaltenteilung (Funktionentrennung)

Aus Gründen der *Gewaltenteilung* (Art. 20 Abs. 2 S. 2 GG) könnte der Bundespräsident auf eine formelle Prüfungskompetenz beschränkt sein. Bei Anerkennung einer materiellen Prüfungskompetenz könnte ein staatsorganisationsrechtlich nicht zur *Legislative* gehörendes Verfassungsorgan über den Formalakt der Ausfertigung maßgeblichen Einfluß auf den Inhalt der Gesetzgebung nehmen, so daß die Grundstrukturen der verfassungsrechtlichen Gewaltenteilung systemwidrig beeinträchtigt sein könnten[63]. Daher könnte die Ausfertigungskompetenz gem. Art. 82 Abs. 1 S. 1 GG auf eine staatsnotarielle Beurkundungsfunktion zu begrenzen sein[64]. Die Gewaltenteilung ist im Grundgesetz jedoch nicht ausnahmslos verwirklicht, sondern vielfältigen Durchbrechungen unterworfen. Die Rechtsetzung ist gerade nicht allein den gesetzgebenden Körperschaften (Bundestag und Bundesrat) überlassen[65]. Der Bundespräsident ist vom Grundgesetz in das Gesetzgebungsverfahren einbezogen, und er unterzeichnet ein ihm vorgelegtes Gesetz nicht nur, sondern er fertigt es aus. Art. 82 Abs. 1 S. 1 GG weist dem Bundespräsidenten den letzten, selbständigen Rechtsakt im Gesetzgebungsverfahren zu[66]. Mit einer materiellen Prüfung nähme der Bundespräsident auch nicht Einfluß auf den Gesetzesinhalt, und mit der Ablehnung der Ausfertigung machte er nur auf die seiner Auffassung nach bestehenden Grenzen für die Gesetzgebung aufmerksam[67]. Aus Art. 20 Abs. 2 S. 2 GG läßt sich eine Verneinung der materiellen Prüfungskompetenz folglich nicht ableiten.

Aus Gründen der *Gewaltenteilung* könnte nach der Kompetenzordnung des Grundgesetzes jedoch allein das *BVerfG* als Teil der rechtsprechenden Gewalt berechtigt sein, mit Verbindlichkeit über die Verfassungsmäßigkeit von Gesetzen zu entscheiden[68]. Nur das BVerfG könnte über die notwendigen organisatorischen, personellen und verfahrensmäßigen Voraussetzungen verfügen, um die Prüfung der Verfassungsmäßigkeit eines Gesetzes durchzuführen. Im übrigen kann das BVerfG einzelne Regelungen eines Gesetzes für verfassungswidrig erklären, während der Bundespräsi-

---

63 *Kilian* JuS 1988, L 33 (36); *Degenhart* Staatsrecht I, Rn 465; *Friesenhahn* in: FS Leibholz (Fn 52) 683.

64 *Friauf* in: FS Carstens (Fn 61) 553.

65 *Maurer* in: BK, Art 82 Rn 42.

66 *Schlaich* in: HStR II, § 49 Rn 37.

67 *Maurer* in: BK, Art 82 Rn 40.

68 *Erichsen* Jura 1985, 424 (426); *Friesenhahn* in: FS Leibholz (Fn 52) 689 f; *Friauf* in: FS Carstens (Fn 61) 562 f, 566 f; *Bryde* in: von Münch/Kunig, GG, Bd 3, Art 82 Rn 7; *Ramsauer* in: AK-GG, Art 82 Rn 21.

dent nur das ganze Gesetz ablehnen oder ausfertigen kann[69]. Indes steht die Verfassungsgerichtsbarkeit einer materiellen Prüfungskompetenz des Bundespräsidenten nicht prinzipiell entgegen. Dem BVerfG ist nur ein Verwerfungsmonopol und nicht auch ein Prüfungsmonopol und dies lediglich im Verhältnis zu anderen Gerichten (Art. 100 Abs. 1 GG) eingeräumt[70]. Zudem kommt der rechtsprechenden Gewalt nur eine repressive Kontrolle von Gesetzen zu; demgegenüber diente die materielle Prüfung eines Gesetzes durch den Bundespräsidenten am Maßstab des Grundgesetzes der Verhinderung schon des Entstehens verfassungswidriger Gesetze[71]. Ferner würde das Letztentscheidungsrecht des BVerfG nicht beeinträchtigt, weil auch eine Ablehnung der Ausfertigung durch den Bundespräsidenten dem BVerfG zur Überprüfung im Organstreitverfahren (Art. 93 Abs. 1 Nr. 1 GG, §§ 63 ff. BVerfGG) vorgelegt werden könnte, so daß die Verweigerung der Ausfertigung nur vorläufige Wirkung hätte[72].

d) Vorrang der Verfassung

Verfassungssystematisch könnte Art. 20 Abs. 3 GG für eine materielle Prüfungskompetenz sprechen[73]. Der in Art. 20 Abs. 3 GG – sowie in Art. 1 Abs. 3, Art. 19 Abs. 1 und 2, Art. 79 Abs. 3 GG für bestimmte Teilbereiche – statuierte *Vorrang der Verfassung* beinhaltet die Rechtspflicht eines jeden Staatsorgans, jegliche Tätigkeit nur im Rahmen des geltenden Verfassungsrechts auszuüben. Der Schluß hieraus auf die materielle Prüfungskompetenz könnte allerdings, ähnlich wie bei einer Argumentation aus Art. 56, 61 GG, dem Einwand des Zirkelschlusses ausgesetzt sein: Die Bindung des Bundespräsidenten an die Verfassung verlangt, daß er sich im Rahmen seiner grundgesetzlichen Kompetenz hält, und es ist gerade die Frage, ob die Ver-

---

69 *Hederich* ZG 1999, 123 (130); *Friesenhahn* in: FS Leibholz (Fn 52) 691 f; *Ramsauer* in: AK-GG, Art 82 Rn 22.

70 *Ipsen/Epping* JuS 1992, 305 (309); *Stern* Staatsrecht II, 236 f; *Schlaich* in: HStR II, § 49 Rn 38.

71 *Lehngut* DÖV 1992, 439 (442); *Maurer* Staatsrecht, § 17 Rn 89; *ders* in: BK, Art 82 Rn 43.

72 *Ipsen/Epping* JuS 1992, 305 (310); *Kunig* Jura 1994, 217 (220); *Hesse* Grundzüge des Verfassungsrechts, Rn 667; *Stern* Staatsrecht II, 237; *Schlaich* in: HStR II, § 49 Rn 38.

73 *Frotscher/Afflerbach* JuS 1992, L 4 (7); *von Münch* Staatsrecht I, Rn 821; *J. Ipsen* Staatsrecht I, Rn 414; *Herzog* in: FS Carstens (Fn 61) 601 (605, 609); *Stern* Staatsrecht II, 233 f; *Maurer* in: BK, Art 82 Rn 44; *Nierhaus* in: Sachs, GG, Art 54 Rn 10 f.

fassung dem Bundespräsidenten eine materielle Prüfungskompetenz einräumt[74].

Im Unterschied zu Art. 56, 61 GG stellt jedoch Art. 20 Abs. 3 GG nicht primär auf den Amtsinhaber ab[75]; Art. 20 Abs. 3 GG verlangt vielmehr, daß die *Amtstätigkeit* in Übereinstimmung mit der Verfassung steht[76]. Dies spricht dafür, in der Ausfertigungskompetenz des Bundespräsidenten auch eine *rechtswahrende Kontrollfunktion* zu sehen, die es verbietet, daß dieses Staatsorgan an der Hervorbringung eines seiner Rechtsauffassung nach verfassungswidrigen Gesetzes mitwirkt[77]. Wenn auch der »Vorrang der Verfassung« keine zwingende Schlußfolgerung erlaubt, so ist die Wahrung der verfassungsmäßigen Ordnung doch ein entscheidender Gesichtspunkt für die Anerkennung der materiellen Prüfungskompetenz des Bundespräsidenten. Andernfalls müßte die Ausfertigung eines eventuell verfassungswidrigen Gesetzes als verfassungsgemäß erachtet werden[78].

3. Teleologisch-funktionale Verfassungsinterpretation

Teleologisch-funktionale verfassungsrechtliche Gesichtspunkte, die sich aus der Stellung des Bundespräsidenten als *Verfassungsorgan* ergeben, könnten dieses Auslegungsergebnis bestätigen. Dem Amt des Bundespräsidenten als *Staatsoberhaupt* wäre es nicht angemessen, es im Gesetzgebungsverfahren auf die Rolle des »Staatsnotars« zu reduzieren. Als Verfassungsorgan ist es dem Bundespräsidenten nicht zumutbar, einen von ihm erkannten Verfassungsverstoß durch Ausfertigung auch noch zu unterstützen[79].

Als besonders bedeutsames rechtsstaatliches Anliegen wird der Vorrang der Verfassung durch die mehrfache Prüfung der Beachtung von Verfassungsrecht gesichert[80]. Die Existenz der Verfassungsgerichtsbarkeit entbindet die übrigen Verfassungsorgane nicht von ihrer Pflicht zu ver-

74 *Erichsen* Jura 1985, 424 (425); *Riedel/Schmidt* DÖV 1991, 371 (373); *Ipsen/Epping* JuS 1992, 305 (309); *Hederich* ZG 1999, 123 (133); *Friauf* in: FS Carstens (Fn 61) 551 (559 ff); *Schlaich* in: HStR II, § 49 Rn 36; *Bryde* in: von Münch/Kunig, GG, Bd 3, Art 82 Rn 7; *Ramsauer* in: AK-GG, Art 82 Rn 22.
75 *Schnapp* JuS 1995, 286 (287).
76 *Maurer* in: BK, Art 54 Rn 39; *Nierhaus* in: Sachs, GG, Art 54 Rn 12; *Bauer* in: Dreier, GG, Bd II, Art 82 Rn 13.
77 *Herzog* in: FS G. Müller, 1970, 117 (129 f); *Stern* Staatsrecht II, 234; *Nierhaus* in: Sachs, GG, Art 54 Rn 13.
78 *Lehngut* DÖV 1992, 439 (442); *Maurer* in: BK, Art 82 Rn 39.
79 *Fröhlinger* Jura 1983, 442 (447); *Degenhart* Staatsrecht I, Rn 467; *Stern* Staatsrecht II, 233 f; *Schlaich* in: HStR II, § 49 Rn 37.
80 *Kunig* Jura 1994, 217 (220); *Stern* Staatsrecht II, 233.

fassungsmäßigem Handeln[81]. Die materielle Prüfungskompetenz des Bundespräsidenten im Gesetzgebungsverfahren dient demnach der Verfassungswahrung und entspricht dem Status des Bundespräsidenten als Verfassungsorgan sowie seiner Stellung als Staatsoberhaupt[82].

Die gewichtigeren verfassungsrechtlichen Gesichtspunkte sprechen somit für die Anerkennung einer materiellen Prüfungskompetenz des Bundespräsidenten vor der Ausfertigung eines Bundesgesetzes.

III. Prüfungsintensität

Fraglich ist allerdings, ob jeder mögliche Verfassungsverstoß der Prüfung unterliegt oder ob die materielle Prüfungskompetenz nur offensichtliche Grundgesetzverletzungen erfaßt. Aufgrund seiner nicht allzu starken Stellung im Gefüge der Verfassungsorgane könnte eine bloße *Evidenzkontrolle* am ehesten der verfassungsrechtlichen Position des Bundespräsidenten entsprechen[83].

Indessen ist die »Offenkundigkeit des Verfassungsverstoßes« dem Grundgesetz als Entscheidungskriterium fremd[84]. Ein Gesetz kann nur verfassungsmäßig oder verfassungswidrig sein. In Bezug hierauf ist »Evidenz« keine dritte Kategorie, sondern allenfalls eine Beschreibung des Grades der – bereits – gewonnenen Erkenntnis; und dieser hängt von dem Bemühen um Erkenntnisgewinn ab. Die materielle Prüfungskompetenz bedeutet zwar nicht, daß der Bundespräsident ohne Anlaß und ohne ernsthafte Anhaltspunkte in eine detaillierte verfassungsrechtliche Überprüfung eines ihm zur Ausfertigung vorgelegten Bundesgesetzes eintreten müßte[85]. Bestehen jedoch begründete Zweifel an der Verfassungsmäßigkeit eines Gesetzes, ist die Prüfungskompetenz des Bundespräsidenten nicht auf evidente Fehler beschränkt[86].

---

81 *Hesse* Grundzüge des Verfassungsrechts, Rn 666.
82 *von Münch* Staatsrecht I, Rn 821; *Stern* Staatsrecht II, 234.
83 *Frotscher/Becht* Jura 1984, 608 (614); *Kilian* JuS 1988, L 33 (36); *Frotscher/Afflerbach* JuS 1992, L 4 (7); *Riedel/Schmidt* DÖV 1991, 371 (374); *Lehngut* DÖV 1992, 371 (374); *Kunig* Jura 1994, 217 (220f); *Degenhart* Staatsrecht I, Rn 466f; *Katz* Staatsrecht, Rn 390; *Herzog* in: FS Carstens (Fn 61) 609; *Bryde* in: von Münch/Kunig, GG, Bd 3, Art 82 Rn 5 f; *Pieroth* in: Jarass/Pieroth, GG, Art 82 Rn 3.
84 *Schlaich* in: HStR II, § 49 Rn 40; *Maurer* in: BK, Art 82 Rn 46.
85 *Stern* Staatsrecht II, 235; *Maurer* in: BK, Art 82 Rn 45.
86 *Stern* Staatsrecht II, 235.

> **Ergebnis:** Da dem Bundespräsidenten in bezug auf das Zustandekommen eines Bundesgesetzes i. S. d. tatbestandlichen Voraussetzungen für die Ausfertigung gem. Art. 82 Abs. 1 S. 1 GG eine materielle Prüfungskompetenz zusteht, darf er die Ausfertigung des Änderungsgesetzes zum BWahlG wegen des erkannten Verstoßes gegen Art. 38 Abs. 1 S. 2 GG verweigern.

Hinweise zur methodischen und sachlichen Vertiefung

1. Aufbau

Die Fragen zum Sachverhalt sollten in der vorgegebenen Reihenfolge behandelt werden. Es besteht kein Anlaß, davon abzuweichen. Im übrigen macht die vorgegebene Prüfungsreihenfolge auch der Sache nach Sinn.

Der Aufbau der Lösung zur 1. Frage bereitet in der Grundstruktur keine Schwierigkeiten. Die formelle Verfassungsmäßigkeit des Gesetzes ist vor seiner materiellen Verfassungsmäßigkeit zu prüfen. In formeller Hinsicht ist nach der gestellten Aufgabe nur auf die Gesetzgebungskompetenz des Bundes einzugehen. Im Rahmen der materiellen Verfassungsmäßigkeit ist die Prüfungsreihenfolge vorgegeben. Die Begutachtung des § 46 Abs. 1 S. 1 Nr. 6 a BWahlG stellt gewisse Anforderungen an den Aufbau. Es geht darum, wie eine schwierige und inhaltlich umstrittene rechtliche Problematik anschaulich dargestellt werden kann. Hierzu arbeitet der Lösungsvorschlag zunächst die gegensätzlichen Argumentationspositionen heraus, um daraufhin den im Sinne der »Einheit der Verfassung« für zutreffend erachteten verfassungsrechtlichen Maßstab zu entwickeln, der anschließend die konkrete Beurteilung des § 46 Abs. 1 S. 1 Nr. 6 a BWahlG ermöglicht (Subsumtion bzw. – besser – Verfassungskonkretisierung).

Die 2. Frage bereitet keine Aufbauschwierigkeiten. Die Prüfung der formellen vor der materiellen Prüfungskompetenz des Bundespräsidenten sowie im Rahmen der Verfassungsinterpretation die Abfolge der Auslegungsmethoden folgen anerkannten Aufbauregeln. Die historisch-genetische Auslegung kommt in der Klausur – anders als in der Hausarbeit – nicht in Betracht. Beim Aufbau der Argumentation zur materiellen Prüfungskompetenz des Bundespräsidenten sollte darauf geachtet werden, daß die abzulehnenden Erwägungen zunächst entwickelt werden und diejenigen Überlegungen, die letztlich den Ausschlag für die Fallösung geben, jeweils am Ende der Argumentation stehen.

2. Inhalt
a) Verfassungsmäßigkeit des Änderungsgesetzes zum BWahlG (1. Frage)

Zur Verfassungsmäßigkeit des Änderungsgesetzes zum BWahlG muß zunächst erkannt werden, daß der *Kompetenztitel* nicht – wie üblich – Art. 73 ff. GG zu entnehmen ist. Das Auffinden von Art. 38 Abs. 3 GG sollte nicht allzu schwierig sein. Ohne große Probleme kann – schon wegen der systematischen Stellung der Bestimmung – gesehen werden, daß die Kompetenzgrundlage umfänglich nicht nur das Wahlrecht i. e. S. (Art. 38 Abs. 1 S. 1 GG) erfaßt, sondern auch zu gesetzlichen Regelungen über den Erwerb und Verlust des Abgeordnetenmandats ermächtigt.

Im materiellrechtlichen Teil geht es um die verfassungsrechtliche Sicherung des sog. *»freien Mandats«*. Angesichts des Meinungsstandes zu der Frage nach der Verfassungsmäßigkeit eines gesetzlichen Mandatsverlustes im Falle eines Partei- bzw. Fraktionswechsels sind im Ergebnis unterschiedliche Lösungen vertretbar. Zur Vermeidung einer eher politikwissenschaftlich anmutenden Argumentation muß rechtsdogmatisch exakt zwischen den rechtsnormativen Vorgaben des Grundgesetzes und der – tatsächlichen oder vermeintlichen – Parteien- und Parlamentswirklichkeit differenziert werden. Gerade im Konfliktfall hat sich die normative Ordnung zu bewähren. In der Sache sind in einem schrittweisen Vorgehen die verfassungsrechtlichen Regelungsgehalte von Art. 38 Abs. 1 S. 2 GG und Art. 21 Abs. 1 S. 1 GG sowie deren rechtsnormatives Verhältnis zueinander zu ermitteln. Die vorgeschlagene Lösung entspricht der herrschenden Rechtsauffassung.

b) Prüfungskompetenz des Bundespräsidenten (2. Frage)

Die Prüfungskompetenz des Bundespräsidenten bei der Ausfertigung von Gesetzen gehört zu den Standardthemen staatsrechtlicher Aufgabenstellungen. Dieser »Dauerbrenner« ist in der Tat in hohem Maße geeignet »zum Erlernen des verfassungsrechtlichen Auslegens und Argumentierens« (so *Schwabe* Grundkurs Staatsrecht, 52). Übungsteilnehmer und Examenskandidaten sollten auf die Problematik unbedingt vorbereitet sein. Der verfassungsrechtlich zutreffende Prüfungseinstieg erfolgt über Art. 82 Abs. 1 S. 1 GG. Ausdrücklich ist in dieser Bestimmung eine Prüfungskompetenz nicht normiert. Art. 82 Abs. 1 S. 1 GG kennt jedoch Tatbestand und Rechtsfolge. Der Bundespräsident fertigt nur ein solches Gesetz aus (Rechtsfolge), das nach den Vorschriften des Grundgesetzes zustande gekommen ist (Tatbestand). Bestehen hieran Zweifel, ist diesen im Wege der rechtlichen Prüfung nachzugehen. Rechtsdogmatisch stellt sich die Frage, ob unter dem

Zustandekommen eines Gesetzes nach den Vorschriften des Grundgesetzes i. S. d. Art. 82 Abs. 1 S. 1 GG nur die Einhaltung der Art. 70 ff. GG (formelle Verfassungsmäßigkeit) oder sämtlicher Bestimmungen des Grundgesetzes (also: auch materielle Verfassungsmäßigkeit) zu verstehen ist. Daraus ergibt sich die Fragestellung nach der formellen bzw. materiellen Prüfungskompetenz des Bundespräsidenten vor Ausfertigung eines Gesetzes.

Keine Probleme bereitet die Bejahung der *formellen Prüfungskompetenz*. Die Diskussion um die *materielle Prüfungskompetenz* ist bislang kontrovers und ergebnislos verlaufen. Das BVerfG hatte über die Frage noch nicht zu entscheiden. Worauf es in Klausur und Hausarbeit ankommt, macht ein Prüfervermerk zu einer Examensklausur deutlich: »Ob sich der Kandidat für oder gegen das materielle Prüfungsrecht des Bundespräsidenten ausspricht, ist für die Beurteilung seiner Arbeit gleichgültig. Entscheidend ist, daß er einige der obengenannten Argumente aufgreift, gegeneinander stellt und abwägt« (BayVBl 1984, 59).

Terminologisch sollte der Begriff Prüfungs»kompetenz« dem Wort Prüfungs»recht« vorgezogen werden (vgl. i. e. *Maurer* in: BK, Art 82 GG Rn 27).

3. Rechtsprechungs- und Literaturhinweise
a) Ausgangsfall und Fragestellungen

Dem Sachverhalt liegt kein in sich geschlossener Fall aus der Praxis zugrunde. Als Vorbild für das Gesetz zum Mandatsverlust bei Partei- bzw. Fraktionsaustritt oder -wechsel dienen entsprechende frühere Regelungen (z. B. Art. 7 Abs. 1 Nr. 6 LTWahlG Württemberg vom 04. 04. 1924, RegBl. S. 228: »Ein Abgeordneter verliert seinen Sitz ... durch Austritt aus derjenigen politischen oder anderen Vereinigung, in deren Auftrag er von einer Wählervereinigung auf ihre Vorschlagsliste gesetzt wurde.«; vgl. ferner *Säcker* DVBl 1970, 567 f) sowie der Versuch einer entsprechenden Rechtsänderung in Bremen (vgl. dazu *Tsatsos* DÖV 1971, 253 Fn 6); zu dem von der NPD in Niedersachsen praktizierten Rücktrittsrevers LG Braunschweig, DVBl 1970, 591 = JuS 1970, 533 (*H. Weber*).

Die Prüfungskompetenz des Bundespräsidenten ist in der Staatspraxis mehrfach von Bedeutung gewesen. So hat sich der Bundespräsident z. B. geweigert, das 10. Gesetz zur Änderung des Luftverkehrsgesetzes (Privatisierung der Flugsicherung) auszufertigen (vgl. Bulletin der Bundesregierung vom 26. 1. 1991 Nr. 8, S. 46). Dazu *Riedel/Schmidt* Die Nichtausfertigung des Gesetzes zur Privatisierung der Flugsicherung durch den Bundespräsidenten, DÖV 1991, 371; ferner Fallbearbeitungen von *Frotscher/Afflerbach* Die Nichtausfertigung des Gesetzes zur Privatisierung der Flugsicherung, JuS 1992, L 4; *Ipsen/Epping* Der Staatsnotar blockt, JuS 1992, 305. – Übersicht zur bisherigen Praxis bei *Hederich* ZG 1999, 123 (141 f).

b) Zur Rechtsstellung der Bundestagsabgeordneten

Allgemein aus der Ausbildungsliteratur: *Achterberg* Die Rechtsstellung des Abgeordneten, JA 1983, 303; *Bruha/Möllers* Rotationsprinzip und Verfassung, JA 1985, 13; *Frotscher* Der Status des Abgeordneten, JuS 1987, L 81; *Kese* Gefährdungen der Abgeordnetenstellung durch Partei und Fraktion, Verwaltungsrundschau 1993, 266.

Aus der Praxis:

– NdsStGH, DVBl 1985, 1063 (m. Anm. *Achterberg/Kasten*) = DÖV 1985, 676 = NJW 1985, 2319 (m. Anm. *Rupp*) – Rotationsprinzip; dazu Besprechung *Stoll* JuS 1987, 25; ferner Fallbearbeitung *Gaster* Die Rotation der X-Fraktion, JuS 1988, 634.

– BVerfGE 80, 188 = DÖV 1989, 719 = NJW 1990, 373 – fraktionsloser Abgeordneter; dazu Entscheidungsrezensionen *Trute* Jura 1990, 184; *Brandner* JA 1990, 151; *Ziekow* JuS 1991, 28; ferner *Schulze-Fielitz* DÖV 1989, 829.

– BVerfGE 94, 351 = DVBl 1996, 985 = NJW 1996, 2720 = JA 1997, 276 (*Heselhaus*) = JuS 1997, 368 (*Sachs*) – Überprüfung eines Bundestagsabgeordneten auf Stasi-Tätigkeit; dazu Entscheidungsrezension *Masing* JZ 1999, 1022; ferner BVerfGE 99, 19 = NJW 1998, 3042 = JuS 1999, 494 (*Sachs*).

– BVerfGE 96, 264 = DVBl 1998, 90 = NJW 1998, 3037 = JuS 1999, 601 (*Sachs*) – Rechtsstellung einer parlamentarischen »Gruppe«.

c) Zur verfassungsrechtlichen Stellung der Parteien

Kunig Politische Parteien im Grundgesetz, Jura 1991, 247; *Maurer* Die Rechtsstellung der politischen Parteien, JuS 1991, 881; vgl. ferner *Kunig* Vereinsverbot, Parteiverbot, Jura 1995, 384; speziell zur Parteienfinanzierung aus der Ausbildungsliteratur *Tsatsos/Schmidt/Steffen* Das Bundesverfassungsgericht verwirft das bisherige Parteienfinanzierungsmodell, Jura 1993, 194.

d) Zur Rechtsstellung des Bundespräsidenten

Erichsen Der Bundespräsident – Zugleich ein Beitrag zum Organstreit nach Art. 93 Abs. 1 Nr. 1 GG, Jura 1985, 373 und 424; *Kilian* Der Bundespräsident als Verfassungsorgan, JuS 1988, L 33; *Kunig* Der Bundespräsident, Jura 1994, 217. – Speziell zur Prüfungskompetenz bei der Gesetzesausfertigung

Borysiak/Fleury Die Prüfungskompetenz des Bundespräsidenten, JuS 1993, L 81, mit Erwiderung *Martini* JuS 1994, 717; *Erdemir* Das Prüfungsrecht des Bundespräsidenten, JA 1996, 52; vgl. i. ü. bereits Hinw. oben 3 a. – Zu Art. 82 GG ferner *Schnapp* Ist der Bundespräsident verpflichtet, verfassungsmäßige Gesetze auszufertigen?, JuS 1995, 286; *Gröpl* Ausfertigung, Verkündung und Inkrafttreten von Bundesgesetzen nach Art. 82 GG, Jura 1995, 641.

e) Fallbearbeitungen

Zur Rechtsstellung von Parlamentsabgeordneten: *A. Weber/Eschmann* Der eigenwillige Abgeordnete, JuS 1990, 659 (Rechtsstellung und Funktion von Abgeordneten, Fraktionen und Ausschüssen des Bundestages); *Stollmann* Der praktische Fall: Staatsorganisationsrecht, Verwaltungsrundschau 1991, 412 (Fraktionsausschluß und Entzug der Ausschußmitgliedschaft eines Abgeordneten; Organstreitverfahren); *Tsatsos/Stoklossa* Die öffentlich-rechtliche Aufsichtsarbeit in der Ersten juristischen Staatsprüfung – Der renitente Abgeordnete, NWVBl 1991, 32 (Rotationsprinzip; Pflicht zur Mandatsniederlegung; Parteiausschluß; Aufnahmeanspruch gegenüber politischer Partei); *Frye* Übungsarbeit für die Erste Juristische Staatsprüfung im Freistaat Sachsen, SächsVBl 1998, 226 und 242 (Fraktionsausschluß und Abberufung eines Abgeordneten aus BT-Ausschuß).

Zur Prüfungskompetenz des Bundespräsidenten im Gesetzgebungsverfahren: *Fröhlinger* Examensklausur Öffentliches Recht – Das Amnestiegesetz, Jura 1983, 442 (Gesetzgebungskompetenz des Bundes; Maßnahme- bzw. Einzelfallgesetz; Gleichheitssatz; Prüfungskompetenz des Bundespräsidenten; Organstreitverfahren); *Hultzsch* Die Befugnis des Bundespräsidenten, die Nationalhymne festzulegen (Fall aus der 1. jur. Staatsprüfung), JuS 1992, 583 (Organkompetenz und Prüfungskompetenz des Bundespräsidenten; Verbands- und Organkompetenz von Bund und Bundestag; Organstreit, abstrakte Normenkontrolle und Bund-Länder-Streit); *Franzke* Der übergangene Bundespräsident (Fall aus dem Examensklausurenkurs), JA 1994, 54 (Verbandskompetenz des Bundes; Organkompetenz des Bundespräsidenten und Kompetenzübertragung; Organstreitverfahren); *Erdemir*, Das umstrittene Bundeswasserstraßengesetz, JuS 1995, L 84 (Prüfungskompetenz des Bundespräsidenten; Gesetzgebungszuständigkeiten des Bundes; Organstreitverfahren und abstrakte Normenkontrolle).

Zur Prüfungskompetenz des Bundespräsidenten bei der Entlassung von Ministern und Beamten: *von Rosenberg* Des Kanzlers Sorgen, Verwaltungsrundschau 1993, 276; *Windirsch* Äußerungen eines Botschafters, JuS 1995, 527; *Masing/Wißmann* Personalspitzen, JuS 1999, 1204.

Fall 3: Lehrer mit Anti-Atomkraft-Plakette

stud. jur.   F-Burg, den 20.10.1999
Hans Müller
Bergstr. 50
12345 B-Burg

3. Semester

Übung im Öffentlichen Recht
für Anfänger

bei Prof. Dr. N. N.

Wintersemester 1999/2000

1. Hausarbeit

Sachverhalt

L ist als beamteter Lehrer im Schuldienst des Landes X tätig. Er unterrichtet an einer Hauptschule die Fächer Deutsch und Geschichte. Nachdem in jüngster Zeit anläßlich der Suche nach einem Konsens in der Energiepolitik der von L erhoffte rasche Ausstieg aus der Nutzung der Kernenergie in weite Ferne zu rücken scheint, trägt Atomkraftgegner L nicht mehr nur in der Freizeit, sondern auch im Unterricht sichtbar die sog. Anti-Atomkraft-Plakette, eine stilisierte Sonne auf gelbem Grund mit der Aufschrift »Atomkraft? Nein danke!«. Schulleiter S fordert L auf, die Plakette im Dienst nicht sichtbar zu tragen, weil beamtenrechtliche Pflichten dem entgegenstünden. L beharrt jedoch darauf, seine Einstellung zur Atomenergie kundgeben zu dürfen, wann immer er wolle.

Nach einem ordnungsgemäßen Verfahren untersagt die zuständige Behörde, die Plakette im Dienst sichtbar zu tragen. Nachdem L hiergegen –

zuletzt beim Bundesverwaltungsgericht (BVerwG) – erfolglos geklagt hat, legt er gegen die behördliche Maßnahme und gegen das Urteil des BVerwG form- und fristgerecht beim Bundesverfassungsgericht (BVerfG) Verfassungsbeschwerde ein. In den verwaltungsgerichtlichen Entscheidungen war unter anderem ausgeführt worden, das sichtbare Tragen der Anti-Atomkraft-Plakette im Dienst stelle nach dem geltenden Beamtenrecht eine unzulässige politische Betätigung dar. Die Meinungsfreiheit werde dadurch nur geringfügig eingeschränkt, so daß die behördliche Anordnung rechtens sei. L indes hält das behördliche Verbot für rechtswidrig und die Entscheidung des BVerwG daher für falsch. Er macht geltend, in seinem Recht auf freie Meinungsäußerung verletzt zu sein; der Hinweis auf das Beamtenrecht gehe schon deshalb fehl, weil Gesetze zur Unterdrückung der Meinungsfreiheit gar nicht zulässig seien. Seitens des Landes wird die Verfassungsbeschwerde bereits für unzulässig erachtet; L könne sich im vorliegenden Zusammenhang auf Grundrechte nicht berufen. Jedenfalls sei der Rechtsbehelf unbegründet, da das Urteil des BVerwG im Einklang mit dem Beamtenrecht stehe und dem BVerfG insoweit gar keine Prüfungskompetenz zukomme.

Hat die Verfassungsbeschwerde Aussicht auf Erfolg?

Vermerk: Auszug aus dem Schulgesetz des Landes X[1]:

§ 2 Erziehungs- und Bildungsauftrag der Schule.

(1) Die Schule soll dem Schüler helfen, seine Fähigkeiten und Neigungen zu entwickeln, selbständig zu denken, zu urteilen und zu handeln sowie sein Leben in eigener Verantwortung und zugleich Staat und Gesellschaft verpflichtet zu führen.

(2) Das Schulsystem ist so zu gestalten, daß eine möglichst wirkungsvolle Förderung den einzelnen Schüler zu überlegtem persönlichen, beruflichen und gesellschaftlichen Handeln befähigt. Daher soll die Schule durch Erziehung und Unterricht

1. den Schüler auf Arbeit und Beruf, öffentliches Leben, Familie und Freizeit vorbereiten,
2. dem Schüler helfen, sich selbständig zu orientieren, an Werte zu binden und entsprechend zu handeln,

---

1 Entsprechende Bestimmungen im Schulrecht der Länder sind: Baden-Württemberg: § 1 SchulG; Bayern: Art 1 und 2 BayEUG; Berlin: § 1 SchulG; Brandenburg: § 4 SchulG; Bremen: § 2 SchulG; Hamburg: § 2 SchulG; Hessen: § 2 SchulG; Mecklenburg-Vorpommern: §§ 2 und 3 SchulG; Niedersachsen: § 2 SchulG; Nordrhein-Westfalen: § 1 SchOG; Rheinland-Pfalz: § 1 SchulG; Saarland: § 1 SchOG; Sachsen: § 1 SchulG; Sachsen-Anhalt: § 1 SchulG; Schleswig-Holstein: § 4 SchulG; Thüringen: § 2 SchulG.

3. den Schüler befähigen, Leistungen zu erbringen und in einer sich verändernden Welt ständig zu lernen,
4. den Schüler darauf vorbereiten, politische und soziale Verantwortung zu übernehmen und im Sinne der freiheitlich-demokratischen Grundordnung an der Gestaltung der Gesellschaft mitzuwirken,
5. dem Schüler helfen, Beziehungen zu anderen Menschen nach den Grundsätzen der Gerechtigkeit, der Solidarität und der Toleranz zu gestalten,
6. den Schüler in die Lage versetzen, Konflikte zu erkennen und sich mit Konfliktsituationen auseinanderzusetzen.

(3) Die Schule hat dem Schüler die dafür erforderlichen Kenntnisse und Fertigkeiten zu vermitteln sowie seine Fähigkeiten und Einstellungen zu entwickeln. Sie hat ihren Auftrag im Zusammenwirken von Schülern, Eltern, Lehrern und Ausbildern zu verwirklichen. Sie soll im Rahmen ihrer Möglichkeiten

1. den jungen Menschen von Anbeginn als Subjekt innerhalb des Lernprozesses begreifen, seine individuellen Lernvoraussetzungen und Lernbedürfnisse berücksichtigen, sie ihm verständlich machen und einen Beitrag zur Verbesserung der Chancengleichheit leisten,
2. Schüler und Eltern bei Schullaufbahn- und Berufswahlentscheidungen sowie bei Lern- und Verhaltensschwierigkeiten der Schüler beraten,
3. die Bildungswege so durchlässig machen und den Schüler so fördern, daß ihm ein Abschluß ermöglicht wird, der seinen Befähigungen entspricht.

(4) Allgemeine Lernziele, Richtlinien und Lehrpläne konkretisieren den Erziehungs- und Bildungsauftrag. Sie bilden die Grundlage für Erziehung und Unterricht in der Schule.

Bearbeitungshinweis: Zum Annahmeverfahren gem. §§ 93a ff. BVerfGG sind keine Ausführungen zu machen.

Literaturverzeichnis

Battis, Ulrich Bundesbeamtengesetz – BBG –, Kommentar, München, 2. Aufl. 1997.

Behrend, Otto Die politische Meinung am Revers – Ein Beitrag über die Grenzen der Meinungsäußerungsfreiheit im öffentlichen Dienst, ZBR 1979, 198 ff.

Benda, Ernst/Klein, Eckart Lehrbuch des Verfassungsprozeßrechts, Heidelberg 1991; zit.: *Bearbeiter* in: Benda/Klein, Verfassungsprozeßrecht.

Bettermann, Karl August Die allgemeinen Gesetze als Schranken der Pressefreiheit, JZ 1964, 601 ff.

Beyer, Asco Zur politischen Meinungsäußerung im besonderen Pflichtenverhältnis, BayVBl 1981, 233 ff.

Bonner Kommentar zum Grundgesetz (Gesamtherausgeber R. Dolzer), Loseblattkommentar, Heidelberg, Stand: April 1999; zit.: *Bearbeiter* in: BK.

Dreier Horst (Hrsg.), Grundgesetz-Kommentar, Band I, Tübingen 1996; zit.: *Bearbeiter* in: Dreier, GG, Bd. I.

Ebel, Hermann Anti-Atomkraft-Plaketten im Dienst, DÖV 1980, 437 ff.

Enders, Christoph Eingriffe in die Meinungsfreiheit (Art. 5 I 1/II GG), JuS 1997, L 9 ff.

Erichsen, Hans-Uwe Das Grundrecht der Meinungsfreiheit, Jura 1996, 84 ff.

Erichsen, Hans-Uwe Die Verfassungsbeschwerde, Jura 1991, 585 ff. und 638 ff. sowie Jura 1992, 142 ff.

ders Staatsrecht und Verfassungsgerichtsbarkeit I, München, 3. Aufl. 1982, zit.: *Erichsen* Staatsrecht I.

Fleury, Roland Verfassungsprozeßrecht, Neuwied u. a., 3. Aufl. 2000.

Gornig, Gilbert Die Schrankentrias des Art. 5 II GG, JuS 1988, 274 ff.

Grimm, Dieter Die Meinungsfreiheit in der Rechtsprechung des Bundesverfassungsgerichts, NJW 1995, 1697 ff.

Gündisch, Jürgen Die Verfassungsbeschwerde gegen gerichtliche Entscheidungen, NJW 1981, 1813 ff.

Gusy, Christoph Die Verfassungsbeschwerde, Heidelberg 1988.

Häntzschel, Kurt Das Grundrecht der freien Meinungsäußerung und die Schranken der allgemeinen Gesetze des Artikels 118 I der Reichsverfassung, AöR 10 (1926) 228 ff.

Hesse, Konrad Grundzüge des Verfassungsrechts der Bundesrepublik Deutschland, Heidelberg, Neudruck der 20. Aufl. 1999; zit.: *Hesse* Grundzüge des Verfassungsrechts.

Hoppe, Bernd Die »allgemeinen Gesetze« als Schranke der Meinungsfreiheit, JuS 1991, 734 ff.

Ipsen, Jörn Staatsrecht II (Grundrechte), Neuwied u. a., 2. Aufl. 1998.

Jarass, Hans D./Pieroth, Bodo Grundgesetz für die Bundesrepublik Deutschland, Kommentar, München, 4. Aufl. 1997; zit.: *Bearbeiter* in: Jarass/Pieroth, GG.

Katz, Alfred Staatsrecht, Heidelberg, 14. Aufl 1999.

Klein, Hans H. Öffentliche und private Freiheit – Zur Auslegung des Grundrechts der Meinungsfreiheit, Der Staat 10 (1971) 145 ff.

Koester, Helmut Zur Meinungsäußerungsfreiheit im Beamtenverhältnis, ZBR 1981, 210 ff.

Lecheler, Helmut Verfassungsrechtlich zulässige Einschränkung der Grundrechtsausübung von Beamten – BVerwGE 84, 292 und 287, JuS 1992, 473 ff.

Lisken, Hans F. Zur Meinungsfreiheit im Sonderstatusverhältnis, NJW 1980, 1503 f.

Lücke, Jörg Die »allgemeinen« Gesetze (Art. 5 Abs. 2 GG) – Versuch einer Neuinterpretation, Heidelberg 1998; zit.: *Lücke* Die »allgemeinen« Gesetze.

von Mangoldt, Hermann/Klein, Friedrich/Starck, Christian Das Bonner Grundgesetz, Kommentar, Band 1, München, 4. Aufl. 1999; zit.: *Bearbeiter* in: von Mangoldt/Klein/Starck, GG, Bd 1.

Matz, Werner in: von Doemming/Füsslein/Matz, Entstehungsgeschichte der Artikel des Grundgesetzes, JöR n. F. 1 (1951) 79 ff.

Maunz, Theodor/Dürig, Günter Grundgesetz, Loseblattkommentar, München, Stand: Februar 1999, zit.: *Bearbeiter* in: Maunz/Dürig, GG.

Maunz, Theodor/Schmidt-Bleibtreu, Bruno/Klein, Franz/Ulsamer, Gerhard Bundesverfassungsgerichtsgesetz, Loseblattkommentar, München, Stand: Februar 1999, zit.: *Bearbeiter* in: Maunz, BVerfGG.

von Münch, Ingo/Kunig, Phillip (Hrsg.), Grundgesetz-Kommentar, München, Bd. 1, 4. Aufl. 1992; Bd. 3, 3. Aufl. 1996; zit.: *Bearbeiter* in: von Münch/Kunig, GG.

von Münch, Ingo Beamtenrecht und Beamtenpolitik – Bestand und Wandel, ZBR 1981, 157 ff.

Patunas, Cristos Die politische Meinungsfreiheit der Lehrer, München 1988; zit.: *Patunas* Meinungsfreiheit.

Pestalozza, Christian Verfassungsprozeßrecht, München, 3. Aufl. 1991.

Pieroth, Bodo/Kampmann, Bernd Examensklausur Öffentliches Recht – Die Beschlagnahme nationalsozialistischer Propagandamittel, Jura 1986, 217 ff.

Pieroth, Bodo/Schlink, Bernhard Grundrechte Staatsrecht II, Heidelberg, 14. Aufl. 1998, zit.: *Pieroth/Schlink* Grundrechte.

Robbers, Gerhard Verfassungsprozessuale Probleme in der öffentlich-rechtlichen Arbeit, München 1996; zit.: *Robbers* Verfassungsprozessuale Probleme.

Ronellenfitsch, Michael Das besondere Gewaltverhältnis – ein zu früh totgesagtes Rechtsinstitut, DÖV 1981, 933 ff.

Rothenbücher, Karl Das Recht der freien Meinungsäußerung, VVDStRL 4 (1928) 6 ff.

Rottmann, Frank Grundrechte und Rechtsschutz im Beamtenverhältnis, ZBR 1983, 77 ff.

Rudolf, Walter Meinungs- und Pressefreiheit in der »verwaltungsrechtlichen Sonderverbindung« der Soldaten, Beamten und Richter, in: Gedächtnisschrift für Wolfgang Martens, Berlin und New York 1987, S. 199 ff.; zit.: *Rudolf* in: GS Martens.

Schlaich, Klaus Das Bundesverfassungsgericht, München, 4. Aufl. 1997.

Schmidt-Jortzig, Edzard Meinungs- und Informationsfreiheit, in: Handbuch des Staatsrechts – HStR – (Hrsg. Isensee/Kirchhof), Band VI, Freiheitsrechte, Heidelberg 1989.

Schmitt Glaeser, Walter Die Meinungsfreiheit in der Rechtsprechung des Bundesverfassungsgerichts, AöR 97 (1972) 60 ff. und 276 ff.

ders. Die Meinungsfreiheit in der Rechtsprechung des Bundesverfassungsgerichts, AöR 113 (1988) 52 ff.

Schnapp, Friedrich E. Grenzen der Grundrechte, JuS 1978, 729 ff.

Schwabe, Jürgen Grundkurs Staatsrecht, Berlin und New York, 5. Aufl. 1995.

Schwark, Eberhard Der Begriff der »Allgemeinen Gesetze« in Artikel 5 Absatz 2 des Grundgesetzes, Berlin 1970; zit.: *Schwark* Allgemeine Gesetze.

Schwerdtfeger Gunther Öffentliches Recht in der Fallbearbeitung, München, 10. Aufl. 1997.

Smend, Rudolf Das Recht der freien Meinungsäußerung, VVDStRL 4 (1928) 44 ff.

Starck, Christian Herkunft und Entwicklung der Klausel »allgemeine Gesetze« als Schranke der Kommunikationsfreiheiten in Artikel 5 Abs. 2 des Grundgesetzes, in: Im Dienst an Recht und Staat, Festschrift für Werner Weber, Berlin 1974, S. 189 ff; zit.: *Starck* in: FS Weber.

Stein, Ekkehart Staatsrecht, Tübingen, 16. Aufl. 1998.

Steinwedel, Ulrich »Spezifisches Verfassungsrecht« und »einfaches Recht«, Baden-Baden 1976; zit.: *Steinwedel* Spezifisches Verfassungsrecht.

Stock, Martin Der praktische Fall – Öffentliches Recht: Ein Lehrer als Bhagwan-Fan, JuS 1989, 654 ff.

Wank, Rolf Die verfassungsgerichtliche Kontrolle der Gesetzesauslegung und Rechtsfortbildung durch die Fachgerichte, JuS 1980, 545 ff.

Weber, Hermann Die Zulässigkeit der Verfassungsbeschwerde in der öffentlichrechtlichen Arbeit, JuS 1992, 122 ff.

Weber, Werner »Allgemeines Gesetz« und »für alle geltendes Gesetz«, in: Festschrift für Ernst Rudolf Huber zum 70. Geburtstag, Göttingen 1973, S. 181 ff.; zit.: *W. Weber* in: FS Huber.

Zuck, Rüdiger Das Recht der Verfassungsbeschwerde, München, 2. Aufl. 1988; zit.: *Zuck* Verfassungsbeschwerde.

Gliederung

Lösung[2]

Die Verfassungsbeschwerde hat Aussicht auf Erfolg, wenn sie zulässig und begründet ist.

A. Zulässigkeit der Verfassungsbeschwerde

Die Zuständigkeit des BVerfG für die Entscheidung über die Verfassungsbeschwerde ergibt sich aus Art. 93 Abs. 1 Nr. 4a GG, § 13 Nr. 8a BVerfGG. Laut Sachverhalt hat L formgerecht (§§ 23 Abs. 1, 92 BVerfGG) und fristgemäß (§ 93 Abs. 1 BVerfGG) Verfassungsbeschwerde beim BVerfG erhoben. Fraglich ist, ob die sonstigen Zulässigkeitsvoraussetzungen erfüllt sind.

I. Beschwerdegegenstand

Nach dem Wortlaut des § 90 Abs. 1 BVerfGG richtet sich der Rechtsbehelf der Verfassungsbeschwerde gegen die *»öffentliche Gewalt«*. Gegenstand der Verfassungsbeschwerde müßte demnach eine in Ausübung öffentlicher Gewalt erfolgte Maßnahme sein.

1. Gerichtliches Urteil als »öffentliche Gewalt«

Verwaltungsmaßnahmen stellen »öffentliche Gewalt« i.S.d. § 90 Abs. 1 BVerfGG dar und sind daher statthafter Gegenstand einer Verfassungsbeschwerde[3]. Bei *Gerichtsentscheidungen* könnte dies fraglich sein, weil der Begriff »öffentliche Gewalt« in Art. 19 Abs. 4 S. 1 GG nach h.M. Rechtsprechungsakte nicht umfaßt[4]. Zwingende Schlußfolgerungen für das Verständnis des § 90 Abs. 1 BVerfGG könnten daraus jedoch nur gezogen werden, wenn beiden Vorschriften derselbe Begriffsinhalt zugrunde läge. Das ist nicht notwendigerweise der Fall. Ein Rechtsbegriff kann in verschiede-

---

2 *Hinweis:* Zum einschlägigen Beamtenrecht ist aus Gründen der Vereinfachung in der Darstellung auf das BRRG (Sartorius I Nr 150) Bezug genommen. Heranzuziehen ist im jeweiligen Bundesland die entsprechende (idR wortgleiche) Bestimmung des Landesbeamtengesetzes (vgl Nachw Fn 28).

3 *Benda* in: ders/Klein, Verfassungsprozeßrecht, Rn 409, 449; *Meyer* in: von Münch/Kunig, GG, Bd 3, Art 93 Rn 57.

4 BVerfGE 15, 275 (280); 22, 106 (110); 25, 352 (365); 49, 329 (340); 65, 76 (90); 76, 93 (98); *Schmidt-Aßmann* in: Maunz/Dürig, GG, Art 19 Abs IV Rn 96; *Jarass* in: ders/Pieroth, GG, Art 19 Rn 26.

nen Bestimmungen unterschiedliche Inhalte haben[5]. Dem *Wortlaut* allein, der ohne weiteres auf die Rechtsprechung erstreckt werden kann, läßt sich folglich nicht entnehmen, ob »öffentliche Gewalt« i.S.d. § 90 Abs. 1 BVerfGG auch Akte der Judikative umfaßt[6].

Dafür spricht zunächst die *Gesetzessystematik*. §§ 93 Abs. 1, 94 Abs. 3, 95 Abs. 2 BVerfGG treffen Einzelregelungen zur Verfassungsbeschwerde gegen gerichtliche Entscheidungen, setzen deren Zulässigkeit also voraus. *Sinn und Zweck* der Verfassungsbeschwerde bestätigen dieses Ergebnis. Der Rechtsbehelf dient dem Schutz sowie der Durchsetzung der Grundrechte durch Anrufung des BVerfG[7]. Art. 1 Abs. 3 GG bindet alle drei Staatsfunktionen an die Grundrechte; Grundrechtsverletzungen sind sowohl in Ausübung der gesetzgebenden und der vollziehenden als auch der rechtsprechenden Gewalt möglich. Soll die Verfassungsbeschwerde ihre Funktion erfüllen können, ist ihr zulässiger Gegenstand nach materiellem Verfassungsrecht zu ermitteln[8]; der Umfang möglicher Beschwerdegegenstände muß sich folglich mit der Grundrechtsbindung gem. Art. 1 Abs. 3 GG decken[9]. Demnach erstreckt sich § 90 Abs. 1 BVerfGG auch auf Akte der Rechtsprechung[10].

Gerichtliche Entscheidungen – wie hier das Urteil des BVerwG – unterfallen somit der »öffentlichen Gewalt« i.S.d. § 90 Abs. 1 BVerfGG[11]. L kann mit der Verfassungsbeschwerde zulässigerweise das Urteil des BVerwG angreifen.

2. Zulässiges Angriffsobjekt der Urteilsverfassungsbeschwerde

L wendet sich indes sowohl gegen das behördliche Verbot als auch gegen das Urteil des BVerwG. Fraglich ist, ob beides zugleich Gegenstand einer Verfassungsbeschwerde sein kann. Bei einem klageabweisenden verwaltungs-

5 BVerfGE 6, 32 (38); *Erichsen* Staatsrecht I, 5.

6 *Zuck* Verfassungsbeschwerde, Rn 391.

7 *Benda* in: ders/Klein, Verfassungsprozeßrecht, Rn 331; *Schlaich* Das Bundesverfassungsgericht, Rn 196.

8 *Pestalozza* Verfassungsprozeßrecht, § 12 Rn 23.

9 *Pieroth* in: Jarass/Pieroth, GG, Art 93 Rn 40; *Pieroth/Schlink* Grundrechte, Rn 1125.

10 BVerfGE 7, 198 (207); *Erichsen* Staatsrecht I, 5; *Zuck* Verfassungsbeschwerde, Rn 391; *Robbers* Verfassungsprozessuale Probleme, 16.

11 BVerfGE 47, 1 (17); 49, 220 (225); 52, 131 (143); *Gusy* Die Verfassungsbeschwerde, Rn 37; *Zuck* Verfassungsbeschwerde, Rn 446; *Benda* in: ders/Klein, Verfassungsprozeßrecht, Rn 441.

gerichtlichen Urteil bestätigt die richterliche Entscheidung den angeblich (grund)rechtswidrigen Akt der Verwaltung. Die Verfassungsbeschwerde könnte sich somit gegen die behördliche Maßnahme und zugleich gegen die Gerichtsentscheidung wenden, die die gerügte Grundrechtsverletzung billigt[12]. Danach könnte die Verfassungsbeschwerde eine doppelte Angriffsrichtung haben.

Wie § 95 Abs. 2 BVerfGG zeigt, kann ohne Verfassungsbeschwerde gegen den Verwaltungsakt dessen Aufhebung nicht erreicht werden. Demgegenüber bliebe ohne Verfassungsbeschwerde gegen die Gerichtsentscheidung diese bestehen, auch wenn sie nach Aufhebung der behördlichen Maßnahme praktisch gegenstandslos würde[13]. Greift der Beschwerdeführer hingegen sowohl die Verwaltungs- als auch die Gerichtsentscheidung an, sind im Falle des Erfolgs sämtliche Entscheidungen durch das BVerfG aufzuheben[14]. Dann wäre jegliche Beschwer beseitigt.

Der Beschwerdeführer kann demnach sowohl die letztinstanzliche Gerichtsentscheidung als auch den zugrunde liegenden Akt der Verwaltung mit der Verfassungsbeschwerde angreifen[15]. Die Verfassungsbeschwerde kann sich somit zulässigerweise gegen das letztinstanzliche Urteil und zugleich gegen die behördliche Maßnahme richten[16]. Infolgedessen hat die Verfassungsbeschwerde des L einen statthaften Beschwerdegegenstand.

II. Beschwerdebefugnis

Ferner ist die Verfassungsbeschwerde gem. § 90 Abs. 1 BVerfGG nur zulässig, wenn der Beschwerdeführer behauptet, durch den angegriffenen Akt öffentlicher Gewalt in einem seiner Grundrechte bzw. grundrechtsgleichen Rechte verletzt zu sein. L sieht sich im Recht auf freie Meinungsäußerung verletzt. Die Meinungsäußerungsfreiheit ist durch Art. 5 Abs. 1 S. 1 GG geschützt. Ob damit bereits aufgrund des vorliegenden Sachverhalts die Beschwerdebefugnis gegeben ist, hängt von den inhaltlichen Anforderungen an die Behauptungslast ab.

---

12 BVerfGE 3, 377 (379); 6, 386 (387 ff); 20, 257 (267); 21, 102 (104); 54, 53 (64 f).
13 *Schmidt-Bleibtreu* in: Maunz, BVerfGG, § 90 Rn 151.
14 BVerfGE 84, 1 (3 ff); *Benda* in: ders/Klein, Verfassungsprozeßrecht, Rn 449; *Schwabe* Grundkurs Staatsrecht, 86.
15 BVerfGE 54, 53 (64 f); *Pieroth* in: Jarass/Pieroth, GG, Art 93 Rn 40.
16 *Stock* JuS 1989, 654 (655); *Gusy* Die Verfassungsbeschwerde, Rn 33; *Pestalozza* Verfassungsprozeßrecht, § 12 Rn 26; *Fleury* Verfassungsprozeßrecht, Rn 296.

1. Behauptungslast

Funktion der Beschwerdebefugnis ist es, sog. »Popularbeschwerden« zu
verhindern[17]. Dieses Ziel würde nicht erreicht, wenn die bloße *Verbal-
behauptung* der Grundrechtsverletzung durch den Beschwerdeführer den
Anforderungen der Beschwerdebefugnis genügte. Andererseits ist die Frage
der Grundrechts*verletzung*, d. h. der Rechtswidrigkeit der Grundrechtsbeeinträchtigung, wesentlicher Bestandteil der Begründetheitsprüfung der
Verfassungsbeschwerde[18]. Damit die Beschwerdebefugnis ihre Filterfunktion im Rahmen der Zulässigkeit erfüllen kann, muß sie einerseits mehr
verlangen als eine reine Behauptung, andererseits darf sie die Prüfung
der Begründetheit nicht vorwegnehmen. Danach ist die Behauptungslast
gem. § 90 Abs. 1 BVerfGG so zu verstehen, daß eine Grundrechtsverletzung
nach dem Sachvortrag des Beschwerdeführers nicht von vornherein ausgeschlossen, sondern *möglich* ist[19].

2. Möglichkeit der Grundrechtsverletzung
a) Grundrechtsgeltung im Beamtenverhältnis

Die Möglichkeit der Grundrechtsverletzung würde hier ausscheiden, wenn
sich L, wie das Land X meint, in seiner Beamteneigenschaft nicht auf
Grundrechte berufen könnte. Müßte nämlich schon die Grundrechtsberechtigung im *Beamtenverhältnis* verneint werden, käme eine Grundrechtsverletzung von vornherein nicht in Betracht.

Als Beamter steht L in einem *Sonderrechtsverhältnis* zum Staat. Aus
derartigen Rechtsbeziehungen folgt eine gegenüber dem sog. allgemeinen
Gewaltverhältnis gesteigerte Pflichtenbeziehung[20]. Dem Grundgesetz, vor
allem Art. 1 Abs. 3 GG und Art. 33 GG, kann allerdings nicht entnommen
werden, daß in Sonderrechtsverhältnissen, insbesondere im Beamtenverhältnis, Grundrechte schon prinzipiell nicht gelten sollen. Ob unter
Umständen von Verfassungs wegen die Befugnis besteht, in solchen Rechts-
verhältnissen Grundrechte stärker einzuschränken als im sog. allgemeinen
Gewaltverhältnis, ist nicht eine Frage der Grundrechtsgeltung, sondern der

---

17   BVerfGE 45, 63 (75); 60, 360 (370); 64, 301 (319); 79, 1 (14); *Stock* JuS 1989, 654
(655); *Erichsen* Jura 1991, 638 f.
18   *Pieroth/Schlink* Grundrechte, Rn 1129.
19   BVerfGE 47, 253 (279); 78, 320 (329); 92, 158 (175); *Erichsen* Jura 1991, 638
(639); *H. Weber* JuS 1992, 122 (124); *Robbers* Verfassungsprozessuale Probleme, 21.
20   *Ronellenfitsch* DÖV 1981, 933 ff; *Rottmann* ZBR 1983, 77 (83 ff); *Hesse* Grundzüge des Verfassungsrechts, Rn 324 ff; *von Münch* in: ders/Kunig, GG, Bd 1, Vorb
Art 1–19 Rn 59.

Grundrechtsschranken. Infolgedessen sind Beamten, wie z. B. Lehrern, in öffentlich-rechtlichen Sonderrechtsverbindungen Grundrechte subjektiv zugeordnet. Lehrer sind also auch als Beamte Grundrechtsträger[21]. L kann sich demnach auf Art. 5 Abs. 1 S. 1 GG berufen.

b) Spezifische Grundrechtsbindung bei fachgerichtlicher Entscheidung

Zweifelhaft könnte dennoch sein, ob durch die Entscheidung des BVerwG überhaupt eine Grundrechtsverletzung möglich ist. Aufgabe der Verwaltungsgerichte als sog. Fachgerichte ist in erster Linie die Auslegung und Anwendung des einfachen Rechts, hier also der einschlägigen beamtenrechtlichen Vorschriften. Allein darin liegt jedoch noch keine mögliche Grundrechtsverletzung. Demnach fragt sich, unter welchen Voraussetzungen bei fachgerichtlichen Entscheidungen eine Grundrechtsverletzung in Betracht kommen kann.

Nach Art. 1 Abs. 3 GG wird die Rechtsprechung durch die Grundrechte als unmittelbar geltendes Recht verpflichtet. Demnach geht es bei der Verfassungsbeschwerde gegen Gerichtsentscheidungen darum, diese *spezifische Grundrechtsbindung* einer verfassungsgerichtlichen Überprüfung zu unterziehen[22], nicht jedoch Verletzungen einfachen Rechts zu kontrollieren. Infolgedessen sind einerseits die Gestaltung des Verfahrens, die Feststellung und Würdigung des Sachverhalts sowie die Auslegung des einfachen Rechts und seine Anwendung im Einzelfall Sache der Instanzgerichte und, ausgehend vom Prüfungsmaßstab des § 90 Abs. 1 BVerfGG, der Nachprüfung durch das BVerfG entzogen[23]; andererseits wirkt Verfassungsrecht angesichts des Vorrangs der Verfassung (Art. 20 Abs. 3 GG) auf den Inhalt des einfachen Rechts ein[24]. Dies kann dazu führen, daß das einfache Recht vor verfassungsrechtlichem Hintergrund in einer ganz bestimmten Richtung auszulegen und anzuwenden ist[25]. Insbesondere in denjenigen Fällen, in denen bei der Rechtsanwendung eine Abwägung im Einzelfall stattfindet,

21 VGH BW, NJW 1983, 1215 (1216); VG Berlin, NJW 1982, 1113; *Patunas* Meinungsfreiheit, 45.
22 BVerfGE 76, 143 (161); BVerfG, DVBl 1992, 1358 = NJW 1992, 2750; *Gusy* Die Verfassungsbeschwerde, Rn 82ff; *Zuck* Verfassungsbeschwerde, Rn 472; *Fleury* Verfassungsprozeßrecht, Rn 305 f.
23 BVerfGE 18, 85 (92f); 32, 311 (316); 42, 143 (147ff); 49, 304 (314f); 54, 117 (125); 62, 189 (191f); 72, 122 (138); 74, 102 (127); 82, 272 (280).
24 BVerfGE 7, 198 (205ff); *Gündisch* NJW 1981, 1813 (1816f); *Gusy* Die Verfassungsbeschwerde, Rn 87ff, 98.
25 BVerfGE 51, 304 (323); 86, 122 (128 f).

wie es bei Art. 5 GG zwischen dem Grundrecht (Abs. 1 S. 1) und der Grundrechtsschranke (Abs. 2) der Fall sein könnte, wirkt Verfassungsrecht auf das einfache Gesetzesrecht ein[26].

Somit können Entscheidungen der Instanzgerichte im Wege der Verfassungsbeschwerde daraufhin überprüft werden, ob das Instanzgericht eine grundrechtswidrige Norm angewendet hat oder bei der Auslegung bzw. Anwendung einer Vorschrift von einer grundsätzlich unrichtigen Anschauung der Bedeutung der Grundrechte ausgegangen ist. Träfe dies zu, läge die Fehlerhaftigkeit der Auslegung und Anwendung einfachgesetzlicher Bestimmungen gerade in der Nichtbeachtung bzw. nicht hinreichenden Beachtung von Grundrechten[27].

Im vorliegenden Fall könnte das BVerwG bei der Auslegung und Anwendung des § 35 Abs. 2 BRRG[28] die Bedeutung des Art. 5 Abs. 1 S. 1 GG verkannt haben. Das klageabweisende Urteil und die vorangegangene Verwaltungsentscheidung könnten gerade deshalb zustandegekommen sein, weil das Grundrecht der Meinungsäußerungsfreiheit nicht bzw. nicht hinreichend in seiner Einwirkung auf das einfache Recht beachtet worden ist. Deshalb kann L geltend machen, daß im Verwaltungsverfahren und im Verwaltungsgerichtsverfahren die spezifische Grundrechtsbindung gem. Art. 5 Abs. 1 S. 1 GG mißachtet worden sei.

c) Grundrechtsbeeinträchtigung

L müßte schließlich durch die angefochtene Maßnahme *selbst, unmittelbar* und *gegenwärtig* in seiner grundrechtlich geschützten Position beeinträchtigt sein. Diese bei Verfassungsbeschwerden gegen Gesetze entwickelten Voraussetzungen der Beschwerdebefugnis müssen auch erfüllt sein, wenn sich die Verfassungsbeschwerde gegen eine Gerichtsentscheidung wendet[29].

---

26 *Schlaich* Das Bundesverfassungsgericht, Rn 279 ff.
27 BVerfGE 71, 162 (177); 73, 206 (260); 81, 347 (358); BVerfG, DVBl 1992, 1358 = NJW 1992, 2750.
28 Entsprechendes Landesrecht: Baden-Württemberg: § 72 LBG; Bayern: Art 63 Abs 1 BayBG; Berlin: § 19 LBG; Bremen: § 54 Abs 1 LBG; Hamburg: § 58 LBG; Hessen: § 68 HBG; Mecklenburg-Vorpommern: § 57 Abs 3 LBG; Niedersachsen: § 61 Abs 3 NBG; Nordrhein-Westfalen: § 56 LBG; Rheinland-Pfalz: § 63 Abs 2 LBG; Saarland: § 67 Abs 3 SBG; Sachsen: § 71 SächsBG; Sachsen-Anhalt: § 53 BG LSA; Schleswig-Holstein: § 65 Abs 3 LBG; Thüringen: § 56 Abs 2 ThürBG.
29 BVerfGE 53, 30 (48); 72, 1 (5); *Zuck* Verfassungsbeschwerde, Rn 565; *Pestalozza* Verfassungsprozeßrecht, § 12 Rn 35, 37; *Schlaich* Das Bundesverfassungsgericht, Rn 223; *Pieroth/Schlink* Grundrechte, Rn 1135.

L ist durch das gerichtlich bestätigte Verbot des Plakettetragens im Dienst selbst und gegenwärtig in seinem Grundrecht der Meinungsäußerungsfreiheit beeinträchtigt. Eine unmittelbare Betroffenheit liegt ebenfalls vor; es bedarf keines Vollzugsaktes mehr. Die behördliche Anordnung und die bestätigende verwaltungsgerichtliche Entscheidung stellen vielmehr die Gesetzeskonkretisierung dar.

Somit erscheint eine Grundrechtsverletzung durchaus möglich. B ist beschwerdebefugt.

III. Zwischenergebnis

Am Vorliegen sonstiger Zulässigkeitsvoraussetzungen bestehen keine Zweifel. L hat insbesondere den Rechtsweg erschöpft (§ 90 Abs. 2 BVerfGG). Die Verfassungsbeschwerde ist somit zulässig.

B. Begründetheit der Verfassungsbeschwerde

Die Verfassungsbeschwerde ist begründet, wenn die angefochtenen Maßnahmen L in einem seiner Grundrechte bzw. grundrechtsgleichen Rechte verletzen. Eine Grundrechtsverletzung liegt vor, wenn der Schutzbereich eines Grundrechts in rechtswidriger Weise beeinträchtigt ist[30]. Durch die behördliche Untersagung des Plakettetragens im Dienst und die bestätigende Entscheidung des BVerwG könnte L in seinem Grundrecht aus Art. 5 Abs. 1 S. 1 GG verletzt sein.

I. Eingriff in den Schutzbereich des Art. 5 Abs. 1 S. 1 GG

Zunächst müßte ein Eingriff in den Schutzbereich vorliegen. Gem. Art. 5 Abs. 1 S. 1 GG hat jeder Bürger das Recht, seine Meinung in Wort, Schrift und Bild frei zu äußern und zu verbreiten. Das Plakettetragen im Dienst müßte danach normativ geschützt und das Verbot als Grundrechtseingriff zu qualifizieren sein.

1. Schutzbereich

In personeller Hinsicht greift der Schutzbereich des Art. 5 Abs. 1 S. 1 GG (»jeder«) ein. Daß L als Beamter *Grundrechtsträger* ist, wurde bei der Prüfung der Beschwerdebefugnis bereits festgestellt. Sachlich schützt Art. 5

---

30 *Erichsen* Jura 1991, 638 (639) und Jura 1992, 142.

Abs. 1 S. 1 GG die *Meinung*; auf sie bezieht sich die Freiheit der Äußerung
und Verbreitung. »Meinungen« i. S. d. Art. 5 Abs. 1 S. 1 GG sind alle Werturteile, Stellungnahmen und Auffassungen über Tatsachen, Verhaltensweisen, Verhältnisse oder sonstige Dinge; kennzeichnend ist das Element
der Stellungnahme und des Dafürhaltens[31]. Danach sind Werturteile
grundrechtlich geschützt, ohne daß es darauf ankäme, ob die Äußerung
wertvoll oder wertlos, richtig oder falsch, emotional oder rational ist[32]. Der
Grundrechtsschutz erfaßt nicht nur den Inhalt, sondern auch die Modalitäten der Meinungskundgabe; der Grundrechtsträger soll auch die Form
seiner Äußerung frei bestimmen dürfen[33].

Hier gibt sich L als Träger einer Anti-Atomkraft-Plakette durch den Text
»Atomkraft? Nein danke!« als Gegner der Energieerzeugung durch Atom-
kraftwerke zu erkennen. Die Abbildung der roten Sonne auf der Plakette
weist ihn als Befürworter anderer Energiearten aus. Das sichtbare Tragen
der Plakette stellt demnach die wertende Betrachtungsweise zu einem
energiepolitischen Thema dar. Daß diese Stellungnahme bildlich aus-
gedrückt und schlagwortartig verkürzt ist, ändert am sachlichen Schutz
der Meinungsäußerungsfreiheit nichts. Das Tragen der Anti-Atomkraft-
Plakette unterfällt folglich dem Schutzbereich des Art. 5 Abs. 1 S. 1 GG[34].

2. Eingriff

Ein *Eingriff* in den Schutzbereich liegt vor, wenn staatliches Handeln ein
grundrechtlich geschütztes Verhalten erschwert oder unmöglich macht[35].
Dazu rechnet in erster Linie ein behördliches Verbot, das verwaltungs-
gerichtlich bestätigt worden ist. Im vorliegenden Fall wurde L allerdings nur
teilweise untersagt, seine Meinung zur Atomkraft zu äußern. Außerhalb des
Dienstes darf L ohne staatliche Reglementierung seine Plakette tragen.
Daher könnte zweifelhaft sein, ob hier überhaupt von einem Eingriff ausgegangen werden kann.

---

31 BVerfGE 7, 198 (210); 61, 1 (8); 90, 241 (247); *Hesse* Grundzüge des Verfassungsrechts, Rn 391; *Pieroth/Schlink* Grundrechte, Rn 550; *Wendt* in: von Münch/
Kunig, GG, Bd 1, Art 5 Rn 8; *Schulze-Fielitz* in: Dreier, GG, Bd I, Art 5 I, II Rn 44.
32 BVerfG, NJW 1991, 3023 (3024); NJW 1992, 2815 (2816); NJW 1993, 916; NJW
1993, 1845; BVerfGE 90, 1 (14 f).
33 BVerfGE 54, 129 (138); BVerfG, NJW 1991, 2339; BVerfGE 93, 266 (289).
34 ArbG Hamburg, NJW 1979, 2638 (2639); VG Berlin, NJW 1979, 2629; *Ebel*
DÖV 1980, 437.
35 *Pieroth/Schlink* Grundrechte, Rn 240; *Katz* Staatsrecht, Rn 637.

Bei der Bestimmung des sachlichen Schutzbereichs von Art. 5 Abs. 1 S. 1 GG wurde festgestellt, daß nicht nur der Inhalt einer Äußerung, sondern auch ihre Modalitäten grundrechtlich geschützt sind. Infolgedessen liegt ein Eingriff auch dann vor, wenn das Verbot lediglich für bestimmte Orte, Zeiten oder Umstände ausgesprochen wird[36]. Daher ist das an einen Lehrer gerichtete Verbot, seine Meinung durch das sichtbare Tragen der Plakette im Dienst zu äußern, ein Eingriff[37].

II. Verfassungsmäßigkeit des Eingriffs

Der Eingriff in das Grundrecht der Meinungsäußerungsfreiheit ist verfassungsmäßig, wenn er sich im Rahmen der für Art. 5 Abs. 1 S. 1 GG geltenden Schrankenregelung hält. Diese ergibt sich aus Art. 5 Abs. 2 GG. Im vorliegenden Fall kommen als Grundrechtsbegrenzung die »Vorschriften der allgemeinen Gesetze« in Betracht. Die Untersagung des Plakettetragens im Dienst müßte sich auf ein rechtswirksames »allgemeines Gesetz« i. S. d. Art. 5 Abs. 2 GG zurückführen lassen, das im Fall des L im Einklang mit der Verfassung ausgelegt und angewendet worden ist.

1. Rechtswirksame Schrankenregelung

Zunächst müßte eine gesetzliche Bestimmung vorliegen, die als Grundrechtsschranke in Betracht kommt. Fraglich ist, welcher Rechtsmaterie die normative Grundlage für die Untersagung des Plakettetragens gegenüber L zu entnehmen ist. Insoweit könnte das speziellere Schulrecht dem allgemeinen Beamtenrecht vorgehen[38]. Jedoch ist Gegenstand der gerichtlich bestätigten Verbotsverfügung nicht die konkrete Unterrichtsgestaltung durch L, sondern unabhängig davon das sichtbare Tragen der Plakette während des Dienstes[39]. Damit geht es um die Konkretisierung allgemeiner beamtenrechtlicher Pflichten. Als Rechtsgrundlage für das Verbot des sichtbaren Plakettetragens fungiert daher § 35 Abs. 2 BRRG[40]. L bezweifelt die Vereinbarkeit dieser Vorschrift mit Art. 5 Abs. 1 S. 1 GG.

---

36 *Grimm* NJW 1995, 1697 (1700).
37 *Pieroth/Schlink* Grundrechte, Rn 607.
38 *Lecheler* JuS 1992, 473 (474).
39 BVerwGE 84, 292 (293).
40 BVerwGE 84, 292 (293f). – Zu den einschlägigen landesgesetzlichen Bestimmungen vgl Fn 28.

a) »Allgemeines Gesetz« i. S. d. Art. 5 Abs. 2 GG

Nach § 35 Abs. 2 BRRG hat der Beamte bei politischer Betätigung diejenige Mäßigung und Zurückhaltung zu wahren, die sich aus seiner Stellung gegenüber der Gesamtheit und aus der Rücksicht auf die Pflichten seines Amtes ergibt. Ob diese Regelung die Anforderungen an eine taugliche Grundrechtsschranke i. S. d. Art. 5 Abs. 2 GG erfüllt, hängt davon ab, was unter einem »allgemeinen Gesetz« im Sinne dieser Verfassungsbestimmung zu verstehen ist.

aa) Wortlautinterpretation

Der *Wortlaut* des Art. 5 Abs. 2 GG könnte wegen des Merkmals »allgemein« auf eine Abgrenzung zur Einzelfallentscheidung zielen. Ein »allgemeines Gesetz« läge demnach vor, wenn es eine unbestimmte Vielzahl von Fällen für eine unbestimmte Vielzahl von Personen regelte. Bei einem solchen Begriffsverständnis käme allerdings jeder abstrakt-generell formulierte Rechtssatz als Grundrechtsschranke in Betracht. Dann jedoch wäre das Erfordernis »allgemein« in Art. 5 Abs. 2 GG neben dem Verbot des Einzelfallgesetzes in Art. 19 Abs. 1 S. 1 GG überflüssig. Es ist indes kaum anzunehmen, daß sich der Begriff »allgemeines Gesetz« in Art. 5 Abs. 2 GG in der deklaratorischen Wiederholung einer anderen Verfassungsvorschrift erschöpfen soll[41]. Ferner würden »allgemeine Gesetze« in jenem Sinne die weiteren Schranken der »gesetzlichen Bestimmungen zum Schutze der Jugend« sowie des »Rechts der persönlichen Ehre« mitumfassen. Auch diese beiden Schranken hätten folglich nur eine deklaratorische Bedeutung. Das alles spricht dafür, daß unter »allgemeinen Gesetzen« i. S. d. Art. 5 Abs. 2 GG etwas anderes als alle abstrakt-generellen Regelungen zu verstehen ist[42].

bb) Gesetzessystematik

Der Begriff »allgemeine Gesetze« in Art. 5 Abs. 2 GG muß deshalb auf eine bestimmte inhaltliche Qualität des grundrechtsbeschränkenden Gesetzes zielen[43]. Diese läßt sich gewinnen, wenn der Begriff »allgemein« zu den Rechtsgütern des Art. 5 Abs. 1 GG in Beziehung gesetzt wird[44]. »Allgemeine

---

[41] *Bettermann* JZ 1964, 601 (603); *Pieroth/Kampmann* Jura 1986, 217 (218); *Erichsen* Staatsrecht I, 27; *Pieroth/Schlink* Grundrechte, Rn 587; *Schwabe* Grundkurs Staatsrecht, 93; *Starck* in: von Mangoldt/Klein/Starck, GG, Bd 1, Art 5 Rn 181.
[42] *Schnapp* JuS 1978, 729 (732); *Schmidt-Jortzig* in: HStR VI, § 141 Rn 41; *Herzog* in: Maunz/Dürig, GG, Art 5 Rn 255.
[43] *Pieroth/Schlink* Grundrechte, Rn 587.
[44] *Hesse* Grundzüge des Verfassungsrechts, Rn 399.

Gesetze« gem. Art. 5 Abs. 2 GG wären danach solche, die im Verhältnis zu den Rechtsgütern des Art. 5 Abs. 1 GG *leges generales*[45] sind. Diese Voraussetzung wäre erfüllt, wenn ein Gesetz nicht auf die Einschränkung der in Art. 5 Abs. 1 GG normierten Grundrechte gerichtet wäre, sondern Regelungen ohne Rücksicht darauf träfe, ob zugleich eine Beeinträchtigung des Schutzbereichs gem. Art. 5 Abs. 1 GG einträte[46].

Gegenüber dem an sich mehrdeutigen Wortlaut spricht somit bereits die *Systematik* innerhalb des Art. 5 GG dafür, daß *Sonderrecht* gegenüber der Meinungsfreiheit durch Art. 5 Abs. 2 1. Alt. GG unterbunden werden soll. Nur bei einem solchen Verständnis erfüllen die beiden weiteren Grundrechtsschranken gem. Art. 5 Abs. 2 GG, die jugendgefährdende und ehrverletzende Meinungsäußerungen aufgrund ihrer schädlichen geistigen Wirkung untersagen, eine sinnvolle Funktion[47]. Die Schrankensystematik des Art. 5 Abs. 2 GG spricht deshalb dafür, in dem Merkmal »allgemeine Gesetze« den Gegenbegriff zu *Sonderrecht* gegenüber den Grundrechten des Art. 5 Abs. 1 GG zu sehen.

Ein verfassungssystematischer Vergleich des Art. 5 Abs. 2 GG mit Gesetzesvorbehalten anderer Grundrechte bestätigt das gefundene Auslegungsergebnis. Die allgemeinen Gesetzesvorbehalte z. B. in Art. 2 Abs. 2 S. 3, 8 Abs. 2 GG oder die qualifizierten Gesetzesvorbehalte z. B. in Art. 11 Abs. 2, 13 Abs. 2 und Abs. 7 GG zielen speziell auf die Einschränkung des jeweiligen Schutzbereichs[48]. Dasselbe gilt für den Regelungsvorbehalt gem. Art. 12 Abs. 1 S. 2 GG. Davon unterscheidet sich die Anforderung »allgemeine Gesetze« deutlich. Das läßt nur den Schluß zu, daß Art. 5 Abs. 2 1. Alt. GG solche Gesetze meint, die nicht auf eine Einschränkung gerade der in Art. 5 Abs. 1 GG normierten Freiheiten zielen.

cc) Entstehungsgeschichte

Die *Entstehungsgeschichte* könnte diese Interpretation erhärten. Nach Art. 118 WRV hatte jeder Deutsche das Recht, »innerhalb der Schranken der allgemeinen Gesetze seine Meinung durch Wort, Schrift, Druck, Bild oder in sonstiger Weise frei zu äußern«. Zum Begriff »allgemeine Gesetze« in Art. 118 WRV wurden allerdings unterschiedliche Auffassungen vertreten. Nach der *materiellen Theorie* lagen allgemeine Gesetze mit der Folge des

45 *Bettermann* JZ 1964, 601 (603).
46 *Erichsen* Staatsrecht I, 27; *Starck* in: von Mangoldt/Klein/Starck, GG, Bd 1, Art 5 Rn 182.
47 *B. Hoppe* JuS 1991, 734 (736).
48 *Erichsen* Jura 1996, 84 (87).

Vorrangs vor den in Art. 118 Abs. 1 S. 1 WRV gewährleisteten Freiheiten vor, wenn »das von ihnen geschützte gesellschaftliche Gut wichtiger ist als die Meinungsfreiheit«[49]. Nach der *formellen Theorie* waren allgemeine Gesetze solche, die sich nicht gegen die Meinungsäußerung als solche[50] bzw. gegen das verfassungsrechtlich geschützte Rechtsgut richteten, sondern dem Schutze eines schlechthin, ohne Rücksicht auf eine bestimmte Meinung zu schützenden Rechtsgutes dienten[51].

Dieser Meinungsstreit zum Begriff »allgemeine Gesetze« in Art. 118 WRV war bei der Schaffung des Grundgesetzes bekannt[52]. Das Wort »allgemein« wurde in Art. 5 Abs. 2 GG übernommen. Die Verhandlungen im Parlamentarischen Rat lassen zwar eine ausdrückliche Auseinandersetzung mit dem Meinungsstreit zu Art. 118 WRV vermissen; andererseits spricht der Umstand, daß die materielle Theorie in den Diskussionen keine Beachtung fand, dafür, daß der formellen Theorie gefolgt werden sollte[53]. Zwingend ist dies allerdings nicht.

dd) Sinn und Zweck der Grundrechtsschranke

Ein völlig eindeutiges Auslegungsergebnis kann nach den bisherigen Interpretationsmethoden noch nicht gefunden werden. Der Wortlaut läßt mehrere Deutungsmöglichkeiten zu, die systematische Auslegung des Art. 5 Abs. 2 GG spricht für die Sonderrechtslehre (formelle Theorie), und die Entstehungsgeschichte läßt letztlich offen, ob der Begriff »allgemeine Gesetze« im Sinne der formellen oder der materiellen Theorie zu interpretieren ist. Entscheidendes Gewicht beim Verständnis des Art. 5 Abs. 2 GG gewinnt somit die *teleologische* Verfassungsinterpretation; zu ermitteln sind *Sinn und Zweck* der Grundrechtsschranke.

Art. 5 Abs. 2 GG kommt die Funktion zu, die durch Art. 5 Abs. 1 GG geschützten Freiheiten einzuschränken. Der normative Gehalt »allgemeiner Gesetze« läßt sich infolgedessen nur unter Beachtung der Funktion der Meinungsfreiheit in der grundgesetzlichen Ordnung erschließen[54]. Das Grundrecht der Meinungsfreiheit ist für die freiheitliche Demokratie nach dem Grundgesetz von überragender Bedeutung. Es ermöglicht die ständige

---

49   *Smend* VVDStRL 4 (1928) 44 (52).
50   *Häntzschel* AöR 10 (1926) 228 (232 f).
51   *Rothenbücher* VVDStRL 4 (1928) 6 (20).
52   *Matz* JöR nF 1 (1951) 79 ff.
53   *H. H. Klein* Der Staat 10 (1971) 145 (156 ff); *W. Weber* in: FS Huber, 181 ff; *Starck* in: FS Weber, 189 (205 ff).
54   *Hesse* Grundzüge des Verfassungsrechts, Rn 399.

geistige Auseinandersetzung und stellt somit eine wichtige Grundlage jeder Freiheit überhaupt dar[55]. Die herausragende Funktion des Grundrechts der freien Meinungsäußerung in einer freiheitlichen (»streitbaren«) Demokratie spricht bei Stellungnahmen zu Fragen, die die Öffentlichkeit wesentlich berühren, für eine grundsätzliche Vermutung der Meinungsfreiheit in allen Bereichen[56].

Aus der hohen Bedeutung des Grundrechts gem. Art. 5 Abs. 1 S. 1 GG ergeben sich Bedenken gegen die materielle Theorie. Der Gesetzgeber könnte unter Rückgriff auf Art. 5 Abs. 2 GG gezielt gegen bestimmte Meinungskundgaben durch Berufung auf ein von ihm als höherwertig erachtetes Schutzgut vorgehen; Art. 5 Abs. 2 GG liefe – trotz abweichenden Wortlauts – auf einen einfachen Gesetzesvorbehalt hinaus[57]. Fraglich ist indes, ob die formelle Theorie diese Schwäche ganz vermeiden kann. Nach der Sonderrechtslehre ist möglicherweise nicht auszuschließen, daß die Meinungsfreiheit zum Schutz eines geringerwertigen Rechtsgutes eingeschränkt werden kann[58]; der Gesetzgeber könnte unter Berufung auf ein bestimmtes Rechtsgut die Normierung von »Sonderrecht« gegenüber Art. 5 Abs. 1 GG vermeiden und die Schutzfunktion des Art. 5 Abs. 2 GG leerlaufen lassen[59]. Zum wirksamen Schutz der Grundrechte des Art. 5 Abs. 1 GG könnte deshalb eine Kombination von materieller und formeller Theorie angezeigt sein. Danach könnten »allgemeine Gesetze« i.S.d. Art. 5 Abs. 2 GG alle diejenigen sein, die sich nicht gegen die Meinungsfreiheit als solche richten, nicht die Äußerung einer bestimmten Meinung verbieten, sondern vielmehr dem Schutz eines schlechthin, ohne Rücksicht auf eine bestimmte Meinung zu schützenden Rechtsgutes dienen, dem gegenüber der Betätigung der Meinungsfreiheit Vorrang zukommt[60].

---

55 BVerfGE 7, 198 (208); 20, 56 (97); 28, 36 (48); 44, 197 (202); 71, 206 (219 f); 82, 272 (281); *Starck* in: von Mangoldt/Klein/Starck, GG, Bd 1, Art 5 Rn 1; *Hesse* Grundzüge des Verfassungsrechts, Rn 387; *Wendt* in: von Münch/Kunig, GG, Bd 1, Art 5 Rn 1; *Schulze-Fielitz* in: Dreier, GG, Bd I, Art 5 I, II Rn 27 ff.

56 BVerfGE 28, 55 (63); 44, 197 (202); 60, 234 (241); 61, 1 (11); 68, 226 (232); 82, 272 (282); 85, 1 (16); *Beyer* BayVBl 1981, 233 (237).

57 *Schwark* Allgemeine Gesetze, 50 f; *Erichsen* Staatsrecht I, 28; *Schulze-Fielitz* in: Dreier, GG, Bd I, Art 5 I, II Rn 110.

58 *Schnapp* JuS 1978, 729 (732); *Pieroth/Kampmann* Jura 1986, 217 (219); *Erichsen* Staatsrecht I, 28; *Jarass* in: ders/Pieroth, GG, Art 5 Rn 46.

59 *Schulze-Fielitz* in: Dreier, GG, Bd I, Art 5 I, II Rn 109.

60 BVerfGE 7, 198 (209 f); 26, 186 (205); 28, 175 (185 f); 28, 282 (292); 47, 198 (232); 50, 234 (240 f); 57, 250 (268); *Schnapp* JuS 1978, 729 (732); *Rudolf* in: GS Martens, 199 (206); *Patunas* Meinungsfreiheit, 20; *Degenhart* in: BK, Art 5 Abs 1 u. 2 Rn 66, 167.

Es ist indes zweifelhaft, ob die Hinzunahme des materiellen Elements zur Bestimmung des Begriffsinhalts wirklich beitragen kann. Das wäre nur der Fall, wenn damit bei Art. 5 Abs. 2 GG ein spezifisches Kriterium eingeführt würde. Dies trifft jedoch nicht zu. Welchem Rechtsgut letztlich der Vorrang gebührt, ist im Kollisionsfall eine Frage der Güterabwägung. Deren Notwendigkeit ergibt sich aber schon aus dem Grundsatz der Verhältnismäßigkeit[61]. Diese ist keine Besonderheit von Art. 5 Abs. 1 und 2 GG, sondern bei jeder Grundrechtseinschränkung zu beachten[62]. Daher kommt der materiellen Theorie, die nach der Kombinationslehre in eine Stufenfolge zur formellen Theorie gebracht wird[63], zur *Begriffserklärung* bei Art. 5 Abs. 2 GG keine selbständige Bedeutung zu[64]. Im übrigen ist wegen der ohnehin zu prüfenden Verhältnismäßigkeit des grundrechtsbeschränkenden Gesetzes das Bedenken ausgeräumt, nach der Sonderrechtslehre sei ohne weiteres die Begrenzung der Meinungsfreiheit durch ein geringwertiges Rechtsgut zulässig.

ee) Ergebnis: Anwendung der Sonderrechtslehre

Ob ein »allgemeines Gesetz« i. S. d. Art. 5 Abs. 2 GG vorliegt, ist somit nach der formellen Theorie (Sonderrechtslehre) zu bestimmen[65]. Mit dem Erfordernis der Allgemeinheit soll *Sonderrecht* gegen den Prozeß der freien Meinungsbildung ausgeschlossen werden, das die geistige Wirkung von Meinungsäußerungen zu unterbinden sucht[66]. Offen ist nur noch, nach welchen Kriterien »besondere« von »allgemeinen« Gesetzen zu unterscheiden sind. Fraglich ist, ob sich das betreffende Gesetz nur nicht gegen eine *bestimmte Meinung* wenden darf[67] oder ob – weitergehend – Zielrichtung

---

61 *Pieroth/Kampmann* Jura 1986, 217 (219); *Erichsen* Jura 1996, 84 (87); *Starck* in: von Mangoldt/Klein/Starck, GG, Bd 1, Art 5 Rn 184 f; *Pieroth/Schlink* Grundrechte, Rn 594; *Lücke* Die »allgemeinen« Gesetze, 18.
62 *Hesse* Grundzüge des Verfassungsrechts, Rn 400; *Jarass* in: ders/Pieroth, GG, Art 5 Rn 46.
63 *Schmitt Glaeser* AöR 97 (1972) 276 (281); *Schnapp* JuS 1978, 729 (732); *B. Hoppe* JuS 1991, 734 (736); *Erichsen* Staatsrecht I, 29; *W. Weber* in: FS Huber, 185.
64 *Schmitt Glaeser* AöR 97 (1972) 276 (285f); *ders* AöR 113 (1988) 52 (90); *B. Hoppe* JuS 1991, 734 (737); *Erichsen* Staatsrecht I, 29f; *Stein* Staatsrecht, 311f; *Herzog* in: Maunz/Dürig, GG, Art 5 Rn 263f.
65 *Pieroth/Kampmann* Jura 1986, 217 (219); *B. Hoppe* JuS 1991, 734 (736f); *Enders* JuS 1997, L 9 (10); *Pieroth/Schlink* Grundrechte, Rn 590, 607; *J. Ipsen* Staatsrecht II, Rn 443.
66 BVerfGE 71, 206 (214).
67 *Schnapp* JuS 1978, 729 (732); *Lisken* NJW 1980, 1503; *Gornig* JuS 1988, 274 (276); *Jarass* in: ders/Pieroth, GG, Art 5 Rn 46.

des Gesetzes nicht die *Meinungsfreiheit als solche* sein darf[68] oder ob es auf den *Schutz anderer Rechtsgüter* als derjenigen nach Art. 5 Abs. 1 GG durch das grundrechtsbeschränkende Gesetz ankommt[69]. In Betracht zu ziehen ist auch eine Kumulation dieser Anforderungen. Danach wären als »allgemeine Gesetze« i. S. d. Art. 5 Abs. 2 GG alle Gesetze zu verstehen, die nicht eine Meinung als solche verbieten, die sich nicht gegen die Äußerung der Meinung als solche richten, sondern dem Schutz eines schlechthin ohne Rücksicht auf eine bestimmte Meinung zu schützenden Rechtsguts dienen[70].

Diese verschiedenen Varianten könnten im Einzelfall zu unterschiedlichen Ergebnissen gelangen. Werden als Gesetze i. S. d. Art. 5 Abs. 2 GG leges generales gegenüber Art. 5 Abs. 1 GG verlangt, ist das Kriterium des »allgemeinen« Gesetzes schon dann nicht mehr erfüllt, wenn sich ein Gesetz gegen die Meinungsfreiheit *überhaupt* richtet und nicht erst eine *bestimmte* Meinung untersagt[71]. Ein unzulässiges Sonderrecht läge danach bereits bei der zielgerichteten Einschränkung des Rechtsguts der Meinungsfreiheit *als solcher* vor[72]. Allgemeinheit und Spezialität i. S. d. Art. 5 Abs. 2 GG wären nicht vom Inhalt einer bestimmten Meinung her festzustellen, sondern von den durch Art. 5 Abs. 1 S. 1 GG geschützten Freiheiten[73].

Einer Entscheidung zwischen den verschiedenen Varianten der Sonderrechtslehre bedarf es nicht, wenn § 35 Abs. 2 BRRG[74] nach allen Auffassungen als »allgemeines« Gesetz zu qualifizieren ist. Gegen eine *bestimmte Meinung* richtet sich die Vorschrift ersichtlich nicht; dem Beamten soll weder ein bestimmter Meinungsinhalt aufgezwungen noch verboten werden[75]. Die Bestimmung könnte jedoch auf die Einschränkung der *Meinungsfreiheit als solcher* zielen. Ob dies der Fall ist, hängt vom normativen Gehalt und von der Funktion des § 35 Abs. 2 BRRG ab. Aufgabe des beamtenrechtlichen Mäßigungsgebots ist es, die dienstlichen Beziehungen des Beamten

---

68 *Bettermann* JZ 1964, 601 (603 f); *H. H. Klein* Der Staat 10 (1971) 145 (155); *Schmitt Glaeser* AöR 97 (1972) 276 (278); *ders* AöR 113 (1988) 52 (90); *Enders* JuS 1997, L 9 (11); *Hesse* Grundzüge des Verfassungsrechts, Rn 399.
69 BVerfGE 90, 241 (251).
70 BVerfGE 59, 231 (263 f); 62, 230 (244); 71, 108 (114); 71, 162 (175); 71, 206 (214); 93, 266 (291); *Schmidt-Jortzig* in: HStR VI, § 141 Rn 41; *Erichsen* Jura 1996, 84 (87); *Schwerdtfeger* Öffentliches Recht, Rn 451.
71 *Bettermann* JZ 1964, 601 (603).
72 *Schmitt Glaeser* AöR 97 (1972) 276 (278).
73 *Bettermann* JZ 1964, 601 (603).
74 Landesgesetzliche Vorschriften Fn 28.
75 *Pieroth/Schlink* Grundrechte, Rn 607.

zu Vorgesetzten, Mitarbeitern und anderen Stellen sowie zu dem durch Verwaltungsangelegenheiten betroffenen Personenkreis nicht durch politische Betätigung zu belasten[76]. Eine politische Betätigung des Beamten insbesondere im Dienst könnte die Glaubwürdigkeit der gesetzlich geforderten unparteiischen und gerechten Amtsführung (§ 35 Abs. 1 S. 1 BRRG) beeinträchtigen. Die beamtenrechtliche Mäßigungspflicht zielt demnach nicht, wie L meint, auf eine »Unterdrückung der Meinungsfreiheit«. Die Regelung besteht im Hinblick auf die Stellung des Beamten in seinen dienstlichen Beziehungen und gegenüber der Allgemeinheit, u. z. ohne Rücksicht auf die Ausübung von Meinungsäußerungen[77]. Damit dient § 35 Abs. 2 BRRG dem *Schutz anderer Rechtsgüter*, nämlich der Funktionsfähigkeit des öffentlichen Dienstes[78].

Die beamtenrechtliche Regelung ist somit – nach allen Varianten zur Sonderrechtslehre – ein »allgemeines Gesetz« i. S. d. Art. 5 Abs. 2 GG[79]. Einer Entscheidung zwischen den unterschiedlichen Auffassungen zur Sonderrechtslehre bedarf es nicht.

b) Materielle Verfassungsmäßigkeit des § 35 Abs. 2 BRRG
aa) Schranken-Schranken (»Wechselwirkungslehre«)

Ob § 35 Abs. 2 BRRG damit ohne weiteres das Grundrecht der Meinungsäußerungsfreiheit einzuschränken vermag, ist allerdings fraglich. Wäre dies der Fall, könnte jedes im Rang unter der Verfassung stehende Gesetz, das als »allgemeines« i. S. d. Art. 5 Abs. 2 GG zu qualifizieren ist, dem Grundrecht der Meinungsfreiheit Schranken setzen. Es widerspräche jedoch der grundlegenden Bedeutung des Rechts der freien Meinungsäußerung für eine freiheitliche demokratische Staatsordnung, die Beziehung zwischen dem Grundrecht und dem allgemeinen Gesetz als einseitige Beschränkung des Grundrechts anzusehen[80]. Demnach muß das grundrechtsbeschränkende »allgemeine Gesetz« seinerseits in der Erkenntnis der wertsetzenden Be-

---

76 VGH BW, NJW 1983, 1215 (1216).

77 VG Hamburg, NJW 1979, 2164.

78 *Battis* BBG, § 53 Rn 2; *Patunas* Meinungsfreiheit, 100 ff; *Lücke* Die »allgemeinen« Gesetze, 60.

79 BVerfG, DVBl 1988, 782 (783) = NJW 1989, 93; BVerwGE 84, 292 (294); BAGE 38, 85 (95 f) = NJW 1982, 2888 (2890); VGH BW, NJW 1983, 1215 (1216) und VBlBW 1988, 446; VG Hamburg, NJW 1979, 2164; *Behrend* ZBR 1979, 198; *Wendt* in: von Münch/Kunig, GG, Bd 1, Art 5 Rn 74; *Schulze-Fielitz* in: Dreier, GG, Bd I, Art 5 I, II Rn 151.

80 VGH BW, NJW 1983, 1215 (1216); *Katz* Staatsrecht, Rn 735; *Wendt* in: von Münch/Kunig, GG, Bd 1, Art 5 Rn 76.

deutung des Grundrechts der Meinungsäußerungsfreiheit im freiheitlichen demokratischen Staat ausgelegt und so in seiner das Grundrecht begrenzenden Wirkung wieder eingeschränkt werden[81].

Diese sog. »*Schranken-Schranken*« bzw. »*Gegenschranken*« ergeben sich insbesondere aus dem *Übermaßverbot*[82]. Danach muß das grundrechtsbeschränkende Gesetz zunächst einen verfassungsrechtlich legitimen Zweck verfolgen; ferner muß die durch das »allgemeine Gesetz« erfolgende Grundrechtseinschränkung im Hinblick auf das durch das einfache Gesetz zu schützende Rechtsgut geeignet und erforderlich sein, und der angestrebte Erfolg muß in einem angemessenen Verhältnis zu der Einbuße stehen, die die Grundrechtsbeschränkung für den Grundrechtsträger hat[83].

bb) Übermaßverbot

Gegenüber den beschriebenen, von § 35 Abs. 2 BRRG verfolgten *Zielen* sind verfassungsrechtliche Bedenken nicht ersichtlich; die Sicherung der Funktionsfähigkeit des Beamtentums durch Vermeidung störender politischer Auseinandersetzungen im Dienst und die Wahrung des Vertrauens der Öffentlichkeit in die Objektivität der Amtsführung sind in bezug auf Art. 33 Abs. 5 GG verfassungslegitime Ziele. Das gesetzlich statuierte politische Mäßigungsgebot ist zur Zweckerreichung auch *geeignet*. Bedenken bestehen ferner nicht gegenüber der *Erforderlichkeit*; mildere, weniger grundrechtsbeeinträchtigende gesetzliche Mittel zur Zielverwirklichung als in der Form, bei politischen Äußerungen Mäßigung und Zurückhaltung zu wahren, sind nicht ersichtlich[84].

Zweifelhaft könnte indes die *Verhältnismäßigkeit* sein. Ob der angestrebte Erfolg in einem angemessenen Verhältnis zur Grundrechtsbeschränkung steht, beurteilt sich nach einer Güterabwägung zwischen dem Grundrecht einerseits und dem durch das »allgemeine Gesetz« geschützten Rechtsgut andererseits[85]. Dabei ist zu beachten, daß die beamtenrechtliche Pflicht zur politischen Mäßigung und Zurückhaltung zu den hergebrachten Grundsätzen des Berufsbeamtentums zählt, mithin durch Art. 33 Abs. 5 GG

---

81 BVerfGE 7, 198 (208 f); 71, 206 (214); 90, 241 (248); 91, 125 (136); 94, 1 (8); *Enders* JuS 1997, L 9 (11); *Jarass* in: ders/Pieroth, GG, Art 5 Rn 47; *Schulze-Fielitz* in: Dreier, GG, Bd I, Art 5 I, II Rn 127 f.
82 BVerfGE 93, 266 (290); *J. Ipsen* Staatsrecht II, Rn 459; *Schmidt-Jortzig* in: HStR VI, § 141 Rn 42 f.
83 BAGE 38, 85 (96) = NJW 1982, 2888 (2890); *Erichsen* Jura 1986, 84 (88); *Katz* Staatsrecht, Rn 651; *Patunas* Meinungsfreiheit, 20.
84 *Pieroth/Schlink* Grundrechte, Rn 607.
85 BVerfGE 28, 191 (202); VGH BW, NJW 1983, 1215.

verfassungsrechtlich abgesichert ist[86]. Die Pflicht dient letztlich dem Vertrauen des Bürgers in die Funktionsfähigkeit der öffentlichen Verwaltung[87]. Somit rechnet sie zu den für die Erhaltung eines intakten Berufsbeamtentums unerläßlichen Pflichten des Beamten. Das Gebot zur politischen Mäßigung ist daher unter Verhältnismäßigkeitserwägungen prinzipiell in der Lage, das Grundrecht der freien Meinungsäußerung einzuschränken.

Für die Verhältnismäßigkeit der Grundrechtsbeschränkung spricht ferner, daß § 35 Abs. 2 BRRG weder jegliche politische Betätigung des Beamten untersagt noch starre Reglementierungen trifft. Dem Beamten verbleibt das Recht, sich politisch zu betätigen[88]. Ebensowenig muß er seine Überzeugung verbergen oder kritische Meinungsäußerungen unterlassen[89]. Das Gebot der politischen Mäßigung knüpft zudem an Art und Inhalt der politischen Betätigung, die Amtsstellung des Beamten und den Bezug der Betätigung zum Amt an, erlaubt somit flexible Lösungen, die den Umständen des Einzelfalles Rechnung tragen[90].

Für die Verhältnismäßigkeit der Grundrechtsbeschränkung spricht schließlich, daß Art und Umfang des Mäßigungsgebotes davon abhängen, ob die politische Betätigung innerhalb oder außerhalb des Dienstes erfolgt. Außerhalb des Dienstes unterliegt der Beamte nur sehr weiten Grenzen; je näher jedoch bei der politischen Betätigung ein Bezug zum Dienst entsteht, um so mehr erfordert die Mäßigungs- und Zurückhaltungspflicht Beachtung[91]. § 35 Abs. 2 BRRG stellt nach alledem eine angemessene normative Lösung des Konflikts zwischen Meinungsfreiheit und politischer Mäßigungspflicht bei Beamten dar. Die Vorschrift ist mit Art. 5 Abs. 1 S. 1, Abs. 2

---

86 BVerwGE 84, 292 (294); BAGE 38, 85 (92) = NJW 1982, 2888 (2889); VGH BW, VBlBW 1987, 33 (34); *Behrend* ZBR 1979, 198; *Herzog* in: Maunz/Dürig, GG, Art 5 Rn 111; *Degenhart* in: BK, Art 5 Abs 1 und 2 Rn 268.
87 BVerfG, DVBl 1988, 782 (783) = NJW 1989, 93; BVerwGE 84, 292 (294); *Battis* BBG, § 53 Rn 3.
88 BVerfG, DVBl 1988, 782 (783) = NJW 1989, 93; BVerwG, NJW 1988, 1747; VGH BW, VBlBW 1987, 33.
89 VG Berlin, NJW 1982, 1113 (1114); *Behrend* ZBR 1979, 198 (200); *Battis* BBG, § 53 Rn 3.
90 VGH BW, NJW 1983, 1215 (1216) und VBlBW 1987, 33 (34); *Patunas* Meinungsfreiheit, 105.
91 BAGE 38, 85 (96) = NJW 1982, 2888 (2890); VGH BW, NJW 1983, 1215 (1216) und VBlBW 1987, 33 (34); *Behrend* ZBR 1979, 198; *Herzog* in: Maunz/Dürig, GG, Art 5 Rn 113; *Degenhart* in: BK, Art 5 Abs 1 und 2 Rn 269.

GG vereinbar[92]. Sonstige verfassungsrechtliche Bedenken bestehen nicht, so daß die Regelung insgesamt verfassungsmäßig ist.

2. Verfassungsmäßige Auslegung und Anwendung der Rechtsgrundlage

Trotz einer rechtswirksamen Rechtsgrundlage ist die Untersagung des Plakettetragens gegenüber L aber nur dann verfassungsmäßig, wenn die Rechtsgrundlage im Hinblick auf den aus Art. 5 Abs. 1 S. 1 GG folgenden Grundrechtsschutz fehlerfrei ausgelegt und angewendet worden ist. Fraglich könnte sein, in welchem Umfang bei der Urteilsverfassungsbeschwerde die fehlerfreie Auslegung und Anwendung der einfachgesetzlichen Rechtsgrundlage (§ 35 Abs. 2 BRRG) überhaupt überprüft werden darf.

a) Prüfungsdichte bei Urteilsverfassungsbeschwerde

Über die Klage von L ist letztinstanzlich vom BVerwG entschieden worden. Wäre mittels Verfassungsbeschwerde eine nochmalige umfassende Überprüfung des ursprünglichen Klagebegehrens zulässig, unterschiede sich das BVerfG nicht von den sog. Fachgerichten[93]. Das BVerfG würde zu einer »Superrevisionsinstanz«. Hiergegen bestehen jedoch Bedenken. Gem. § 90 Abs. 1 BVerfGG ist das BVerfG auf die Überprüfung bestimmter Rechtsverletzungen beschränkt. Die gesetzliche Begrenzung des Prüfungsmaßstabs auf *Grundrechte* und *grundrechtsgleiche Rechte* zeigt, daß die Verfassungsbeschwerde kein weiteres Rechtsmittel im fachgerichtlichen Instanzenzug, sondern ein außerordentlicher Rechtsbehelf ist[94].

Demnach ist das BVerfG keine Superrevisionsinstanz[95]. Die fachgerichtliche Entscheidung kann mit der Verfassungsbeschwerde nicht zur umfassenden Nachprüfung gestellt werden[96]. Anknüpfend an die Ausführungen zur Beschwerdebefugnis ergibt sich für die Prüfungsdichte, daß die Einhaltung des Verfahrens, die Feststellung und Würdigung des Sachverhalts, die Auslegung des einfachen Rechts und seine Anwendung auf den einzel-

---

92 VGH BW, NJW 1983, 1215 (1216) und VBlBW 1988, 446; *Behrend* ZBR 1979, 198; *Herzog* in: Maunz/Dürig, GG, Art 5 Rn 111.
93 *Wank* JuS 1980, 545.
94 BVerfGE 49, 252 (256); 68, 376 (379); 96, 251 (257); *Schlaich* Das Bundesverfassungsgericht, Rn 187; *Schwerdtfeger* Öffentliches Recht, Rn 499.
95 BVerfGE 18, 85 (92 f); 22, 93 (97); 30, 173 (196 f); 49, 304 (314); 52, 131 (157); 75, 302 (313); *Enders* JuS 1997, L9 (13); *Schlaich* Das Bundesverfassungsgericht, Rn 274; *Schwabe* Grundkurs Staatsrecht, 87; *Pieroth/Schlink* Grundrechte, Rn 1174.
96 *Wank* JuS 1980, 545; *Steinwedel* Spezifisches Verfassungsrecht, 21 ff.

nen Fall allein Sache der dafür zuständigen Fachgerichte und der Nachprüfung des BVerfG, das auf die Auslegung und Anwendung von Verfassungsrecht beschränkt ist, grundsätzlich entzogen ist[97]. Das BVerfG hat vielmehr
die Einhaltung der Grundrechte, an die die Fachgerichte gem. Art. 1 Abs. 3,
20 Abs. 3 GG gebunden sind, bei der Auslegung und Anwendung einfachen
Rechts zu sichern.

Somit ist die Prüfungsdichte bei der Verfassungsbeschwerde gegen eine
Gerichtsentscheidung beschränkt auf die Überprüfung der Verletzung
spezifischen Verfassungsrechts durch das Fachgericht[98]. Eine spezifische Verfassungsrechtsverletzung liegt nicht schon dann vor, wenn eine Entscheidung, gemessen am einfachen Recht, objektiv fehlerhaft ist. Der Fehler muß
gerade in der Nichtbeachtung oder Verkennung von Grundrechten liegen[99].
Das kann der Fall sein, wenn das Fachgericht nicht erkannt hat, daß es im
konkreten Fall auch um Grundrechte geht oder wenn die fachgerichtliche
Entscheidung auf einer grundsätzlich unrichtigen Anschauung von der Bedeutung des einschlägigen Grundrechts beruht bzw. wenn das Auslegungsergebnis Grundrechte verletzt[100].

b) Verfassungsmäßigkeit der Entscheidung des BVerwG

Die mit der Verfassungsbeschwerde angegriffene Entscheidung des BVerwG
könnte eine Verletzung spezifischen Verfassungsrechts darstellen, weil bei
der Auslegung und Anwendung des § 35 Abs. 2 BRRG im Falle des L die Bedeutung des Grundrechts der Meinungsäußerungsfreiheit verkannt worden
ist. Fraglich erscheint indessen, inwieweit Art. 5 Abs. 1 S. 1 GG auf die Auslegung und Anwendung des § 35 Abs. 2 BRRG einwirkt. Die Beurteilung des
Plakettetragens als »politische Betätigung« i. S. d. Vorschrift ist eine Frage
des einfachen Rechts[101] und läßt einen Grundrechtsverstoß nicht erkennen.

---

97 BVerfGE 18, 85 (92 f.); 86, 122 (129); *Enders* JuS 1997, L9 (13); *Schlaich* Das
Bundesverfassungsgericht, Rn 275; *Fleury* Verfassungsprozeßrecht, Rn 363.

98 BVerfGE 7, 198 (205 f.); 32, 311 (316); 42, 143 (148 f.); 60, 175 (214); 76, 143
(161); *Erichsen* Jura 1992, 142 (148); *Enders* JuS 1997, L9 (13); *Weyreuther* DVBl
1997, 925 (926); *Schlaich* Das Bundesverfassungsgericht, Rn 275; *Fleury* Verfassungsprozeßrecht, Rn 363.

99 BVerfGE 19, 85 (93); 57, 29 (36); 68, 361 (372); 82, 272 (280); 86, 122 (129); 95,
96 (128).

100 BVerfGE 30, 173 (189, 196 f.); 60, 79 (90); 65, 116 (129); 81, 242 (253); 85, 1
(13); 85, 248 (257 f.); 89, 214 (230).

101 BAGE 38, 85 (92) = NJW 1982, 2888 (2889); VG Berlin, NJW 1979, 2629
(2630); VG Hamburg, NJW 1979, 2164; *von Münch* ZBR 1981, 157 (163); *Beyer*
BayVBl 1981, 233.

Die Auslegung der beamtenrechtlichen Mäßigungspflicht könnte jedoch durch Art. 5 Abs. 1 S. 1 GG hinsichtlich des Ausmaßes der gebotenen Mäßigung und Zurückhaltung beeinflußt werden. Bei Beachtung des hohen Stellenwertes des Grundrechts der Meinungsfreiheit könnte es sich beim Tragen der Anti-Atomkraft-Plakette durch L um eine den Anforderungen der Zurückhaltungspflicht noch entsprechende politische Betätigung handeln.

aa) Gebot politischer Mäßigung im Beamtenverhältnis

Das Grundrecht der Meinungsfreiheit streitet für die Zulässigkeit des Tragens der Anti-Atomkraft-Plakette. Dem steht die in einem hergebrachten Grundsatz des Berufsbeamtentums wurzelnde Mäßigungspflicht gegenüber. Der Grad der gebotenen Mäßigung ergibt sich nach der gesetzlichen Regelung (§ 35 Abs. 2 BRRG) aus der Stellung des Beamten gegenüber der Gesamtheit und aus Rücksicht auf die Pflichten des konkreten Amtes. Das Maß an Zurückhaltung bei politischer Betätigung hängt somit von der Funktion des Beamten ab[102]. Damit aber muß die Entscheidung über die einander widerstreitenden Rechtspositionen aufgrund einer Abwägung erfolgen, die alle Umstände des Einzelfalles berücksichtigt[103].

L ist Lehrer an einer Hauptschule. Der Erziehungs- und Bildungsauftrag der Schule und damit die pädagogische Aufgabe des Lehrers ist in § 2 des SchulG des Bundeslandes X normiert. Danach soll die Schule dem Schüler helfen, seine Fähigkeiten und Neigungen zu entwickeln, selbständig zu denken, zu urteilen und zu handeln sowie sein Leben in eigener Verantwortung und zugleich Staat und Gesellschaft verpflichtet zu führen. Präzisierend ist weiter normiert, die Schule solle durch Erziehung und Unterricht dem Schüler u. a. helfen, sich selbständig zu orientieren, an Werte zu binden und entsprechend zu handeln; sie solle ihn darauf vorbereiten, politische und soziale Verantwortung zu übernehmen und i. S. d. freiheitlichen demokratischen Grundordnung an der Gestaltung der Gesellschaft mitzuwirken; sie solle ihn schließlich auch in die Lage versetzen, Konflikte zu erkennen und sich mit Konfliktsituationen sachbezogen auseinanderzusetzen.

Diese Erziehungsziele verlangen vom Lehrer gerade in umstrittenen politischen Problembereichen Objektivität, Behutsamkeit und Ausgewo-

---

102 BVerwGE 84, 292 (296 f); BAGE 38, 85 (93) = NJW 1982, 2888 (2889); VG Hamburg, NJW 1979, 2164; *Rudolf* in: GS Martens, 205 f.
103 BVerwGE 84, 292 (294); VGH BW, NJW 1983, 1215 (1216); VG Berlin, NJW 1982, 1113 (1114); *Behrend* ZBR 1979, 198 (199); *Lisken* NJW 1980, 1503; *Beyer* BayVBl 1981, 233 (236); *Koester* ZBR 1981, 210 (213).

genheit in der Darstellung der Argumente und Gegenargumente[104]. Die Erreichung der Erziehungsziele setzt ein Klima der Unvoreingenommenheit,
Offenheit und Sachlichkeit voraus. Nur so können politische Interessen-
gegensätze und Zielkonflikte offengelegt, von den Schülern als solche
erkannt und verarbeitet werden[105]. Wenn durch die Beschäftigung mit
bestehenden Konflikten beim Schüler Problembewußtsein und ein Wert-
bewußtsein gebildet werden, das den Schüler zu eigener kritischer Stellungnahme befähigt, setzt dies zugleich ein gewisses Maß an Wissen voraus. Bei
dessen Vermittlung und der darauf basierenden Beurteilung des Konflikts
braucht der Lehrer seine persönliche politische Überzeugung keineswegs zu
verbergen[106]. Seine Meinungskundgabe muß aber stets eine sachbezogene
sein, die dem Schüler die Freiheit läßt, sich selbständig ein Urteil zu bilden.
Der Lehrer darf dagegen seine natürlicherweise bestehende Autorität
gegenüber den Schülern nicht dazu benutzen, im Dienst für bestimmte
politische Auffassungen zu werben[107].

bb) Tragen der Anti-Atomkraft-Plakette und Mäßigungsgebot

Es fragt sich nun, ob das Tragen der Anti-Atomkraft-Plakette durch einen
Lehrer während des Unterrichts mit dem Mäßigungsgebot vereinbar ist.
Man könnte das Plakettetragen als bloß geringfügige politische Betätigung
erachten[108], die kaum über die Kundgabe hinausreicht, daß jemand zur
Kernenergie eine bestimmte Haltung einnimmt. Zudem könnte zu berücksichtigen sein, daß die Anti-Atomkraft-Plakette unaufdringlich gestaltet ist.
In dem Text »Atomkraft? Nein danke!« könnte sprachlich zurückhaltend
zum Ausdruck gebracht sein, daß jemand die Kernenergie für gefährlich
hält und für seiner Auffassung nach ungefährlichere Energiequellen eintritt.
Danach wäre das Mäßigungsgebot bei politischer Betätigung, das insbesondere im Dienst zu beachten ist, gewahrt, die Meinungsäußerungsfreiheit
deckte somit das Tragen der Anti-Atomkraft-Plakette[109].

Es erscheint allerdings fraglich, ob bei einer derartigen Betrachtungsweise die tatsächliche Stellung des Lehrers im Unterricht hinreichend be-

104 BAGE 38, 85 (94) = NJW 1982, 2888 (2889); *Starck* in: von Mangoldt/Klein/
Starck, GG, Bd 1, Art 5 Rn 239; *Patunas* Meinungsfreiheit, 77 ff.
105 VGH BW, VBlBW 1987, 33 (34); VG Hamburg, NJW 1979, 2164.
106 VGH BW, DVBl 1984, 964 (965) = DÖV 1984, 943 = NJW 1985, 1661; *Patunas*
Meinungsfreiheit, 80, 82.
107 BAGE 38, 85 (94) = NJW 1982, 2888 (2890); *Patunas* Meinungsfreiheit, 117 f.
108 *Lecheler* JuS 1992, 473 (475 f).
109 VG Berlin, NJW 1979, 2628 (2630); *Beyer* BayVBl 1981, 233 (236).

rücksichtigt ist. Unter Vernachlässigung der Realität im Verhältnis zwischen Lehrer und Schülern könnte verkannt sein, daß ein Lehrer nicht irgendein Beamter ist. Damit aber wäre eine einseitige Abwägung der widerstreitenden Interessen vorgenommen worden. Die Anti-Atomkraft-Plakette ist nicht nur eine geringfügige Meinungskundgabe, sondern auch ein politisches Propagandamittel, das schlagwortartig verkürzt eine bestimmte politische Meinung darstellt und für sie wirbt[110]. Durch das stete Tragen der Plakette werden die Schüler ständig mit dieser politischen Auffassung des Lehrers konfrontiert. Eine sachbezogene Auseinandersetzung mit der vielschichtigen Problematik der friedlichen Nutzung der Kernenergie findet nicht statt. In den meisten Fächern besteht kaum eine Möglichkeit zur sachangemessenen Behandlung des Themas »Kernenergie«. Zudem sind nicht alle Schüler (einer Hauptschule) ohne weiteres in der Lage, die mit dem friedlichen Einsatz der Kernenergie zusammenhängenden Probleme hinreichend zu erfassen und sich mit ihnen auseinanderzusetzen[111]. Die ständige und undifferenzierte Meinungskundgabe führt eher zu Vorurteilen als zu dem vom SchulG (vgl. § 2) geforderten Problembewußtsein[112]. Es kommt hinzu, daß die ohne Begründung durch die Plakette vermittelte Meinung auf Dauer notwendigerweise auch emotional wirkt[113]. Insoweit sind zusätzlich Autorität und Ansehen des Lehrers von Bedeutung[114]. Es besteht die konkrete Gefahr, daß bei der Überzeugungsbildung der Schüler andere Faktoren als das nüchterne und rational begründete Urteil wirken. Durch das fortwährend plakative und betonte Herausstellen seiner eigenen politischen Meinung können Schüler schon im Hinblick auf die Autorität des Lehrers unreflektiert zu seiner Ansicht gedrängt werden[115]. Bei Berücksichtigung der Machtstellung des Lehrers schließlich, wie sie sich insbesondere im Rahmen von Prüfungen ausdrücken kann, kann die dauernde einseitige Beeinflussung sogar in eine Indoktrination bei manchen Schülern führen[116].

---

110 BVerwGE 84, 292 (295 f); BAGE 38, 85 (94) = NJW 1982, 2888 (2890); VG Hamburg, NJW 1979, 2164; *Rudolf* in: GS Martens, 208; *Patunas* Meinungsfreiheit, 121.
111 BAGE 38, 38 (95) = NJW 1982, 2888 (2890); *Patunas* Meinungsfreiheit, 122.
112 VG Hamburg, NJW 1979, 2164 (2165).
113 *Ebel* DÖV 1980, 437 (439).
114 VGH BW, DVBl 1984, 964 (965) = DÖV 1984, 943 = NJW 1985, 1661; VGH BW, VBlBW 1988, 446; VG Hamburg, NJW 1979, 2164 (2165).
115 BVerwGE 84, 292 (296); BAGE 85 (95) = NJW 1982, 2888 (2890).
116 *Behrend* ZBR 1979, 198 (199); *Patunas* Meinungsfreiheit, 122.

Überwiegende Gründe sprechen somit dafür, das Tragen der Anti-Atom-kraft-Plakette durch einen Lehrer im Dienst unter verfassungsrechtlichen Gesichtspunkten für eine unzulässige Betätigung zu erachten[117].

cc) Verhältnismäßigkeit des Verbots des Plakettetragens

Das Grundrecht der Meinungsäußerungsfreiheit dürfte durch dieses *Auslegungsergebnis* jedoch nicht übermäßig eingeschränkt werden. Das Tragen der Anti-Atomkraft-Plakette durch Lehrer während des Dienstes widerspricht, wie ausgeführt, dem Erziehungsauftrag der Schule. Das entsprechende Verbot ist somit geeignet und erforderlich zur Beachtung der politischen Mäßigungspflicht. Es müßte jedoch auch die Verhältnismäßigkeit gewahrt sein. Das ist der Fall. Angesichts der Bedeutung des Erziehungs- und Bildungsauftrags der Schule wird dem Lehrer auch bei Berücksichtigung der herausragenden Stellung des Art. 5 Abs. 1 S. 1 GG nichts Unangemessenes zugemutet, wenn er seine persönliche politische Meinung zum Thema »Kernenergie« nicht durch das sichtbare Tragen einer Plakette im Unterricht zum Ausdruck bringen darf. Die Grundrechtsbeschränkung bezieht sich zum einen nur auf eine bestimmte Form der Meinungsäußerung; zum anderen ist nur das Verhalten im Dienst betroffen. Außerhalb des Dienstes steht es L frei, die Plakette zu tragen. Im Hinblick auf das geschützte Rechtsgut hält sich die Einschränkung der Meinungsäußerungsfreiheit demnach in angemessenen Grenzen[118].

Bei der Auslegung und Anwendung des Beamtenrechts ist die Bedeutung des Grundrechts der Meinungsfreiheit durch das BVerwG hinreichend beachtet worden. Der Lehrer ist verpflichtet, während des Dienstes keine Anti-Atomkraft-Plakette zu tragen[119]. Die Entscheidung des BVerwG ist gem. Art. 5 Abs. 1 und Abs. 2 GG verfassungsrechtlich nicht zu beanstanden. Sonstige Grundrechte kommen als Prüfungskriterien nicht in Betracht. Die Verfassungsbeschwerde ist unbegründet.

> **Ergebnis:** Die Verfassungsbeschwerde ist zwar zulässig, aber unbegründet. Sie hat keine Aussicht auf Erfolg.

---

117 *Pieroth/Schlink* Grundrechte, Rn 607.
118 BVerwGE 84, 292 (298); BAGE 38, 85 (96) = NJW 1982, 2888 (2890).
119 BVerwGE 84, 295 (295); BAGE 38, 85 (89 ff) = NJW 1982, 2888 ff; VG Hamburg, NJW 1979, 2164 f; *von Münch* ZBR 1981, 157 (163); *Battis* BBG, § 53 Rn 3; *Starck* in: von Mangoldt/Klein/Starck, GG, Bd 1, Art 5 Rn 239; *Rudolf* in: GS Martens, 208.

Hinweise zur methodischen und sachlichen Vertiefung

1. Aufbau

Bei diesem Fall handelt es sich um eine als *Hausarbeit* abgehandelte Aufgabe. Dies dokumentiert sich im äußeren Erscheinungsbild gegenüber der Klausur dadurch, daß neben dem Deckblatt (und der Sachverhaltswiedergabe) eine Gliederung und ein Literaturverzeichnis angefertigt sind.

Der Aufbau der Fallösung selbst unterscheidet sich im Prinzip nicht von einer Klausurlösung, sondern entspricht in Zulässigkeit und Begründetheit dem üblichen Lösungsweg bei der Prüfung einer *Urteilsverfassungsbeschwerde*. Besondere Aufbauschwierigkeiten treten nicht auf. Lediglich auf zwei Prüfungspunkte ist hinzuweisen. Zur Vermeidung pauschaler Annahmen und Behauptungen und zur Gewinnung rational nachvollziehbarer sowie rechtsdogmatisch konsistenter Lösungen ist die spezifische Grundrechtsbindung sog. fachgerichtlicher Entscheidungen bereits im Rahmen der Zulässigkeit der Urteilsverfassungsbeschwerde bei der Beschwerdebefugnis ansatzweise zu erörtern und später – inhaltlich hieran anknüpfend – im Rahmen der Begründetheitsprüfung beim bundesverfassungsgerichtlichen Prüfungsumfang abschließend darzulegen. Zum zweiten ist auf einen erfahrungsgemäß immer wieder auftretenden, typischen Fehler aufmerksam zu machen: Wenn in der Begründetheitsprüfung auf der Ebene der Grundrechtsschranken die Verfassungsmäßigkeit des Grundrechtseingriffs geprüft wird, muß zunächst – sofern der Fall (wie hier) dazu Anlaß bietet – die Rechtswirksamkeit der vorhandenen gesetzlichen Schrankenregelung untersucht werden. Damit ist die verfassungsrechtliche Prüfung aber nicht abgeschlossen. Zwar ist die Auslegung und Anwendung einfachgesetzlicher Schrankenregelungen Aufgabe der sog. Fachgerichte und der Überprüfung durch das BVerfG grundsätzlich entzogen. Angesichts des Vorrangs der Verfassung (Art. 20 Abs. 3 GG) und der Grundrechte (Art. 1 Abs. 3 GG) überprüft das BVerfG jedoch die grundrechtsgemäße Anwendung der herangezogenen einfachgesetzlichen Rechtsgrundlage(n). Dieser in der Fallösung häufig übersehene Prüfungspunkt ist aufbaumäßig am Ende der Arbeit anzusiedeln und fragt inhaltlich nach der erwähnten spezifischen Grundrechtsbindung der sog. Fachgerichte.

2. Inhalt

Der Fall bietet ein Beispiel dafür, wie rechtliche Fragestellungen durch strikte Beachtung rechtswissenschaftlicher Auslegungsmethoden gelöst werden können. Da es sich um die Lösung einer Hausarbeitsaufgabe handelt, gewinnt die Berücksichtigung der Entstehungsgeschichte einer Vorschrift (Art. 5 Abs. 2 GG) eine gewisse Bedeutung.

a) Zulässigkeit der Verfassungsbeschwerde

Auch in der Hausarbeit sind Ausführungen nur zu denjenigen Zulässigkeitsvoraussetzungen geboten, die Anlaß zur Prüfung geben. Die Ausarbeitung der Lösung bietet Gelegenheit, zum *Beschwerdegegenstand* unter Heranziehung der Methoden der Gesetzesinterpretation im Hinblick auf eine angefochtene gerichtliche Entscheidung eine rechtsdogmatisch abgesicherte Lösung zu entwickeln. Anders als bei Art. 19 Abs. 4 S. 1 GG umfaßt der Gesetzesbegriff »öffentliche Gewalt« i. S. d. § 90 Abs. 1 BVerfGG alle drei klassischen Funktionen (i. S. d. Gewaltenteilungslehre), insbesondere auch die Rechtsprechung.

  Inhaltliche und methodische Fragen besonderer Art wirft die Ermittlung der Beschwerdebefugnis bei der Urteilsverfassungsbeschwerde auf, zumal zusätzlich die Grundrechtsgeltung im Beamtenverhältnis anzusprechen ist (Aufbaualternative insoweit: Prüfung der Grundrechtsberechtigung im Beamtenverhältnis vorab als Prüfungspunkt »Beschwerdefähigkeit«; vgl. *Frotscher/Teske* JuS 1994, L 12 [13]). Gerade bei der Beschwerdebefugnis neigen viele Bearbeiter erfahrungsgemäß zum Aufstellen bloßer Behauptungen. Bei systematischem Vorgehen sind zunächst die inhaltlichen Anforderungen herauszuarbeiten, die die Möglichkeit der Grundrechtsverletzung verlangen. Ob diese Möglichkeit gegeben ist, darf nicht einfach behauptet werden (denn: »möglich« i. S. von »theoretisch denkbar« ist beinahe alles), sondern muß mit Blick auf den Fall in concreto ermittelt werden. Keine größeren Probleme sollte dabei die Grundrechtsgeltung im Sonderrechtsverhältnis bieten; sie ist nach dem Sachverhalt anzusprechen, kann jedoch kurz abgehandelt werden, da die Frage in der Sache mittlerweile geklärt ist. Sodann ist auf der Grundlage der »Möglichkeitstheorie« bei konkreter Prüfung (vgl. *Pieroth/Schlink* Grundrechte, Rn. 1187) bereits im Rahmen der Zulässigkeitsprüfung die spezifische Grundrechtsbeeinträchtigung herauszuarbeiten, wobei zu beachten ist, daß an dieser Stelle noch nicht die Begründetheitsprüfung vorweggenommen werden darf. Bei exakter Differenzierung knüpft die später in der Begründetheitsstation vorzunehmende Prüfung der grundrechtsgemäßen Anwendung der einfachgesetzlichen Rechtsgrundlage nahtlos an die Ausführungen zur Beschwerdebefugnis an. In der Zulässigkeitsprüfung muß schließlich eine Grundrechtsbeeinträchtigung festgestellt werden, weil ansonsten die Möglichkeit der Grundrechts verletzung (= verfassungswidrige Grundrechtsbeeinträchtigung) von vornherein ausscheidet. Dabei muß die angefochtene Maßnahme den grundrechtlichen Schutzbereich selbst, gegenwärtig und unmittelbar tangieren. Diese – bei einer Verfassungsbeschwerde gegen ein Gesetz nicht selten problematischen – Voraussetzungen sind bei der Urteilsverfassungsbeschwerde in aller Regel gegeben (Ausnahmen denkbar z. B. bei Entscheidungen des Großen Senats eines Obersten Gerichtshofs des Bundes oder des Gemeinsamen Senats der Obersten Gerichtshöfe des Bundes) und bedürfen keiner vertieften Darlegung.

Das Annahmeverfahren gem. §§ 93a ff. BVerfGG ist in der Praxis sehr bedeutsam, spielt jedoch in Übungsarbeiten keine Rolle (*Pieroth/Schlink* Grundrechte, Rn. 1120; a. A. *Schwerdtfeger* Öffentliches Recht, Rn. 499, 508). Vorliegend schafft der Bearbeitungshinweis Klarheit.

b) Begründetheit der Verfassungsbeschwerde

In der Begründetheitsprüfung liegt ein Schwerpunkt der Arbeit – zumal wegen der entsprechenden Andeutung im Sachverhalt – bei der Bestimmung des Merkmals »*allgemeines Gesetz*« i. S. d. Art. 5 Abs. 2 GG. Daß die Rechtsprechung des BVerfG hierzu mitunter Rätsel aufgibt (vgl. *Schwabe* Grundkurs Staatsrecht, S. 93 f.), entlastet nicht von der Notwendigkeit einer sorgfältigen Prüfung (vgl. *J. Ipsen* Staatsrecht II, Rn. 440 ff.). Die Ablehnung einer vertieften Erörterung der Problematik (*Frotscher/Teske* JuS 1994, L 12 [14]) kann bei Hausarbeiten nicht empfohlen werden. Erneut gewinnen die Methoden der Gesetzesauslegung für die Beantwortung der inhaltlichen Fragestellung eine besondere Bedeutung. Angesichts recht unterschiedlicher Auffassungen ist vertieft auf die Problematik einzugehen. Bei sorgfältiger Beobachtung muß deutlich werden, daß das BVerfG seine frühere Definition des Begriffs »allgemeines Gesetz« i. S. d. Art. 5 Abs. 2 GG unterdessen – leider nur versteckt, d. h. ohne ausdrückliches Eingeständnis – aufgegeben hat (vgl. Fn. 60 einerseits und Fn. 66 ff. andererseits), was im Schrifttum allerdings noch nicht ausnahmslos zur Kenntnis genommen worden ist (zutreffend *Enders* JuS 1997, L 9 [10 Fn. 18]; ferner *Lücke* Die »allgemeinen« Gesetze, S. 22). Zu den verschiedenen Varianten der »Sonderrechtslehre« ist eine Entscheidung nicht gefordert, da alle Auffassungen zu demselben Ergebnis gelangen.

In der Hausarbeit sollte es sodann keine Schwierigkeiten bereiten, zu erkennen, daß sich hinter der sog. »Wechselwirkungslehre« des BVerfG zu Art. 5 Abs. 2 GG nichts anderes verbirgt als die Prüfung der Verhältnismäßigkeit des grundrechtseinschränkenden Gesetzes. Aufbaumäßig und inhaltlich ist zwischen der Allgemeinheit eines Gesetzes und seiner Verhältnismäßigkeit strikt zu unterscheiden (*Enders* JuS 1997, L 9 [10 Fn. 12]).

Besondere Schwierigkeiten bereiten erfahrungsgemäß die präzise Bestimmung des *verfassungsgerichtlichen Prüfungsumfangs* bei Urteilsverfassungsbeschwerden und – in größerem Maße noch – die korrekte Überprüfung der angefochtenen fachgerichtlichen Entscheidung am vorgegebenen grundrechtlichen Prüfungsmaßstab. Inhaltlich geht es um die Differenzierung zwischen Auslegung und Anwendung einfachen Gesetzesrechts einerseits sowie der grundrechtlichen Ausstrahlung hierauf als Folge der spezifischen Grundrechtsbindung der sog. Fachgerichte andererseits. Im Rahmen der Urteilsverfassungsbeschwerde ist nur letzteres für die Lösung relevant. Wird die erwähnte Grenzziehung überschritten, handelt es sich nicht mehr nur um eine (allein zulässige) verfassungsrechtliche Lösung, sondern (auch schon) um eine (unzulässige) verwaltungsrechtliche Arbeit. In der rechtswissenschaftlichen Literatur (vgl. zur Diskussion z. B. *Roth* AöR 121 [1996] 544 [548 ff.]; *Berkemann* DVBl 1996, 1028 ff.; *Wahl/Wieland* JZ 1996, 1137 [1138 f.]; *Schulze-Fielitz* AöR 122 [1997] 1 [9 ff.]; *Wolter* Der Staat 36 [1997] 426 ff.; *Weyreuther* DVBl 1997, 925 ff.; *Scherzberg* DVBl 1999, 356 ff.) wird der Maßstab »Verletzung spezifischen Verfassungsrechts« wegen der schwierigen Unterscheidbarkeit zwischen vorrangigen Grundrechten und einfachem Recht wieder einmal einer verstärkten Kritik unterzogen (*Mager* Jura 1996, 404 [409] spricht gar von einer »Leerformel«). Hausarbeit und Klausur sollten sich dennoch an einer der herrschenden Rechtsauffassungen orientieren, zumal die Kritik überzeugende und anerkannte Alternativen nicht angeboten hat.

Wie in vielen Grundrechtsfällen, die – da keine »klaren« Fälle darstellend – letztlich in eine methodisch exakt zu begründende (Güter-)Abwägung einmünden, kommt es für die Bewertung der Lösung auf das Ergebnis als solches nicht entscheidend an.

3. Rechtsprechungs- und Literaturhinweise
a) Ausgangsfall
Der Fall ist gebildet in Anlehnung an BVerwG, Urt. v. 25. 1. 1990 – 2 C 50/88 – E 84, 292 = NJW 1990, 2265 = DVBl 1990, 644 = DÖV 1990, 703 = BayVBl 1990, 537 = ZBR 1990, 262; dazu Besprechung *Lecheler* JuS 1992, 473; eine knappe Lösungsskizze zu dem Fall bieten *Pieroth/Schlink* Grundrechte, Rn. 607.

b) Meinungsfreiheit

Zur Meinungsfreiheit und ihrer Einschränkbarkeit vgl. die im Literaturverzeichnis angegebenen einschlägigen Beiträge; ferner (knappe Zusammenfassung der Rechtsprechungsentwicklung) *Odendahl* Das »Lüth-Urteil«, JA 1998, 933.

Aus der jüngeren Rechtsprechung wichtig:

– BVerfGE 82, 272 = DVBl 1990, 993 = JZ 1990, 1072 (m. Anm. *Tettinger*) – Vorrang des Persönlichkeitsschutzes vor Schmähung;
– BVerfGE 85, 1 = DVBl 1992, 141 = NJW 1992, 1439 = JuS 1992, 961 (*Hufen*) – Meinungsfreiheit und Tatsachenbehauptungen;
– BVerfGE 85, 23 = DVBl 1992, 357 = NJW 1992, 1442 = *Kunig* JK 92, GG Art. 5 I 1/18 = JuS 1992, 878 (*Hufen*) – Meinungsfreiheit bei Fragen;
– BVerfGE 90, 241 = DVBl 1994, 688 = NJW 1994, 1779 = JZ 1994, 900 (m. Anm. *Schulze-Fielitz*) = *Kunig* JK 94, GG Art. 5 I/22 = JA 1995, 272 (*Heselhaus*) = JuS 1995, 638 (*Hufen* mit Erwiderung *Stegbauer* S. 1048) – Leugnung der Judenverfolgung;
– BVerfG, NJW 1994, 2943 = JuS 1995, 352 (*Hufen*) und BVerfGE 93, 266 = DVBl 1996, 27 = NJW 1995, 3303 = JZ 1996, 360 (m. Anm. *Zuck*) = JuS 1996, 738 (*Hufen*) – »Soldaten sind Mörder«; dazu Besprechung *Stark* JuS 1995, 689 (mit Erwiderung *Wrase* JuS 1996, 88) sowie *Mager* Jura 1996, 405;
– BVerfGE 94, 1 = NJW 1996, 1529 – Abgrenzung zwischen »Tatsache« und »Meinung« sowie verfassungsrechtliche Kontrolle einer fachgerichtlichen Entscheidung.

c) Fallbearbeitungen

Schwierigkeitsgrad einer Anfängerübung: *Kämper* Die unzulässige Werbetafel, JuS 1987, L 29 (Fall zu einer Urteilsverfassungsbeschwerde und zu Art. 5 Abs. 1 S. 2, Abs. 2 GG); *Manssen* Der Früchteboykott, JuS 1990, L 28 (Fall zu einer Verfassungsbeschwerde gegen ein zivilgerichtliches Urteil, das einen wirtschaftlichen Boykottaufruf durch Art. 5 Abs. 1 S. 1 GG nicht gerechtfertigt sieht); *Frotscher/Teske* Schwarze Sheriffs für München, JuS 1994, L 12 (Fall zu einer Urteilsverfassungsbeschwerde und zu Art. 5 Abs. 1 und Abs. 2 GG); *Arndt* Der Leserbrief, JuS 1996, L 28 (Fall zu einer Verfassungsbeschwerde gegen ein strafgerichtliches Urteil und zu Art. 5 Abs. 1 und Abs. 2 GG).

Fortgeschrittenen- und Examensniveau: *Pieroth/Kampmann* Die Beschlagnahme nationalsozialistischer Propagandamittel, Jura 1986, 217 (Fall zu Problemen der Begriffe »Meinung« i. S. d. Art. 5 Abs. 1 GG und »allge-

meines Gesetz« i.S.d. Art. 5 Abs. 2 GG, verfassungsrechtliche Rechtfertigung von Grundrechtseingriffen durch Sondergesetze gegen die Meinungsfreiheit); *Stock* Ein Lehrer als Bhagwan-Fan, JuS 1989, 654 (Fall zu einer
Urteilsverfassungsbeschwerde und zu einer – Fall 3 vergleichbaren – schul-
und beamtenrechtlich eingekleideten Konstellation im Rahmen von Art. 4
Abs. 1, Abs. 2 GG); der letztgenannten Fallbearbeitung vergleichbar Aufgabe 6 der Ersten Juristischen Staatsprüfung 1986/I in Bayern, BayVBl 1988,
30 und 59; *Fehling* Plakataktion, JuS 1996, 431 (Fall zu einer Urteilsverfassungsbeschwerde sowie zur Meinungs-, Presse- und Kunstfreiheit), dazu
Erwiderung *Stegbauer* JuS 1997, 288; *Szczekalla* Deutschlandlüge, JuS 1996,
625 (Fall – Hausarbeit – zu einer Verfassungsbeschwerde gegen einen
Gerichtsbeschluß sowie zur Meinungsfreiheit und zum allgemeinen Justizgewährungsanspruch).

Fall 4: Straßentheater als Versammlung

Sachverhalt

Der Verein »Spirituelle Lösungen für materielle Probleme e. V.« (V) macht mit musikalischen und tänzerischen Darbietungen sowie Theaterstücken in der Öffentlichkeit immer wieder auf gesellschaftliche Probleme aufmerksam, die nach Auffassung von V bestehen. Unlängst waren die Themen »Umweltzerstörung« und »Ausländerfeindlichkeit« behandelt worden, nun wendet sich V dem Thema »Krankheit der Psyche« zu. Dazu heißt es in einem Flugblatt:

> »Wir müssen die Empfehlungen der Weisen ernst nehmen, um in Harmonie mit den kosmischen Gesetzen und der Natur, insbesondere auch mit den Tieren leben zu können. Alle sind wir spirituelle Seelen und deshalb Brüder und Schwestern! Daher laßt uns zusammenkommen, um für ein einfaches Leben und hohes Denken einzutreten, wie dieses seit tausenden von Jahren von den Weisen Indiens angeraten wird. Treten wir insbesondere gegen Schlachthäuser und für ein liebevolles Miteinander ein!«.

Im Rahmen seiner »Pilgerprozession durch Deutschland« erreicht V die Stadt S. Auf dem Marktplatz, der Teil der Fußgängerzone von S ist und auf dem an drei Tagen in der Woche der sog. Bauernmarkt stattfindet, führt V mit 20 Teilnehmern eine Veranstaltung unter dem Motto »Friede mit Tieren – spirituelle Lösungen für materielle Probleme« auf. Nach musikalischen und tänzerischen Darbietungen wird ein Theaterstück gezeigt, in dem scharfer Protest gegen die Landwirtschaftspolitik der Bundesregierung insbesondere gegen die Zulassung weiträumiger Viehtransporte artikuliert wird. Die Bundesregierung wird wegen der nach Auffassung von V verfehlten Tierschutzpolitik als »Mörderbande« bezeichnet; in dem Theaterstück wird ferner ein Spruchband mit der Aufschrift gezeigt: »Schluß mit dieser Mörderbande!«

Als die Verwaltung über den Vorgang informiert wird, erscheinen postwendend zuständige Behördenvertreter, die die von V organisierte Veranstaltung untersagen. Zur Begründung wird ausgeführt, daß V die Veranstaltung nicht angemeldet habe und auch nicht über die notwendige straßenrechtliche Erlaubnis verfüge; außerdem werde die Bundesregierung verhöhnt, und deren Repräsentanten würden beleidigt. A, der Vorsitzende von V, beruft sich demgegenüber auf Grundrechte des Vereins und meint, die deutsche Verwaltung solle endlich einmal Kritik ertragen lernen und tue

außerdem besser daran, den von V propagierten natürlichen Lebensstil zu
unterstützen, anstatt fortschrittliche Menschen durch Verbote grundgesetzwidrig mundtot machen zu wollen.

Um weiteren Unannehmlichkeiten aus dem Wege zu gehen, kommt V
der behördlichen Maßnahme nach. Das Einschreiten der Verwaltung soll
jedoch gerichtlich überprüft werden. Zur Vorbereitung entsprechender
Schritte bittet V um eine rechtsgutachtliche Auskunft darüber, ob die
Untersagung der Veranstaltung

1. mit dem Grundrecht der Versammlungsfreiheit,
2. mit dem Grundrecht der Kunstfreiheit

vereinbar gewesen ist.

Bearbeitungsvermerk: Von der Verfassungsmäßigkeit anwendbarer einfachgesetzlicher Vorschriften ist auszugehen.

Lösung

1. Frage: Vereinbarkeit der Untersagungsverfügung mit dem Grundrecht der Versammlungsfreiheit.

Das behördliche Einschreiten gegenüber V könnte einen Eingriff in den
Schutzbereich des Art. 8 Abs. 1 GG darstellen, und es könnte fraglich sein,
ob ein solcher Eingriff von der Schrankenregelung gem. Art. 8 Abs. 2 GG
gedeckt ist.

I. Anwendbarkeit des Art. 8 GG

Art. 8 GG müßte im vorliegenden Fall überhaupt anwendbar sein. Das
könnte deshalb fraglich sein, weil die Veranstaltung – auch bei Bejahung des
Versammlungsbegriffs – letztlich Ausdruck eines künstlerischen Gestal-
tungswillens ist; insoweit könnte Grundrechtsschutz gem. Art. 5 Abs. 3 S. 1
GG zu gewähren sein[1]. Zwischen Art. 5 Abs. 3 S. 1 GG und Art. 8 Abs. 1 GG
besteht indes nicht notwendigerweise ein Verhältnis der Exklusivität. Insbesondere bei szenischen Aufführungen schließt ihr demonstrativer Charakter die Möglichkeit des Vorliegens einer künstlerischen Äußerung und

---

1   *Kunig* in: von Münch/Kunig, GG, Bd 1, Art 8 Rn 37; *Jarass* in: ders/Pieroth, GG,
Art 8 Rn 4a; *Schulze-Fielitz* in: Dreier, GG, Bd I, Art 8 Rn 75; *Starck* in: von
Mangoldt/Klein/Starck, GG, Bd 1, Art 5 Rn 290; *Gusy* ebd, Art 8 Rn 87.

damit den Schutz gem. Art. 5 Abs. 3 S. 1 GG zwar nicht von vornherein aus; umgekehrt muß wegen des künstlerischen Moments nicht zwangsläufig der Grundrechtstatbestand des Art. 8 Abs. 1 GG verdrängt werden[2]. Künstlerische Demonstrationen können sich, sofern der jeweilige Grundrechtstatbestand gegeben ist, auf Art. 5 Abs. 3 S. 1 GG und auf Art. 8 Abs. 1 GG berufen[3]. Es muß demnach im konkreten Fall unabhängig davon, daß es um eine künstlerische Veranstaltung gehen könnte, untersucht werden, ob die Darbietung den Versammlungsbegriff des Art. 8 Abs. 1 GG erfüllt.

II. Eingriff in den Schutzbereich

V veranstaltete auf dem Marktplatz der Stadt S musikalische und tänzerische Darbietungen und führte ein Theaterstück auf, mit dem gegen die Landwirtschaftspolitik der Bundesregierung protestiert wurde. Dabei müßte es sich um eine »Versammlung« i. S. d. Art. 8 Abs. 1 GG gehandelt haben, und das behördliche Einschreiten müßte einen Grundrechtseingriff darstellen.

1. Schutzbereich der Versammlungsfreiheit

Art. 8 Abs. 1 GG gibt allen Deutschen das Recht, sich ohne Anmeldung oder Erlaubnis friedlich und ohne Waffen zu versammeln. Fraglich ist, ob die von V auf dem Marktplatz von S durchgeführte Veranstaltung vom Grundrechtstatbestand des Art. 8 Abs. 1 GG geschützt ist.

a) Sachlicher Schutzbereich
aa) Versammlungsbegriff

Der sachliche Schutzbereich des Grundrechts der Versammlungsfreiheit wird durch das Merkmal »Versammlung« konstituiert[4]. Darunter ist nicht schon jedes rein zufällige Zusammenkommen mehrerer Personen zu verstehen. Vielmehr ist eine gewisse *innere Verbindung* notwendig; ansonsten läge eine bloße »Ansammlung« vor, also eine von Art. 8 Abs. 1 GG nicht geschützte zufällig entstandene Personenmehrheit[5]. Hier hatten sich 20 Teil-

---

2 *Ladeur* in: Ridder/Breitbach/Rühl/Steinmeier, Versammlungsrecht, 1992, Art 8 Rn 15.

3 *Höfling* in: Sachs, GG, Art 8 Rn 77; *Dietel/Gintzel/Kniesel* Demonstrations- und Versammlungsfreiheit, 12. Aufl 2000, § 1 Rn 132; *Ott/Wächtler* Gesetz über Versammlungen und Aufzüge, 6. Aufl 1996, Einf Rn 49 f.

4 *Gusy* JuS 1993, 555.

5 BVerwGE 82, 34 (38); *Pieroth/Schlink* Grundrechte, Rn 689; *Kunig* in: von Münch/Kunig, GG, Bd 1, Art 8 Rn 14.

nehmer auf dem Marktplatz von S getroffen, um unter einem bestimmten Motto eine von V organisierte Veranstaltung durchzuführen. Folglich handelt es sich nicht um eine lediglich zufällige Ansammlung von Menschen; vielmehr liegt eine durch das Motto der Veranstaltung symbolisierte innere Verbindung der Teilnehmer vor.

Fraglich ist, ob damit der Versammlungsbegriff des Art. 8 Abs. 1 GG bereits zu bejahen ist oder ob weitere Kriterien erfüllt sein müssen. Maßgeblich könnte der *Zweck der Zusammenkunft* sein[6]. Der Versammlungsfreiheit könnte in der grundgesetzlichen Ordnung eine Komplementärfunktion zur Meinungsfreiheit zukommen[7]. Die Versammlungsfreiheit könnte als Freiheit zur kollektiven Meinungskundgabe zu verstehen sein[8]. Danach hätte Art. 8 Abs. 1 GG eine unentbehrliche und grundlegende Bedeutung für die freiheitlich-demokratische Staatsordnung. Art. 8 Abs. 1 GG könnte nur solche Zusammenkünfte schützen, bei denen unter Einwirkung auf die Öffentlichkeit in einer öffentlichen Angelegenheit eine Diskussion geführt bzw. eine kollektive Aussage artikuliert wird. Der gemeinsame Wille, in einer öffentlichen Angelegenheit Stellung zu beziehen, könnte demnach wesentliches Kriterium des Versammlungsbegriffs gem. Art. 8 Abs. 1 GG sein[9]. Gegen ein derart enges Begriffsverständnis spricht jedoch, daß sich dafür in Art. 8 GG keine rechtlichen Anknüpfungspunkte finden lassen[10]. Daß sich das Gebrauchmachen von der Versammlungsfreiheit tatsächlich sehr häufig auf politische Themen bezieht, muß nicht zu einem rechtsnormativ verengten Verständnis des Versammlungsbegriffs gem. Art. 8 Abs. 1 GG führen. Deshalb könnte für die Bejahung einer Versammlung eine gemeinsame Zweckverfolgung unabhängig von der Art des Zwecks notwendig, aber auch ausreichend sein[11]. Danach wäre es unerheblich, ob es um Meinungskundgebungen zu öffentlichen oder privaten Angelegen-

---

6 *Gusy* JuS 1993, 555; *Schulze-Fielitz* in: Dreier, GG, Bd I, Art 8 Rn 14.

7 *Hesse* Grundzüge des Verfassungsrechts, Rn 404; *Katz* Staatsrecht, Rn 763.

8 BVerfGE 69, 315 (345); BVerwGE 82, 34 (39); *Jarass* in: ders/Pieroth, GG, Art 8 Rn 2.

9 BayObLG, NJW 1970, 479; VGH BW, DVBl 1995, 361 = DÖV 1995, 163 = NVwZ-RR 1995, 271; VGH BW, DVBl 1998, 837 (838) = DÖV 1998, 650 (651) = NVwZ 1998, 761 (763).

10 *von Mutius* Jura 1988, 30 (37); *Höfling* in: Sachs, GG, Art 8 Rn 5 f.

11 BVerfGE 69, 315 (343 ff); BVerwGE 56, 63 (69); 82, 34 (38 f); *Deger* NJW 1997, 923 (924); *Hesse* Grundzüge des Verfassungsrechts, Rn 405; *Kunig* in: von Münch/Kunig, GG, Bd 1, Art 8 Rn 14; *Schulze-Fielitz* in: Dreier, GG, Bd I, Art 8 Rn 14 f; *Gusy* in: von Mangoldt/Klein/Starck, GG, Bd 1, Art 8 Rn 16 f; *Kloepfer* in: HStR VI, § 143 Rn 16 ff.

heiten geht. Die Erörterung irgendwelcher Themen wäre ausreichend, um eine Versammlung i. S. d. Art. 8 Abs. 1 GG als Ausdruck gemeinschaftlicher, auf Kommunikation angelegter Entfaltung bejahen zu können.

Demgegenüber könnte jedoch zweifelhaft sein, warum Art. 8 Abs. 1 GG ausschließlich als Kommunikationsgrundrecht aufgefaßt werden soll. Die Versammlungsfreiheit könnte ebenso in Verbindung mit Art. 2 Abs. 1 GG zu sehen sein und zwecks Abwendung der drohenden Isolierung des Einzelnen die Persönlichkeitsentfaltung in Gruppenform gewährleisten[12]. Danach wäre auf das Erfordernis eines *besonderen Versammlungszwecks* neben dem Merkmal der *inneren Verbindung* zu verzichten[13].

Nach dem zuletzt genannten, weiten Verständnis des Versammlungsbegriffs ist die Veranstaltung unter dem Motto »Friede mit Tieren – spirituelle Lösungen für materielle Probleme« ohne weiteres eine Versammlung i. S. d. Art. 8 Abs. 1 GG. Zweifelhaft ist, ob der Grundrechtstatbestand des Art. 8 Abs. 1 GG auch bei einem engeren Begriffsverständnis erfüllt ist. Künstlerische Veranstaltungen wie musikalische Darbietungen und Theateraufführungen erfüllen nämlich mangels kollektiver Aussage in der Regel den engeren Versammlungsbegriff nicht[14]. Sie zielen grundsätzlich nicht auf eine gemeinsame Meinungsbildung und Meinungsäußerung, sondern dienen der Unterhaltung der Zuhörer und Zuschauer; diese sind unbeteiligte Empfänger fremder Darbietungen. Etwas anderes kommt jedoch dann in Betracht, wenn eine Darbietung mit künstlerischen Elementen nicht allein als kunsttypische Aktivität qualifiziert werden kann, sondern Teil einer kollektiven politischen Aussage und Demonstration ist[15]. Werden musikalische und tänzerische Darbietungen sowie die Aufführung eines mit einem übergreifenden politischen Thema zusammenhängenden Theaterstücks in eine an die Öffentlichkeit adressierte Gesamtveranstaltung eingebunden, dient dies dem Zweck, in einer öffentlichen Angelegenheit Stellung zu beziehen[16].

Im vorliegenden Fall ist die innere Verbindung der Teilnehmer der von V auf dem Marktplatz von S ausgerichteten Veranstaltung durch einen

---

12 *Pieroth/Schlink* Grundrechte, Rn 693; *Herzog* in: Maunz/Dürig, GG, Art 8 Rn 13; *Dietel/Gintzel/Kniesel* Versammlungsfreiheit (Fn 3) § 1 Rn 11.
13 *von Mutius* Jura 1988, 30 (37); *Kniesel* NJW 1992, 857 (858); *Deutelmoser* NVwZ 1999, 240 (242); *Pieroth/Schlink* Grundrechte, Rn 693; *Herzog* in: Maunz/Dürig, GG, Art 8 Rn 50; *Höfling* in: Sachs, GG, Art 8 Rn 11.
14 BayVGH, NVwZ-RR 1994, 581 (LS); VGH BW, DVBl 1998, 837 (839) = DÖV 1998, 650 (651) = NVwZ 1998, 761 (763).
15 *Kniesel* NJW 1996, 2606 (2611).
16 VGH BW, DVBl 1995, 361 = DÖV 1995, 163 (164) = NVwZ-RR 1995, 271 (272).

gemeinsamen Zweck zu bejahen. V geht es um die öffentliche Kritik an der Landwirtschaftspolitik der Bundesregierung. Der gemeinsame Zweck im Rahmen der von V veranstalteten Demonstration liegt demnach in der Behandlung einer öffentlichen Angelegenheit. Es handelt sich um eine Veranstaltung, die auf Meinungsbildung und Meinungsäußerung in Gruppenform gerichtet ist. Durch die Darbietungen wird eine kollektive Aussage zu einem politischen Thema zum Ausdruck gebracht. Damit ist auch nach der strengsten Auffassung der Versammlungsbegriff i. S. d. Art. 8 Abs. 1 GG zu bejahen. Einer Entscheidung zwischen den unterschiedlichen Auffassungen zum Versammlungsbegriff bedarf es nicht.

bb) Umfang der Gewährleistung

Art. 8 Abs. 1 GG normiert das Recht, sich zu versammeln. Fraglich ist, ob darin für V das Recht eingeschlossen ist, die Versammlung gerade auf dem Marktplatz von S durchzuführen. Die Behördenvertreter verweisen auf die fehlende straßenrechtliche Erlaubnis. Hierin könnte der Hinweis enthalten sein, daß Art. 8 Abs. 1 GG als Abwehrrecht keine Leistungsansprüche gegen den Staat und seine Untergliederungen auf Überlassung bestimmter Grundstücke zu Versammlungs- und Demonstrationszwecken beinhaltet[17]. Das Recht, sich zu versammeln, könnte also die rechtliche Verfügungsbefugnis über den Versammlungsort zur Voraussetzung haben, so daß Art. 8 Abs. 1 GG kein Benutzungsrecht begründete, das nicht bereits nach allgemeinen Rechtsgrundsätzen besteht[18].

Es ist indes zweifelhaft, ob diese Prämissen im vorliegenden Fall zutreffen. Art. 8 Abs. 1 GG gewährleistet in seiner Funktion als Abwehrrecht den Grundrechtsträgern das Selbstbestimmungsrecht über den Ort der Veranstaltung[19]. Zulässigkeit und Grenzen der Inanspruchnahme des öffentlichen Straßenraumes durch Versammlungen ergeben sich aus Art. 8 GG sowie dem bundesrechtlichen Versammlungsgesetz und nicht aus dem landesgesetzlichen Straßenrecht[20]. Etwas anderes könnte allenfalls in Betracht kommen, wenn der Versammlungsort keine öffentliche Straße oder kein

---

17 BVerwGE 91, 135 (138).

18 *Deger* VBlBW 1995, 303 (304); *Herzog* in: Maunz/Dürig, GG, Art 8 Rn 78.

19 BVerfGE 69, 315 (343); 87, 399 (406); BVerfG, NVwZ 1998, 834 (835); *Burgi* DÖV 1993, 633 (638); *Kunig* in: von Münch/Kunig, GG, Bd 1, Art 8 Rn 19; *Schulze-Fielitz* in: Dreier, GG, Bd I, Art 8 Rn 19; *Gusy* in: von Mangoldt/Klein/Starck, GG, Bd 1, Art 8 Rn 30.

20 *Steiner* in: ders (Hrsg), Besonderes Verwaltungsrecht, 6. Aufl 1999, 727 Rn 136.

öffentlicher Platz wäre[21]. Die Sachherrschaft an öffentlichen Verkehrs-flächen ist mit einer grundrechtlichen Duldungspflicht belastet[22]. Die Versammlungsfreiheit gem. Art. 8 Abs. 1 GG schließt das Recht zur Mit-benutzung der im Gemeingebrauch stehenden Straßen und Plätze ein[23].

Demzufolge ist das Recht auf Benutzung öffentlicher Sachen im Ge-meingebrauch von der abwehrrechtlichen Funktion der Versammlungsfrei-heit umfaßt, und die Inanspruchnahme des öffentlich verfügbaren Raumes setzt keine staatliche Leistung voraus, sondern das Verhalten der öffent-lichen Hand ist auf ein Unterlassen beschränkt[24]. Hier hat V den Marktplatz von S als Versammlungsort gewählt. Dabei handelt es sich weder um eine bloße öffentliche Einrichtung der Stadt S mit einem eng begrenzten Wid-mungszweck noch gar um eine Sache im Verwaltungsgebrauch. Der Markt-platz von S ist vielmehr Teil der öffentlichen Fußgängerzone und damit eine öffentliche Sache im Gemeingebrauch. Infolgedessen ist die Wahl des Ver-sammlungsortes durch V von dem Grundrecht der Versammlungsfreiheit gem. Art. 8 Abs. 1 GG geschützt. Ob die Veranstaltung nur nach Maßgabe einer straßenrechtlichen Erlaubnis durchgeführt werden durfte, ist keine Frage des Grundrechtstatbestandes, sondern der Grundrechtsschranken.

cc) Zwischenergebnis

Anhaltspunkte dafür, daß die Veranstaltung von V nicht etwa friedlich und ohne Waffen verlaufen ist, bestehen nach dem Sachverhalt nicht. Insbeson-dere wäre eine unfriedliche Versammlung nicht schon bei der Verwirk-lichung eines Strafrechtstatbestands anzunehmen; ein gewalttätiger und aufrührerischer Verlauf der Veranstaltung ist nicht erkennbar. Der sachliche Schutzbereich des Art. 8 Abs. 1 GG ist im vorliegenden Fall somit eröffnet.

b) Personeller Schutzbereich

Grundrechtsträger sind gem. Art. 8 Abs. 1 GG alle Deutschen. Damit sind alle natürlichen Personen gemeint, die die Voraussetzungen des Art. 116 Abs. 1 GG erfüllen[25]. Bei V handelt es sich um einen eingetragenen Verein, also um eine juristische Person des Privatrechts (§ 21 BGB). Inländische

---

21   *Schlink* NJW 1993, 610.
22   *Burgi* DÖV 1993, 633 (638); *Höfling* in: Sachs, GG, Art 8 Rn 38.
23   BVerfGE 73, 206 (249); HessVGH, NJW 1988, 2125 (2126); *Gusy* in: von Man-goldt/Klein/Starck, GG, Bd 1, Art 8 Rn 45; *Ott/Wächtler* VersG (Fn 3) Einf Rn 75.
24   *Höfling* in: Sachs, GG, Art 8 Rn 39.
25   *Jarass* in: ders/Pieroth, GG, Art 8 Rn 8.

juristische Personen (des Privatrechts) sind gem. Art. 19 Abs. 3 GG grundrechtsberechtigt, soweit das jeweilige Grundrecht seinem Wesen nach auf
die juristische Person anwendbar ist. Daran könnten hier deshalb Zweifel
bestehen, weil »sich zu versammeln« die physische Anwesenheit natürlicher
Personen voraussetzt, während sich eine juristische Person als solche nicht
versammeln kann[26]. Seinem Wesen nach ist Art. 8 Abs. 1 GG auf juristische
Personen des Privatrechts jedoch anwendbar, soweit diese vom sachlichen
Schutzbereich des Grundrechts umfaßte Handlungen vornehmen können[27]. Das sind solche versammlungsspezifischen Verhaltensweisen, die
nicht nur von Individuen ausgeführt werden können. Hierunter fällt jedenfalls die von Art. 8 Abs. 1 GG mitumfaßte Veranstaltungsfreiheit; insoweit
ist das Grundrecht seinem Wesen nach auf juristische Personen des Privatrechts anwendbar[28].

Hier ist V Veranstalter der Versammlung auf dem Marktplatz von S. Da
Art. 8 Abs. 1 GG nicht nur die Versammlungsteilnahme schützt, sondern
auch die Organisation, Vorbereitung und Leitung der Versammlung, kann
sich eine juristische Person des Privatrechts auf Art. 8 Abs. 1 GG berufen,
soweit es um die Veranstaltung einer Versammlung geht[29]. Das ist hier der
Fall. V tritt im Rahmen der von ihm organisierten »Pilgerprozession durch
Deutschland« als Veranstalter der musikalischen und tänzerischen Darbietungen sowie des Theaterstücks unter dem Motto »Friede mit Tieren –
spirituelle Lösungen für materielle Probleme« auf dem Marktplatz von S
auf. Insoweit ist V Träger des Grundrechts der Versammlungsfreiheit. Auch
der personelle Schutzbereich des Art. 8 Abs. 1 GG ist im vorliegenden Fall zu
bejahen.

2. Grundrechtseingriff

Weiterhin müßte ein *Eingriff* in den Schutzbereich des Art. 8 Abs. 1 GG
vorliegen. Ein derartiger Grundrechtseingriff ist jedenfalls bei staatlichen
Maßnahmen gegeben, die final die durch Art. 8 Abs. 1 GG geschützten versammlungsspezifischen Verhaltensweisen rechtlich regeln[30]. Dazu gehören

---

26   *J. Ipsen* Staatsrecht II, Rn 527.
27   *Jarass* in: ders/Pieroth, GG, Art 8 Rn 8; *Höfling* in: Sachs, GG, Art 8 Rn 47.
28   BVerwG, NVwZ 1999, 991; *Kunig* in: von Münch/Kunig, GG, Bd 1, Art 8 Rn 10 f;
Schulze-Fielitz in: Dreier, GG, Bd I, Art 8 Rn 31; *J. Ipsen* Staatsrecht II, Rn 527.
29   *Herzog* in: Maunz/Dürig, GG, Art 8 Rn 34, 58; *Gusy* in: von Mangoldt/Klein/
Starck, GG, Bd 1, Art 8 Rn 40.
30   *Schulze-Fielitz* in: Dreier, GG, Bd I, Art 8 Rn 34.

insbesondere Auflösungen und Verbote von Versammlungen[31]. Sie beenden eine Versammlung bzw. lassen diese rechtlich erst gar nicht zu. Eine verbotene Veranstaltung ist aufzulösen (§ 15 Abs. 3 VersG), und nach einer Versammlungsauflösung haben sich alle Teilnehmer sofort zu entfernen (§ 18 Abs. 1 i.V.m. § 13 Abs. 2 VersG).

Hier hat die zuständige Verwaltungsbehörde die von V organisierte Veranstaltung untersagt. Da die Veranstaltung bereits im Gange gewesen ist, handelt es sich im Rechtssinne um die *Auflösung* einer Versammlung (§ 15 Abs. 2 VersG). Dies stellt einen Eingriff in den Schutzbereich des Art. 8 Abs. 1 GG dar.

III. Verfassungsmäßigkeit des Grundrechtseingriffs

Die Auflösung der Versammlung war verfassungsmäßig, wenn sich diese Maßnahme im Rahmen der für das Grundrecht der Versammlungsfreiheit geltenden Schrankenregelung gehalten hat. Bei der von V durchgeführten Veranstaltung auf dem Marktplatz von S handelt es sich um eine Versammlung unter freiem Himmel. In bezug auf derartige Versammlungen besteht gem. Art. 8 Abs. 2 GG ein *Gesetzesvorbehalt*. Danach kann die Versammlungsfreiheit durch Gesetz oder aufgrund eines Gesetzes beschränkt werden. Zur verfassungsrechtlichen Rechtfertigung der verwaltungsbehördlichen Versammlungsauflösung müßte demnach eine verfassungsgemäße Rechtsgrundlage vorhanden sein, von der im konkreten Fall gegenüber V verfassungskonform Gebrauch gemacht worden ist.

1. Gesetzliche Ermächtigungsgrundlage

Gesetzliche Grundlage für die verwaltungsbehördliche Untersagung der von V durchgeführten Veranstaltung ist § 15 Abs. 2 VersG. Danach kann die zuständige Behörde eine Versammlung auflösen, wenn diese nicht angemeldet ist oder wenn die Voraussetzungen zu einem Versammlungsverbot nach § 15 Abs. 1 VersG gegeben sind. An der Verfassungsmäßigkeit dieser Gesetzesvorschrift bestehen keine Bedenken[32]; nach dem Bearbeitungsvermerk zum Sachverhalt ist von der Verfassungskonformität des einschlägigen Gesetzesrechts auszugehen.

---

31 *Pieroth/Schlink* Grundrechte, Rn 706; *Höfling* in: Sachs, GG, Art 8 Rn 50.

32 BVerfGE 69, 315 (352 ff); BVerfG, NVwZ 1998, 834 (835).

2. Rechtsfehlerfreie Anwendung der Ermächtigungsgrundlage

§ 15 Abs. 2 VersG müßte seitens der zuständigen Behörde rechtsfehlerfrei angewendet worden sein. Dies setzt voraus, daß für die Auflösung der Versammlung die Eingriffsvoraussetzungen gem. § 15 Abs. 2 VersG erfüllt gewesen sind und das Ermessen ordnungsgemäß ausgeübt worden ist.

a) Tatbestand: Eingriffsvoraussetzungen

Tatbestandlich könnte die Auflösung der Versammlung gem. § 15 Abs. 2 VersG auf die fehlende Anmeldung (§ 14 VersG) bzw. das Vorliegen von Verbotsvoraussetzungen (§ 15 Abs. 1 VersG) gestützt sein. Es ist allerdings zweifelhaft, ob derartige einfachgesetzliche Erwägungen bei der behördlichen Gesetzesanwendung angesichts der verfassungsrechtlichen Bedeutung der Versammlungsfreiheit verfassungskonform sind.

aa) Nichtanmeldung der Versammlung

Gemäß § 15 Abs. 2 VersG kann die zuständige Behörde eine Versammlung auflösen, wenn diese nicht angemeldet ist. V hat die Veranstaltung auf dem Marktplatz von S der zuständigen Behörde nicht gem. § 14 VersG angemeldet. Demnach könnten die Eingriffsvoraussetzungen erfüllt sein. Fraglich ist jedoch, ob ein solches Ergebnis mit verfassungsrechtlichen Vorgaben vereinbar ist; Art. 8 Abs. 1 GG gewährleistet die Versammlungsfreiheit ausdrücklich »ohne Anmeldung«. § 14 Abs. 1 VersG könnte in verfassungsrechtlich bedenklicher Weise ein wesentliches Element des Grundrechtstatbestandes aufheben[33], käme § 15 Abs. 2 i. V. m. § 14 Abs. 1 VersG uneingeschränkt zur Anwendung.

Das ist jedoch nicht der Fall. Zwar ist der Gesetzgeber aufgrund des Gesetzesvorbehalts gem. Art. 8 Abs. 2 GG zur Normierung der Anmeldepflicht befugt. Das Übermaßverbot verlangt jedoch, daß die Anmeldepflicht nicht ausnahmslos eingreift und daß ihre Verletzung nicht schematisch zum Verbot oder zur Auflösung einer Veranstaltung berechtigt[34]. Keiner Anmeldepflicht unterliegen Spontanversammlungen, weil sie sonst entgegen Art. 8 Abs. 1 GG generell verboten wären[35]. Bei Eilversammlungen wird die

33 *Höfling* in: Sachs, GG, Art 8 Rn 57.
34 BVerfGE 69, 315 (350); *Gusy* in: von Mangoldt/Klein/Starck, GG, Bd 1, Art 8 Rn 69; *Ott/Wächtler* VersG (Fn 3) Einf Rn 72 und § 15 Rn 51.
35 BVerfGE 69, 315 (350 f); OVG NW, NVwZ 1989, 886; *Gusy* JuS 1993, 555 (557); *Enders* Jura 1998, 642 (645); *Schwabe* Grundkurs Staatsrecht, 95.

Anmeldepflicht gem. § 14 Abs. 1 VersG verkürzt; eine verfassungskonforme Auslegung der Vorschrift läßt die Anmeldepflicht erst zu, sobald die Möglichkeit dazu besteht[36]. Für die Veranstaltung von V auf dem Marktplatz von S deuten jedoch tatsächliche Umstände nicht darauf hin, daß es sich um eine Spontanversammlung oder um eine Eilversammlung gehandelt hat. Folglich gilt die Anmeldepflicht nach § 14 Abs. 1 VersG uneingeschränkt. Fraglich ist aber, ob allein die durch V unterlassene Anmeldung zur Auflösung der Versammlung berechtigt. Träfe dies zu, diente die Versammlungsauflösung in verfassungsrechtlich bedenklicher Weise der Disziplinierung des Veranstalters[37]. Die Auflösung gem. § 15 Abs. 2 VersG soll jedoch als Gefahrenabwehrtatbestand kein Mittel zur Durchsetzung der Anmeldepflicht sein[38]. Deshalb rechtfertigt ein Verstoß gegen die gesetzliche Anmeldepflicht (§ 14 VersG) allein die Auflösung einer Versammlung nicht[39]. Die fehlende Anmeldung und der damit verbundene Informationsrückstand der Verwaltung erleichtern nur ein behördliches Eingreifen; notwendig ist zusätzlich, daß infolge des Gesetzesverstoßes gegen § 14 Abs. 1 VersG eine unmittelbare Gefährdung der öffentlichen Sicherheit oder Ordnung eingetreten ist[40].

Auf die fehlende Anmeldung der Veranstaltung auf dem Marktplatz konnte die Auflösung der Versammlung somit nicht gestützt werden.

bb) Vorliegen von Verbotsgründen

Es könnten jedoch Verbotsgründe gegeben sein, die die zuständige Behörde zur Auflösung der Versammlung berechtigten (§ 15 Abs. 2 i. V. m. § 15 Abs. 1 VersG). Nach den zur Zeit des Erlasses der Auflösungsanordnung erkennbaren Umständen könnte die öffentliche Sicherheit durch die Versammlung unmittelbar gefährdet oder sogar bereits gestört gewesen sein. Das Schutzgut »öffentliche Sicherheit« umfaßt den Schutz des Staates und seiner Einrichtungen, die Unversehrtheit der objektiven Rechtsordnung, Rechte und Rechtsgüter des Einzelnen sowie kollektive Rechtsgüter[41]. Im vorliegenden Fall könnte die öffentliche Sicherheit dadurch verletzt sein, daß V keine

---

36 BVerfGE 85, 69 (75); NdsOVG, NdsVBl 1996, 190 (191); *Kunig* in: von Münch/Kunig, GG, Bd 1, Art 8 Rn 33.
37 *Kniesel* NJW 1992, 857 (863).
38 *Dietel/Gintzel/Kniesel* Versammlungsfreiheit (Fn 3) § 15 Rn 55.
39 OVG NW, NVwZ 1989, 886; *von Mutius* Jura 1988, 79 (86); *Kloepfer* in: HStR VI, § 143 Rn 53; *Jarass* in: ders/Pieroth, GG, Art 8 Rn 16.
40 BVerfGE 69, 315 (351 f); *Schulze-Fielitz* in: Dreier, GG, Bd I, Art 8 Rn 55.
41 BVerfGE 69, 315 (352); HessVGH, DVBl 1995, 369 = DÖV 1994, 878 f = NVwZ 1994, 717 (718); ThürOVG, DVBl 1996, 1446 (1447) = NVwZ-RR 1997, 287 (288).

straßenrechtliche Erlaubnis für seine Veranstaltung eingeholt hat und ferner durch seine Darbietungen Institutionen verhöhnte und Personen beleidigte.

(1) Fehlen einer straßenrechtlichen Erlaubnis
Bei der Inanspruchnahme des Marktplatzes von S für Musik, Tanz und Theater könnte es sich um eine über den Gemeingebrauch hinausgehende Sondernutzung gehandelt haben, für die V eine straßenrechtliche Sondernutzungserlaubnis benötigte[42]. Darauf beruft sich die Verwaltungsbehörde ausdrücklich. Indem V diese Erlaubnis nicht eingeholt hat, könnte ein Verstoß gegen die objektive Rechtsordnung vorliegen, so daß die öffentliche Sicherheit gem. § 15 Abs. 2 i.V.m. § 15 Abs. 1 VersG beeinträchtigt wäre. Allerdings könnte es sich auch um eine sog. kommunikative Nutzungsform noch innerhalb des Gemeingebrauchs[43] gehandelt haben. Dann wäre der Gebrauch des öffentlichen Platzes erlaubnisfrei gewesen, und ein Verstoß gegen die objektive Rechtsordnung läge nicht vor.

Die Frage, ob hier Sondernutzung oder Gemeingebrauch anzunehmen ist, bedarf keiner Entscheidung, wenn V auch im Falle der Sondernutzung ausnahmsweise keine straßenrechtliche Erlaubnis benötigte. Dies könnte sich daraus ergeben, daß §§ 14, 15 VersG ein in sich geschlossenes und abschließendes Regelwerk zur Wahrnehmung der öffentlichen Sicherheit und Ordnung bei Versammlungen bilden[44]. Versammlungen sind gem. Art. 8 Abs. 1 GG erlaubnisfrei; sie sind lediglich anzumelden (Art. 8 Abs. 2 GG i.V.m. § 14 VersG). Dies ist ein abschließendes bundesrechtliches Regelungskonzept. Aus der Erlaubnisfreiheit grundrechtlich geschützter Versammlungen folgt, daß außerhalb des Versammlungsrechts bestehende

42 Baden-Württemberg § 16 Abs 1 S 1 StrG; Bayern Art 18 Abs 1 S 1 StrWG; Berlin § 11 Abs 1 StrG; Brandenburg § 18 Abs 1 StrG; Bremen § 18 Abs 1 LStrG; Hamburg § 19 Abs 1 HWG; Hessen § 16 Abs 1 StrG; Mecklenburg-Vorpommern § 22 Abs 1 S 1 StrWG; Niedersachsen § 18 Abs 1 StrG; Nordrhein-Westfalen § 18 Abs 1 StrWG; Rheinland-Pfalz § 41 Abs 1 LStrG; Saarland § 18 Abs 1 S 1 StrG; Sachsen § 18 Abs 1 StrG; Sachsen-Anhalt § 18 Abs 1 StrG; Schleswig-Holstein § 21 Abs 1 S 1 StrWG; Thüringen § 18 Abs 1 StrG.
43 Baden-Württemberg § 13 Abs 1 S 1 StrG; Bayern Art 14 Abs 1 StrWG; Berlin § 10 Abs 2 S 1 StrG; Brandenburg § 14 Abs 1 S 1 StrG; Bremen § 15 Abs 1 LStrG; Hamburg § 16 Abs 1 HWG; Hessen § 14 S 1 StrG; Mecklenburg-Vorpommern § 21 Abs 1 StrWG; Niedersachsen § 14 Abs 1 StrG; Nordrhein-Westfalen § 14 Abs 1 S 1 StrWG; Rheinland-Pfalz § 34 Abs 1 LStrG; Saarland § 14 Abs 1 StrG; Sachsen § 14 Abs 1 S 1 StrG; Sachsen-Anhalt § 14 Abs 1 S 1 StrG; Schleswig-Holstein § 20 Abs 1 StrWG; Thüringen § 14 Abs 1 StrG.
44 BVerwGE 82, 34 (40); *Kniesel* NJW 1992, 857 (863).

Erlaubnisvorbehalte wie straßenrechtliche Sondernutzungserlaubnisse suspendiert werden[45]. V bedurfte also einer solchen Erlaubnis nicht. Ein Verstoß gegen das Straßen- und Wegerecht liegt nicht vor. Die Auflösung der Veranstaltung auf dem Marktplatz durfte nicht auf eine fehlende straßenrechtliche Sondernutzungserlaubnis gestützt werden.

(2) Bezeichnung der Bundesregierung als »Mörderbande«
Die Bezeichnung der Bundesregierung als »Mörderbande« könnte gegen Strafgesetze verstoßen und dadurch die öffentliche Sicherheit verletzen. Es könnte einer der objektiven Straftatbestände nach §§ 185 ff. StGB erfüllt sein. Die Äußerung »Mörderbande« stellt nicht etwa eine Tatsachenbehauptung dar, sondern ist hier – schon weil es nicht um Menschen, sondern um Tiere geht – als Werturteil zu bezeichnen. Die Äußerung beleidigender Werturteile über den Betroffenen gegenüber Dritten wird vom Tatbestand des § 185 StGB erfaßt. Der Tatbestand des § 185 StGB ist erfüllt, wenn eine Beleidigung, d.h. ein Angriff auf die Ehre eines anderen durch Kundgabe von Nicht-, Gering- oder Mißachtung in Form eines Werturteils über den beleidigungsfähigen Betroffenen geäußert wurde und Dritte davon Kenntnis genommen haben[46]. Indem V im vorliegenden Fall die Bundesregierung als »Mörderbande« bezeichnet, spricht er ihr den sittlichen und sozialen Geltungswert durch das Zuschreiben einer negativen Qualität gänzlich ab. Die Titulierung als »Mörder« soll die Kaltherzigkeit und Brutalität der Bundesregierung im Umgang mit Tieren hervorheben. Die Charakterisierung als »Mörderbande« bedeutet ein krasses Unwerturteil über die damit bezeichneten Personen[47]. Der Sinngehalt der Äußerung ist eindeutig. Es geht V nicht um eine kritische Darstellung des Tierschutzes in der Politik der Bundesregierung. In der wertenden Gleichstellung der Mitglieder der Bundesregierung mit einem Mörder, die eine tiefe Kränkung darstellt, ist eine Ehrverletzung in Form einer Mißachtung, somit eine Beleidigung zu sehen[48]. Von der Kundgabe dieses beleidigenden Werturteils nahmen Dritte auch Kenntnis.

Fraglich ist jedoch, ob die Bundesregierung überhaupt beleidigungsfähig ist. Beleidigungsfähig ist, da es in § 185 StGB um das Rechtsgut »Ehre« geht,

---

45 *von Mutius* Jura 1988, 79 (87); *Burgi* DÖV 1993, 633 (639); *Deger* VBlBW 1995, 303 (304); *Deutelmoser* NVwZ 1999, 240 (243); *Kloepfer* in: HStR VI, § 143 Rn 58; *Höfling* in: Sachs, GG, Art 8 Rn 66; *Ott/Wächtler* VersG (Fn 3) § 14 Rn 2.

46 *Otto* Jura 1997, 139 f; *Wessels* Strafrecht Besonderer Teil/1, 21. Aufl 1997, Rn 455, 470; *Lackner/Kühl* StGB, 23. Aufl 1999, Vor § 185 Rn 1.

47 BVerfGE 93, 266 (290, 297); *Otto* Jura 1997, 139 (146).

48 BVerwGE 64, 55 (60).

zunächst jeder einzelne Mensch. Darüber hinaus könnten jedoch auch Organisationen, d. h. Personengesamtheiten beleidigungsfähig sein. Aus § 194 Abs. 3 und Abs. 4 StGB, der eine beispielhafte Auflistung beleidigungsfähiger Personengesamtheiten enthält, ergibt sich, daß diejenigen Organisationen, die eine anerkannte soziale Funktion erfüllen, einen einheitlichen Willen bilden können und vom Wechsel der Mitglieder unabhängig sind, auch beleidigungsfähig sind[49]. Die Bundesregierung erfüllt diese Kriterien, so daß sie beleidigungsfähig ist. Doch selbst wenn man die Bundesregierung als solche nicht für beleidigungsfähig hielte, wäre der Tatbestand des § 185 StGB erfüllt. Einzelpersonen können auch unter einer Kollektivbezeichnung beleidigt werden, wenn ein klar abgrenzbarer und überschaubarer Personenkreis gegeben ist, dem bestimmte Individuen angehören, auf die die beleidigende Äußerung gemünzt ist[50]. Diese Voraussetzungen sind in bezug auf die einzelnen Mitglieder der Bundesregierung erfüllt. Der Tatbestand des § 185 StGB ist an sich gegeben.

Die beleidigende Äußerung von V könnte jedoch durch das Grundrecht der freien Meinungsäußerung (Art. 5 Abs. 1 S. 1 GG) gedeckt und gem. § 193 StGB, einer einfachgesetzlichen Ausprägung des Art. 5 Abs. 1 S. 1 GG[51], wegen der Wahrnehmung berechtigter Interessen gerechtfertigt sein. Allerdings findet die Meinungsäußerungsfreiheit gem. Art. 5 Abs. 2 GG ihre Grenze im Recht der persönlichen Ehre, deren Schutz § 185 StGB dient. Diese Schranke muß ihrerseits im Lichte der Bedeutung des Grundrechts der Meinungsfreiheit ausgelegt und so in ihrer das Grundrecht begrenzenden Wirkung selbst wieder eingeschränkt werden[52]. Infolgedessen ist die Verhältnisbestimmung von Meinungsfreiheit und Ehrenschutz im Wege der Abwägung vorzunehmen[53]. Dabei muß die Meinungsfreiheit stets zurücktreten, wenn die beleidigende Äußerung die Menschenwürde eines anderen antastet[54]. Darum geht es vorliegend jedoch nicht. Ferner tritt bei herabsetzenden Äußerungen, die sich als Formalbeleidigung oder Schmähung darstellen, die Meinungsfreiheit regelmäßig hinter den Ehrenschutz zurück[55]. Hier könnte eine Schmähkritik anzunehmen sein. Eine Mei-

49 BGHSt 6, 186 ff; *Tenckhoff* JuS 1988, 457 (458 f); *Wessels* Strafrecht BT/1 (Fn 46) Rn 459; *Lackner/Kühl* StGB, Vor § 185 Rn 5.
50 BGHSt 36, 83 (86); BGH, NJW 1989, 1365; BayObLG, NJW 1990, 921 (922).
51 BVerfGE 42, 143 (152); BGHSt 12, 287 (293); *Otto* Jura 1997, 139 (140).
52 BVerfGE 85, 1 (16); 85, 23 (33); *Erichsen* Jura 1996, 84 (88); *Enders* JuS 1997, L 9 (13).
53 BVerfGE 90, 241 (248); 94, 1 (8); *Enders* Jura 1998, 642 (649).
54 BVerfGE 93, 266 (293).
55 BVerfGE 82, 272 (283 f); *Wessels* Strafrecht BT/1 (Fn 46) Rn 510.

nungsäußerung, die eine herabsetzende Wirkung gegenüber Dritten entfaltet, wird aber nicht allein schon deswegen zur Schmähung. Selbst eine überzogene oder ausfällige Kritik macht für sich genommen die betreffende Äußerung noch nicht zur Schmähung. Eine herabsetzende Äußerung nimmt diesen Charakter erst dann an, wenn in ihr nicht mehr die Auseinandersetzung in der Sache, sondern die Diffamierung der Person im Vordergrund steht; sie muß jenseits auch polemischer und überspitzter Kritik in der Herabsetzung der Person bestehen[56].

Diese Voraussetzungen wird man im vorliegenden Fall noch nicht bejahen können. Die Tierschutzpolitik der Bundesregierung und insbesondere die durchaus umstrittenen Tiertransporte stellen Probleme dar, die die Öffentlichkeit wesentlich berühren. Eine Auseinandersetzung auch in der Sache wird man V trotz des heftigen verbalen Angriffs auf die Bundesregierung nicht absprechen können. Der Ehrenschutz genießt infolgedessen nicht grundsätzlich Vorrang vor der Meinungsfreiheit. Vielmehr bedarf es der Abwägung. Dabei könnte im Falle einer umstrittenen Äußerung, die einen Beitrag zur öffentlichen Meinungsbildung darstellt, eine Vermutung zugunsten der Freiheit der Rede sprechen[57]. Indes darf die Schwere der Beeinträchtigung der persönlichen Ehre im konkreten Fall nicht übersehen werden. Zwar soll ein Beitrag zur öffentlichen Meinungsbildung Aufmerksamkeit erregen. Jedoch sind auch plakative und an der Schwelle zur Schmähkritik gemachte herabsetzende Äußerungen selbst angesichts der heutigen Reizüberflutung nicht ohne weiteres hinzunehmen, da es sich bei dem Recht der persönlichen Ehre um eine verfassungsrechtlich positivierte Schranke der Meinungsfreiheit handelt[58]. Die Titulierung anderer als »Mörder« läßt jedes Maß an diskussionswürdiger Sachlichkeit vermissen; sie zielt auf eine diffamierende Hetze und gehässige Herabsetzung[59]. Die Bezeichnung von Personen als »Mörderbande« ist eine besonders herabsetzende, verächtlich machende Formulierung[60]. Auch weniger ehrverletzende Äußerungen waren für eine dennoch scharfe Kritik an der Tierschutzpolitik der Bundesregierung geeignet. Bei der von V verwendeten Formulierung

---

56 BVerfG, NJW 1991, 1475 (1477); *Grimm* NJW 1995, 1697 (1703); *Lackner/Kühl* StGB, § 193 Rn 12a.
57 BVerfGE 7, 198 (212); 61, 1 (11); 66, 116 (150); 93, 266 (294 f.).
58 BVerfGE 90, 241 (251); *Ehmann* JuS 1997, 193 (197 f.); *Tettinger* JuS 1997, 769 f; *Buscher* NVwZ 1997, 1057 (1060).
59 *Herdegen* NJW 1994, 2933 (2934); *Otto* Jura 1997, 139 (146); *Wessels* Strafrecht BT/1 (Fn 46) Rn 510.
60 BVerwGE 64, 55 (65).

»Mörderbande« steht die Diffamierung der Bundesregierung so sehr im Vordergrund, daß auch angesichts des von Art. 5 Abs. 1 S. 1 GG geschützten Rechts auf Polemik und überzogene Kritik eine Rechtfertigung der Beleidigung nicht in Betracht kommt.

Es bleibt dabei, daß der Tatbestand des § 185 StGB erfüllt ist und demnach eine Störung der öffentlichen Sicherheit i. S. d. § 15 Abs. 2 i. V. m. Abs. 1 VersG vorliegt. Die zuständige Behörde war somit zum Einschreiten gegenüber V befugt.

b) Rechtsfolge: Ermessen

Die zuständige Behörde müßte schließlich von dem ihr gem. § 15 Abs. 2 VersG eingeräumten *Ermessen* rechtsfehlerfrei Gebrauch gemacht haben. Zur Verfolgung eines rechtlich legitimen Ziels müßte das eingesetzte Mittel, nämlich die Untersagung der Veranstaltung auf dem Marktplatz, geeignet, erforderlich und verhältnismäßig gewesen sein. Zweifelhaft könnte bereits die *Legitimität des Auflösungszwecks* sein. Da die Auflösung einer Versammlung einen besonders intensiven Eingriff in das Grundrecht gem. Art. 8 Abs. 1 GG darstellt, könnte sie an strenge Voraussetzungen gebunden sein und nur ausgesprochen werden dürfen, wenn dies zum Schutz anderer gleichwertiger Rechtsgüter notwendig ist[61]. Gegen eine derart strikte Anforderung spricht jedoch, daß es bei Versammlungen unter freiem Himmel nicht um die Einschränkung eines vorbehaltlos gewährleisteten Grundrechts geht; vielmehr normiert Art. 8 Abs. 2 GG einen einfachen Gesetzesvorbehalt. Die Frage kann indes offen bleiben, wenn die Versammlungsauflösung auch nach der strengen Auffassung gerechtfertigt ist. Hier hat die zuständige Behörde die Maßnahme nicht nur wegen der – rechtlich unzureichenden – fehlenden Anmeldung der Versammlung sowie der fehlenden straßenrechtlichen Erlaubnis getroffen, sondern auch zum Schutze der persönlichen Ehre der Mitglieder der Bundesregierung. Das Recht der persönlichen Ehre ist verfassungsrechtlich durch Art. 2 Abs. 1 i. V. m. Art. 1 Abs. 1 GG geschützt[62]. Folglich handelt es sich um ein Rechtsgut, das Art. 8 Abs. 1 GG im Range gleichwertig ist. Der Zweck des behördlichen Einschreitens verfolgte also ein verfassungslegitimes Ziel.

---

61 BVerfGE 69, 315 (353); 87, 399 (407, 409); BVerfG, NVwZ 1998, 834 (835); OVG NW, NVwZ 1989, 886; ThürOVG, DVBl 1996, 1446 (1447) = NVwZ-RR 1997, 287 (288); *Kniesel* NJW 1992, 857 (862); *Schulze-Fielitz* in: Dreier, GG, Bd I, Art 8 Rn 54.
62 BVerfGE 54, 208 (217); 89, 69 (82); *Jarass* NJW 1989, 857; *Degenhart* JuS 1992, 361.

Fraglich ist jedoch, ob das eingesetzte *Mittel* das Versammlungsrecht von V nicht übermäßig beeinträchtigt hat. Die Auflösung der Versammlung war geeignet, die Störung der öffentlichen Sicherheit zu beseitigen. Erforderlich zur Störungsbeseitigung wäre die Auflösung der Versammlung gewesen, wenn ein gleich taugliches und den Grundrechtsinhaber weniger belastendes Mittel nicht zur Verfügung gestanden hätte. Gab es hingegen ein schonenderes Mittel, das zur Zielverwirklichung gleich geeignet ist, hat die zuständige Behörde das Interventionsminimum nicht eingehalten. Dabei ist zu beachten, daß die Auflösung einer Versammlung gem. § 15 VersG nur als ultima ratio nach Ausschöpfung milderer Mittel wie z. B. der Auflagenerteilung in Betracht kommt[63]. »Auflage« gem. § 15 VersG bedeutet insoweit nicht eine Nebenbestimmung i. S. d. § 36 VwVfG, sondern meint angesichts der Erlaubnisfreiheit von Versammlungen »selbständige Verfügungen« (§ 35 VwVfG)[64]. Insbesondere muß die zuständige Behörde zunächst grundsätzlich im Rahmen der ihr zur Gefahrenabwehr nach Polizei- und Ordnungsrecht zustehenden Befugnisse ein gegenüber der Unterbindung der Veranstaltung milderes Mittel einsetzen[65].

Hier hätte behördlicherseits gegenüber V das Verbot der ehrverletzenden Äußerung »Mörderbande« ausgesprochen werden können. Zweifel sind indes an der Zwecktauglichkeit einer solchen Maßnahme angebracht. Hätte das Theaterstück fortgesetzt werden dürfen, wäre die Behörde auf die freiwillige Befolgung eines solchen Verbots angewiesen gewesen. Andererseits spricht für den Einsatz dieses weniger belastenden Mittels, daß von der drastischen Maßnahme immer noch Gebrauch gemacht werden kann, wenn das schonendere behördliche Vorgehen erfolglos bleibt[66]. Unabhängig davon kommt als – gegenüber der Auflösung der Versammlung – milderes Mittel die Beschlagnahme bzw. die Sicherstellung des Spruchbandes in Betracht[67]. Damit wäre jedenfalls die durch das Spruchband bewirkte Störung der öffentlichen Sicherheit endgültig beseitigt gewesen. Die Behörde hätte dadurch ferner dokumentiert, daß die Versammlung notfalls aufgelöst würde, wenn die Beschimpfung der Bundesregierung als »Mör-

---

63 BVerfGE 69, 315 (353); BVerwGE 64, 55 (57); *Deger* VBlBW 1995, 303 (305 f); *Kloepfer* in: HStR VI, § 143 Rn 53; *Höfling* in: Sachs, GG, Art 8 Rn 59.
64 *Dietel/Gintzel/Kniesel* Versammlungsfreiheit (Fn 3) § 15 Rn 33; *Ott/Wächtler* VersG (Fn 3) § 15 Rn 8 und 10.
65 BVerwGE 64, 55 (58); BVerwG, NVwZ 1988, 250; VGH BW, NVwZ 1989, 163; OVG Bremen, DVBl 1990, 1048 (1049) = NVwZ 1990, 1188 (1189).
66 ThürOVG, DVBl 1996, 1446 (1447, 1448) = NVwZ-RR 1997, 287 (288, 289).
67 BVerwGE 64, 55 (58).

derbande« nicht unterlassen würde. Die Zwecktauglichkeit eines entsprechenden Verbots wäre infolgedessen erheblich gestärkt worden.

Die Auflösung der Versammlung war somit nicht erforderlich. Der Verwaltung standen zum Rechtsgüterschutz geeignete, V weniger belastende Mittel zur Verfügung. Von ihnen mußte aus Gründen des Übermaßverbots zunächst Gebrauch gemacht werden. Nur wenn sie letztlich erfolglos geblieben wären, hätte die Auflösung der Versammlung als ultima ratio verfügt werden dürfen. Da das behördliche Einschreiten das Übermaßverbot mißachtete, ist V in seinem Grundrecht aus Art. 8 Abs. 1 GG verletzt.

2. Frage: Vereinbarkeit der Untersagungsverfügung mit dem Grundrecht der Kunstfreiheit

Das Vorgehen der Verwaltung könnte V ferner in dem Grundrecht der Kunstfreiheit gem. Art. 5 Abs. 3 S. 1 GG verletzen. Dann müßte Art. 5 Abs. 3 S. 1 GG neben Art. 8 Abs. 1 GG zur Anwendung gelangen können, und es müßte ein Eingriff in den Grundrechtstatbestand gegeben sein, der verfassungsrechtlich nicht gerechtfertigt ist.

I. Anwendbarkeit des Art. 5 Abs. 3 S. 1 GG

Die Anwendbarkeit von Art. 5 Abs. 3 S. 1 GG könnte deshalb zweifelhaft sein, weil das behördliche Verhalten grundrechtlich abschließend am Maßstab des Art. 8 GG zu beurteilen ist. Maßgebend könnte insoweit der *Schwerpunkt* des grundrechtlich geschützten Verhaltens sein. Verfolgt eine als »Versammlung« zu qualifizierende Veranstaltung primär politische Ziele, so könnte sich ihre rechtliche Beurteilung allein nach Art. 8 GG zu richten haben[68].

Konsequenz dieser Auffassung wäre allerdings, daß *engagierte Kunst,* mittels derer eine Auseinandersetzung mit aktuellem politischem Geschehen erfolgt, durch Art. 5 Abs. 3 S. 1 GG nicht geschützt wäre. Bei einer Beurteilung nach dem »Schwerpunkt« des Verhaltens würde die an sich durch die Kunstfreiheit grundrechtlich geschützte Position eines Künstlers durch das Hinzutreten eines weiteren Grundrechts, im vorliegenden Fall des Art. 8 Abs. 1 GG, geschwächt, nämlich durch die Anwendbarkeit des Gesetzesvorbehalts gem. Art. 8 Abs. 2 GG. Dies ist um so bedenklicher, als die Zuordnung einer Freiheitsbetätigung zu einem bestimmten grundrechtlichen Schutzbereich nach Maßgabe des Schwerpunkts des Verhaltens

---

68 BayVGH, NJW 1981, 2428 f.

oftmals nicht möglich sowie verfassungsrechtlich nicht abgesichert ist. Eine bestimmte Veranstaltung kann im Rechtssinne ohne weiteres eine Doppelnatur aufweisen; sie kann einerseits als »Versammlung« i. S. d. Art. 8 Abs. 1 GG anzusehen sein und andererseits »Kunst« i. S. d. Art. 5 Abs. 3 S. 1 GG darstellen[69]. Dann ist die fragliche Freiheitsbetätigung auch durch Art. 5 Abs. 3 S. 1 GG grundrechtlich geschützt[70].

Die besseren rechtlichen Gründe sprechen somit dafür, daß Art. 5 Abs. 3 S. 1 GG neben Art. 8 Abs. 1 GG anwendbar ist. Die Berufung von V auf das Grundrecht der Kunstfreiheit ist nicht von vornherein ausgeschlossen.

II. Eingriff in den Schutzbereich
1. Schutzbereich des Art. 5 Abs. 3 S. 1 GG

Der Schutz der grundgesetzlichen Kunstfreiheit greift jedoch nur ein, wenn der Grundrechtstatbestand in sachlicher Hinsicht erfüllt ist und V sich als Verein auf Art. 5 Abs. 3 S. 1 GG berufen kann.

a) Sachlicher Schutzbereich

Art. 5 Abs. 3 S. 1 GG bestimmt, daß die »Kunst« frei ist. Der Grundrechtstatbestand schützt danach die Kunst als solche. Die Freiheitsverbürgung wirkt nach dem Wortlaut zunächst objektivrechtlich. Als Grundrecht gewährleistet Art. 5 Abs. 3 S. 1 GG überdies jedem, der in diesem Bereich tätig ist, ein individuelles Freiheitsrecht[71]. Folglich wirkt Art. 5 Abs. 3 S. 1 GG auch individualrechtlich.

aa) Schutzgut

Damit Art. 5 Abs. 3 S. 1 GG zugunsten von V eingreifen kann, müßte es sich bei der Veranstaltung auf dem Marktplatz von S um »Kunst« handeln. Fraglich ist, was darunter zu verstehen ist. Angesichts der Weite des Begriffs könnte es unmöglich sein, »Kunst« generell zu definieren[72]. Von daher könnte es sich verbieten, den Begriff »Kunst« i. S. d. Art. 5 Abs. 3 S. 1 GG definieren zu wollen[73]. Potentiell wäre daher jeder ein Künstler, und jede als solche bezeichnete menschliche Aktivität wäre »Kunst«[74].

---

69 VG Köln, NJW 1983, 1212 f; *Ott* NJW 1981, 2397 f; *Berkemann* NVwZ 1982, 85 f; *Drosdzol* JuS 1983, 409 (411).

70 BVerfGE 67, 213 (224 ff); BVerfG, NJW 1988, 328 f.

71 BVerfGE 67, 213 (224); *Würkner* DÖV 1992, 150 (151).

72 BVerfGE 75, 369 (377); *Zöbeley* NJW 1998, 1372 f.

73 *Knies* Schranken der Kunstfreiheit als verfassungsrechtliches Problem, 1967, 217 f; *Bethge* in: Sachs, GG, Art 5 Rn 183.

74 *J. Ipsen* Staatsrecht II, Rn 473.

Indem die Verfassung die Freiheit der Kunst gewährleistet, setzt sie indes die Existenz von Kriterien voraus, die den Begriffsinhalt näher bestimmen können[75]. Der verfassungsdogmatische Verzicht auf eine Begriffsbestimmung bedeutete die Auflösung der Normativität des Grundrechts der Kunstfreiheit[76]. Rechtlich schützen kann das Grundgesetz nur einen konturierbaren Schutzgegenstand[77]. Die Unmöglichkeit, Kunst allumfassend zu definieren, entbindet daher nicht von der verfassungsrechtlichen Pflicht, zum Schutz des Lebensbereichs »Kunst« bei der konkreten Rechtsanwendung zu entscheiden, ob der Tatbestand des Art. 5 Abs. 3 S. 1 GG vorliegt[78]. Dafür ist notwendig und ausreichend, daß Kunst von »Nicht-Kunst« abgegrenzt wird. Insoweit kann die Entwicklung von Kriterien genügen, die eine Umschreibung und Annäherung an den Begriff »Kunst« ermöglichen, um einerseits eine juristische Subsumtion vornehmen zu können, ohne andererseits die notwendige Offenheit des Kunstbegriffs zu vernachlässigen[79].

Diesen Anforderungen könnte ein *materieller Kunstbegriff* genügen. Danach ist wesentlich für die künstlerische Betätigung die freie schöpferische Gestaltung, in der Eindrücke, Erfahrungen und Erlebnisse des Künstlers durch das Medium einer bestimmten Formensprache zu unmittelbarer Anschauung gebracht werden[80]. Es geht danach um ein rational nicht auflösbares Zusammenwirken von Intuition, Phantasie und Kunstverstand. Bedenken gegenüber einer solchen wertbezogenen Definition könnten sich daraus ergeben, daß es sich am idealistischen Kunstverständnis der Ästhetik orientiert und die Grenzen eines neutralen Wertbegriffs überschreitet und außerdem wegen der vielen Elemente eine ungerechtfertigte Begriffsverengung bewirkt[81]. Infolgedessen könnte ein *formaler Kunstbegriff* zu bevorzugen sein. Er knüpft an die vorfindliche Typologie künstlerischer Betätigung an. Es kommt darauf an, ob die Gattungsanforderungen eines

75 *Wendt* in: von Münch/Kunig, GG, Bd 1, Art 5 Rn 89.
76 *J. Ipsen* Staatsrecht II, Rn 473; *Starck* in: von Mangoldt/Klein/Starck, GG, Bd 1, Art 5 Rn 275.
77 *Mückl* Jura 1998, 152 (154); *Wendt* in: von Münch/Kunig, GG, Bd 1, Art 5 Rn 89; *Pernice* in: Dreier, GG, Bd I, Art 5 III (Kunst) Rn 17.
78 BVerfGE 67, 213 (225); 75, 369 (377).
79 *Pernice* in: Dreier, GG, Bd I, Art 5 III (Kunst) Rn 17.
80 BVerfGE 30, 173 (188 f); 67, 213 (226); BVerwGE 84, 71 (73 f); *Katz* Staatsrecht, Rn 741; *Scholz* in: Maunz/Dürig, GG, Art 5 Abs III Rn 24, 29; *Jarass* in: ders/Pieroth, GG, Art 5 Rn 67.
81 *Henschel* NJW 1990, 1937 (1938); *Wendt* in: von Münch/Kunig, GG, Bd 1, Art 5 Rn 89.

bestimmten Werktyps erfüllt sind[82]. Diese Orientierung an den Tätigkeiten und Ergebnissen etwa des Malens, Bildhauens, Dichtens, Musizierens erleichtert zwar die Praktikabilität des Kunstbegriffs, er ist aber nicht offen für neue avantgardistische Formen[83]. Zur Erfassung der Bedeutungsvielfalt in dem durch Art. 5 Abs. 3 S. 1 GG geschützten Lebensbereich könnte deshalb ein *offener Kunstbegriff* angezeigt sein. Danach ist das kennzeichnende Merkmal einer künstlerischen Äußerung darin zu sehen, daß es wegen der Mannigfaltigkeit ihres Aussagegehalts möglich ist, der Darstellung im Wege einer fortgesetzten Interpretation immer weiterreichende Bedeutungen zu entnehmen, so daß sich eine praktisch unerschöpfliche, vielstufige Informationsvermittlung ergibt[84]. Bedenklich an einem solchen Begriffsverständnis könnte sein, daß es Qualitätsmaßstäbe einführt und damit vordergründige oder triviale Unterhaltung ausscheiden könnte, die bei formaler Betrachtung als »Kunst« einzustufen wäre[85]. Da der Grundrechtstatbestand jedoch nur die Trennung der Kunst von »Nicht-Kunst« erlaubt, liefe eine Niveaukontrolle, die zwischen »höherer« und »niederer« bzw. »guter« und »schlechter« Kunst unterscheiden sollte, auf eine verfassungsrechtlich unzulässige Inhaltskontrolle hinaus[86].

Alle Ansätze zur Begriffsbestimmung sind demnach nicht frei von Schwächen. Sie könnten jedoch hinreichende Gesichtspunkte bieten, um im konkreten Fall entscheiden zu können, ob der Schutzbereich der Kunstfreiheit eingreift[87]. Dies wäre insbesondere der Fall, wenn die drei unterschiedlichen Lösungsansätze zu demselben Ergebnis kämen. Bei dem auf dem Marktplatz von S dargebotenen Theaterstück handelt es sich um eine szenische Darstellung mit Elementen schöpferischer Gestaltung. Es kann davon ausgegangen werden, daß Eindrücke, Erfahrungen und Erlebnisse der Darsteller zum Thema Tierschutz und Viehtransporte zu unmittelbarer Anschauung gebracht wurden. Die verschiedenen Rollen basierten auf Intuition und Phantasie, und sie führten zu einer kommunikativen Sinnvermittlung. Der materiale Kunstbegriff wäre danach erfüllt. Fraglich könnte allenfalls sein, ob die politische Absicht der Veranstaltung der Bejahung von »Kunst« entgegensteht. Das ist nicht der Fall. »Kunst« war –

---

82 BVerfGE 67, 213 (226 f).

83 *Henschel* NJW 1990, 1937 (1939); *Mahrenholz* in: HdbVerfR, § 26 Rn 34 f.

84 BVerfGE 67, 213 (227); *Pieroth/Schlink* Grundrechte, Rn 612.

85 *Henschel* NJW 1990, 1937 (1939); *Mahrenholz* in: HdbVerfR, § 26 Rn 31 f.

86 BVerfGE 75, 369 (377); 81, 278 (291); 83, 130 (139).

87 *Henschel* NJW 1990, 1937 (1939); *Wendt* in: von Münch/Kunig, GG, Bd 1, Art 5 Rn 90; *Starck* in: von Mangoldt/Klein/Starck, GG, Bd 1, Art 5 Rn 279 f.

gerade in Form des Theaters – immer auch politisch ausgerichtet; »engagierte Kunst« ist von der Freiheitsgarantie des Art. 5 Abs. 3 S. 1 GG nicht ausgenommen[88]. Daß ein Künstler mit seinem Werk eine bestimmte Meinung vermitteln will, entzieht dieses nicht dem Schutz der grundgesetzlichen Kunstfreiheit[89]. Auch nach der formalen Begriffsbestimmung liegt »Kunst« vor. Theater ist ein Werktyp, der vom Kunstbegriff erfaßt wird[90]. Vergleichbares gilt schließlich für den offenen Kunstbegriff. Unabhängig davon, welchen konkreten Inhalt die Aufführung hatte, ruft ein Theaterstück Distanz zum Zuschauer hervor, der beim Betrachten mannigfaltige Aussagen entdeckt und fortgesetzt Interpretationen zur szenisch dargestellten Problematik der Tiertransporte vornehmen kann.

Nach allen Auffassungen zum Kunstbegriff gem. Art. 5 Abs. 3 S. 1 GG stellt die Veranstaltung auf dem Marktplatz von S somit »Kunst« dar.

bb) Geschütztes Verhalten

Art. 5 Abs. 3 S. 1 GG schützt den Lebensbereich »Kunst«. Indem jedem, der in diesem Bereich tätig ist, die grundrechtliche Gewährleistung als individuelles Freiheitsrecht zukommt, ist der *Werkbereich* des künstlerischen Schaffens vom Schutzbereich umfaßt. Art. 5 Abs. 3 S. 1 GG bezieht sich insoweit auf die eigentliche künstlerische Betätigung, vor allem auf die Schaffung des Kunstwerks. Seinem sachlichen Schutzumfang nach erstreckt sich Art. 5 Abs. 3 S. 1 GG zudem auf den *Wirkbereich*[91]. Dadurch wird der Öffentlichkeit Zugang zu dem Kunstwerk verschafft; demnach werden auch seine Darbietung und Verbreitung geschützt[92].

Im vorliegenden Fall handelt es sich um eine Theateraufführung auf dem Marktplatz von S. Hier fallen Werkbereich und Wirkbereich zusammen. Daß die Darbietung im Freien auf einer öffentlichen Verkehrsfläche erfolgt, schadet nicht. Auch *Straßenkunst* unterfällt dem sachlichen Schutzbereich des Art. 5 Abs. 3 S. 1 GG[93].

Die Darbietungen von V auf dem Marktplatz von S sind somit sachlich vom Schutzbereich der Kunstfreiheit erfaßt.

---

88   BVerfGE 67, 213 (227 f); *Mückl* Jura 1998, 152 (154); *Jarass* in: ders/Pieroth, GG, Art 5 Rn 67.
89   BVerfGE 75, 369 (377); 81, 278 (291).
90   BVerfGE 67, 213 (227).
91   BVerfGE 30, 173 (189); 67, 213 (224); 81, 278 (292).
92   BVerfGE 77, 240 (251); BVerwG, NJW 1995, 2648.
93   BVerwGE 84, 71 (74).

b) Personeller Schutzbereich

Der personelle Schutzbereich des Art. 5 Abs. 3 S. 1 GG müßte sich auf den eingetragenen Verein erstrecken können. Als individuelles Freiheitsrecht schützt die Norm alle künstlerisch tätigen Individuen[94] sowie alle Personen, die eine Mittlerfunktion zwischen Künstler und Publikum ausüben[95]. Hierunter fällt auch der Veranstalter einer Theateraufführung[96]. Handelt es sich bei ihm – wie im vorliegenden Fall – um eine juristische Person des Privatrechts, richtet sich die Grundrechtsfähigkeit nach Art. 19 Abs. 3 GG. Das Grundrecht, hier Art. 5 Abs. 3 S. 1 GG, müßte seinem Wesen nach auf die juristische Person anwendbar sein. Das ist der Fall, wenn das betreffende Grundrecht nicht nur individuell, sondern auch korporativ betätigt werden kann[97]. Insbesondere wenn es um die Wahrnehmung der Mittlerfunktion sowie um einen Beitrag zur Entstehung des Kunstwerks geht, trifft dies bei Art. 5 Abs. 3 S. 1 GG zu[98]. So ist es hier. V ist Organisator und Veranstalter der Theateraufführung auf dem Marktplatz von S. Als juristische Person des Privatrechts kann V Träger des Grundrechts gem. Art. 5 Abs. 3 S. 1 GG sein.

2. Grundrechtseingriff

Weiterhin müßte das behördliche Einschreiten einen *Eingriff* in den Schutzbereich des Art. 5 Abs. 3 S. 1 GG darstellen. Die Kunstfreiheit wird beeinträchtigt, wenn der Grundrechtsträger im Werkbereich bzw. im Wirkbereich behindert wird[99]. Das ist insbesondere bei einem *Verbot* künstlerischer Tätigkeiten der Fall[100]. Hier hat die behördliche Untersagung der Theaterveranstaltung auf dem Marktplatz von S die weitere Aufführung des Theaterstücks unmöglich gemacht. Diese Art der Unterbindung einer künstlerischen Betätigung kommt einem Verbot gleich. Ein Eingriff in die Kunstfreiheit von V ist demnach zu bejahen.

---

94 *Scholz* in: Maunz/Dürig, GG, Art 5 Abs III Rn 45 f.
95 BVerfGE 81, 278 (292); *Katz* Staatsrecht, Rn 741.
96 BVerfG, NJW 1988, 328; *Henschel* NJW 1990, 1937 (1940).
97 *von Mutius* Jura 1983, 30 (37); *Dürig* in: Maunz/Dürig, GG, Art 19 Abs III Rn 32.
98 *J. Ipsen* Staatsrecht II, Rn 470 f; *Jarass* in: ders/Pieroth, GG, Art 5 Rn 69; *Pernice* in: Dreier, GG, Bd I, Art 5 III (Kunst) Rn 27.
99 *Jarass* in: ders/Pieroth, GG, Art 5 Rn 70.
100 *Pieroth/Schlink* Grundrechte, Rn 627; *Pernice* in: Dreier, GG, Bd I, Art 5 III (Kunst) Rn 30.

III. Verfassungsmäßigkeit des Grundrechtseingriffs

Verfassungsrechtlich gerechtfertigt wäre der Eingriff, wenn er sich im Rahmen der für das Grundrecht des Art. 5 Abs. 3 S. 1 GG geltenden Schrankenregelung hielte.

1. Grundrechtsschranken

Nach dem Wortlaut des Art. 5 Abs. 3 S. 1 GG ist die Freiheit der Kunst *vorbehaltlos* gewährleistet. Das bedeutet allerdings nicht, daß die Kunstfreiheit grenzenlos wäre und keinen Beschränkungen unterläge. Angesichts der Einheit der Verfassung sind auch vorbehaltlos normierte Grundrechte nicht uneinschränkbar[101]. Wie alle Grundrechte geht auch Art. 5 Abs. 3 S. 1 GG vom Menschenbild des Grundgesetzes aus, d.h. vom Menschen als eigenverantwortlicher Persönlichkeit, die sich innerhalb der sozialen Gemeinschaft frei entfaltet[102]. Eine völlig unbegrenzte Freiheit in der sozialen Gemeinschaft ist der grundgesetzlichen Ordnung fremd.

Ist das Freiheitsrecht gem. Art. 5 Abs. 3 S. 1 GG somit nicht schrankenlos gewährt, ist fraglich, welchen Grundrechtsschranken die Kunstfreiheit unterliegt. Anwendbar könnte die Schrankenregelung gem. Art. 5 Abs. 2 GG sein[103]. Hiergegen sprechen jedoch systematische Gründe. Nach ihrer Stellung bezieht sich die in Art. 5 Abs. 2 GG getroffene Schrankenregelung allein auf die in Art. 5 Abs. 1 GG normierten Rechte. Infolgedessen verbietet die Gesetzessystematik eine Anwendung des Art. 5 Abs. 2 GG auf Art. 5 Abs. 3 S. 1 GG[104]. Man könnte ferner in Betracht ziehen, auf die Schrankentrias des Art. 2 Abs. 1 GG zurückzugreifen. Ein Schrankenvorbehalt für alle Grundrechte könnte der Vorbehalt der »Rechte anderer« sein[105]. Damit wären aber sogar einfachgesetzliche Rechtspositionen in der Lage, das vorbehaltlos normierte Grundrecht der Kunstfreiheit einzuschränken. Im übrigen verbietet das Verhältnis der Subsidiarität des Art. 2 Abs. 1 GG zur

101 *Hesse* Grundzüge des Verfassungsrechts, Rn 312.
102 BVerfGE 30, 173 (193); *Henschel* NJW 1990, 1937 (1940); *Wendt* in: von Münch/Kunig, GG, Bd 1, Art 5 Rn 96.
103 *Knies* Schranken der Kunstfreiheit (Fn 73) 257 ff; *J. Ipsen* Staatsrecht II, Rn 482, 486; *Isensee* AfP 1993, 619 (625); *Dietel/Gintzel/Kniesel* Versammlungsfreiheit (Fn 3) § 1 Rn 186.
104 BVerfGE 30, 173 (191); 67, 213 (228); 83, 130 (139); *Mückl* Jura 1998, 152 (154); *Hesse* Grundzüge des Verfassungsrechts, Rn 403; *Pernice* in: Dreier, GG, Bd I, Art 5 III (Kunst) Rn 31.
105 VG Berlin, NJW 1995, 2650 (2651).

Spezialität der Einzelfreiheitsrechte den Rückgriff auf die Schrankenregelung des Art. 2 Abs. 1 GG, um Art. 5 Abs. 3 S. 1 GG Grenzen zu ziehen[106]. Damit kann aus der Vorbehaltlosigkeit des Grundrechts der Kunstfreiheit nur der Schluß gezogen werden, daß die Grenzen des Art. 5 Abs. 3 S. 1 GG von der *Verfassung selbst* zu bestimmen sind. Seine Schranken findet das Grundrecht der Kunstfreiheit demzufolge nur in anderen Verfassungsvorschriften[107]. Grundrechte Dritter und sonstige mit Verfassungsrang ausgestattete Rechtspositionen können als verfassungsimmanente Schranken der Kunstfreiheit Grenzen ziehen[108]. Im vorliegenden Fall kommt das Persönlichkeitsrecht (Art. 2 Abs. 1 i. V. m. Art. 1 Abs. 1 GG) als Schranke der Kunstfreiheit in Betracht. Das Persönlichkeitsrecht ist prinzipiell in der Lage, die Freiheit gem. Art. 5 Abs. 3 S. 1 GG zu begrenzen[109]. Eine materielle Grundrechtsschranke liegt somit vor. Art. 2 Abs. 1 i. V. m. Art. 1 Abs. 1 GG stellt indes formalgesetzlich keine behördliche Befugnisnorm dar. Eingriffe in ein vorbehaltlos normiertes Grundrecht können allerdings nicht unter geringeren Voraussetzungen zulässig sein als bei einem unter Gesetzesvorbehalt stehenden Grundrecht[110]. Folglich benötigt die Verwaltungsbehörde für eine grundrechtsbeeinträchtigende Maßnahme auch bei Art. 5 Abs. 3 S. 1 GG eine gesetzliche Grundlage[111]. Insoweit kommt im vorliegenden Fall § 15 Abs. 2 VersG in Betracht. Als Ermächtigungsgrundlage greift die Vorschrift auch dann ein, wenn einer von Art. 5 Abs. 3 S. 1 GG geschützten künstlerischen Darbietung zugleich Versammlungsqualität zukommt[112].

2. Verfassungsmäßige Anwendung der Schrankenregelung
a) Schutz kollidierenden Verfassungsrechts

§ 15 Abs. 2 VersG müßte bei der Auflösung der Veranstaltung auf dem Marktplatz von S verfassungsmäßig angewandt worden sein. Dem Wortlaut nach erlaubt die Vorschrift i. V. m. § 15 Abs. 1 VersG eine Auflösungsverfügung bei einer unmittelbaren Gefährdung der öffentlichen Sicherheit oder

---

[106] BVerfGE 30, 173 (192); 67, 213 (228); 83, 130 (139); *Mückl* Jura 1998, 152 (155); *Schwabe* Grundkurs Staatsrecht, 84.
[107] BVerfGE 30, 173 (193); 77, 240 (253); BVerwG, NJW 1995, 2648; *Henschel* NJW 1990, 1937 (1941); *Hesse* Grundzüge des Verfassungsrechts, Rn 403.
[108] BVerfGE 81, 278 (292); 83, 130 (139); BVerwG, NJW 1995, 2648 f; NJW 1999, 304.
[109] BVerfGE 67, 213 (228); BVerfG, NJW 1988, 328; BVerfGE 83, 130 (146).
[110] *Pieroth/Schlink* Grundrechte, Rn 333.
[111] *Mückl* Jura 1998, 152 (155); *Jarass* in: ders/Pieroth, GG, Art 5 Rn 73.
[112] VG Köln, NJW 1983, 1212 (1213).

Ordnung. Diese Regelung bedarf im vorliegenden Fall der einschränkenden *verfassungskonformen Auslegung*, da Art. 5 Abs. 3 S. 1 GG als vorbehaltloses Grundrecht nur durch gleichrangige Rechte und Rechtsgüter eingeschränkt werden darf. Infolgedessen besteht eine behördliche Eingriffsbefugnis gem. § 15 Abs. 2 i. V. m. Abs. 1 VersG zum Schutz der öffentlichen Sicherheit nur unter der Voraussetzung, daß zum Zwecke der Konkretisierung einer verfassungsimmanenten Schranke der Kunstfreiheit eingeschritten wird. Das ist insbesondere der Fall, wenn durch die Ausübung der Kunst Grundrechte anderer beeinträchtigt werden[113].

Hier erfolgte das behördliche Unterbinden der Veranstaltung auf dem Marktplatz von S unter anderem deshalb, weil die Bundesregierung als »Mörderbande« bezeichnet worden war. Dabei handelt es sich, wie bei der Prüfung der 1. Frage festgestellt worden ist, um eine drastische Herabwürdigung der Bundesregierung in der öffentlichen Meinung und um eine schwere Kränkung der Ehre der betroffenen Politiker. Das behördliche Einschreiten erfolgte demnach zum Schutz der persönlichen Ehre (Art. 2 Abs. 1 i. V. m. Art. 1 Abs. 1 GG), also zum Schutz der Grundrechte Dritter und damit wegen kollidierender Verfassungsgüter. Der Ehrenschutz kann dem in Art. 5 Abs. 3 S. 1 GG gewährleisteten Grundrecht der Kunstfreiheit Grenzen setzen[114]. Eine Befugnis zum behördlichen Einschreiten gegenüber V war somit im vorliegenden Fall grundsätzlich gegeben.

b) Verhältnismäßiger Ausgleich

Fraglich ist jedoch, ob die zuständige Behörde mit der konkret getroffenen Maßnahme, nämlich der Untersagung der Veranstaltung, verfassungsmäßig gehandelt hat. Zwar findet Art. 5 Abs. 3 S. 1 GG seine Schranken in anderen Verfassungsbestimmungen; diese müssen jedoch ihrerseits im Lichte der grundgesetzlichen Kunstfreiheit konkretisiert werden[115]. Es muß ein Ausgleich der widerstreitenden, verfassungsrechtlich geschützten Interessen gefunden werden. Das Persönlichkeitsrecht Dritter und der von diesem umfaßte Ehrenschutz dürfen nicht einseitig zu Lasten der Kunstfreiheit bevorzugt werden. Notwendig ist vielmehr, wenn es im konkreten Fall – wie hier – nicht um den Schutz der Menschenwürde des in seiner Ehre Verletzten geht, eine Güterabwägung zwischen der Kunstfreiheit und dem

---

113 VG Köln, NJW 1983, 1212 (1213).
114 BVerfGE 75, 369 (378); *Wessels* Strafrecht BT/1 (Fn 46) Rn 511; *Starck* in: von Mangoldt/Klein/Starck, GG, Bd 1, Art 5 Rn 308.
115 BVerfGE 77, 240 (253); 83, 130 (143).

Ehrenschutz[116]. Dabei ist im Wege fallbezogener Abwägung ein *verhältnismäßiger Ausgleich* der gegenläufigen Rechtspositionen mit dem Ziel ihrer Optimierung anzustreben[117].

Im vorliegenden Fall könnte dem Persönlichkeitsrecht der beleidigten Personen aufgrund der Schwere des ehrenrührigen Vorwurfs (»Mörderbande«) Vorrang zukommen. Andererseits genießt die Kunstfreiheit ausweislich ihrer vorbehaltlosen Gewährleistung einen hohen Rang. Ferner ist zu berücksichtigen, daß es hier um künstlerisch dargebotene Kritik an Personen geht, die als Politiker in der Öffentlichkeit stehen und daher ständig scharfer Kritik ausgesetzt sind. Die Auflösung der Veranstaltung und demnach die abrupte Beendigung der künstlerischen Darbietung kann vor diesem Hintergrund nur als äußerstes Mittel verfassungsrechtlich gerechtfertigt sein. Das Ziel eines möglichst schonenden Ausgleichs der konfligierenden Verfassungsgüter wird verfehlt, wenn weniger belastete Maßnahmen zur Verfügung stehen, die einerseits den Ehrenschutz sichern und andererseits die künstlerische Betätigung nicht unmöglich machen. Insoweit kommen, wie bei der 1. Frage dargelegt, das behördliche Verbot ehrverletzender Äußerungen (»Mörderbande«) und die Beschlagnahme bzw. Sicherstellung des Spruchbandes in Betracht. Damit wäre dem Recht der persönlichen Ehre Genüge getan gewesen, und das Theaterstück hätte fortgesetzt werden können. Diesen verfassungsrechtlich gebotenen Versuch einer verhältnismäßigen Zuordnung der konfligierenden Verfassungsgüter hat die zuständige Behörde nicht unternommen. Die Verwaltung hat vielmehr sogleich die drastischere Maßnahme ergriffen und die Aufführung unterbunden. Dies stellt einen unverhältnismäßigen Ausgleich des Widerstreits zwischen Kunstfreiheit und Persönlichkeitsrecht (Schutz der persönlichen Ehre) dar. V ist somit auch in seinem Grundrecht aus Art. 5 Abs. 3 S. 1 GG verletzt.

Ergebnis: Die behördliche Untersagung der Veranstaltung von V auf dem Marktplatz in S war weder mit dem Grundrecht der Versammlungsfreiheit (Art. 8 Abs. 1 GG) noch mit dem Grundrecht der Kunstfreiheit (Art. 5 Abs. 3 S. 1 GG) vereinbar.

---

116 BVerfGE 75, 369 (380); 77, 240 (253).
117 BVerfGE 81, 278 (292).

Hinweise zur methodischen und sachlichen Vertiefung

1. Aufbau

Im Aufbau bietet die Fallösung keine größeren Probleme. Der Ausgangspunkt ist in der Aufgabenstellung klar formuliert: Es geht um die – materiellrechtliche – Überprüfung der behördlichen Untersagung einer Veranstaltung am Maßstab der grundgesetzlichen Versammlungsfreiheit sowie der Kunstfreiheit. Damit steht fest, daß ein prozessualer Aufbau (mit der Prüfung der Zulässigkeit eines Rechtsbehelfs) nicht gefordert ist. Allein die materiellrechtliche Begutachtung der Verwaltungsmaßnahme ist Gegenstand der Aufgabenstellung.

Entsprechend der Reihenfolge der Fragen ist mit der Versammlungsfreiheit zu beginnen: Zunächst ist die Anwendbarkeit des Art. 8 GG kurz darzulegen, dann der Eingriff in den Schutzbereich zu erörtern, anschließend dessen Verfassungsmäßigkeit zu prüfen. Im Rahmen der Schutzbereichsprüfung bei Art. 8 Abs. 1 GG empfiehlt sich eine Trennung zwischen dem sachlichen Umfang und der personellen Reichweite des Grundrechtstatbestandes. Sodann sollte beim sachlichen Schutzbereich zunächst der Versammlungsbegriff geklärt werden, bevor der Umfang der Gewährleistung geprüft wird. Nach der gutachtlichen Untersuchung der lösungsrelevanten Schutzbereichsfragen ist der Grundrechtseingriff darzulegen. Bei den anschließenden Ausführungen zur Verfassungsmäßigkeit des Grundrechtseingriffs ist aufgrund des Gesetzesvorbehalts gem. Art. 8 Abs. 2 GG zunächst die gesetzliche Ermächtigungsgrundlage für das behördliche Einschreiten zu benennen; die Prüfung der rechtsfehlerfreien Anwendung schließt sich an. Insoweit empfiehlt sich eine Differenzierung zwischen den tatbestandlichen Eingriffsvoraussetzungen des § 15 Abs. 2 VersG und dem behördlichen Rechtsfolgeermessen. Um auf der Tatbestandsseite alle in der Aufgabenstellung angesprochenen Probleme erörtern zu können, sollten zunächst die Nichtanmeldung der Versammlung und das Fehlen einer straßenrechtlichen Erlaubnis untersucht werden; die Prüfung der Ehrverletzung schließt sich an. Die Begutachtung des Rechtsfolgeermessens erfolgt aufbaumäßig anhand der bekannten Elemente des Übermaßverbots.

In der Grundanlage entspricht die Prüfung der 2. Frage aufbaumäßig derjenigen der 1. Frage. Bevor mit der Schutzbereichsprüfung begonnen wird, sollte geklärt werden, daß Art. 5 Abs. 3 S. 1 GG überhaupt anwendbar ist. Die anschließende Erörterung zum Eingriff in den Schutzbereich weist im Aufbau keine Besonderheiten auf. Das gilt im Prinzip auch für die

Untersuchung der Verfassungsmäßigkeit des Grundrechtseingriffs. Zur Vermeidung vorschneller inhaltsloser Abwägungsprozeduren sollte zunächst die Frage nach den Grundrechtsschranken bei einem vorbehaltlosen Grundrecht aufgeworfen und sorgfältig beantwortet werden. In einem eigenständigen Prüfungspunkt ist anschließend darzulegen, ob die an sich vorhandene Schrankenregelung im konkreten Fall verfassungskonform angewandt worden ist. Durch die – auch gliederungsmäßige – Offenlegung der einzelnen Prüfungsschritte gewinnt der Aufbau eine klare Struktur und damit die notwendige Transparenz.

2. Inhalt

Die Aufgabe beinhaltet eine breite Palette von Rechtsproblemen; über einen mittleren Schwierigkeitsgrad gehen sie zumeist nicht hinaus. Überwiegend werden Standardprobleme zur Versammlungsfreiheit und zur Kunstfreiheit angesprochen. Um nicht auf »Abwege« zu geraten, muß der Bearbeitungsvermerk beachtet werden. An sich sollte nach der – insoweit gewiß überzeugenden – Brokdorf-Entscheidung des BVerfG geklärt sein, daß §§ 14, 15 VersG (zumindest bei verfassungskonformer Auslegung) verfassungsmäßig sind (E 69, 315 [347 ff.]). Neuerdings wird wieder die Verfassungswidrigkeit des § 14 Abs. 1 VersG (und weiterer versammlungsgesetzlicher Vorschriften) behauptet (*Höfling* in: Sachs, GG, Art. 8 Rn. 58; vgl. ferner Rn. 61 ff.). Der Bearbeitungsvermerk schließt eine Diskussion hierüber aus.

a) Versammlungsfreiheit

Bei der 1. Frage zu Art. 8 GG muß im Rahmen des sachlichen Schutzbereiches zunächst der *Versammlungsbegriff* geklärt werden. Die wesentlichen Auffassungen werden in der Fallösung dargelegt; sie sollten in Übung und Examen bekannt sein. Im Ergebnis kann der Meinungsstreit um den richtigen Versammlungsbegriff – wie so oft in Klausur und Hausarbeit – unentschieden bleiben, weil auch nach der strengsten Auffassung eine »Versammlung« i. S. d. Art. 8 Abs. 1 GG zu bejahen ist. Dem *Schutzumfang* der Versammlungsfreiheit wird in der Regel nur wenig Aufmerksamkeit zuteil. Spätestens seit der Entscheidung des BVerwG zum Anspruch auf eine Kundgebung auf der Bonner »Hofgartenwiese« (E 91, 135) sollte die Frage um Art. 8 Abs. 1 GG als Abwehrrecht und nicht etwa als Teilhabe- bzw. Leistungsrecht nicht übersehen werden. Art. 8 Abs. 1 GG gibt allen Deutschen das Recht »sich zu versammeln«. Soweit sich dies auf eine öffentliche Fläche im Gemeingebrauch bezieht, bereitet der Umfang der Gewährleistung des Grundrechtstatbestandes letztlich keine Schwierigkeiten. Ob

die konkrete Nutzung über den Gemeingebrauch hinausgeht, also Sondernutzung ist, ist dann keine Frage des Schutzbereichs mehr.

Da es sich bei V um einen eingetragenen Verein handelt, ist unter dem
Gesichtspunkt des *personellen Schutzbereichs* etwas zur *Grundrechtsfähigkeit*
juristischer Personen zu sagen. Die einschlägige Grundgesetzbestimmung
ist Art. 19 Abs. 3 GG. Wird präzise auf die in Rede stehende Freiheitsbetätigung abgestellt, besteht kein Zweifel daran, daß ein Verein als Veranstalter
einer Versammlung Träger des Grundrechts aus Art. 8 Abs. 1 GG sein kann.

Völlig problemlos ist die Bejahung des *Grundrechtseingriffs.* Daß die
Untersagung der Veranstaltung im Rechtssinne die Auflösung einer Versammlung darstellt, kann schon hier festgehalten werden, um den normativen Zugang zu § 15 Abs. 2 VersG deutlich zu machen.

Bei der Prüfung der Verfassungsmäßigkeit des Grundrechtseingriffs
steht im Ausgangspunkt fest, daß in bezug auf die Versammlung unter
freiem Himmel der Gesetzesvorbehalt gem. Art. 8 Abs. 2 GG eingreift. *Ermächtigungsgrundlage* für die Versammlungsauflösung ist § 15 Abs. 2 VersG.
Auf der *Tatbestandsseite* wird sinnvollerweise zunächst die Nichtanmeldung
der Versammlung erörtert. Zu § 14 Abs. 1 VersG müßten die Rechtsprobleme um Spontanversammlung und Eilversammlung bekannt sein. Beide
Erscheinungsformen, die zu einem (partiellen) Dispens von der Anmeldepflicht führen, liegen hier nicht vor. Daß der Verstoß gegen § 14 VersG nicht
automatisch zur Befugnis einer Versammlungsauflösung gem. § 15 Abs. 2
VersG führt, kann im Wege der verfassungskonformen Auslegung ermittelt
werden. Insoweit wird ein vertieftes Verständnis zu den Rechtsfragen um
Art. 8 GG vorausgesetzt. Etwas schwieriger noch ist die rechtsdogmatisch
angemessene Erörterung der versammlungsrechtlichen Folgen des Fehlens
einer straßenrechtlichen (Sondernutzungs-)Erlaubnis. Im Wege der systematischen Gesetzesinterpretation – Art. 8 Abs. 1 GG: »ohne Anmeldung
oder Erlaubnis«; § 14 Abs. 1 VersG: bloße Anmeldepflicht – läßt sich erkennen, daß ein abschließendes bundesgesetzliches Regelungskonzept besteht,
das z.B. durch landesgesetzliche Erlaubnisvorbehalte nicht derogiert werden kann. Mit Blick auf den strafrechtlichen Beleidigungstatbestand (§ 185
StGB) geht es im Rahmen des § 15 Abs. 2 VersG schließlich um die rechtliche Würdigung objektiv strafbaren Verhaltens. Insoweit gelangt auch
noch Art. 5 Abs. 1 S. 1 GG in die gutachtlichen Überlegungen. Die zu der
Verwendung des Begriffs »Mörderbande« vorgeschlagene Lösung dürfte –
zumal nach der sehr umstrittenen Rechtsprechung des BVerfG zu Deutungsmöglichkeiten bei der Verwendung derartigen Vokabulars (E 93, 266 =
DVBl 1996, 27 = NJW 1995, 3303 = JZ 1996, 360 [m. Anm. *Zuck*] = JuS

1996, 738 [*Hufen*]; dazu Bespr. *Mager* Jura 1996, 405 ff.) – durchaus kontrovers beurteilt werden. Argumentation und Ergebnis versuchen Einseitigkeiten zu Lasten des Persönlichkeitsrechts (Ehrenschutzes) zu vermeiden und den konfligierenden Grundrechten zu optimaler Wirksamkeit zu verhelfen: Auch ohne gehässige Diffamierung von Personen kann in der aufgeklärten Zivilgesellschaft scharfe Kritik an unliebsamen Vorgängen geübt werden; Art. 8 Abs. 1 GG und Art. 5 Abs. 1 S. 1 GG verlieren nichts von ihrer Substanz, wenn auf Beleidigungen im öffentlichen Disput verzichtet wird – und Grundrechte Dritter (Art. 2 Abs. 1 i. V. m. Art. 1 Abs. 1 GG) werden geschont.

Gleichwohl ist V letztlich in seiner Versammlungsfreiheit verletzt. Bei der Ausübung des *Rechtsfolgeermessens* gem. § 15 Abs. 2 VersG mußte die zuständige Behörde das *Übermaßverbot* beachten. Zum Ehrenschutz war es nicht erforderlich, die Veranstaltung gleich vollständig zu untersagen.

b) Kunstfreiheit

Zur Anwendbarkeit des Art. 5 Abs. 3 S. 1 GG neben Art. 8 GG hatte es in der Rechtsprechung unterschiedliche Auffassungen gegeben. Letztlich sollte angesichts der rechtlichen Argumente kein Zweifel daran bestehen, daß auch die Kunstfreiheit zu prüfen ist.

Zum sachlichen Schutzbereich ist zunächst eine Erörterung des *Kunstbegriffs* angezeigt. Auch insoweit wird in Übung und Examen erwartet, daß die wesentlichen Auffassungen bekannt sind. In der vorliegenden Fallbearbeitung gelangen alle Definitionsansätze zur Bejahung von »Kunst«. Daß der Umfang der Gewährleistung gem. Art. 5 Abs. 3 S. 1 GG den *Werkbereich* und den *Wirkbereich* umfaßt, sollte ebenfalls gewußt werden. Zur *Grundrechtsträgerschaft* ist erneut auf Art. 19 Abs. 3 GG einzugehen; Probleme bestehen in der Sache nicht. Ohne Schwierigkeiten ist auch der *Grundrechtseingriff* zu bejahen.

Die Frage nach der Verfassungsmäßigkeit des Grundrechtseingriffs führt zu dem allgemeinen Problem der Einschränkbarkeit verfassungstextlich *vorbehaltlos* gewährleisteter Grundrechte. Die Anlehnung an die sog. Schrankentrias des Art. 2 Abs. 1 GG erfolgt nur noch vereinzelt und sollte überwunden sein. In bezug auf Art. 5 Abs. 3 S. 1 GG wird unverändert die Auffassung vertreten, die in Art. 5 Abs. 2 GG normierten Grundrechtsschranken seien anwendbar. Dem ist schon aus Gründen der Gesetzessystematik (Bezug von Abs. 2 nur auf Abs. 1 des Art. 5 GG) zu widersprechen. Vielmehr ist auch zu Art. 5 Abs. 3 S. 1 GG der st. Rspr. des BVerfG zu folgen, daß vorbehaltlos gewährleisteten Grundrechten nur durch die Verfassung selbst (Grundrechte Dritter, sonstige mit Verfassungsrang ausgestattete Rechtspositionen) Grenzen gesetzt sind (verfassungsimmanente Schranken). Damit ist freilich erst der Ansatz für die *materielle* Einschränkbarkeit gefunden. Darüber hinaus bedarf es *formalgesetzlich* selbstverständlich für behördliche Grundrechtseingriffe einer wirksamen gesetzlichen Ermächtigungsgrundlage. Wenn schon bei Grundrechten mit Gesetzesvorbehalt Eingriffe nur auf gesetzlicher Grundlage zulässig sind, gilt dies erst recht bei Grundrechten ohne Gesetzesvorbehalt. Bei der Auslegung und Anwendung des einschlägigen Gesetzesrechts muß dann zusätzlich die erwähnte materielle Restriktion zur Einschränkbarkeit vorbehaltloser Grundrechte beachtet werden: Weit gefaßte Eingriffstatbestände (z. B. »öffentliche Sicherheit oder Ordnung«) sind einschränkend so anzuwenden, daß im konkreten Fall nur zum Schutze gleichrangiger Rechtspositionen in den Schutzbereich des vorbehaltlosen Grundrechts eingegriffen wird. Diese Restriktion würde gegebenenfalls entsprechend für das Rechtsfolgeermessen gelten.

In der vorliegenden Fallösung kommen diese Grundsätze im Rahmen der verfassungsmäßigen Anwendung der Schrankenregelung (§ 15 Abs. 2 VersG) zum Tragen. Im Ergebnis muß ein verhältnismäßiger Ausgleich der konfligierenden Grundrechtspositionen angestrebt werden. Dazu kann letztlich keine andere Lösung als zur Versammlungsfreiheit bei der 1. Frage gefunden werden.

3. Rechtsprechungs- und Literaturhinweise
a) Ausgangsfall
Der Fall stellt eine Kombination dreier Entscheidungen dar:

(1) VGH BW, Beschl. v. 27. 05. 1994 – 1 S 1397/94 – DVBl 1995, 361 = DÖV 1995, 163 = NVwZ-RR 1995, 271 – Straßentheater als Versammlung;

(2) BVerfGE, Beschl. v. 17. 07. 1984 – 1 BvR 816/82 – E 67, 213 = NJW 1985, 261 und BVerfG, NJW 1988, 328 – »Anachronistischer Zug«;

(3) BVerwG, Urt. v. 08. 09. 1981 – 1 C 88/77 – E 64, 55 = NJW 1982, 1008 = *von Mutius,* JK 82, VersG § 15/1 = JA 1982, 442 *(Pitschas)* = JuS 1982, 543 *(Brodersen)* – Beleidigung eines ausländischen Politikers.

b) Zum Grundrecht der Versammlungsfreiheit
Aus der Ausbildungsliteratur: *von Mutius* Die Versammlungsfreiheit des Art. 8 Abs. 1 GG, Jura 1988, 30 und 79; *Gusy* Aktuelle Fragen des Versammlungsrechts, JuS 1993, 555; *Mayer* Vorfeldkontrollen bei Demonstrationen, JA 1998, 345. – Zur weiteren Vertiefung *Deger* Die Versammlungsfreiheit im

Spannungsfeld mit behördlichen Auflagen und Genehmigungen, VBlBW 1995, 303; *Kniesel* Die Versammlungs- und Demonstrationsfreiheit – Aktuelle höchstrichterliche Rechtsprechung zu Art. 8 GG, NJW 1996, 2606; *Deutelmoser* Angst vor den Folgen eines weiten Versammlungsbegriffs?, NVwZ 1999, 240.

Aus der Rechtsprechung:

- BVerfGE 69, 315 = DVBl 1985, 1006 = DÖV 1985, 778 (m. Anm. *H. Schneider*) = NJW 1985, 2395 (m. Bespr. *Frowein* NJW 1985, 2376) = JZ 1986, 27 (m. Anm. *Schenke*) – »Brokdorf«; dazu Besprechung *Gusy* JuS 1986, 608, sowie *Broß* Jura 1986, 189.
- BVerfGE 84, 203 = DVBl 1991, 871 = NJW 1991, 2694 = *Kunig* JK 92, GG Art. 8/4 = JuS 1992, 74 *(Sachs)* – Schutzbereichsbegrenzung gegenüber Versammlungsstörern.
- BVerfGE 85, 69 = DVBl 1992, 149 = DÖV 1992, 262 = NJW 1992, 890 = JuS 1992, 604 *(Sachs)* – Anmeldepflicht bei sog. Eilversammlungen; dazu Besprechung *Geis* NVwZ 1992, 1025.
- BVerfGE 87, 399 = DVBl 1993, 150 = NJW 1993, 581 = *Erichsen* JK 93, GG Art. 8 I/6 = JuS 1993, 768 *(Sachs)* – Ahndung von Verstößen gegen Auflösungsverfügung.
- BVerwGE 91, 135 = DVBl 1993, 210 = DÖV 1993, 203 = NJW 1993, 609 (m. Anm. *Schlink*) = *Erichsen* JK 93, GG Art. 8/7 = JuS 1993, 686 *(Sachs)* – Anspruch auf bestimmten Versammlungsort (Bonner »Hofgarten-wiese«); dazu Besprechung *Burgi* DÖV 1993, 633.
- BVerfG, NVwZ 1998, 834 – Rechtsschutz gegen Versammlungsauflagen.
- BVerwG, NVwZ 1999, 991 – Klage gegen Versammlungsverbot.

Fallbearbeitungen: *Berg* Die Sitzblockade, JuS 1992, L 28 und JuS 1998, L 28 (Klausur Anfängerübung); *Schaefer* Demo gegen Rechtsextremismus, JuS 1993, L 3 (Klausur Anfängerübung); *Enders* Die anstößige Kundgebung, Jura 1998, 642 (Hausarbeit Anfängerübung).

c) Zum Grundrecht der Kunstfreiheit

Aus der Ausbildungsliteratur: *Würkner* Was darf die Satire?, JA 1988, 183; *Koenig/Zeiss* Baukunst und Kunst am Bau im Spannungsfeld zwischen Bauplanungsrecht und Kunstfreiheit, Jura 1997, 225.

Aus der Rechtsprechung:

- BVerfGE 81, 278 = DVBl 1990, 480 = NJW 1990, 1982 = JZ 1990, 635 (m. Anm. *Gusy*) = *Kunig* JK 90, GG, Art. 5 III 1/12 = JA 1990, 396

(*B. Wolf*) = JuS 1991, 687 (*Hufen*) – Verunglimpfung von Staatssymbolen (Bundesflagge) durch Kunst.
- BVerfGE 83, 130 = NJW 1991, 1471 = JA 1991, 371 (*Bizer*) = JuS 1992, 249 (*Hufen*) – Indizierung eines pornographischen Romans (»Josefine Mutzenbacher«); dazu Besprechung *Würkner* NVwZ 1992, 1, sowie *Geis* NVwZ 1992, 25, ferner *Borgmann* JuS 1992, 916; Folgeentscheidungen dazu (unter Aufgabe früherer Rspr.) BVerwGE 91, 211 = DVBl 1993, 498 = NJW 1993, 1491 und BVerwGE 91, 223 = DVBl 1993, 502 = NJW 1993, 1490 = JZ 1993, 794 (m. Anm. *Gusy*) = *Erichsen* JK 94, GG Art. 5 III/16 = JuS 1994, 430 (*Hufen*).
- BVerwG, DVBl 1995, 1008 = NJW 1995, 2648 = *Kunig* JK 96, GG Art. 5 III/17 = JuS 1995, 1131 (*Murswiek*) – Kunstfreiheit und baurechtlicher Außenbereichsschutz; dazu Besprechung *Schütz* JuS 1996, 498; *Vesting* NJW 1996, 1111.
- VG Berlin, NJW 1995, 2650 = JuS 1996, 454 (*Hufen*) – »Verhüllter Reichstag«; dazu Besprechung *Sendler* NJW 1995, 2602; *Uechtritz* NJW 1995, 2606.
- BVerwG, NJW 1999, 75 = JuS 1999, 1016 (*Hufen*) – Indizierung von Videofilmen.
- BVerwG, NJW 1999, 304 = JuS 1999, 911 (*Hufen*) – Verbot einer Theateraufführung.

Fallbearbeitungen: *Meirowitz* Horror auf Video, Jura 1993, 152 (Hausarbeit Anfängerübung); *Hildebrandt* Kunst darf (fast) alles, JuS 1993, 580 (Klausur Anfängerübung); *Schlette* Eiskunstlauf am Volkstrauertag oder: Wie still sind die stillen Feiertage?, ThürVBl 1996, 167 und 187 (Klausur Anfängerübung); *Fischer* »Nosmoking« im Film, JuS 1998, L 85 (Klausur für Anfänger); *Mückl* Pantomime auf dem Gelöbnis, Jura 1998, 152 (Klausur Anfängerübung).

d) Zum Ehrenschutz im Verfassungsrecht
Aus der Ausbildungsliteratur: *Otto* Ehrenschutz und Meinungsfreiheit, Jura 1997, 139; *Ehmann* Zur Struktur des Allgemeinen Persönlichkeitsrechts, JuS 1997, 193; *Tettinger* Das Recht der persönlichen Ehre in der Wertordnung des Grundgesetzes, JuS 1997, 769; zu den letztgenannten Abhandlungen Erwiderung *Rösler* JuS 1997, 1151.

Zur weiteren Vertiefung: *Vesting* Soziale Geltungsansprüche in fragmentierten Öffentlichkeiten – Zur neueren Diskussion über das Verhältnis von Ehrenschutz und Meinungsfreiheit, AöR 122 (1997), 337; *Buscher* Neuere

Entwicklung der straf- und ehrenschutzrechtlichen Schranken der Meinungsfreiheit und der Kunstfreiheit, NVwZ 1997, 1057; *Scholz/Konrad* Meinungsfreiheit und allgemeines Persönlichkeitsrecht – Zur Rechtsprechung des Bundesverfassungsgerichts, AöR 123 (1998), 60.

e) Zur Grundrechtsfähigkeit juristischer Personen

Systematisch *von Mutius* Grundrechtsfähigkeit, Jura 1983, 30. – Vgl. ferner Fallbearbeitung (auch zu Art. 8 GG sowie mit verfassungsprozessualen Problemen zum Eilverfahren nach § 32 BVerfGG) *Butzer* Die termingebundene Demonstration, JuS 1994, 1045 (Fallbearbeitung Examensklausurenkurs) mit Erwiderung *Kemm* JuS 1995, 376.

f) Zur Schrankenproblematik in der allgemeinen Grundrechtsdogmatik

Höfling Grundrechtstatbestand – Grundrechtsschranken – Grundrechtsschrankenschranken, Jura 1994, 169; *Sachs* Die Gesetzesvorbehalte der Grundrechte des Grundgesetzes, JuS 1995, 693; *ders.* Grundrechtsbegrenzungen außerhalb von Gesetzesvorbehalten, JuS 1995, 984.

Fall 5: Wahlrechtsänderungen im umstrittenen Gesetzgebungsverfahren

Sachverhalt

Bei der letzten Bundestagswahl war die radikale R-Partei mit 5,2 % der Stimmen erstmals in den Deutschen Bundestag eingezogen. Außerdem hatte die seit Jahren immer stärker werdende Oppositionspartei C ihren traditionell hohen Anteil an Briefwählern nochmals steigern können. Nun leitet die Bundesregierung in Absprache mit den sie tragenden Fraktionen A und B dem Bundestag einen Gesetzentwurf zur Änderung des Bundeswahlgesetzes (BWahlG) zu. Im Gesetzentwurf ist die ersatzlose Streichung des § 36 BWahlG (sowie der sonstigen auf die Briefwahl bezogenen Vorschriften des BWahlG) vorgesehen; ferner sollen in § 6 Abs. 6 S. 1 BWahlG die Worte »mindestens 5 vom Hundert« durch die Worte »mindestens 6 vom Hundert« ersetzt werden. Die Entwurfsbegründung weist darauf hin, daß der persönliche Gang zur Wahlurne eines der vornehmsten staatsbürgerlichen Rechte sei; im übrigen wirke die Rechtsänderung unzulässigen Einflußnahmen bei der Stimmabgabe, die bei der Briefwahl nie auszuschließen seien, entgegen. Zum anderen sei es zur Sicherung stabiler Mehrheitsverhältnisse – einem besonders hochrangigen staatsrechtlichen Gut – notwendig, radikale Parteien aus dem Parlament zu halten.

Der Bundestag beschließt das Gesetz mit der Mehrheit der Fraktionen A und B. Der – von den Parteien C und D dominierte – Bundesrat spricht sich gegen die Änderungen des Wahlrechts aus und versagt dem »Gesetz zur Änderung des Bundeswahlgesetzes« ausdrücklich seine Zustimmung. Der Bundesrat steht auf dem Standpunkt, die Abschaffung der Briefwahl sei grundgesetzlich verboten, und die Auseinandersetzung mit radikalen Parteien solle politisch und nicht durch Gesetzesänderungen geführt werden. Bundestag und Bundesregierung erachten das Änderungsgesetz nicht für zustimmungsbedürftig. Nach Gegenzeichnung wird das Gesetz dem Bundespräsidenten zur Ausfertigung zugeleitet.

1. Der Bundespräsident fragt, ob das Änderungsgesetz zum Bundeswahlgesetz verfassungsmäßig ist.
2. Kann die Landesregierung des Landes L, die die Verfassungsmäßigkeit des Änderungsgesetzes bezweifelt, jetzt oder zu einem späteren Zeitpunkt eine verfassungsgerichtliche Überprüfung des Gesetzes herbeiführen?

Lösung
1. Frage: Verfassungsmäßigkeit des Änderungs-gesetzes zum Bundeswahlgesetz

Das Änderungsgesetz zum Bundeswahlgesetz ist verfassungsmäßig, wenn es in formeller und in materieller Hinsicht mit dem Grundgesetz in Einklang steht. Das ist der Fall, wenn dem Bund die Gesetzgebungskompetenz zum Erlaß des Gesetzes zusteht, das Gesetzgebungsverfahren verfassungsrechtlich ordnungsgemäß durchgeführt worden ist und die getroffenen Regelungen inhaltlich nicht gegen Vorschriften des Grundgesetzes verstoßen.

I. Gesetzgebungskompetenz des Bundes

Aus Art. 73 ff. GG ergibt sich kein Kompetenztitel für den Bund zur Regelung des Wahlrechts. In Betracht kommt die *ausschließliche Gesetzgebungskompetenz* des Bundes gem. Art. 38 Abs. 3 GG. Diese Vorschrift berechtigt den Bundesgesetzgeber zur näheren Ausgestaltung des Bundestagswahlrechts[1]. Die ersatzlose Streichung des Rechts auf Briefwahl (§ 36 BWahlG) sowie die Einführung einer 6 %-Klausel durch Änderung des § 6 Abs. 6 S. 1 BWahlG sind demnach von Art. 38 Abs. 3 GG kompetenzrechtlich gedeckt. Das Änderungsgesetz zum Bundeswahlgesetz ist somit kompetenzgemäß erlassen worden.

II. Ordnungsgemäßes Gesetzgebungsverfahren

Fraglich ist, ob das Änderungsgesetz zum Bundeswahlgesetz in einem verfassungsrechtlich ordnungsgemäßen *Gesetzgebungsverfahren* zustande gekommen ist. Bedenken bestehen sowohl bezüglich des Einleitungsverfahrens als auch hinsichtlich des Hauptverfahrens.

1. Einleitungsverfahren

Der Entwurf zur Änderung des Bundeswahlgesetzes geht auf eine Gesetzesvorlage der *Bundesregierung* zurück. Ihr Recht zur Gesetzesinitiative ergibt sich aus Art. 76 Abs. 1 GG. Gesetzesvorlagen der Bundesregierung sind gem. Art. 76 Abs. 2 S. 1 GG zunächst dem *Bundesrat* zuzuleiten. Den Entwurf zur Änderung des Bundeswahlgesetzes hat die Bundesregierung jedoch un-

---

1 BVerfGE 95, 335 (349); 97, 317 (328); *Kunig* Jura 1996, 254 (256); *von Mangoldt/ Klein/Achterberg/Schulte* GG, Bd 6, Art 38 Rn 159; *Schreiber* Handbuch des Wahlrechts zum Deutschen Bundestag – Kommentar zum Bundeswahlgesetz, 6. Aufl 1998, Einf Rn 40.

mittelbar beim *Bundestag* eingebracht. Folglich liegt ein Verstoß gegen Art. 76 Abs. 2 S. 1 GG vor.

Zweifelhaft ist jedoch, ob dieser Verfassungsverstoß zur Verfassungswidrigkeit des Änderungsgesetzes zum Bundeswahlgesetz führt. Art. 76 Abs. 2 S. 1 GG könnte als bloße *Ordnungsvorschrift* zu qualifizieren sein, deren Verletzung die Verfassungsmäßigkeit des beschlossenen Gesetzes unberührt läßt[2]. Hierfür könnte sprechen, daß die Stellungnahme des Bundesrates (Art. 76 Abs. 2 S. 2 GG) nicht zwingend vorgeschrieben ist; im übrigen bindet eine abgegebene Stellungnahme rechtlich weder den Bundesrat selbst noch die Bundesregierung oder den Bundestag[3]. Das rechtserhebliche Verhalten des Bundesrates findet nach der Beschlußfassung des Bundestags über die Gesetzesvorlage Eingang in den Verfahrensablauf (Art. 77 Abs. 2 und Abs. 3 GG). Wird Art. 76 Abs. 2 S. 1 GG mißachtet, könnte die Mitwirkung des Bundesrates am Gesetzgebungsverfahren also nicht beschränkt, sondern nur auf einen späteren Zeitpunkt verschoben sein. Im Ergebnis könnte ein zwar ordnungswidrig zustande gekommenes Gesetz vorliegen, doch berührte der Verstoß gegen Art. 76 Abs. 2 S. 1 GG die Verfassungsmäßigkeit des Gesetzes nicht[4].

Gegen eine solche Deutung des Art. 76 Abs. 2 S. 1 GG als bloße Ordnungsvorschrift spricht jedoch schon der unmißverständliche *Wortlaut* der Verfassungsbestimmung. Gesetzesvorlagen der Bundesregierung »sind« zunächst dem Bundesrat zuzuleiten. Der Verfahrensgang steht danach nicht im Belieben der Bundesregierung. Wird Art. 76 Abs. 2 S. 1 GG mißachtet, ist das Gesetz nicht i. S. d. Art. 82 Abs. 1 S. 1 GG nach den Vorschriften des Grundgesetzes zustande gekommen[5]. Die *Verfassungssystematik* bestätigt den Befund. Das Grundgesetz sagt ausdrücklich, unter welchen Voraussetzungen die Bundesregierung ihre Gesetzesvorlagen dem Bundestag zuleiten darf. Dies ist zum einen bei besonderer Eilbedürftigkeit der Fall (Art. 76 Abs. 2 S. 4 GG), zum anderen ist dies für Haushaltsvorlagen vorgesehen (Art. 110 Abs. 3 GG). Dabei handelt es sich jeweils um Ausnahmebestimmungen gegenüber Art. 76 Abs. 2 S. 1 und S. 2 GG[6]. *Sinn und Zweck*

---

2 *Odendahl* JA 1994, Ü 230 (231); *Degenhart* Staatsrecht I, Rn 553.

3 BVerfGE 3, 12 (17 f.); *Hesse* Grundzüge des Verfassungsrechts, Rn 513; *Maunz* in: Maunz/Dürig, GG, Art 76 Rn 17; *Pieroth* in: Jarass/Pieroth, GG, Art 76 Rn 6; *Bryde* in: Parlamentsrecht und Parlamentspraxis in der Bundesrepublik Deutschland (Hrsg H.-P. Schneider/W. Zeh) 1989, § 30 Rn 22.

4 *Odendahl* JA 1994, Ü 230 (232).

5 *Degenhart* Staatsrecht I, Rn 553.

6 *Blanke* Jura 1995, 57 (61); *Posser* in: HdbVerfR, § 24 Rn 19; *Lücke* in: Sachs, GG, Art 76 Rn 22.

sprechen ebenfalls dafür, Art. 76 Abs. 2 S. 1 GG als wesentliche Verfahrensvorschrift und nicht als bloße Ordnungsvorschrift zu qualifizieren. Die frühzeitige Beteiligung des Bundesrates im sog. »ersten Durchgang« soll die Einwirkungsmöglichkeiten dieses Verfassungsorgans auf den Gesetzentwurf sichern und damit für eine Berücksichtigung der vom Bundesrat repräsentierten Länderinteressen sorgen[7]. Zum anderen sollen Bundesregierung und Bundestag durch die Stellungnahme des Bundesrates frühzeitig über die Haltung der Länder, die mit ihren Verwaltungen die meisten Bundesgesetze auszuführen haben (Art. 83, 84 Abs. 1 GG), unterrichtet werden[8]. Dadurch können Konflikte und Zeitverluste vermieden werden, indem die Bundesregierung unter Umständen durch Änderungen ihrer Gesetzesvorlage der Stellungnahme des Bundesrates Rechnung trägt oder der Bundestag bei seinen Beratungen die Haltung des Bundesrates berücksichtigt[9]. Auch diese Funktionen des Art. 76 Abs. 2 S. 1 GG gebieten, die Verfassungsnorm als *wesentliche Verfahrensvorschrift* strikt zu verstehen.

Art. 76 Abs. 2 S. 1 GG normiert somit zwingendes Recht. Die Bundesregierung durfte den Entwurf des Änderungsgesetzes zum Bundeswahlgesetz nicht unmittelbar im Bundestag einbringen; sie mußte die Gesetzesvorlage zunächst dem Bundesrat zuleiten. Das dem Bundespräsidenten zur Ausfertigung vorliegende Änderungsgesetz zum Bundeswahlgesetz ist wegen Verstoßes gegen die zwingende Vorschrift des Art. 76 Abs. 2 S. 1 GG verfassungswidrig.

2. Hauptverfahren

Das Änderungsgesetz zum Bundeswahlgesetz könnte ferner wegen fehlender Zustimmung des Bundesrates nicht ordnungsgemäß zustande gekommen sein. Darin läge ein Verstoß gegen Art. 78 GG. Voraussetzung ist jedoch, daß es sich bei dem Änderungsgesetz um ein *Zustimmungsgesetz* handelt und nicht lediglich um ein *Einspruchsgesetz*. Nach der grundgesetzlichen Systematik unterliegt ein vom Bundestag beschlossenes Gesetz grundsätzlich nur dem Einspruch des Bundesrates. In bezug auf die Zu-

---

7 *Wyduckel* DÖV 1989, 181 (185); *Kloepfer* Jura 1991, 169 (171); *Winterhoff* JA 1998, 666; *Stern* Staatsrecht I, 619f; *Ossenbühl* in: HStR III, § 63 Rn 19; *Jekewitz* in: AK-GG, Art 76 Rn 14; *Bryde* in: Parlamentsrecht (Fn 3) § 30 Rn 21.
8 *Hofmann* NVwZ 1995, 134 (135); *Posser* in: HdbVerfR, § 24 Rn 20; *Bryde* in: von Münch/Kunig, GG, Bd 3, Art 76 Rn 17.
9 *Schürmann* AöR 115 (1990) 45 (58f); *Hesse* Grundzüge des Verfassungsrechts, Rn 513; *Degenhart* Staatsrecht I, Rn 553; *Stein* Staatsrecht, 126; *Hömig* in: Seifert/Hömig, GG, Art 76 Rn 6; *Bryde* in: von Münch/Kunig, GG, Bd 3, Art 76 Rn 17.

stimmungsbedürftigkeit eines Bundesgesetzes gilt das Enumerationsprinzip; die Zustimmung des Bundesrates zum Zustandekommen des Gesetzes ist verfassungsrechtlich nur geboten, wenn dieses Erfordernis im Grundgesetz vorgesehen ist[10].

a) Zustimmungserfordernis des Bundesrates

Art. 38 Abs. 3 GG ordnet die Zustimmungspflichtigkeit von Bundesgesetzen auf dem Gebiet des Wahlrechts nicht an. Im vorliegenden Fall könnte sich die Zustimmungsbedürftigkeit jedoch aus Art. 84 Abs. 1 GG ergeben.

aa) Zustimmungsbedürftigkeit des Änderungsgesetzes

Das Änderungsgesetz zum Bundeswahlgesetz wäre gem. Art. 84 Abs. 1 GG zustimmungspflichtig, wenn es selbst Vorschriften über die Einrichtung der (Landes-)Behörden oder das Verwaltungsverfahren beinhaltete. Das ist jedoch zweifelhaft. Die Änderung des § 6 Abs. 6 S. 1 BWahlG stellt eine materiellrechtliche Regelung dar, löst also das Zustimmungserfordernis gem. Art. 84 Abs. 1 GG nicht aus. Die ersatzlose Streichung des § 36 BWahlG und der sonstigen darauf bezogenen Vorschriften zielt auf die Abschaffung der Briefwahl. Dadurch werden gegenüber den Ländern keine Bestimmungen zur Einrichtung von Behörden oder zum Verwaltungsverfahren getroffen; vielmehr werden verwaltungsverfahrensrechtliche Vorschriften aufgehoben. Darin könnte indes die Änderung zustimmungspflichtiger Regelungen liegen, die gem. Art. 84 Abs. 1 GG zur Zustimmungsbedürftigkeit des Änderungsgesetzes führt[11]. Die Beendigung eines bestimmten Verwaltungshandelns der Länder könnte nämlich mit bedeutsamen personellen Veränderungen und Umstrukturierungen verbunden sein, die die Mitwirkung des Bundesrates nach Art. 84 Abs. 1 GG gebieten[12].

Dagegen spricht allerdings, daß infolge der Aufhebung einer verwaltungsverfahrensrechtlichen Vorschrift im Bundesrecht die Landeskompetenz gem. Art. 84 Abs. 1 Hs. 1 GG wieder auflebt[13]. Die ersatzlose Streichung derartigen Bundesrechts beeinträchtigt also nicht die durch

---

10 *Kloepfer* Jura 1991, 169 (173); *Erichsen/Biermann* Jura 1998, 494; *R. Schmidt* JuS 1999, 861 (862); *Degenhart* Staatsrecht I, Rn 421; *von Münch* Staatsrecht, Bd 1, Rn 753; *J. Ipsen* Staatsrecht I, Rn 288; *Katz* Staatsrecht, Rn 435; *Ossenbühl* in: HStR III, § 63 Rn 42; *Posser* in: HdbVerfR, § 24 Rn 33.

11 *Maunz* in: Maunz/Dürig, GG, Art 77 Rn 9.

12 *Sauter* in: FS Franz Klein, 1994, 561 (572).

13 *Ossenbühl* AöR 99 (1974) 369 (429 f); *Achterberg* DÖV 1975, 158 (160); *Bull* in: AK-GG, Art 84 Rn 28.

Art. 84 Abs. 1 GG geschützte[14] Organisationsgewalt der Länder und ihr Recht, das Verwaltungsverfahren selbst zu gestalten[15]. Bundesgesetzliche Vorschriften, die Regelungen verwaltungsverfahrensrechtlichen Inhalts aufheben, lösen infolgedessen das Zustimmungserfordernis gem. Art. 84 Abs. 1 GG nicht aus[16].

Das Änderungsgesetz selbst beinhaltet somit keine zustimmungspflichtigen Bestimmungen.

bb) Änderungsgesetz zu einem Zustimmungsgesetz

Das Änderungsgesetz zum Bundeswahlgesetz könnte allerdings der Zustimmung des Bundesrates deshalb unterliegen, weil es ein Zustimmungsgesetz ändert und daraus die Zustimmungsbedürftigkeit des Änderungsgesetzes folgt.

(1) Bundeswahlgesetz als Zustimmungsgesetz

Voraussetzung hierfür wäre jedoch, daß es sich beim Bundeswahlgesetz überhaupt um ein Zustimmungsgesetz handelt. Die Zustimmungspflichtigkeit könnte sich aus Art. 84 Abs. 1 GG ergeben.

Art. 84 Abs. 1 GG ist anwendbar, wenn die Länder gem. Art. 83 GG Bundesgesetze als *eigene* Angelegenheit ausführen. Die Vorschrift regelt den landeseigenen Vollzug von Bundesgesetzen[17]. Vorbereitung und Durchführung von Bundestagswahlen könnten indes Selbstorganisationsakte des Bundes darstellen, die außerhalb der vom Grundgesetz getroffenen Kompetenzverteilung der staatlichen Aufgaben zwischen Bund und Ländern stehen. Ein Fall des Art. 83 GG läge danach nicht vor; Gesetze zum Bundestagswahlrecht wären nicht gem. Art. 84 Abs. 1 GG an die Zustimmung des Bundesrates gebunden[18]. Vielmehr wären die administrative Vorbereitung und Durchführung der Bundestagswahl mit dem Vollzug sonstiger Bundesgesetze nicht vergleichbar; es handelte sich um eine Verwaltung besonderer

---

14 *Erichsen/Biermann* Jura 1998, 494 (495); *Britz* DÖV 1998, 636 (638); *Dittmann* in: Sachs, GG, Art 84 Rn 10.

15 BVerfGE 14, 197 (219 f); *Bull* in: AK-GG, Art 84 Rn 19.

16 BVerfGE 14, 197 (219 f); *Erichsen/Biermann* Jura 1998, 494 (496); *R. Schmidt* JuS 1999, 861 (866); *Lerche* in: Maunz/Dürig, GG, Art 84 Rn 54, 57, 84; *Hömig* in: Seifert/Hömig, GG, Art 84 Rn 5; *Bryde* in: Parlamentsrecht (Fn 3) § 30 Rn 42.

17 *Broß* in: von Münch/Kunig, GG, Bd 3, Art 84 Rn 7; *Dittmann* in: Sachs, GG, Art 84 Rn 1.

18 *Schreiber* HdbWahlR (Fn 1) Einf Rn 41; *Hömig* in: Seifert/Hömig, GG, Art 84 Rn 5.

Art im Rahmen einer »natürlichen« Bundesaufgabe[19]. Eine verwaltungsmäßige Gesetzesdurchführung i. S. d. Art. 83, 84 GG wäre danach nicht gegeben, und das Bundeswahlgesetz unterläge nicht der Zustimmung des Bundesrates[20].

Die Verwaltungsform »Selbstorganisationsakt des Bundes« ist indes dem Grundgesetz nicht bekannt[21]. Nach der Verfassung erfolgt die Ausführung von Bundesgesetzen in landeseigener oder in bundeseigener Verwaltung oder in Bundesauftragsverwaltung[22]. Eine grundgesetzliche Bestimmung darüber, daß die Ausführung des Bundeswahlgesetzes in bundeseigener Verwaltung (Art. 86 GG) oder in Bundesauftragsverwaltung (Art. 85 GG) erfolgt, ist nicht ersichtlich. Folglich bleibt es nach dem Grundsatz des Art. 83 GG bei der Gesetzesausführung in *landeseigener Verwaltung*[23]. Auch eine Ausnahme zugunsten einer möglicherweise bestehenden ungeschriebenen Verwaltungszuständigkeit des Bundes »kraft Natur der Sache«[24] kommt nicht in Betracht. §§ 17 ff. und 33 ff. BWahlG belegen, daß Vorbereitung und Durchführung der Bundestagswahl gerade nicht (nur) durch bundeseigene Behörden, sondern durch Länder und Gemeinden vorgenommen werden. Die Ausführung des Bundeswahlgesetzes erfolgt demnach in der Form der landeseigenen Verwaltung i. S. d. Art. 83 GG[25]. Somit ist Art. 84 Abs. 1 GG anwendbar. Bundesrechtliche Regelungen zum Verwaltungsverfahren enthält das Bundeswahlgesetz insbesondere im 4. und 5. Abschnitt; demnach handelt es sich gem. Art. 84 Abs. 1 GG um ein zustimmungsbedürftiges Gesetz.

(2) Zustimmungspflicht beim Änderungsgesetz

Fraglich ist jedoch, ob *jedes* Änderungsgesetz zu einem zustimmungspflichtigen Bundesgesetz seinerseits zustimmungsbedürftig ist. Nach Art. 84 Abs. 1 GG ist die Zustimmung des Bundesrates zu dem Änderungsgesetz jedenfalls dann erforderlich, wenn das Gesetz – auch ohne *eigene* zustim-

---

19 *Schreiber* in: Parlamentsrecht (Fn 3) § 21 Rn 57; *ders* HdbWahlR (Fn 1) Einf Rn 41.
20 *Voigt* DVBl 1976, 430; *Schreiber* NJW 1979, 2187 (2189); *ders* NJW 1985, 1433; *Seifert* Bundeswahlrecht, 3. Aufl 1976, 104; ferner Nachw. Fn 18 und 19.
21 *Antoni* AöR 113 (1988) 329 (361).
22 *Hesse* Grundzüge des Verfassungsrechts, Rn 245 ff; *Degenhart* Staatsrecht I, Rn 129 ff; *J. Ipsen* Staatsrecht I, Rn 567 ff; *Katz* Staatsrecht, Rn 465.
23 *Antoni* AöR 113 (1988) 329 (361).
24 *Degenhart* Staatsrecht I, Rn 141 f; *Lerche* in: Maunz/Dürig, GG, Art 84 Rn 14 ff; *Dittmann* in: Sachs, GG, Art 83 Rn 16 ff; *Pieroth* in: Jarass/Pieroth, GG, Art 83 Rn 6.
25 *Antoni* AöR 113 (1988) 329 (362).

mungsbedürftige Regelungen – solche Vorschriften des früheren Zustimmungsgesetzes ändert, die *ursprünglich* die Zustimmungspflicht begründet
hatten[26]. Das ist hier nicht der Fall. Die Streichung des § 36 BWahlG bezieht
sich zwar auf eine Vorschrift, die die Zustimmungspflichtigkeit des Bundeswahlgesetzes (mit)begründet hat; jedoch begründet die ersatzlose Aufhebung einer zustimmungsbedürftigen Gesetzesbestimmung keine Zustimmungspflicht gem. Art. 84 Abs. 1 GG zugunsten des Bundesrates[27].

Die Änderung des § 6 Abs. 6 S. 1 BWahlG und die Streichung des § 36
BWahlG (sowie der sonstigen auf die Briefwahl bezogenen wahlgesetzlichen
Vorschriften) könnten dennoch die Zustimmung des Bundesrates erfordern, weil der Bundesrat für das Bundeswahlgesetz als Ganzes die
Mitverantwortung übernommen hatte und das Gesetz als gesetzgebungstechnische *Einheit* zu behandeln ist. Hierfür spricht, daß der Begriff »Bundesgesetze« in Art. 84 Abs. 1 GG nicht einzelne Bestimmungen, sondern das
Bundesgesetz als Gesamtwerk meint[28]. Daher bewirkt eine einzige zustimmungsbedürftige Vorschrift die Zustimmungspflichtigkeit des ganzen
Bundesgesetzes[29]. Folglich gilt die Zustimmung des Bundesrates nicht nur
einzelnen Vorschriften, sondern dem gesamten Gesetzeswerk[30]. Somit
könnte der Bundesrat mit seiner früheren Zustimmung die Mitverantwortung für das zu ändernde Gesetz als Ganzes übernommen haben[31];
zwischen dem Änderungsgesetz und dem ursprünglichen Gesetz bestünde
eine Sinneinheit, so daß es bei der Zustimmungspflicht des Bundesrates

26 BVerfGE 37, 363 (382); *Frotscher/Becht* Jura 1984, 608 (610); *Antoni* AöR 113
(1988) 329 (343); *Blanke* Jura 1995, 57 (62); *Degenhart* Staatsrecht I, Rn 424; *J. Ipsen*
Staatsrecht I, Rn 304f; *Pieroth* in: Jarass/Pieroth, GG, Art 77 Rn 5; *Bryde* in: von
Münch/Kunig, GG, Bd 3, Art 77 Rn 22; *Hömig* in: Seifert/Hömig, GG, Art 77 Rn 4;
Bull in: AK-GG, Art 84 Rn 28.
27 Nachw o Fn 16; ferner *von Mutius* Jura 1988, 49 (51); *Pieroth* in: Jarass/Pieroth,
GG, Art 77 Rn 5; *Bryde* in: von Münch/Kunig, GG, Bd 3, Art 77 Rn 22; *Bull* in:
AK-GG, Art 84 Rn 28.
28 BVerfGE 8, 274 (294ff); 24, 184 (195); 37, 363 (381); 48, 127 (177f); 55, 274
(319, 327); *Blanke* Jura 1995, 57 (62); *Broß* in: von Münch/Kunig, GG, Bd 3, Art 84
Rn 20; *Dittmann* in: Sachs, GG, Art 84 Rn 15.
29 BVerfGE 55, 274 (319); *Kloepfer* Jura 1991, 169 (173); *Britz* DÖV 1998, 636
(637); *Katz* Staatsrecht, Rn 435; *Lerche* in: Vierzig Jahre Bundesrat (Hrsg Bundesrat)
1989, 183 (189 ff); *Herzog* in: HStR II, § 45 Rn 15.
30 *Erichsen/Biermann* Jura 1998, 494 (498); *R. Schmidt* JuS 1999, 861 (865); *J. Ipsen*
Staatsrecht I, Rn 302.
31 BVerfGE 24, 184 (197f); *Weides* JuS 1973, 337 (340); *Hömig* in: Seifert/Hömig,
GG, Art 78 Rn 4; *Maunz* in: Maunz/Dürig, GG, Art 77 Rn 10.

bliebe[32]. Aufgrund der »Gesamtverantwortung« des Bundesrates wäre *jede* Änderung eines Zustimmungsgesetzes unabhängig davon zustimmungsbedürftig, ob der konkrete Regelungsgegenstand als solcher zustimmungspflichtig ist oder nicht[33].

Gegen die »Mitverantwortungstheorie« und die »Einheitsthese« spricht jedoch, daß sich die Zustimmungsbedürftigkeit eines Bundesgesetzes gem. Art. 84 Abs. 1 GG immer nur aus einzelnen Vorschriften ergibt[34]. Daß der Bundesrat einem Gesetz seine Zustimmung nur insgesamt erteilen oder versagen kann, schützt den Bundestag in seiner Beschlußkompetenz (Art. 77 Abs. 1 S. 1 GG) davor, daß sein Gesetzesbeschluß durch den Bundesrat mittels Eliminierung einzelner Bestimmungen einseitig verändert wird[35]. Gesetzesbestimmungen, die als solche nur dem Einspruch des Bundesrates unterliegen, werden aber nicht dadurch zu zustimmungsbedürftigen Regelungen, daß die Zustimmungsbedürftigkeit des Gesetzeswerks insgesamt besteht[36]. Funktion des Art. 84 Abs. 1 GG ist der Schutz der *Organisationshoheit der Länder* sowie deren *Verwaltungskompetenzen*[37]. Folglich kann gem. Art. 84 Abs. 1 GG nicht jedes Gesetz, das ein Zustimmungsgesetz ändert, allein aus diesem Grund zustimmungsbedürftig sein[38]. Vielmehr muß das Änderungsgesetz, das als solches keine zustimmungspflichtigen Bestimmungen enthält und das auch nicht ehemals zustimmungspflichtige Vorschriften ändert, durch die Änderung materiellrechtlicher Regelungen in verfassungsrechtlich relevanter Weise in den Verwaltungsbereich der Länder eingreifen, um das Zustimmungserfordernis gem. Art. 84 Abs. 1 GG auslösen zu können.

Dies könnte dann der Fall sein, wenn durch die Änderung materiellrechtlicher Bestimmungen im Zustimmungsgesetz mittelbar auch dessen

---

32 *von Schlabrendorff/Geiger/Rinck* Sondervotum, BVerfGE 37, 401 (406 f); *Weides* JuS 1973, 337 (340 f); *Pestalozza* JuS 1975, 366 (369); *Wyduckel* DÖV 1989, 181 (186); *Bull* in: AK-GG, Art 84 Rn 23 f; *Broß* in: von Münch/Kunig, GG, Bd 3, Art 84 Rn 19; *Lerche* in: Vierzig Jahre Bundesrat (Fn 29) 189 f; *Herzog* in: HStR II, § 45 Rn 15.

33 *Antoni* AöR 113 (1988) 329 (343); *Wyduckel* DÖV 1989, 181 (189); *J. Ipsen* Staatsrecht I, Rn 303, 306; *Maunz* in: Maunz/Dürig, GG, Art 77 Rn 10.

34 *Erichsen* Staatsrecht und Verfassungsgerichtsbarkeit II, 2. Aufl 1979, 71.

35 *Ossenbühl* AöR 99 (1974) 369 (397 f); *Achterberg* DÖV 1975, 158 (159); *Pestalozza* JuS 1975, 366 (369).

36 *Ossenbühl* AöR 99 (1974) 369 (403); *Pestalozza* JuS 1975, 366 (372).

37 Vgl Nachw Fn 14; ferner *Degenhart* Staatsrecht I, Rn 425; *J. Ipsen* Staatsrecht I, Rn 312; *Blümel* in: HStR IV, § 101 Rn 23.

38 *Bryde* in: von Münch/Kunig, GG, Bd 3, Art 77 Rn 22; *Bülow* in: HdbVerfR, § 30 Rn 26.

Verfahrensvorschriften erfaßt werden und diese dadurch eine wesentlich andere Bedeutung und Tragweite erhalten[39]. Ferner könnte die Zustimmungsbedürftigkeit gem. Art. 84 Abs. 1 GG bestehen, wenn die Änderung materiellrechtlicher Normen eine grundlegende Umgestaltung der Rechtsqualität der Verwaltungsaufgabe bewirkte, so daß das Bundesgesetz von der früher erteilten Zustimmung des Bundesrates nicht mehr gedeckt wäre[40]. In beiden Fällen könnte es sich um eine Systemverschiebung im bundesstaatlichen Gefüge handeln, die ohne Zustimmung des Bundesrates ausgeschlossen sein soll[41].

Gegen den Gesichtspunkt der »Systemverschiebung« könnten allerdings Bedenken bestehen, weil er bei seiner Konkretisierung Unsicherheiten ausgesetzt sein kann[42]. Einer Klärung dieser Frage bedarf es nicht, wenn im vorliegenden Fall ein erheblicher Eingriff in den Verwaltungsbereich der Länder nicht vorliegt. Die Aufhebung des § 36 BWahlG stellt, wie bereits festgestellt, eine Belastung der Länder nicht dar; im Gegenteil, die Aufhebung einer an sich zustimmungsbedürftigen Gesetzesvorschrift beseitigt sogar eine frühere »Systemverschiebung« zu Lasten der Länder[43]. Und die vorgesehene Änderung des § 6 Abs. 6 S. 1 BWahlG läßt die Einrichtung der Landesbehörden und das Verwaltungsverfahren unberührt. Tangiert sind allenfalls politische Interessen der Länder. Nach Sinn und Zweck des Art. 84 Abs. 1 GG wird ein Gesetz aber nicht einmal dann zustimmungsbedürftig, wenn es Interessen der Länder als Träger der Ausführungskompetenz lediglich berührt, indem es etwa deren Verwaltungshandeln auf einem bestimmten Gebiet auslöst oder beendet[44].

Somit ist das Änderungsgesetz zum Bundeswahlgesetz nicht zustimmungsbedürftig, obgleich es ein Zustimmungsgesetz ändert. Ein Verstoß gegen Art. 78 GG wegen fehlender Zustimmung des Bundesrates liegt nicht vor.

---

39 BVerfGE 37, 363 (383); *Frotscher/Becht* Jura 1984, 608 (610); *Bryde* in: von Münch/Kunig, GG, Bd 3, Art 77 Rn 22; *Pieroth* in: Jarass/Pieroth, GG, Art 77 Rn 5.
40 BVerfGE 48, 127 (180).
41 BVerfGE 55, 274 (319); 75, 108 (150); *Sauter* in: FS Klein (Fn 12) 563.
42 *Stern* Staatsrecht II, 147; *Bull* in: AK-GG, Art 84 Rn 29; *Lerche* in: Vierzig Jahre Bundesrat (Fn 29) 195 f.
43 *Bryde* in: von Münch/Kunig, GG, Bd 3, Art 77 Rn 22; *Stettner* in: Dreier, GG, Bd II, Art 77 Rn 14.
44 BVerfGE 55, 274 (319); 75, 108 (150); *Dittmann* in: Sachs, GG, Art 84 Rn 16.

b) Einspruch des Bundesrates

Das Änderungsgesetz zum Bundeswahlgesetz könnte allerdings deshalb nicht ordnungsgemäß i. S. d. Art. 78 GG zustande gekommen sein, weil ein Einspruch des Bundesrates vom Bundestag nicht überstimmt worden ist. Ausdrücklich hat der Bundesrat *Einspruch* zwar nicht eingelegt; vielmehr hat der Bundesrat in der rechtsirrtümlichen Annahme, bei dem Änderungsgesetz zum Bundeswahlgesetz handele es sich um ein Zustimmungsgesetz, seine *Zustimmung* versagt. Möglicherweise kann jedoch eine ausdrücklich verweigerte Zustimmung in einen Einspruch des Bundesrates umgedeutet werden[45]. Der Einspruch könnte nämlich als »minus« in der versagten Zustimmung enthalten sein.

Gegen eine solche *Umdeutung* spricht jedoch die Verschiedenartigkeit der Verfahren beim Einspruchsgesetz und beim Zustimmungsgesetz. Gem. Art. 77 Abs. 3 S. 1 GG ist für einen Einspruch des Bundesrates die vorherige Einschaltung des Vermittlungsausschusses zwingend erforderlich[46]. Der Bundesrat kann demnach gegen Einspruchsgesetze erst dann Einspruch einlegen, wenn er zuvor den Vermittlungsausschuß angerufen und dieser das Vermittlungsverfahren abgeschlossen hat[47]. Das ist hier nicht erfolgt. Der Einspruch ist im Verhältnis zur versagten Zustimmung somit nicht als »minus«, sondern als »aliud« zu qualifizieren[48]. Eine Umdeutung der verweigerten Zustimmung in einen Einspruch ist unzulässig[49].

Möglicherweise kann die versagte Zustimmung des Bundesrates in die Anrufung des Vermittlungsausschusses umgedeutet werden[50]. Dagegen sprechen jedoch die rechtsstaatlichen Gebote der Rechtssicherheit und Rechtsklarheit, nach denen im Organisations- und Verfahrensrecht das Postulat der Formenstrenge strikte Beachtung verlangt[51]. Etwas anderes ergibt sich für den Fall der *umstrittenen* Zustimmungsbedürftigkeit eines Bundesgesetzes auch nicht aus Gründen der Schutzbedürftigkeit des Bundesrates. Dieser kann bei Meinungsverschiedenheiten zwischen Ver-

---

45 *Maunz* in: Maunz/Dürig, GG, Art 78 Rn 2; *Degenhart* Staatsrecht I, Rn 558.

46 *J. Ipsen* Staatsrecht I, Rn 313; *Bryde* in: von Münch/Kunig, GG, Bd 3, Art 77 Rn 8; *Jekewitz* in: AK-GG, Art 78 Rn 5; *Stern* Staatsrecht II, 627.

47 *Bülow* in: HdbVerfR, § 30 Rn 26; *Stettner* in: Dreier, GG, Bd II, Art 77 Rn 24.

48 *Antoni* AöR 113 (1988) 329 (347).

49 *Frotscher/Becht* Jura 1984, 608 (611); *Antoni* AöR 113 (1988) 329 (347); *J. Ipsen* Staatsrecht I, Rn 322; *Pieroth* in: Jarass/Pieroth, GG, Art 77 Rn 10; *Bryde* in: von Münch/Kunig, GG, Bd 3, Art 77 Rn 8; *Jekewitz* in: AK-GG, Art 77 Rn 10; *Stern* Staatsrecht II, 629.

50 *Maunz* in: Maunz/Dürig, GG, Art 78 Rn 2 mit Fn 1.

51 *Frotscher/Becht* Jura 1984, 608 (611); *Frotscher/Störmer* Jura 1991, 316 (319).

fassungsorganen über die Rechtslage neben der Zustimmungsverweigerung vorsorglich den Vermittlungsausschuß anrufen und Einspruch einlegen[52].

Die Unzulässigkeit der Umdeutung einer versagten Zustimmung in eine Einberufung des Vermittlungsausschusses wird durch § 30 Abs. 1 Gesch-OBR[53] bestätigt. Danach muß sich »zweifelsfrei« und »eindeutig« aus der Abstimmung ergeben, ob der Bundesrat gegen ein Gesetz Einspruch einlegen, seine Zustimmung erteilen oder die Einberufung des Vermittlungsausschusses verlangen will. Ferner ist gem. § 30 Abs. 2 S. 4 GeschOBR vorgeschrieben, daß bei einem zustimmungsbedürftigen Gesetz über einen Antrag auf Einberufung des Vermittlungsausschusses vor der Beschlußfassung über die Zustimmung abgestimmt wird. Auch diese Regelungen sprechen für eine unaufgebbare Formenstrenge. Demnach kommt eine Umdeutung der versagten Zustimmung des Bundesrates in die Anrufung des Vermittlungsausschusses nicht in Betracht[54].

Zwischenergebnis: Unterbleibt – wie hier – die vorsorgliche Rechtswahrung durch den Bundesrat (Einspruch, Anrufung des Vermittlungsausschusses), geht die versagte Zustimmung bei einem Einspruchsgesetz rechtlich ins Leere. Die Frist des Art. 77 Abs. 2 S. 1 GG verstreicht, und das Gesetz kommt nach Art. 78 GG im Hauptverfahren ordnungsgemäß zustande[55]. Somit ist im vorliegenden Fall das Änderungsgesetz zum Bundeswahlgesetz im gesetzgeberischen Hauptverfahren verfassungsmäßig zustande gekommen.

III. Materielle Verfassungsmäßigkeit

Zweifelhaft ist die materielle Verfassungsmäßigkeit des Gesetzes. Die Änderung des § 6 Abs. 6 S. 1 BWahlG und die ersatzlose Streichung des § 36 BWahlG könnten mit Art. 38 Abs. 1 S. 1 GG unvereinbar sein.

52 BVerfGE 37, 363 (396); *Pieroth* in: Jarass/Pieroth, GG, Art 77 Rn 7; *Jekewitz* in: AK-GG, Art 78 Rn 5; *Lücke* in: Sachs, GG, Art 77 Rn 34f; *Posser* in: HdbVerfR, § 24 Rn 35, 37; *Stettner* in: Dreier, GG, Bd II, Art 77 Rn 28.
53 Abgedruckt in Sartorius I Nr. 37.
54 *Pieroth* in: Jarass/Pieroth, GG, Art 77 Rn 10; *Bryde* in: von Münch/Kunig, GG, Bd 3, Art 77 Rn 8.
55 *Antoni* AöR 113 (1988) 329 (347); *Bryde* in: von Münch/Kunig, GG, Bd 3, Art 77 Rn 8; *Jekewitz* in: AK-GG, Art 77 Rn 10; *Stettner* in: Dreier, GG, Bd II, Art 77 Rn 28.

1. Abschaffung der Briefwahl
a) Allgemeinheit der Wahl

Die Aufhebung des § 36 BWahlG (sowie der sonstigen auf die Briefwahl bezogenen wahlgesetzlichen Vorschriften) bedeutet rechtlich die Abschaffung der Briefwahl. Dies könnte mit dem in Art. 38 Abs. 1 S. 1 GG normierten Grundsatz der »*Allgemeinheit der Wahl*« unvereinbar sein. Danach ist mit der Staatsangehörigkeit grundsätzlich das Recht verbunden, zu wählen und gewählt zu werden[56]. Der Ausschluß bestimmter Gruppen vom Wahlrecht ist grundsätzlich unzulässig; dasselbe gilt für die Aufstellung besonderer, nicht von jedem erfüllbarer Wahlrechtsvoraussetzungen[57].

Die Briefwahl trägt dem Grundsatz der Allgemeinheit der Wahl in hohem Maße Rechnung[58]. Wahlberechtigten, die aus gesundheitlichen oder anderen wichtigen Gründen (z. B. bei Ortsabwesenheit) an der Stimmabgabe im Wahllokal gehindert sind, wird die Teilnahme an der Wahl dennoch ermöglicht. Sollen nach dem Grundsatz der Allgemeinheit der Wahl nach Möglichkeit alle Wahlberechtigten wählen können, könnte die Abschaffung der Briefwahl auf verfassungsrechtliche Bedenken aus Art. 38 Abs. 1 S. 1 GG stoßen[59]. Die Allgemeinheit der Wahl könnte den Gesetzgeber zur Einrichtung der Briefwahl verpflichten[60].

b) Gegenläufige Wahlrechtsgrundsätze

Art. 38 Abs. 1 S. 1 GG normiert allerdings auch die Grundsätze der »*Freiheit der Wahl*« und der »*geheimen Wahl*«. Im Unterschied zur Urnenwahl im Wahllokal ist bei der Briefwahl nicht gewährleistet, daß der Wahlberechtigte unbeeinflußt und unbeobachtet von Dritten seine Wahl vornimmt[61]. Unter den Gesichtspunkten der Freiheit und der Geheimheit der Wahl könnte die

---

56 *Erichsen* Jura 1983, 635 (636 f); *Kunig* Jura 1994, 554 (556); *Schnapp/Henkenötter* NWVBl 1996, 403 (405); *von Münch* Staatsrecht, Bd 1, Rn 145; *J. Ipsen* Staatsrecht I, Rn 50; *Pieroth* in: Jarass/Pieroth, GG, Art 38 Rn 5; *von Münch* in: ders/Kunig, GG, Bd 2, Art 38 Rn 7; *Magiera* in: Sachs, GG, Art 38 Rn 79 f; *von Mangoldt/Klein/Achterberg/Schulte* GG, Bd 6, Art 38 Rn 119.

57 BVerfGE 36, 139 (141); 58, 202 (205); *Silberkuhl* in: Seifert/Hömig, GG, Art 38 Rn 6; *H. Meyer* in: HStR II, § 38 Rn 1 ff.

58 BVerfGE 59, 119 (125); *Erichsen* Jura 1983, 635 (645); *Burmeister/Huba* Jura 1988, 598 (600); *Schreiber* HdbWahlR (Fn 1) § 36 Rn 3.

59 *Frowein* AöR 99 (1974) 72 (101 f); *Stern* Staatsrecht I, 327.

60 *Kunig* Jura 1994, 554 (556); *Pauly* AöR 123 (1998) 232 (277); *von Münch* Staatsrecht, Bd 1, Rn 159; *ders* in: von Münch/Kunig, GG, Bd 2, Art 38 Rn 20.

61 BVerwG, DVBl 1986, 240 = NVwZ 1986, 756; *Erichsen* Jura 1983, 635 (645); *von Mangoldt/Klein/Achterberg/Schulte* GG, Bd 6, Art 38 Rn 156.

Briefwahl verfassungsrechtlich nicht nur nicht geboten, sondern im Gegenteil sogar bedenklich sein[62]. Von daher bestünden gegen die Aufhebung des § 36 BWahlG keine verfassungsrechtlichen Bedenken.

c) Optimierungsgebot für den Gesetzgeber

In bezug auf die Briefwahl lassen sich demnach die in Art. 38 Abs. 1 S. 1 GG normierten Wahlrechtsgrundsätze nicht gleichzeitig in voller Reinheit verwirklichen[63]. Daher könnte dem Gesetzgeber gem. Art. 38 Abs. 3 GG eine weite Gestaltungskompetenz darüber zustehen, wie die einzelnen Wahlrechtsgrundsätze gewichtet und in welcher Weise und in welchem Maße sie realisiert werden sollen[64]. Danach könnte bei einer entsprechenden Bewertung der Wahlfreiheit und der Geheimheit der Wahl aus dem Grundsatz der Allgemeinheit der Wahl keine verfassungsrechtliche Pflicht des Gesetzgebers abgeleitet werden, das tatsächliche Gebrauchmachen vom Wahlrecht durch die Möglichkeit der Briefwahl zu fördern[65]. Die Beibehaltung des § 36 BWahlG wäre demzufolge eine rechtspolitische Entscheidung; seine Aufhebung verletzte nicht Art. 38 Abs. 1 S. 1 GG.

Es ist indes zweifelhaft, ob Art. 38 Abs. 3 GG dem Gesetzgeber eine so weitreichende Gestaltungskompetenz einräumt. Art. 38 Abs. 1 S. 1 GG konkretisiert Art. 20 Abs. 2 S. 2 GG und bildet die verfassungsrechtliche Basis der parlamentarischen Demokratie[66]. Einschränkungen der Wahlrechtsgrundsätze sind nur aus zwingenden Gründen und nur in dem unbedingt gebotenen Maße zulässig; der Gesetzgeber muß für die bestmögliche Gewährleistung der Wahlrechtsgrundsätze sorgen und erforderlichenfalls Nachbesserungen im Wahlrecht vornehmen[67]. Dem läuft die ersatzlose Streichung des § 36 BWahlG zuwider. Gebietet der Grundsatz der Allgemeinheit der Wahl, daß grundsätzlich alle Staatsbürger wählen können[68], obliegt dem Gesetzgeber im Zeitalter gesteigerter Individualmobilität die

---

62 *Maunz* in: Maunz/Dürig, GG, Art 38 Rn 54; *H. Meyer* in: HStR II, § 38 Rn 9, 14.
63 *Burmeister/Huba* Jura 1988, 598 (600); *Pieroth* in: Jarass/Pieroth, GG, Art 38 Rn 21.
64 BVerfGE 59, 119 (124); *Erichsen* Jura 1983, 635 (645); *Badura* in: BK, Anh zu Art 38 Rn 49.
65 BVerfGE 12, 139 (142 f); 15, 165 (167); *Silberkuhl* in: Seifert/Hömig, GG, Art 38 Rn 6; *H.-P. Schneider* in: AK-GG, Art 38 Rn 44; *Badura* in: BK, Anh zu Art 38 Rn 49; *Schreiber* HdbWahlR (Fn 1) § 36 Rn 4; *Morlok* in: Dreier, GG, Bd II, Art 38 Rn 66.
66 *Kunig* Jura 1994, 554; *Dreier* Jura 1997, 249 (253 f); *von Münch* in: ders/Kunig, GG, Bd 2, Art 38 Rn 1.
67 *Magiera* in: Sachs, GG, Art 38 Rn 98.
68 Nachw o. Fn 56.

Pflicht, auch in einem positiven Sinne dafür Sorge zu tragen, daß die Bürger vom Wahlrecht Gebrauch machen können[69]. Bezüglich des »Ob« zur Einrichtung der Briefwahl hat der Gesetzgeber demnach keine Gestaltungskompetenz. Die Wahrung der Wahlfreiheit und des Wahlgeheimnisses obliegen in erster Linie dem Wahlberechtigten selbst[70]. Im Regelfall bereitet ihm die Einhaltung dieser Wahlrechtsgrundsätze keine Schwierigkeiten[71]. Im übrigen muß der Gesetzgeber durch entsprechende Vorkehrungen des Wahlrechts (z. B. § 36 Abs. 1 S. 2, Abs. 2 BWahlG; §§ 25 ff., 66 BWahlO) und des Strafrechts (z. B. §§ 107c ff. StGB) die Freiheit und Geheimheit der Wahl normativ schützen. Indem die Briefwahl als problemlose Möglichkeit zur Sicherung der Allgemeinheit der Wahl zur Verfügung steht, ist der Gesetzgeber zu ihrer Einrichtung verfassungsrechtlich verpflichtet. Seine Gestaltungskompetenz gem. Art. 38 Abs. 3 GG erstreckt sich nur auf das »Wie«, also auf die Ausgestaltung der Briefwahl.

Damit widerspricht die ersatzlose Abschaffung der Briefwahl dem Grundsatz der Allgemeinheit der Wahl. Die Streichung des § 36 BWahlG verstößt gegen Art. 38 Abs. 1 S. 1 GG und ist daher verfassungswidrig.

2. Einführung einer 6 %-Klausel

Die Änderung des § 6 Abs. 6 S. 1 BWahlG soll die bestehende Sperrklausel zur Erringung von Abgeordnetenmandaten bei der Verhältniswahl von 5 % auf 6 % erhöhen. Diese Einführung einer sog. 6 %-Klausel könnte gegen den *Grundsatz der Wahlrechtsgleichheit* (Art. 38 Abs. 1 S. 1 GG) verstoßen.

a) Wahlrechtsgleichheit als Erfolgswertgleichheit

Die *Wahlrechtsgleichheit* gem. Art. 38 Abs. 1 S. 1 GG verlangt die Ausübung des Wahlrechts in formal möglichst gleicher Weise. Jeder Wähler soll mit seiner Stimme denselben Einfluß wie andere Wähler auf das Wahlergebnis haben[72]. Die Sicherstellung dieses Ziels könnte maßgeblich vom *Wahlsystem* abhängen. Dieses ist vom Grundgesetz nicht verbindlich vorgegeben[73]. Das geltende Bundeswahlgesetz gestaltet das Wahlrecht als eine mit der Personenwahl verbundene Verhältniswahl aus (§ 1 Abs. 1 S. 2 BWahlG), wobei

---

69 Nachw o. Fn 60.
70 *Schreiber* HdbWahlR (Fn 1) § 36 Rn 4.
71 *Burmeister/Huba* Jura 1988, 598 (600).
72 BVerfGE 7, 63 (70); 16, 130 (138); 79, 161 (166); *Linck* Jura 1986, 460 (462); *Stern* Staatsrecht I, 305; *Silberkuhl* in: Seifert/Hömig, GG, Art 38 Rn 9; *Morlok* in: Dreier, GG, Bd II, Art 38 Rn 95.
73 BVerfGE 97, 317 (323); *Morlok* in: Dreier, GG, Bd II, Art 38 Rn 99.

dieses Modell, wie § 6 Abs. 4 BWahlG zeigt, im Kern den Grundcharakter einer *Verhältniswahl* trägt[74]. Bei der Verhältniswahl verlangt die Wahlrechtsgleichheit, daß jeder Stimme neben dem gleichen Zählwert auch der gleiche *Erfolgswert* zukommt[75]. Das ist der Fall, wenn jeder Wahlberechtigte dieselbe Stimmenzahl hat und jeder Stimme bei der Sitzverteilung im Parlament dasselbe Gewicht zukommt[76].

b) Beeinträchtigung der Wahlrechtsgleichheit durch eine Sperrklausel

Gesetzliche *Sperrklauseln* (wie § 6 Abs. 6 S. 1 BWahlG) bewirken, daß alle gültigen Zweitstimmen für Parteien, die die Sperrklausel nicht überwinden, bei der Sitzverteilung im Parlament unberücksichtigt bleiben. Sie haben damit keinen Einfluß auf die Zusammensetzung des Parlaments; ein Erfolgswert kommt jenen gültigen Stimmen nicht zu[77]. Gesetzliche Sperrklauseln führen also dazu, daß der *Erfolgswert* der Stimmen *ungleich* ist[78]. Infolgedessen stellt sich die durch Sperrklauseln bewirkte Differenzierung des Erfolgswerts der Wählerstimmen als Beeinträchtigung der Wahlrechtsgleichheit dar[79].

c) Rechtfertigung einer gesetzlichen Sperrklausel

Dieser gesetzliche Eingriff in die Gleichheit der Wahl ist rechtfertigungsbedürftig. Ob die Änderung des § 6 Abs. 6 S. 1 BWahlG gerechtfertigt ist, hängt von den verfassungsrechtlichen Anforderungen an die Zulässigkeit der Ungleichbehandlung beim Erfolgswert der Wählerstimmen ab.

aa) Verfolgung verfassungslegitimer Ziele

Ein absolutes Differenzierungsverbot enthält der Grundsatz der Wahlrechtsgleichheit gem. Art. 38 Abs. 1 S. 1 GG nicht[80]. Differenzierungen des Er-

---

74 BVerfGE 95, 335 (354, 358, 365); 97, 317 (323); *Hösch* ThürVBl 1996, 265 (266); *Schreiber* HdbWahlR (Fn 1) § 1 Rn 29 und § 6 Rn 2.

75 BVerfGE 34, 81 (100); 79, 169 (170); 82, 322 (337); 85, 148 (157); 95, 335 (353); 95, 408 (417); *Erichsen* Jura 1983, 635 (642); *Backhaus* DVBl 1997, 737 (738); *Ehlers/Lechleitner* JZ 1997, 761; *Pauly* AöR 123 (1998) 232 (249 f.).

76 *Ehlers* Jura 1999, 660 (661); *Hesse* Grundzüge des Verfassungsrechts, Rn 146; *von Münch* Staatsrecht, Bd 1, Rn 169; *Pieroth* in: Jarass/Pieroth, GG, Art 38 Rn 6; *Schreiber* HdbWahlR (Fn 1) § 1 Rn 23 a.

77 *J. Ipsen* Staatsrecht I, Rn 67.

78 *Hösch* ThürVBl 1996, 265; *Bryde/Kleindiek* Jura 1999, 36 (42).

79 *Erichsen* Jura 1984, 22 (31); *Linck* Jura 1986, 460 (462); *Ehlers* Jura 1999, 660 (661); *H. Meyer* in: HStR II, § 38 Rn 26.

80 BVerfGE 60, 162 (168); 99, 1 (9); *Erichsen* Jura 1984, 22 (31).

folgswerts der Wählerstimmen müssen jedoch *verfassungslegitime Ziele* verfolgen. Dabei verbleibt dem Gesetzgeber nur ein eng bemessener Spielraum. Die Wahlrechtsgleichheit weist einen engen Zusammenhang mit dem Demokratieprinzip auf und erfüllt daher eine formalisierte, egalitäre Funktion[81]. Diese Gleichheit im strikten Sinne darf jedenfalls zur Erreichung verfassungsrechtlich gleichrangiger Ziele beeinträchtigt werden[82]. Wahlen stellen keinen Selbstzweck dar. Sie dienen vielmehr der Konstituierung der Volksvertretung (Art. 38 Abs. 1 S. 1, 39 Abs. 1 GG), die ihrerseits als mehrheitsfähiges Parlament die Bildung und Unterstützung einer stabilen, arbeitsfähigen Regierung gewährleisten soll (vgl. Art. 63, 64 Abs. 1, 67 Abs. 1, 68 Abs. 1 GG)[83]. Beeinträchtigungen der Wahlrechtsgleichheit sind zur Verwirklichung der mit der Parlamentswahl verfolgten Ziele zulässig. Dazu gehören insbesondere die Sicherung der Funktion der Wahl als Teil eines Integrationsvorgangs bei der politischen Willensbildung des Volkes und die Gewährleistung der Funktionsfähigkeit der zu wählenden Volksvertretung[84]. Im vorliegenden Fall wird die Änderung des § 6 Abs. 6 S. 1 BWahlG ausdrücklich mit der Sicherung stabiler Mehrheitsverhältnisse begründet. Die Gesetzesänderung verfolgt somit ein verfassungslegitimes Ziel.

bb) Zwingendes Erfordernis für die Sperrklausel

Die differenzierende Regelung gem. § 6 Abs. 6 S. 1 BWahlG n.F. müßte aber auch ein geeignetes, erforderliches und verhältnismäßiges Mittel zur Zielerreichung sein. Die *Zwecktauglichkeit* ist einer 6 %-Klausel nicht abzusprechen; sie wirkt einer übermäßigen Parteienzersplitterung im Parlament entgegen und sichert so ein funktionsfähiges Parlament sowie eine arbeitsfähige Regierung[85].

Fraglich ist jedoch die *Erforderlichkeit* der neuen Sperrklausel. Dagegen bestünden nur geringe Bedenken, wenn es der gesetzgeberischen Einschätzungsprärogative oblegge, die Erforderlichkeit des Prozentsatzes zur Sicherung stabiler Mehrheitsverhältnisse abschließend zu bestimmen. Grundsätzlich ist es zwar Sache des Gesetzgebers, die Belange der Funktionsfähigkeit des Parlaments und das Gebot der Wahlrechtsgleichheit zum

---

81 BVerfGE 58, 177 (190); 60, 162 (167f); 69, 92 (106); 78, 350 (357f); 82, 322 (337f); 99, 1 (13).
82 *Erichsen* Jura 1984, 22 (31); *Ehlers* Jura 1999, 660 (664); *Pieroth* in: Jarass/Pieroth, GG, Art 38 Rn 19.
83 BVerfGE 51, 222 (236); *Röper* DÖV 1980, 327 (328); *Degenhart* Staatsrecht I, Rn 18; *Badura* in: BK, Anh zu Art 38 Rn 12; *Schreiber* HdbWahlR (Fn 1) § 6 Rn 16.
84 BVerfGE 51, 222 (236); 71, 81 (97); 82, 322 (338); 95, 408 (418).
85 *Bryde/Kleindiek* Jura 1999, 36 (42); *Schreiber* HdbWahlR (Fn 1) § 6 Rn 16a.

Ausgleich zu bringen[86]. Da jedoch die Formalisierung der Wahlrechtsgleichheit gem. Art. 38 Abs. 1 S. 1 GG dem Ziel der Verhältniswahl dient, den politischen Willen der Wählerschaft im Parlament möglichst wirklichkeitsnah abzubilden, sind dem Gesetzgeber verfassungsrechtliche Grenzen insoweit gesetzt, als die Differenzierung des Erfolgswerts der Wählerstimmen zur Verwirklichung des verfassungslegitimen Ziels zwingend erforderlich sein muß[87]. Die geplante Einführung der 6%-Klausel wäre von daher schon dann nicht gerechtfertigt, wenn die bestehende 5%-Klausel die äußerste Grenze einer zulässigen Beeinträchtigung der Wahlrechtsgleichheit darstellte[88]. Aber auch ohne Festlegung einer solch starren Grenze müßten für ein höheres Quorum als 5 v. H. in § 6 Abs. 6 S. 1 BWahlG ganz besondere, zwingende Gründe vorliegen[89]. Solche sind hier nicht erkennbar, insbesondere ist die Bildung einer stabilen Regierung durch die bestehende 5%-Klausel nicht gefährdet. Die im vorliegenden Fall von Parlamentsmehrheit und Regierung angestellten Überlegungen sind lediglich parteipolitische Opportunitätserwägungen; diese sind jedoch verfassungsrechtlich unbeachtlich und stellen daher keinen »zwingenden Grund« im Sinne der Erforderlichkeit einer weiteren Einschränkung der Wahlrechtsgleichheit dar.

Indem der gem. § 6 Abs. 6 S. 1 BWahlG n. F. vorgesehene neue Prozentsatz das unbedingt erforderliche Maß überschreitet, steht auch fest, daß eine unangemessene Begrenzung des Erfolgswerts der Stimmen vorliegt. Auch die *Verhältnismäßigkeit* der Einschränkung der Wahlrechtsgleichheit gem. Art. 38 Abs. 1 S. 1 GG ist demnach nicht gewahrt.

Die geplante Einführung einer 6%-Klausel verstößt somit gegen Art. 38 Abs. 1 S. 1 GG. § 6 Abs. 6 S. 1 BWahlG n. F. ist verfassungswidrig.

2. Frage: Verfassungsgerichtliches Vorgehen der Landesregierung

Die Landesregierung des Landes L könnte das BVerfG anrufen, um die Verfassungsmäßigkeit des Änderungsgesetzes zum Bundeswahlgesetz überprüfen zu lassen. Voraussetzung für eine verfassungsgerichtliche Sachentschei-

---

86   BVerfGE 95, 408 (420); *Heintzen* DVBl 1997, 744 (748); *Pauly* AöR 123 (1998) 232 (255 f).
87   BVerfGE 95, 408 (418); *Hösch* ThürVBl 1996, 265 (266f); *von Münch* in: ders/Kunig, GG, Bd 2, Art 38 Rn 59 ff.
88   BVerfGE 95, 408 (419); *Erichsen* Jura 1984, 22 (31); *Linck* Jura 1986, 460 (463 f); *H. Meyer* in: HStR II, § 38 Rn 27; *Schreiber* HdbWahlR (Fn 1) § 6 Rn 16a.
89   BVerfGE 34, 81 (99); 51, 222 (237); *Stern* Staatsrecht I, 311 f; *H.-P. Schneider* in: AK-GG, Art 38 Rn 50; *Morlok* in: Dreier, GG, Bd II, Art 38 Rn 104.

dung wäre die Zulässigkeit eines entsprechenden Begehrens. In Betracht kommt die Einleitung eines Verfahrens der *abstrakten Normenkontrolle* gem. Art. 93 Abs. 1 Nr. 2 GG, § 13 Nr. 6 und §§ 76 ff. BVerfGG. Dann müßten die hierfür normierten Sachentscheidungsvoraussetzungen erfüllt sein.

I. Zuständigkeit des BVerfG

Die *Zuständigkeit* des BVerfG für die abstrakte Normenkontrolle ergibt sich aus Art. 93 Abs. 1 Nr. 2 GG, § 13 Nr. 6 BVerfGG. Die Landesregierung von L bezweifelt die Vereinbarkeit des Änderungsgesetzes zum Bundeswahlgesetz mit dem Grundgesetz. Damit liegt eine Streitigkeit vor, die die Zuständigkeit des BVerfG begründet; unter welchen Voraussetzungen von »Bundesrecht« gesprochen werden kann, ist eine Frage des Prüfungsgegenstandes.

II. Antrag

Voraussetzung für eine Sachentscheidung des BVerfG ist ein entsprechender *Antrag* der Landesregierung von L. Das Erfordernis eines verfahrenseinleitenden Antrags ist ungeachtet der objektiven und nicht auf subjektiven Rechtsschutz zielenden Funktion der abstrakten Normenkontrolle[90] in Art. 93 Abs. 1 Nr. 2 GG, §§ 13 Nr. 6, 76 BVerfGG ausdrücklich vorgesehen. Die Landesregierung von L müßte folglich einen Normenkontrollantrag an das BVerfG richten, der den Anforderungen des § 23 Abs. 1 BVerfGG genügt.

III. Antragsberechtigung

Zur Einreichung eines solchen Antrags müßte die Landesregierung von L *berechtigt* sein. Die Antragsberechtigung ist in Art. 93 Abs. 1 Nr. 2 GG abschließend geregelt[91]. Erwähnt ist dort auch der Antrag einer Landesregierung. Zweifel an der Antragsberechtigung könnten hier dennoch bestehen, weil es in der Sache nicht um einen Konflikt zwischen dem Bund und dem Land L geht, sondern die Landesregierung von L faktisch stellvertretend für die Bundestagsopposition und die Bundesratsmehrheit gerichtlich vorgehen möchte. Verfassungsprozessual kommt es indes auf die Kontrahenten

90 BVerfGE 52, 63 (80); 68, 346 (350f); *E. Klein* in: Benda/Klein, Verfassungsprozeßrecht, Rn 643; *Schlaich* Das Bundesverfassungsgericht, Rn 115; *Löwer* in: HStR II, § 56 Rn 49 ff.
91 BVerfGE 21, 52 (53); *Maurer* JuS 1983, 45; *von Mutius* Jura 1987, 534 (537); *Fleury* Verfassungsprozeßrecht, Rn 92; *E. Klein* in: Benda/Klein, Verfassungsprozeßrecht, Rn 648.

im politischen Streit nicht an; die Antragsberechtigung bestimmt sich bei
der abstrakten Normenkontrolle allein nach der Enumeration des Art. 93
Abs. 1 Nr. 2 GG[92].

Die Landesregierung von L ist also antragsberechtigt.

IV. Verfahrensgegenstand

Nach Art. 93 Abs. 1 Nr. 2 GG, § 76 BVerfGG kann *Gegenstand* der abstrakten Normenkontrolle Bundesrecht oder Landesrecht sein. Hier geht es um
die Vereinbarkeit eines Bundesgesetzes mit dem Grundgesetz. Zweifelhaft
ist jedoch, ob im gegenwärtigen Zeitpunkt überhaupt schon Bundes»recht«
vorliegt. Zwar ist das Gesetz im Verfahren nach Art. 77 GG verabschiedet
worden, doch es wurde noch nicht im Bundesgesetzblatt verkündet,
sondern es liegt dem Bundespräsidenten zur Ausfertigung vor. In diesem
Stadium des Gesetzgebungsverfahrens kann möglicherweise noch nicht von
»Recht« gesprochen werden.

Der Zeitpunkt, von dem an eine gem. Art. 93 Abs. 1 Nr. 2 GG, § 76
BVerfGG prüffähige Rechtsnorm vorliegt, bestimmt sich nach der Funktion
der abstrakten Normenkontrolle. Diese Funktion liegt im Schutz der
Rechtsordnung vor verfassungswidrigen Rechtsnormen[93]. Demnach muß
in bezug auf den Prüfungsgegenstand formell geltendes Recht gegeben
sein[94]. Eine vorbeugende abstrakte Normenkontrolle sieht das Grundgesetz
nicht vor[95]. Im übrigen zeigt die vorliegende Fallkonstellation, daß »Bundesrecht« erst gar nicht zur Entstehung gelangt, falls der Bundespräsident aufgrund seiner Prüfungskompetenz die Ausfertigung des Änderungsgesetzes
zum Bundeswahlgesetz verweigern sollte; einem verfassungsgerichtlichen
Normenkontrollverfahren fehlte es dann am Prüfungsgegenstand.

Die Landesregierung von L kann allenfalls zu einem späteren Zeitpunkt
das Normenkontrollverfahren zulässigerweise einleiten. Für die Bejahung
von »Bundesrecht« i. S. d. Art. 93 Abs. 1 Nr. 2 GG müßte das Gesetzgebungsverfahren abgeschlossen sein[96]. Das ist der Fall, wenn ein Gesetz i. S. d.
Art. 78 GG zustande gekommen, vom Bundespräsidenten nach Gegen-

---

92 *Maurer* JuS 1987, L 89 (90); *Löwer* in: HStR II, § 56 Rn 54.
93 *E. Klein* in: Benda/Klein, Verfassungsprozeßrecht, Rn 643; *Stuth* in: Umbach/
Clemens, BVerfGG, vor § 76 Rn 10; *W. Meyer* in: von Münch/Kunig, GG, Bd 3, Art 93
Rn 32.
94 *Benda/Klein* Verfassungsprozeßrecht, Rn 659; *Lechner/Zuck* BVerfGG, vor § 76
Rn 4; *Löwer* in: HStR II, § 56 Rn 59.
95 BVerfGE 1, 396 (409 f); *W. Meyer* in: von Münch/Kunig, GG, Bd 3, Art 93 Rn 37.
96 *Robbers* Verfassungsprozessuale Probleme, 51.

zeichnung ausgefertigt und im Bundesgesetzblatt verkündet worden ist; nicht notwendig ist das Inkrafttreten[97]. Die Landesregierung von L könnte somit das Normenkontrollverfahren erst vom Zeitpunkt der Verkündung des Gesetzes an betreiben.

V. Antragsbefugnis

Die Zulässigkeit eines ggf. später zu stellenden Normenkontrollantrags setzt gem. Art. 93 Abs. 1 Nr. 2 GG »Meinungsverschiedenheiten oder Zweifel« über die Vereinbarkeit des zu überprüfenden Gesetzes mit dem Grundgesetz voraus. Dafür genügt es, daß – wie hier – derartige Meinungsverschiedenheiten oder Zweifel konkret entstanden und nicht etwa nur Gegenstand wissenschaftlicher Kontroversen sind[98].

Demgegenüber verlangt § 76 Nr. 1 BVerfGG, daß der Antragsberechtigte die zu kontrollierende(n) Norm(en) für »nichtig« hält. Eine solche Rechtsauffassung hat die Landesregierung von L nicht geäußert. Es ist allerdings mehr als zweifelhaft, daß § 76 Nr. 1 BVerfGG als unterverfassungsrechtliche Norm die in Art. 93 Abs. 1 Nr. 2 GG geregelte *Antragsbefugnis* wirksam einschränken kann. Bei einem solchen Verständnis wäre § 76 Nr. 1 BVerfGG von Art. 94 Abs. 2 GG nicht mehr gedeckt[99]. § 76 Nr. 1 BVerfGG muß demzufolge entweder für (teil)nichtig gehalten[100] oder verfassungskonform dergestalt interpretiert werden, daß »Meinungsverschiedenheiten oder Zweifel« genügen, um die Antragsbefugnis zu begründen[101]. An § 76 Nr. 1 BVerfGG scheitert die Antragsbefugnis der Landesregierung von L jedenfalls nicht; vorrangig ist Art. 93 Abs. 1 Nr. 2 GG.

VI. Klarstellungsinteresse

Für die Zulässigkeit des Antrags könnte schließlich – da bei der abstrakten Normenkontrolle ein subjektivrechtlich geprägtes Rechtsschutzbedürfnis nicht erforderlich ist – ein besonderes objektives Interesse des Antragstellers

---

97 *E. Klein* in: Benda/Klein, Verfassungsprozeßrecht, Rn 660; *Pestalozza* Verfassungsprozeßrecht, § 8 Rn 8; *Lechner/Zuck* BVerfGG, vor § 76 Rn 15.

98 *Maurer* JuS 1983, 45 (46); *von Mutius* Jura 1987, 534 (539); *E. Klein* in: Benda/Klein, Verfassungsprozeßrecht, Rn 664; *W. Meyer* in: von Münch/Kunig, GG, Bd 3, Art 93 Rn 36.

99 *von Mutius* Jura 1987, 534 (540); *Stern* Staatsrecht II, 986.

100 *Maurer* JuS 1983, 45 (46); *ders* JuS 1987, L 89 (90); *Schlaich* Das Bundesverfassungsgericht, Rn 122; *Stuth* in: Umbach/Clemens, BVerfGG, § 76 Rn 6.

101 *E. Klein* in: Benda/Klein, Verfassungsprozeßrecht, Rn 665; *Lechner/Zuck* BVerfGG, § 76 Rn 6.

an einer Klarstellung der Geltung der zur verfassungsrechtlichen Prüfung gestellten Norm notwendig sein[102]. Angesichts des objektiven Charakters des Normenkontrollverfahrens gilt aber auch das *besondere Klarstellungsinteresse* durch die Antragstellung als indiziert[103]. Für eventuelle Zweifel an dieser Sachentscheidungsvoraussetzung müßten im Tatsächlichen Anhaltspunkte dafür vorliegen, daß der Antrag anderen Zwecken als der Klarstellung der Normgeltung dient. Für eine solche Annahme bietet der Sachverhalt keinen Anlaß. Ein Klarstellungsinteresse der Landesregierung von L kann demnach nicht verneint werden.

Ergebnis: Ein Normenkontrollantrag der Landesregierung von L wäre nach Verkündung des Änderungsgesetzes zum Bundeswahlgesetz im Bundesgesetzblatt zulässig.

Hinweise zur methodischen und sachlichen Vertiefung

1. Aufbau

Der Aufbau der Lösung zur 1. Frage bietet in der Grundstruktur keine Probleme: Prüfung der formellen Verfassungsmäßigkeit des Gesetzes vor der materiellen Verfassungsmäßigkeit; innerhalb der formellen Rechtmäßigkeitsanforderungen Behandlung der Gesetzgebungskompetenz des Bundes vor dem Gesetzgebungsverfahren und insoweit Prüfung des Einleitungsverfahrens vor dem Hauptverfahren. Im Rahmen des Hauptverfahrens bereitet die Darstellung der (auch inhaltlich nicht einfachen) Problematik gewisse Schwierigkeiten. Damit die Klarheit der Gedankenführung aufbaumäßig zum Ausdruck kommt, sollte zunächst zwischen dem Zustimmungserfordernis des Bundesrates und der Einspruchsmöglichkeit des Bundesrates unterschieden werden. Zuerst ist die stärkere Mitwirkungsform zu erörtern. Um die komplexe Problematik deutlich machen zu können, empfiehlt es sich, die Zustimmungsbedürftigkeit des Änderungsgesetzes an sich zu untersuchen, um erst nach dem gefundenen negativen Ergebnis die (für sich selbst nicht zustimmungsbedürftige) Änderung eines Zustimmungsgesetzes zu diskutieren. Dabei muß zuerst geprüft werden, ob das geänderte Gesetz überhaupt ein Zustimmungsgesetz darstellt. Erst nach

---

102 BVerfGE 39, 96 (106); 52, 63 (80); 88, 203 (334); 96, 133 (137).
103 *Robbers* Verfassungsprozessuale Probleme, 53; *E. Klein* in: Benda/Klein, Verfassungsprozeßrecht, Rn 670.

der Bejahung dieser Frage ist zu klären, ob nun auch die dazu vorgenommene Änderung der Zustimmung des Bundesrates bedarf. – Im Rahmen der materiellen Verfassungsmäßigkeit liegt die Prüfungsreihenfolge zu den Gesetzesänderungen nicht fest. Innerhalb der jeweiligen Einzelerörterung muß zunächst der normative Gehalt des einschlägigen Wahlrechtsgrundsatzes, der als Maßstab dient (Allgemeinheit bzw. Gleichheit der Wahl), herausgearbeitet werden; anschließend sind die Beeinträchtigung jenes Grundsatzes und die verfassungsrechtlichen Voraussetzungen einer Rechtfertigung darzustellen.

Problemlos ist der Aufbau der 2. Frage. Die gewählte Prüfungsreihenfolge entspricht den in der (Ausbildungs-)Literatur verbreiteten Mustern.

2. Inhalt
a) Verfassungsmäßigkeit des Änderungsgesetzes zum BWahlG (1. Frage)

Zur Verfassungsmäßigkeit des Änderungsgesetzes zum BWahlG muß zunächst erkannt werden, daß der *Kompetenztitel* nicht – wie üblich – Art. 73 ff. GG zu entnehmen ist. Es sollte indessen kein allzu großes Problem sein, Art. 38 Abs. 3 GG zu finden.

Zur Ordnungsmäßigkeit des *Gesetzgebungsverfahrens* kann der Verstoß im *Einleitungsverfahren* gegen Art. 76 Abs. 2 S. 1 GG durch präzises Erfassen des Sachverhalts und genaues Lesen der Grundgesetzbestimmung ohne weiteres erkannt werden. Was die Folgen des Verfassungsverstoßes betrifft, sprechen die besseren Argumente dafür, in Art. 76 Abs. 2 S. 1 GG nicht nur eine Ordnungsvorschrift, sondern eine zwingende Verfassungsbestimmung zu sehen, deren Verletzung zur Verfassungswidrigkeit des Gesetzgebungsverfahrens führt. Daß trotz dieses Ergebnisses die Verfassungsmäßigkeit des Hauptverfahrens dennoch zu prüfen ist, versteht sich beim Rechtsgutachten von selbst.

Die Bewältigung der sich zum *Hauptverfahren* stellenden Rechtsfragen setzt solide Kenntnisse zur Thematik »Zustimmungsgesetz/Einspruchsgesetz« voraus. Einschlägig ist im Ausgangspunkt die insoweit zentrale Vorschrift des Art. 84 Abs. 1 GG. Erkennt man, daß die Länder über den Bundesrat an der Gesetzgebung des Bundes in gesteigertem Maße sollen mitwirken dürfen, sofern der Bund mit Reglementierungen zum Verwaltungsverfahren ein »Hausgut« der Länder tangiert, kann von dieser Prämisse aus die Zustimmungsbedürftigkeit eines Gesetzes verneint werden, das mit der Aufhebung bundesrechtlicher Vorschriften zum Verwaltungsverfahren der Organisationsgewalt der Länder Freiräume gibt (wider-

sprüchlich *Erichsen/Biermann* Jura 1998, 494 [496 einerseits, 498 f. anderer-
seits]). Die sodann zu behandelnde »Standardproblematik« der Änderung
eines Zustimmungsgesetzes folgt in der Sache zunächst nicht der h. M., die
das BWahlG – mit wenig überzeugenden Gründen – als bloßes Einspruchsgesetz qualifizieren möchte. Die Problematik ist auch in der Staatspraxis
rechtsdogmatisch bislang nicht geklärt; man versteht sich auf ein pragmati-
sches Vorgehen. Während die Bundesregierung die Rechtsauffassung der
h. M. teilt und dies bei jeder Änderung des BWahlG zum Ausdruck bringt
(vgl. z. B. BT-Drucks. 7/2873, S. 53; BT-Drucks. 8/361, S. 13 u. S. 24; BT-
Drucks. 8/2806, S. 26; BT-Drucks. 9/1913, S. 27), erachtet der Bundesrat
Änderungen des BWahlG als zustimmungsbedürftig und bringt dies ebenso
regelmäßig zum Ausdruck (vgl. z. B. BT-Drucks. 9/1913, S. 26; BR-Drucks.
64/1/85, S. 2; BR-Drucks. 584/88, BT-Drucks. 12/5068, S. 3). Zur Austragung
des Konflikts ist es bislang deshalb nicht gekommen, weil der Bundesrat
den Änderungsgesetzen zum BWahlG stets zugestimmt hat (vgl. z. B. BR-
Drucks. 64/85, S. 1; BR-Drucks. 584/88, BR-Drucks. 432/93, BR-Drucks.
595/93, BR-Drucks. 661/98, S. 1). In der bisherigen Verkündungspraxis war
die Eingangsformel allerdings nie mit der Wendung »mit Zustimmung des
Bundesrates« versehen, sondern lautete immer: »Der Bundestag hat das
folgende Gesetz beschlossen« (vgl. BGBl. I 1956, S. 383; 1975, S. 1593; 1979,
S. 1149, 1982, S. 1613; 1985, S. 521; 1988, S. 2422; 1990, S. 1015; 1990, S. 2141;
1994, S. 993; 1996, S. 1712; 1998, S. 706). Konsequenterweise ist vor der
Ausfertigungsformel jeweils festgestellt: »Die verfassungsmäßigen Rechte
des Bundesrates sind gewahrt.« Die Qualifizierung des BWahlG als zustimmungsbedürftiges Gesetz führt in der Fallbearbeitung zu der bekannten
Frage nach der Zustimmungsbedürftigkeit von Änderungsgesetzen. Der
Lösungsvorschlag dazu liegt im wesentlichen auf der Linie der wichtigen
Entscheidung BVerfGE 37, 363. Daß bei der Beantwortung der kontrovers
diskutierten Rechtsfrage auch andere Auffassungen vertreten werden
können, versteht sich. Ähnliches wird man zur Umdeutung einer ausdrücklich versagten Zustimmung in einen Einspruch des Bundesrates bzw. eine
Anrufung des Vermittlungsausschusses angesichts der bestehenden Verfassungsrechtslage kaum sagen können.

Im Rahmen der Erörterungen zur *materiellen Rechtslage* führt die Frage
nach der Verfassungsmäßigkeit einer Abschaffung der Briefwahl zu drei der
in Art. 38 Abs. 1 S. 1 GG normierten *Wahlrechtsgrundsätzen*. Im Ergebnis
werden zu der Frage, wie die Lösung deutlich macht, unterschiedliche Auffassungen vertreten. In der Argumentation kommt es darauf an, daß das
Zusammenwirken der verschiedenen Wahlrechtsgrundsätze sowie der Ge-
staltungsspielraum des Gesetzgebers und dessen Grenzen erörtert werden.

Zur Einführung einer »6 %-Klausel« schließlich steht mit der *Wahlrechtsgleichheit* ein weiterer Wahlrechtsgrundsatz im Mittelpunkt der rechtlichen Überlegungen. Die Thematik um den Zählwert und Erfolgswert der Stimmen im Verhältniswahlsystem darf als bekannt vorausgesetzt werden. Die Bearbeiter sollten daher in der Lage sein, zur (fehlenden) Rechtfertigung des ungleichen Erfolgswerts Stellung zu nehmen.

b) Normenkontrolle (2. Frage)

Neben der Verfassungsbeschwerde und dem Organstreitverfahren zählt das Verfahren der *abstrakten Normenkontrolle* zu denjenigen verfassungsgerichtlichen Verfahrensarten, die in den wesentlichen Grundlagen bekannt sein sollten. Die 2. Frage ist so gewählt, daß die wichtigsten Sachentscheidungsvoraussetzungen und einige der wesentlichen Probleme der abstrakten Normenkontrolle anzusprechen sind. Besonders schwierige Rechtsprobleme sind mit der Lösung nicht verbunden.

3. Rechtsprechungs- und Literaturhinweise
a) Ausgangsfall und Fragestellungen

Dem Sachverhalt liegt kein in sich geschlossener Fall aus der Praxis zugrunde. Die Problematik um die Zustimmungsbedürftigkeit von Änderungsgesetzen ist gebildet nach BVerfG, Beschl. v. 25.06.1974 – 2 BvF 2, 3/73 = E 37, 363 = NJW 1974, 1751 = DVBl 1975, 96 = DÖV 1975, 162 = BayVBl 1974, 555 = JZ 1974, 641 = JuS 1974, 734 (*H. Weber*); dazu Besprechungen von *Pestalozza* JuS 1975, 366; *Achterberg* DÖV 1975, 158; *Schmitt* BayVBl 1974, 685; *Menger* VerwArch 66 (1975), 291; *Schweitzer* Der Staat 15 (1976), 169.

b) Zum Gesetzgebungsverfahren

Systematisch: *Kloepfer* Das Gesetzgebungsverfahren nach dem Grundgesetz, Jura 1991, 169; *Winterhoff* Verfahren der Bundesgesetzgebung, JA 1998, Ü 666; vgl. ferner *Blanke* Der Bundesrat im Verfassungsgefüge des Grundgesetzes, Jura 1995, 57. – Zur Reform der Art. 76, 77 GG von 1994 *Hofmann* Die Ausgestaltung des Gesetzgebungsverfahrens nach der Reform des Grundgesetzes, NVwZ 1995, 134. – Insbesondere zur Zustimmung des Bundesrates in der Ausbildungsliteratur: *Erichsen/Biermann* Die Zustimmungsbedürftigkeit von Bundesgesetzen nach Art. 84 Abs. 1, 85 Abs. 1 GG, Jura 1998, 494; *R. Schmidt* Die Zustimmungsbedürftigkeit von Bundesgesetzen, JuS 1999, 861.

Fallbearbeitungen im Schwierigkeitsgrad von Anfängerklausuren: *Frotscher/Störmer* Das geänderte Tierschutzgesetz, Jura 1991, 316 (materiellrechtlich zur Forschungsfreiheit, Berufsfreiheit und Eigentumsfreiheit); *Odendahl* Schlamperei im Gesetzgebungsverfahren, JA 1994, Ü 230; *Grupp*

Die Rechtschreibreform, JA 1998, Ü 671 (neben Normenkontrolle sowie Gesetzgebungskompetenz und -verfahren auch zur Prüfungskompetenz des Bundespräsidenten). – Niveau einer Examensklausur: *Frotscher/Becht* Das umstrittene Änderungsgesetz, Jura 1984, 608 (auch zu Art. 12 Abs. 1 GG und zur Prüfungskompetenz des Bundespräsidenten); *Burgi/Fiege* Staatsorganisationsrechtliche Hürden auf dem Weg in die Zukunft, Jura 1999, 428 (auch zur abstrakten Normenkontrolle, zur Gesetzgebungskompetenz und zu Art. 33 Abs. 4 GG).

c) Zu den Wahlrechtsgrundsätzen

Systematisch: *Erichsen* Die Wahlrechtsgrundsätze des Grundgesetzes, Jura 1983, 635; *Kunig* Fragen zu den Wahlrechtsgrundsätzen, Jura 1994, 554. – Zu bestimmten Einzelfragen: *Erichsen* Wahlsysteme, Jura 1984, 22; *Linck* Sperrklauseln im Wahlrecht, Jura 1986, 460; *Hobe* Alte und neue Probleme der Wahlrechtsgleichheit, JA 1998, Ü 50; *Ehlers* Sperrklauseln im Wahlrecht, Jura 1999, 660.

Fallbearbeitungen im Schwierigkeitsgrad von Anfängerklausuren: *Burmeister/Huba* Der Skandal vor der Wahl, Jura 1988, 598 (Vereinbarkeit der Briefwahl mit dem Grundgesetz); *Berg/Dragunski* Die »Partei der Nichtwähler«, JuS 1995, 238 (u. a. zu Rechtsfragen einer Wahlpflicht). – Klausur aus der Ersten Juristischen Staatsprüfung: *Schnapp/Henkenötter* Änderung der Wählbarkeitsvoraussetzungen für Bundestagsabgeordnete, NWVBl 1996, 359 und 403.

Aus der jüngeren Rechtsprechung:

– BVerfGE 95, 335 = DVBl 1997, 767 = NJW 1997, 1553 = JZ 1997, 669 (m. Anm. *Badura*) = BayVBl 1997, 720 (m. Anm. *Bausback*) = JA 1997, 751 (*Hobe*) = JuS 1997, 1133 (*Sachs*) – Überhangmandate; dazu Bespr. *Ehlers/Lechleitner* JZ 1997, 761; *Backhaus* DVBl 1997, 737.

– BVerfGE 95, 408 = DVBl 1997, 784 = NJW 1997, 1568 = JA 1997, 751 (*Hobe*) = JuS 1997, 939 (*Sachs*) – Grundmandatsklausel; dazu Bespr. *Heintzen* DVBl 1997, 744.

– Zu beiden Entscheidungen ferner *Lenz* NJW 1997, 1534, sowie *Lege* Jura 1998, 462.

– BVerfGE 99, 1 = DVBl 1998, 1334 = DÖV 1999, 26 = NJW 1999, 43 = BayVBl 1999, 207 (m. Anm. *M. Breuer*) – Wahlrechtsgleichheit als Spezialregelung; dazu Bespr. *Tietje* JuS 1999, 957.

– Überblick zur Judikatur mit Vertiefung bei *Pauly* Das Wahlrecht in der neueren Rechtsprechung des Bundesverfassungsgerichts, AöR 123 (1998), 232.

d) Zur abstrakten Normenkontrolle

Systematisch: *Maurer* Abstrakte und konkrete Normenkontrolle, JuS 1987, L 89; *von Mutius* Die abstrakte Normenkontrolle vor dem Bundesverfassungsgericht, Jura 1987, 534.

Fallbearbeitung (vgl. bereits oben b und c): *Steiner* Das umstrittene Sportförderungsgesetz, JuS 1989, L 36 (Anfängerniveau).

Fall 6: Reiten im Walde als Grundrechtsbetätigung

Sachverhalt

R ist Eigentümer mehrerer Reitpferde, Freizeitreiter und ehrenamtlicher Kreisverbandsvorsitzender der Vereinigung der Freizeitreiter in Deutschland. Nach der bisher geltenden Regelung im Landschaftsgesetz des Landes L war das Reiten auf allen Waldstraßen und -wegen grundsätzlich erlaubt. Nachdem der sog. gemischte Erholungsverkehr im Wald vor allem zwischen Wanderern und Reitern zunehmend zu Unzuträglichkeiten geführt hatte, änderte der Landesgesetzgeber in einem ordnungsgemäß durchgeführten Gesetzgebungsverfahren die bestehende Regelung und traf in § 50 LandschaftsG folgende Bestimmung:

> § 50
>
> (1) Das Reiten in der freien Landschaft ist über den Gemeingebrauch an öffentlichen Verkehrsflächen hinaus auf privaten Straßen und Wegen gestattet.
>
> (2) Im Walde ist das Reiten auf privaten Straßen und Wegen nur gestattet, wenn diese nach den Vorschriften der Straßenverkehrsordnung als Reitwege gekennzeichnet sind. Die nach den Vorschriften dieses Gesetzes gekennzeichneten Wanderwege und Wanderpfade sowie Sport- und Lehrpfade dürfen nicht als Reitwege gekennzeichnet werden. Die Kreise und die kreisfreien Städte können im Einvernehmen mit der unteren Forstbehörde und nach Anhörung der betroffenen Gemeinden Ausnahmen von Satz 1 zulassen und insoweit bestimmen, daß in Gebieten mit regelmäßig nur geringem Reitaufkommen auf die Kennzeichnung von Reitwegen verzichtet wird. In diesen Gebieten ist das Reiten auf allen privaten Straßen und Wegen, ausgenommen Wege und Pfade im Sinne des Satzes 2, zulässig. Die Zulassung ist im amtlichen Verkündungsorgan des Kreises oder der kreisfreien Stadt bekanntzugeben.
>
> (3) Die Vorschriften des Straßenrechts und des Straßenverkehrsrechts bleiben unberührt.
>
> (4) Die Landschaftsbehörden sollen im Zusammenwirken mit den Forstbehörden, den Gemeinden, den Waldbesitzern und den Reiterverbänden für ein ausreichendes und geeignetes Reitwegenetz sorgen. Grundstückseigentümer und Nutzungsberechtigte haben die Kennzeichnung von Reitwegen zu dulden.

R ist mit der Neuregelung nicht einverstanden, da sie übermäßig seine Freiheitsrechte einschränke. R mißachtet die neue Vorschrift, gerät dadurch mit den zuständigen Behörden in Konflikt und trägt seinen Streit mit der Verwaltung nun in einem verwaltungsgerichtlichen Verfahren aus, das unterdessen beim BVerwG anhängig ist. R hat die gerichtliche Feststellung beantragt, daß er die umstrittenen privaten Straßen und Wege im Wald als Reitwege nach Maßgabe des bisherigen Gesetzes benutzen dürfe, da § 50 Abs. 2 S. 1 LandschaftsG nichtig sei.

Zur Begründung macht R zunächst eine Verletzung seines Grundrechts auf Freizügigkeit geltend, weil angesichts des riesigen privaten Straßen- und Wegenetzes im Wald die Bewegungsmöglichkeit im ganzen Bundesgebiet zu Pferde zunichte gemacht werde. Seine Berufsfreiheit sei insoweit mißachtet, als er als Vorsitzender der Reitervereinigung in der Organisation der Verbandsarbeit behindert werde. Ferner ergebe sich aus der Sozialbindung des Eigentums das Recht des Reiters, ohne Einschränkung im Walde zu reiten. Zumindest sei er in seinem Recht auf freie Entfaltung der Persönlichkeit verletzt. Dabei sei zu beachten, daß der Landesgesetzgeber § 50 Abs. 2 S. 1 LandschaftsG wegen der bundesgesetzlichen Vorgaben gem. § 14 BWaldG und § 27 BNatSchG gar nicht habe erlassen dürfen. Im übrigen lasse das Landesgesetz durch die Einräumung von Verwaltungsermessen alles offen, sei also gänzlich unpräzise. Ferner hätten die Reiter auf den Fortbestand der bisherigen Regelung vertraut. Und schließlich sei es willkürlich, Reiter bei ihrer Erholungssuche im Wald schlechter zu behandeln als Wanderer.

Trifft die Rechtsauffassung von R zu, daß er durch § 50 Abs. 2 S. 1 LandschaftsG in einem seiner Grundrechte verletzt ist?

Lösung

Die landesgesetzlichen Beschränkungen des Reitens im Wald gem. § 50 Abs. 2 S. 1 LandschaftsG könnten gegen spezielle Freiheitsgrundrechte (Art. 11 Abs. 1, 12 Abs. 1, 14 Abs. 1 GG) oder gegen das allgemeine Freiheitsrecht auf Entfaltung der Persönlichkeit (Art. 2 Abs. 1 GG) sowie gegen den allgemeinen Gleichheitssatz (Art. 3 Abs. 1 GG) verstoßen. Wäre dies der Fall, träfe die von R geäußerte Rechtsauffassung zu.

A. Spezielle Freiheitsgrundrechte

Zunächst kommt ein Verstoß des § 50 Abs. 2 S. 1 LandschaftsG gegen spezielle Freiheitsgrundrechte in Betracht. R rügt die Verletzung seines Rechts auf Freizügigkeit (Art. 11 Abs. 1 GG), seiner Berufsfreiheit (Art. 12 Abs. 1 GG) sowie der Eigentumsfreiheit (Art. 14 Abs. 1 GG). Ein Grundrechtsverstoß setzt voraus, daß ein Eingriff in den Schutzbereich eines der Grundrechte vorliegt, der verfassungsrechtlich nicht gerechtfertigt ist.

I. Grundrecht der Freizügigkeit

Nach Art. 11 Abs. 1 GG genießen alle Deutschen Freizügigkeit im ganzen Bundesgebiet. Sachlich geschützt ist danach die Freiheit, an jedem Ort innerhalb des Bundesgebiets Aufenthalt und Wohnsitz zu nehmen[1]. Art. 11 Abs. 1 GG gibt das Recht zum Ortswechsel innerhalb des Bundesgebiets sowie zum Verbleiben an einem frei gewählten Ort im Bundesgebiet[2]. Fraglich ist, ob § 50 Abs. 2 S. 1 LandschaftsG dieses Recht beeinträchtigt.

R macht geltend, § 50 Abs. 2 S. 1 LandschaftsG verhindere die Bewegungsmöglichkeit im ganzen Bundesgebiet zu Pferde. Distanz- und Wanderritte im Wald dürften tatsächlich nicht unerheblich erschwert sein; durch die in § 50 LandschaftsG getroffene Regelung könnten Reiter auch zur Benutzung von regulären Straßen gezwungen sein, wenn sie sich zu Pferde im ganzen Bundesgebiet bewegen möchten. Es ist jedoch sehr zweifelhaft, ob dies, wie R meint, eine Beeinträchtigung des Schutzbereichs von Art. 11 Abs. 1 GG bedeutet. R reklamiert für sich letztlich eine bestimmte Form der Fortbewegungsmöglichkeit im Bundesgebiet. Der Schutzbereich des Art. 11 Abs. 1 GG umfaßt jedoch nur die Möglichkeit zur Aufenthaltsnahme und zum Ortswechsel, aber nicht auch die Benutzung eines bestimmten Beförderungsmittels und die Bereitstellung dafür geeigneter Wege[3]. Die von R erstrebte Freiheitsbetätigung – Reiten im Wald auf privaten Straßen und Wegen – ist also nicht Gegenstand des sachlichen Schutzgehalts von Art. 11 Abs. 1 GG. Eine Verletzung des Grundrechts der Freizügigkeit durch § 50 Abs. 2 S. 1 LandschaftsG kommt von vornherein nicht in Betracht.

II. Berufsfreiheit

R beruft sich ferner auf das Grundrecht der Berufsfreiheit. Der Schutzbereich des Art. 12 Abs. 1 GG wäre allerdings nur einschlägig, wenn es um eine Betätigung von R ginge, die er zur wirtschaftlichen Grundlage seiner Lebensführung gemacht hat.

R ist unter anderem Vorsitzender einer Reitervereinigung. In dieser Funktion kann er mit der Gestaltung und Organisation des Vereinswesens

---

1 BVerfGE 2, 266 (273); 43, 203 (211); 80, 137 (150); *Pieroth* JuS 1985, 81 (82).

2 *Kunig* Jura 1990, 306 (308); *Pernice* in: Dreier, GG, Bd I, Art 11 Rn 12.

3 BVerfGE 80, 137 (150); *Pieroth* JuS 1985, 81 (83); *Pieroth/Schlink* Grundrechte, Rn 793; *Kunig* in: von Münch/Kunig, GG, Bd 1, Art 11 Rn 17; *Gusy* in: von Mangoldt/Klein/Starck, GG, Bd 1, Art 11 Rn 32.

und von Veranstaltungen befaßt sein; im übrigen ist er Freizeitreiter. Es ist nicht erkennbar, daß es insoweit um Aktivitäten im Sinne einer Berufstätigkeit geht[4]. Die Verbandsfunktion nimmt R ehrenamtlich wahr; sie trägt nicht zur Schaffung bzw. Erhaltung seiner Lebensgrundlage bei und ist damit vom Schutzbereich der Berufsfreiheit nicht erfaßt.

Auch als Eigentümer mehrerer Reitpferde könnte der Schutzbereich der Berufsfreiheit erst dann zur Anwendung kommen, wenn es um die Wahl oder Ausübung einer Beschäftigung im Bereich des Pferdesports, der Pferdezucht oder der Reittouristik ginge[5]. Dafür bietet der Sachverhalt aber keine Anhaltspunkte.

Auch der Schutzbereich des Art. 12 Abs. 1 GG greift somit im vorliegenden Fall nicht ein.

III. Eigentumsfreiheit

R beruft sich schließlich auf das Eigentumsgrundrecht, indem er meint, die Sozialbindung des Eigentums enthalte das Recht des Reiters, ohne Einschränkung im Wald zu reiten. Es ist jedoch sehr zweifelhaft, ob insoweit der Schutzbereich des Art. 14 Abs. 1 GG eingreift. Voraussetzung wäre eine gesetzlich anerkannte und dem Grundrechtsträger rechtlich zugeordnete vermögenswerte subjektive Rechtsposition[6]. Das ist hier aber nicht der Fall. Gegenüber Eigentümern und Haltern von Pferden werden durch Reitverbote im Wald lediglich Erwartungen beseitigt, die kein vermögenswertes Recht darstellen[7].

Auf Art. 14 Abs. 2 GG kann der von R geltend gemachte Grundrechtsschutz von vornherein nicht gestützt werden. Dabei handelt es sich nicht um ein Grundrecht. Durch die von R für sich in Anspruch genommene Sozialbindung privaten Waldeigentums gem. Art. 14 Abs. 2 GG, durch die Dritte begünstigt werden, wird auch nicht gleichsam automatisch die grundrechtlich geschützte Befugnis des Reitens auf privaten Waldwegen geschaffen[8]. Die Ausgestaltung der Eigentumsordnung obliegt dem Gesetzgeber (Art. 14 Abs. 1 S. 2 GG); dieser entscheidet über die Entstehung subjektiver Rechtspositionen Dritter aus Anlaß der Sozialbindung des Eigentums. Insoweit ist hier keine Regelung ersichtlich, die auf die Existenz eines eigen-

---

4   BVerfGE 80, 137 (150).
5   SächsVerfGH, LKV 1997, 251 (253).
6   BVerfGE 80, 137 (150 f.).
7   BayVerfGH, NVwZ-RR 1999, 1 (4) = BayVBl 1999, 13 (16).
8   BVerfGE 80, 137 (150).

tumskräftig geschützten Gemeingebrauchs oder Anliegergebrauchs auf Straßen und Wegen im Wald über privatem Grund und Boden hindeutet.

Da somit auch der Schutzbereich von Art. 14 Abs. 1 GG nicht eingreift, ist das von R erstrebte Reiten im Wald durch ein spezielles Freiheitsgrundrecht nicht geschützt.

B. Allgemeines Freiheitsgrundrecht auf Entfaltung der Persönlichkeit

R könnte im vorliegenden Fall aber durch Art. 2 Abs. 1 GG geschützt sein. Dann müßte seine reiterliche Betätigung verfassungsrechtlich als »freie Entfaltung seiner Persönlichkeit« zu qualifizieren sein. Träfe dies zu, läge der von R behauptete Verstoß gegen Art. 2 Abs. 1 GG vor, wenn die Reitbeschränkungen nach § 50 Abs. 2 S. 1 LandschaftsG einen Eingriff in das Recht auf die freie Entfaltung seiner Persönlichkeit darstellten und verfassungsrechtlich nicht gerechtfertigt wären.

I. Eingriff in den Schutzbereich
1. Schutzbereich des Art. 2 Abs. 1 GG

Nach Art. 2 Abs. 1 GG hat jeder das Recht auf die freie Entfaltung seiner Persönlichkeit. Es ist zweifelhaft, ob das Reiten auf privaten Waldwegen der »Persönlichkeitsentfaltung« zugerechnet werden kann. Fraglich ist wegen der Anknüpfung an das Merkmal »Persönlichkeit« im Grundrechtstatbestand, welche Betätigungen der sachliche Schutzbereich umfaßt. Der Wortlaut des Art. 2 Abs. 1 GG läßt sowohl ein weites als auch ein enges Schutzbereichsverständnis zu[9].

a) Allgemeine Handlungsfreiheit

Eine systematische Verfassungsinterpretation zeigt, daß Art. 2 Abs. 1 GG als Auffanggrundrecht gegenüber den speziellen Freiheitsgrundrechten fungiert[10]. Zur Gewährleistung eines lückenlosen Grundrechtsschutzes könnte nach Sinn und Zweck der Freiheitssicherung ein weites Schutzbereichs-

---

9 *Gallwas* Grundrechte, Rn 280 f; *Murswiek* in: Sachs, GG, Art 2 Rn 42 ff.

10 BVerfGE 6, 32 (37); *Erichsen* Jura 1987, 367 (369 f); *Gallwas* Grundrechte, Rn 290; *J. Ipsen* Staatsrecht II, Rn 725; *Katz* Staatsrecht, Rn 684; *Pieroth/Schlink* Grundrechte, Rn 369; *Kunig* in: von Münch/Kunig, GG, Bd 1, Art 2 Rn 12; *Antoni* in: Seifert/Hömig, GG, Art 2 Rn 3

verständnis geboten sein. Danach zielte Art. 2 Abs. 1 GG auf den umfassenden Schutz der menschlichen Handlungsfreiheit[11]. Geschützt wäre jede Form menschlichen Verhaltens ohne Rücksicht darauf, welches Gewicht der Betätigung für die Persönlichkeitsentfaltung zukommt[12].

Danach gewährleistete Art. 2 Abs. 1 GG die allgemeine Handlungsfreiheit[13]. Geschützt wäre nicht nur ein begrenzter Bereich der Persönlichkeitsentfaltung. Vielmehr umfaßte der gegenständlich nicht beschränkte Schutzbereich des Art. 2 Abs. 1 GG die Freiheit zu jedem beliebigen Tun oder Unterlassen[14]. Das Reiten im Wald wäre hiervon erfaßt.

b) Spezifische Entfaltung der Persönlichkeit

Ein derart weites Verständnis des Grundrechtstatbestandes von Art. 2 Abs. 1 GG könnte jedoch verfassungsrechtlichen Bedenken ausgesetzt sein. Die umfassende Einbeziehung jeden menschlichen Verhaltens in den Schutzbereich des Grundrechts könnte im Vergleich zu den sonstigen Freiheitsgrundrechten zu einem »überhöhten« Schutz führen, der außer Betracht läßt, daß die Grundrechte an sich nur dem Schutz herausgehobener Individualpositionen dienen[15] und diese verfassungsrechtlich mit erhöhten Garantien gegenüber der öffentlichen Gewalt versehen[16]. Ein Verständnis des Art. 2 Abs. 1 GG als Schutz der allgemeinen Handlungsfreiheit könnte demzufolge eine »Banalisierung« des Grundrechtsschutzes bewirken. Im übrigen ist die Ausweitung des Schutzbereichs notwendigerweise mit weiten Einschränkungsmöglichkeiten verknüpft, so daß der Gesetzgeber beträchtliche Dispositionsbefugnisse erhält und der Grundrechtsschutz daher unter Umständen leerzulaufen droht[17].

Infolgedessen könnte ein engeres Verständnis des Schutzbereichs von Art. 2 Abs. 1 GG geboten sein, das dem Grundrechtstatbestand nur solche individuellen Verhaltensweisen zuordnet, die – mangels spezieller Grundrechtsgarantien – eine gesteigerte, den Schutzgütern der übrigen Freiheits-

11 BVerfGE 54, 143 (144); 74, 129 (151); 97, 332 (340); *Maurer* Staatsrecht, § 9 Rn 8; *Jarass* in: ders/Pieroth, GG, Art 2 Rn 3.
12 BVerfGE 80, 137 (152); 90, 145 (171); 91, 335 (338); *Dreier* in: ders, GG, Bd I, Art 2 I Rn 20.
13 BVerfGE 92, 191 (196); 95, 267 (303); 96, 375 (397); *Degenhart* JuS 1990, 161 (162).
14 *Gallwas* Grundrechte, Rn 283; *Schwabe* Grundkurs Staatsrecht, 102; *Murswiek* in: Sachs, GG, Art 2 Rn 43.
15 *Duttge* NJW 1997, 3353 (3354).
16 *Grimm* Sondervotum, BVerfGE 80, 164.
17 *Hesse* Grundzüge des Verfassungsrechts, Rn 426.

grundrechte vergleichbare Bedeutung für die Persönlichkeitsentfaltung besitzen[18]. Geschützt wäre danach zwar nicht nur der sog. Persönlichkeitskern, aber – wenn auch ohne Beschränkung auf die geistige und sittliche Entfaltung – lediglich das Verhalten in der engeren Lebenssphäre[19]. Um von Art. 2 Abs. 1 GG geschützt zu sein, müßte ein Verhalten – den Schutzgütern der speziellen Freiheitsgrundrechte vergleichbar – eine gewisse Relevanz für die Persönlichkeitsentfaltung haben[20].

Nach diesem engeren Schutzbereichsverständnis könnte man zu dem Ergebnis gelangen, daß die Persönlichkeitsentfaltung des Einzelnen nicht von der Möglichkeit abhängt, im Wald zu reiten[21]. Diese Form der Freizeitbetätigung würde demzufolge von vornherein keinen Grundrechtsschutz genießen[22].

c) Autonomie der Persönlichkeitsentfaltung

Gegen dieses engere, an der persönlichen Lebenssphäre orientierte Schutzbereichsverständnis könnte jedoch sprechen, daß kaum lösbare Abgrenzungsprobleme auftreten[23]. Hiergegen ist allerdings einzuwenden, daß auch bei anderen Grundrechtstatbeständen – z. B. Garantie der Kunstfreiheit (Art. 5 Abs. 3 S. 1 GG) – schwierige Abgrenzungsprobleme auftreten, so daß allein daraus noch nichts gegen eine bestimmte Schutzbereichsdefinition folgt[24].

Eine Einengung des Schutzbereichs von Art. 2 Abs. 1 GG auf den Bereich der engeren Lebenssphäre würde jedoch zu Lücken im Grundrechtsschutz führen[25]. Das nicht durch spezielle Freiheitsgrundrechte erfaßte menschliche Verhalten bliebe verfassungsrechtlich schutzlos, da die mit der Grundrechtserheblichkeit staatlicher Maßnahmen verbundene Geltung des Gesetzesvorbehalts und des Übermaßverbots, das den Staat zur Rechtfertigung der Grundrechtsbeeinträchtigung zwingt, entfiele[26]. Der Wortlaut des Art. 2 Abs. 1 GG zwingt nicht dazu, aus der Vielzahl menschlicher Verhaltens-

---

18 *Grimm* Sondervotum, BVerfGE 80, 164 (166 f); *Duttge* NJW 1997, 3353 (3355).
19 *Hesse* Grundzüge des Verfassungsrechts, Rn 428.
20 *Duttge* NJW 1997, 3353 (3355).
21 *Grimm* Sondervotum, BVerfGE 80, 164 (170).
22 *Grimm* Sondervotum, BVerfGE 80, 164.
23 BVerfGE 80, 137 (154); *Maurer* Staatsrecht, § 9 Rn 8; *Dreier* in: ders, GG, Bd I, Art 2 I Rn 21; *Starck* in: von Mangoldt/Klein/Starck, GG, Bd 1, Art 2 Rn 11.
24 *Grimm* Sondervotum, BVerfGE 80, 164 (169).
25 BVerfGE 80, 137 (154); *Lindner* NJW 1998, 1208; *Maurer* Staatsrecht, § 9 Rn 8.
26 *Erichsen* Jura 1987, 367 (368); *ders* in: HStR VI, § 152 Rn 16; *Degenhart* JuS 1990, 161 (163).

weisen nur diejenigen zu berücksichtigen, die einer engeren Lebenssphäre zugeordnet werden. Im Gegenteil, indem Art. 2 Abs. 1 GG die freie Entfaltung der Persönlichkeit schützt, wird dem Einzelnen ein Bereich personaler Autonomie eingeräumt, in dem jeder selbst bestimmt, ob und wie er sich entfaltet[27]. Da jedem Menschen nur die *Entfaltung* dessen, was in ihm angelegt ist, möglich ist und die Selbstentfaltung *frei* erfolgen soll, geht Art. 2 Abs. 1 GG von der Autonomie des Einzelnen aus[28]. Dem Schutzbereich liegt ein von Selbstbestimmung getragenes Freiheitsverständnis zugrunde[29]. Demgegenüber könnte ein engerer und qualitativ abgehobener Schutzbereich nur aufgrund einer wertenden Einschränkung gewonnen werden[30]. Der Grundrechtsinterpret gäbe das »richtige« Verständnis zur Persönlichkeitsentfaltung vor[31]. Dies bedeutete die Gefahr einer Ideologisierung der Persönlichkeit; ein bestimmtes staatliches Freiheitsverständnis führte zu einem bestimmten Persönlichkeitsbild[32]. Kommt es jedoch bei der Entfaltung der einzelnen Persönlichkeit notwendigerweise immer auf die Anlagen und Fähigkeiten dieser Persönlichkeit an, kann die freie Entscheidung dieser Person durchaus dazu führen, daß sie ihre Entfaltung im Reiten im Wald findet[33].

Geht es somit um die Entfaltung des Individuums und um die Selbstverwirklichung des Menschen nach seinen *eigenen* Möglichkeiten und Vorstellungen, spricht ein wertneutrales Verständnis des Grundrechtstatbestandes dafür, daß Art. 2 Abs. 1 GG die allgemeine Handlungsfreiheit im umfassenden Sinne schützt. Der Grundrechtsschutz läuft infolgedessen gerade nicht leer; gewährleistet werden nämlich die Eigenständigkeit und die Selbstverantwortlichkeit des Einzelnen[34], so daß jede insoweit vorgenommene Beschränkung rechtfertigungsbedürftig ist[35]. Von einer »Banalisierung« des

---

27 *J. Ipsen* Staatsrecht II, Rn 726; *Starck* in: von Mangoldt/Klein/Starck, GG, Bd 1, Art 2 Rn 2.
28 *Stein* Staatsrecht, 249 f; *Kunig* in: von Münch/Kunig, GG, Bd 1, Art 2 Rn 11.
29 *Lindner* NJW 1998, 1208 (1209); *Murswiek* in: Sachs, GG, Art 2 Rn 45, 49; *Antoni* in: Seifert/Hömig, GG, Art 2 Rn 5.
30 BVerfGE 80, 137 (154).
31 *Schnapp* NJW 1998, 960; *Lindner* NJW 1998, 1208 (1210).
32 *Rennert* NJW 1989, 3261 (3262); *Kunig* in: von Münch/Kunig, GG, Bd 1, Art 2 Rn 11.
33 *Kunig* Jura 1990, 523 (526); *Schnapp* NJW 1998, 960.
34 BVerfGE 6, 32 (40).
35 *Schenke* JuS 1987, L 65 (66 f); *Degenhart* JuS 1990, 161 (163 f); *Starck* in: von Mangoldt/Klein/Starck, GG, Bd 1, Art 2 Rn 6.

Grundrechtsschutzes kann ebenfalls nicht gesprochen werden[36]. Auch bei
den speziellen Freiheitsgrundrechten wird für die Grundrechtsbetätigung
(z. B. Presseprodukte, Kunstausübung, Meinungsäußerung) kein bestimmtes Niveau verlangt, damit der Grundrechtstatbestand bejaht werden
kann[37].

Schützt somit Art. 2 Abs. 1 GG die allgemeine Handlungsfreiheit im um-
fassenden Sinne, fällt das Reiten im Wald als Betätigungsform menschlichen
Verhaltens in den Schutzbereich des Art. 2 Abs. 1 GG[38]. R kann sich auf das
Grundrecht auf freie Entfaltung seiner Persönlichkeit berufen.

2. Eingriff in den Schutzbereich

Durch § 50 Abs. 2 S. 1 LandschaftsG müßte in den Schutzbereich des Art. 2
Abs. 1 GG eingegriffen sein. Als Abwehrrecht schützt Art. 2 Abs. 1 GG
gegenüber staatlichen Eingriffen. Ein Eingriff liegt jedenfalls bei imperativen Regelungen der öffentlichen Gewalt vor, insbesondere bei staatlichen
Geboten und Verboten[39]. Hier könnte eine derartige Beeinträchtigung
deshalb zweifelhaft sein, weil es möglicherweise um Leistung und Teilhabe
geht, nämlich um die Ausdehnung des bestehenden Reitwegenetzes und die
Eröffnung des Gemeingebrauchs hieran[40].

Demgegenüber ist jedoch zu beachten, daß es nach der Vorgängerrege-
lung zu § 50 LandschaftsG grundsätzlich erlaubt war, auf privaten Waldwegen zu reiten. Nun normiert Satz 1 des § 50 Abs. 2 LandschaftsG für
private Straßen und Wege ein grundsätzliches Verbot des Reitens im Wald,
von dem nach Satz 3 Ausnahmen zugelassen werden können. Damit wird
die bislang bestehende Befugnis zum Reiten im Wald eingeschränkt[41]. Ein
derartiges gesetzliches Verbot hat für den Normadressaten Eingriffsqualität,
unabhängig davon, ob zur umfassenden Verwirklichung der gewünschten
Freiheitsbetätigung auch noch andere Maßnahmen (z. B. Kennzeichnung
als Reitweg) angestrebt werden[42]. Wäre nämlich § 50 Abs. 2 S. 1 LandschaftsG verfassungswidrig und damit nichtig, wäre der frühere Rechts-
zustand wiederhergestellt, die durch die Gesetzesvorschrift vorgenommene

36 *Lindner* NJW 1998, 1208 (1210); *Murswiek* in: Sachs, GG, Art 2 Rn 50.
37 *J. Ipsen* Staatsrecht II, Rn 726; *Dreier* in: ders, GG, Bd I, Art 2 I Rn 21.
38 BVerfGE 80, 137 (154 f).
39 *Kunig* Jura 1990, 523 (525); *Jarass* in: ders/Pieroth, GG, Art 2 Rn 10; *Dreier* in:
ders, GG, Bd I, Art 2 I Rn 34; *Murswiek* in: Sachs, GG, Art 2 Rn 79.
40 *Rennert* NJW 1989, 3261.
41 BVerfGE 80, 137 (155).
42 *Kunig* Jura 1990, 523 (526).

Reglementierung der Selbstbestimmung also beseitigt. § 50 Abs. 2 S. 1 LandschaftsG stellt somit einen Eingriff in den Schutzbereich des Art. 2 Abs. 1 GG dar.

II. Verfassungsmäßigkeit des Eingriffs

Dieser Grundrechtseingriff könnte jedoch verfassungsrechtlich gerechtfertigt und damit verfassungsmäßig sein. Das wäre der Fall, wenn sich der Eingriff im Rahmen der für das Grundrecht der freien Entfaltung der Persönlichkeit geltenden Schrankenregelung hielte.

1. Grundrechtsschranken

Das Recht auf freie Entfaltung der Persönlichkeit wird gem. Art. 2 Abs. 1 GG begrenzt durch die Rechte anderer, durch die verfassungsmäßige Ordnung und durch das Sittengesetz. Aus dieser Schrankentrias kommt das Sittengesetz als Grundrechtsschranke im vorliegenden Fall nicht in Betracht. § 50 Abs. 2 S. 1 LandschaftsG könnte jedoch dem Schutz der Rechte anderer (z. B. privater Waldeigentümer, Wanderer) dienen. Diese Positionen müssen – als »Rechte« – notwendigerweise rechtlich begründet sein[43]. Die »Rechte anderer« ergeben sich infolgedessen als subjektive Rechte Dritter aus der Rechtsordnung[44]. Die Grundrechtsschranke »Rechte anderer« könnte daher vollständig in der Grundrechtsbegrenzung der »verfassungsmäßigen Ordnung« enthalten sein[45]. Maßgebend wäre dann für die Rechtfertigung eines Grundrechtseingriffs diese Grundrechtsschranke. § 50 Abs. 2 S. 1 LandschaftsG müßte infolgedessen Bestandteil der verfassungsmäßigen Ordnung i. S. d. Art. 2 Abs. 1 GG sein.

Fraglich ist der normative Gehalt des Merkmals »verfassungsmäßige Ordnung«. Dieser Begriff ist auch in anderen Grundgesetzbestimmungen – Art. 9 Abs. 2, 20 Abs. 3, 20a, 28 Abs. 1 und Abs. 3, 98 Abs. 2 GG – enthalten. Das richtige Begriffsverständnis ergibt sich indes aus dem jeweiligen Kontext; deshalb ist es unmaßgeblich, wie der Begriff in jenen Bestimmungen zu interpretieren ist[46]. Der normative Gehalt der »verfassungsmäßigen Ordnung« i. S. d. Art. 2 Abs. 1 GG kann nur aus dem dortigen Regelungs-

---

43 *Maurer* Staatsrecht, § 9 Rn 55.
44 *Antoni* in: Seifert/Hömig, GG, Art 2 Rn 7; *Murswiek* in: Sachs, GG, Art 2 Rn 91.
45 *Degenhart* JuS 1990, 161 (164); *Pieroth/Schlink* Grundrechte, Rn 385; *Jarass* in: ders/Pieroth, GG, Art 2 Rn 15.
46 *Erichsen* Jura 1987, 367 (371); *ders* in: HStR VI, § 152 Rn 32; *Gallwas* Grundrechte, Rn 312 ff; *Kunig* in: von Münch/Kunig, GG, Bd 1, Art 2 Rn 22; *Murswiek* in: Sachs, GG, Art 2 Rn 89.

zusammenhang gewonnen werden. Entscheidend ist insoweit das weite Schutzbereichsverständnis. Wird die freie Entfaltung der Persönlichkeit im Sinne einer allgemeinen Handlungsfreiheit gedeutet, die – soweit sie nicht Rechte anderer verletzt oder gegen das Sittengesetz verstößt – nur an die verfassungsmäßige Ordnung gebunden ist, kann unter diesem Begriff nur die allgemeine, mit der Verfassung in Einklang stehende Rechtsordnung verstanden werden[47]. Infolgedessen umfaßt die Grundrechtsschranke der verfassungsmäßigen Ordnung gem. Art. 2 Abs. 1 GG alle Rechtsnormen, die formell und materiell mit der Verfassung vereinbar sind[48]. Erfaßt sind hiervon auch die »Rechte anderer«.

Eine Gesetzesbestimmung ist in formeller Hinsicht nur dann Teil der verfassungsmäßigen Ordnung i. S. d. Art. 2 Abs. 1 GG, wenn sie kompetenzgerecht und verfahrensgemäß erlassen worden ist[49]. In materieller Hinsicht muß die Bestimmung zur Verfolgung eines verfassungslegitimen Ziels unter Wahrung des Übermaßverbots getroffen worden sein[50], und sie muß auch im übrigen den Vorrang der Verfassung (Art. 20 Abs. 3 GG) wahren[51], also insbesondere den rechtsstaatlichen Anforderungen an den Vertrauensschutz entsprechen[52] und das Bestimmtheitsgebot beachten[53].

Fraglich ist, ob § 50 Abs. 2 S. 1 LandschaftsG diesen Anforderungen entspricht.

2. Konkretisierung der »verfassungsmäßigen Ordnung« (Schranken-Schranken)
a) Formelle Verfassungsmäßigkeit

§ 50 Abs. 2 S. 1 LandschaftsG müßte, um Teil der »verfassungsmäßigen Ordnung« i. S. d. Art. 2 Abs. 1 GG sein zu können, zunächst in formeller Hinsicht mit der Verfassung in Einklang stehen. Das Gesetzgebungsverfah-

47 BVerfGE 6, 32 (37 f); *Degenhart* JuS 1990, 161 (164); *Maurer* Staatsrecht, § 9 Rn 54; *Katz* Staatsrecht, Rn 692; *Kunig* in: von Münch/Kunig, GG, Bd 1, Art 2 Rn 19.
48 BVerfGE 90, 145 (172); 92, 191 (196); 95, 267 (306); 96, 10 (21); 96, 375 (398); 97, 271 (286).
49 BVerfGE 80, 137 (153); *Gallwas* Grundrechte, Rn 334; *J. Ipsen* Staatsrecht II, Rn 737; *Kunig* in: von Münch/Kunig, GG, Bd 1, Art 2 Rn 22.
50 BVerfGE 96, 10 (21); *Gallwas* Grundrechte, Rn 337; *J. Ipsen* Staatsrecht II, Rn 739 ff; *Erichsen* in: HStR VI, § 152 Rn 36; *Jarass* in: ders/Pieroth, GG, Art 2 Rn 18; *Kunig* in: von Münch/Kunig, GG, Bd 1, Art 2 Rn 24; *Dreier* in: ders, GG, Bd I, Art 2 I Rn 46.
51 *Jarass* in: ders/Pieroth, GG, Art 2 Rn 20.
52 BVerfGE 80, 137 (153); 97, 271 (286); *Kannengießer* in: Schmidt-Bleibtreu/Klein, GG, Art 2 Rn 16.
53 BVerfGE 80, 137 (161); *Murswiek* in: Sachs, GG, Art 2 Rn 101.

ren ist laut Sachverhalt ordnungsgemäß durchgeführt worden. Zweifelhaft ist jedoch die *Gesetzgebungskompetenz* des Landes L zum Erlaß der in § 50 Abs. 2 S. 1 LandschaftsG getroffenen Regelung. Diese Vorschrift könnte, wie R geltend macht, bundesgesetzliche Bestimmungen mißachten. Das Reiten im Wald könnte durch § 14 BWaldG, § 27 BNatSchG einer abschließenden bundesgesetzlichen Regelung unterzogen sein, so daß die Länder keine Gesetzgebungskompetenz zur – zusätzlichen – Reglementierung des Reitens im Wald hätten.

Ob die Länder bezüglich einer bestimmten Materie neben dem Bund das Recht der Gesetzgebung haben, hängt davon ab, ob es im konkreten Fall um den Bereich ausschließlicher Bundesgesetzgebung geht (Art. 71 GG) oder ob es sich um einen Gegenstand konkurrierender Gesetzgebung handelt (Art. 72 Abs. 1 GG) oder ob lediglich eine Rahmengesetzgebung des Bundes vorliegt (Art. 75 Abs. 3 GG). Das Bundeswaldgesetz[54] beruht zum Teil auf Art. 74 Abs. 1 Nr. 17 GG und zum Teil auf Art. 75 Abs. 1 S. 1 Nr. 3 GG[55]. Das Bundesnaturschutzgesetz[56] findet seine Kompetenzgrundlage in Art. 75 Abs. 1 S. 1 Nr. 3 GG[57]. § 50 Abs. 2 S. 1 LandschaftsG müßte, um in formeller Hinsicht verfassungsmäßig zu sein, die kompetenzgerecht erlassenen Bundesgesetze respektieren. Eine landesgesetzliche Kompetenzüberschreitung im Falle der konkurrierenden Bundesgesetzgebung kollidiert mit Art. 72 Abs. 1 GG und führt infolgedessen zur Nichtigkeit des Landesgesetzes[58]; eine landesrechtliche Überschreitung der Rahmengesetzgebung des Bundes hat die Nichtigkeit des Landesgesetzes wegen Verstoßes gegen Art. 75 Abs. 3 GG zur Folge[59].

---

54 Abgedruckt in Sartorius I Nr 875.

55 *Dellmann* in: Seifert/Hömig, GG, Art 75 Rn 6; *von Mangoldt/Klein/Pestalozza* GG, Bd 8, Art 75 Rn 460.

56 Abgedruckt in Sartorius I Nr 880.

57 *Kunig* in: von Münch/Kunig, GG, Bd 2, Art 75 Rn 30; *Sannwald* in: Schmidt-Bleibtreu/Klein, GG, Art 75 Rn 82.

58 *Kunig* Jura 1996, 254 (257); *Stettner* in: Dreier, GG, Bd II, Art 72 Rn 29; *Kunig* in: von Münch/Kunig, GG, Bd 2, Art 72 Rn 10; *von Mangoldt/Klein/Pestalozza* GG, Bd 8, Art 72 Rn 292.

59 *Degenhart* in: Sachs, GG, Art 75 Rn 41f; *Pieroth* in: Jarass/Pieroth, GG, Art 75 Rn 3.

aa) Vereinbarkeit des § 50 Abs. 2 S. 1 LandschaftsG mit § 14 BWaldG

(1) Gesetzgebungskompetenz des Landes

Nach § 14 Abs. 1 S. 1 BWaldG ist das Betreten des Waldes zum Zwecke der Erholung gestattet; das Reiten im Wald ist gem. § 14 Abs. 1 S. 2 BWaldG – auf Straßen und Wegen – ebenfalls erlaubt. Dem *Wortlaut* nach könnte das Betreten des Waldes – einschließlich des Reitens als Unterfall des Betretens (§ 14 Abs. 1 BWaldG) oder aber als »andere Benutzungsart« (§ 14 Abs. 2 S. 2 BWaldG) – demnach bundesgesetzlich grundsätzlich gestattet sein, während die Länder nur noch die Kompetenz haben könnten, diesen Grundsatz zu konkretisieren (§ 14 Abs. 2 S. 1 BWaldG) sowie »aus wichtigem Grund« Einschränkungen jenes Grundsatzes zu normieren (§ 14 Abs. 2 S. 2 BWaldG)[60]. Im Falle einer derartigen Auslegung des § 14 BWaldG handelte es sich bei § 50 Abs. 2 S. 1 LandschaftsG, unabhängig vom Inhalt der Regelung, um eine kompetenzwidrige Vorschrift; indem nämlich der Bund das Reiten im Wald auf Straßen und Wegen gestattet hätte, wäre es den Ländern kompetenzrechtlich versagt, eine gesetzliche Regelung zu treffen, die das Reiten im Wald nur auf bestimmten Reitwegen erlaubt.

Es ist jedoch fraglich, ob § 14 BWaldG für den Bürger unmittelbar verbindliche Rechtssätze enthält. Normadressaten könnten vielmehr allein die Länder sein, die zum Erlaß entsprechender Außenrechtssätze verpflichtet wären. Für ein solches Verständnis spricht die *Gesetzessystematik*. Nach § 5 Satz 1 BWaldG sind die Vorschriften des Zweiten Kapitels des Bundeswaldgesetzes, zu denen § 14 BWaldG zählt, *Rahmen*vorschriften für die Landesgesetzgebung. Die Länder sollen die dem Zweiten Kapitel des Bundeswaldgesetzes entsprechenden Vorschriften erlassen (§ 5 Satz 2 BWaldG), und die Länder haben die Einzelheiten zum Betreten des Waldes zu regeln (§ 14 Abs. 2 S. 1 BWaldG). Demnach hat der Bund mit § 14 Abs. 1 BWaldG auf der Kompetenzgrundlage des Art. 75 Abs. 1 S. 1 Nr. 3 GG[61] lediglich eine rahmenrechtliche Betretensvorschrift erlassen, die auf eine Ausfüllung durch die Landesgesetzgebung hin angelegt ist[62]. Damit ist Normadressat des § 14 BWaldG nicht der Einzelne, sondern der zuständige Landesgesetzgeber. Für diesen gibt § 14 BWaldG verbindliche bundesrechtliche Richtlinien vor[63]. Kompetenzrechtlich war das Land L also nicht gehindert,

---

60 BVerfGE 80, 137 (156).
61 Vgl Nachw o Fn 55.
62 BVerwGE 71, 324 (325); 85, 332 (342 f).
63 BVerfGE 80, 137 (157).

Einzelheiten zum Reiten im Wald zu normieren, es war dazu bundesgesetzlich sogar verpflichtet.

Für eine Deutung des § 14 BWaldG als Rahmenvorschrift, die an die Landesgesetzgebung adressiert ist, spricht auch eine *verfassungskonforme Auslegung* der Bestimmung. »Rahmenvorschriften« i. S. d. Art. 75 Abs. 1 GG sind grundsätzlich nur solche Bundesgesetze, die an die Landesgesetzgebung gerichtet und ausfüllungsfähig sowie ausfüllungsbedürftig sind und den Ländern eine rechtliche Gestaltung von substantiellem Gewicht belassen[64]. Nur in Ausnahmefällen dürfen Rahmengesetze des Bundes in Einzelheiten gehende oder unmittelbar geltende Regelungen enthalten (Art. 75 Abs. 2 GG). Verlangt Art. 75 GG somit, daß Rahmenvorschriften grundsätzlich kein unmittelbar geltendes Recht setzen, so begründen derartige Bundesgesetze in der Regel keine Rechte und Pflichten für den Einzelnen, sondern wenden sich an die Landesgesetzgebung[65]. Diese ist dann zum Erlaß der Ausführungsregelungen verpflichtet (Art. 75 Abs. 3 GG).

Anders als es der Wortlaut des § 14 Abs. 1 BWaldG nahelegen könnte, besteht somit keine abschließende bundesgesetzliche Regelung zum Reiten im Wald. Gesetzessystematische Gründe (§ 5 BWaldG) und verfassungsrechtliche Erwägungen (Art. 75 GG) sprechen vielmehr eindeutig dafür, daß es sich bei § 14 BWaldG um eine an die Landesgesetzgebung gerichtete bundesgesetzliche Rahmenvorschrift handelt. Eine Gesetzgebungskompetenz des Landes L zur Regelung des Reitens im Wald besteht demnach.

(2) Einhaltung des bundesgesetzlichen Rahmens

§ 50 Abs. 2 S. 1 LandschaftsG ist jedoch nur dann Teil der »verfassungsmäßigen Ordnung« i. S. d. Art. 2 Abs. 1 GG, wenn die getroffene landesgesetzliche Bestimmung zum Reiten im Wald die dazu bestehenden bundesgesetzlichen Rahmenvorgaben gem. § 14 BWaldG einhält. Hieran könnten deshalb Zweifel bestehen, weil § 50 Abs. 2 S. 1 LandschaftsG möglicherweise ein weitgehendes Reitverbot im Wald normiert, während § 14 Abs. 1 S. 2 BWaldG das Reiten im Wald grundsätzlich gestattet.

Maßgebend für die Beurteilung der Bundesrechtskonformität einer landesgesetzlichen Bestimmung ist der normative Gehalt der rahmensetzenden Vorschrift des Bundes. Bei einer auf Ausfüllung hin angelegten

---

64 BVerfGE 93, 319 (341); *Sommermann* Jura 1995, 393 (397); *J. Ipsen* Staatsrecht I, Rn 488; *Katz* Staatsrecht, Rn 427; *Dellmann* in: Seifert/Hömig, GG, Art 75 Rn 2; *Stettner* in: Dreier, GG, Bd II, Art 75 Rn 6 ff; *Sannwald* in: Schmidt-Bleibtreu/Klein, GG, Art 75 Rn 13.

65 *Rybak/Hofmann* NVwZ 1995, 230 (234); *Maurer* Staatsrecht, § 17 Rn 36.

bundesgesetzlichen Rahmenvorschrift soll die Gesetzgebungskompetenz der Länder nach Sinn und Zweck des Art. 75 GG nicht weiter eingeschränkt werden, als dies der Wortlaut der Rahmenvorschrift zwingend erfordert[66]. Infolgedessen ist § 14 Abs. 1 S. 2 i. V. m. Abs. 2 S. 1 BWaldG so zu verstehen, daß der Landesgesetzgeber das Reiten im Wald nur auf Straßen und Wegen gestatten darf, innerhalb dieses Rahmens aber die Einzelheiten selbst regeln kann[67]. Danach darf der Landesgesetzgeber das Reiten im Wald nicht generell untersagen oder ungeregelt lassen[68]. Hiergegen wird durch § 50 Abs. 2 S. 1 LandschaftsG nicht verstoßen. Die Vorschrift statuiert nicht etwa ein generelles Reitverbot. Vielmehr wird das Reiten im Wald als eine durchaus erlaubte Benutzungsart anerkannt. Allerdings ist landesgesetzlich dergestalt ein Erlaubnisvorbehalt normiert, daß das Reiten im Wald nur auf den gekennzeichneten Reitwegen gestattet ist. Eine solche Regelung wäre nur dann mit § 14 BWaldG nicht vereinbar, wenn diese Rahmenvorschrift dem Landesgesetzgeber eine bestimmte Regelungssystematik vorgäbe. Das ist jedoch nicht der Fall; ein bestimmtes Regel-Ausnahme-Verhältnis kann § 14 BWaldG nicht entnommen werden[69]. Die in § 50 Abs. 2 S. 1 LandschaftsG gewählte Regelungstechnik ist daher mit § 14 Abs. 1 S. 2 i. V. m. Abs. 2 S. 1 BWaldG vereinbar[70].

Die Bundesrechtskonformität des § 50 Abs. 2 S. 1 LandschaftsG könnte aber deshalb zweifelhaft sein, weil die Vorschrift nicht das Reiten im Wald auf jeder privaten Straße und auf jedem privaten Weg gestattet. § 14 Abs. 1 S. 2 BWaldG lassen sich derartige Einschränkungsbefugnisse zugunsten der Landesgesetzgebung nicht entnehmen. Allerdings dürfen die Länder nach § 14 Abs. 2 S. 2 BWaldG das Betreten des Waldes – und damit auch das Reiten im Wald – aus wichtigem Grund einschränken. Hierzu zählt nach den im Gesetz genannten Regelbeispielen auch der Schutz der Waldbesucher. Landesgesetzlich darf demzufolge eine Trennung des Erholungsverkehrs von Reitern und sonstigen Erholungssuchenden herbeigeführt werden, indem die Reiter auf besondere Reitwege verwiesen werden[71]. Der Landesgesetzgeber war bundesrechtlich also nicht gehalten, das Reiten im Wald auf jeder privaten Straße und auf jedem privaten Weg zu gestatten[72].

---

66 BVerfGE 25, 142 (152); 67, 1 (12); 93, 319 (341).
67 BVerfGE 80, 137 (158).
68 BVerwGE 71, 324 (326).
69 BVerfGE 80, 137 (158).
70 BVerfGE 71, 324 (326f).
71 BVerfGE 80, 137 (158).
72 BVerwGE 71, 324 (327f).

§ 50 Abs. 2 S. 1 LandschaftsG hält sich somit innerhalb der Rahmenvorgaben des § 14 BWaldG. Von daher kann eine Bundesrechtswidrigkeit nicht festgestellt werden.

bb) Vereinbarkeit des § 50 Abs. 2 S. 1 LandschaftsG mit § 27 BNatSchG

R rügt im übrigen einen Verstoß des § 50 Abs. 2 S. 1 LandschaftsG gegen § 27 BNatSchG. Danach ist bundesrahmenrechtlich das Betreten der Flur grundsätzlich gestattet (§ 27 Abs. 1 BNatSchG), während die die Einzelheiten regelnden Länder (§ 27 Abs. 2 S. 1 BNatSchG) das Betreten der Flur aus wichtigen Gründen einschränken dürfen (§ 27 Abs. 2 S. 2 BNatSchG). Dem sachlichen Regelungsgehalt nach stimmt § 27 BNatSchG mit § 14 BWaldG überein und enthält insbesondere zum Nutzen des Einzelnen keine weitergehenden bundesrechtlichen Restriktionen für die Landesgesetzgebung[73]. Selbst wenn man den »Wald« dem Begriff der »Flur« zuordnen könnte, wäre § 50 Abs. 2 S. 1 LandschaftsG folglich aus den zu § 14 BWaldG dargelegten Gründen auch mit § 27 BNatSchG vereinbar.

§ 50 Abs. 2 S. 1 LandschaftsG steht damit insgesamt mit den anwendbaren bundesgesetzlichen Vorschriften in Einklang. Das Land L hatte die Kompetenz zum Erlaß des § 50 Abs. 2 S. 1 LandschaftsG, und es hat sich dabei innerhalb des bundesgesetzlich gesteckten Rahmens gehalten.

b) Materielle Verfassungsmäßigkeit

Um zur »verfassungsmäßigen Ordnung« i. S. d. Art. 2 Abs. 1 GG zu gehören, müßte § 50 Abs. 2 S. 1 LandschaftsG auch inhaltlich den Maßstäben genügen, die verfassungsrechtlich für gesetzliche Beschränkungen der autonomen Persönlichkeitsentfaltung bestehen.

aa) Übermaßverbot

Eine Rechtsnorm, die in den Schutzbereich des Art. 2 Abs. 1 GG eingreift, muß, um verfassungsrechtlich gerechtfertigt zu sein, in materieller Hinsicht insbesondere das *Übermaßverbot* einhalten[74]. Als Gegenschranke von Grundrechtseinschränkungen dient das Übermaßverbot dem Freiheitsschutz des Einzelnen und bewahrt ihn vor illegitimen, unnötigen und unzumutbaren Grundrechtseingriffen. Eine Grundrechtseinschränkung ist dann nicht

73 BVerfGE 80, 137 (159); BVerwGE 71, 324 (329).
74 *Gallwas* Grundrechte, Rn 337; *J. Ipsen* Staatsrecht II, Rn 739; *Pieroth/Schlink* Grundrechte, Rn 384; *Dreier* in: ders, GG, Bd I, Art 2 I Rn 146; *Kunig* in: von Münch/Kunig, Bd 1, GG, Art 2 Rn 24.

übermäßig, wenn sie einen verfassungslegitimen Zweck verfolgt und das zur Zielerreichung eingesetzte gesetzliche Mittel geeignet, erforderlich und verhältnismäßig ist[75]. Fraglich ist, ob § 50 Abs. 2 S. 1 LandschaftsG diesen Anforderungen genügt.

(1) Verfassungslegitimität des Regelungsziels

Zunächst müßte § 50 Abs. 2 S. 1 LandschaftsG einen Zweck verfolgen, der verfassungsrechtlich als legitimes öffentliches Interesse zu qualifizieren ist. Die Vorschrift stellt eine gesetzgeberische Reaktion auf Unzuträglichkeiten zwischen Wanderern und Reitern beim sog. gemischten Erholungsverkehr im Wald dar. § 50 Abs. 2 S. 1 LandschaftsG führt die durchgehende Trennung des Erholungsverkehrs im Wald ein, indem den Reitern einerseits und sonstigen Erholungsuchenden (z. B. Wanderern) andererseits jeweils getrennte Wege zugewiesen werden. Der *gesetzliche Regelungszweck* liegt demnach in der Vermeidung von Gefahren und Beeinträchtigungen, die sich aus einer Begegnung z. B. von Fußgängern und Reitern auf engem Raum ergeben können[76]. Ziel der getroffenen Regelung ist somit der Schutz anderer im Wald Erholung suchender Personen. Im übrigen dient die Beschränkung des Reitens im Wald auch dem Schutz des Waldbodens, also einer natürlichen Lebensgrundlage des Menschen (Art. 20 a GG), und letztlich auch den Interessen von Waldeigentümern und -besitzern (Art. 14 Abs. 1 GG)[77]. Diese Regelungsziele stellen verfassungsrechtlich legitime Gemeinwohlbelange dar[78].

Zusätzlich ergibt sich eine verfassungsrechtliche Rechtfertigung der durch § 50 Abs. 2 S. 1 LandschaftsG verfolgten Zwecke unmittelbar aus Art. 2 Abs. 1 GG. Die Trennung von Reitern und anderen Erholungsuchenden ordnet verschiedene Betätigungsformen der Persönlichkeitsentfaltung und dient durch die Separierung der Reitwege dem Schutz der »Rechte anderer«[79]. Die gesetzliche Vermeidung besonders gefahrenträchtiger Begegnungen zwischen Reitern und anderen Erholungsuchenden schützt die in Art. 2 Abs. 2 S. 1 GG genannten Rechtsgüter, und die Schonung des Waldbodens stellt einen Schutz des Grundeigentums (Art. 14 Abs. 1 GG) und der Umwelt (Art. 20 a GG) dar.

---

75 BVerfGE 96, 10 (21); *Kluth* JA 1999, 606 (609); *Maurer* Staatsrecht, § 8 Rn 56 f; *J. Ipsen* Staatsrecht II, Rn 171; *Starck* in: von Mangoldt/Klein/Starck, GG, Bd 1, Art 2 Rn 29.

76 BVerfGE 80, 137 (159).

77 SächsVerfGH, LKV 1997, 251 (252).

78 *Kunig* Jura 1990, 523 (527).

79 BVerfGE 80, 137 (159).

§ 50 Abs. 2 S. 1 LandschaftsG verfolgt somit verfassungsrechtlich legitime Ziele.

(2) Verfassungsmäßigkeit des gesetzlichen Mittels

Das gesetzlich eingesetzte Mittel, die durchgehende Trennung des Erholungsverkehrs im Wald, müßte zur Erreichung des verfassungslegitimen Gesetzeszwecks geeignet, erforderlich und verhältnismäßig sein.

(a) Geeignetheit der Maßnahme

Geeignet ist eine staatliche Maßnahme zur Verwirklichung des angestrebten Zwecks, wenn mit ihrer Hilfe die Zielerreichung gefördert werden kann[80]. Insoweit bestehen gegenüber der in § 50 Abs. 2 S. 1 LandschaftsG getroffenen Regelung keine Bedenken. Durch die Verweisung der Reiter auf gekennzeichnete Reitwege wird die gemeinsame Nutzung von Waldwegen durch Wanderer und Reiter von vornherein vermieden, so daß sich bestimmte Gefahren und Unzuträglichkeiten für die Wanderer erst gar nicht einstellen[81]. Auch der Schutz der Waldböden wird durch den Ausweis besonderer Reitwege für das Reiten im Wald gefördert[82].

(b) Erforderlichkeit der Maßnahme

Das Gebot der *Erforderlichkeit* ist gewahrt, wenn zur Erreichung des gesetzlichen Ziels keine andere, gleich wirksame, aber das betroffene Grundrecht weniger stark einschränkende staatliche Maßnahme zur Verfügung steht[83]. Ein milderes Mittel wäre aus der Sicht der Reiter die grundsätzliche Erlaubnis des Reitens im Wald, verbunden mit der Möglichkeit, im Einzelfall ein Reitverbot für bestimmte Straßen und Wege zu erlassen. Im Vergleich zu der tatsächlich getroffenen landesgesetzlichen Regelung wäre dies aber kein gleichermaßen wirksames Mittel, so daß sich der Landesgesetzgeber darauf nicht verweisen lassen muß[84].

Weniger belastend für die Reiter wäre es ferner, wenn nicht die Reitwege sondern die Wanderwege aus der Gesamtheit der privaten Waldwege ausgegrenzt würden. Doch dabei handelte es sich für den Gesetzgeber nicht um ein milderes Mittel; auch die Wanderer können sich nämlich auf Art. 2 Abs. 1 GG berufen, und ihre Zahl übersteigt diejenige der Reiter erheblich,

---

80 BVerfGE 90, 145 (172); *Erichsen* Jura 1988, 387; *Kluth* JA 1999, 606 (609); *Maurer* Staatsrecht, § 8 Rn 57.
81 BVerfGE 80, 137 (160).
82 SächsVerfGH, LKV 1997, 251 (252).
83 BVerfGE 90, 145 (172); *Erichsen* Jura 1988, 387; *Kluth* JA 1999, 606 (609); *Maurer* Staatsrecht, § 8 Rn 57.
84 SächsVerfGH, LKV 1997, 251 (252).

so daß bei der denkbaren Regelungsalternative das Interventionsminimum gegenüber den Wanderern verletzt wäre[85]. Infolgedessen muß sich der Gesetzgeber auf jene denkbare Regelungsalternative nicht verweisen lassen. Im Ergebnis ist somit ein milderes Mittel, mit dem die beiden durch § 50 Abs. 2 S. 1 LandschaftsG verfolgten Ziele – Schutz der Wanderer vor Tiergefahren, Schutz des Waldbodens – in gleich wirksamer Weise erreicht werden könnten, nicht ersichtlich[86].

(c) Verhältnismäßigkeit der Maßnahme

Die in § 50 Abs. 2 S. 1 LandschaftsG getroffene Regelung müßte schließlich dem Gebot der *Verhältnismäßigkeit* entsprechen. Eine staatliche Maßnahme ist verhältnismäßig, wenn sie in einem angemessenen Verhältnis zu dem gesetzlich angestrebten Erfolg steht[87]. Das ist dann der Fall, wenn eine Abwägung zwischen der Schwere des Grundrechtseingriffs einerseits und dem Gewicht sowie der Dringlichkeit der ihn rechtfertigenden Gründe andererseits ergibt, daß die Grenze der Zumutbarkeit für die Adressaten der staatlichen Eingriffsmaßnahme (z. B. eines Verbots) gewahrt bleibt[88]. Demnach müssen das Gewicht des gesetzlichen Regelungsziels und die gesetzlich verursachte Freiheitsbeeinträchtigung zueinander in ein Verhältnis gesetzt und gegeneinander abgewogen werden[89].

In bezug auf § 50 Abs. 2 S. 1 LandschaftsG muß somit das als geeignet und erforderlich erkannte Mittel – Trennung von Reitwegen und Wanderwegen – einer gegenläufigen Kontrolle im Blick darauf unterworfen werden, ob die getroffene gesetzliche Maßnahme unter Berücksichtigung der von ihr ausgehenden Grundrechtsbeschränkungen für die Betroffenen noch in einem angemessenen Verhältnis zu dem dadurch erreichten Rechtsgüterschutz steht. Auch ein an sich geeignetes und erforderliches Mittel des Rechtsgüterschutzes ist danach verfassungsrechtlich unzulässig, wenn die davon ausgehende Grundrechtsbeeinträchtigung das Maß an Rechtsgüterschutz deutlich überwiegt. Der Einsatz der Schutzmaßnahme wäre in einem solchen Fall unangemessen. Infolgedessen müßte ein an sich in legitimer Weise angestrebter Schutz dann zurückstehen, wenn das eingesetzte Mittel zu einer unangemessenen Beeinträchtigung der Rechte Betroffener führen würde[90].

---

85 *Pieroth/Schlink* Grundrechte, Rn 389.

86 BVerfGE 80, 137 (160); *Kunig* Jura 1990, 523 (527).

87 *Erichsen* Jura 1988, 387; *Schwabe* Grundkurs Staatsrecht, 80; *Maurer* Staatsrecht, § 8 Rn 57; *J. Ipsen* Staatsrecht II, Rn 180.

88 BVerfGE 67, 157 (178); 81, 70 (92); 90, 145 (173).

89 *Kluth* JA 1999, 606 (610).

90 BVerfGE 90, 145 (185).

Durch § 50 Abs. 2 S. 1 LandschaftsG hat der Landesgesetzgeber einen Interessenausgleich zwischen unterschiedlichen Nutzern von privaten Waldwegen angestrebt. Dabei hat er im Wege einer Gesamtabwägung eine Konfliktlösung dahingehend vorgenommen, daß Reitwege aus der Gesamtheit der Waldwege ausgegrenzt werden. Diese gesetzliche Maßnahme wäre als unangemessener Grundrechtseingriff verfassungswidrig, wenn die Reiter gegenüber anderen Nutzern von Waldwegen einseitig benachteiligt würden. Bei der Beurteilung der Angemessenheit der getroffenen gesetzlichen Maßnahme ist zu beachten, daß der Gesetzgeber *konkurrierende Nutzungsinteressen* zum Ausgleich bringen mußte[91]. Dabei können sich Wanderer und Reiter gleichermaßen auf Art. 2 Abs. 1 GG berufen. Bei der Trennung des Erholungsverkehrs im Wald mußte der Gesetzgeber die konkurrierenden Ansprüche an das vorhandene Wegenetz in einer den Interessen aller Beteiligten gerecht werdenden Weise ordnen. Angesichts der gegenüber den Wanderern geringeren Zahl der Reiter und der von diesen beanspruchten intensiveren Bodennutzung kann die gesetzlich vorgenommene Wegetrennung durch Ausgrenzung der Reitwege – und nicht der Wanderwege – aus der Gesamtzahl der zur Verfügung stehenden privaten Waldwege nicht als unangemessen erachtet werden[92]. Im übrigen darf die gesetzliche Abwägungsentscheidung keine der betroffenen Positionen vollständig entwerten. Diesem Postulat ist insbesondere dann Rechnung getragen, wenn ein Ausgleich der konfligierenden Interessen angestrebt wird, der beide Positionen in größtmöglichem Ausmaß zur Geltung bringt[93]. Insoweit ist im vorliegenden Fall zu berücksichtigen, daß den zuständigen Behörden ausdrücklich durch § 50 Abs. 4 LandschaftsG aufgegeben ist, für ein ausreichendes und geeignetes Reitwegenetz zu sorgen. Auch unter diesem Gesichtspunkt ist die getroffene Regelung den Reitern zumutbar[94].

§ 50 Abs. 2 S. 1 LandschaftsG beachtet somit das Gebot der Verhältnismäßigkeit. Die Regelung verstößt nicht gegen das verfassungsrechtliche Übermaßverbot.

bb) Bestimmtheit
§ 50 Abs. 2 S. 1 LandschaftsG müßte ferner hinreichend bestimmt sein. R bezweifelt dies; durch die Einräumung von Verwaltungsermessen sei die Vorschrift unpräzise.

91 SächsVerfGH, LKV 1997, 251 (252).
92 BVerfGE 80, 137 (161).
93 *Kluth* JA 1999, 606 (610); *Hesse* Grundzüge des Verfassungsrechts, Rn 72, 317 f.
94 BVerfGE 80, 137 (161); *Kunig* Jura 1990, 523 (527).

Der rechtsstaatliche Grundsatz der hinreichenden *Bestimmtheit von Rechtsnormen* verlangt, gesetzliche Regelungen so zu fassen, daß der Betroffene seine Normunterworfenheit und die Rechtslage so konkret erkennen kann, daß er sein Verhalten danach auszurichten vermag[95]. Der Grad der rechtsstaatlich geforderten Bestimmtheit hängt von den sachlichen Eigenarten des Regelungsgegenstandes ab[96]. Nach dem Rechtsstaatsprinzip müssen Gesetzesvorschriften so präzise gefaßt sein, wie dies nach der Eigenart des zu ordnenden Sachverhalts mit Rücksicht auf den Normzweck möglich ist[97]. Dabei sind die Anforderungen an die Bestimmtheit um so strenger, je intensiver mit der betreffenden Regelung in grundrechtlich geschützte Bereiche eingegriffen wird[98]. Allerdings schließt das Bestimmtheitsgebot die gesetzliche Verwendung unbestimmter Rechtsbegriffe oder die Einräumung von Verwaltungsermessen nicht aus; der Gesetzgeber darf lediglich nicht beliebige Verwaltungsentscheidungen zulassen[99]. Auslegungsbedürftigkeit macht eine Norm also nicht unbestimmt[100]. Der Gesetzgeber darf vielmehr auslegungsbedürftige, aber auslegungsfähige Begriffe verwenden[101]. Dem rechtsstaatlichen Bestimmtheitsgebot ist entsprochen, wenn Auslegungsprobleme mit den herkömmlichen juristischen Methoden bewältigt werden können[102].

Im vorliegenden Fall ist § 50 Abs. 2 S. 1 LandschaftsG insoweit hinreichend bestimmt, als R und andere Reiter eindeutig erkennen können, auf welchen privaten Straßen und Wegen sie im Wald reiten dürfen; es sind dies allein die nach den Vorschriften der Straßenverkehrsordnung als solche gekennzeichneten Reitwege[103]. Nach den Anforderungen des rechtsstaatlichen Bestimmtheitsgebots könnte es jedoch bedenklich sein, daß die Verwaltung über die Zuweisung bestimmter Wege an die Reiter entscheidet. Insoweit ist aber zu beachten, daß über die Ordnung des gesamten Erholungsverkehrs im Wald – einschließlich der als Reitwege zur Verfügung zu stellenden Verkehrsflächen – zu befinden ist, so daß nach § 50 Abs. 2 S. 1 i. V. m. Abs. 4 S. 1 LandschaftsG letztlich ein Akt staatlicher Wegeplanung

---

95 BVerfGE 58, 257 (278); 62, 169 (183); 83, 130 (145); 84, 133 (149); 87, 234 (263); *Maurer* Staatsrecht, § 8 Rn 47.

96 *Schulze-Fielitz* in: Dreier, GG, Bd II, Art 20 (Rechtsstaat) Rn 117, 123.

97 BVerfGE 84, 133 (149); 87, 234 (263); 89, 69 (84); 93, 213 (238).

98 BVerfGE 83, 130 (145); 87, 287 (317); 93, 213 (238).

99 *Schulze-Fielitz* in: Dreier, GG, Bd II, Art 20 (Rechtsstaat) Rn 121 f.

100 BVerfGE 89, 69 (84 f); 93, 213 (238).

101 BVerfGE 92, 262 (272).

102 BVerfGE 83, 130 (145, 151); 85, 337 (353); 90, 1 (16 f).

103 Vgl § 41 StVO (Schönfelder Nr 35a) Zeichen 238.

vonnöten ist[104]. Planungsakte können indes nicht durch ein gesetzliches Konditionalprogramm gesteuert werden. Vielmehr geht es um die Berücksichtigung einer Vielzahl berechtigter Interessen und um deren gerechten Ausgleich im Wege der planerischen Abwägung. Eine sachgerechte Bewältigung derartiger, unterschiedlicher Nutzungskonflikte entzieht sich einer detaillierten gesetzlichen Regelung[105]. Aufgrund der Eigenart des Regelungsgegenstandes durfte sich der Gesetzgeber mit der in § 50 Abs. 2 S. 1, Abs. 4 S. 1 LandschaftsG getroffenen Regelung begnügen. Dabei statuiert das Gesetz durch die Verwendung auslegungs- und konkretisierungsfähiger unbestimmter Rechtsbegriffe (»ausreichendes und geeignetes Reitwegenetz«) materielle Zielvorgaben. Werden diese in Beziehung gesetzt zu dem zahlenmäßigen Aufkommen von Reitern im Wald, läßt sich die der Verwaltung abverlangte Konkretisierung nachprüfbar erbringen. Im übrigen ist eine eventuelle Beliebigkeit von Entscheidungen der zuständigen Landschaftsbehörden verfahrensrechtlich ausgeschlossen. Forstbehörden, Gemeinden, Waldbesitzer und Reiterverbände verfügen nämlich nach § 50 Abs. 4 S. 1 LandschaftsG über Mitwirkungsrechte bei der Gestaltung des Reitwegenetzes.

Entgegen der Auffassung von R bestehen somit an der hinreichenden rechtsstaatlichen Bestimmtheit des § 50 Abs. 2 S. 1 LandschaftsG keine Bedenken.

cc) Vertrauensschutz

R beruft sich ferner auf Vertrauen in den Fortbestand der bisherigen gesetzlichen Regelung zum Reiten im Wald, die von einem grundsätzlichen Erlaubnistatbestand geprägt war. Fraglich ist allerdings, ob ein derartiges Vertrauen, sollte es tatsächlich bestanden haben, verfassungsrechtlich geschützt ist. Grundlage für einen entsprechenden Schutz könnte das Rechtsstaatsprinzip sein. Zu dessen wesentlichen Elementen zählen *Rechtssicherheit* und *Vertrauensschutz*[106]. Die Rechtssicherheit verlangt objektiv ein Mindestmaß an Dauerhaftigkeit des Rechts; aus der subjektiven Sicht des Einzelnen folgt daraus ein Vertrauen in die Kontinuität bestehenden Rechts, auf das er seine Erwartungen und Dispositionen gründet[107]. Damit

---

104 BVerfGE 80, 137 (162).
105 BVerfGE 80, 137 (163).
106 BVerfGE 94, 241 (258); *Katz* Staatsrecht, Rn 200; *Kannengießer* in: Schmidt-Bleibtreu/Klein, GG, Art 2 Rn 17.
107 *Maurer* Staatsrecht, § 8 Rn 49; *Schulze-Fielitz* in: Dreier, GG, Bd II, Art 20 (Rechtsstaat) Rn 134 f.

ist aber nicht jedes Vertrauen in den unveränderten Fortbestand des Rechts verfassungsrechtlich geschützt. Im Sozialstaat der Gegenwart obliegt dem Gesetzgeber eine Pflicht zur gesetzlichen Steuerung, die notwendigerweise Rechtsänderungen beinhaltet; dasselbe gilt für den in Wahrnehmung grundrechtlicher Schutzpflichten erfolgenden gesetzlichen Ausgleich konfligierender Interessen. Infolgedessen ist verfassungsrechtlich nur das Vertrauen des Einzelnen darauf geschützt, daß gesetzlich eingeräumte Rechtspositionen nicht nachträglich verschlechtert werden[108]. Dem Grundsatz des Vertrauensschutzes unterfallen daher den Einzelnen belastende Gesetze mit – echter oder unechter – Rückwirkung[109]. Dagegen gibt es grundsätzlich keinen verfassungsrechtlichen Vertrauensschutz in den Fortbestand einer günstigen Rechtslage[110].

Neue gesetzliche Regelungen, die nur für die Zukunft gelten, sind demnach unter dem Gesichtspunkt des Vertrauensschutzes auch dann zulässig, wenn sie für den Einzelnen im Vergleich mit der bisherigen Rechtslage belastende Wirkungen haben[111]. So liegt der Fall hier. § 50 Abs. 2 S. 1 LandschaftsG entfaltet keinerlei Rückwirkung. Vielmehr hat der Gesetzgeber lediglich die in der Vergangenheit aufgetretenen Unzuträglichkeiten des sog. gemischten Erholungsverkehrs im Wald zum Anlaß genommen, um mit Wirkung für die Zukunft die bestehende Regelung zu Lasten der Reiter zu ändern. Auf den unveränderten Fortbestand der grundsätzlichen gesetzlichen Freigabe aller Waldwege für Reiter konnte von Verfassungs wegen nicht vertraut werden. § 50 Abs. 2 S. 1 LandschaftsG verstößt daher nicht gegen den rechtsstaatlichen Grundsatz des Vertrauensschutzes[112].

C. Allgemeiner Gleichheitssatz

R sieht in der Schlechterstellung von Reitern gegenüber Wanderern bei der Erholungssuche im Wald eine willkürliche gesetzliche Maßnahme. § 50 Abs. 2 S. 1 LandschaftsG könnte mit dem allgemeinen Gleichheitssatz gem. Art. 3 Abs. 1 GG unvereinbar sein.

---

108 BVerfGE 94, 241 (258).
109 BVerfGE 97, 67 (78 ff); 97, 271 (285 ff); 98, 17 (39 f); *Katz* Staatsrecht, Rn 200 f.
110 BVerfGE 38, 61 (83); 68, 193 (222).
111 *Maurer* Staatsrecht, § 8 Rn 49; *Schulze-Fielitz* in: Dreier, GG, Bd II, Art 20 (Rechtsstaat) Rn 136.
112 BVerfGE 80, 137 (163 f).

I. Ungleichbehandlung

Nach Art. 3 Abs. 1 GG sind alle Menschen vor dem Gesetz gleich. Von den Personen, die im Wald Erholung suchen, werden die Reiter jedoch durch § 50 Abs. 2 S. 1 LandschaftsG einer gesonderten gesetzlichen Reglementierung unterzogen. Im Unterschied zu anderen Erholungsuchenden, insbesondere Wanderern, dürfen die Reiter nur die gekennzeichneten privaten Straßen und Wege benutzen.

Darin liegt eine verfassungsrechtlich relevante Ungleichbehandlung. Von den Personen, die Erholung im Wald suchen, werden die Reiter gesetzlich ungünstiger behandelt als die Wanderer.

II. Verfassungsrechtliche Rechtfertigung

Eine derartige Ungleichbehandlung ist verfassungsrechtlich zulässig, wenn zwischen beiden Gruppen Unterschiede von solcher Art und solchem Gewicht bestehen, daß sie die ungleiche Behandlung rechtfertigen[113]. Insoweit ist im vorliegenden Fall beachtlich, daß von Reitern wesentlich größere Gefährdungen und Belästigungen ausgehen können als von anderen Erholungsuchenden und daß deren Zahl diejenige der Reiter erheblich übersteigt. Hierin liegt ein so gravierender Unterschied zwischen den verschiedenen Gruppen der Erholungsuchenden, daß ein verfassungsrechtlich legitimer sachlicher Anknüpfungspunkt für die unterschiedliche Behandlung der Reiter und der Wanderer besteht[114].

§ 50 Abs. 2 S. 1 LandschaftsG ist somit auch mit Art. 3 Abs. 1 GG vereinbar und damit insgesamt verfassungsgemäß.

Hinweise zur methodischen und sachlichen Vertiefung

1. Aufbau

Die Fallbearbeitung bietet keine allzu große Schwierigkeiten im Aufbau. Zur Prüfungsabfolge gilt, daß Freiheitsgrundrechte vor Gleichheitsgrundrechten zu erörtern sind und spezielle Freiheitsgrundrechte vor dem allgemeinen Freiheitsgrundrecht gem. Art. 2 Abs. 1 GG untersucht werden. Die drei im Sachverhalt angesprochenen besonderen Freiheitsgrundrechte werden in der dort thematisierten Reihenfolge geprüft.

---

113   BVerfGE 97, 332 (344); 98, 1 (12); 98, 365 (389).
114   BVerfGE 80, 137 (164); SächsVerfGH, LKV 1997, 251 (253).

Beim allgemeinen Freiheitsgrundrecht auf Entfaltung der Persönlichkeit (Art. 2 Abs. 1 GG) folgt die Grundstruktur der Prüfung den üblichen Aufbauschritten (Schutzbereich – Eingriff – Rechtfertigung). Zum Grundrechtstatbestand schlägt die Lösung eine durch die Sache begründete Untergliederung vor, da im vorliegenden Fall ein Meinungsstreit zum Schutzbereichsverständnis zu entscheiden ist. Die Darstellung zur Rechtfertigung (Verfassungsmäßigkeit) des Grundrechtseingriffs auf der sog. Schrankenebene versucht, die anzusprechenden Rechtsprobleme einem leicht nachvollziehbaren und konsistenten Aufbau zuzuordnen. Daher wird mit Blick auf die Schrankentrias des Art. 2 Abs. 1 GG zunächst untersucht, welche Grundrechtsschranke zur Anwendung kommt. Sodann kann unter dem Aspekt der Konkretisierung der »verfassungsmäßigen Ordnung« im Lichte der sog. Gegenschranken (Schranken-Schranken) geklärt werden, ob die als Schrankenregelung fungierende Vorschrift des § 50 Abs. 2 S. 1 LandschaftsG Teil der mit der Verfassung in Einklang stehenden Rechtsordnung ist. Dabei ist – einem allgemeinen Aufbauprinzip folgend – die formelle vor der materiellen Verfassungsmäßigkeit zu prüfen. In formeller Hinsicht ist lediglich die (im Sachverhalt als Problem deutlich angesprochene) Gesetzgebungskompetenz des Landes zu erörtern; dabei ist zwischen der Ermittlung des bundesgesetzlichen Rahmens und seiner Einhaltung durch das Landesrecht zu trennen. Zur materiellen Verfassungsmäßigkeit des § 50 Abs. 2 S. 1 LandschaftsG bildet die Beachtung des Übermaßverbots den Schwerpunkt der gutachtlichen Überlegungen. Aufbaumäßig ist insoweit zwischen der Verfassungslegitimität des Regelungsziels (im schrankenziehenden Gesetz) und der Verfassungsmäßigkeit des zur Zielerreichung eingesetzten Mittels (nach Geeignetheit, Erforderlichkeit und Verhältnismäßigkeit der im Gesetz konkret getroffenen Maßnahme) zu unterscheiden. Diese zweistufige Prüfung ist unabdingbar; werden der gesetzlich angestrebte Zweck und seine verfassungsrechtliche Legitimität nicht bestimmt, hängt die Verhältnismäßigkeitsprüfung (i.w.S.) mangels Bezugspunktes in der Luft (*Maurer* Staatsrecht, § 8 Rn. 56). – Zum Bestimmtheitsgebot und zum Vertrauensschutz stellen sich keine besonderen Aufbaufragen.

Die knappe Erörterung des allgemeinen Gleichheitssatzes folgt dem üblichen zweistufigen Aufbau. Zunächst wird die Ungleichbehandlung verschiedener Gruppen (Wanderer, Reiter) festgestellt, die einem gemeinsamen Oberbegriff (genus proximum) unterfallen (Erholungsuchende). Anschließend wird nach der verfassungsrechtlichen Rechtfertigung mittels eines sachlichen Differenzierungsgrundes gefragt.

2. Inhalt

In der Sache beinhaltet der Fall unterschiedliche Schwierigkeitsgrade. Neben einigen einfachen Fragestellungen (insbes. zum Schutzbereich der Freiheitsgrundrechte sowie zum allgemeinen Gleichheitssatz) finden sich etliche mittelschwere und sogar überdurchschnittlich schwierige Problemlagen (präzise Herausarbeitung des Grundrechtseingriffs bei Art. 2 Abs. 1 GG, Vereinbarkeit des § 50 Abs. 2 S. 1 LandschaftsG mit § 14 BWaldG und § 27 BNatSchG, sorgfältige Anwendung des Übermaßverbots, verfassungsrechtliches Bestimmtheitsgebot). Die Gefahr bei Fällen mit Schwerpunkt zu Art. 2 Abs. 1 GG liegt darin, daß Bearbeiter zur Unterschätzung des Schwierigkeitsgrades neigen und daher vielfach allzu oberflächlich arbeiten.

a) Spezielle Freiheitsgrundrechte

Die Prüfung der Art. 11 Abs. 1, 12 Abs. 1, 14 Abs. 1 und 2 GG ist objektiv gewiß etwas fernliegend. Die Aufgabenstellung orientiert sich insoweit jedoch an BVerfGE 80, 137 und gibt den Bearbeitern dadurch die notwendige Sicherheit bei der Problemaufbereitung, daß der Sachverhalt – im Wege eines ausdrücklichen Vortrags von R – auf diese Grundrechte hinweist.

In der Sache ist jeweils bereits der Grundrechtstatbestand zu verneinen. Bei Art. 12 Abs. 1 und 14 Abs. 1 GG ist dies ohne weiteres erkennbar. Bei Art. 11 Abs. 1 GG, einem in Ausbildung und Prüfung eher vernachlässigten Grundrecht, sind Mindestkenntnisse zum Schutzbereich vonnöten, um juristisch korrekt argumentieren zu können.

b) Allgemeines Freiheitsgrundrecht (Art. 2 Abs. 1 GG)

Art. 2 Abs. 1 GG wird im Grundrechtstatbestand von der h. M. bekanntlich als »allgemeine Handlungsfreiheit« definiert. Diese – seit Inkrafttreten des Grundgesetzes nie völlig unumstrittene – Auffassung sieht sich neuerdings einer verstärkten Kritik ausgesetzt. Dabei geht es nicht um die – unterdessen überholte und daher in der Fallbearbeitung nicht zu thematisierende – Persönlichkeitskerntheorie, sondern um den Versuch einer stärkeren Konturierung des Grundrechtstatbestandes durch ein engeres Schutzbereichsverständnis, das nur bestimmte Entfaltungen der Persönlichkeit als grundrechtsrelevant ansieht. Die h. M. verdient im Ergebnis den Vorzug. Maßgebend ist, daß die Autonomie des Einzelnen über die freie Selbstentfaltung entscheidet und nicht ein bestimmtes, letztlich von staatlichen Organen zu dekretierendes »richtiges« Freiheitsverständnis. Die Frage muß – unabhängig von dem identischen Ergebnis (Bundesrechtskonformität des Landesgesetzes) – im Gutachten entschieden werden. Folgt man nämlich der engeren Auffassung, ist § 50 Abs. 2 S. 1 LandschaftsG nicht deshalb gültiges Recht, weil der Eingriff in den Schutzbereich des Art. 2 Abs. 1 GG gerechtfertigt ist, sondern weil der Schutzbereich dieses Grundrechts gar nicht beeinträchtigt wird (*Grimm* Sondervotum, BVerfGE 80, 164 [170]).

Zur Frage des Grundrechtseingriffs muß – wenn auch in der gebotenen Kürze – eine Abgrenzung zur Teilhabe an staatlichen Leistungen vorgenommen werden. Für die Bejahung der Eingriffsqualität von § 50 Abs. 2 S. 1 LandschaftsG ist entscheidend, daß eine bislang gesetzlich ermöglichte autonome Persönlichkeitsentfaltung durch Reiten im Wald partiell beseitigt und reglementiert wird.

Bei der Schrankentrias des Art. 2 Abs. 1 GG könnte man auch beim Schutz der »Rechte anderer« ansetzen. Die Lösung folgt der h. M. und begreift die »verfassungsmäßige Ordnung« als allgemeine, mit der Verfassung in Einklang stehende Rechtsordnung, so daß die »Rechte anderer« davon umfaßt sind. Unabhängig von der systematischen Zuordnung des § 50 Abs. 2 S. 1 LandschaftsG auf der Schrankenebene des Art. 2 Abs. 1 GG muß das Landesgesetz mit Bundesrecht vereinbar sein, um als rechtswirksame Grundrechtsbeschränkung fungieren zu können. Die insoweit zunächst zu beantwortende Kompetenzfrage verlangt sattelfeste Kenntnisse zur Abgrenzung der Gesetzgebungsbefugnisse zwischen Bund und Ländern, zu den Arten der Bundeskompetenzen bei der Gesetzgebung sowie zu Inhalt und Rechtswirkungen von Rahmengesetzen des Bundes (Art. 75 GG). Daß es sich bei § 14 BWaldG um eine derartige Rahmenvorschrift handelt, zeigt sowohl die systematische Gesetzesinterpretation (arg. e § 5 BWaldG) als auch die verfassungskonforme Auslegung. Zu § 14 BWaldG (ebenso zu § 27 BNatSchG) werden selbstverständlich keine speziellen Kenntnisse vorausgesetzt; es darf aber erwartet werden, daß die Bearbeiter aufgrund ihrer methodischen Fähigkeiten auch mit einer unbekannten Gesetzesvorschrift (verfassungs)rechtlich zu arbeiten in der Lage sind.

Der Inhalt des Übermaßverbots darf als bekannt vorausgesetzt werden. Um sachliche Fehler zu vermeiden, muß die – zwischen Ziel (Zweck) und Mittel (Maßnahme) differenzierende – zweischichtige Struktur beachtet werden. Sodann geht es, da das Übermaßverbot materielle Vorgaben selbst nicht enthält, immer um den präzisen Fallbezug: (1) Welche Ziele verfolgt das als Grundrechtsschranke fungierende Gesetz und sind diese Ziele verfassungsrechtlich legitim? (2) Welches Mittel wird zur Zielverwirklichung eingesetzt? (a) Sind die zur Verfolgung des Gesetzeszwecks vorgesehenen Maßnahmen geeignet (zwecktauglich)? (b) Sind die Maßnahmen auch

erforderlich oder gibt es gleich geeignete, aber weniger belastende Mittel
(Interventionsminimum)? (c) Ist das zur Zielverwirklichung eingesetzte
Mittel auch verhältnismäßig (zumutbar), d. h. steht das Maß an Grund-
rechtseinbuße in einer angemessenen Relation zum angestrebten Erfolg?
Die rational nachprüfbare, d. h. juristisch fundierte Lösung zu diesen Fragen
gelingt, wenn der notwendige Sachverhaltsbezug hergestellt wird. Dazu
bietet der vorliegende Fall anschauliche Argumentationsmuster.

Das rechtsstaatliche Bestimmtheitsgebot – vom BVerfG in der dem Fall
zugrunde liegenden Entscheidung als Problem des Vorbehalts des Gesetzes
behandelt (E 80, 137 [161 ff.]) – verlangt in der Fallbearbeitung, soweit dazu
nach der Aufgabenstellung (vgl. Sachverhalt) überhaupt etwas zu sagen ist,
zunächst eine Darlegung seines normativen Gehalts. Von daher kann dann
unter Verweis auf unbestimmte Rechtsbegriffe und Verwaltungsermessen
die »Situationsabhängigkeit« der hinreichenden Bestimmtheit einer Gesetzesvorschrift herausgearbeitet werden. Im vorliegenden Fall tritt als
Besonderheit hervor, daß hinter der an sich genau bestimmten Regelung
des § 50 Abs. 2 S. 1 LandschaftsG die mit einem gesetzlichen Konditionalprogramm nicht zu steuernde staatliche Wegeplanung steht. Die hier vorgeschlagene Lösung verweist nicht nur auf die Spezifika behördlicher
Planung, sondern betont daneben auch die verfahrensrechtlichen Sicherun-
gen, die einer eventuell zu befürchtenden behördlichen Beliebigkeit ent-
gegenwirken.

Unproblematisch ist die Abhandlung der Vertrauensschutzthematik. Es
muß herausgestellt werden, daß es hier nicht um die Frage der Rückwirkung eines Gesetzes geht. Dann bereitet die Überlegung keine Mühe, daß es
von Verfassungs wegen grundsätzlich keinen Schutz des Vertrauens in den
Fortbestand einer einmal geschaffenen Gesetzeslage gibt.

c) Allgemeiner Gleichheitssatz (Art. 3 Abs. 1 GG)

Die Lösung der zum allgemeinen Gleichheitssatz aufgeworfenen Frage be-
gnügt sich mit einer kurzen Darstellung. In der Sache ist schon deshalb viel
mehr als eine knappe Skizze nicht veranlaßt, weil die maßgeblichen Sach-
gesichtspunkte bereits im Rahmen der Prüfung des Art. 2 Abs. 1 GG erörtert
worden sind, so daß inhaltlich in konkretisierter Form daran angeknüpft
werden kann. Unter didaktischen Vorzeichen sind breitere Ausführungen
an dieser Stelle ebenfalls nicht veranlaßt, nachdem Art. 3 Abs. 1 GG ausführ-
licher in Fall 1 angesprochen worden ist. Anzumerken bleibt, daß auf der
Ebene der Rechtfertigung auch hier die sog. neue Formel zur Anwendung
gelangt, da es um die Ungleichbehandlung von Personengruppen geht.

3. Rechtsprechungs- und Literaturhinweise
a) Ausgangsfall

Der Fall ist gebildet nach BVerfG, Beschl. v. 6.6.1989 – 1 BvR 921/85 – E 80, 137 – DVBl 1989, 988 = DÖV 1989, 989 = NJW 1989, 2525 = JuS 1990, 317 (*Sachs*); dazu Bespr. *Kunig* Jura 1990, 523.

Neuere landesverfassungsgerichtliche Entscheidungen zur Beschränkung des Reitens im Wald: SächsVerfGH, Entsch. v. 23.1.1997 – Vf. 7-IV-94 – LKV 1997, 251 = *Kunig* JK 98, SächsVerf Art. 15/1 = JuS 1998, 176 (*Sachs*); BayVerfGH, Entsch. v. 30.6.1998 – Vf. 9-VII-94 – NVwZ-RR 1999, 1 = BayVBl 1999, 13.

b) Zum Grundrecht der Freizügigkeit

Aus der Ausbildungsliteratur: *Pieroth* Das Grundrecht der Freizügigkeit (Art. 11 GG), JuS 1985, 81; *Kunig* Das Grundrecht auf Freizügigkeit, Jura 1990, 306.

c) Zum Grundrecht auf freie Entfaltung der Persönlichkeit

Aus der Ausbildungsliteratur: *Schenke* Das Grundrecht des Art. 2 I GG, JuS 1987, L 95 (zum Einstieg für Anfänger); *Erichsen* Das Grundrecht aus Art. 2 Abs. 1 GG, Jura 1987, 367; *Degenhart* Die allgemeine Handlungsfreiheit des Art. 2 I GG, JuS 1990, 161.

Aus der Rechtsprechung:

– grundlegend BVerfGE 6, 32 = NJW 1957, 297 – »Elfes«-Entscheidung; dazu erläuternd *Rossen* JA 1989, U 144.

– BVerfGE 90, 145 = NJW 1994, 1577 = *Kunig* JK 94, GG Art. 2 I/26 = JuS 1994, 1067 (*Sachs*) – kein »Recht auf Rausch«.

– BVerfGE 92, 191 = DVBl 1995, 791 = NJW 1995, 3110 = *Kunig* JK 96, GG Art. 2 I/27 = JuS 1996, 351 (*Sachs*) – Auferlegung einer Geldbuße bei Weigerung der Angabe von Personalien.

d) Zum Übermaßverbot

Aus der Ausbildungsliteratur: *Erichsen* Das Übermaßverbot, Jura 1988, 387; *Kluth* Das Übermaßverbot, JA 1999, 606. – Zum Übermaßverbot im Verwaltungsrecht (insbes. Polizei- und Ordnungsrecht) *Ossenbühl* Der Grundsatz der Verhältnismäßigkeit (Übermaßverbot) in der Rechtsprechung der Verwaltungsgerichte, Jura 1997, 617.

e) Zu den Gesetzgebungskompetenzen

Aus der Ausbildungsliteratur: *Erichsen* Die Verteilung der Gesetzgebungszuständigkeiten nach dem Grundgesetz, Jura 1993, 385; *Sommermann* Die Stärkung der Gesetzgebungskompetenzen der Länder durch die Grundgesetzreform von 1994, Jura 1995, 393; *Kunig* Gesetzgebungsbefugnis von Bund und Ländern – Allgemeine Fragen, Jura 1996, 254.

f) Fallbearbeitungen (mit Schwerpunkt zu Art. 2 Abs. 1 GG)

Schwierigkeitsgrad einer Anfängerübung: *Frotscher/Thormann* Friedhofszwang für Urnen, JuS 1995, L 20. – Mittlerer Schwierigkeitsgrad: *Nolte* Reitverbot im Wald, JA 1991, Ü 53; *Fischer* Fahrverbot und Grundgesetz, JuS 1998, L 77.

Fall 7: Gleichberechtigung bei der Feuerwehr

Sachverhalt

Im ursprünglichen Feuerwehrgesetz (FwG) des Landes L war vorgesehen, daß alle männlichen Gemeindeeinwohner zwischen dem 18. und dem 60. Lebensjahr zu einem »Feuerwehrbeitrag« herangezogen werden konnten. Die entsprechende Vorschrift hatte das BVerfG (E 9, 291) wegen Verstoßes gegen den allgemeinen Gleichheitssatz (Art. 3 Abs. 1 GG) für nichtig erklärt. Maßgebend hierfür war, daß nicht geklärt werden konnte, ob es sich um einen echten »Beitrag« (im abgabenrechtlichen Sinne) oder um ein »Ersatzgeld« (als Ausgleich für einen nicht absolvierten Feuerwehrdienst) oder um eine »allgemeine Personalsteuer« handeln sollte.

Der Landtag von L regelte daraufhin im novellierten Feuerwehrgesetz von 1960 die Feuerwehrdienstpflicht neu und gestaltete den »Feuerwehrbeitrag« zu einer »Feuerwehrabgabe« um. Feuerwehrdienstpflichtig waren nach § 12 Abs. 1 FwG 1960 »alle männlichen Gemeindeeinwohner zwischen dem 18. und dem 50. Lebensjahr, die den gesundheitlichen Anforderungen des Feuerwehrgesetzes gewachsen sind«. Sie wurden nach Bedarf zur Dienstleistung herangezogen; nicht herangezogen wurden Feuerwehrdienstpflichtige, für die der Dienst aus persönlichen oder beruflichen Gründen eine besondere Härte bedeutete. § 38 FwG 1960 ermächtigte die Gemeinden aufgrund einer Satzung zur Erhebung einer – nur für Zwecke der Feuerwehr zu verwendenden – Feuerwehrabgabe und bestimmte in Absatz 2 Satz 1:

> »Abgabepflichtig sind alle Personen, die nach § 12 Abs. 1 feuerwehrdienstpflichtig sind und bei Beginn des Rechnungsjahres in der Gemeinde wohnen.«

In einem Verwaltungsgerichtsverfahren, in dem ein 19jähriger Schüler sich gegen einen gemeindlichen Feuerwehrabgabebescheid wendete, gelangte das VG S zu der Überzeugung, daß es sich bei der »Feuerwehrabgabe« in Wahrheit um eine grundgesetzwidrige »Steuer« handele. Das VG S setzte das bei ihm anhängige Verfahren aus und holte die Entscheidung des BVerfG ein. Dieses entschied (E 13, 167):

> »§ 38 Abs. 2 S. 1 FwG 1960 ist mit dem Grundgesetz vereinbar.«

In den Entscheidungsgründen prüfte das BVerfG die Rechtsnatur der Feuerwehrabgabe, erörterte und bejahte die gleichmäßige Belastung der Dienstpflichtigen untereinander (Art. 3 Abs. 1 GG) und stellte die Verein-

barkeit der Abgabe mit Art. 105 Abs. 2 GG fest. Im übrigen erklärte das
BVerfG, gegen die Feuerwehrdienstpflicht bestünden keine Bedenken aus
Art. 12 Abs. 2 GG; zur Beschränkung der Dienstpflicht auf männliche Ge-
meindeeinwohner nahm das BVerfG nicht Stellung.

Nun steht die – durch Veränderungen im Gefahrenabwehrrecht ver-
anlaßte und insoweit politisch nicht kontroverse – Novellierung des Feuerwehrgesetzes an. Kurze Zeit vor der Verabschiedung der Gesetzesnovelle
wird eine aktuelle Entscheidung des EGMR bekannt, in der dieser feststellt,
die unterschiedliche gesetzliche Behandlung von Männern und Frauen bei
der Dienstpflicht in der Feuerwehr verstoße gegen das Diskriminierungsverbot des Art. 14 EMRK, so daß die nur von Männern erhobene Feuerwehrabgabe konventionswidrig sei. Daraufhin entsteht im Landtag von L
eine heftige Debatte. Regierung und Landtagsmehrheit sind der Auffassung,
daß nach wie vor nur Männer der Feuerwehrdienstpflicht und ggf. der
Feuerwehrabgabe unterliegen sollten. Die Opposition hält dies für eine Diskriminierung der Frauen im Lande. Von den Oppositionsfraktionen wird –
in tatsächlicher Hinsicht korrekt – darauf hingewiesen, daß etwa 50 000
Frauen in ganz Deutschland Mitglieder von Freiwilligen Feuerwehren seien
und daß aufgrund der Technisierung und Auffächerung des Aufgabenkreises der Feuerwehren (neben Brandbekämpfung überwiegender Einsatz
bei Unglücksfällen und technischen Hilfeleistungen) Frauen für den Feuerwehrdienst nicht weniger geeignet seien als Männer. Trotz dieser Argumente setzt die Landtagsmehrheit im neuen Feuerwehrgesetz u. a. folgende
Regelungen durch:

> »§ 11 [**Feuerwehrdienstpflicht**] Feuerwehrdienstpflichtig sind alle männlichen
> Gemeindeeinwohner zwischen dem vollendeten 18. und dem vollendeten 50. Le-
> bensjahr, sofern sie nicht nachweisen, daß sie den gesundheitlichen Anforderun-
> gen des Feuerwehrdienstes nicht gewachsen sind.
>
> § 37 [**Feuerwehrabgabe**] (1) Die Gemeinden können aufgrund einer Satzung
> eine Feuerwehrabgabe als Ausgleich für die Nichtheranziehung erheben. Das
> Aufkommen darf nur für Zwecke der Feuerwehr verwendet werden.
>
> (2) Abgabepflichtig sind alle Personen, die nach § 11 feuerwehrdienstpflichtig
> sind und bei Beginn des Haushaltsjahres in der Gemeinde wohnen.«

Die Landtagsmehrheit begründet die geschlechtsbezogene Differenzierung
bei der Feuerwehrdienstpflicht damit, daß die Ungleichbehandlung wegen
der – im Durchschnitt – schwächeren körperlichen Konstitution von
Frauen sachlich gerechtfertigt sei. Bei Feuerwehreinsätzen träten außergewöhnliche körperliche Belastungen auf, für die Frauen von ihrer körperlichen Konstitution sowie vom Atemvolumen her im Durchschnitt un-

günstiger ausgestattet seien als Männer. Ferner sei das Risiko chemischer oder infektiöser Belastungen für Frauen während der Schwangerschaft zu berücksichtigen. Im übrigen habe im Land L – was den Fakten entspricht – eine gesetzliche Feuerwehrdienstpflicht für weibliche Gemeindeeinwohner nie bestanden, so daß die Begrenzung jener Pflicht auf männliche Gemeindeeinwohner schon verfassungsrechtlich geboten sei. Nichts anderes könne dann für die Feuerwehrabgabe aufgrund deren untrennbarer Verknüpfung mit der gesetzlichen Feuerwehrdienstpflicht gelten. Und schließlich sei es hinzunehmen, wenn Frauen in unserer Gesellschaft gegenüber Männern auch einmal bevorzugt würden.

Nach ordnungsgemäßem Verfahren tritt das Gesetz in Kraft. Einwohner E der Gemeinde G wird aufgrund der entsprechenden Gemeindesatzung durch Bescheid zur Feuerwehrabgabe herangezogen. E möchte nicht zahlen und geht im Rechtsweg gegen den Bescheid vor. Das verwaltungsgerichtliche Verfahren ist mittlerweile aufgrund der Revision von E beim BVerwG anhängig. E hält §§ 11, 37 Abs. 2 FwG für grundgesetzwidrig; die Feuerwehrdienstpflicht und demzufolge auch die daran anknüpfende Feuerwehrabgabepflicht sei eine nach dem Grundgesetz unzulässige Diskriminierung von Männern.

1. Trifft diese Auffassung zu? (Fragen zum Thema »Sonderabgaben« sowie europarechtliche Fragestellungen sind nicht zu erörtern.)
2. Wie könnte das BVerwG eine verbindliche Klärung der verfassungsrechtlichen Fragen herbeiführen, falls es der Argumentation von E folgen sollte?

Vermerk: Aus der Entstehungsgeschichte des Art. 12 Abs. 2 und 3 GG ergibt sich, daß der Verfassungsgeber Dienstverpflichtungen Einzelner, wie sie in der NS-Zeit bestanden haben (etwa zum Arbeitsdienst), ausschließen wollte.

Lösung
1. Frage: Verfassungsmäßigkeit der §§ 11, 37 Abs. 2 FwG

E sieht in der Feuerwehrdienstpflicht (§ 11 FwG) und in der Feuerwehrabgabepflicht (§ 37 Abs. 2 FwG) eine nach dem Grundgesetz unzulässige Diskriminierung von Männern. Diese Auffassung ist zutreffend, wenn zwischen Frauen und Männern entgegen Art. 3 GG eine gesetzliche Ungleichbehandlung vorgenommen wird, die verfassungsrechtlich nicht gerechtfertigt ist.

I. Ungleichbehandlung von Männern und Frauen

Eine verfassungsrechtlich relevante Ungleichbehandlung liegt vor, wenn wesentlich Gleiches ungleich behandelt wird. Das ist der Fall, wenn eine Personengruppe rechtlich anders behandelt wird als eine vergleichbare andere Personengruppe[1]. E macht eine Diskriminierung wegen seines Geschlechts geltend. Eine Benachteiligung wegen des Geschlechts liegt vor, wenn eine rechtliche Ungleichbehandlung – unabhängig von den Motiven und Zielen der Regelung – an das Geschlecht anknüpft[2]. Im vorliegenden Fall unterscheiden §§ 11, 37 Abs. 2 FwG hinsichtlich der *Gemeindeein-wohner* danach, daß nur *männliche* Personen der Feuerwehrdienstpflicht bzw. der Feuerwehrabgabepflicht unterworfen werden, nicht hingegen *weibliche* Personen. Darin liegt eine rechtliche Ungleichbehandlung.

Diese Ungleichbehandlung ist auch durch dieselbe Rechtsetzungsgewalt, den Gesetzgeber des Landes L, erfolgt. Die Bindung der Gesetzgebung an die verfassungsrechtlichen Gleichbehandlungsgebote folgt unmißverständlich aus Art. 1 Abs. 3 GG[3]. Die durch §§ 11, 37 Abs. 2 FwG normierte Ungleichbehandlung von männlichen und weiblichen Gemeindeeinwohnern ist infolgedessen rechtfertigungsbedürftig.

II. Verfassungsrechtliche Rechtfertigung der Ungleichbehandlung

Fraglich ist, ob die gesetzliche Ungleichbehandlung männlicher und weiblicher Gemeindeeinwohner bezüglich der Feuerwehrdienst- und -abgabepflicht verfassungsrechtlich gerechtfertigt ist. In formeller Hinsicht bestehen gegenüber §§ 11, 37 Abs. 2 FwG keine Bedenken; mangels einer Bundeskompetenz (Art. 73 ff. GG) zum Feuerwehrwesen hatte das Land L die Gesetzgebungsbefugnis (Art. 70 Abs. 1 GG), und daß das Gesetzgebungsverfahren ordnungsgemäß gewesen ist, ergibt sich aus dem Sachverhalt. Zweifelhaft ist jedoch die materielle Verfassungsmäßigkeit der §§ 11, 37 Abs. 2 FwG. Diese gesetzlichen Bestimmungen könnten mit Art. 3 Abs. 2 S. 1 GG oder mit Art. 3 Abs. 3 S. 1 GG, die als spezielle Gleichheitssätze besondere Rechtfertigungsanforderungen statuieren[4], unvereinbar sein. Dabei besteht ein untrennbarer Zusammenhang zwischen der

---

1 *Pieroth/Schlink* Grundrechte, Rn 433, 435.
2 BVerfGE 85, 191 (206); 89, 276 (288); *Jarass* in: ders/Pieroth, GG, Art 3 Rn 53 f; *Ebsen* in: HdbVerfR, § 8 Rn 19.
3 *Hesse* Grundzüge des Verfassungsrechts, Rn 431.
4 *Pieroth/Schlink* Grundrechte, Rn 501.

Feuerwehrdienstpflicht und der Feuerwehrabgabepflicht[5]. Die Verfassungsmäßigkeit der Feuerwehrabgabe hängt von der Verfassungsmäßigkeit der Feuerwehrdienstpflicht ab[6].

1. Anforderungen aus speziellem Gleichheitssatz
a) Prüfungsmaßstab für die Unterscheidung nach dem Geschlecht

Fraglich ist, ob die durch §§ 11, 37 Abs. 2 FwG vorgenommene Ungleichbehandlung zwischen männlichen und weiblichen Gemeindeeinwohnern am Maßstab des Art. 3 Abs. 2 S. 1 GG oder des Art. 3 Abs. 3 S. 1 GG auf ihre Verfassungsmäßigkeit hin zu beurteilen ist. Art. 3 Abs. 2 S. 1 GG gebietet die Gleichberechtigung von Mann und Frau. Art. 3 Abs. 3 S. 1 GG normiert Diskriminierungsverbote anhand bestimmter, verfassungsrechtlich unzulässiger Differenzierungskriterien; dazu gehören auch Unterscheidungen nach dem Geschlecht.

aa) Differenzierungsverbot wegen des Geschlechts (Art. 3 Abs. 3 S. 1 GG)

Nach Art. 3 Abs. 3 S. 1 GG darf niemand wegen seines Geschlechts benachteiligt oder bevorzugt werden. Dieses verfassungsrechtliche Differenzierungsverbot könnte als Prüfungsmaßstab anwendbar sein, wenn eine gesetzliche Regelung – wie §§ 11, 37 Abs. 2 FwG – Differenzierungen vornimmt, die an das Geschlecht anknüpfen[7]. Art. 3 Abs. 2 S. 1 GG enthielte daneben keine weitergehenden oder speziellen Anforderungen. Vielmehr bestünde der über das Diskriminierungsverbot des Art. 3 Abs. 3 S. 1 GG hinausreichende Regelungsgehalt des Art. 3 Abs. 2 S. 1 GG darin, daß er nur ein Gleichberechtigungsgebot normierte und dieses – wie in Art. 3 Abs. 2 S. 2 GG klargestellt wird – auch auf die gesellschaftliche Wirklichkeit erstreckte. Art. 3 Abs. 2 GG zielte demnach nicht auf die Beseitigung von Rechtsnormen, die Vor- oder Nachteile an Geschlechtsmerkmale anknüpfen, sondern diente für die Zukunft der Durchsetzung der Gleichberechtigung der Geschlechter durch Angleichung der Lebensverhältnisse[8].

Hier geht es nicht um eine *tatsächliche* Angleichung der Lebensverhältnisse von Männern und Frauen, sondern um die Frage des Fortbestehens

5 VGH BW, VBlBW 1983, 41.

6 *Rozek* BayVBl 1993, 646 (652).

7 BVerfGE 92, 91 (109).

8 BVerfGE 85, 191 (207); 89, 276 (285); *Ebsen* in: HdbVerfR, § 8 Rn 17, 30; *Hesse* Grundzüge des Verfassungsrechts, Rn 436; *Katz* Staatsrecht, Rn 706.

oder der Beseitigung von *Rechtsnormen* (§§ 11, 37 Abs. 2 FwG), die an das Geschlecht anknüpfen und für Männer und Frauen unterschiedliche Regelungen treffen. Demnach wäre Art. 3 Abs. 3 S. 1 GG alleiniger Prüfungsmaßstab für die Beurteilung der in §§ 11, 37 Abs. 2 FwG getroffenen Differenzierung.

bb) Gebot der Gleichberechtigung von Mann und Frau (Art. 3 Abs. 2 S. 1 GG)

Es ist indes zweifelhaft, ob die *rechtliche* Gleichstellung von Mann und Frau ausschließlich nach Art. 3 Abs. 3 S. 1 GG und nicht – auch – nach Art. 3 Abs. 2 S. 1 GG zu beurteilen ist. Gegen die Annahme, Art. 3 Abs. 2 S. 2 GG nehme nur eine Klarstellung bezüglich der faktischen Gleichberechtigung von Frauen und Männern vor, spricht bereits, daß es sich bei dieser Norm um eine Staatszielbestimmung handelt[9], während Art. 3 Abs. 2 S. 1 GG ein »echtes« Grundrecht darstellt[10]. Ferner zeigt die systematische Verfassungsinterpretation, daß auch die an das Geschlecht anknüpfende *rechtliche* Unterscheidung durch gesetzliche Regelungen nach Art. 3 Abs. 2 S. 1 GG zu beurteilen ist. Art. 117 Abs. 1 GG, der nur Abs. 2 (und nicht auch Abs. 3) von Art. 3 GG erwähnt, belegt, daß auch die *rechtliche* Gleichbehandlung von Männern und Frauen Art. 3 Abs. 2 S. 1 GG zuzuordnen sein muß[11]. Daraus könnte sogar zu folgern sein, daß in Art. 3 GG Abs. 2 gegenüber Abs. 3 – soweit es um das Merkmal »Geschlecht« geht – speziell und damit vorrangig anwendbar ist[12].

Danach wäre die verfassungsrechtliche Zulässigkeit der durch §§ 11, 37 Abs. 2 FwG getroffenen Regelung am Maßstab des Art. 3 Abs. 2 S. 1 GG zu prüfen. Die gesetzlichen Bestimmungen müßten dem Verfassungsgebot der Gleichberechtigung von Männern und Frauen entsprechen.

cc) Gleichberechtigung der Geschlechter als Differenzierungsverbot

Der Meinungsstreit um die Anwendbarkeit von Art. 3 Abs. 2 S. 1 GG oder von Art. 3 Abs. 3 S. 1 GG auf Gesetzesvorschriften, die an das Geschlecht anknüpfende differenzierende Regelungen treffen, kann unentschieden

9　*Maunz/Zippelius* Staatsrecht, 220; *Bergmann* in: Seifert/Hömig, GG, Art 3 Rn 1, 15; *Osterloh* in: Sachs, GG, Art 3 Rn 232, 262; *Kannengießer* in: Schmidt-Bleibtreu/Klein, GG, Art 3 Rn 39a; *Scholz* in: Maunz/Dürig, GG, Art 3 Abs 2 Rn 60.
10　*Di Fabio* AöR 122 (1997) 404 (410); *Bergmann* in: Seifert/Hömig, GG, Art 3 Rn 10.
11　*J. Ipsen* Staatsrecht II, Rn 789.
12　*Starck* in: von Mangoldt/Klein/Starck, GG, Bd 1, Art 3 Rn 280.

bleiben, wenn die beiden als Prüfungsmaßstab in Betracht kommenden Verfassungsbestimmungen *insoweit* einen identischen normativen Gehalt aufweisen, als es um die Verfassungsmäßigkeit der gesetzlichen Differenzierung geht. Art. 3 Abs. 2 S. 1 GG *gebietet* die Gleichberechtigung von Männern und Frauen und enthält damit zugleich das Verbot, daß der Geschlechtsunterschied als beachtlicher Grund für eine Ungleichbehandlung im Recht herangezogen wird[13]. Art. 3 Abs. 3 S. 1 GG statuiert konkrete Diskriminierungsverbote, *verbietet* also, daß das Geschlecht als Anknüpfungspunkt für differenzierende Regelungen fungiert[14]. Demnach normiert Art. 3 Abs. 2 S. 1 GG mit positiver Formulierung die Gleichberechtigung der Geschlechter, während in Art. 3 Abs. 3 S. 1 GG dieselbe Regelung mit negativer sprachlicher Wendung wiederholt wird[15].

Im vorliegenden Zusammenhang zeigt sich somit im Ergebnis, daß Gebotsnorm (Art. 3 Abs. 2 S. 1 GG) und Verbotsnorm (Art. 3 Abs. 3 S. 1 GG) denselben rechtlichen Gehalt aufweisen[16]. Beide Verfassungsbestimmungen untersagen gesetzliche Regelungen, die an das Geschlecht anknüpfen und danach rechtlich verbindliche Unterscheidungen treffen[17]. Der Meinungsstreit um den anwendbaren verfassungsrechtlichen Prüfungsmaßstab bei gesetzlichen Differenzierungen nach dem Geschlecht kann in der Tat unentschieden bleiben. §§ 11, 37 Abs. 2 FwG müssen, um verfassungsrechtlich Bestand haben zu können, dem Gebot der Gleichberechtigung der Geschlechter und dem damit verbundenen Differenzierungsverbot nach Geschlechtern entsprechen.

b) Geschlechtsspezifisches Differenzierungsverbot

Zweifel an der Vereinbarkeit der §§ 11, 37 Abs. 2 FwG mit Art. 3 Abs. 2 S. 1, Abs. 3 S. 1 GG bestehen deshalb, weil die Verfassungsbestimmungen nach dem Geschlecht differenzierende Regelungen strikt untersagen könnten, während die feuerwehrgesetzlichen Vorschriften im Gegensatz dazu bezüglich der Feuerwehrdienstpflicht und der Feuerwehrabgabepflicht gerade nach Männern und Frauen unterscheiden. Hinsichtlich der Gleichberechti-

---

13 BVerfGE 84, 9 (17).

14 BVerfGE 97, 186 (197).

15 *Starck* in: von Mangoldt/Klein/Starck, GG, Bd 1, Art 3 Rn 280; *Dürig* in: Maunz/Dürig, Art 3 III Rn 4.

16 *Pieroth/Schlink* Grundrechte, Rn 446; *Stein* Staatsrecht, 404; *Heun* in: Dreier, GG, Bd I, Art 3 Rn 112; *Gubelt* in: von Münch/Kunig, GG, Bd 1, Art 3 Rn 95.

17 *Sachs* in: HStR V, § 126 Rn 79; *Jarass* in: ders/Pieroth, GG, Art 3 Rn 49; *Starck* in: von Mangoldt/Klein/Starck, GG, Art 3 Rn 280.

gung von Männern und Frauen könnten Art. 3 Abs. 2 S. 1 und Abs. 3 S. 1
GG ein *absolutes Differenzierungsverbot* statuieren[18], so daß jede gesetzliche
Mißachtung dieses Verbots ohne weiteres zur Verfassungswidrigkeit der
betreffenden Gesetzesvorschriften führte.

aa) Gleichberechtigung als sog. absolutes Differenzierungs-verbot

Seinem strikten Wortlaut nach verbietet Art. 3 Abs. 2 S. 1 GG, daß der Geschlechtsunterschied als beachtlicher Anknüpfungspunkt für eine Ungleichbehandlung von Männern und Frauen im Recht herangezogen wird[19]. Und
indem Art. 3 Abs. 3 S. 1 GG Benachteiligungen wegen des Geschlechts
untersagt, darf auch nach dieser Verfassungsbestimmung das Geschlecht
nicht zum Anknüpfungspunkt für eine rechtliche Ungleichbehandlung von
Männern und Frauen gemacht werden[20]. Danach ist der Unterschied von
Mann und Frau für gesetzliche Differenzierungen kein verfassungslegitimer
Zweck, so daß das Geschlecht als rechtfertigendes Kriterium für gesetzliche
Ungleichbehandlungen nicht in Betracht kommt[21].

Fraglich ist allerdings, ob gem. Art. 3 Abs. 2 S. 1, Abs. 3 S. 1 GG wirklich
in *strikter Absolutheit* jede nach dem Geschlecht differenzierende Regelung
unzulässig ist oder ob es sich dabei lediglich um einen Grundsatz handelt,
der *ausnahmsweise* eine verfassungsrechtliche Rechtfertigung von Ungleichbehandlungen wegen des Geschlechts zuläßt. Gegen die Annahme einer
ausnahmslosen, formalen Regel, die das Differenzierungsverbot darstellen
könnte, sprechen schon die *verfassungsimmanenten Durchbrechungen* zur
Wehrpflicht (Art. 12a Abs. 1 GG) und zum Dienst mit der Waffe (Art. 12a
Abs. 4 S. 2 GG). Ferner gibt es Sachverhalte, die nur von *einem* Geschlecht
verwirklicht werden können (Schwangerschaft, Geburt, Mutterschaft), so
daß hieran ansetzende Differenzierungen erlaubt sind[22]. Schließlich könnten auch Regelungen zulässig sein, die im Hinblick auf objektive *biologische*

---

18   *Parodi* DÖV 1984, 799 (801); *Gubelt* in: von Münch/Kunig, GG, Bd 1, Art 3
Rn 86; *Heun* in: Dreier, GG, Bd I, Art 3 Rn 95.
19   BVerfGE 84, 9 (17); *Bergmann* in: Seifert/Hömig, GG, Art 3 Rn 10; *Gubelt* in:
von Münch/Kunig, GG, Bd 1, Art 3 Rn 86.
20   BVerfGE 97, 35 (43); 97, 186 (197); *Rozek* BayVBl 1993, 646 (648); *J. Ipsen*
Staatsrecht II, Rn 777.
21   *Pieroth/Schlink* Grundrechte, Rn 447 f.
22   BVerfGE 37, 217 (249 f); *Parodi* DÖV 1984, 799 (801); *Heun* in: Dreier, GG,
Bd I, Art 3 Rn 98; *Osterloh* in: Sachs, GG, Art 3 Rn 275; *Starck* in: von Mangoldt/
Klein/Starck, GG, Bd 1, Art 3 Rn 296; *Dürig* in: Maunz/Dürig, GG, Art 3 II Rn 13.

oder *funktionale* (d. h. arbeitsteilige) Unterschiede nach der Natur des jeweiligen Lebensverhältnisses zwischen Männern und Frauen differenzieren[23].

Gegen die Rechtfertigung geschlechtsspezifischer Ungleichbehandlungen anhand sog. *funktionaler* Unterschiede spricht allerdings, daß diese dem tradierten Rollenverständnis von Mann und Frau entspringen[24], dessen Festschreibung Art. 3 Abs. 2 und Abs. 3 GG gerade verbieten[25]. Daher reicht ein *sozialer Befund* zur Rechtfertigung einer geschlechtsbezogenen Ungleichbehandlung nicht aus[26]. Vielmehr sind an das Geschlecht anknüpfende differenzierende Regelungen verfassungsrechtlich nur zulässig, soweit sie zur Lösung von Problemen, die *ihrer Natur nach* nur entweder bei Männern oder bei Frauen auftreten können, *zwingend erforderlich sind*[27].

bb) Anforderungen »biologischer Unterschiede« zur Rechtfertigung der §§ 11, 37 Abs. 2 FwG

§§ 11, 37 Abs. 2 FwG nehmen eine geschlechtsspezifische Differenzierung vor. Eine *ausdrückliche* verfassungsrechtliche Rechtfertigung hierfür besteht nicht; Art. 12a GG erfaßt die Feuerwehrdienstpflicht (und die daran anschließende Feuerwehrabgabepflicht) nicht. Der Dienst in der Feuerwehr und die Leistung der Feuerwehrabgabe stellen auch keine Sachverhalte dar, die nur von einem Geschlecht verwirklicht werden können. Infolgedessen könnten §§ 11, 37 Abs. 2 FwG verfassungsrechtlich nur gerechtfertigt sein, wenn diese differenzierenden Regelungen zur Lösung von Problemen, die ihrer Natur nach nur bei einem Geschlecht auftreten können, zwingend erforderlich wären. Das ist nur dann der Fall, wenn die gesetzliche Ungleichbehandlung ausschließlich auf biologische Unterschiede zwischen Mann und Frau zurückgeht und bejahendenfalls einer strengen Verhältnismäßigkeitsprüfung standhält[28].

---

23 BVerfGE 48, 327 (337); 52, 369 (374); 63, 181 (194); 84, 9 (17); VGH BW, VBlBW 1983, 41 (42); *Katz* Staatsrecht, Rn 706.
24 *Rozek* BayVBl 1993, 646 (649); *Gubelt* in: von Münch/Kunig, GG, Bd 1, Art 3 Rn 90.
25 *Jarass* in: ders/Pieroth, GG, Art 3 Rn 57; *Starck* in: von Mangoldt/Klein/Starck, GG, Bd 1, Art 3 Rn 301; *Dürig* in: Maunz/Dürig, GG, Art 3 II Rn 18.
26 BVerfGE 85, 191 (209); *Ebsen* in: HdbVerfR, § 8 Rn 27; *Sachs* in: HStR V, § 126 Rn 86; *Osterloh* in: Sachs, GG, Art 3 Rn 273.
27 BVerfGE 85, 191 (207); 92, 91 (109).
28 *Rozek* BayVBl 1993, 646 (649); *Jarass* in: ders/Pieroth, GG, Art 3 Rn 57; *Osterloh* in: Sachs, GG, Art 3 Rn 274.

(1) Körperliche Konstitution und Feuerwehrdienst

Die gesetzliche Beschränkung der Feuerwehrdienstpflicht auf männliche Gemeindeeinwohner könnte dadurch gerechtfertigt sein, daß die mit dem Dienst in der Feuerwehr verbundenen Belastungen nur von Männern erbracht werden können. Im Brandfall kann ein außergewöhnlicher körperlicher Einsatz notwendig werden, so daß es auf eine entsprechende *körperliche Konstitution* ankommen könnte. Deshalb könnte es bei natürlicher Betrachtungsweise sachgerecht sein, die Feuerwehrdienstpflicht auf Männer zu begrenzen[29].

Eine derartige »natürliche Betrachtungsweise« ist allerdings von vornherein insoweit verfassungsrechtlichen Bedenken ausgesetzt, als sie neben biologischen Unterschieden zwischen den Geschlechtern auch sog. funktionale Unterschiede beinhaltet. Dieses Differenzierungskriterium ist jedoch verfassungsrechtlich unzulässig[30]. Soweit allein die körperliche Konstitution, also ein objektives biologisches Merkmal, zum Anknüpfungspunkt für die Ungleichbehandlung von Männern und Frauen genommen wird, genügt für die verfassungsrechtliche Rechtfertigung nicht bereits die Bejahung einer »Sachgerechtigkeit«; vielmehr müßte die differenzierende Regelung zur Lösung der Problemlage »zwingend erforderlich« sein[31].

Diese strengen Voraussetzungen können bei der Feuerwehrdienstpflicht nicht bejaht werden. Aufgrund der zunehmenden Technisierung der Feuerwehr und vor allem angesichts der Ausweitung des Aufgabenkreises der Feuerwehr – mit einem überwiegenden Einsatz bei Unglücksfällen und technischen Hilfeleistungen – kommt dem Aspekt der körperlichen Kraftentfaltung heutzutage keine ausschlaggebende Bedeutung mehr zu, um von ausschließlich durch Männer erfüllbaren Anforderungen beim Feuerwehrdienst sprechen zu können[32]. Gegen die Annahme, daß Frauen für den Feuerwehrdienst wegen ihrer körperlichen Konstitution nicht geeignet seien, spricht im übrigen, daß Frauen in einer nicht unbeträchtlichen Größenordnung – nämlich etwa 50000 in ganz Deutschland – in Freiwilligen Feuerwehren tätig sind[33]. Der Sachverhalt enthält keinen Anhaltspunkt dafür, daß es bei der Erledigung des Feuerwehrdienstes durch Frauen Pro-

---

29 BayVGH, BayVBl 1979, 269 (272); VGH BW, VBlBW 1983, 41 (42) und VBlBW 1986, 421 (422).
30 Vgl Nachw o Fn 24 bis 26.
31 *Rozek* BayVBl 1993, 646 (649).
32 BVerfGE 92, 91 (110); *Parodi* DÖV 1984, 799 (802); *Rozek* BayVBl 1993, 646 (650).
33 BVerfGE 92, 91 (110 f); VG Regensburg, NVwZ 1994, 820 = BayVBl 1994, 316.

bleme gibt, die auf eine nicht ordnungsgemäße Aufgabenwahrnehmung hindeuten könnten.

(2) Typisierungsfeindlichkeit des Differenzierungsverbots

Die gesetzliche Beschränkung der Feuerwehrdienstpflicht auf männliche Gemeindeeinwohner könnte jedoch verfassungsrechtlich deshalb gerechtfertigt sein, weil allein Männer von ihren körperlichen Voraussetzungen her geeignet sind, *alle* mit der Feuerwehrdienstpflicht verbundenen Aufgaben wahrzunehmen[34]. Infolgedessen könnte es dem Gesetzgeber erlaubt sein, anknüpfend an einen biologischen Unterschied zwischen Mann und Frau – nämlich die spezifische körperliche Konstitution – bei der abstrakt-generellen Rechtsetzung von *sachlichen* Differenzierungen abzusehen und nur Männer der Feuerwehrdienstpflicht zu unterwerfen.

Bei Feuerwehreinsätzen können in der Tat körperliche Belastungen auftreten (z. B. durch Rauch, Hitze, Gewicht der Ausrüstung, Hebetätigkeiten), denen viele Frauen wegen ihrer im Vergleich zu Männern geringeren körperlichen Leistungsfähigkeit (wegen eines schwächeren Körpergerüsts und einer geringeren Muskelmasse) weniger gewachsen sind. Hierin kann eine geschlechtsbezogene Besonderheit gesehen werden, die die Annahme rechtfertigt, daß bestimmte mit dem Feuerwehrdienst verbundene gesundheitliche Gefährdungen bei Frauen aufgrund ihrer körperlichen Konstitution im allgemeinen höher zu veranschlagen sind als bei Männern[35]. Fraglich ist jedoch, ob dieser Umstand den Gesetzgeber zu der *pauschalen* Annahme einer Ungeeignetheit von Frauen für den Feuerwehrdienst berechtigt und deshalb den *generellen* Ausschluß der Frauen von der Feuerwehrdienstpflicht erlaubt.

Voraussetzung hierfür wäre eine entsprechende *Typisierungsbefugnis* des Gesetzgebers. Diese ist beim allgemeinen Gleichheitssatz (Art. 3 Abs. 1 GG) verfassungsrechtlich im Grundsatz nicht problematisch[36]. Demgegenüber ziehen Art. 3 Abs. 2 S. 1 und Abs. 3 S. 1 GG dem Gesetzgeber bezüglich seiner Gestaltungskompetenz enge Grenzen; eine Typisierung, die die Trennlinie zwischen Mann und Frau verlaufen läßt, ist gerade eine grundsätzlich verbotene Differenzierung wegen des Geschlechts[37]. Infolgedessen steht die

---

34 BVerwG, NVwZ 1995, 390 (391) = BayVBl 1994, 315.
35 BVerfGE 92, 91 (110).
36 BVerfGE 84, 348 (359 f); *Jarass* in: ders/Pieroth, GG, Art 3 Rn 21; *Bergmann* in: Seifert/Hömig, GG, Art 3 Rn 6; *Osterloh* in: Sachs, GG, Art 3 Rn 104 ff; *Starck* in: von Mangoldt/Klein/Starck, GG, Bd 1, Art 3 Rn 23.
37 BVerfGE 85, 191 (206); *Rozek* BayVBl 1993, 646 (649); *Bausback* BayVBl 1995, 737 (741); *Jarass* in: ders/Pieroth, GG, Art 3 Rn 58.

Typisierungsfeindlichkeit von Art. 3 Abs. 2 S. 1, Abs. 3 S. 1 GG der in §§ 11, 37 Abs. 2 FwG getroffenen geschlechtsspezifischen Differenzierung entgegen. Der *generelle* Ausschluß der Frauen von der Feuerwehrdienstpflicht ist von daher verfassungsrechtlich nicht gerechtfertigt. Etwaigen Eignungsmängeln bei Frauen muß – wie dies entsprechend auch bei Männern geschieht (vgl. § 11 FwG) – durch eine auf die *individuelle* Konstitution der einzelnen Frau abstellende Tauglichkeitsuntersuchung Rechnung getragen werden[38].

Fraglich könnte allenfalls noch sein, ob die typisierende geschlechtsbezogene Differenzierung bei der Feuerwehrdienstpflicht wegen des Risikos chemischer oder infektiöser Belastungen speziell für Frauen zwischen dem Beginn einer Schwangerschaft und ihrer Feststellung gerechtfertigt ist[39]. Voraussetzung hierfür wäre jedoch, daß aufgrund dieses biologisch bedingten Umstands der *generelle Ausschluß* der Frauen »zwingend erforderlich« ist. Das ist nicht der Fall. Gefährdungen während der Schwangerschaft kann *gesetzlich* durch entsprechende Ausnahme- oder Befreiungsregelungen hinreichend Rechnung getragen werden[40]. Und die seltenen Fallgestaltungen, in denen eine zum Feuerwehreinsatz kommende Frau noch keine Kenntnis über den Eintritt ihrer Schwangerschaft haben sollte, rechtfertigen ebenfalls nicht den generellen Ausschluß der Frauen vom Feuerwehrdienst, zumal ein Feuerwehreinsatz nicht notwendigerweise mit gesundheitlichen Gefährdungen verbunden ist. Die pauschale Annahme einer fehlenden Eignung von Frauen für den Feuerwehrdienst ist also nicht gerechtfertigt.

Zwischenergebnis: Es sind keine rechtfertigenden Gründe vorhanden, die eine Beschränkung der Feuerwehrdienstpflicht auf Männer zwingend erforderlich machen, um Probleme zu lösen, die ihrer Natur nach nur bei einem Geschlecht auftreten. Infolgedessen ist es auch nicht zwingend erforderlich, die Entrichtung der Feuerwehrabgabe auf die männlichen Gemeindeeinwohner zu begrenzen.

2. Kollidierendes Verfassungsrecht

Die nach Art. 3 Abs. 2 S. 1, Abs. 3 S. 1 GG nicht gerechtfertigten Regelungen der §§ 11, 37 Abs. 2 FwG könnten indes durch *kollidierendes Verfassungsrecht* legitimiert sein. Nach dem Prinzip der Einheit der Verfassungsrechts-

---

38 BVerfGE 92, 91 (110); VG Regensburg, NVwZ 1994, 820 = BayVBl 1994, 316; *Parodi* DÖV 1984, 799 (802); *Rozek* BayVBl 1993, 646 (650).
39 *Di Fabio* AöR 122 (1997) 404 (413).
40 BVerfGE 92, 91 (110).

ordnung[41] sind Rechtssätze mit Verfassungsrang in der Lage, als »verfassungsimmanente Schranken« sog. absoluten Diskriminierungsverboten Grenzen zu setzen[42]. Mit Art. 3 Abs. 2 S. 1, Abs. 3 S. 1 GG kollidierende Verfassungsnormen könnten demnach eine zwischen Männern und Frauen differenzierende gesetzliche Regelung rechtfertigen[43]. Derartiges kollidierendes Verfassungsrecht könnte sich hier aus Art. 12 Abs. 2 GG sowie aus Art. 3 Abs. 2 S. 2 GG ergeben.

a) Feuerwehrdienst als herkömmliche öffentliche Dienstleistungspflicht für Männer (Art. 12 Abs. 2 GG)

Nach Art. 12 Abs. 2 GG darf niemand zu einer bestimmten Arbeit gezwungen werden, außer im Rahmen einer herkömmlichen allgemeinen, für alle gleichen öffentlichen Dienstleistungspflicht. Unter den Erlaubnistatbestand könnte die Feuerwehrdienstpflicht für Männer als überkommene, der Erfüllung von Gemeinschaftsaufgaben durch zeitweilige Heranziehung zu Naturalleistungen dienende Pflicht gehören[44]. Danach könnte Art. 12 Abs. 2 GG so zu deuten sein, daß der Gesetzgeber bei einer Regelung der Feuerwehrdienstpflicht gehalten ist, diese »herkömmliche« Pflicht auf Männer zu beschränken. Dann hätte der Gesetzgeber nicht nur das Recht, sondern sogar die Pflicht, beim Feuerwehrdienst zwischen Männern und Frauen zu differenzieren. Sollte dies der Fall sein, wäre die durch §§ 11, 37 Abs. 2 FwG geschaffene Ungleichbehandlung von Männern und Frauen verfassungsrechtlich gerechtfertigt.

Tatbestandlich wird die Feuerwehrdienstpflicht von Art. 12 Abs. 2 GG, der vor dem Zwang zur Erbringung bestimmter einzelner Arbeitsleistungen schützt (»Freiheit von Arbeitszwang«), erfaßt[45]. Beeinträchtigungen des Schutzbereichs stellen sowohl eine gesetzliche Verpflichtung zur persönlichen Dienstleistung als auch der mit der Auferlegung einer Abgabe verbundene mittelbare Zwang dar[46]. Infolgedessen greifen sowohl die Feuerwehrdienstpflicht (§ 11 FwG) als auch die damit verbundene Feuerwehrabgabepflicht (§ 37 Abs. 2 FwG) in den Schutzbereich des Art. 12 Abs. 2

---

41 *Hesse* Grundzüge des Verfassungsrechts, Rn 71.
42 *Ebsen* in: HdbVerfR, § 8 Rn 23.
43 BVerfGE 92, 91 (111); *Parodi* DÖV 1984, 799 (801); *Rozek* BayVBl 1993, 646 (649); *Ebsen* in: HdbVerfR § 8 Rn 25; *Jarass* in: ders/Pieroth, GG, Art 3 Rn 61; *Bergmann* in: Seifert/Hömig, GG, Art 3 Rn 11.
44 BVerfGE 22, 380 (383); 74, 102 (118).
45 *Gusy* JuS 1989, 710 (712 f); *Wieland* in: Dreier, GG, Bd I, Art 12 Rn 62.
46 *Hömig* in: Seifert/Hömig, GG, Art 12 Rn 19; *Jarass* in: ders/Pieroth, GG, Art 12 Rn 57; *Manssen* in: von Mangoldt/Klein/Starck, GG, Bd 1, Art 12 Rn 295 f.

GG ein. Diese Beeinträchtigung der Freiheit von Arbeitszwang wäre gerechtfertigt, wenn sich die gesetzlichen Bestimmungen im Rahmen der für Art. 12 Abs. 2 GG geltenden Schrankenregelung hielten. Dann müßte es sich bei der Feuerwehrdienstpflicht zunächst um eine *öffentliche Dienstleistungspflicht* handeln. Hierzu rechnen alle Tätigkeiten, die zum Nutzen der Allgemeinheit erbracht werden und nicht eine Geld- oder Sachleistung darstellen[47]. Diese Voraussetzung trifft auf die Feuerwehrdienstpflicht zu. Sie gehört daher zu den nach Art. 12 Abs. 2 GG zulässigen öffentlichen Dienstleistungspflichten[48].

Ferner müßte es sich bei der Feuerwehrdienstpflicht um eine *herkömmliche* öffentliche Dienstleistungspflicht handeln. Herkömmlich ist eine solche Pflicht, wenn sie – ungeachtet des Wandels ihrer Einzelinhalte – seit langer Zeit besteht und als traditioneller Bestandteil der Pflichtenordnung anerkannt ist[49]. Dazu rechnet die Feuerwehrdienstpflicht. Sie gehört in Deutschland zu den traditionellen Pflichten des Bürgers[50]. Im Land L war diese Pflicht zudem seit jeher auf männliche Gemeindeeinwohner beschränkt. Das aber könnte bedeuten, daß der Landesgesetzgeber nach Art. 12 Abs. 2 GG sogar verfassungsrechtlich verpflichtet gewesen ist, die Feuerwehrdienstpflicht auf Männer zu begrenzen[51]. Wenn nämlich Art. 12 Abs. 2 GG eine Ausnahme vom grundsätzlichen Verbot des Arbeitszwangs nur für *herkömmliche* öffentliche Dienstleistungspflichten zuläßt und im Land L eine Feuerwehrdienstpflicht für weibliche Gemeindeeinwohner zu keiner Zeit Bestandteil der vom Rechtsbewußtsein getragenen Pflichtenordnung gewesen ist, so könnte es dem Landesgesetzgeber nach Art. 12 Abs. 2 GG verwehrt sein, die Feuerwehrdienstpflicht auf weibliche Gemeindeeinwohner auszudehnen[52]. Dadurch könnte die gem. §§ 11, 37 Abs. 2 FwG bestehende Ungleichbehandlung von Männern und Frauen verfassungsrechtlich legitimiert sein.

---

47   *Breuer* in: HStR VI, § 147 Rn 93; *Scholz* in: Maunz/Dürig, GG, Art 12 Rn 485; *Gubelt* in: von Münch/Kunig, GG, Bd 1, Art 12 Rn 84; *Tettinger* in: Sachs, GG, Art 12 Rn 154; *Manssen* in: von Mangoldt/Klein/Starck, GG, Bd 1, Art 12 Rn 300.
48   BVerfGE 13, 167 (170); 22, 380 (383); 92, 91 (109); *Rozek* BayVBl 1993, 646 (651).
49   *Günther* DVBl 1988, 429 (431); *Breuer* in: HStR VI, § 147 Rn 93; *Hömig* in: Seifert/Hömig, GG, Art 12 Rn 20; *Scholz* in: Maunz/Dürig, GG, Art 12 Rn 486; *Tettinger* in: Sachs, GG, Art 12 Rn 155.
50   BVerfGE 13, 167 (170); *Günther* DVBl 1988, 429 (431); *Gusy* JuS 1989, 710 (713); *Breuer* in: HStR VI, § 147 Rn 93; *Scholz* in: Maunz/Dürig, GG, Art 12 Rn 486; *Gubelt* in: von Münch/Kunig, GG, Bd 1, Art 12 Rn 87.
51   VGH BW, VBlBW 1983, 314 (315).
52   VGH BW, VBlBW 1983, 41 (42).

Ein derartiges Verständnis des Merkmals »herkömmlich« setzt jedoch voraus, daß Art. 12 Abs. 2 GG die gesetzliche Festschreibung überkommener geschlechtsspezifischer Rollen bei öffentlichen Dienstleistungspflichten gebietet. Das ist jedoch nicht der Fall. Nach der Entstehungsgeschichte der Vorschrift[53] sollten mit der gewählten Formulierung lediglich Dienstverpflichtungen, wie sie in der NS-Zeit bestanden haben, ausgeschlossen werden. Dem ist bei der Auslegung des Merkmals »herkömmlich« Rechnung zu tragen. Infolgedessen soll mit dem Begriff nur die *Art* der Dienstleistung festgeschrieben werden, nicht jedoch der von ihr betroffene Personenkreis[54]. Die Art der Feuerwehrdienstpflicht als traditionelle öffentliche Dienstleistungspflicht verändert sich aber nicht dadurch, daß auch Frauen von ihr erfaßt werden könnten.

Für dieses Verständnis des Merkmals »herkömmlich« in Art. 12 Abs. 2 GG könnte auch eine systematische Interpretation der Vorschrift sprechen. Die herkömmliche öffentliche Dienstleistungspflicht muß nämlich zugleich »allgemein« und »für alle gleich« sein. Diesen verfassungsrechtlichen Anforderungen käme im vorliegenden Zusammenhang nur dann keine normative Bedeutung zu, wenn die Feuerwehrdienstleistungspflicht auch dann noch »allgemein« und »für alle gleich« wäre, wenn sie auf Männer bestimmter Jahrgänge beschränkt wird[55].

Ein solches Verständnis läuft jedoch dem Wortsinn des Art. 12 Abs. 2 GG zuwider und gerät überdies in Konflikt mit Art. 3 Abs. 3 S. 1 GG. *Allgemein* ist eine öffentliche Pflicht, die im Bereich des betreffenden Hoheitsträgers jedem auferlegt wird, der zur Erfüllung der Pflicht in der Lage ist; *gleich* ist die Pflicht, wenn sie alle Pflichtigen in gleicher Weise belastet[56]. Infolgedessen muß eine *allgemeine* öffentliche Dienstleistungspflicht i. S. d. Art. 12 Abs. 2 GG – wie auch der Gegenschluß zu der auf Männer begrenzten Wehr- und Ersatzdienstpflicht zeigt (vgl. Art. 12a Abs. 1 GG) – den weiblichen Teil der betroffenen Bevölkerung umfassen[57]. Eine Feuerwehrdienstpflicht ist daher gem. Art. 12 Abs. 2 GG nur »allgemein«, wenn sie

---

53 Vgl Sachverhaltsvermerk.

54 BVerfGE 92, 91 (111); *Parodi* DÖV 1984, 799 (803).

55 BVerfGE 13, 167 (170f); *Breuer* in: HStR VI, § 147 Rn 93; *Scholz* in: Maunz/Dürig, GG, Art 12 Rn 487; *Gubelt* in: von Münch/Kunig, GG, Bd 1, Art 12 Rn 88.

56 *Gusy* JuS 1989, 710 (713); *Jarass* in: ders/Pieroth, GG, Art 12 Rn 60; *Hömig* in: Seifert/Hömig, GG, Art 12 Rn 20; *Wieland* in: Dreier, GG, Bd I, Art 12 Rn 98; *Tettinger* in: Sachs, GG, Art 12 Rn 155, 156.

57 BVerfGE 48, 127 (165); 69, 1 (23).

grundsätzlich auch für Frauen gilt[58]. Und von einer »für alle gleichen« Feuerwehrdienstpflicht kann nur gesprochen werden, wenn sie Männer wie Frauen gleichermaßen trifft[59].

Etwas anderes kann auch nicht Sinn und Zweck des Art. 12 Abs. 2 GG entnommen werden. Diese Vorschrift gebietet keine Ungleichbehandlung von Männern und Frauen[60]. Würde das Merkmal »herkömmlich« nicht nur auf die Art der Dienstleistungspflicht, sondern auch auf den Kreis der Pflichtigen bezogen, wäre der Gesetzgeber auf Dauer – ungeachtet der sich wandelnden tatsächlichen Verhältnisse – an die historischen Vorbilder solcher Dienstleistungspflichten gebunden. Hinsichtlich des Personenkreises würde dies zu starren und unveränderlichen Dienstpflichten führen[61]. Das soll jedoch die »Herkömmlichkeit« einer Pflicht i. S. d. Art. 12 Abs. 2 GG nicht bewirken. Vielmehr hat die Vorschrift vor dem Hintergrund der Dienstleistungsverpflichtungen in der NS-Zeit eine freiheitschützende Funktion; den sich wandelnden sozialen Verhältnissen soll aber Rechnung getragen werden können[62]. Schließlich verlangt auch die praktische Konkordanz mit Art. 3 Abs. 3 S. 1 GG, daß eine gleichheitswidrige Benachteiligung eines Geschlechts nicht durch Art. 12 Abs. 2 GG verstetigt wird[63].

Zwischenergebnis: Art. 12 Abs. 2 GG greift hier nicht als »verfassungsimmanente Schranke« ein, um die auf Männer beschränkte Feuerwehrdienstpflicht (§ 11 FwG) zu rechtfertigen.

b) Feuerwehrdienst für Männer als Abbau faktischer Nachteile von Frauen (Art. 3 Abs. 2 S. 2 GG)

Die durch §§ 11, 37 Abs. 2 FwG bewirkte Ungleichbehandlung von Männern und Frauen könnte jedoch durch das Gleichberechtigungsgebot des Art. 3 Abs. 2 S. 2 GG verfassungsrechtlich legitimiert sein. Diese Grundgesetzbestimmung enthält einen Handlungsauftrag für den Staat; sie zielt auf die

58 *Parodi* DÖV 1984, 799 (804); *Rozek* BayVBl 1993, 646 (651); *J. Ipsen* Staatsrecht II, Rn 649.
59 *Hömig* in: Seifert/Hömig, GG, Art 12 Rn 20; *Wieland* in: Dreier, GG, Bd I, Art 12 Rn 99; *Starck* in: von Mangoldt/Klein/Starck, GG, Bd 1, Art 3 Rn 300; *Schmidt-Bleibtreu* in: ders/Klein, GG, Art 12 Rn 28a.
60 VG Regensburg, NVwZ 1994, 820 = BayVBl 1994, 316.
61 BVerfGE 92, 91 (112).
62 BVerwGE 2, 313 (314); *Parodi* DÖV 1984, 799 (803).
63 VG Regensburg, NVwZ 1994, 820 = BayVBl 1994, 316; *Rozek* BayVBl 1993, 646 (651).

Angleichung der Lebensverhältnisse zwischen Frauen und Männern[64]. Daher kann die Beeinträchtigung des Diskriminierungsverbots (Art. 3 Abs. 2 S. 1, Abs. 3 S. 1 GG) möglicherweise gerechtfertigt sein, wenn bestehende faktische Nachteile von Frauen in der Gesellschaft durch begünstigende Regelungen i. S. d. Art. 3 Abs. 2 S. 2 GG ausgeglichen werden[65].

Um einen festgestellten Verstoß gegen das Verbot der Diskriminierung wegen des Geschlechts durch das Gleichberechtigungsgebot überhaupt rechtfertigen zu können, müßte die zu überprüfende staatliche Maßnahme – als Konkretisierung der grundgesetzlichen Ermächtigung zu Förderungsmaßnahmen (Art. 3 Abs. 2 S. 2 GG) – auf die tatsächliche Durchsetzung der Gleichberechtigung von Frauen und Männern abzielen[66]. Das ist jedoch bei §§ 11, 37 Abs. 2 FwG nicht der Fall. Diese Vorschriften wollen mit der Beschränkung der Feuerwehrdienst- und -abgabepflicht auf Männer nicht etwa faktische, typischerweise Frauen in anderen Lebensbereichen treffende Nachteile dadurch abbauen, daß sie Frauen begünstigen. Die auf Männer begrenzte Pflichtigkeit dient nicht der Kompensation frauenspezifischer Nachteile, sondern erfolgt allein deshalb, weil Frauen nach überkommener Vorstellung für den Feuerwehrdienst weniger geeignet sind als Männer[67]. Dies hat auch die Landtagsmehrheit bei ihrer Begründung zur geschlechtsbezogenen Differenzierung gem. §§ 11, 37 Abs. 2 FwG deutlich gemacht; im übrigen sei eine dadurch bewirkte Besserstellung von Frauen lediglich »hinzunehmen«.

Schließlich ist es mehr als zweifelhaft, ob die Beschränkung der Feuerwehrdienstpflicht auf Männer den Zielen des Art. 3 Abs. 2 S. 2 GG objektiv dient, selbst wenn dies intendiert gewesen sein sollte. Von einer objektiven Förderungsmaßnahme könnte nur gesprochen werden, wenn die überkommene und durch Ungleichheiten geprägte Rollenverteilung zwischen den Geschlechtern in der gesellschaftlichen Wirklichkeit überwunden würde[68]. Dies trifft im vorliegenden Zusammenhang jedoch nicht zu. Im Gegenteil, durch die Beschränkung der Feuerwehrdienstpflicht auf Männer wird die überkommene Rollenverteilung sogar verfestigt[69]. Von einer Förderungsmaßnahme i. S. d. Art. 3 Abs. 2 S. 2 GG kann daher nicht gesprochen werden.

64 *Ebsen* in: HdbVerfR, § 8 Rn 17; *Jarass* in: ders/Pieroth, GG, Art 3 Rn 49.
65 BVerfGE 85, 191 (207); *Kannengießer* in: Schmidt-Bleibtreu/Klein, GG, Art 3 Rn 39a; *Osterloh* in: Sachs, GG, Art 3 Rn 265; *Vogel* in: FS Benda, 1995, 395 (414, 416).
66 *J. Ipsen* Staatsrecht II, Rn 810; *Scholz* in: Maunz/Dürig, GG, Art 3 Abs 2 Rn 61, 67.
67 BVerfGE 92, 91 (112); *Rozek* BayVBl 1993, 646 (651).
68 BVerfGE 85, 191 (207).
69 BVerfGE 92, 91 (112); *Rozek* BayVBl 1993, 646 (652).

Ergebnis: Die auf männliche Gemeindeeinwohner begrenzte Feuerwehrdienstpflicht, an die die Feuerwehrabgabepflicht anknüpft, ist verfassungsrechtlich nicht gerechtfertigt. §§ 11, 37 Abs. 2 FwG sind unvereinbar mit Art. 3 Abs. 2 S. 1, Abs. 3 S. 1 GG und damit nichtig. Zur 1. Frage ist daher zu antworten, daß die Auffassung von E zutrifft.

---

2. Frage: Entscheidung des BVerwG

Sollte das BVerwG der rechtlichen Argumentation von E folgen, so ginge es von der Grundgesetzwidrigkeit der §§ 11, 37 Abs. 2 FwG aus. Eine in einem konkreten Rechtsstreit einschlägige gesetzliche Regelung, die gegen höherrangiges Recht verstößt, ist nichtig und darf daher bei der Entscheidung des Rechtsstreits nicht zur Anwendung gelangen[70]. Folglich könnte das BVerwG prüfen und entscheiden müssen, ob §§ 11, 37 Abs. 2 FwG rechtlich Bestand haben. Wird diese Frage verneint, könnte das BVerwG diese Vorschriften für nichtig zu erklären und der Revision des E stattzugeben haben, indem es in der Sache selbst entscheidet oder – soweit noch Aufklärungsbedarf besteht – das angefochtene Urteil aufhebt und die Sache zur anderweitigen Verhandlung und Entscheidung zurückverweist (§ 144 Abs. 3 VwGO).

Bedenken gegenüber einer derartigen Verfahrensweise und einer solchen Entscheidung ergeben sich jedoch daraus, daß sich das BVerwG im Falle einer Mißachtung der §§ 11, 37 Abs. 2 FwG entgegen der Gesetzesbindung der Rechtsprechung (Art. 20 Abs. 3, 97 Abs. 1 GG) über den Willen des zuständigen Gesetzgebers hinwegsetzen würde. Der verfassungsrechtliche Schutz des parlamentarischen Gesetzgebers könnte es verbieten, daß ein sog. Fachgericht die Ungültigkeit eines Gesetzes feststellt und seine Unanwendbarkeit im konkreten Rechtsstreit ausspricht. Nach Art. 100 Abs. 1 GG könnte es in der ausschließlichen Kompetenz des BVerfG liegen, die Rechtswirksamkeit eines Gesetzes autoritativ verbindlich zu klären. Demgemäß müßte das Fachgericht die Wirksamkeit einer Norm vor deren Anwendung im konkreten Fall zwar prüfen, dürfte die für nichtig erachtete Norm aber nicht endgültig als unwirksam behandeln[71]. Vielmehr müßte das Fachgericht die Entscheidung des BVerfG über die Gültigkeit der Vor-

---

70 *Schlaich* Das Bundesverfassungsgericht, Rn 126; *Degenhart* Staatsrecht I, Rn 512.
71 *Heun* AöR 122 (1997) 610 (611); *Fleury* Verfassungsprozeßrecht, Rn 161 f; *Zierlein* in: FS Benda, 1995, 457 (462 f).

schrift einholen. Das Fachgericht hätte danach hinsichtlich der Gültigkeit von Gesetzen eine Prüfungskompetenz, jedoch keine Verwerfungskompetenz[72]. Eine Klärung der verfassungsrechtlichen Fragen zu §§ 11, 37 Abs. 2 FwG könnte im Verfahren der *konkreten Normenkontrolle* nur vom BVerfG herbeigeführt werden.

A. Zulässigkeit einer Vorlage an das BVerfG

Eine Entscheidung des BVerfG über die Rechtsfrage (§ 81 BVerfGG) zur Gültigkeit der §§ 11, 37 Abs. 2 FwG setzt jedoch voraus, daß die Anrufung des BVerfG durch das BVerwG zulässig wäre. Das ist der Fall, wenn die Voraussetzungen des Art. 100 Abs. 1 GG gegeben sind (§ 80 Abs. 1 BVerfGG).

I. Vorlagevoraussetzungen (Art. 100 Abs. 1 GG)
1. Zuständigkeit des BVerfG

Zunächst müßte das BVerfG für die Gültigkeitskontrolle der §§ 11, 37 Abs. 2 FwG überhaupt *zuständig* sein. Der Rechtsweg zum BVerfG ist nicht generalklauselartig in allen (bundes)verfassungsrechtlichen Streitigkeiten eröffnet; vielmehr wird die Zuständigkeit des BVerfG *enumerativ* durch spezielle Zuständigkeitsregelungen begründet[73].

Im Verfahren der konkreten Normenkontrolle ergibt sich die Zuständigkeit des BVerfG aus Art. 93 Abs. 1 Nr. 5 i.V.m. Art. 100 Abs. 1 GG, Art. 94 Abs. 2 S. 1 GG i.V.m. § 13 Nr. 11 BVerfGG. Danach entscheidet das BVerfG – sofern die weiteren Zulässigkeitsvoraussetzungen erfüllt sind – über die Frage der Verfassungswidrigkeit eines Gesetzes. Fraglich könnte allenfalls sein, ob das BVerfG auch über die Verfassungsmäßigkeit von *Landesgesetzen* befindet oder ob dafür das Landesverfassungsgericht zuständig ist. Geht es um die Vereinbarkeit eines Landesgesetzes mit dem Grundgesetz oder mit einem Bundesgesetz, ist die Zuständigkeit des BVerfG gegeben (Art. 100 Abs. 1 S. 2 GG, § 13 Nr. 11 BVerfGG). Das Landesverfassungsgericht wäre nur dann zuständig, wenn es um die Vereinbarkeit eines

---

72 *Erichsen* Jura 1982, 88 f; *Robbers* Verfassungsprozessuale Probleme, 57; *Schlaich* Das Bundesverfassungsgericht, Rn 127; *E. Klein* in: Benda/Klein, Verfassungsprozeßrecht, Rn 691; *J. Ipsen* Staatsrecht II, Rn 817.
73 BVerfGE 13, 174 (176 f); 22, 293 (298); 63, 73 (76); *Graßhof* Sondervotum, BVerfGE 91, 38 (39); *Bethge* Jura 1998, 529; *Robbers* Verfassungsprozessuale Probleme, 4; *Schlaich* Das Bundesverfassungsgericht, Rn 72; *Clemens* in: Umbach/Clemens, BVerfGG, § 13 Rn 6.

Landesgesetzes mit der Landesverfassung ginge (Art. 100 Abs. 1 S. 1 GG).
Eine solche Fallgestaltung liegt hier jedoch nicht vor. Zu klären ist vielmehr
die Vereinbarkeit der §§ 11, 37 Abs. 2 FwG mit Grundrechten des Grundgesetzes. Infolgedessen ist die Zuständigkeit des BVerfG gegeben.

2. Vorlageberechtigung

Ferner müßte die *Vorlageberechtigung* zu bejahen sein. Art. 100 Abs. 1 GG
setzt voraus, daß ein »Gericht« die Entscheidung des BVerfG einholt. Im
Verfahren der konkreten Normenkontrolle ist eine Vorlage an das BVerfG
den *Gerichten* vorbehalten[74]. Dies sind alle sachlich unabhängigen Spruch-
stellen, die in einem Gesetz mit den Aufgaben eines Gerichts betraut und als
Gericht bezeichnet sind[75]. Beim BVerwG sind diese Voraussetzungen gem.
§§ 1, 2 VwGO erfüllt; es handelt sich um einen obersten Gerichtshof des
Bundes (Art. 95 Abs. 1 GG). Das BVerwG ist im Verfahren nach Art. 100
Abs. 1 GG also vorlageberechtigt.

3. Vorlagegegenstand

Statthaft ist die Vorlage, wenn sie einen nach Art. 100 Abs. 1 GG zulässigen
Gegenstand hat. *Vorlagegegenstand* der konkreten Normenkontrolle kann
nur ein »*Gesetz*« sein. Fraglich ist, was unter einem »Gesetz« i. S. d. Art. 100
Abs. 1 GG zu verstehen ist.

Der Gesetzesbegriff gem. Art. 100 Abs. 1 GG ergibt sich aus Sinn und
Zweck der Vorschrift. Funktion der konkreten Normenkontrolle und des
damit verknüpften Verwerfungsmonopols des BVerfG ist es, die Autorität
des parlamentarischen Gesetzgebers im Verhältnis zur Rechtsprechung zu
wahren[76]. Infolgedessen erfaßt Art. 100 Abs. 1 GG nur *förmliche* Gesetze[77].
Diese einschränkende Auslegung gilt nach Sinn und Zweck der Vorschrift
auch bei der Frage der Vereinbarkeit von Landesrecht mit dem Grundgesetz. Daher können auch Vorschriften des Landesrechts dem BVerfG
nur dann zur Entscheidung vorgelegt werden, wenn es sich um förmliche

---

74 BVerfG, NJW 1999, 274; *E. Klein* in: Benda/Klein, Verfassungsprozeßrecht,
Rn 701.
75 BVerfGE 6, 55 (63); 30, 170 (171); *Erichsen* Jura 1982, 88 (89); *Pestalozza* Verfassungsprozeßrecht, § 13 Rn 3; *Kremser* in: ders/Leisner, Verfassungsrecht III, § 13
Rn 57.
76 BVerfGE 63, 131 (141); 86, 71 (77); 90, 263 (275); *Heun* AöR 122 (1997) 610
(612 f).
77 BVerfGE 52, 1 (16); *Erichsen* Jura 1982, 88 (90); *Robbers* Verfassungsprozessuale
Probleme, 58.

Gesetze handelt[78]. Im übrigen muß es um *nachkonstitutionelles* Recht gehen. Die Wahrung der Autorität des konstitutionellen Gesetzgebers ist bei vorkonstitutionellem Recht nämlich nicht gefährdet. Der konkreten Normenkontrolle gem. Art. 100 Abs. 1 GG unterliegen daher nur Parlamentsgesetze, die unter der Herrschaft des Grundgesetzes erlassen worden sind[79].

Nach diesen Voraussetzungen stellen §§ 11, 37 Abs. 2 FwG einen tauglichen Vorlagegegenstand dar. Bei diesen unlängst erlassenen und in Kraft getretenen Vorschriften handelt es sich um nachkonstitutionelles Recht. Auch ein förmliches Gesetz liegt vor; der Landtag hat in einem parlamentarischen Gesetzgebungsverfahren die Vorschriften erlassen. Im übrigen meint Art. 100 Abs. 1 GG mit »Gesetz« auch nicht das gesamte Gesetzeswerk – hier also das neue Feuerwehrgesetz des Landes L –, sondern die einzelne(n) Norm(en)[80]. §§ 11, 37 Abs. 2 FwG bilden somit einen statthaften Vorlagegegenstand.

4. Überzeugung von der Verfassungswidrigkeit

Das BVerwG müßte §§ 11, 37 Abs. 2 FwG ferner für verfassungswidrig halten. Dabei verlangt Art. 100 Abs. 1 GG die *Überzeugung* des vorlegenden Gerichts, daß die fragliche Norm mit dem Grundgesetz unvereinbar ist; bloße Zweifel an der Vereinbarkeit mit höherrangigem Recht genügen nicht[81]. Das BVerwG müßte also darlegen, worauf es die Grundgesetzwidrigkeit der §§ 11, 37 Abs. 2 FwG stützt.

Ferner dürften nicht mehrere Auslegungsmöglichkeiten der fraglichen Normen in Betracht kommen. Sollte dies der Fall sein, könnte eine »Überzeugung« von der Verfassungswidrigkeit der Normen nur gegeben sein, wenn die dafür sprechenden rechtlichen Erwägungen *nicht* im Wege der *verfassungskonformen Auslegung* ausgeräumt werden können[82]. Dabei ist

---

78 BVerfG, NVwZ 1997, 261; *E. Klein* in: Benda/Klein, Verfassungsprozeßrecht, Rn 718; *Schlaich* Das Bundesverfassungsgericht, Rn 133; *Fleury* Verfassungsprozeßrecht, Rn 172.
79 BVerfGE 97, 117 (122); BVerfG, NJW 1998, 3557; *Kremser* in: ders/Leisner, Verfassungsrecht III, § 13 Rn 59; *Degenhart* Staatsrecht I Rn 513.
80 BVerfGE 55, 274 (327); *Sturm* in: Sachs, GG, Art 100 Rn 10.
81 BVerfGE 80, 54 (59); 86, 52 (57); *Erichsen* Jura 1982, 88 (91); *Fleury* Verfassungsprozeßrecht, Rn 179; *Robbers* Verfassungsprozessuale Probleme, 62; *Schlaich* Das Bundesverfassungsgericht, Rn 137.
82 BVerfGE 85, 329 (333 f); 86, 71 (77); 88, 187 (194); *Heun* AöR 122 (1997) 610 (618 f); *E. Klein* in: Benda/Klein, Verfassungsprozeßrecht, Rn 754; *Kremser* in: ders/Leisner, Verfassungsrecht III, § 13 Rn 62.

im vorliegenden Fall zusätzlich zu beachten, daß es um die Deutung von Landesrecht geht. Dem BVerwG ist es als Revisionsgericht (§§ 49, 132 ff. VwGO) versagt, eine verfassungskonforme Auslegung von Landesrecht vorzunehmen. Dies ist Aufgabe des letztinstanzlich für die Auslegung und Anwendung des Landesrechts zuständigen Berufungsgerichts. Nur wenn das BVerwG die Möglichkeit einer verfassungskonformen Auslegung des Landesgesetzgebers endgültig verneinte, dürfte das BVerwG im Falle der Überprüfung von Landesrecht nach Art. 100 Abs. 1 GG verfahren[83]. Im vorliegenden Fall ist nicht ersichtlich, daß der Verstoß der §§ 11, 37 Abs. 2 FwG gegen Art. 3 Abs. 2 S. 1, Abs. 3 S. 1 GG im Wege einer verfassungskonformen Auslegung der feuerwehrgesetzlichen Vorschriften ausgeräumt werden könnte. Von daher ist das BVerwG in der Lage, abschließend die Überzeugung von der Grundgesetzwidrigkeit der landesrechtlichen Vorschriften zu bilden.

Fraglich ist allerdings, ob es im vorliegenden Fall letztlich auf die Überzeugung des BVerwG ankommt. Grundsätzlich ist zwar maßgeblich, daß gerade das *vorlegende Gericht* sich die Überzeugung von der Verfassungswidrigkeit der fraglichen Norm(en) bildet[84]. Etwas anderes gilt jedoch dann, wenn dieses Gericht an die Rechtsauffassung einer höheren Instanz gebunden ist. Das ist unter anderem dann der Fall, wenn das BVerfG die Verfassungsmäßigkeit der betreffenden Norm(en) bereits bestätigt hat; dann ist das vorlegende Gericht gem. § 31 Abs. 1 BVerfGG an die verfassungsgerichtliche Entscheidung gebunden, seine eigene Überzeugung ist rechtlich unmaßgeblich[85]. Eine derartige Konstellation ist hier jedoch nicht gegeben. Zwar hat das BVerfG die Vereinbarkeit des § 38 Abs. 2 FwG 1960 – der Vorläufernorm zu § 37 Abs. 2 FwG n. F. – mit dem Grundgesetz festgestellt, eine verfassungsgerichtliche Entscheidung zu § 11 FwG liegt allerdings nicht vor. Daher ist das BVerwG durch § 31 Abs. 1 BVerfGG nicht daran gehindert, sich seine eigene Überzeugung von der Verfassungswidrigkeit der Regelung zur ausschließlich Männer treffenden Feuerwehrdienstpflicht zu bilden. Ob die frühere Entscheidung des BVerfG zur Grundgesetzkonformität des § 38 Abs. 2 S. 1 FwG 1960 aus anderen Gründen einer Vorlage der §§ 11, 37 Abs. 2 FwG n. F. entgegenstehen könnte, ist keine Frage der »Überzeugung« des BVerwG, sondern betrifft ein möglicherweise bestehendes Verfahrenshindernis.

---

83   BVerwGE 100, 160 (171 f.).
84   *E. Klein* in: Benda/Klein, Verfassungsprozeßrecht, Rn 750.
85   *Degenhart* Staatsrecht I, Rn 514; *E. Klein* in: Benda/Klein, Verfassungsprozeßrecht, Rn 751; *H. Klein* in: Umbach/Clemens, BVerfGG, § 80 Rn 62.

5. Vorlagegrund

Sollte das BVerwG die Überzeugung von der Verfassungswidrigkeit der §§ 11, 37 Abs. 2 FwG gewinnen, wäre die Vorlage an das BVerfG gem. Art. 100 Abs. 1 GG schließlich nur zulässig, wenn es auf die *Gültigkeit* jener Normen bei der Entscheidung des BVerwG »*ankommt*«. Das ist der Fall, wenn dem fraglichen Gesetz *Entscheidungserheblichkeit* zuzumessen ist[86]. Eine Norm ist dann gem. Art. 100 Abs. 1 GG entscheidungserheblich, wenn das Fachgericht bei Ungültigkeit der Vorschrift zu einem anderen Ergebnis gelangen würde als im Falle ihrer Gültigkeit[87]. Für die Beurteilung der Entscheidungserheblichkeit der dem BVerfG vorzulegenden Rechtsfrage ist die Rechtsauffassung des vorlegenden Gerichts maßgeblich, es sei denn, sie ist offensichtlich unhaltbar oder nicht nachvollziehbar[88].

Hier müßte das BVerwG im Rahmen seiner Revisionsentscheidung bei Gültigkeit der §§ 11, 37 Abs. 2 FwG im Ergebnis die Klageabweisung der Vorinstanz bestätigen; die Revision von E bliebe ohne Erfolg, sie müßte zurückgewiesen werden (§ 144 Abs. 2 VwGO). Im Falle der Ungültigkeit der Bestimmungen hingegen hätte die Klage im Ergebnis Erfolg; die Revision von E wäre begründet (§ 144 Abs. 3 VwGO). Bei der ersten Entscheidungsalternative müßte E dem an ihn ergangenen Bescheid Folge leisten und die Feuerwehrabgabe entrichten. Bei der zweiten Entscheidungsalternative hingegen entbehrte der Bescheid der notwendigen gesetzlichen Grundlage; er würde daher gerichtlich aufgehoben werden (§ 113 Abs. 1 S. 1 VwGO), so daß E nicht zahlen müßte.

Angesichts solch divergierender Entscheidungsergebnisse kommt es für das BVerwG auf die Gültigkeit der §§ 11, 37 Abs. 2 FwG an. Die Vorschriften sind entscheidungserheblich, so daß ein Vorlagegrund besteht.

6. Frühere Entscheidung des BVerfG als Verfahrenshindernis

Obgleich damit sämtliche Voraussetzungen gem. Art. 100 Abs. 1 GG erfüllt sind, könnte das BVerwG an einer Vorlage der §§ 11, 37 Abs. 2 FwG gehindert sein, weil eine Entscheidung des BVerfG zur Verfassungsmäßigkeit

86 BVerfGE 79, 245 (248); 90, 145 (166); BVerfG, NuR 1999, 99 (100); *Erichsen* Jura 1982, 88 (92).
87 BVerfGE 72, 51 (60); 90, 145 (166); *Kremser* in: ders/Leisner, Verfassungsrecht III, § 13 Rn 63; *Degenhart* Staatsrecht I, Rn 515.
88 BVerfGE 66, 270 (281); 86, 52 (56); 88, 70 (73f); 88, 187 (194); 94, 315 (323); BVerfG, NuR 1999, 99 (100).

der Feuerwehrabgabepflicht[89] bereits vorliegt. Gem. § 31 Abs. 1 BVerfGG binden nämlich alle Entscheidungen des BVerfG unter anderem alle Gerichte, also auch das BVerwG, und gem. § 31 Abs. 2 S. 1 BVerfGG hat eine Normenkontrollentscheidung des BVerfG (§ 13 Nr. 11 BVerfGG) sogar Gesetzeskraft. Die Bindungswirkung einer früheren Entscheidung des BVerfG (§ 31 Abs. 1 BVerfGG)[90] bzw. deren Gesetzeskraft (§ 31 Abs. 2 S. 1 BVerfGG)[91] ist ein *Verfahrenshindernis*, das zur Unzulässigkeit einer sog. Zweitvorlage führen kann[92].

Im vorliegenden Zusammenhang hatte das BVerfG § 38 Abs. 2 S. 1 FwG 1960 – im wesentlichen gleichlautend mit § 37 Abs. 2 FwG n. F. – für »mit dem Grundgesetz vereinbar« erklärt[93]. Dies geschah in einem vom VG S initiierten Verfahren der konkreten Normenkontrolle. Im Normenkontrollverfahren nach § 13 Nr. 11 BVerfG muß das BVerfG die zur Prüfung gestellte Norm in jeder Hinsicht auf ihre Verfassungsmäßigkeit überprüfen[94]. Die Feststellung, daß eine Norm in dem zur Prüfung stehenden Umfang mit dem Grundgesetz vereinbar ist, bezieht sich von daher auf alle Grundgesetzbestimmungen[95]. In der Entscheidungsformel hatte das BVerfG seinerzeit ohne Einschränkung festgestellt, § 38 Abs. 2 S. 1 FwG 1960 sei mit dem Grundgesetz vereinbar. Infolgedessen könnte es für die Frage der Zulässigkeit einer erneuten Vorlage zur Verfassungsmäßigkeit der Feuerwehrabgabepflicht nach Art. 100 Abs. 1 GG unerheblich sein, daß das BVerfG in jener Entscheidung das Gleichberechtigungsgebot gem. Art. 3 Abs. 2 S. 1 GG und das Differenzierungsverbot nach dem Geschlecht gem. Art. 3 Abs. 3 S. 1 GG nicht ausdrücklich angesprochen hat[96]. Da die Verfassungsmäßigkeit der auf männliche Gemeindeeinwohner beschränkten Feuerwehrabgabepflicht vom BVerfG bejaht worden ist, könnte das BVerwG durch

89 BVerfGE 13, 167.
90 *Ziekow* Jura 1995, 522 (528); *E. Klein* in: Benda/Klein, Verfassungsprozeßrecht, Rn 1248; *Pestalozza* Verfassungsprozeßrecht, § 13 Rn 25; *H. Klein* in: Umbach/Clemens, BVerfGG, § 80 Rn 30.
91 *Rübsaamen* VBlBW 1986, 422.
92 *E. Klein* in: Benda/Klein, Verfassungsprozeßrecht, Rn 1246 f; *Zierlein* FS Benda (Fn 71) 469 f.
93 BVerfGE 13, 167.
94 BVerfGE 26, 44 (58); 67, 1 (11); 93, 121 (133); *Schlaich* Das Bundesverfassungsgericht, Rn 155; *Rennert* in: Umbach/Clemens, BVerfGG, § 31 Rn 107; *Lechner/Zuck* BVerfGG, Vorb § 80 Rn 50.
95 BVerfGE 26, 44 (56).
96 VGH BW, VBlBW 1986, 421 (422).

§ 31 Abs. 1 und Abs. 2 S. 1 BVerfGG gehindert sein, nach Art. 100 Abs. 1 GG, § 80 Abs. 1 BVerfGG zu verfahren.

Es ist jedoch zweifelhaft, ob der *Gegenstand* des früheren Normenkontrollverfahrens und des nun vom BVerwG zu initiierenden Normenkontrollverfahrens wirklich identisch sind. Eine Vorlage im Verfahren der konkreten Normenkontrolle ist nur unzulässig, soweit die Bindungswirkung einer Entscheidung des BVerfG (§ 31 Abs. 1 BVerfGG) bzw. deren Gesetzeskraft (§ 31 Abs. 2 S. 1 BVerfGG) entgegensteht[97]. Seinerzeit hatte das BVerfG die Verfassungsmäßigkeit der Feuerwehr*abgabe*pflicht gem. § 38 Abs. 2 S. 1 FwG 1960 bejaht. Nun geht es in erster Linie um die Verfassungsmäßigkeit der Feuerwehr*dienst*pflicht gem. § 11 FwG n.F., von der die Verfassungsmäßigkeit der Feuerwehrabgabepflicht wegen der Verweisung von § 37 Abs. 2 FwG n.F. auf § 11 FwG n.F. abhängt. Zur Verfassungsmäßigkeit der Feuerwehr*dienst*pflicht sagt die Entscheidungsformel in der früheren Entscheidung des BVerfG nichts. Und zur Beschränkung der *Dienst*pflicht auf männliche Gemeindeeinwohner hat das BVerfG nicht einmal in den Entscheidungsgründen Stellung genommen. Gegenstand der früheren Entscheidung des BVerfG war somit nicht die Frage des personellen Umfangs der Feuerwehrdienstpflicht und der daran anknüpfenden Abgabepflicht, so daß es im neuerlichen Normenkontrollverfahren um einen anderen Verfahrensgegenstand geht[98]. Ein Verfahrenshindernis aus § 31 Abs. 1 bzw. Abs. 2 S. 1 BVerfGG besteht somit nicht.

Die Vorlage durch das BVerwG könnte auch deshalb zulässig sein, weil nicht jede (teil)identische frühere Entscheidung des BVerfG dem Verfahren nach Art. 100 Abs. 1 GG entgegenstehen muß. Andernfalls könnte es trotz sich wandelnder Verhältnisse zu einer Erstarrung der Rechtslage kommen, obwohl eine (erneute) Entscheidung des BVerfG als sinnvoll oder sogar geboten erscheint[99]. Eine erneute Vorlage ist demnach nicht ausgeschlossen, wenn das vorlegende Gericht von der früheren Entscheidung des BVerfG ausgeht und tatsächliche oder rechtliche Veränderungen eingetreten sind, die die Grundlage der früheren Entscheidung des BVerfG berühren und deren Überprüfung nahelegen[100]. Im vorliegenden Zusammenhang hat der EGMR die ausschließlich Männer betreffende Feuerwehrdienstpflicht als Verstoß gegen das Diskriminierungsverbot des Art. 14 EMRK erachtet.

---

97   *Pestalozza* Verfassungsprozeßrecht, § 13 Rn 25.
98   *Rübsaamen* VBlBW 1986, 422 (423).
99   *Zierlein* FS Benda (Fn 71) 471.
100   BVerfGE 70, 242 (249); 78, 38 (48); 87, 341 (346); 94, 315 (323); *Ziekow* Jura 1995, 522 (528 f).

Diese europarechtliche Rechtsentwicklung bedeutet eine rechtliche Veränderung, die die Grundlagen oder stillschweigenden Annahmen der
früheren Entscheidung des BVerfG in Frage stellt und eine Überprüfung
bestehender Rechtsauffassungen zu Art. 3 Abs. 3 S. 1 GG fordert.

Zwischenergebnis: Die Zulässigkeitsvoraussetzungen für eine konkrete Normenkontrolle gem. Art. 100 Abs. 1 GG liegen vor, und ein Verfahrenshindernis nach § 31 BVerfGG besteht nicht.

II. Begründung der Vorlageentscheidung (§ 80 Abs. 2 S. 1 BVerfGG)

Sind die Vorlagevoraussetzungen gem. Art. 100 Abs. 1 GG erfüllt, so ist die
Vorlage an das BVerfG nur zulässig, wenn das BVerwG seine Vorlageentscheidung hinreichend begründet. Nach § 80 Abs. 2 S. 1 BVerfGG muß
die Begründung angeben, inwiefern die Entscheidung des Fachgerichts von
der Gültigkeit der fraglichen Rechtsvorschrift abhängig ist und mit welcher
übergeordneten Rechtsnorm jene Vorschrift unvereinbar ist. Eine Vorlage,
die diesen Begründungsanforderungen nicht genügt, ist unzulässig[101].
    Fraglich ist, welche inhaltlichen Anforderungen § 80 Abs. 2 S. 1 BVerfGG
an die Darlegung des Fachgerichts stellt. Dies hängt von Sinn und Zweck
der Begründung der Vorlageentscheidung ab. Der Begründungszwang
gem. § 80 Abs. 2 S. 1 BVerfGG dient primär der Entlastung des BVerfG[102].
Das vorlegende Fachgericht soll zu einer klaren Darlegung seiner Rechtsauffassung verpflichtet werden, um unüberlegte und überflüssige Vorlagen
an das BVerfG zu vermeiden[103]. Infolgedessen muß die Vorlageentscheidung aus sich heraus, also ohne Beiziehung der Akten des Ausgangsverfah-
rens, verständlich sein; das ist nur der Fall, wenn der entscheidungserheb-
liche Sachverhalt erschöpfend geschildert und die rechtlichen Erwägungen
des vorlegenden Gerichts eingehend dargelegt werden[104].

---

101   BVerfGE 90, 145 (166); 94, 315 (322).
102   BVerfGE 83, 111 (116); *H. Klein* in: Umbach/Clemens, BVerfGG, § 80 Rn 73.
103   *Lechner/Zuck* BVerfGG, § 80 Rn 8.
104   BVerfGE 77, 340 (342 f); 83, 111 (116); 88, 187 (194); *Robbers* Verfassungsprozessuale Probleme, 62; *Kremser* in: ders/Leisner, Verfassungsrecht III, § 13 Rn 65.

1. Darlegung der Ungültigkeit der Rechtsvorschrift

Zunächst müßte die Begründung des BVerwG angeben, inwiefern seine
Entscheidung von der *Gültigkeit* der §§ 11, 37 Abs. 2 FwG abhängig ist.
Diese Voraussetzung des § 80 Abs. 2 S. 1 BVerfGG ist nur erfüllt, wenn die
Ausführungen des vorlegenden Gerichts mit hinreichender Deutlichkeit
erkennen lassen, daß es bei Gültigkeit der fraglichen Rechtsvorschrift zu
einem anderen Ergebnis kommen würde als im Falle ihrer Ungültigkeit und
wie es dieses Ergebnis begründen würde[105]. Dabei muß sich das Fachgericht
eingehend mit der Rechtslage auseinandersetzen und die in Rechtsprechung und Schrifttum entwickelten Rechtsauffassungen berücksichtigen,
die für die Auslegung der zur Prüfung vorgelegten Rechtsnorm von Bedeutung sind[106]. Die Darlegungen zur Verfassungswidrigkeit der Norm(en)
müssen auch den verfassungsrechtlichen Prüfungsmaßstab angeben[107].

Danach müßte das BVerwG begründen, gegen welche grundgesetzliche
Bestimmung §§ 11, 37 Abs. 2 FwG – mit der Folge der Ungültigkeit dieser
Rechtsvorschriften – verstoßen. Die Darlegungen hierzu, d.h. zu Art. 3
Abs. 2 S. 1, Abs. 3 S. 1 GG, müßten eine erschöpfende Auseinandersetzung
mit der einschlägigen Judikatur und Literatur beinhalten. Und schließlich
müßte das BVerwG deutlich machen, daß die verwaltungsgerichtliche Klage
des E im Falle der Ungültigkeit der §§ 11, 37 Abs. 2 FwG begründet wäre,
während sie bei Gültigkeit der landesgesetzlichen Vorschrift keinen Erfolg
hätte.

2. Darlegung der Überzeugung der Verfassungswidrigkeit der Norm

In der Vorlageentscheidung muß ferner die *Überzeugung* des vorlegenden
Gerichts von der Verfassungswidrigkeit der zur Prüfung gestellten Norm
näher begründet werden[108]. Auch insoweit bedarf es eingehender, gegebenenfalls Rechtsprechung und Schrifttum einbeziehender Erörterungen[109].
Dabei muß das Fachgericht neben der Benennung des Prüfungsmaßstabs
die für seine Überzeugung maßgebenden Erwägungen nachvollziehbar und

105   BVerfGE 74, 236 (242); 78, 1 (5); 80, 96 (100); 83, 111 (116); 86, 52 (56); 88, 187
(194); 94, 315 (323); 98, 169 (199).
106   BVerfGE 65, 308 (316); 79, 245 (249); 80, 96 (100); 86, 71 (77); 97, 49 (60).
107   BVerfGE 81, 275 (276 f); 84, 160 (165); 86, 71 (77); 88, 187 (194).
108   BVerfGE 84, 160 (165); 86, 52 (57); *E. Klein* in: Benda/Klein, Verfassungsprozeßrecht, Rn 756.
109   BVerfGE 78, 165 (171 f); 89, 329 (337).

umfassend darlegen[110]. Daraus muß sich ergeben, daß das Gericht nicht nur Zweifel an der Rechtswirksamkeit der Vorschrift(en) hat, sondern von ihrer Ungültigkeit wirklich überzeugt ist[111]. Dazu gehört auch die Erörterung einer verfassungskonformen Auslegung, wenn mehrere Auslegungsmöglichkeiten der fraglichen Rechtsvorschrift(en) in Betracht kommen, die zu unterschiedlichen Ergebnissen gelangen und daher den verfassungsrechtlichen Bedenken des Fachgerichts Rechnung tragen können[112].

Das BVerwG müßte also begründen, daß §§ 11, 37 Abs. 2 FwG einer verfassungskonformen Auslegung nicht zugänglich sind und daß nach seiner Überzeugung – unter eingehender Auseinandersetzung mit Rechtsprechung und Schrifttum – nur eine Rechtsauffassung haltbar ist, die zur Ungültigkeit dieser landesgesetzlichen Bestimmungen wegen Verstoßes gegen Art. 3 Abs. 2 S. 1, Abs. 3 S. 1 GG gelangt.

3. Darlegung eines fehlenden Verfahrenshindernisses

Schließlich müßte das BVerwG darlegen, daß aus seiner Sicht ein *Verfahrenshindernis* gem. § 31 Abs. 1 bzw. Abs. 2 S. 1 BVerfGG *nicht* besteht. Das BVerwG müßte deutlich machen, daß es in seinem Verfahren in erster Linie um die Vereinbarkeit der §§ 11, 37 Abs. 2 FwG mit Art. 3 Abs. 2 S. 1, Abs. 3 S. 1 GG geht und sich dazu der früheren Entscheidung des BVerfG nichts entnehmen läßt. Soweit das BVerwG in der Vorlage des § 37 Abs. 2 FwG wegen weitgehender inhaltlicher Übereinstimmung dieser Vorschrift mit § 38 Abs. 2 S. 1 FwG 1960 eine Zweitvorlage sehen sollte, müßte das BVerwG die insoweit bestehenden gesteigerten Begründungsanforderungen beachten. Das BVerwG müßte darstellen, daß es von der früheren Entscheidung des BVerfG – zu § 38 Abs. 2 S. 1 FwG 1960 – ausgeht und darlegen, inwiefern sich die für die verfassungsrechtliche Beurteilung maßgebliche Lage verändert haben soll[113]. Insoweit wäre es angezeigt, daß das BVerwG auf die Entscheidung des EGMR zu Art. 14 EMRK hinweist und begründet, inwieweit im Lichte jener europarechtlichen Erwägungen die landesgesetzliche Feuerwehrabgabepflicht mit Art. 3 Abs. 2 S. 1, Abs. 3 S. 1 GG unvereinbar ist.

---

110   BVerfGE 83, 111 (116); 86, 71 (77 f); 88, 70 (74).

111   BVerfGE 80, 54 (59).

112   BVerfGE 85, 329 (333 f); 88, 187 (194).

113   BVerfGE 65, 179 (181); 78, 38 (48); 87, 341 (346); *Ziekow* Jura 1995, 522 (529); *E. Klein* in: Benda/Klein, Verfassungsprozeßrecht, Rn 1248 f.

Zwischenergebnis: Beachtet das BVerwG die Begründungsanforderungen gem. § 80 Abs. 2 S. 1 BVerfGG, ist die Vorlage der §§ 11, 37 Abs. 2 FwG an das BVerfG zulässig.

B. Vorlagebeschluß des BVerwG und Entscheidung des BVerfG

Sind die Voraussetzungen des Art. 100 Abs. 1 GG gegeben, ist das BVerwG nicht nur berechtigt, sondern verpflichtet, die Entscheidung des BVerfG einzuholen. Die Vorlage an das BVerfG erfolgt von Amts wegen[114], unabhängig von einem entsprechenden Antrag eines Verfahrensbeteiligten (§ 80 Abs. 3 BVerfGG). Durch Beschluß wird das Ausgangsverfahren ausgesetzt und die Entscheidung des BVerfG eingeholt[115]. Im vorliegenden Fall müßte das BVerwG also einen solchen Aussetzungs- und Vorlagebeschluß fassen, um zur Klärung der Rechtslage die Entscheidung des BVerfG zur Gültigkeit der §§ 11, 37 Abs. 2 FwG einzuholen.

Das BVerfG entscheidet – falls es die Zulässigkeit der Vorlage anerkennt – nur über die Rechtsfrage (§ 81 BVerfGG). Demnach wird der Ausgangsfall nicht (mit)entschieden[116]. Vielmehr befindet das BVerfG im Verfahren der konkreten Normenkontrolle lediglich über die Rechtswirksamkeit des vorgelegten Gesetzes[117]. Hat das Fachgericht die fragliche(n) Rechtsvorschrift(en) zu Unrecht für grundgesetzwidrig gehalten, stellt das BVerfG die Vereinbarkeit der Norm(en) mit dem Grundgesetz fest[118]. Diese Entscheidung ist für das vorlegende Gericht verbindlich (§ 31 Abs. 1 BVerfGG), ihr kommt sogar Gesetzeskraft zu (§ 31 Abs. 2 S. 1 und S. 3 BVerfGG). Teilt das BVerfG hingegen die Rechtsauffassung des vorlegenden Gerichts und erkennt es ebenfalls einen Verstoß der fraglichen Norm(en) gegen höherrangiges Recht, erklärt es die Norm(en) entweder für nichtig (§ 82 Abs. 1

---

114 BVerfGE 34, 320 (324); *Heun* AöR 122 (1997) 610 (625); *Maurer* Staatsrecht, § 20 Rn 109, 116; *H. Klein* in: Umbach/Clemens, BVerfGG, § 80 Rn 80; *Lechner/Zuck* BVerfGG, § 80 Rn 13.
115 *E. Klein* in: Benda/Klein, Verfassungsprozeßrecht, Rn 797; *Pestalozza* Verfassungsprozeßrecht, § 13 Rn 5; *Degenhart* Staatsrecht I, Rn 515.
116 *Schlaich* Das Bundesverfassungsgericht, Rn 156; *Kremser* in: ders/Leisner, Verfassungsrecht III, § 13 Rn 67; *H. Klein* in: Umbach/Clemens, BVerfGG, § 81 Rn 2.
117 *Maurer* Staatsrecht, § 20 Rn 118.
118 *Erichsen* Jura 1982, 88 (95); *E. Klein* in: Benda/Klein, Verfassungsprozeßrecht, Rn 821; *Pestalozza* Verfassungsprozeßrecht, § 13 Rn 26.

i.V.m. § 78 Abs. 1 BVerfGG) oder stellt ihre Unvereinbarkeit mit dem Grundgesetz fest (§ 82 Abs. 1 i.V.m. § 79 Abs. 1 BVerfGG)[119]. Auch diese Entscheidung ist verbindlich und erwächst in Gesetzeskraft (§ 31 BVerfGG). Nach der Entscheidung des BVerfG über die vorgelegte Rechtsfrage (§ 81 BVerfGG) hat das Fachgericht das Ausgangsverfahren fortzusetzen und unter Beachtung der Normenkontrollentscheidung des BVerfG zur Gültigkeit des vorgelegten Gesetzes den Ausgangsfall zu entscheiden[120].

> **Ergebnis:** Mit dem Verfahren der konkreten Normenkontrolle (Art. 100 Abs. 1 GG, §§ 80 ff. BVerfGG) steht dem BVerwG ein rechtlicher Weg zur Verfügung, um eine Klärung der verfassungsrechtlichen Fragen zur Gültigkeit der §§ 11, 37 Abs. 2 FwG durch das BVerfG herbeiführen zu können, falls das BVerwG der Argumentation von E folgen sollte.

Hinweise zur methodischen und sachlichen Vertiefung

1. Aufbau

Die beiden Fallfragen sind in der gestellten Reihenfolge zu beantworten. Es gibt keinen Grund, davon abzuweichen. Im Gegenteil, die vorrangige Lösung der materiellrechtlichen Fragestellung erleichtert das Verständnis etlicher Voraussetzungen der konkreten Normenkontrolle. Im übrigen wird vermieden, daß im Rahmen des Art. 100 Abs. 1 GG im Wege der inzidenten Prüfung breite materiellrechtliche Ausführungen gemacht werden müssen.

Die erste Frage zielt erkennbar auf die Prüfung eines Gleichheitsrechts. Der in der Fallösung dazu vorgeschlagene Aufbau sucht auch bei speziellen Gleichheitssätzen die übliche zweistufige Prüfung beizubehalten und fragt daher zunächst nach dem Vorliegen einer Ungleichbehandlung (vergleichbarer Personengruppen/Sachverhalte) und anschließend nach deren Rechtfertigung. Die Untersuchung zur verfassungsrechtlichen Rechtfertigung der festgestellten Ungleichbehandlung zwischen Männern und Frauen sieht sich inhaltlich der Kontroverse um das Verhältnis zwischen Abs. 2 S. 1 und Abs. 3 S. 1 des Art. 3 GG ausgesetzt. Aufbaumäßig wird das Problem dadurch gelöst, daß zunächst der Maßstab für die Beurteilung der Ungleich-

---

119 *Erichsen* Jura 1982, 88 (94); *H. Klein* in: Umbach/Clemens, BVerfGG, § 82 Rn 18.
120 *Maurer* Staatsrecht, § 20 Rn 118.

behandlung ermittelt wird, um anschließend zu erörtern, welche Ausnahmen von sog. absoluten Differenzierungsverboten bestehen und ob eine solche Ausnahme hier gegeben ist. Sodann ist auf der Ebene der Rechtfertigung der Ungleichbehandlung – im Sachverhalt unübersehbar angedeutet – kollidierendes Verfassungsrecht heranzuziehen. Entsprechend dem Schwerpunkt der dazu anzustellenden Überlegungen empfiehlt sich zunächst die Untersuchung des Art. 12 Abs. 2 GG, um anschließend Art. 3 Abs. 2 S. 2 GG zu erörtern.

Die zweite – dem Verfassungsprozeßrecht gewidmete – Frage wirft ebensowenig wie die erste Frage wirklich schwierige Aufbaufragen auf. In der die gutachtliche Prüfung bestimmenden Grundstruktur ist bei der konkreten Normenkontrolle allerdings nicht zwischen »Zulässigkeit« und »Begründetheit« zu unterscheiden; eine »Begründetheit der Vorlage« gibt es nach zutreffender Auffassung nicht (vgl. aber *Erichsen* Jura 1982, 88 [93]), sondern nur die fachgerichtliche Einholung der Rechtsentscheidung des BVerfG zur Gültigkeit des vorgelegten Gesetzes. Bei der Prüfung der Zulässigkeit einer Vorlage an das BVerfG ist zwischen den Vorlagevoraussetzungen nach Art. 100 Abs. 1 GG und der hinreichenden Begründung des Vorlagebeschlusses gem. § 80 Abs. 2 S. 1 BVerfGG zu differenzieren. Aufbaumäßig ungeklärt ist im Rahmen der Zulässigkeitsvoraussetzungen die Verortung der um § 31 BVerfGG rankenden Problematik. Die hier vorgeschlagene Strukturierung geht auf die Problematik kurz bei der »Überzeugung« des vorlegenden Gerichts ein, entwickelt dann aber im Schwerpunkt eine eigenständige Zulässigkeitsvoraussetzung, die danach fragt, ob eine frühere Entscheidung des BVerfG zu der aufgeworfenen Gültigkeitsfrage eines Gesetzes ein Verfahrenshindernis darstellt (vgl. *Pestalozza* Verfassungsprozeßrecht, § 13 Rn. 25). Im übrigen kann zur Beantwortung zusammenfassend dargelegt werden, daß es eines Vorlagebeschlusses des BVerwG bedarf und daß das BVerfG – bei Anerkennung der Zulässigkeit der konkreten Normenkontrolle – die vorgelegte Rechtsfrage mit Verbindlichkeit für den Rechtsstreit im Ausgangsverfahren beantwortet.

2. Inhalt

Der Sachverhalt ist relativ komplex, da er sowohl vielfältige grundrechtliche Fragestellungen um Art. 3 Abs. 2 und Abs. 3 GG sowie Art. 12 Abs. 2 GG abdecken soll als auch allgemeine prozeßrechtliche Fragen zur konkreten Normenkontrolle sowie speziell zur sog. Zweitvorlage aufwerfen will. Letzteres verlangt die Schilderung einer kleinen »Prozeßgeschichte«.

a) Gleichberechtigung von Mann und Frau und Differenzierungsverbot

Die erste Frage ist so gestellt, daß die Bearbeitung sich sogleich mit Problemen der Gleichberechtigung von Mann und Frau zu beschäftigen hat. Art. 12 Abs. 2 GG kommt nach der Fragestellung nicht als primäre Maßstabsnorm in Betracht (für § 37 Abs. 2 FwG ohnehin nicht), sondern fungiert in der Sache als Ansatz für eine mögliche Rechtfertigung der Ungleichbehandlung. Inhaltlich läßt sich die Ungleichbehandlung zwischen Männern und Frauen durch §§ 11, 37 Abs. 2 FwG unschwer feststellen. Die im Rahmen der verfassungsrechtlichen Rechtfertigung dieser Ungleichbehandlung zu stellende Frage nach dem Beurteilungsmaßstab nimmt die – bei der Erläuterung des Aufbaus bereits angesprochene – Kontroverse zu dem Verhältnis zwischen Abs. 2 S. 1 und Abs. 3 S. 1 des Art. 3 GG auf. Eine Darstellung der unterschiedlichen Auffassungen zeigt, daß es in dem *hier* relevanten Rahmen trotz unterschiedlicher dogmatischer Konstruktionen inhaltlich keinen Unterschied zwischen den Rechtsmeinungen gibt. Daher: Gleichberechtigung der Geschlechter als Differenzierungsverbot.

Zum Inhalt dieses Postulats dürfte bekannt sein, daß es auch bei Art. 3 Abs. 2 S. 1, Abs. 3 S. 1 GG ein »absolutes Differenzierungsverbot« im strengen Sinne des Wortes nicht gibt. Zu den Ausnahmen ist die Kenntnis darüber wichtig, daß das BVerfG seine frühere Rechtsprechung zur Rechtfertigung von Ungleichbehandlungen zwischen Mann und Frau aufgrund biologischer *oder* funktionaler Unterschiede aufgegeben hat (BVerfGE 85, 191 = DVBl 1992, 364 = DÖV 1992, 352 = NJW 1992, 964 = JZ 1992, 913 [m. Anm. *Löwisch*] = *Erichsen* JK 92, GG, Art. 3 II, III/6 = JuS 1992, 876 [*Sachs*]). Letztere taugen zur Rechtfertigung geschlechtsspezifischer Ungleichbehandlungen nicht (mehr); hinzu kommt eine gewisse Typisierungsfeindlichkeit des Differenzierungsverbots im speziellen Gleichheitssatz. Diese Fortentwicklung des Verständnisses zu Art. 3 Abs. 2 S. 1, Abs. 3 S. 1 GG ist praktisch folgenreich: Über Jahrzehnte war in der Rechtsprechung unbestritten, daß Regelungen wie §§ 11, 37 Abs. 2 FwG verfassungsrechtlich Bestand haben (vgl. BayVGH, BayVBl 1979, 269; VGH BW, VBlBW 1983, 41 [m. Anm. *Sachs*] = JA 1983, 384 [*Meissner*]; VBlBW 1983, 314; VBlBW 1986, 421 [m. Anm. *Rübsaamen*]; BVerwG, NVwZ 1995, 390 = BayVBl 1994, 315 = JuS 1994, 1069 [*Sachs*]). Die »Wende« wurde – nach einer Vorlageentscheidung des VG Regensburg (NVwZ 1994, 820 = BayVBl 1994, 316) an das BVerfG – durch das Urteil des EGMR vom 18. 7. 1994 (vgl. unten 3 b) eingeleitet, in dem die unterschiedliche Behandlung von Männern und Frauen bei der Feuerwehrdienstpflicht als Verstoß gegen das Diskriminirungsverbot (Art. 14 EMRK) erachtet und infolgedessen die nur von Männern erhobene Feuerwehrabgabe als konventionswidrig qualifiziert worden ist.

Sog. kollidierendes Verfassungsrecht vermag nicht nur vorbehaltlose Freiheitsgrundrechte einzuschränken (vgl. Fall 4) – und zusätzlich zu Gesetzesvorbehalten Grundrechtsschranken zu ziehen –, sondern unter Umständen auch eine rechtfertigungsbedürftige Ungleichbehandlung zu legitimieren. Im vorliegenden Zusammenhang ist Art. 12 Abs. 2 GG – eine in der Ausbildung eher vernachlässigte und allenfalls von der Arbeits- »pflicht« von Sozialhilfeempfängern (§§ 18 ff. BSHG) her bekannte Vorschrift – von Bedeutung. Auch dazu hat sich in den letzten Jahren (unter dem »Druck« von Art. 3 GG) ein Wandel der Interpretation vollzogen, nachdem die vorstehend zitierte verwaltungsgerichtliche Rechtsprechung unter Berufung auf BVerfGE 13, 167 wie selbstverständlich angenommen hatte, eine nur auf männliche Gemeindeeinwohner bezogene Feuerwehrdienstpflicht sei nicht nur »herkömmlich«, sondern zudem »allgemein« und »für alle gleich«. Der Lösungsvorschlag folgt der neueren Auslegung des Art. 12 Abs. 2 GG.

Zu dem mit der Verfassungsreform vom Herbst 1994 neu geschaffenen Art. 3 Abs. 2 S. 2 GG sollte bekannt sein, daß sowohl der Förderungsauftrag als auch das (objektive) Nachteilbeseitigungsverbot auf die faktische Gleichstellung von Frauen und Männern zielen. Im vorliegenden Fall ist freilich ohne weiteres zu erkennen, daß es §§ 11, 37 Abs. 2 FwG nicht um die Gleichstellung der Frau geht.

b) Konkrete Normenkontrolle

Die zweite Frage ist bewußt etwas unspezifisch und zudem prospektiv formuliert, doch dürfte es kaum Mühe bereiten, das Verfahren der konkreten Normenkontrolle als prozeßrechtlichen Lösungsweg zu erkennen. Immerhin sollte der Gedanke einer Normverwerfungsbefugnis des sog. Fachgerichts geäußert werden. Daher kann im Rahmen der gutachtlichen Prüfung einer konkreten Normenkontrolle zunächst die Unanwendbarkeit einer nichtigen Gesetzesbestimmung in einem Rechtsstreit hervorgehoben werden, um sodann in Form einer Hypothese ein entsprechendes Verhalten des Fachgerichts in den Raum zu stellen. Der Hinweis auf die richterliche Gesetzesbindung führt jedoch sogleich zu der Differenzierung zwischen Normprüfungskompetenz und Normverwerfungskompetenz, womit die Argumentationsbasis für das Verfahren der konkreten Normenkontrolle bereitet ist.

Im Rahmen der Zulässigkeitsprüfung sollten die Vorlagevoraussetzungen nach Art. 100 Abs. 1 GG bekannt sein. Wer sich mit der konkreten Normenkontrolle befaßt hat, wird ohne Mühe zur Vorlageberechtigung, zum Vorlagegegenstand, zur notwendigen Überzeugung des Fachgerichts von der Verfassungswidrigkeit der fraglichen Norm und zum Vorlagegrund die wesentlichen rechtlichen Anforderungen formulieren können. Im vorliegenden Fall treten allerdings einige Besonderheiten hinzu. Zum einen wird die methodische Vorgehensweise, die sich im Duktus der rechtlichen Argumentation niederschlägt, aus der Perspektive eines Fachgerichts vorgegeben, das die Rechtsfrage dem BVerfG noch nicht vorgelegt hat; daraus erklären sich die bewußt ausführlich gehaltenen Ausführungen zur konkreten Normenkontrolle. Zum anderen muß in der Sache beachtet werden, daß es um die Überprüfung eines Landesgesetzes geht. Daher ist zur – enumerativen – Zuständigkeit des BVerfG etwas auszuführen (allg. *Clemens* in: Umbach/Clemens, BVerfGG, § 13 Rn. 7: Der Rechtsweg zum BVerfG ist nur nach Maßgabe der Verfahrensarten eröffnet; Rechtsweg und Verfahrensart stellen einen zusammenfließenden Zulässigkeitspunkt dar); die Kontrolle eines Landesgesetzes ist ferner im Rahmen der Überzeugung des BVerwG von der Verfassungswidrigkeit zu thematisieren, soweit in diesem Zusammenhang die Möglichkeit einer verfassungskonformen Auslegung abzuklären ist. Schließlich ist die nicht einfache Frage zu bewältigen, ob nach der früheren Entscheidung des BVerfG zu § 38 Abs. 2 S. 1 FwG 1960 (E 13, 167) ein Fall der sog. Zweitvorlage, die grundsätzlich unzulässig ist, vorliegt. Dies führt zu § 31 BVerfGG, der hier in Gestalt eines Verfahrenshindernisses auftritt. Nach wie vor ist umstritten, ob die grundsätzliche Unzulässigkeit der erneuten Vorlage an das BVerfG auf die Rechtskraft der früheren verfassungsrechtlichen Entscheidung oder auf deren Bindungswirkung (§ 31 Abs. 1 BVerfGG) oder auf deren Gesetzeskraft (§ 31 Abs. 2 S. 1 BVerfGG) zurückzuführen ist. Die Lösung deutet – da es auf eine Entscheidung der dogmatischen Streitfrage in keiner Weise ankommt – die beiden hauptsächlich vertretenen Auffassungen an. In der Sache kann in bezug auf § 11 FwG der Fall einer echten Zweitvorlage verneint werden (was allein schon die Entscheidung zu § 37 Abs. 2 FwG präjudiziert); zu § 37 Abs. 2 FwG läßt sich unter Hinweis auf die Entscheidung des EGMR mit guten Gründen eine Ausnahme von der grundsätzlichen Unzulässigkeit einer Zweitvorlage vertreten.

Die hinreichende Begründung der Vorlageentscheidung (§ 80 Abs. 2 S. 1 BVerfGG) ist Zulässigkeitsvoraussetzung für die Normenkontrolle durch das BVerfG. In der Praxis scheitern hieran viele Normenkontrollverfahren.

Die Lösung arbeitet – betont ausführlich – heraus, welche Anforderungen das BVerwG bei seinen Darlegungen zur Ungültigkeit der §§ 11, 37 Abs. 2 FwG und zur Überzeugung von der Verfassungswidrigkeit der Normen sowie zum Nichtvorliegen eines Verfahrenshindernisses beachten und erfüllen müßte, um § 80 Abs. 2 S. 1 BVerfGG zu genügen.

Sind alle Zulässigkeitsvoraussetzungen erfüllt, geht es darum, die materielle Klärung der Rechtsfrage (§ 81 BVerfGG) durch das BVerfG herbeizuführen. Hinzuweisen ist darauf, daß das BVerwG das bei ihm anhängige Verfahren aussetzen und einen Vorlagebeschluß treffen muß. Auf der Grundlage der dann erfolgenden, verbindlichen Entscheidung des BVerfG (§ 31 BVerfGG) ist schließlich der Ausgangsfall durch das BVerwG zu beurteilen.

3. Rechtsprechungs- und Literaturhinweise
a) Ausgangsfall
Der Fall ist gebildet nach BVerfG, Beschl. v. 24. 1. 1995 – 1 BvL 18/93 u. a. – E 92, 91 = DVBl 1995, 613 = NJW 1995, 1733 = VBlBW 1995, 267 = Thür-VBl 1995, 202 = JA 1996, 13 (*Winkler*) = JuS 1995, 736 (*Sachs*).

b) Zum Themenkreis des Falles
– Systematische Abhandlungen: *Parodi* Zum »Frauenfeuerwehrdienst« nach dem Grundgesetz, DÖV 1984, 799; *Rozek* Feuerwehrdienstpflicht, Feuerwehrschutzabgabe und die »neue Formel« des Bundesverfassungsgerichts zu Art. 3 Abs. 3 GG, BayVBl 1993, 646.
– EMRK als Maßstab: EGMR, NVwZ 1995, 365 = VBlBW 1994, 402 (m. Anm. *Olbrich*) = *Kunig* JK 95, EMRK Art. 14/1 = JuS 1995, 927 (*Dörr*).
– Fallbearbeitung: *Kreuzer* Die Feuerwehrabgabe, Jura 1996, 481 (zu GG und EMRK).
– Zur abgabenrechtlichen Seite der Thematik: *Bader* Feuerwehrabgabe und Gleichheitssatz, VBlBW 1994, 435; *Müller* Die Bewertung der Feuerwehrabgabe auf nationaler und europäischer Ebene, ThürVBl 1995, 193; *Bausback* Die kommunale Feuerschutzabgabe als Entscheidungsgegenstand des EGMR und des BVerfG, ThürVBl 1995, 737.

c) Zum Verbot der Benachteiligung Behinderter
Das Verbot der Benachteiligung Behinderter (Art. 3 Abs. 3 S. 2 GG) gewinnt in der Praxis zunehmend an Bedeutung:
– BVerfGE 96, 288 = DVBl 1997, 1432 = NJW 1998, 131 = JA 1998, 638 (*Muckel*) = JuS 1998, 553 (*Sachs*) – Verbot der Benachteiligung Behinderter im Schulwesen; dazu krit. bzgl. der Deutung des Art. 3 Abs. 3 S. 2 GG *Spranger* DVBl 1998, 1058; ferner *Krajewski* JuS 1999, L 73.

- OLG Köln, NJW 1998, 763 = JZ 1998, 1182 (m. Bespr. *Hager* S. 1158) = JuS 1998, 1061 (*Sachs*) – Grenzen der Duldungspflicht bei Lärmeinwirkungen durch geistig Behinderte; dazu *Wassermann* NJW 1998, 730, sowie *Lachwitz* NJW 1998, 881, ferner Nichtannahmebeschluß BVerfG, NJW 1998, 2663.
- BerlVerfGH, NJW 1998, 3632 = JuS 1999, 813 (*Sachs*) – Gleichstellung Behinderter und Nichtbehinderter im öffentlichen Personennahverkehr.

d) Zur Gleichberechtigung von Mann und Frau im Europäischen Gemeinschaftsrecht

Aus der Rechtsprechung:

- EuGH, DVBl 1995, 1231 = NJW 1995, 3109 = JZ 1996, 196 (m. Anm. *Starck*) – Europarechtswidrigkeit der Frauenquotenregelung im Bremer Gleichstellungsgesetz; dazu Bespr. *Holznagel/Schlünder* Jura 1996, 519; *Vachek* JuS 1997, 410.
- EuGH, DVBl 1998, 183 (m. Anm. *Sachs*) = NJW 1997, 3429 = *Erichsen* JK 98, GG Art. 3 II/8 = JA 1998, 749 (*Trautwein*) = JuS 1998, 552 (*Sachs*) – Maßstäbe einer zulässigen Frauenförderung im Öffentlichen Dienst.
- EuGH, NJW 1998, 969 = JZ 1998, 724 (m. Anm. *Giegerich*) = EuZW 1998, 212 (m. Anm. *Szcekalla*) = JA 1999, 107 (*Trautwein*) – Grenzen der Gleichbehandlung bei homosexueller Partnerschaft; dazu Bespr. *Cirkel* NJW 1998, 3332.

e) Zur konkreten Normenkontrolle

Aus der Ausbildungsliteratur: *Maurer* Abstrakte und konkrete Normenkontrolle, JuS 1987, L 89 (zum Einstieg für Anfänger); *Erichsen* Die konkrete Normenkontrolle – Art. 100 Abs. 1 GG, Jura 1982, 88; *Millgramm* Mehrfachvorlagen und konkrete Normenkontrolle gemäß Art. 100 Abs. 1 GG, Jura 1983, 354.

Einen Rechtsprechungsbericht gibt *Heun* Richtervorlagen in der Rechtsprechung des Bundesverfassungsgerichts, AöR 122 (1997), 610; Einzelfragen behandelt *Wollweber* Aktuelle Aspekte der konkreten Normenkontrolle durch das Bundesverfassungsgericht, DÖV 1999, 413.

Aus der jüngeren Rechtsprechung:

- BVerfGE 97, 49 = DVBl 1998, 326 = NVwZ 1998, 606 = *Kunig* JK 98, GG Art. 16a I/1 – Begründungsanforderungen zur Entscheidungserheblichkeit der Vorlagefrage.

- BVerfGE 97, 117 = DÖV 1998, 468 = NJW 1998, 1699 = JuS 1999, 602 (*Sachs*) – in Kraft gebliebene DDR-Gesetze unterliegen nicht der konkreten Normenkontrolle.
- BVerfG, NJW 1998, 3557 = JZ 1999, 251 = JA 1999, 355 (*Moritz*) – § 828 Abs. 2 BGB unterliegt als vorkonstitutionelles Recht nicht der konkreten Normenkontrolle; dazu krit. *Rolfs* JZ 1999, 233.
- BVerfG, NJW 1999, 274 – unzulässige Vorlage durch den Berichterstatter eines Finanzgerichts.
- BVerfG, NJW 1999, 1098 = JuS 1999, 1014 *(Selmer)* – Anforderungen an die Begründung eines Vorlagebeschlusses.

f) Zu § 31 BVerfGG

Aus der Ausbildungsliteratur: *Schnapp/Henkenötter* Zur Bindungswirkung der Entscheidungen des BVerfG, JuS 1994, 121; *Ziekow* Die Bindungswirkung der Entscheidungen des Bundesverfassungsgerichts, Jura 1995, 522.

Fall 8: Streit um die Organisationsgewalt des Ministerpräsidenten

Sachverhalt

Im Rahmen einer umfassenden Justiz- und Verwaltungsreform im Land L, die durch die Eingliederung von Sonderbehörden in die allgemeine Verwaltung und eine weitreichende Zusammenlegung von Behörden zur Verwaltungsvereinfachung sowie zur Verschlankung der Bürokratie mit Synergie- und Einspareffekten führen soll, kommt es zur organisatorischen Zusammenführung des Innenministeriums und des Justizministeriums. Im Zuge einer Neubildung der Landesregierung bestimmt der Ministerpräsident M durch einen ordnungsgemäß veröffentlichten Organisationserlaß, daß die Geschäftsbereiche des bisherigen Innenministeriums und des bisherigen Justizministeriums zu einem »Ministerium für Inneres und Justiz« zusammengeführt werden. Der Landtag stimmt dieser Maßnahme mit der Mehrheit der die Regierung tragenden Fraktionen gegen die Stimmen der Opposition durch eine »politische Entschließung« zu. Verfassungsrechtlichen Bedenken aus der Opposition im Landtag begegnet Ministerpräsident M mit Hinweis darauf, daß er sich kompetenzgerecht verhalten habe, die Landesverfassung einen institutionellen Gesetzesvorbehalt nicht kenne und alles andere eine politische Fragestellung sei; ihm allein stehe die Organisationsgewalt zur Kabinettsbildung zu.

Die X-Fraktion, stärkste Oppositionskraft im Landtag, sieht durch den Organisationserlaß von M in erster Linie Kompetenzen des Parlaments verletzt, da die Maßnahme nur in Gesetzesform habe ergehen dürfen. Es könne ernsthaft nicht bestritten werden, daß eine so bedeutsame Maßnahme wie die Zusammenlegung der Ministerien für Inneres und Justiz zu einem neuen Doppelministerium nur durch ein Parlamentsgesetz getroffen werden könne; dies forderten schon die Vorhersehbarkeit und Transparenz staatlichen Handelns. Aber auch in der Sache könne der Organisationserlaß keinen Bestand haben. Er stelle nämlich eine unzulässige Durchbrechung der Gewaltenteilung dar und gefährde insbesondere in verfassungswidriger Weise die Unabhängigkeit der Rechtsprechung. Nicht anders sei es zu erklären, daß der »Polizeiminister« auf einmal die Gerichtsverwaltung kontrollieren solle. Im übrigen schreibe sogar das Grundgesetz vor, daß ein eigenständiges Landesjustizministerium verfassungsrechtlicher Ausdruck der Eigenständigkeit der Dritten Gewalt sein müsse.

M zeigt sich von den verfassungsrechtlichen Angriffen durch X unbeeindruckt. X zieht daher eine Klage beim Landesverfassungsgericht in Betracht und bittet zur Vorbereitung eines entsprechenden Verfahrens

1. zur Klärung der Verfassungsmäßigkeit des Organisationserlasses um ein Rechtsgutachten zu der Frage, ob
   a) die umstrittene Organisationsmaßnahme – wenn überhaupt – allenfalls in einem Gesetz getroffen werden durfte,
   b) die Zusammenlegung des Innen- und Justizministeriums mit der verfassungsrechtlichen Stellung der Rechtsprechung und der Richter vereinbar ist;
2. um Auskunft über verfassungsprozessuale Möglichkeiten zur Anrufung des Landesverfassungsgerichts.

Vermerk:

Auszug aus der Landesverfassung von L:

Zweiter Abschnitt. Die Landesregierung

Art. 51 [Zusammensetzung]. Die Landesregierung besteht aus dem Ministerpräsidenten und den Landesministern.

Art. 52 [Regierungsbildung]. (1) Der Landtag wählt aus seiner Mitte in geheimer Wahl ohne Aussprache den Ministerpräsidenten mit mehr als der Hälfte der gesetzlichen Zahl seiner Mitglieder.
(2) …
(3) Der Ministerpräsident ernennt und entläßt die Minister. Er beauftragt ein Mitglied der Landesregierung mit seiner Vertretung und zeigt seine Entscheidungen unverzüglich dem Landtag an.

Art. 55 [Verantwortung]. (1) Der Ministerpräsident bestimmt die Richtlinien der Politik und trägt dafür die Verantwortung …

Fünfter Abschnitt. Das Landesverfassungsgericht

Art. 75 [Zuständigkeiten]. Das Landesverfassungsgericht entscheidet
1. …
2. über die Auslegung der Verfassung aus Anlaß von Streitigkeiten über den Umfang der Rechte und Pflichten eines obersten Landesorgans oder anderer Beteiligter, die durch diese Verfassung oder in der Geschäftsordnung eines obersten Landesorgans mit eigenen Rechten ausgestattet sind …

Sechster Abschnitt. Die Verwaltung

Art. 77 [Verwaltungsorganisation]. Die Organisation der allgemeinen Landesverwaltung und die Regelung der Zuständigkeiten erfolgt durch Gesetz. Die Einrichtung der Behörden im einzelnen obliegt der Landesregierung und auf Grund der von ihr erteilten Ermächtigung den einzelnen Landesministern.

Auszug aus dem Landesverfassungsgerichtsgesetz:

§ 12 [**Zuständigkeiten**]. Das Landesverfassungsgericht entscheidet
…
5. über die Auslegung der Verfassung aus Anlaß von Streitigkeiten über den Umfang der Rechte und Pflichten eines obersten Landesorgans oder anderer Beteiligter, die durch die Verfassung oder in der Geschäftsordnung eines obersten Landesorgans mit eigenen Rechten ausgestattet sind (Artikel 75 Nr. 2 der Verfassung) …

Streitigkeiten gemäß Art. 75 Nr. 2 LV

§ 43 [**Organstreitigkeiten**]. Antragsteller und Antragsgegner können nur die obersten Landesorgane und die in der Verfassung oder in einer Geschäftsordnung mit eigenen Rechten ausgestatteten Teile dieser Organe sein.

§ 44 [**Antragstellung, Zulässigkeit**]. (1) Der Antrag ist nur zulässig, wenn der Antragsteller geltend macht, daß er oder das Organ, dem er angehört, durch eine Maßnahme oder Unterlassung des Antragsgegners in seinen ihm durch die Verfassung übertragenen Rechte und Pflichten verletzt oder unmittelbar gefährdet ist.

(2) Im Antrag ist die Maßnahme oder Unterlassung, durch die der Antragsgegner gegen die Verfassung verstoßen haben soll, näher darzulegen.

(3) Der Antrag muß innerhalb von sechs Monaten, nachdem die beanstandete Maßnahme oder Unterlassung dem Antragsteller bekannt geworden ist, gestellt werden.

Lösung
1. Frage: Verfassungsmäßigkeit des Organisationserlasses von M

Die organisatorische Zusammenführung des Innenministeriums und des Justizministeriums im Land L durch den Organisationserlaß des Ministerpräsidenten M zu einem »Ministerium für Inneres und Justiz« könnte – wie die X-Fraktion geltend macht – sowohl gegen den Vorbehalt des Gesetzes als auch gegen die verfassungsrechtliche Gewaltenteilung verstoßen.

A. Vorbehalt des Gesetzes

Unabhängig von der inhaltlichen Verfassungsmäßigkeit der getroffenen Maßnahme könnte der Organisationserlaß von M schon deshalb verfassungswidrig sein, weil der Vorbehalt des Gesetzes mißachtet worden ist. Soweit dieser Vorbehalt reicht, müssen Maßnahmen der vollziehenden Gewalt (Regierung und Verwaltung) durch förmliches Gesetz legitimiert sein[1].

1 BVerfGE 98, 218 (251); *Krebs* Jura 1979, 304; *Pietzcker* JuS 1979, 710; *von Münch* Staatsrecht, Bd 1, Rn 343; *Maurer* Staatsrecht, § 8 Rn 19.

Ein Gesetz des Landtags von L, das zu der von M vorgenommenen Organisationsmaßnahme ermächtigt, ist nicht ersichtlich. Infolgedessen könnte M ohne die notwendige gesetzliche Grundlage und damit verfassungswidrig gehandelt haben.

I. Geltung des Vorbehalts des Gesetzes im Staatsorganisationsrecht

Fraglich ist indes, ob der Vorbehalt des Gesetzes im vorliegenden Zusammenhang überhaupt eingreift. Voraussetzung dafür wäre eine entsprechende verfassungsrechtliche Geltungsanordnung. Da es nämlich um eine Frage der *Kompetenzverteilung* zwischen Legislative und Exekutive geht[2], ist die als eigenständige Staatsfunktion konstituierte[3] sog. Zweite Gewalt an der Ausübung staatlicher Hoheitsbefugnisse nach Maßgabe des Vorbehalts des Gesetzes nur gehindert, wenn und soweit dieser Vorbehalt Geltung beansprucht.

1. Reichweite des Vorbehalts des Gesetzes

Der Vorbehalt des Gesetzes kommt in Gestalt des grundrechtlichen Gesetzesvorbehalts ohne weiteres zur Anwendung, wenn es sich bei dem umstrittenen Organisationserlaß um einen *Grundrechtseingriff* handelt. Staatliche Eingriffe in Freiheit und Eigentum eines Grundrechtsträgers bedürfen der Grundlage in einem förmlichen Gesetz[4]. Um einen Grundrechtseingriff geht es hier jedoch nicht. Zwar kann das neue Ministerium durch entsprechende Gesetze zu Grundrechtseingriffen ermächtigt sein. Aber daraus resultiert nicht eine Grundrechtsbetroffenheit des Bürgers durch den auf die Strukturierung der Regierung bezogenen Organisationsakt, so daß dieser keinem *grundrechtlichen* Gesetzesvorbehalt unterliegt[5].

---

2 *Krebs* Jura 1979, 304 (307); *Jachmann* JA 1994, 399 (400); *Wehr* JuS 1997, 419 (420); *Leisner* in: Kremser/Leisner, Verfassungsrecht III, § 6 Rn 79; *Ossenbühl* in: HStR III, § 62 Rn 7.
3 Bund: Art 20 Abs 2 S 2 GG. – Länder: Art 25 Abs 1 S 2, Abs 3 S 3 LV BW; Art 4, 5 Abs 2 BayVerf; Art 3 Abs 1 S 2 BlnVerf; Art 2 Abs 4 S 2 BbgVerf; Art 67 S 2 BremVerf; Art 33 Abs 2 HbgVerf; Art 71 iVm 100ff HessVerf; Art 3 Abs 1 S 2 LV MV; Art 2 Abs 1 S 2 NdsVerf; Art 3 Abs 2 LV NW; Art 77 Abs 1 LV RP; Art 61 Abs 1 S 2 SaarlVerf; Art 3 Abs 1 S 2, Abs 2 S 2 SächsVerf; Art 2 Abs 2 S 3 Verf LSA; Art 2 Abs 3 LV SH; Art 45 S 3, 47 Abs 2 ThürVerf.
4 *Pietzcker* JuS 1979, 709 (711f); *Erichsen* Jura 1995, 550 (552); *Sachs* JuS 1995, 693; *Hesse* Grundzüge des Verfassungsrechts, Rn 201, 509; *Maurer* Staatsrecht, § 8 Rn 22; *Schulze-Fielitz* in: Dreier, GG, Bd II, Art 20 (Rechtsstaat) Rn 96f.
5 *Hermes* in: Dreier, GG, Bd II, Art 64 Rn 19.

a) Vorbehalt des Gesetzes bei »wesentlichen« staatlichen Entscheidungen

Es ist jedoch zweifelhaft, ob sich der Vorbehalt des Gesetzes in der Forderung nach einer gesetzlichen Grundlage für Grundrechtseingriffe erschöpft. Ein *allgemeiner,* verfassungsrechtlich nicht ausdrücklich normierter Vorbehalt des Gesetzes könnte vom *Vorrang* des Gesetzes (Art. 20 Abs. 3 GG[6]) vorausgesetzt sein[7]. Grundlegende staatliche Entscheidungen könnten danach dem Gesetzgeber zur Normierung im Gesetzgebungsverfahren zugewiesen sein[8]. Gegen eine derartige Herleitung spricht jedoch der Wortlaut des Art. 20 Abs. 3 GG, der nur die Gesetzes*bindung* festlegt, zu Grund und Grenzen eines allgemeinen Vorbehalts des Gesetzes jedoch keine Anhaltspunkte bietet.

Der – über die grundrechtlichen Gesetzesvorbehalte hinausreichende – *allgemeine* Vorbehalt des Gesetzes könnte sich aber aus dem Rechtsstaatsgebot (Art. 28 Abs. 1 S. 1 GG[9]) und dem Demokratieprinzip (Art. 20 Abs. 1 und Abs. 2 S. 1 GG[10]) ergeben[11]. Beide verpflichten den Gesetzgeber, alle wesentlichen Entscheidungen selbst zu treffen und diese nicht dem Handeln und der Entscheidungsmacht der Exekutive zu überlassen[12]. Dies gilt über Art. 28 Abs. 1 S. 1 GG auch in den Ländern[13]. Rechtsstaatlichkeit verlangt nämlich Berechenbarkeit und Vorhersehbarkeit exekutorischen

---

6 Parallelvorschriften in den Landesverfassungen: Art 25 Abs 2 LV BW; Art 2 Abs 5 S 2 BbgVerf; Art 66 S 2 BremVerf; Art 3 Abs 2 S 2 HbgVerf; Art 4 LV MV; Art 2 Abs 2 NdsVerf; Art 77 Abs 2 LV RP; Art 61 Abs 2 SaarlVerf; Art 3 Abs 3 SächsVerf; Art 2 Abs 4 Verf LSA; Art 45 Abs 1 LV SH; Art 47 Abs 4 ThürVerf.

7 BVerfGE 40, 237 (248 f); 49, 89 (126); *Jachmann* JA 1994, 399 (400); *Hesse* Grundzüge des Verfassungsrechts, Rn 201; *Degenhart* Staatsrecht I, Rn 278.

8 *Hesse* Grundzüge des Verfassungsrechts, Rn 508.

9 Parallelvorschriften in den Landesverfassungen: Art 23 Abs 1 LV BW; Art 3 Abs 1 S 1 BayVerf; Art 1 Abs 3 BlnVerf iVm Art 28 Abs 1 S 1 GG; Art 2 Abs 1 BbgVerf; Art 2 LV MV; Art 1 Abs 2 NdsVerf; Art 60 Abs 1 SaarlVerf; Art 1 S 2 SächsVerf; Art 2 Abs 1 Verf LSA; Art 44 Abs 1 S 2 ThürVerf.

10 Parallelvorschriften in den Landesverfassungen: Art 25 Abs 1 S 1 LV BW; Art 2 BayVerf; Art 2 BlnVerf; Art 2 Abs 1 BbgVerf; Art 65 S 1 BremVerf; Art 65 HessVerf; Art 2 LV MV; Art 1 Abs 2 NdsVerf; Art 2 LV NW; Art 74 Abs 1 LV RP; Art 60 Abs 1 SaarlVerf; Art 1 S 2 SächsVerf; Art 2 Abs 1 Verf LSA; Art 2 Abs 1, 2 LV SH; Art 44 Abs 1 S 2 ThürVerf.

11 *Pietzcker* JuS 1979, 710 (713); *Wehr* JuS 1997, 419 (420); *Degenhart* Staatsrecht I, Rn 48; *Maurer* Staatsrecht, § 8 Rn 20; *Leisner* in: Kremser/Leisner, Verfassungsrecht III, § 6 Rn 135; *Schulze-Fielitz* in: Dreier, Bd II, GG, Art 20 (Rechtsstaat) Rn 95.

12 BVerfGE 83, 130 (142); 84, 212 (226); 88, 103 (116); 95, 267 (307); 98, 218 (251).

13 BVerfGE 90, 60 (85).

Handelns, was durch die Offenheit des Entscheidungsprozesses im Parlament und durch die besonderen Anforderungen an die Verkündung eines Gesetzes erreicht wird; das Demokratiegebot fordert eine demokratische Legitimation für das exekutivische Handeln, die durch das Parlament als die unmittelbar demokratisch legitimierte Institution vermittelt wird[14]. Genau darauf verweist die X-Fraktion.

b) Kriterien der »Wesentlichkeit« einer Entscheidung

Danach würde die umstrittene Zusammenführung der Geschäftsbereiche des bisherigen Innenministeriums und des bisherigen Justizministeriums zu einem neuen Ministerium für Inneres und Justiz dem Vorbehalt des Gesetzes unterliegen, wenn es sich bei dieser Maßnahme um eine »wesentliche Entscheidung« handelte. Dies könnte schon deshalb der Fall sein, weil die Organisationsmaßnahme, des M politisch umstritten ist[15]. Dabei handelt es sich indes um einen *faktischen* Befund, von dem nicht auf die verfassungs*rechtliche* Zuordnung von Entscheidungskompetenzen zwischen Legislative und Exekutive geschlossen werden darf[16]. Der Umstand, daß eine Maßnahme politisch umstritten ist, führt für sich genommen also nicht dazu, daß diese als »wesentlich« verstanden werden muß[17].

Damit stellt sich die Frage, nach welchen Kriterien die »Wesentlichkeit« einer staatlichen Maßnahme zu bestimmen ist. Da es um die Klärung einer verfassungsrechtlichen Frage geht, müssen die Wertungskriterien der Verfassung selbst entnommen werden[18]. Das Verfassungsrecht unterscheidet grundlegend zwischen dem Bereich der *Grundrechte* und demjenigen der *Staatsorganisation*. Demzufolge kann nur mit Blick auf den jeweiligen Sachbereich und die Eigenart des betroffenen Regelungsgegenstandes beurteilt werden, wann es in einer bestimmten Angelegenheit unter dem Aspekt der »Wesentlichkeit« einer Entscheidung durch den parlamentarischen Gesetzgeber bedarf. Die verfassungsrechtlichen Kriterien hierfür sind den Grundrechten sowie den tragenden Prinzipien der Verfassung zu entnehmen[19].

---

14   BVerfGE 40, 237 (249); *Maurer* Staatsrecht, § 8 Rn 20.
15   VerfGH NW, DVBl 1999, 714 (717) = DÖV 1999, 427 (429) = NJW 1999, 1243 (1245) = JZ 1999, 1109 (1111).
16   BVerfGE 49, 89 (126).
17   BVerfGE 98, 218 (251); *Wieland* DVBl 1999, 719 (721); *Sendler* NJW 1999, 1232 (1233); *Isensee* JZ 1999, 1113 (1115).
18   BVerfGE 47, 46 (79); *Wehr* JuS 1997, 419 (422).
19   BVerfGE 49, 89 (127); 98, 218 (251).

aa) Grundrechtsrelevanz staatlichen Handelns

„Wesentlich« sind danach im grundrechtsrelevanten Bereich nicht nur grundrechts*beschränkende* staatliche Maßnahmen, sondern auch sonstige, für die *Verwirklichung* der Grundrechte bedeutsame Entscheidungen[20]. Dies können auch staatliche *Organisationsmaßnahmen* sein; Voraussetzung ist jedoch, daß die fragliche organisatorische Entscheidung der Verwirklichung von Grundrechten dient[21]. Das könnte hier bezüglich Art. 19 Abs. 4 S. 1 GG der Fall sein. Dieses sog. formelle Hauptgrundrecht garantiert dem Einzelnen gegenüber der öffentlichen Gewalt einen wirksamen Rechtsschutz. Bei Maßnahmen der Verwaltung, die den Einzelnen in seinen Rechten beeinträchtigen, ist der Weg zu den Gerichten eröffnet, und diese haben jene Maßnahmen einer effektiven Kontrolle in tatsächlicher und rechtlicher Hinsicht zu unterziehen[22]. Die Organisation der Justizverwaltung, im vorliegenden Fall also die Beibehaltung eines eigenständigen Justizministeriums, könnte für die Verwirklichung des Art. 19 Abs. 4 S. 1 GG von erheblicher Bedeutung sein. Es könnte nämlich um die grundlegende Frage der institutionellen Sicherung der sog. Dritten Gewalt gehen. Demzufolge könnte die Zusammenlegung des Innen- und des Justizministeriums im Verhältnis zwischen Individuum und Staat die Durchsetzung grundrechtsgeschützter Rechtspositionen berühren[23]. Danach wäre die Schaffung eines Ministeriums für Inneres und Justiz wesentlich für die Verwirklichung der Grundrechte, so daß der Vorbehalt des Gesetzes zur Anwendung gelangte.

Demgegenüber ist jedoch zu beachten, daß jene nur theoretisch denkbaren, aber durch keinen konkreten Anhaltspunkt gestützten Gefährdungen der sog. Dritten Gewalt die verfassungsrechtliche Rechtsweggarantie und das Verfassungsgebot eines wirksamen Rechtsschutzes *im Rechtssinne* nicht berühren[24]. Eine Grundrechtsverwirklichung durch eine bestimmte Organisationsform der Justizverwaltung könnte nur angenommen werden, wenn allein dadurch die verfassungsrechtlich gewährleistete Grundrechtsausübung sicherzustellen wäre. Das ist hier nicht der Fall. Die Wirksamkeit des Rechtsschutzes besteht als Verfassungsgebot unabhängig davon, ob der

20 BVerfGE 47, 46 (79); 77, 381 (403); 83, 130 (142); 98, 218 (251); *Krebs* Jura 1979, 304 (310); *Erichsen* Jura 1995, 550 (553); *Hesse* Grundzüge des Verfassungsrechts, Rn 509; *Schulze-Fielitz* in: Dreier, GG, Bd II, Art 20 (Rechtsstaat) Rn 103.
21 BVerfGE 56, 216 (236).
22 BVerfGE 10, 264 (267); 35, 263 (274); 67, 43 (58); 96, 27 (39); 97, 298 (315).
23 VerfGH NW, DVBl 1999, 714 (717) = DÖV 1999, 427 (429 f) = NJW 1999, 1243 (1245 f) = JZ 1999, 1109 (1111f).
24 *Sendler* NJW 1999, 1232 (1233).

für die Justizverwaltung zuständige Minister eigenständig nur das Justizministerium leitet oder als sog. Doppelminister auch noch das Innenministerium betreut. Art. 19 Abs. 4 S. 1 GG hängt in keiner Weise von der
Organisation der Justizverwaltung ab. Sowohl die Rechtsweggarantie als
auch das Gebot eines wirksamen Rechtsschutzes bleiben durch die Zusammenlegung von Innen- und Justizministerium unberührt. Die Organisationsmaßnahme von M, die schon keinen Grundrechtseingriff darstellt[25],
ist im verfassungsrechtlichen Sinne auch im übrigen nicht wesentlich für
die Verwirklichung der Grundrechte.

bb) Bedeutung einer staatlichen Maßnahme für das Gemeinwesen

Der Vorbehalt des Gesetzes ist in seiner Reichweite allerdings auf den Bereich der Grundrechtsausübung, d.h. auf das Verhältnis zwischen Staat
und Individuum, nicht begrenzt. Insoweit handelt es sich nur um einen
besonders bedeutsamen Bereich, der dem Gesetzgeber zur Regelung des
Wesentlichen vorbehalten ist[26]. Das Rechtsstaats- und das Demokratiegebot verlangen darüber hinaus Entscheidungen des parlamentarischen
Gesetzgebers, wenn es um *grundlegende Maßnahmen* für das *Gemeinwesen*
geht[27]. Dies trifft auf Angelegenheiten mit weitreichenden Auswirkungen
für die Gesamtheit der Bürger und die allgemeinen Lebensverhältnisse im
Staate zu, wie dies z.B. bei der friedlichen Nutzung der Kernenergie[28] oder
bei Strukturentscheidungen im Schulwesen[29] oder bezüglich der Stationie-
rung chemischer Waffen im Bundesgebiet[30] der Fall ist.

Es ist fraglich, ob die Errichtung von Ministerien und die Abgrenzung
ihrer Geschäftsbereiche in diesem Sinne »grundlegend für das Gemeinwesen« sind. Zur Konkretisierung des wertungsoffenen Kriteriums der
»Wesentlichkeit« könnten in derartigen Zweifelsfällen Sinn und Zweck des
Gesetzgebungsverfahrens weitere Anhaltspunkte geben[31]. Der Vorbehalt des

---

25 Vgl o Text zu Fn 5.
26 VerfGH NW, DVBl 1999, 714 (715) = DÖV 1999, 427 = NJW 1999, 1243 (1244) = JZ 1999, 1109.
27 *Jachmann* JA 1994, 399 (400); *Wehr* JuS 1997, 419 (422); *Schulze-Fielitz* in: Dreier, GG, Bd II, Art 20 (Rechtsstaat) Rn 104.
28 BVerfGE 49, 89 (127).
29 BVerfGE 34, 165 (192 f); 41, 251 (259 f); 45, 400 (417 f); 47, 46 (78 f); 58, 257 (272 f).
30 BVerfGE 77, 170 (230 f).
31 VerfGH NW, DVBl 1999, 714 (715) = DÖV 1999, 427 = NJW 1999, 1243 (1244) = JZ 1999, 1109.

Gesetzes zwingt das Parlament, bestimmte Regelungen selbst zu treffen. Er stellt folglich sicher, daß derartige Entscheidungen aus einem Verfahren hervorgehen, das transparent ist, die Beteiligung der parlamentarischen Opposition gewährleistet und überdies der Öffentlichkeit Gelegenheit bietet, ihre Auffassungen auszubilden und zu vertreten. Dadurch kann die Volksvertretung angehalten werden, Notwendigkeit und Inhalt der beabsichtigten Entscheidung in öffentlicher Debatte zu klären[32]. Der Vorbehalt des Gesetzes veranlaßt das Parlament also, sich seiner verfassungsrechtlichen Verantwortung zu stellen. Damit wird verhindert, daß das Parlament aus Gründen politischer Opportunität die ihm verfassungsrechtlich zugeordneten Kompetenzen nicht wahrnimmt[33]. Soweit der Vorbehalt des Gesetzes eingreift, wirken an wichtigen Entscheidungen für das Gemeinwesen mehrere Verfassungsorgane mit; ferner kann in der Öffentlichkeit eine entsprechende Diskussion stattfinden, und die Entscheidungsorgane können nach ihrer Zusammensetzung und Legitimation integrierend wirken[34].

Dieser Zusammenhang zwischen dem Inhalt und der Bedeutung der Organisation der Landesregierung einerseits sowie der notwendigen Legitimation und Verfahrensweise des Entscheidungsorgans andererseits könnte dafür sprechen, die Wesentlichkeit der Entscheidung über die Regierungsorganisation zu befürworten und den Vorbehalt des Gesetzes damit zu bejahen[35]. Dann hätte die von M getroffene Maßnahme – falls sie inhaltlich verfassungsgemäß wäre – kompetenzrechtlich vom Landtag vorgenommen werden müssen. Die Rechtsauffassung der X-Fraktion wäre zutreffend.

2. Grenzen des Vorbehalts des Gesetzes

Es ist allerdings fraglich, ob eine staatliche Maßnahme ohne Grundrechtsrelevanz allein deshalb schon dem Vorbehalt des Gesetzes unterfällt, weil sie als politisch bedeutsam oder als gewichtig für das Gemeinwesen, mithin als »wesentlich« qualifiziert wird. Wäre dies der Fall, könnte aus dem Rechtsstaats- und Demokratiegebot ein allumfassender Parlamentsvorbehalt abgeleitet werden, der einem »Gewaltenmonismus« nahe käme. Dem Verfassungsrecht ist jedoch kein Totalvorbehalt dahingehend zu entnehmen,

---

32 BVerfGE 85, 386 (403 f); 95, 267 (307 f).
33 *Ossenbühl* in: HStR III, § 62 Rn 37.
34 VerfGH NW, DVBl 1999, 714 (715) = DÖV 1999, 427 = NJW 1999, 1243 (1244) = JZ 1999, 1109.
35 *Erbguth* NWVB 1999, 365 (367); *H. Meyer* in: Schneider/Zeh (Hrsg), Parlamentsrecht und Parlamentspraxis, 1989, § 4 Rn 58.

daß *alle* wesentlichen staatlichen Entscheidungen dem Vorbehalt des Gesetzes zu unterwerfen sind[36]. Im Gegenteil, im Bereich des *Staatsorganisationsrechts* könnte die verfassungsrechtliche Kompetenzordnung einem unter Berufung auf das Demokratieprinzip postulierten Totalvorbehalt gerade entgegenstehen.

a) Gewaltenteilende Kompetenzordnung

Eine Begrenzung der Reichweite des Vorbehalts des Gesetzes könnte sich im vorliegenden Fall aus der verfassungsrechtlichen *Gewaltenteilung* (Art. 20 Abs. 2 S. 2 GG[37]) ergeben. Nach der geltenden Funktionenordnung könnte die Strukturierung der Landesregierung dem Ministerpräsidenten zukommen. Voraussetzung hierfür wäre, daß die verfassungsrechtliche Gewaltenteilung dem Vorbehalt des Gesetzes Grenzen zu ziehen vermag. Dies hängt von der Funktion der Gewaltenteilung ab. Die organisatorische und funktionelle Unterscheidung und Trennung der Gewalten dient zunächst der Verteilung von politischer Macht und Verantwortung sowie der gegenseitigen Kontrolle der Staatsorgane[38]. Soweit der Exekutive (Regierung und Verwaltung) Kompetenzen zugewiesen sind, darf die dadurch bewirkte Verteilung und Zuordnung staatlicher Macht infolgedessen nicht durch eine Ausdehnung des Vorbehalts des Gesetzes unterlaufen werden. Ansonsten würde auch die sachliche Funktion der Gewaltenteilung mißachtet. Die verfassungsrechtliche Funktionenordnung dient nämlich auch dem Ziel, daß staatliche Entscheidungen möglichst richtig, d. h. von denjenigen Organen getroffen werden, die dafür nach ihrer Organisation, Zusammensetzung, Funktion und Verfahrensweise über die besten Voraussetzungen verfügen[39]. Infolgedessen setzt das Verfassungsrecht mit der gewaltenteilenden Kompe-

---

36   BVerfGE 68, 1 (109); VerfGH NW, DVBl 1997, 824 (825) = NVwZ-RR 1998, 478 (479); *Krebs* Jura 1979, 304 (307 f.); *Erichsen* Jura 1995, 550 (553); *Wehr* JuS 1997, 419 (423); *Schnekenburger* SächsVBl 1999, 191; *von Münch* Staatsrecht, Bd 1, Rn 355; *Degenhart* Staatsrecht I, Rn 49; *Jarass* in: ders/Pieroth, GG, Art 20 Rn 30; *Böckenförde* Die Organisationsgewalt im Bereich der Regierung, 2. Aufl 1998, 90 ff.

37   Parallelvorschriften in den Landesverfassungen: Art 25 Abs 1 S 2 und Abs 3 LV BW; Art 5 BayVerf; Art 3 Abs 1 BlnVerf; Art 2 Abs 4 BbgVerf; Art 67 BremVerf; Art 3 Abs 1 S 2 LV MV; Art 2 Abs 1 S 2 NdsVerf; Art 3 LV NW; Art 77 Abs 1 LV RP; Art 61 Abs 1 S 2 SaarlVerf; Art 3 Abs 1 S 2 SächsVerf; Art 2 Abs 2 S 3 Verf LSA; Art 2 Abs 2, 3 LV SH; Art 47 ThürVerf.

38   BVerfGE 68, 1 (86); 95, 1 (15); *Fastenrath* JuS 1986, 194 (196 f.); *Wank* Jura 1991, 622 (623 f.); *Maurer* Staatsrecht, § 12 Rn 2 ff; *Degenhart* Staatsrecht I, Rn 218.

39   BVerfGE 68, 1 (86); 95, 1 (15); 98, 218 (252); *Wank* Jura 1991, 622 (624); *Wrege* Jura 1996, 436; *Hesse* Grundzüge des Verfassungsrechts, Rn 482, 488; *Böckenförde* Organisationsgewalt (Fn 36) 79.

tenzordnung den Befugnissen des Parlaments Grenzen[40]. Dieses Ziel darf nicht durch einen »Gewaltenmonismus« in Form eines umfassenden Parlamentsvorbehalts unterlaufen werden[41].

b) Gewaltenteilende Demokratie

Daher ist es nach der staatsorganisationsrechtlichen Kompetenzordnung nicht ausgeschlossen, daß gerade auch politisch bedeutsame Entscheidungen dem Parlament entzogen sind und folglich dem Vorbehalt des Gesetzes nicht unterfallen[42]. Dies könnte auch für die Zusammenführung der Geschäftsbereiche von Ministerien gelten. Eine Mißachtung des Demokratiegebots liegt hierin nicht unbedingt. Auch die Regierung und der Regierungschef – und nicht nur das Parlament – sind institutionell und funktionell demokratisch legitimiert; sie haben zudem die personelle demokratische Legitimation und unterliegen im übrigen demokratisch-parlamentarischer Kontrolle[43]. Insbesondere der Ministerpräsident verfügt über eine besondere demokratische Legitimation[44]. Er wird aus der Mitte des Landtags gewählt[45], der seinerseits unmittelbar vom Volk gewählt ist[46].

Nach geltendem Verfassungsrecht kann somit nicht allein dem Parlament eine demokratische Legitimation zugesprochen werden. Auch andere Institutionen und Funktionen der Staatsgewalt entbehren nicht der demo-

---

40 BVerfGE 49, 89 (124); VerfGH NW, DVBl 1999, 714 (715) = DÖV 1999, 427 = NJW 1999, 1243 (1244) = JZ 1999, 1109; *Butzer* NWVBl 1996, 208 (211); *Sendler* NJW 1999, 1232 (1233).

41 BVerfGE 98, 218 (252); *Wrege* Jura 1996, 436.

42 BVerfGE 68, 1 (108 f); VerfGH NW, DVBl 1999, 714 (715) = DÖV 1999, 427 = NJW 1999, 1243 (1244) = JZ 1999, 1109 f; *Böckenförde* NJW 1999, 1235 (1236); *von Münch* Staatsrecht, Bd 1, Rn 355; *Degenhart* Staatsrecht I, Rn 51; *Schulze-Fielitz* in: Dreier, GG, Bd II, Art 20 (Rechtsstaat) Rn 114.

43 BVerfGE 49, 89 (125); 68, 1 (109); *Böckenförde* Organisationsgewalt (Fn 36) 79.

44 VerfGH NW, DVBl 1999, 714 (715) = DÖV 1999, 427 = NJW 1999, 1243 (1244) = JZ 1999, 1109 (1110).

45 Art 46 Abs 1 S 1 LV BW; Art 44 Abs 1 BayVerf; Art 56 Abs 1 BlnVerf; Art 83 Abs 1 S 1 BbgVerf; Art 107 Abs 2 S 1 BremVerf; Art 34 Abs 1 HbgVerf; Art 101 Abs 1 S 1 HessVerf; Art 20 Abs 1 S 3, 42 Abs 1 LV MV; Art 29 Abs 1 NdsVerf; Art 52 Abs 1 LV NW; Art 98 Abs 2 S 1 LV RP; Art 87 Abs 1 S 1 SaarlVerf; Art 60 Abs 1 SächsVerf; Art 65 Abs 1 Verf LSA; Art 10 Abs 1 S 2, 26 Abs 2 S 1 LV SH; Art 48 Abs 2, 70 Abs 3 S 1 ThürVerf.

46 Art 26 Abs 4 und 28 Abs 1 LV BW; Art 14 BayVerf; Art 38 Abs 1 und 39 Abs 1 BlnVerf; Art 55 Abs 1 BbgVerf; Art 75 Abs 1 S 1 BremVerf; Art 6 Abs 2 HbgVerf; Art 75 Abs 1 HessVerf; Art 20 Abs 1 S 1, Abs 2 S 2 LV MV; Art 7 S 1, 8 Abs 1 NdsVerf; Art 30 Abs 1, 31 Abs 1 LV NW; Art 80 Abs 1 LV RP; Art 65 Abs 1 SaarlVerf; Art 39 Abs 1 SächsVerf; Art 41 Abs 1 S 1, 42 Abs 1 Verf LSA; Art 10 Abs 1 S 1 LV SH; Art 46 Abs 1, 48 Abs 1, 49 Abs 1 ThürVerf.

kratischen Legitimation[47]. Die Demokratie im Sinne des Grundgesetzes – und damit gem. Art. 28 Abs. 1 S. 1 GG auch im Sinne des Landesverfassungsrechts – ist eine rechtsstaatliche Demokratie; im Verhältnis der Staatsorgane zueinander führt dies zu einer gewaltenteilenden Demokratie[48]. Allein die »Wesentlichkeit« einer Entscheidung ist – entgegen der Auffassung der X-Fraktion – somit außerhalb des Grundrechtsbereichs nicht in der Lage, den Vorbehalt des Gesetzes auszulösen[49].

3. Organisationsrechtliche Gesetzesvorbehalte

Etwas anderes könnte allenfalls dann in Betracht kommen, wenn nach geltendem Verfassungsrecht ein sog. *institutioneller Gesetzesvorbehalt* anzuerkennen wäre. Danach müßten auch im Bereich des Staatsorganisationsrechts bestimmte Organisationsbefugnisse dem Parlament zugewiesen werden[50]. Hierunter könnte auch die Regierungsorganisation fallen[51]. Außerhalb des Grundrechtsbereichs verlangen in der Tat etliche staatsorganisationsrechtliche Vorschriften für bestimmte staatliche Maßnahmen ein Parlamentsgesetz[52]. Danach unterliegen die entsprechenden Maßnahmen dem Vorbehalt des Gesetzes. Erfaßt ist hiervon auch die Verwaltungsorganisation[53]. Allerdings handelt es sich dabei um *punktuelle* staatsorganisationsrechtliche Gesetzesvorbehalte[54]. Ein einheitliches Strukturkonzept liegt den Regelungen nicht zugrunde. Einen *allgemeinen* organisationsrechtlichen Gesetzesvorbehalt kennt das Verfassungsrecht also nicht[55]. Dies gilt auch für die Entscheidung »wesentlicher« Fragen im

---

47 VerfGH NW, DVBl 1999, 714 (715) = DÖV 1999, 427 = NJW 1999, 1243 (1244) = JZ 1999, 1109 (1110); *Krebs* Jura 1979, 304 (307); *Böckenförde* Organisationsgewalt (Fn 36) 289 f.

48 BVerfGE 68, 1 (87).

49 *Jarass* in: ders/Pieroth, GG, Art 20 Rn 35 a; *Böckenförde* Organisationsgewalt (Fn 36) 85 f, 92 ff.

50 *Butzer* Die Verwaltung 27 (1994) 157 (165).

51 *H. Meyer* in: Parlamentsrecht (Fn 35) § 4 Rn 57.

52 Art 23 Abs 1 S 2 GG; Art 24 Abs 1 GG; Art 29 Abs 2 S 1 GG; Art 59 Abs 2 S 1 GG; Art 91a Abs 2 und 3 GG; Art 110 Abs 2 S 1 GG; Art 115 Abs 1 S 1 GG; Art 137 Abs 1 GG.

53 Art 87 Abs 3 S 1 GG; Art 87b GG; Art 87d Abs 1 S 2 GG.

54 VerfGH NW, DVBl 1999, 714 (716) = DÖV 1999, 427 (428) = NJW 1999, 1243 (1244) = JZ 1999, 1109 (1110); *Krebs* in: HStR III, § 69 Rn 59; *Schulze-Fielitz* in: Dreier, GG, Bd II, Art 20 (Rechtsstaat) Rn 112.

55 *Menzel* NWVBl 1999, 201 (205 f); *Böckenförde* Organisationsgewalt (Fn 36) 100 f; *Janssen* Über die Grenzen des legislativen Zugriffsrechts, 1990, 230 ff; *Schulze-Fielitz* in: Dreier, GG, Bd II, Art 20 (Rechtsstaat) Rn 114.

Staatsorganisationsrecht[56] und insbesondere für die Organisation der Regierung[57].

> **Zwischenergebnis:** Ein einheitliches, an dem Kriterium der »Wesentlichkeit« orientiertes verfassungsrechtliches Kompetenzverteilungsprinzip zum Vorbehalt des Gesetzes im Bereich der Organisationsgewalt gibt es nicht. Daher kann die Frage nach der funktionellrechtlichen Zuordnung der Organisationsgewalt – entgegen der Auffassung der X-Fraktion – nur im konkreten Fall anhand einer Interpretation der anwendbaren Einzelvorschriften des Verfassungsrechts beantwortet werden[58]. Allenfalls subsidiär kann möglicherweise auf allgemeine Aussagen des Rechtsstaats- und Demokratiegebots – sofern die »Wesentlichkeitslehre« im Bereich der Organisationsgewalt nicht ohnehin unanwendbar ist[59] – zurückgegriffen werden[60].

II. Verteilung der Organisationsgewalt zwischen Parlament und Regierung
1. Fehlen einer ausdrücklichen Regelung zur Kabinettsorganisation

In erster Linie kommt es somit darauf an, ob die Landesverfassung von L eine Kompetenzzuweisung zur Errichtung von Ministerien enthält. Eine entsprechende Rechtsnorm könnte sich aus den Verfassungsbestimmungen zur Landesexekutive ergeben. Denkbar ist, daß eine solche Norm die Kompetenz des Gesetzgebers begründet; möglich ist aber auch, daß eine Norm einen Vorbehalt für die Verwaltung bezüglich ihrer Organisation statuiert.

a) Gesetzesvorbehalt zur Verwaltungsorganisation

Nach Art. 77 S. 1 LV[61] erfolgt die Organisation der *allgemeinen Landesverwaltung* und die Regelung der Zuständigkeiten durch Gesetz. Hierbei

---

56 *Krebs* in: HStR III, § 69 Rn 87.
57 *Pieroth* in: Jarass/Pieroth, GG, Art 64 Rn 2; *Hermes* in: Dreier, GG, Bd II, Art 64 Rn 20.
58 *Krebs* in: HStR III, § 69 Rn 87.
59 *Menzel* NWVBl 1999, 201 (205); *Böckenförde* NJW 1999, 1235f; *Jarass* in: ders/Pieroth, GG, Art 20 Rn 35a.
60 *Krebs* in: HStR III, § 69 Rn 87.
61 Parallelvorschriften in den Landesverfassungen: Art 70 Abs 1 S 1 LV BW; Art 77 Abs 1 S 1 BayVerf; Art 4 Abs 3, 67 Abs 3 BlnVerf; Art 96 Abs 1 BbgVerf; Art 57 S 1 HbgVerf; Art 70 Abs 2 LV MV; Art 56 Abs 2 NdsVerf; Art 77 S 1 LV NW; Art 112 S 1 SaarlVerf; Art 83 Abs 1 SächsVerf; Art 86 Abs 2 Verf LSA; Art 45 Abs 2 LV SH; Art 90 S 2 ThürVerf.

handelt es sich um einen speziellen organisationsrechtlichen Gesetzesvorbehalt, der – mit Blick auf Art. 77 S. 2 LV[62] – die Befugnisse zwischen Parlament und Regierung für Entscheidungen im Bereich der staatlichen Organisation abgrenzt[63]. Daraus könnte im vorliegenden Zusammenhang zugunsten des Vorbehalts des Gesetzes aber nur etwas abgeleitet werden, wenn Art. 77 S. 1 LV tatbestandlich auch die *Regierungsorganisation* umfaßte. Das ist jedoch, wie eine systematische Verfassungsinterpretation ergibt, nicht der Fall. Die »Landesregierung« hat ihre Regelung im Zweiten Abschnitt der Landesverfassung gefunden; Art. 77 S. 1 LV steht im Sechsten Abschnitt der Landesverfassung, der sich mit der »Landesverwaltung« beschäftigt. Die Vorschrift erfaßt daher nicht die Organisation auf der Ebene der Regierung[64]. Art. 77 S. 1 LV bezieht sich vielmehr nur auf die Verwaltungsorganisation unterhalb der Regierungsebene.

b) Kein Verwaltungsvorbehalt für den Organisationsbereich

Der Vorbehalt des Gesetzes käme entgegen der Auffassung der X-Fraktion nicht zur Anwendung, wenn die Kompetenz zur Errichtung von Ministerien und zur Abgrenzung ihrer Geschäftsbereiche verfassungsrechtlich der Regierung zugewiesen wäre. Eine spezielle Verfassungsbestimmung hierzu gibt es nicht. Ein entsprechender Rechtssatz könnte aber aus der verfassungsrechtlichen Gewaltenteilung[65] abzuleiten sein, falls die Organisationsgewalt als originäres »Hausgut« der Exekutive zu qualifizieren wäre. Verfassungsrechtlich könnte nämlich ein *Verwaltungsvorbehalt* für den Organisationsbereich bestehen. Soweit es sich dabei um einen Kernbereich exekutivischer Eigenverantwortung der Regierung handelte, hätte das Parlament keine Entscheidungskompetenz[66].

Fraglich ist allerdings, ob es verfassungsrechtlich einen Verwaltungsvorbehalt gibt und sich ein derartiger Vorbehalt ggf. auf die Organisation der Exekutive erstreckt. Einen *allgemeinen* Verwaltungsvorbehalt, der der

---

62 Parallelvorschriften in den Landesverfassungen: Art 70 Abs 2 LV BW; Art 77 Abs 1 S 2 BayVerf; Art 96 Abs 2 BbgVerf; Art 57 S 2 HbgVerf; Art 70 Abs 3 LV MV; Art 38 Abs 1 NdsVerf; Art 77 S 2 LV NW; Art 112 S 2 SaarlVerf; Art 83 Abs 2 SächsVerf; Art 86 Abs 1 Verf LSA; Art 45 Abs 3 LV SH; Art 90 S 3 ThürVerf.
63 *Schmidt-Aßmann* in: FS H. P. Ipsen, 1977, 333 (342); *Schnekenburger* SächsVBl 1999, 191.
64 VerfGH NW, DVBl 1999, 714 (716) = DÖV 1999, 427 (428) = NJW 1999, 1243 (1244) = JZ 1999, 1109 (1110); *Isensee* JZ 1999, 1113 (1114).
65 Nachw o Fn 37.
66 BVerfGE 67, 100 (139); 68, 1 (87); 95, 1 (16); *Böckenförde* Organisationsgewalt (Fn 36) 107.

Exekutive rechtssatzmäßig bestimmte Aufgaben und Funktionen ausschließlich zuweist und damit parlamentarischer Regelung entzieht, kennt das Verfassungsrecht nicht. Es gibt – als Ausprägung verfassungsrechtlicher Einzelvorschriften – nur *Teil*vorbehalte zugunsten der Exekutive[67]. Eine Regelungskompetenz des Parlaments zur Umstrukturierung der Landesregierung wäre danach immerhin dann noch zu verneinen, wenn sich ein derartiger Teilvorbehalt auf die Organisationsgewalt bezöge. Die Organisationsgewalt umfaßt die Befugnis zur Errichtung und Ausgestaltung der Verwaltungsträger und -behörden sowie zur Festlegung ihrer Zuständigkeiten[68]. Eine pauschale Kompetenzzuordnung zugunsten der Exekutive läßt das Verfassungsrecht insoweit jedoch nicht zu. Vielmehr besteht, wie allein schon Art. 77 S. 1 und S. 2 LV[69] zeigen, bezüglich der Organisationsgewalt eine zwischen Legislative und Exekutive differenzierende verfassungsrechtliche Kompetenzzuordnung[70].

Die Organisationsgewalt kann somit verfassungsrechtlich nicht als originäres »Hausgut« der Exekutive qualifiziert werden. Ebensowenig wie die Organisationsgewalt ausschließlich der Legislative zugeordnet ist[71], ist sie verfassungsrechtlich eindeutig der Exekutive zugewiesen[72].

2. Kabinettsbildungsrecht des Ministerpräsidenten und Regierungsorganisation

Trifft die Landesverfassung somit keine ausdrückliche Regelung zur Kompetenz für die Errichtung von Ministerien und läßt sich ein entsprechender Rechtssatz auch nicht aus einem institutionellen Gesetzesvorbehalt oder einem denkbaren Verwaltungsvorbehalt gewinnen, so könnte sich eine Antwort auf die Kompetenzfrage im Wege der systematischen Verfassungsinterpretation aus den Bestimmungen zur Regierungsbildung und -verantwortung entwickeln lassen.

---

67 *Maurer* VVDStRL 43 (1985) 135 (139, 146 f, 165); *Schnapp* ebd, 172 (175, 192 ff); *W. Schmidt* NVwZ 1984, 545 (548 ff); *Stettner* DÖV 1984, 611 (620 ff); *M. Schröder* DVBl 1984, 814 (819 ff); *Degenhart* NJW 1984, 2184 (2186 ff).
68 *Butzer* Die Verwaltung 27 (1994) 157 (169); *Maurer* Staatsrecht, § 18 Rn 25; *Hermes* in: Dreier, GG, Bd II, Art 64 Rn 9.
69 Vgl Nachw o Fn 61 und Fn 62.
70 *Schmidt-Aßmann* FS Ipsen (Fn 63) 341 f; *Schnapp* VVDStRL 43 (1985) 172 (192 f); *Krebs* in: HStR III, § 69 Rn 84.
71 Vgl o A. I. 3.
72 VerfGH NW, DVBl 1999, 714 (715) = DÖV 1999, 427 (428) = NJW 1999, 1243 (1244) = JZ 1999, 1109 (1110); *Böckenförde* NJW 1999, 1235; *Maurer* Staatsrecht, § 18 Rn 26.

a) Personelle und organisatorische Regierungsbildung

Einen verfassungsrechtlichen Anknüpfungspunkt zur Kompetenzverteilung zwischen Legislative und Exekutive bezüglich der Regierungsorganisation könnte Art. 52 Abs. 3 S. 1 LV[73] bieten. Danach steht allein dem Ministerpräsidenten das Recht zur Ernennung und Entlassung der Minister zu. Eine Mitwirkungsbefugnis des Landtags bei der Kabinettsbildung ist nicht vorgesehen[74]. In *formeller* Hinsicht umfaßt Art. 52 Abs. 3 S. 1 LV die Befugnis zur Ausfertigung und Aushändigung der Ernennungs- bzw. Entlassungsurkunde. Das *materielle Kabinettsbildungsrecht* verleiht dem Regierungschef die personelle Entscheidungsfreiheit zur Zusammensetzung seiner Regierung[75]. Auch das Kabinett als Ganzes bedarf vor seinem Amtsantritt keines Vertrauensvotums durch den Landtag[76].

Fraglich ist, ob die dem Ministerpräsidenten durch Art. 52 Abs. 3 S. 1 LV ausdrücklich zugewiesene *Personalgewalt* konkludent die *Organisationsgewalt* einschließt. Dann hätte der Regierungschef auch das Recht, die Zahl, die Art und die Abgrenzung der Geschäftsbereiche der Ministerien eigenständig festzulegen[77]. Für eine derartige verfassungsrechtliche Verknüpfung der Kompetenz zur personellen Regierungsbildung mit der Kompetenz zur organisatorischen Regierungsbildung spricht der untrennbare Zusammenhang zwischen personellen und organisatorischen Entscheidungen bei der Bestimmung von Umfang und Zuschnitt des Kabinetts. Der personellen Besetzung der Ministerämter muß die organisatorische Entscheidung über die Anzahl der Ministerien und die Abgrenzung ihrer Zuständigkeiten vorausgehen[78]. Infolgedessen hängt das materielle Kabinettsbildungsrecht des Regierungschefs von der vorherigen Entscheidung zur Organisationsstruktur der Regierung ab[79]. Dieser innere Zusammenhang spricht maßgeblich

---

[73] Parallelvorschriften in den Landesverfassungen: Art 46 Abs 2 S 1 LV BW; Art 84 BbgLV; Art 34 Abs 2 S 1 HbgVerf; Art 101 Abs 2 HessVerf (Ernennung); Art 43 S 1 LV MV; Art 52 Abs 3 S 1 LV NW; Art 98 Abs 2 S 2 LV RP; Art 60 Abs 4 S 1 SächsVerf; Art 65 Abs 3 Verf LSA; Art 26 Abs 2 S 2 LV SH; Art 70 Abs 4 S 1 ThürVerf.
[74] *Hinweis:* In diesem Punkt weisen die Landesverfassungen Unterschiede auf; vgl dazu die Hinweise zur methodischen und sachlichen Vertiefung sub 3.
[75] *Erbguth* NWVBl 1999, 365 (366); *Meyn* in: von Münch/Kunig, GG, Bd 2, Art 64 Rn 1; *Oldiges* in: Sachs, GG, Art 64 Rn 3, 13 ff.
[76] VerfGH NW, DVBl 1999, 714 (716) = DÖV 1999, 427 (428) = NJW 1999, 1243 (1244) = JZ 1999, 1109 (1110). – Zu abweichendem Landesrecht vgl Hinweis Fn 74.
[77] *Maurer* Staatsrecht, § 14 Rn 33.
[78] *Schenke* Jura 1982, 57 (61); *M. Schröder* in: HStR II, § 51 Rn 26.
[79] *Herzog* in: Maunz/Dürig, GG, Art 64 Rn 2; *Hermes* in: Dreier, GG, Bd II, Art 64 Rn 7.

dafür, die Organisationsgewalt bei der Regierungsbildung als untrennbaren Annex des materiellen Kabinettsbildungsrechts zu qualifizieren[80] und Art. 52 Abs. 3 S. 1 LV als verfassungsrechtlichen Ausdruck der dem Ministerpräsidenten zukommenden – und damit dem Zugriff des Parlaments entzogenen – Organisationsbefugnis bei der Bildung seines Kabinetts zu begreifen[81].

Denkbar ist demgegenüber aber auch, daß die Befugnis, Ministerien zu errichten und ihre Geschäftsbereiche abzugrenzen, dem Ministerpräsidenten nicht bzw. nicht zur alleinigen Ausübung zugewiesen ist. Indem Art. 52 Abs. 3 S. 1 LV ausdrücklich nur eine Regelung zur *Personal*gewalt des Ministerpräsidenten trifft, könnte der Teilbereich der *Organisations*gewalt bei der Regierungsbildung dem Zugriffsrecht des Gesetzgebers oder sogar dem Vorbehalt des Gesetzes unterliegen[82]. Für eine solche Annahme müßte das Verfassungsrecht allerdings einen tragfähigen Anhaltspunkt liefern. Das ist jedoch nicht der Fall. Im Gegenteil, die Verfassungssystematik spricht eindeutig dafür, daß die Kompetenz zur Kabinettsorganisation allein dem Ministerpräsidenten zusteht. Der Gegenschluß aus Art. 77 S. 1 LV[83] zeigt, daß das Verfassungsrecht – mangels Existenz eines allgemeinen institutionellen Gesetzesvorbehalts[84] – zu erkennen gibt, wann eine Entscheidung zur Organisation der Exekutive dem Gesetzgeber zukommt. Art. 77 S. 1 LV begrenzt den Gesetzesvorbehalt ausdrücklich auf die Verwaltungsorganisation unterhalb der Regierungsebene[85]. Dagegen kennt Art. 52 Abs. 3 S. 1 LV bei der Regierungsbildung nur eine Kompetenz des Ministerpräsidenten[86]. Indem nun die Verfassung weder über die Zahl noch über den Zuschnitt der Ministerien ausdrücklich eine Aussage trifft und schon gar nicht die Gesetzgebung in dem Zusammenhang erwähnt, wohl aber dem Regierungschef die Regierungsbildung zuweist, muß aus verfassungssystematischen Gründen die Schlußfolgerung gezogen werden, daß das materielle Kabinetts-

---

80 *Hesse* Grundzüge des Verfassungsrechts, Rn 641; *Kremser* in: ders/Leisner, Verfassungsrecht III, § 11 Rn 15; *M. Schröder* in: HStR II, § 51 Rn 27; *Herzog* in: Maunz/Dürig, GG, Art 64 Rn 3; *Schenke* in: BK, Art 64 Rn 40, 46; *Hermes* in: Dreier, GG, Bd. II, Art 64 Rn 15 f und 19 f; *Oldiges* in: Sachs, GG, Art 64 Rn 24.
81 *Butzer* NWVBl 1996, 208 (212).
82 VerfGH NW, DVBl 1999, 714 (716) = DÖV 1999, 427 (428) = NJW 1999, 1243 (1245) = JZ 1999, 1109 (1110).
83 Vgl ferner Nachw o Fn 61.
84 Vgl o A. I. 3.
85 Vgl o A. II. 1. a.
86 *Wieland* DVBl 1999, 719 (720).

bildungsrecht auch die Kompetenz zur organisatorischen Gestaltung der Regierung umfaßt[87].

b) Verantwortlichkeit des Ministerpräsidenten für die Regierungspolitik

Dieses Ergebnis könnte überdies durch die *Richtlinienkompetenz* des Ministerpräsidenten gestützt werden. Nach Art. 55 Abs. 1 LV[88] bestimmt der Ministerpräsident die Richtlinien der Politik und trägt dafür die Verantwortung. Zwischen Art. 52 Abs. 3 S. 1 LV und Art. 55 Abs. 1 LV besteht ein enger Zusammenhang[89]. Die Kabinettsbildung ist Teil des politischen Prozesses im Bereich der Gubernative und elementarer Ausdruck von Regierung[90]. Da nun aber die Gewaltenteilung auch darauf zielt, daß staatliche Entscheidungen möglichst von demjenigen Organ getroffen werden, das dafür über die besten Voraussetzungen verfügt[91], spricht auch dies für das ausschließliche organisatorische Kabinettsbildungsrecht des Ministerpräsidenten. Er muß in erster Linie die Politik seiner Regierung verantworten. Dies bedingt, daß er die Struktur des Kabinetts festlegt. Dabei handelt es sich um eine Organisationsentscheidung, die den Kern exekutiver Eigenständigkeit betrifft. Sachfragen, Organisationsfragen und Personalfragen sind so eng miteinander verknüpft, daß die Richtlinienkompetenz des Regierungschefs dafür spricht, daß sinnvollerweise allein ihm die Organisationsgewalt zur Regierungsbildung zusteht[92].

87 *Schenke* Jura 1982, 57 (61); *Brandner/Uwer* DÖV 1993, 107 (109); *Butzer* NWVBl 1996, 208 (212); *Menzel* NWVBl 1999, 201 (206); *Böckenförde* Organisationsgewalt (Fn 36) 139 f; *Maurer* Staatsrecht, § 14 Rn 33; *Pieroth* in: Jarass/Pieroth, GG, Art 64 Rn 2; *Meyn* in: von Münch/Kunig, GG, Bd 2, Art 64 Rn 1; in diesem Sinne ferner Nachw o Fn 80. – *Hinweis*: Teilweise trifft das Landesverfassungsrecht zu der im Text erörterten Frage ausdrückliche Regelungen; vgl Hinweis Fn 74.
88 Parallelvorschriften in den Landesverfassungen: Art 49 Abs 1 S 1 LV BW; Art 47 Abs 2 BayVerf; Art 58 Abs 2 BlnVerf (Einvernehmen des Senats und Billigung des Abgeordnetenhauses notwendig); Art 89 S 1 BbgVerf; Art 42 Abs 1 S 2 HbgVerf; Art 102 S 1 HessVerf; Art 46 Abs 1 LV MV; Art 37 Abs 1 S 1 NdsVerf; Art 55 Abs 1 LV NW; Art 104 S 1 LV RP; Art 91 Abs 1 S 1 SaarlVerf; Art 63 Abs 1 SächsVerf; Art 68 Abs 1 S 1 Verf LSA; Art 29 Abs 1 S 1 LV SH; Art 76 Abs 1 S 1 ThürVerf. – In Bremen bestimmt die Bürgerschaft die Richtlinien (Art 118 Abs 1 S 1 BremVerf).
89 VerfGH NW, DVBl 1999, 714 (716) = DÖV 1999, 427 (428) = NJW 1999, 1243 (1244) = JZ 1999, 1109 (1110).
90 *Menzel* NWVBl 1999, 201 (205).
91 Nachw o Fn 39.
92 *Maurer* Staatsrecht, § 14 Rn 33; *Böckenförde* Organisationsgewalt (Fn 36) 140 f; *Schenke* in: BK, Art 64 Rn 41; *Oldiges* in: Sachs, GG, Art 64 Rn 24.

Sollte demgegenüber dem Parlament dennoch (auch) ein Zugriffsrecht auf die Regierungsorganisation zustehen, müßte eine solche Kompetenz verfassungsrechtlich ausdrücklich eingeräumt sein. Das ist im Land L nicht der Fall. Daraus ergibt sich, daß der Ministerpräsident – soweit er nicht verfassungsrechtlich ausdrücklich in seinen Entscheidungsbefugnissen beschränkt wird – bei der Kabinettsbildung allein zuständig ist[93]. Diese verfassungsrechtliche Kompetenzzuordnung darf auch nicht unter Hinweis auf die hohe politische Bedeutung der Angelegenheit in Frage gestellt werden. Politisch bedeutsame Entscheidungen dürfen nach geltendem Verfassungsrecht, wie zur begrenzten Reichweite des Vorbehalts des Gesetzes erkannt worden ist[94], nicht nur vom Parlament, sondern auch von anderen Staatsorganen getroffen werden. Dies gilt auch für die Kabinettsbildung, soweit man diese als »wesentliche« Entscheidung für das Gemeinwesen qualifiziert. Wo die Verfassung für die Kabinettsorganisation nicht ausdrücklich eine parlamentarische Mitwirkung vorsieht, vermag auch die Bedeutsamkeit des Organisationsaktes den Vorbehalt des Gesetzes nicht auszulösen[95].

> **Zwischenergebnis:** Das Recht zur Entscheidung über die Regierungsorganisation ist im Land L verfassungsrechtlich dem Ministerpräsidenten M zugeordnet. Die Frage der Kabinettsstruktur (Anzahl der Ministerien, Abgrenzung der Geschäftsbereiche) ist nach dem in L geltenden Verfassungsrecht keine Angelegenheit, die dem Vorbehalt des Gesetzes unterliegt. Bezüglich der Kompetenzausübung bei der Errichtung des neuen Ministeriums für Inneres und Justiz ist die Rechtsauffassung der X-Fraktion demnach unzutreffend; der Organisationserlaß von M ist kompetenzrechtlich verfassungsgemäß.

B. Grundsatz der Gewaltenteilung

Damit ist aber noch nicht entschieden, ob die organisatorische Zusammenlegung des Innen- und Justizministeriums *inhaltlich* mit dem Verfassungsrecht vereinbar ist. In der Sache könnte der Organisationserlaß gegen den

---

93 *Menzel* NWVBl 1999, 201 (206). – Zum jeweiligen Landesverfassungsrecht vgl nochmals Hinweis in Fn 74 und Fn 87.
94 Vgl o A. I. 2. b.
95 *Schmidt-Aßmann* FS Ipsen (Fn 63) 347; *Janssen* Grenzen (Fn 55) 233.

Grundsatz der Gewaltenteilung[96] verstoßen. Die Schaffung eines einheitlichen Ministeriums für Inneres und Justiz könnte die Unabhängigkeit der Gerichte verletzen. In Betracht kommt sowohl eine Mißachtung der Eigenständigkeit der rechtsprechenden Gewalt als auch eine Verletzung der sachlichen Unabhängigkeit der Richter.

I. Unabhängigkeit der rechtsprechenden Gewalt

Der Organisationserlaß von M könnte gegen die verfassungsrechtlich garantierte Unabhängigkeit der Rechtsprechung (Art. 92 Hs. 1 GG[97]) verstoßen. Dabei handelt es sich um eine Konkretisierung des allgemeinen Gewaltenteilungsprinzips[98]. Diese Konkretisierung ist verfassungsrechtlich strikt erfolgt. Während zwischen Legislative und Exekutive vielfache Verschränkungen bestehen, ist die Judikative von diesen Staatsfunktionen streng getrennt[99]. Die Rechtsprechung ist *ausschließlich* Richtern zugewiesen[100].

1. Gefährdungen der Rechtsprechung durch Organisation der Justizverwaltung

Damit ist verfassungsrechtlich ein Rechtsprechungsmonopol der Richter und Gerichte geschaffen, das allen Organen der Gesetzgebung und Verwaltung verbietet, rechtsprechende Gewalt auszuüben[101] oder auf die Rechtsprechung Einfluß zu nehmen[102]. Die Justizverwaltung, die funktionellrechtlich zwar der Exekutive zuzuordnen ist, könnte ihrem *Aufgabenbereich* nach dergestalt an der Schnittstelle zur Judikative anzusiedeln sein, daß ihre organisatorischen Entscheidungen die Eigenständigkeit und Unabhängig-

---

96 Verfassungsbestimmungen dazu: o Fn 37.

97 Parallelvorschriften in den Landesverfassungen: Art 25 Abs 3 S 2 LV BW; Art 5 Abs 3 BayVerf; Art 79 Abs 1 BlnVerf; Art 2 Abs 4 S 3 BbgVerf; Art 67 S 3 BremVerf; Art 62 S 1 HbgVerf; Art 126 Abs 1 HessVerf; Art 51 Abs 1 NdsVerf; Art 3 Abs 3 LV NW; Art 121 LV RP; Art 109 SaarlVerf; Art 3 Abs 2 S 3 SächsVerf; Art 83 Abs 1 Verf LSA; Art 43 Abs 1 S 1 LV SH; Art 47 Abs 3 ThürVerf.

98 *W. Meyer* in: von Münch/Kunig, GG, Bd 3, Art 92 Rn 1; *Pieroth* in: Jarass/Pieroth, GG, Art 92 Rn 1; *Detterbeck* in: Sachs, GG, Art 92 Rn 1.

99 *Wrege* Jura 1996, 436 (437); *Hesse* Grundzüge des Verfassungsrechts, Rn 547, 552; *Maurer* Staatsrecht, § 19 Rn 13; *Heyde* in: HdbVerfR, § 33 Rn 6.

100 *Pieroth* in: Jarass/Pieroth, GG, Art 92 Rn 1.

101 *W. Meyer* in: von Münch/Kunig, GG, Bd 3, Art 92 Rn 3; *Pieroth* in: Jarass/Pieroth, GG, Art 92 Rn 8; *Schmidt-Bleibtreu* in: ders/Klein, GG, Art 92 Rn 1, 5.

102 *Maurer* Staatsrecht, § 12 Rn 15.

keit der rechtsprechenden Gewalt betreffen[103]. Durch die personelle und sachliche Ausstattung der Gerichte seitens der Justizverwaltung verfügt diese über die Mittel, die für die Aufgabenerfüllung der Rechtsprechung notwendig sind. Die Zusammenlegung des Justizministeriums mit dem Innenministerium könnte verfassungsrechtlich nicht hinnehmbare Gefahren für die Funktionsfähigkeit der rechtsprechenden Gewalt in sich bergen.

Demgegenüber ist unter dem Vorzeichen der Gewaltenteilung zu beachten, daß die Gerichte mangels einer Befugnis zur Selbstorganisation – im Sinne einer echten Selbstverwaltung – ohnehin seitens der Exekutive verwaltet werden, unabhängig davon, ob dies durch ein selbständiges Justizministerium oder durch ein Doppelministerium für Inneres und Justiz erfolgt. Im übrigen verbietet Art. 92 Hs. 1 GG[104] eine rechtliche Argumentation, die »Rechtsprechung« und »Justizverwaltung« unzulässigerweise vermengt. Die rechtsprechende Gewalt ist und bleibt durch die Verfassung als eigenständige Staatsfunktion konstituiert. Ein mit der Justizverwaltung betrautes Ministerium darf keine Rechtsprechungsaufgaben wahrnehmen und tut dies auch nicht[105]. Dasselbe gilt hinsichtlich denkbarer Einflußnahmen auf die Rechtsprechung. Die personelle und sachliche Ausstattung der Gerichte schließlich wird nicht durch die Organisation der Regierung präjudiziert.

Art. 92 Hs. 1 GG steht somit der Schaffung eines Ministeriums für Inneres und Justiz nicht entgegen.

2. Gewährleistung eines eigenständigen Landesjustizministeriums

Die Zusammenlegung des Landesjustizministeriums mit dem Landesinnenministerium wäre jedoch verfassungswidrig, wenn das Landesjustizministerium – zum Schutz der Eigenständigkeit der rechtsprechenden Gewalt – über eine *institutionelle Garantie* verfügte. Diese könnte Art. 98 Abs. 4 GG zu entnehmen sein. Aus dieser Vorschrift könnte sich ergeben, daß es einen »Landesjustizminister« geben muß. Daher könnte Art. 98 Abs. 4 GG ein eigenständiges Landesjustizministerium als Ausdruck der verfassungsrechtlichen Eigenständigkeit der sog. Dritten Gewalt garantieren[106].

---

103 VerfGH NW, DVBl 1999, 714 (717f) = DÖV 1999, 427 (430) = NJW 1999, 1243 (1246) = JZ 1999, 1109 (1112).
104 Nachw zu den Parallelvorschriften im Landesverfassungsrecht o Fn 97.
105 *Wieland* DVBl 1999, 719 (720).
106 VerfGH NW, DVBl 1999, 714 (718) = DÖV 1999, 427 (431) = NJW 1999, 1243 (1246 f) = JZ 1999, 1109 (1112 f).

Ein solches Verständnis des Art. 98 Abs. 4 GG ist jedoch schon vom Wortlaut der Vorschrift nicht gedeckt. Die Verfassungsbestimmung spricht keine Existenzgarantie für das Landesjustiz*ministerium* aus, sondern erwähnt nur den Landesjustiz*minister*. Infolgedessen nimmt Art. 98 Abs. 4 GG keine organisationsrechtliche Festschreibung vor, sondern ist funktional zu verstehen. »Landesjustizminister« i. S. d. Art. 98 Abs. 4 GG ist der für den jeweiligen Gerichtszweig zuständige Landesminister[107]. Dies kann auch der Innenminister, der Arbeitsminister oder Sozialminister sein, soweit diesen Ministern die für die entsprechenden Materien zuständigen Gerichte (Verwaltungs-, Arbeits-, Sozialgerichtsbarkeit) zugeordnet sind[108]. Dieses Verständnis wird im übrigen durch Art. 95 Abs. 2 GG bestätigt, der von »den für das jeweilige Sachgebiet zuständigen Ministern der Länder« spricht. Auch diese Formulierung verbietet die Annahme, daß die Bundesverfassung – entgegen Art. 28 Abs. 1 S. 1 GG, der die Verfassungsautonomie der Länder schützt, indem nur ein Mindestmaß an Homogenität vorgeschrieben ist[109] – ein bestimmtes Landesministerium festschreibt[110].

Auch Art. 98 Abs. 4 GG steht demnach der Zusammenlegung des Landesjustizministeriums mit dem Landesinnenministerium nicht entgegen.

II. Sachliche und persönliche Unabhängigkeit der Richter

Die Abschaffung eines eigenständigen Justizministeriums könnte jedoch gegen die verfassungsrechtlich garantierte Unabhängigkeit der Richter (Art. 97 GG[111]) verstoßen. Sowohl die sachliche als auch die persönliche richterliche Unabhängigkeit könnte durch den Organisationserlaß verletzt sein.

1. Sachliche Unabhängigkeit

Die Vereinbarkeit des Organisationserlasses mit der *sachlichen Unabhängigkeit* der Richter hängt davon ab, was verfassungsrechtlich unter dieser Garantie zu verstehen ist. Dem Wortlaut der Verfassungsbestimmung

---

107 *Pieroth* in: Jarass/Pieroth, GG, Art 98 Rn 3; *Hömig* in: Seifert/Hömig, GG, Art 98 Rn 5; *Herzog* in: Maunz/Dürig, GG, Art 98 Rn 40.

108 *Sendler* NJW 1999, 1232 (1234); *Isensee* JZ 1999, 1113 (1116).

109 BVerfGE 90, 60 (84 f.).

110 *Menzel* NWVBl 1999, 201 (203); *Grünberg* LKV 1999, 354; *Isensee* JZ 1999, 1113 (1116).

111 Parallelvorschriften in den Landesverfassungen: Art 65 Abs 2, 66 Abs 1 LV BW; Art 85 und 87 BayVerf; Art 108 Abs 1 BbgVerf; Art 135 S 1, 137 BremVerf; Art 62 S 1 HbgVerf; Art 126 Abs 2, 128 HessVerf; Art 76 Abs 1 S 2 LV MV; Art 51 Abs 4 NdsVerf; Art 121, 122 LV RP; Art 110, 111 SaarlVerf; Art 77 Abs 2 und 79 SächsVerf; Art 83 Abs 2 Verf LSA; Art 43 Abs 1 S 2 LV SH; Art 86 Abs 2 ThürVerf.

(Art. 97 Abs. 1 GG) nach sind die Richter allein dem Gesetz unterworfen; im übrigen sind sie unabhängig. Daraus ergibt sich, daß die sachliche Unabhängigkeit in erster Linie die Freiheit von Weisungen garantiert[112]. Und die ausschließliche Gesetzesbindung macht deutlich, daß sich die sachliche Unabhängigkeit auf die Rechtsprechungsaufgabe bezieht, also dem Schutz der richterlichen Tätigkeit dient[113]. Abgewehrt werden sollen vor allem Eingriffe seitens der Legislative und der Exekutive[114].

Mit der Zusammenführung des Innenministeriums und des Justizministeriums könnten in der Person des Ministers Interessenkonflikte entstehen, die angesichts gegenläufiger Zuständigkeiten und Ressortinteressen unvermeidlich sind. So ergibt sich etwa für die Strafrechtspflege, daß der für die innere Sicherheit und namentlich für die Polizei zuständige Minister weisungsberechtigter Dienstvorgesetzter der Staatsanwaltschaften ist. Beispielsweise in Staatsschutzsachen könnten Geheimhaltungsinteressen der Polizei mit der Aufklärungspflicht der Justiz kollidieren. Zur Vermeidung dieser und vergleichbarer Konflikte könnte die institutionelle Trennung von Innen- und Justizministerium angezeigt sein, um dadurch für den Rechtsuchenden die richterliche Unabhängigkeit sichtbar zu machen sowie das Vertrauen in die Gerichtsbarkeit und ihre Unabhängigkeit zu bewahren[115].

Fraglich ist, ob diese Erwägungen von verfassungs*rechtlicher* Qualität sind oder allenfalls *politisch* Wünschenswertes zum Ausdruck bringen. Zunächst entspricht es – z. B. bei allen Abwägungsentscheidungen – rechtlicher und politischer Normalität, daß ein Minister mit breit angelegtem Geschäftsbereich unterschiedliche (Ressort-)Interessen in Ausgleich zu bringen hat. Es ist nicht erkennbar, wieso ein Doppelminister für Inneres und Justiz mit den üblichen »Interessenkonflikten« nicht soll umgehen können[116]. Vor allem aber ist im rechtlichen Sinne durch divergierende Ressortinteressen in der Landesregierung die richterliche Unabhängigkeit nicht bedroht. Die sachliche Unabhängigkeit der Richter besteht völlig losgelöst davon, ob der für die Justizverwaltung zuständige Minister neben

112 BVerfGE 14, 56 (69); 26, 186 (198); 36, 174 (185); 60, 175 (214); 87, 68 (85); BVerfG, NJW 1996, 2149 (2150); *Hesse* Grundzüge des Verfassungsrechts, Rn 554.
113 *Maurer* Staatsrecht, § 19 Rn 17; *Hömig* in: Seifert/Hömig, GG, Art 97 Rn 3.
114 BVerfGE 12, 67 (71); BVerfG, NJW 1996, 2149 (2150); *Wrege* Jura 1996, 436 (437); *Pieroth* in: Jarass/Pieroth, GG, Art 97 Rn 3, 5; *W. Meyer* in: von Münch/Kunig, GG, Bd 3, Art 97 Rn 8; *Detterbeck* in: Sachs, GG, Art 97 Rn 12 f; *Heyde* in: HdbVerfR, § 33 Rn 79.
115 VerfGH NW, DVBl 1999, 714 (719) = DÖV 1999, 427 (431) = NJW 1999, 1243 (1247) = JZ 1999, 1109 (1113).
116 *Sendler* NJW 1999, 1232 (1234); *Isensee* JZ 1999, 1113 (1115).

der Justiz noch ein weiteres Ressort betreut; auch ein Doppelminister für Inneres und Justiz muß die richterliche Unabhängigkeit selbstverständlich respektieren[117]. Daraus folgt ohne weiteres, daß auch der Hinweis auf die Weisungsberechtigung des Ministers gegenüber der Staatsanwaltschaft verfassungsrechtlich ohne Bedeutung ist. Aus der ohnehin bestehenden, also von der Struktur der Landesregierung gänzlich unabhängigen Weisungsgebundenheit der Staatsanwaltschaft (§ 144 GVG[118]) ergibt sich selbstverständlich nicht, daß bei einer Zusammenlegung von Innen- und Justizministerium plötzlich eine Weisungsberechtigung gegenüber der Richterschaft entstünde. Vielmehr ist der Schutz der Richter gegenüber unzulässigen Weisungen der Exekutive durch Art. 97 Abs. 1 GG ohne Rücksicht auf die Organisation einer Landesregierung garantiert[119]. Infolgedessen berührt der Organisationserlaß die sachliche Unabhängigkeit der Richter nicht.

2. Persönliche Unabhängigkeit

Die Errichtung eines Ministeriums für Inneres und Justiz könnte jedoch mit der verfassungsrechtlich geschützten *persönlichen Unabhängigkeit* der Richter (Art. 97 Abs. 2 GG) unvereinbar sein. Gewährleistet sind verfassungsrechtlich insbesondere die grundsätzliche Unabsetzbarkeit und Unversetzbarkeit der hauptamtlich und planmäßig endgültig angestellten Richter, aber auch alle sonstigen Maßnahmen mit gleicher Wirkung[120]. Insbesondere die Dienstaufsicht, die hinsichtlich der äußeren Ordnung richterlicher Tätigkeit zulässig ist[121], darf nicht die persönliche Unabhängigkeit des Richters verletzen. Dienstaufsichtliche Befugnisse in der Hand der Exekutivspitze sind an sich keine Beeinträchtigung der persönlichen richterlichen Unabhängigkeit, solange sie sich im Rahmen des § 26 DRiG[122] halten[123]. Stellte sich die Dienstaufsicht hingegen als Maßregelung richterlicher Entscheidungen dar, wäre sie unzulässig[124].

---

117 *Menzel* NWVBl 1999, 201 (207); *Isensee* JZ 1999, 1113 (1115).
118 Schönfelder Nr 95.
119 *Sendler* NJW 1999, 1232.
120 *Papier* NJW 1990, 8 (11); *Hesse* Grundzüge des Verfassungsrechts, Rn 555; *Kremser* in: ders/Leisner, Verfassungsrecht III, § 16 Rn 7; *Hömig* in: Seifert/Hömig, GG, Art 97 Rn 7; *Detterbeck* in: Sachs, GG, Art 97 Rn 35.
121 *Papier* NJW 1990, 8 (9); *Pieroth* in: Jarass/Pieroth, GG, Art 97 Rn 7; *Heyde* in: HdbVerfR, § 33 Rn 80.
122 Schönfelder Nr 97.
123 BVerfGE 38, 139 (151 f).
124 *Kremser* in: ders/Leisner, Verfassungsrecht III, § 16 Rn 8.

Durch die Zusammenlegung von Innen- und Justizministerium entsteht für die Gerichte der allgemeinen Verwaltungsgerichtsbarkeit die Folgewirkung, daß der Fachminister für die Verwaltung gleichsam die Aufsicht über die allgemeine Verwaltungsgerichtsbarkeit erhält. Darin könnte eine so grundlegende organisatorische Weichenstellung liegen, daß dadurch der Stellenwert der Rechtsprechung als einer eigenständigen Staatsfunktion betroffen ist[125]. Daraus könnten Konsequenzen bis hin zur Aufsicht resultieren, die mit Art. 97 Abs. 2 GG nicht vereinbar sind.

Erneut ist indes zweifelhaft, ob derartigen Überlegungen eine verfassungs*rechtliche* Qualität zukommt. Die Dienstaufsicht als solche, der die Richter unterstehen, ist mit Art. 97 Abs. 2 GG vereinbar[126]. Die Dienstaufsicht obliegt dem Justizminister bzw. dem sonst zuständigen Minister; dieser ist verfassungsrechtlich allemal gehalten, die Unabhängigkeit der Richter zu beachten[127]. Damit ist nicht völlig ausgeschlossen, daß konkrete Maßnahmen der Dienstaufsicht, die die Spitze der Exekutive gegen Richter trifft, wegen Beeinträchtigung der richterlichen Unabhängigkeit verfassungswidrig sind[128]. Aber dies ist nicht etwa eine Frage der Eigenständigkeit des Justizministeriums bzw. seiner Zusammenlegung mit dem Innenministerium. Durch Art. 97 Abs. 2 GG wird die persönliche Unabhängigkeit der Richter institutionell gesichert[129]. Dies zu respektieren ist die Pflicht eines jeden Ministers, auch eines Doppelministers für Inneres und Justiz. Die Annahme schließlich, ein solcher Minister neigte gleichsam »aus der Natur der Sache« zu einer rechtswidrigen Ausübung der Dienstaufsicht, wäre eine durch nichts gerechtfertigte Unterstellung.

> **Ergebnis:** Der Organisationserlaß von M ist nicht nur kompetenzgemäß ergangen, er begegnet auch in der Sache keinen verfassungsrechtlichen Bedenken. Die Errichtung des Ministeriums für Inneres und Justiz verletzt weder die Unabhängigkeit der rechtsprechenden Gewalt als solcher (Art. 92 Hs. 1 GG) noch die sachliche und persönliche Unabhängigkeit der Richter (Art. 97 GG).

---

125   VerfGH NW, DVBl 1999, 714 (718) = DÖV 1999, 427 (431) = NJW 1999, 1243 (1247) = JZ 1999, 1109 (1113).
126   *Grünberg* LKV 1999, 354; ferner Nachw o Fn 121.
127   *Maurer* Staatsrecht, § 19 Rn 13.
128   BVerfGE 38, 139 (152).
129   BVerfGE 60, 175 (214); 87, 68 (85).

2. Frage: Rechtsschutzmöglichkeit der X-Fraktion beim LVerfG

Die X-Fraktion könnte das LVerfG anrufen und mit einen Antrag im *Organstreitverfahren* die verfassungsgerichtliche Klärung darüber anstreben, ob der Organisationserlaß von M verfassungsgemäß ist. Dann müßte ein entsprechender Antrag beim LVerfG zulässig sein.

I. Zuständigkeit des LVerfG

Zunächst müßte das LVerfG für die Streitentscheidung *zuständig* sein. Nach Art. 75 Nr. 2 LV[130], § 12 Nr. 5 LVerfGG[131] entscheidet das LVerfG über die Auslegung der Verfassung aus Anlaß von Streitigkeiten über den Umfang der Rechte und Pflichten eines obersten Landesorgans oder anderer Beteiligter, die durch die Landesverfassung oder in der Geschäftsordnung eines obersten Landesorgans mit eigenen Rechten ausgestattet sind. Diese Voraussetzungen zur Entscheidungszuständigkeit des LVerfG sind hier erfüllt. Die X-Fraktion macht geltend, durch den Organisationserlaß überschreite M seine Kompetenzen und verletze daher Rechte des Landtags. Infolgedessen handelt es sich um eine verfassungsrechtliche Streitigkeit über die Auslegung des Rechts des Ministerpräsidenten zur Kabinettsbildung[132] und der Kompetenz des Landtags zur Gesetzgebung[133].

Die Entscheidungszuständigkeit des LVerfG ist gegeben.

---

130 Parallelvorschriften in den Landesverfassungen: Art 68 Abs 1 S 2 Nr. 1 LV BW; Art 64 BayVerf; Art 84 Abs 2 Nr 1 BlnVerf; Art 113 Nr 1 BbgVerf; Art 140 Abs 1 S 1 BremVerf; Art 65 Abs 3 Nr 1a HbgVerf; Art 131 Abs 1 HessVerf; Art 53 Nr 1 LV MV; Art 54 Nr 1 NdsVerf; Art 75 Nr 2 LV NW; Art 135 Nr 1 LV RP; Art 97 Nr 1 SaarlVerf; Art 81 Abs 1 Nr 1 SächsVerf; Art 75 Nr 1 Verf LSA; Art 44 Abs 1 Nr 1 LV SH; Art 80 Abs 1 Nr 3 ThürVerf. – Die Parallelvorschrift im Bundesverfassungsrecht ist Art 93 Abs 1 Nr 1 GG.

131 Parallelvorschriften im Verfassungsprozeßrecht der Länder: § 8 Abs 1 Nr 1 StGHG BW; Art 2 Nr 4 BayVfGHG; § 14 Nr 1 BlnVerfGHG; § 12 Nr 1 BbgVerfGG; § 1 Nr 1 BremStGHG; § 14 Nr 1a HbgVerfGG; § 15 Nr 4 HessStGHG; § 11 Abs 1 Nr 1 LVerfGG MV; § 8 Nr 6 NdsStGHG; § 12 Nr 1 VerfGHG NW; § 2 Nr 1a VerfGHG RP; § 9 Nr 5 SaarlVGHG; § 7 Nr 1 SächsVerfGHG; § 2 Nr 2 LVerfGG LSA; § 11 Nr 3 ThürVerfGHG. – Für Schleswig-Holstein ist gem. Art 99 GG iVm Art 44 Abs 1 Nr 1 LV SH, da das BVerfG zuständig ist, das BVerfGG maßgebend, hier also § 13 Nr 5.

132 Zu den einschlägigen Verfassungsvorschriften vgl Nachw o Fn 73.

133 Abzuleiten aus dem Vorbehalt des Gesetzes, vgl Nachw o Fn 11 und Fn 12. – Daß – zT neben dem Volk – allein der Landtag die gesetzgebende Gewalt ausübt, ist in den Landesverfassungen positivrechtlich normiert: Art 27 Abs 2 LV BW; Art 70

II. Ordnungsgemäße Antragstellung

Zur ordnungsgemäßen Antragstellung müßte die X-Fraktion den Antrag, der das Organstreitverfahren einleitet, schriftlich beim LVerfG einreichen und diesen Antrag begründen[134]. Ferner muß der Antrag die Maßnahme des Antragsgegners, die gegen die Verfassung verstoßen soll, benennen, und der Antrag muß die als verletzt angesehene Verfassungsbestimmung bezeichnen[135]. Dafür genügt nicht etwa eine formelhafte Wiederholung des Gesetzestextes; der Antragsteller muß vielmehr substantiiert darlegen, warum die beanstandete Maßnahme eine Verletzung oder unmittelbare Gefährdung seiner Rechte bzw. der Rechte des Organs, dem er angehört, darstellen soll[136]. Die X-Fraktion müßte demgemäß den Organisationserlaß von M genau bezeichnen und näher darlegen, warum ihrer Auffassung nach diese Maßnahme die Kompetenzen des Ministerpräsidenten überschreitet und nur vom Landtag hätte getroffen werden dürfen.

III. Parteifähigkeit

Die Beteiligten des Organstreitverfahrens (Antragsteller und Antragsgegner) müßten ferner *parteifähig* (beteiligtenfähig) sein. Das ist der Fall, wenn die Parteien des Verfahrens Subjekt des Prozeßrechtsverhältnisses im Organstreit sein können[137]. Dazu bestimmt § 43 LVerfGG[138], daß Antrag-

---

Abs 3 BayVerf; Art 3 Abs 1 S 1 BlnVerf; Art 2 Abs 4 S 1 BbgVerf; Art 66 Abs 2 lit a BremVerf; Art 48 Abs 2 HbgVerf; Art 116 Abs 1 HessVerf; Art 20 Abs 1 S 3 LV MV; Art 42 Abs 1 NdsVerf; Art 3 Abs 1, 66 S 1 LV NW; Art 65 Abs 2 SaarlVerf; Art 3 Abs 2 S 1, 39 Abs 2 SächsVerf; Art 41 Abs 1 S 2 Verf LSA; Art 10 Abs 1 S 3 LV SH; Art 47 Abs 1, 48 Abs 2 ThürVerf.

134 § 15 Abs 1 StGHG BW; Art 14 Abs 1 S 1 BayVfGHG; § 21 Abs 1 BlnVerfGHG; § 20 Abs 1 BbgVerfGG; § 26 Abs 1 HbgVerfGG; § 19 Abs 1 S 1 HessStGHG; § 19 Abs 1 LVerfGG MV; § 12 Abs 1 NdsStGHG iVm § 23 Abs 1 BVerfGG; § 18 Abs 1 VerfGHG NW; § 23 Abs 2 S 1 VerfGHG RP; § 16 Abs 1 SaarlVGHG; § 10 Abs 1 SächsVerfGHG iVm § 23 Abs 1 BVerfGG; § 16 Abs 1 LVerfGG LSA; § 18 Abs 1 ThürVerfGHG.

135 § 45 Abs 2 StGHG BW; § 37 Abs 2 BlnVerfGHG; § 36 Abs 2 BbgVerfGG; § 39b Abs 2 HbgVerfGG; § 36 Abs 2 LVerfGG MV; § 30 NdsStGHG iVm § 64 Abs 2 BVerfGG; § 44 Abs 2 VerfGHG NW; § 23 Abs 1 VerfGHG RP; § 40 Abs 2 SaarlVGHG; § 18 Abs 2 SächsVerfGHG; § 36 Abs 2 LVerfGG LSA; § 39 Abs 2 ThürVerfGHG.

136 BVerfGE 24, 252 (258f); *E. Klein* in: Benda/Klein, Verfassungsprozeßrecht, Rn 960; *Lechner/Zuck* BVerfGG, § 64 Rn 9.

137 *E. Klein* in: Benda/Klein, Verfassungsprozeßrecht, Rn 911.

138 Parallelvorschriften im Verfassungsprozeßrecht der Länder: § 44 StGHG BW; Art 49 Abs 2 S 1 BayVfGHG; § 36 iVm § 14 Nr. 1 BlnVerfGHG; § 35 iVm § 12

steller und Antragsgegner nur die obersten Landesorgane und die in der Verfassung oder in einer Geschäftsordnung mit eigenen Rechten ausgestatteten Teile dieser Organe sein können. Als Antragsteller tritt hier die X-Fraktion auf; als Antragsgegner kommt der Ministerpräsident in Betracht.

Die X-Fraktion ist kein »oberstes Landesorgan«. Sie könnte jedoch ein »anderer Beteiligter« i. S. d. Art. 75 Nr. 2 LV[139] sein. Dies ist dann der Fall, wenn die X-Fraktion *Teil* des obersten Landesorgans »Landtag« und in der Verfassung oder in der Geschäftsordnung des Landtags mit *eigenen Rechten* ausgestattet ist (§ 43 LVerfGG[140]). Verfassungsrechtlich werden *Fraktionen* nicht oder nur beiläufig erwähnt[141]. Als notwendige Einrichtungen des Verfassungslebens sind Fraktionen jedoch als Teil des Parlaments unverzichtbar[142] und werden daher in der Geschäftsordnung des Landtags ausdrücklich anerkannt und mit eigenen Rechten (z. B. Antragstellung, Einbringung von Gesetzentwürfen) ausgestattet[143]. Infolgedessen sind Parlamentsfraktionen – hier also die X-Fraktion – im Organstreitverfahren parteifähig[144].

Der Ministerpräsident als Antragsgegner müßte ebenfalls parteifähig sein. Das wäre ohne weiteres der Fall, wenn er ein »oberstes Landesorgan« i. S. d. Landesverfassung wäre. Daran bestehen erhebliche Zweifel, weil das

Nr 1 BbgVerfGG; § 39a HbgVerfGG; § 42 Abs 2 S 1 HessStGHG; § 35 iVm § 11 Abs 1 Nr 1 LVerfGG MV; § 30 NdsStGHG iVm § 63 BVerfGG; § 43 VerfGHG NW; Art 130 Abs 1 LV RP; § 39 iVm § 9 Nr 5 SaarlVGHG; § 17 SächsVerfGHG; § 38 iVm § 11 Nr 3 ThürVerfGHG.

139   Nachweise zum Landesverfassungsrecht o Fn 130.

140   Vgl Nachw o Fn 138.

141   Art 37 LV BW; Art 16a Abs 2 BayVerf; Art 40 BlnVerf; Art 57 S 1, 67 BbgVerf; Art 77 BremVerf; Art 25 LV MV; Art 19 NdsVerf; Art 85a LV RP; Art 81 Abs 2 Saarl-Verf; Art 47 Verf LSA; Art 12 Abs 1 S 3, 18 Abs 2, 20 Abs 2 LV SH; Art 58 ThürVerf.

142   BVerfGE 70, 324 (350 f); 90, 286 (343 f); *E. Klein* in: Benda/Klein, Verfassungs-prozeßrecht, Rn 928.

143   §§ 17, 17a, 19, 33, 53 GeschO LT BW; §§ 7 ff, 39 Abs 1, 41 Abs 2, 47, 52 Abs 1 GeschO Abgh Bln; §§ 8 ff, 42 Abs 1, 46 Abs 1, 47 Abs 1, 52 Abs 1, 58 S 2 GeschO LT Bbg; §§ 11 Abs 1, 14 Abs 3, 16 Abs 1, 19 Abs 1, 20 Abs 3, 21 Abs 2 S 3, 27 Abs 1 S 1, 31 Abs 1, 34 Abs 1, 40 ff GeschO HessLT; §§ 17, 22, 23, 30 Abs 1 GeschO LT MV; §§ 2, 22 Abs 1, 30 Abs 2 S 1, 38 Abs 1, 45 Abs 1, 48 Abs 1 GeschO NdsLT; § 87 GeschO LT NW; §§ 8 ff, 30 Abs 1 S 2, 35 S 1, 50 Abs 1 S 1, 59 Abs 1 GeschO LT RP; §§ 10, 29 Abs 4, 36, 45 Abs 2, 46 Abs 1 GeschO SaarlLT; §§ 2, 3, 12 Abs 2, 17 Abs 2 S 2, 23 Abs 1, 26 Abs 1, 30 S 3, 31 Abs 2 S 1, 37 Abs 1 GeschO LT LSA; §§ 22, 23 Abs 1 S 1, 32 Abs 1, 38 Abs 1 GeschO LT SH.

144   BVerfGE 67, 100 (124); 68, 1 (63); 90, 286 (336); StGH BW, NVwZ-RR 1997, 265 = VBlBW 1997, 96 (100); VerfGH NW, DVBl 1999, 714; *Erichsen* Jura 1990, 670 (671); *Degenhart* Staatsrecht I, Rn 500; *Pestalozza* Verfassungsprozeßrecht, § 7 Rn 13.

Amt des Ministerpräsidenten nur in Zusammenhang mit der Landesregierung einer verfassungsrechtlichen Regelung unterzogen ist. Der Ministerpräsident ist jedoch Teil des obersten Landesorgans»Landesregierung«, die aus dem Ministerpräsidenten und den Landesministern besteht (Art. 51 LV[145]). Als Teil eines obersten Landesorgans ist der Ministerpräsident auch mit eigenen Rechten ausgestattet. So ernennt und entläßt er die Minister (Art. 52 Abs. 3 S. 1 LV[146]), ferner bestimmt er die Richtlinien der Politik und trägt dafür die Verantwortung (Art. 55 Abs. 1 LV[147]). Infolgedessen ist auch der Ministerpräsident parteifähig[148].

IV. Verfahrensgegenstand

Weiterhin müßte der Antrag der X-Fraktion einen im Organstreit *statthaften Verfahrensgegenstand* betreffen. Dazu bestimmt § 44 Abs. 1 LVerfGG[149], daß Gegenstand des Streits eine Maßnahme oder Unterlassung des Antragsgegners sein muß, die Rechte bzw. Pflichten des Antragstellers beeinträchtigt oder gefährdet. Verfahrensgegenstand kann somit jedes rechtserhebliche Verhalten des Antragsgegners sein[150].

Gegenstand des Antrags der X-Fraktion muß danach der Organisationserlaß von M sein. Dabei handelt es sich um eine »Maßnahme des Antragsgegners«. Diese ist auch rechtserheblich. Der Organisationserlaß ändert Struktur und Zusammensetzung der Landesregierung, ohne daß hierfür ein Gesetzgebungsverfahren durchgeführt worden wäre. Dadurch können Rechte oder Pflichten des Landtags mißachtet sein. Folglich geht es um eine Rechtsstreitigkeit, bei der ein behauptetes verfassungsgemäßes Recht des

---

145 Parallelvorschriften in den Landesverfassungen: Art 45 Abs 2 S 1 LV BW; Art 43 Abs 2 BayVerf; Art 55 Abs 2 BlnVerf; Art 82 BbgVerf; Art 107 BremVerf; Art 33 HbgVerf; Art 100 HessVerf; Art 41 Abs 2 LV MV; Art 28 Abs 2 NdsVerf; Art 51 LV NW; Art 98 Abs 1 LV RP; Art 86 SaarlVerf; Art 59 Abs 2 S 1 SächsVerf; Art 64 Abs 1 S 2 Verf LSA; Art 26 Abs 1 S 2 LV SH; Art 70 Abs 2 ThürVerf.
146 Vgl iü Nachw o Fn 73.
147 Vgl iü Nachw o Fn 88.
148 VerfGH NW, DVBl 1999, 714.
149 Parallelvorschriften in Verfassungsprozeßrecht der Länder: § 45 Abs 1 StGHG BW; Art 49 Abs 1 BayVfGHG; § 37 Abs 1 BlnVerfGHG; § 36 Abs 1 BbgVerfGG; § 39b Abs 1 HbgVerfGG; § 42 Abs 3 HessStGHG; § 36 Abs 1 LVerfGG MV; § 30 NdsStGHG iVm § 64 Abs 1 BVerfGG; § 44 Abs 1 VerfGHG NW; § 40 Abs 1 SaarlVGHG; § 18 Abs 1 SächsVerfGHG; § 36 Abs 1 LVerfGG LSA; § 39 Abs 1 ThürVerfGHG.
150 BVerfGE 96, 264 (277); *Fleury* Verfassungsprozeßrecht, Rn 56; *Robbers* Verfassungsprozessuale Probleme, 45; *Schlaich* Das Bundesverfassungsgericht, Rn 85; *Pestalozza* Verfassungsprozeßrecht, § 7 Rn 21; *Lechner/Zuck* BVerfGG, Vorb § 63 Rn 9.

einen Verfahrensbeteiligten von dem anderen Verfahrensbeteiligten bestritten wird. Ein statthafter Verfahrensgegenstand im Organstreit liegt vor.

V. Antragsbefugnis

Die X-Fraktion müßte ferner *antragsbefugt* sein. Das ist gem. § 44 Abs. 1 LVerfGG[151] der Fall, wenn sie geltend machen kann, daß sie selbst oder der Landtag (als Organ, dem die X-Fraktion angehört) durch den Organisationserlaß von M (als Maßnahme des Antragsgegners) in verfassungsrechtlichen Rechten bzw. Pflichten verletzt oder unmittelbar gefährdet ist. Diese Voraussetzungen sind erfüllt, wenn der Antragsteller zulässigerweise verfassungsrechtlich begründete Rechte bzw. Pflichten als mißachtet rügen kann und die Möglichkeit der Rechtsverletzung bzw. unmittelbaren Rechtsgefährdung besteht.

1. Rügepotential

Im Organstreit kann nur der Verstoß bzw. die Gefährdung solcher Rechte bzw. Pflichten gerügt werden, die durch die *Verfassung* entweder dem *Antragsteller* oder dem *Organ*, dem er angehört, übertragen sind. Rechte oder Pflichten, welche verletzt bzw. unmittelbar gefährdet sein müßten, können demzufolge entweder eigene Rechte der Antragstellerin als Fraktion sein oder Rechte des Landtags, welche die Antragstellerin als Organteil für diesen geltend macht[152]. In jedem Fall müssen die Rechte, um im Organstreitverfahren überhaupt rügefähig zu sein, verfassungsrechtlich – und nicht nur einfachgesetzlich oder durch die Geschäftsordnung – begründet sein[153].

a) Verfassungsrechtliche Rechtsposition

Soweit die Vereinbarkeit des Organisationserlasses mit der Unabhängigkeit der Rechtsprechung (Art. 92 Hs. 1 GG) sowie mit der sachlichen und persönlichen Unabhängigkeit der Richter (Art. 97 GG) in Frage steht, kann die X-Fraktion weder die Verletzung eigener Rechte noch die Mißachtung von Rechten des Landtags geltend machen. Die X-Fraktion rügt jedoch auch einen Verstoß gegen den Vorbehalt des Gesetzes. Dieser basiert auf dem Rechtsstaats- und Demokratiegebot[154], ist also verfassungsrechtlich begründet. Der Vorbehalt des Gesetzes schafft ferner ein Recht des Land-

151   Vgl iü Nachw o Fn 149.
152   StGH BW, NVwZ-RR 1997, 265 = VBlBW 1997, 96 (100).
153   *Maurer* Staatsrecht, § 20 Rn 47; *Degenhart* Staatsrecht I, Rn 502.
154   Vgl Nachw o Fn 11.

tags, indem die Kompetenzen zwischen Parlament und vollziehender Gewalt verteilt werden; in seinem Geltungsbereich sichert der Vorbehalt des Gesetzes dem Parlament Kompetenzen, die die Exekutive nicht antasten darf[155].

Die X-Fraktion kann im Organstreitverfahren somit *Rechte* i.S.d. § 44 Abs. 1 LVerfGG[156] rügen, die sich aus der *Verfassung* ergeben. Ein zulässiges Rügepotential für den Organstreit ist also gegeben. Allerdings kann die X-Fraktion damit keine eigenen Rechte geltend machen; sie beruft sich vielmehr auf eine Kompetenz des Landtags. Die materielle Inhaberschaft des reklamierten Rechts und seine prozessuale Durchsetzung fallen also auseinander.

b) Zulässigkeit der Prozeßstandschaft

Diese Divergenz wäre unschädlich, wenn die X-Fraktion im Wege der *Prozeßstandschaft* im Organstreit auch Rechte wahrnehmen dürfte, die dem Landtag als demjenigen Organ, dem die X-Fraktion angehört, zustehen. Grundsätzlich ist dies nicht zweifelhaft. Zwar bemißt sich die *Prozeßführungsbefugnis* in der Regel nach den Sachnormen (einschließlich Kompetenz- und Verfahrensnormen)[157]; jedoch sieht § 44 Abs. 1 LVerfGG[158] ausdrücklich vor, daß ein Antragsteller im Organstreitverfahren auch Rechte des Gesamtorgans, dem er angehört, geltend machen darf. Infolgedessen sind Parlamentsfraktionen befugt, im eigenen Namen Rechte geltend zu machen, die dem (Gesamt-)Parlament gegenüber dem Antragsgegner zustehen[159].

Fraglich ist jedoch, ob dies auch im vorliegenden Fall gelten kann. Die Wahrnehmung von Rechten des Landtags durch eine Fraktion könnte ausgeschlossen sein, wenn der Landtag als dasjenige Organ, dem eine Fraktion lediglich als Teil angehört, seinen Willen in einem der Auffassung jener Fraktion widersprechenden Sinne zum Ausdruck gebracht hat. Dann könnte eine Mehrheitsentscheidung des Parlaments vorliegen, die die Rechtsauffassung des (Gesamt-)Organs so eindeutig verlautbart, daß eine gerichtliche Wahrnehmung der Rechte dieses (Gesamt-)Organs durch die im Parlament unterlegene Minderheit nicht in Betracht kommt. Hier hat

---

155 VerfGH NW, DVBl 1999, 714 (715) = NJW 1999, 1243.
156 Vgl iü Nachw o Fn 149.
157 BVerfGE 68, 1 (65).
158 Vgl iü Nachw o Fn 149.
159 BVerfGE 45, 1 (28); 67, 100 (125); 68, 1 (65 f); 70, 324 (351); 90, 286 (336); StGH BW, NVwZ-RR 1997, 265 (266) = VBlBW 1997, 96 (101); *Fleury* Verfassungsprozeßrecht, Rn 59; *Schlaich* Das Bundesverfassungsgericht, Rn 86.

der Landtag mehrheitlich den Organisationserlaß des Ministerpräsidenten durch eine politische Entschließung ausdrücklich gebilligt. Es könnte daher prozessual unzulässig sein, wenn die X-Fraktion versucht, ihre politische Niederlage im Parlament durch eine verfassungsgerichtliche Entscheidung zu korrigieren.

Gegen eine derartige Restriktion der Antragsbefugnis spricht jedoch, daß die prozeßrechtlich explizit vorgesehene Prozeßstandschaft dem *Minderheitenschutz* dient[160]. Das parlamentarische Regierungssystem bedingt eine weitgehende politische Übereinstimmung von Regierung und sie tragender Parlamentsmehrheit. Die Anerkennung der Prozeßstandschaft für Fraktionen zielt daher – da das Organstreitverfahren nicht nur zwischen Verfassungsorganen, sondern auch Teilen von ihnen zugelassen ist – auf eine Stärkung der Oppositionsfraktion(en)[161]. Der Opposition wird prozessual die Möglichkeit eingeräumt, ihre Minderheitsrechte sowie die Rechte des Organs, an denen sie teilhat, verfassungsgerichtlich geltend zu machen und durchzusetzen[162]. Der durch die im Organstreit ermöglichte Prozeßstandschaft intendierte Minderheitenschutz zugunsten der parlamentarischen Opposition gebietet sogar die Zulassung der Prozeßstandschaft einer Fraktion gerade dann, wenn die Parlamentsmehrheit die von der Minderheitsfraktion als Verletzung des Organrechts angegriffene Maßnahme gebilligt hat[163]. Nur dadurch kann eine Sicherung der *Rechte* des Parlaments bewerkstelligt werden, nachdem im parlamentarischen Regierungssystem die Kontrollfunktion weitgehend den in der Opposition befindlichen Fraktionen obliegt.

Somit kann die X-Fraktion in einem Organstreitverfahren rügen, daß der Organisationserlaß von M den Vorbehalt des Gesetzes mißachtet und daher Rechte des Landtags verletzt.

2. Möglichkeit der Rechtsverletzung

Diese Rüge müßte aber auch im Rechtssinne als *Geltendmachung* der Verletzung bzw. unmittelbaren Gefährdung der Rechte des Landtags zu qualifizieren sein. Diese Voraussetzung nach § 44 Abs. 1 LVerfGG[164] ist gegeben,

160   BVerfGE 45, 1 (29 f.); 60, 319 (325 f.); 68, 1 (77); StGH BW, NVwZ-RR 1997, 265 (266); VBlBW 1997, 96 (101); *Maurer* Staatsrecht, § 20 Rn 41; *Clemens* in: Umbach/Clemens, BVerfGG, §§ 63, 64 Rn 5.
161   BVerfGE 90, 286 (344); *Clemens* in: Umbach/Clemens, BVerfGG, §§ 63, 64 Rn 81.
162   *Maurer* Staatsrecht, § 20 Rn 41.
163   BVerfGE 45, 1 (29); *E. Klein* in: Benda/Klein, Verfassungsprozeßrecht, Rn 948; *Schlaich* Das Bundesverfassungsgericht, Rn 86; *Maurer* Staatsrecht, § 20 Rn 48.
164   Vgl iü Nachw o Fn 149.

wenn nach dem Sachvortrag des Antragstellers nicht von vornherein ausgeschlossen werden kann, sondern wenn es möglich erscheint, daß durch
die angegriffene Maßnahme die gerügten Rechte verletzt oder unmittelbar
gefährdet sind[165].

Die X-Fraktion trägt vor, daß die Zusammenführung der Geschäftsbereiche des früheren Innenministeriums und des früheren Justizministeriums zu einem neuen Ministerium für Inneres und Justiz eine so wesentliche Entscheidung sei, daß sie nur das Parlament habe treffen dürfen.
Damit wird behauptet, der Ministerpräsident habe mit dem Organisationserlaß seine verfassungsrechtlichen Kompetenzen zu Lasten des Landtags
überschritten[166]. Eine solche Kompetenzüberschreitung ist nach dem Sachvortrag der X-Fraktion nicht von vornherein ausgeschlossen, sondern
durchaus möglich, da der Vorbehalt des Gesetzes dem Organisationserlaß
entgegenstehen könnte.

Mit einem entsprechenden Vortrag beim LVerfG wäre die X-Fraktion im
Organstreitverfahren antragsbefugt.

VI. Passive Verfahrensbefugnis

M als Antragsgegner in dem Organstreitverfahren müßte *passiv verfahrens-
befugt* sein. Die passive Verfahrensbefugnis liegt bei demjenigen Organ(teil)
vor, dessen Maßnahmen als verfassungswidrig angegriffen werden[167]. Hier
stammt der beanstandete Organisationserlaß vom Ministerpräsidenten;
dieser ist daher der richtige Antragsgegner[168].

VII. Antragsfrist

Die Zulässigkeit eines Antrags im Organstreitverfahren setzt ferner voraus,
daß die X-Fraktion die *Antragsfrist* einhält. Diese beträgt nach § 44 Abs. 3
LVerfGG[169] sechs Monate und beginnt in dem Zeitpunkt, in dem die um-

165 BVerfGE 94, 351 (362 f); 96, 264 (277); *Fleury* Verfassungsprozeßrecht, Rn 61;
Robbers Verfassungsprozessuale Probleme, 45; *E. Klein* in: Benda/Klein, Verfassungsprozeßrecht, Rn 956; *Pestalozza* Verfassungsprozeßrecht, § 7 Rn 35.
166 VerfGH NW, DVBl 1999, 714 (715) = NJW 1999, 1243.
167 *E. Klein* in: Benda/Klein, Verfassungsprozeßrecht, Rn 953; *Pestalozza* Verfassungsprozeßrecht, § 7 Rn 36 f; *Clemens* in: Umbach/Clemens, BVerfGG, §§ 63, 64 Rn 153.
168 VerfGH NW, DVBl 1999, 714.
169 Parallelvorschriften im Verfassungsprozeßrecht der Länder: § 45 Abs 3 StGHG
BW; § 37 Abs 3 BlnVerfGHG; § 36 Abs 3 BbgVerfGG; § 39b Abs 3 HbgVerfGG; § 36
Abs 3 LVerfGG MV; § 30 NdsStGHG iVm § 64 Abs 3 BVerfGG; § 44 Abs 3 VerfGHG
NW; § 40 Abs 3 SaarlVGHG (3 Monate!); § 18 Abs 3 SächsVerfGHG; § 36 Abs 3
LVerfGG LSA; § 39 Abs 3 S 1 ThürVerfGHG.

strittene Maßnahme, also der Organisationserlaß von M, der X-Fraktion bekannt geworden ist. Diese Frist muß die X-Fraktion unbedingt einhalten, wenn ihr Antrag im Organstreitverfahren zulässig sein soll. Es handelt sich nämlich um eine *gesetzliche Ausschlußfrist*, nach deren Ablauf im Organstreitverfahren Rechtsverletzungen nicht mehr geltend gemacht werden können[170]. Selbst bei unverschuldeter Fristversäumnis wäre eine Wiedereinsetzung in den vorigen Stand ausgeschlossen[171].

VIII. Rechtsschutzbedürfnis

Der X-Fraktion müßte im Organstreit schließlich ein *Rechtsschutzbedürfnis* zustehen. Dieses ist bereits gegeben, wenn ein objektives Interesse an der Klärung der umstrittenen Verfassungsrechtsfrage vorliegt[172], und es wird durch die Bejahung der Antragsbefugnis indiziert[173]. Nur ausnahmsweise ist das Rechtsschutzbedürfnis zu verneinen, etwa wenn der Antragsteller die gerügte Rechtsverletzung durch eigenes parlamentarisches Handeln hätte vermeiden können[174]. Für einen derartigen Ausnahmefall bietet der Sachverhalt keinen Anhaltspunkt. Im Gegenteil, die X-Fraktion hat im Landtag gegen die politische Entschließung, die den Organisationserlaß billigte, gestimmt, unterlag in der Abstimmung jedoch der Landtagsmehrheit.

Somit liegt auf Seiten der X-Fraktion auch ein Rechtsschutzbedürfnis für die Anrufung des LVerfG vor.

Ergebnis: Die X-Fraktion hat die verfassungsprozessuale Möglichkeit, einen Antrag im Organstreitverfahren beim LVerfG zu stellen, um die Verfassungsmäßigkeit des Organisationserlasses von M verbindlich klären zu lassen.

---

170 BVerfGE 71, 299 (304); 80, 188 (210); 92, 80 (87); *Pestalozza* Verfassungsprozeßrecht, § 7 Rn 41.
171 *Robbers* Verfassungsprozessuale Probleme, 47; *Schlaich* Das Bundesverfassungsgericht, Rn 87; *Maurer* Staatsrecht, § 20 Rn 49.
172 BVerfGE 99, 332 (336).
173 *Fleury* Verfassungsprozeßrecht, Rn 63; *E. Klein* in: Benda/Klein; Verfassungsprozeßrecht, Rn 959; *Pestalozza* Verfassungsprozeßrecht, § 7 Rn 39; *Maurer* Staatsrecht, § 20 Rn 50.
174 BVerfGE 68, 1 (77 f); 90, 286 (340).

Hinweise zur methodischen und sachlichen Vertiefung

1. Aufbau

Die Lösung folgt der Reihenfolge der Fragestellung. Zunächst wird die Verfassungsmäßigkeit des Organisationserlasses von M untersucht, die prozeßrechtliche Thematik bildet den zweiten Teil des Rechtsgutachtens.

a) Verfassungsmäßigkeit des Organisationserlasses

Die erste Frage zielt auf Grundprobleme des Staatsorganisationsrechts. Schablonenförmige Aufbauschemata stehen für die gutachtliche Fallbearbeitung nicht zur Verfügung. Die Prüfung orientiert sich aufbaumäßig an der Reihenfolge der Fragestellung, die im übrigen vorgegebenen Strukturen des Verfassungsrechts entspricht. Sowohl verfassungsrechtlich als auch sachlogisch ist die Prüfung zum Vorbehalt des Gesetzes gegenüber der Erörterung der Fragen zur Gewaltenteilung (Funktionentrennung) vorrangig. Greift der Vorbehalt des Gesetzes ein, hatte M ohne gesetzliche Ermächtigung keine *Kompetenz* für den Organisationserlaß; schon deshalb wäre die Maßnahme verfassungswidrig, selbst wenn der *Inhalt* mit der Verfassung vereinbar wäre.

aa) Vorbehalt des Gesetzes

Zum ersten Themenkreis greift die Lösung im Ausgangspunkt die Argumentation der X-Fraktion auf und formuliert die notwendige Hypothese zum Vorbehalt des Gesetzes. Da es um seine Geltung im *Staatsorganisationsrecht* (und nicht im Grundrechtsbereich) geht, also eine inhaltlich ebenso schwierige wie umstrittene Thematik zu erörtern ist, schlägt die Lösung im Aufbau ein dreistufiges Vorgehen vor: Zunächst wird eine Grundlegung zur Reichweite des Vorbehalts des Gesetzes vorgenommen, die sich an der sog. Wesentlichkeitstheorie orientiert (dabei Differenzierung nach der Grundrechtsrelevanz staatlichen Handelns sowie der generellen Bedeutung einer staatlichen Maßnahme für das Gemeinwesen). Sodann werden Grenzen zum Vorbehalt des Gesetzes im Staatsorganisationsrecht aufgezeigt, die sich an der Gewaltenteilung (Funktionentrennung) und der demokratischen Legitimation auch der Regierung orientieren. Nach diesem »pro et contra« zur Vorbehaltsproblematik wird im dritten Schritt nach der Existenz eines sog. institutionellen Gesetzesvorbehalts gefragt, was allerdings zu der Erkenntnis führt, daß nur punktuell ansetzende und disparat erscheinende organisationsrechtliche Gesetzesvorbehalte bestehen.

Für den weiteren Aufbau der Lösung folgt daraus, daß im Wege der Analyse einzelner Vorschriften des Staatsorganisationsrechts zu klären ist, wie die Organisationsgewalt bezüglich der Festlegung der Kabinettsstruktur zwischen Parlament und Regierung verteilt ist. Die gutachtliche Untersuchung hat zunächst nach eventuellen ausdrücklichen Regelungen zur Kabinettsorganisation zu fragen, um – nach dem negativen Ergebnis – anschließend das Kabinettsbildungsrecht des Ministerpräsidenten und die daraus abzuleitende Kompetenz zur Regierungsorganisation zu erörtern.

Der hier gewählte Aufbau zum ersten Teil der ersten Frage ist nicht etwa zwingend vorgegeben, sondern beschreibt – den Argumentationsduktus der X-Fraktion aufnehmend – nur eine Möglichkeit zur Strukturierung der Sachprobleme. Vertretbar ist auch ein Aufbau, der von Art. 52 Abs. 3 S. 1 LV ausgeht, den normativen Gehalt der Bestimmung ermittelt und danach fragt, ob das materielle Kabinettsbildungsrecht die Kompetenz zur Regierungsorganisation umfaßt. An dieser Stelle müßte dann aber – was den Nachteil eines solchen Lösungsweges ausmacht – im Wege der inzidenten Prüfung untersucht werden, ob nicht der Vorbehalt des Gesetzes entgegensteht. Aufbaumäßig wäre mit einer derartigen »verschachtelten« Prüfungsabfolge nichts gewonnen.

bb) Grundsatz der Gewaltenteilung

Der zweite Teil der ersten Frage wirft aufbaumäßig keine Schwierigkeiten auf. Die Untersuchung der Gewaltenteilungsproblematik kann aufgeteilt werden in die Erörterung der Unabhängigkeit der rechtsprechenden Gewalt und in die Darstellung der sachlichen und persönlichen Unabhängigkeit der Richter. Zum ersten Teilkomplex bietet es sich an, zunächst mögliche Gefährdungen der Rechtsprechung durch eine bestimmte Organisation der Justizverwaltung darzulegen, um anschließend nach der verfassungsrechtlichen Gewährleistung eines eigenständigen Landesjustizministeriums zu fragen. Bei der Unabhängigkeit der Richter sind die sachliche und die persönliche Unabhängigkeit getrennt zu untersuchen.

b) Rechtsschutzmöglichkeiten der X-Fraktion

Im prozessualen Teil der Fallbearbeitung geht es um die Zulässigkeit eines Organstreitverfahrens. Dabei ist – da die X-Fraktion noch keinen Rechtsschutzantrag gestellt hat – auf der Grundlage einer prospektiven Sicht darzulegen, welche Zulässigkeitsvoraussetzungen zu beachten sind, damit ein entsprechender Antrag zulässig wäre. Die Fragestellung gibt vor, daß es nicht um ein Verfahren beim BVerfG, sondern beim LVerfG geht.

Zunächst muß – wegen des Enumerationsprinzips im Verfassungsprozeßrecht – die Zuständigkeit des LVerfG festgestellt werden. Der weitere Aufbau folgt der üblichen Abfolge der Zulässigkeitsvoraussetzungen beim Organstreit. Eine aufbaumäßige Untergliederung ist im Rahmen der Antragsbefugnis angezeigt, zumal es in der Sache um die Anerkennung einer Prozeßstandschaft geht. Die hier vorgeschlagene Lösung differenziert zwischen dem zulässigen Rügepotential im Organstreit und der konkreten Möglichkeit der Rechtsverletzung. Zum ersten Punkt muß man erkennen, daß die Parteifähigkeit einer Parlamentsfraktion zwar mit Hilfe der Geschäftsordnung begründet werden kann, daß die Antragsbefugnis aber nur auf verfassungsrechtliche Rechtspositionen zu stützen ist. Besonderer aufbaumäßiger Hervorhebung bedarf die Prozeßstandschaft. Die weiteren Zulässigkeitsvoraussetzungen werden im üblichen Aufbau eines Organstreitverfahrens erörtert.

2. Inhalt

Sachlich weist der Fall unterschiedliche Schwierigkeitsgrade auf. Im Rahmen der ersten Frage dürften die Grundannahmen zum Vorbehalt des Gesetzes (grundrechtlicher Gesetzesvorbehalt, im übrigen sog. Wesentlichkeitstheorie) bekannt sein. Schwieriger gestaltet sich die Beurteilung der Rechtslage im Staatsorganisationsrecht. Zu den – im akademischen Unterricht mitunter etwas vernachlässigten – Themenfeldern der Unabhängigkeit der Rechtsprechung und der Richter verlangt die Fallbearbeitung kaum mehr als »Basiswissen«. Die Fragestellungen zum Organstreitverfahren sollten – auch wenn die prozessuale Thematik in das Landesrecht verlegt ist – bekannt sein.

In der verfassungsrechtlichen Fallbearbeitung bereiten Aufgaben aus dem Staatsorganisationsrecht den Studierenden und Prüflingen erfahrungsgemäß größere Schwierigkeiten als Aufgaben zu Grundrechtsproblemen. Der Sachverhalt trägt diesem Umstand dadurch Rechnung, daß alle wesentlichen Prüfungspunkte durch Äußerungen von M und der X-Fraktion angesprochen werden.

a) Vorbehalt des Gesetzes

Der Vorbehalt des Gesetzes stellt die zentrale Problematik des Falles dar. Für die richtige inhaltliche Weichenstellung muß im Ausgangspunkt erkannt werden, daß es bei jenem Vorbehalt um eine *Kompetenzverteilung* zwischen Legislative und Exekutive geht. Sodann ist – zwischen dem *grundrechtlichen* Gesetzesvorbehalt und dem *allgemeinen* Vorbehalt des Gesetzes (basierend auf dem Rechtsstaats- und dem Demokratiegebot) differenzierend – zu sehen, daß es hier nicht um einen Grundrechtseingriff geht. Dies führt hin zur sog. Wesentlichkeitstheorie. Zum erforderlichen Wissen hierzu zählt die Kenntnis darüber, daß sowohl die Grundrechtsrelevanz staatlichen Handelns (außerhalb des Bereichs von Grundrechts»eingriffen«) als auch die generelle – d. h. vom Einzelnen und seiner konkreten grundrechtlichen Freiheitssphäre losgelöste – Bedeutung einer staatlichen Maßnahme für das Gemeinwesen den Vorbehalt des Gesetzes auszulösen vermögen. Der erstgenannte Gesichtspunkt führt hier zur Erörterung der Auswirkungen von Maßnahmen der Regierungsorganisation auf Art. 19 Abs. 4 S. 1 GG; die allgemeine Wesentlichkeit einer staatlichen Entscheidung bietet einen Anknüpfungspunkt für die hypothetische Bejahung der Rechtsauffassung der X-Fraktion.

An diesem Punkt nun muß herausgestellt werden, daß das Verfassungsrecht einen Totalvorbehalt nicht kennt und vor allem im Staatsorganisationsrecht nicht jede zur Regelung anstehende Angelegenheit dem Zugriffsrecht oder gar der Zugriffspflicht des Gesetzgebers obliegt. Unter Bezugnahme auf die Gewaltenteilung (Funktionentrennung) ergibt sich, daß die verfassungsrechtliche Kompetenzordnung dem Gesetzgeber Grenzen setzt und daß darin nicht gleichsam automatisch ein Demokratiedefizit gesehen werden kann, weil auch die Regierung und der Regierungschef verfassungsrechtlich demokratisch legitimiert sind. Vor diesem Hintergrund läßt sich ohne allzu große Mühe zeigen, daß es einen allgemeinen institutionellen Gesetzesvorbehalt nicht gibt, sondern im geltenden Verfassungsrecht nur verstreut einige organisationsrechtliche Gesetzesvorbehalte nachzuweisen sind. Hierzu zeigt die dem Fall zugrundeliegende Entscheidung des VerfGH NW übrigens eines der großen Defizite, indem zwischen dem Grundrechtsbereich und dem Staatsorganisationsrecht nicht differenziert wird. Die Folge hiervon ist, daß eine Analyse zu den organisationsrechtlichen Gesetzesvorbehalten unterbleibt und eine nur noch auf pauschale Annahmen gegründete, rational nicht mehr nachvollziehbare »Wesentlichkeitsdoktrin« den Hebel dafür liefert, verfassungspolitische Wunschvorstellungen zu geltendem Verfassungsrecht zu deklarieren.

Der zum Vorbehalt des Gesetzes differenzierende staatsorganisationsrechtliche Ansatz vermag die Verteilung der Organisationsgewalt zwischen Parlament und Regierung bei der Kabinettsbildung präzise vorzunehmen: Eine ausdrückliche Regelung zur Kompetenz der Regierungsorganisation fehlt; ein allgemeiner Verwaltungsvorbehalt – als Gegenstück zum Vorbehalt des Gesetzes – ist verfassungsrechtlich nicht begründbar; das materielle

Kabinettsbildungsrecht des Regierungschefs umfaßt die Kompetenz zur Regierungsorganisation, was über ein argumentum e contrario zu den organisationsrechtlichen Gesetzesvorbehalten ebenso zusätzlich gestützt werden kann wie über die verfassungsrechtliche Bedeutung der Richtlinienkompetenz. Im Ergebnis vermag der Lösungsvorschlag der Entscheidung des VerfGH NW nicht zu folgen.

b) Gewaltenteilung (Funktionentrennung)

Unter dem Aspekt der Gewaltenteilung (Funktionentrennung) ist die *inhaltliche* Verfassungsmäßigkeit der von M getroffenen Maßnahme zu untersuchen. Zunächst ist die Unabhängigkeit der rechtsprechenden Gewalt (Art. 92 Hs. 1 GG) zu skizzieren, um dann kurz darzulegen, daß eine Zusammenlegung von Innen- und Justizministerium hiergegen – selbstverständlich – nicht verstößt. Sodann ist ebenfalls in der gebotenen Kürze zu begründen, daß Art. 98 Abs. 4 GG keine institutionelle Garantie des Landesjustizministeriums beinhaltet.

Zur (einzel)richterlichen Unabhängigkeit sollte zunächst die sachliche Unabhängigkeit geprüft werden. Auch dazu läßt sich – entgegen den Andeutungen des VerfGH NW, der diese Frage letztlich allerdings nicht zu entscheiden hatte – lege artis nur die Auffassung vertreten, daß eine Zusammenlegung des Justizministeriums mit dem Innenministerium verfassungs*rechtlich* die sachliche Unabhängigkeit der Richter unangetastet läßt. Nicht anders verhält es sich schließlich mit der persönlichen Unabhängigkeit der Richter. Die Organisationsmaßnahme ändert insbesondere im Bereich der Dienstaufsicht nichts.

In der Grundlinie ist der Lösungsvorschlag bestrebt, das verfassungs*rechtlich* Zulässige von dem verfassungs*politisch* (vielleicht) Wünschbaren strikt zu unterscheiden. Nur dadurch kann System, Funktion und Eigenrationalität des Staatsorganisationsrechts Rechnung getragen werden.

c) Organstreitverfahren

Der Organstreit gehört zu den verfassungsprozessualen Standardthemen in Übung und Examen. Die wesentlichen Probleme hierzu sollten bekannt sein. Die vorliegende Aufgabenstellung weist die – in der Sache allerdings kaum ins Gewicht fallende – Besonderheit auf, daß die Zulässigkeit des Organstreitverfahrens beim LVerfG zu untersuchen ist. Inhaltlich besteht eine Parallelität zum Organstreitverfahren beim BVerfG.

In der Sache unproblematisch sind die Bejahung der Zuständigkeit des LVerfG (Terminologie in den einzelnen Ländern unterschiedlich: StGH,

VerfGH, VerfG, LVerfG), die Hervorhebung der Anforderungen an die ordnungsgemäße Antragstellung, die Ermittlung der Parteifähigkeit und die Benennung des Verfahrensgegenstandes. Der Schwerpunkt der Zulässigkeitsprüfung liegt bei der Antragsbefugnis. Dazu muß mit Blick auf das zulässige Rügepotential herausgestellt werden, um welches verfassungsrechtlich begründete Recht es der X-Fraktion geht. Sodann ist zu erkennen, daß – typischerweise für die Organklage von Parlamentsfraktionen – Prozeßführung und Sachbefugnis auseinanderfallen; es liegt ein Fall der Prozeßstandschaft vor. Diese ist an sich unproblematisch und im Verfassungsprozeßrecht ausdrücklich angelegt (vgl. § 64 Abs. 1 BVerfGG). Die Besonderheit des Falles liegt darin, daß das Parlament (mit seiner Regierungsmehrheit) den Organisationserlaß von M ausdrücklich gebilligt hat. Der Sinn der im Organstreit auf Minderheitenschutz angelegten Prozeßstandschaft weist den richtigen Lösungsweg. Die Möglichkeit der Rechtsverletzung im konkreten Fall ist im Rahmen der Antragsbefugnis ohne Probleme zu bejahen. Dasselbe gilt für die weiteren Zulässigkeitsvoraussetzungen.

3. Landesverfassungsrecht

Die Aufgabenstellung gibt im Wege eines Vermerks die anzuwendenden Verfassungsbestimmungen vor. Dadurch kann die komplette Lösung entwickelt werden. In der Sache handelt es sich um Vorschriften des nordrhein-westfälischen Rechts, die auch der VerfGH NW heranzuziehen hatte.

Von der der Fallbearbeitung zugrunde zu legenden Rechtslage weicht das Verfassungsrecht der 16 Länder teilweise ab und unterscheidet sich im einzelnen sowohl bei der Kabinettsbildung (a) als auch bezüglich der Regierungsorganisation (b). Auf das Ergebnis zum Vorbehalt des Gesetzes hat dies keine Auswirkungen (c).

a) Kabinettsbildung

Soweit das Landesverfassungsrecht bei der Kabinettsbildung Unterschiede zu der dem Fall zugrunde gelegten Rechtslage aufweist, sehen diese wie folgt aus: In *Baden-Württemberg* bedarf die Regierung zur Amtsübernahme der Bestätigung durch den Landtag (Art. 46 Abs. 3 S. 1 LV BW); die Berufung eines Mitglieds der Regierung durch den Ministerpräsidenten nach der Bestätigung benötigt die Zustimmung des Landtags (Art. 46 Abs. 4 LV BW). – In *Bayern* beruft und entläßt der Ministerpräsident die Minister mit Zustimmung des Landtags (Art. 45 BayVerf). – In *Berlin* erfolgt die Wahl der Bürgermeister und der Senatoren auf Vorschlag des Regierenden Bürgermeisters durch das Abgeordnetenhaus (Art. 56 Abs. 2 BlnVerf); dieses kann ferner jedem Senatsmitglied das Vertrauen entziehen (Art. 57 BlnVerf). – In *Bremen* werden die Senatsmitglieder von der Bürgerschaft gewählt (Art. 107 Abs. 2 S. 1 BremVerf); die Bürgerschaft kann ferner Senatoren zum Rücktritt zwingen (Art. 110 BremVerf). – In *Hamburg* ist die Bestätigung der vom Ersten Bürgermeister berufenen Senatoren durch die Bürgerschaft vorgesehen (Art. 34 Abs. 2 S. 2 HbgVerf). – In *Hessen* zeigt der Ministerpräsident die Ernennung der Minister unverzüglich dem Landtag an (Art. 101 Abs. 2 S. 2 HessVerf); ferner muß der Landesregierung vor Übernahme der Geschäfte vom Landtag durch besonderen Beschluß das Vertrauen ausgesprochen werden (Art. 101 Abs. 4 HessVerf); die Abberufung von Ministern nimmt der Ministerpräsident mit Zustimmung des Landtags vor (Art. 112 HessVerf). – In *Niedersachsen* bedarf die Landesregierung zur Amtsübernahme der Bestätigung durch den Landtag (Art. 29 Abs. 3 NdsVerf); die Berufung oder Entlassung eines Ministers durch den Ministerpräsidenten nach der Bestätigung benötigt die Zustimmung des Landtags (Art. 29 Abs. 4 NdsVerf). – In *Rheinland-Pfalz* bedarf die Regierung zur Übernahme der Geschäfte der ausdrücklichen Bestätigung des Landtags (Art. 98 Abs. 2 S. 3 LV RP); der Landtag kann ferner den Rücktritt von Ministern erzwingen (Art. 99 LV RP). – Im *Saarland* ernennt und entläßt der Ministerpräsident die Minister mit Zustimmung des Landtags (Art. 87 Abs. 1 S. 2 SaarlVerf).

b) Regierungsorganisation

Zur Festlegung der Regierungsorganisation verfolgt das Landesverfassungsrecht folgende Konzeptionen: In *Baden-Württemberg* beschließt die Regierung unbeschadet des Gesetzgebungsrechts des Landtags – von dem bislang freilich kein Gebrauch gemacht worden ist – über die Geschäftsbereiche ihrer Mitglieder (Art. 45 Abs. 3 S. 1 LV BW). In der Praxis ist dies durch die Bekanntmachung der Landesregierung über die Abgrenzung der Geschäftsbereiche der Ministerien vom 25.7.1972 erfolgt (Dürig Nr. 15). Ebenso beschließt in *Hessen* die Landesregierung über die Zuständigkeit der einzelnen Mitglieder, soweit hierüber nicht gesetzliche Vorschriften getroffen sind; der Beschluß ist unverzüglich dem Landtag vorzulegen und auf dessen Verlangen zu ändern oder außer Kraft zu setzen (Art. 104 Abs. 2 HessVerf). Vgl. dazu Beschluß über die Zuständigkeit der einzelnen Ministerinnen und Minister nach Art. 104 Abs. 2 der Verfassung des Landes Hessen vom 14.4.1999 (Fuhr/Pfeil Nr. 16a). Auch in *Rheinland-Pfalz* beschließt die Landesregierung – soweit gesetzliche Vorschriften nicht getroffen sind – über die Zuständigkeit der einzelnen Minister, muß diesen Beschluß dann dem Landtag vorlegen und auf dessen Verlangen ändern oder außer Kraft setzen (Art. 105 Abs. 2 LV RP). Vgl. dazu Anordnung über die Geschäftsverteilung der Landesregierung Rheinland-Pfalz vom 20. 7. 1998 (Rumetsch Nr. 11 b). – In *Bayern* bestimmt der Ministerpräsident die Zahl und die Abgrenzung der Geschäftsbereiche (Staatsministerien); dies bedarf der Bestätigung durch Beschluß des Landtags (Art. 49 BayVerf). Jedem Staatsminister wird durch den Ministerpräsidenten ein Geschäftsbereich zugewiesen (Art. 50 S. 1 BayVerf). – Im *Saarland* legt der Ministerpräsident die Geschäftsbereiche der Minister fest (Art. 91 Abs. 1 S. 2 SaarlVerf); eine Mitwirkung des Landtags ist nicht vorgesehen. – Der Landesregierung ist die Abgrenzung der Geschäftsbereiche der Ministerien zugewiesen in *Bremen* (Art. 120 Abs. 1 S. 1 BremVerf), *Hamburg* (Art. 42 Abs. 2 S. 1 Hbg-Verf), *Niedersachsen* (Art. 37 Abs. 2 Nr. 3 NdsVerf), *Sachsen-Anhalt* (Art. 68 Abs. 3 Nr. 3 Verf LSA) und *Thüringen* (Art. 76 Abs. 2 S. 1 ThürVerf). – In *Berlin* werden die Zahl der Geschäftsbereiche des Senats sowie ihre Abgrenzung auf Vorschlag des Regierenden Bürgermeisters vom Abgeordnetenhaus beschlossen (Art. 57 BlnVerf).

c) Konsequenzen für die Fallbearbeitung

Geht man für die Beurteilung des Sachverhalts vom jeweiligen Landesverfassungsrecht aus, das zur Kabinettsbildung und zur Regierungsorganisation von der im Vermerk zum Sachverhalt wiedergegebenen Rechtslage abweicht, ergeben sich folgende Konsequenzen:

(1) Soweit dem *Ministerpräsidenten* die Festlegung der Geschäftsbereiche ausdrücklich zugewiesen ist (Saarland), kommt eine (Mit-)Entscheidungsbefugnis des Parlaments von vornherein nicht in Betracht.

(2) Dasselbe gilt, wenn allein der *Landesregierung* die Abgrenzung der Geschäftsbereiche zugeordnet ist (Bremen, Hamburg, Niedersachsen, Sachsen-Anhalt, Thüringen, im Ergebnis auch Baden-Württemberg). Dann kann der Regierungschef ggf. Kompetenzen der Regierung (als Kollegialorgan) – nicht jedoch des Parlaments – mißachtet haben. Eine Parlamentsfraktion könnte eine solche Kompetenzverletzung im Organstreitverfahren zulässigerweise allerdings nicht rügen.

(3) Soweit eine *Vorlage an den Landtag* vorgeschrieben ist (Hessen, Rheinland-Pfalz), führt dies nicht zum Vorbehalt des Gesetzes. Der Landtag hat vielmehr nur eine Art »Vetorecht«.

(4) Wo der *Landtag durch Beschluß* die Festlegung der Geschäftsbereiche der Ministerien (mit)entscheiden muß (Bayern, Berlin), ist ebenfalls kein

Gesetz vonnöten. Es genügt vielmehr (wie dies im Sachverhalt der Fall gewesen ist) ein einfacher Parlamentsbeschluß (*Sendler* NJW 1999, 1232 [1234]; allg. *Degenhart* Staatsrecht I, Rn. 51; *Ossenbühl* in: HStR III, § 62 Rn. 39; ausf. *Butzer* AöR 119 [1994], 61 ff.).

(5) Das Verfahren der *Gesetzgebung* kommt überhaupt nur in Betracht, wenn die Verfassung dies erlaubt bzw. vorsieht. Allerdings vermag das in zwei Ländern normierte Gesetzgebungs*recht* (Baden-Württemberg, Rheinland-Pfalz) den Vorbehalt des Gesetzes nicht auszulösen, da dieser nur eingreift, wenn zur Regelung einer bestimmten Angelegenheit eine Gesetzgebungs*pflicht* besteht (*Böckenförde* NJW 1999, 1235 [1236]; *Ossenbühl* in: HStR III, § 62 Rn. 51).

4. Rechtsprechungs- und Literaturhinweise
a) Ausgangsfall

Der Fall ist gebildet nach VerfGH NW, Urt. v. 9.2.1999 – VerfGH 11/98 – DVBl 1999, 714 (m. Anm. *Wieland*) = DÖV 1999, 427 = NJW 1999, 1243 = JZ 1999, 1109 (m. Anm. *Isensee*) = JuS 1999, 1122 *(Sachs)*. – Diese Entscheidung ist (überwiegend kritisch) besprochen von *Sendler* Vom schönen Schein des bösen Scheins – Oder: Alle Macht den Richtern!, NJW 1999, 1232; *Böckenförde* Organisationsgewalt und Gesetzesvorbehalt, NJW 1999, 1235; *Menzel* Die Organisationsgewalt der Verfassungsrichter im Bereich der Regierung, NWVBl 1999, 201; prinzipiell zustimmend *Erbguth* NWVBl 1999, 365.

b) Zum Vorbehalt des Gesetzes

Aus der Ausbildungsliteratur: *Krebs* Zum aktuellen Stand der Lehre vom Vorbehalt des Gesetzes, Jura 1979, 304; *Pietzcker* Vorrang und Vorbehalt des Gesetzes, JuS 1979, 710; *Jachmann* Zur Reichweite der Wesentlichkeitstheorie des Bundesverfassungsgerichts und ihrer Bedeutung für die richterliche Entscheidung, JA 1994, 399; *Erichsen* Vorrang und Vorbehalt des Gesetzes, Jura 1995, 550; *Wehr* Grundfälle zu Vorrang und Vorbehalt des Gesetzes, JuS 1997, 419. – Speziell zum Grundrechtsbereich *Sachs* Die Gesetzesvorbehalte der Grundrechte des Grundgesetzes, JuS 1995, 693.

Aus der Rechtsprechung:

– BVerfGE 58, 257 = DVBl 1982, 401 (m. Anm. *Kisker* S. 886) = DÖV 1982, 239 (m. Anm. *Bryde*) = NJW 1982, 921 = JZ 1982, 755 (m. Anm. *Wilke*) = *von Mutius* JK 82, GG Art. 20 III/8 = JA 1983, 88 (*Hidien*) = JuS 1983,

315 (*Ruland*) – grundlegende Entscheidung zur sog. Wesentlichkeitstheorie und zum Vorbehalt des Gesetzes im Schulrecht.

- BVerwG, DVBl 1998, 969 = NVwZ 1998, 859 = JuS 1999, 493 (*Hufen*) –
  Vorbehalt des Gesetzes im Schulrecht (Ermittlung der Zeugnisnote in
  versetzungsrelevantem Fach).
- BVerfGE 98, 218 = DVBl 1998, 955 = NJW 1998, 2515 = *Erichsen* JK 99,
  GG Art. 6/13 = JA 1999, 633 (*T. Grupp*) = JuS 1998, 1153 (*Hufen*) –
  Rechtschreibreform; dazu Besprechung *Wegener* Jura 1999, 185; *Roth*
  BayVBl 1999, 257; *Bauer/Möllers* JZ 1999, 697.

c) Zur Gewaltenteilung (Funktionentrennung)

Aus der Ausbildungsliteratur: *Fastenrath* Gewaltenteilung – Ein Überblick,
JuS 1986, 194; *Wank* Gewaltenteilung – Theorie und Praxis in der Bundesrepublik Deutschland, Jura 1991, 622; *Wrege* Das System der Gewaltenteilung im Grundgesetz, Jura 1996, 436.

Aus der Rechtsprechung instruktiv: BVerfGE 95, 1 = DVBl 1997, 42 =
DÖV 1997, 117 = NJW 1997, 383 = *Kunig* JK 97, GG Art. 20 II 2/2 = JA
1997, 839 (*Heselhaus*) = JuS 1998, 364 (*Sachs*) – Legalplanung (»Südumfah-
rung Stendal«).

d) Zum Organstreitverfahren

Aus der Ausbildungsliteratur: *Erichsen* Das Organstreitverfahren vor dem
Bundesverfassungsgericht nach Art. 93 Abs. 1 Nr. 1 GG, §§ 13 Nr. 5, 63 ff.
BVerfGG, Jura 1990, 670. – Speziell am Beispiel gerichtlicher Klagen politischer Parteien *Maurer* Die politischen Parteien im Prozeß, JuS 1992, 296
(auch noch zu weiteren Rechtsbehelfen). – Fallbearbeitungen für Anfänger:
Berg Eine Rüge für den Abgeordneten, JuS 1989, L 52; *Detterbeck* Das Par-
teienprivileg politischer Parteien, JA 1991, Ü 195; *Butzer* Wrapped Bundestag, JuS 1997, 1014 (Hausarbeit Anfängerübung); für Fortgeschrittene:
Ipsen/Epping Der Berlin/Bonn-Beschluß der Bundesregierung, Jura 1994,
605 (Examensklausur).

Aus der jüngeren Rechtsprechung instruktiv: BVerfGE 90, 286 = DVBl
1994, 999 = NJW 1994, 2207 = JA 1995, 454 (*Heselhaus*) = JuS 1995, 163
(*Sachs*) – Streit um Bundeswehreinsatz im Rahmen von NATO- und UNO-
Militäraktionen (materiellrechtlich zum Auslandseinsatz der Bundeswehr);
dazu Besprechung *Stein/Kröninger* Jura 1995, 254; *Schroeder* JuS 1995, 398.

Fall 9: Eigentumsnutzung und Naturschutz

Sachverhalt

E ist Eigentümer eines 15 ha großen Geländes auf der Gemarkung der Gemeinde G. Außerdem hatte E bis Ende vergangenen Jahres unmittelbar im Anschluß an sein Grundstückseigentum von der Gemeinde G eine weitere Fläche von 5 ha gepachtet. Auf jenem insgesamt 20 ha umfassenden Gelände baute E bis vor einiger Zeit in drei Steinbrüchen Kalk ab; zwei Steinbrüche lagen auf seinem Grundeigentum, ein Steinbruch befand sich auf dem Grundeigentum von G, das E gepachtet hatte. Nach Einstellung des Kalkabbaubetriebs entstanden auf dem Gelände wertvolle und seltene Pflanzengesellschaften sowie vielfältige Biotope; unter anderem hatten sich Kreuzkröten angesiedelt. Daraufhin stellte die zuständige Behörde nach Einholung und Auswertung fachwissenschaftlicher Gutachten zur Schutzwürdigkeit des Geländes in einem ordnungsgemäßen Verfahren das ehemalige Steinbruchgelände durch Erlaß einer Verordnung unter Naturschutz (Naturschutzgebiet »Steinbruch H«). Bei Abwägung der konfligierenden Interessen sei im Ergebnis die natürliche Gegebenheit des Geländes im Interesse der Allgemeinheit zu erhalten.

§ 1 NatSchVO bestimmt die Schutzgegenstände und die Schutzzwecke. § 2 NatSchVO sieht umfangreiche Nutzungs- und Veränderungsverbote vor; unter anderem ist die Errichtung baulicher Anlagen, befestigter Wege und von Stellplätzen für Fahrzeuge untersagt. Unberührt von den Verboten bleiben nach § 3 NatSchVO »die naturnahe forstwirtschaftliche Bodennutzung unter Berücksichtigung der Schutzziele der Verordnung« (Nr. 1), »die ordnungsgemäße Ausübung der Jagd« (Nr. 2), »die bei Inkrafttreten dieser Verordnung durch behördliche Einzelentscheidung rechtmäßig zugelassenen Nutzungen und ausgeübten Befugnisse« (Nr. 3) sowie »bestehende Anlagen und Betriebe einschließlich ihrer Unterhaltung« (Nr. 4). § 3 Nr. 4 NatSchVO bezieht sich auf ein im nordwestlichen Teil des Geländes von der Firma F betriebenes Autoschrottverarbeitungs- und Abschleppunternehmen. Nach § 4 NatSchVO kann von der zuständigen unteren Naturschutzbehörde auf Antrag Befreiung von den Verboten des § 2 NatSchVO erteilt werden.

E und G beantragen bei der zuständigen Behörde eine Befreiung von den Verboten des § 2 NatSchVO zum Zwecke der gewerblichen bzw. betrieblichen Nutzung der Steinbruchsohlen unter entsprechender Bebauung.

Ausweislich der dem Befreiungsantrag beigefügten Pläne will E eine Rindenkompostierungsanlage betreiben; G plant eine Betriebsstätte für den gemeindlichen Bauhof. Beide Vorhaben wären vor Inkrafttreten der Naturschutzverordnung bei Einhaltung der einschlägigen bau- und immissionsschutzrechtlichen Bestimmungen genehmigungsfähig gewesen. Die zuständige Behörde lehnt die beantragte Befreiung mit eingehender Begründung unter Hinweis auf die Naturschutzverordnung und deren Ziele ab; auch im Widerspruchsverfahren bleiben E und G erfolglos.

E und G errechnen eine erhebliche Wertminderung ihrer Grundstücke und ziehen deshalb gerichtlichen Rechtsschutz in Betracht. In der Naturschutzverordnung sehen E und G eine Enteignung ihres Grundeigentums, jedenfalls eine unzulässige Teilenteignung bzw. die Aushöhlung ihres Grundeigentums (»Enteignung auf kaltem Wege«). Zur Vorbereitung gerichtlicher Schritte bitten E und G um eine erschöpfende Untersuchung der Frage, ob die Naturschutzverordnung mit ihrem Eigentumsgrundrecht vereinbar ist.

Vermerk:

Auszug aus dem Naturschutzgesetz (NatSchG) des Landes L:

§ 21 Naturschutzgebiete. (1) Gebiete, in denen in besonderem Maße der Schutz der Natur und Landschaft in ihrer Gesamtheit oder in einzelnen Teilen
1. zur Erhaltung von Lebensgemeinschaften oder Lebensstätten bestimmter Tier- und Pflanzenarten oder
2. wegen der Vielfalt, Eigenart oder Schönheit ihrer naturhaften Ausstattung
erforderlich ist, können durch Rechtsverordnung zu Naturschutzgebieten erklärt werden.
(2) In der Rechtsverordnung sind der Schutzgegenstand, der wesentliche Schutzzweck und die dazu erforderlichen Verbote zu bestimmen. Sie kann auch Regelungen enthalten über notwendige Beschränkungen
1. der wirtschaftlichen Nutzung,
2. der Befugnis zum Betreten des Gebiets …

§ 47 Eigentumsbindung und Entschädigung. (1) Einschränkungen der Eigentümerbefugnisse, die sich unmittelbar aus diesem Gesetz oder durch Maßnahmen aufgrund dieses Gesetzes ergeben, sind im Rahmen der Sozialbindung des Eigentums (Art. 14 Abs. 2 S. 2 GG) entschädigungslos zu dulden.
(2) Soweit Maßnahmen aufgrund dieses Gesetzes enteignende Wirkung haben, ist eine angemessene Entschädigung zu leisten. Die §§ 7 bis 15 des Landesenteignungsgesetzes gelten entsprechend.
(3) An Stelle einer Entschädigung kann der Eigentümer die Übernahme des Grundstücks durch den Begünstigten verlangen, wenn es ihm mit Rücksicht auf die durch die Maßnahme eintretenden Nutzungsbeschränkungen nicht mehr zuzumuten ist, das Grundstück zu behalten.

Lösung

Die Naturschutzverordnung ist mit dem Eigentumsgrundrecht (Art. 14 Abs. 1 S. 1 GG) von E und G dann nicht vereinbar, wenn ein Eingriff in den Schutzbereich des Grundrechts vorliegt, E und G sich auf Art. 14 Abs. 1 S. 1 GG berufen können und wenn der Eingriff verfassungsrechtlich nicht gerechtfertigt ist.

A. Eingriff in den Schutzbereich des Art. 14 Abs. 1 S. 1 GG

I. Schutzbereich des Art. 14 Abs. 1 S. 1 GG

Zunächst müßte der *Schutzbereich* des Art. 14 Abs. 1 S. 1 GG eröffnet sein. Die Vorschrift bestimmt, daß das Eigentum gewährleistet wird. Schutzobjekt des Grundrechtstatbestandes ist demnach »Eigentum«; die verfassungsrechtliche Schutzgarantie hierfür besteht in einer »Gewährleistung«. Zum Träger des Eigentumsgrundrechts trifft der Verfassungstext keine ausdrückliche Aussage.

1. Sachlicher Schutzbereich

In sachlicher Hinsicht setzt die Eröffnung des Schutzbereichs von Art. 14 Abs. 1 S. 1 GG im vorliegenden Fall voraus, daß die begehrte Nutzung des Steinbruchgeländes für eine Rindenkompostierungsanlage bzw. als Betriebsgelände für einen Bauhof zu einer als »Eigentum« geschützten Position gehören. Fraglich ist, was unter »Eigentum« i. S. d. Art. 14 Abs. 1 S. 1 GG zu verstehen ist.

a) Schutzgut des Grundrechtstatbestandes

»Eigentum« als Schutzobjekt der verfassungsrechtlichen Eigentumsgarantie ist Art. 14 Abs. 1 S. 1 GG nicht gegenständlich i. S. eines in der Lebenswirklichkeit vorfindlichen Schutzguts vorgegeben. »Eigentum« i. S. d. Art. 14 Abs. 1 S. 1 GG ist vielmehr eine Schöpfung der Rechtsordnung; Art. 14 Abs. 1 S. 1 GG weist einen *normgeprägten Schutzbereich* auf[1]. Dies ergibt

---

1   *J. Ipsen* Staatsrecht II, Rn 697; *Pieroth/Schlink* Grundrechte, Rn 899 f; *Depenheuer* in: von Mangoldt/Klein/Starck, GG, Bd 1, Art 14 Rn 29.

sich nicht zuletzt aus Art. 14 Abs. 1 S. 2 GG, wonach der Inhalt des Eigentums durch die Gesetze bestimmt wird.

»Eigentum« im verfassungsrechtlichen Sinne ist demnach eine bestimmte rechtliche Zuordnung eines Rechtsguts an einen Rechtsträger, also ein rechtlich strukturiertes Zuordnungsverhältnis[2]. Zum Schutzbereich des Art. 14 Abs. 1 S. 1 GG zählt insbesondere das Eigentum nach Bürgerlichem Recht[3]. Erfaßt sind alle vermögenswerten Rechtspositionen, die das Bürgerliche Recht einem privaten Rechtsträger als Eigentum zuordnet[4]. § 903 S. 1 BGB definiert das dadurch konstituierte rechtliche Zuordnungsverhältnis als Befugnis, mit der Sache – im Rahmen des Gesetzes und unter Beachtung der Rechte Dritter – nach Belieben zu verfahren. Einbezogen ist dabei auch das *Grundeigentum*, um das es hier geht. Es ist dem Grundeigentümer zugeordnet und zählt zu den von Art. 14 Abs. 1 S. 1 GG geschützten Rechtspositionen[5].

b) Umfang der Gewährleistung

Ferner müßten die von E und G begehrten Nutzungen von der Eigentumsgarantie umfaßt sein. Geschützt ist durch Art. 14 Abs. 1 S. 1 GG zunächst der *Bestand* des Eigentums[6]. Dieser ist im vorliegenden Fall jedoch nicht in Streit; es geht nicht um die Innehabung des Grundeigentums durch E und G. Beide Grundeigentümer pochen vielmehr auf eine bestimmte Nutzung ihres Grundeigentums, die ihnen nun seitens der staatlichen Verwaltung vorenthalten wird. Fraglich ist, ob derartige *Nutzungsbefugnisse* vom Grundrechtstatbestand des Art. 14 Abs. 1 S. 1 GG erfaßt werden.

Der Umfang des Eigentumsschutzes bestimmt sich nach der Funktion der Eigentumsgarantie. Diese soll dem Grundrechtsträger einen Freiraum im vermögensrechtlichen Bereich erhalten und dem Einzelnen damit die Entfaltung und eigenverantwortliche Gestaltung seines Lebens ermöglichen[7]. Infolgedessen unterfallen dem Schutz der Eigentumsgarantie im Bereich des Privatrechts grundsätzlich alle *vermögenswerten Rechte*, die

---

2 BVerfGE 58, 300 (330); *Schoch* in: FS Boujong, 1996, 655 (659).
3 *Pieroth/Schlink* Grundrechte, Rn 901; *Wendt* in: Sachs, GG, Art 14 Rn 22 ff.
4 BVerfGE 70, 191 (199); 95, 64 (82).
5 *Schmidt-Aßmann* DVBl 1987, 216 (217); *von Heinegg/Haltern* JuS 1993, 121 (123); *Papier* in: Maunz/Dürig, GG, Art 14 Rn 56; *Wieland* in: Dreier, GG, Bd I, Art 14 Rn 31.
6 BVerfGE 58, 300 (323); 74, 264 (283); 79, 174 (198); 84, 382 (385); *Wendt* in: Sachs, GG, Art 14 Rn 41.
7 BVerfGE 68, 193 (222); 68, 361 (375); 69, 272 (300); 89, 1 (6); 97, 350 (371); BVerfG, NJW 1999, 414.

ihrem Inhaber von der Rechtsordnung in der Weise zugeordnet sind, daß er die damit verbundenen *Befugnisse* nach eigenverantwortlicher Entscheidung zu seinem *privaten Nutzen* ausüben darf[8]. Art. 14 Abs. 1 S. 1 GG enthält demzufolge nicht nur eine Bestandsgarantie, sondern schützt außerdem die Privatnützigkeit des Eigentums und die grundsätzliche Verfügungsbefugnis über den Eigentumsgegenstand[9].

Allerdings muß die Nutzung des Eigentumsobjekts Ausfluß der eigentumskräftig geschützten Rechtsposition sein; bloße Chancen und Verdienstmöglichkeiten werden durch Art. 14 Abs. 1 S. 1 GG nicht geschützt[10]. Bedürfte es erst einer öffentlichrechtlichen Erlaubnis, auf die ein Anspruch nicht besteht, könnte der Eigentumsschutz fraglich sein[11]. Dagegen ist der Schutzbereich des Art. 14 Abs. 1 S. 1 GG eröffnet, wenn das Eigentums*recht* seinem Inhaber eine bestimmte *Befugnis* verleiht[12]. Die Reichweite des Schutzes der Eigentumsgarantie bemißt sich danach, welche Befugnisse dem Eigentümer im Zeitpunkt der umstrittenen hoheitlichen Maßnahme zustehen[13]. Entscheidend ist, daß die konkrete Nutzungsmöglichkeit des Grundstücks vom Eigentumsschutz ursprünglich umfaßt gewesen ist[14].

Im vorliegenden Fall hätten E und G ihre Grundstücke vor Inkrafttreten des § 2 NatSchVO unter naturschutzrechtlichen Aspekten für den Betrieb einer Rindenkompostierungsanlage sowie als Betriebsstätte für den Bauhof nutzen können. Die Notwendigkeit vorheriger behördlicher Erlaubnisse in Form einseitiger staatlicher Gewährungen ist nach dem Sachverhalt nicht ersichtlich. Allenfalls waren eine Baugenehmigung bzw. eine immissionsschutzrechtliche Genehmigung erforderlich, auf die E und G im Rahmen der gesetzlichen Vorgaben[15] jedoch einen Anspruch hatten. Derartige staatliche Zulassungen für gesetzeskonforme Nutzungen lassen zudem nur die

---

8 BVerfGE 24, 367 (389); 83, 201 (208 f); 89, 1 (6).

9 BVerfGE 68, 361 (367); 72, 175 (193); 78, 58 (71); 83, 201 (208); 97, 350 (370).

10 BVerfGE 68, 193 (222 f); 74, 129 (148); 77, 84 (118); 78, 205 (211).

11 *Bryde* in: von Münch/Kunig, GG, Bd 1, Art 14 Rn 30; *Jarass* in: ders/Pieroth, GG, Art 14 Rn 10a; *Wendt* in: Sachs, GG, Art 14 Rn 36; *Wieland* in: Dreier, GG, Bd I, Art 14 Rn 56.

12 BVerfGE 79, 191 (199); 95, 64 (82 f).

13 BVerfGE 58, 300 (336, 352); 70, 191 (201); *Wendt* in: Sachs, GG, Art 14 Rn 44.

14 BVerfG, NJW 1998, 367 (368); *Wendt* in: Sachs, GG, Art 14 Rn 45.

15 Bezüglich Baugenehmigung: § 58 Abs 1 S 1 LBO BW; Art 72 Abs 1 S 1 BayBauO; § 62 Abs 1 S 1 BerlBauO; § 74 Abs 1 BbgBauO; § 74 Abs 1 BremBauO; § 69 Abs 1 S 1 HbgBauO; § 70 Abs 1 S 1 HessBauO; § 72 Abs 1 S 1 LBO MV; § 75 Abs 1 NdsBauO; § 75 Abs 1 S 1 LBO NW; § 70 Abs 1 S 1 LBO RP; § 77 Abs 1 S 1 SaarlBauO; § 70 Abs 1 S 1 SächsBauO; § 74 Abs 1 S 1 BauO LSA; § 78 Abs 1 S 1 LBO SH; § 70 Abs 1 S 1 ThürBauO. – Bezüglich immissionsschutzrechtlicher Genehmigung: § 6 BImSchG.

der grundrechtlichen Freiheit (Art. 14 Abs. 1 GG i. V. m. § 903 BGB) bis zur behördlichen Feststellung der Rechtmäßigkeit des Vorhabens gesetzte vorläufige Sperre entfallen, erweitern jedoch als solche nicht den Rechtskreis der privaten Nutzer[16]. Infolgedessen stellen die von E und G begehrten Grundstücksnutzungen nicht bloße Chancen dar, sondern sie sind unmittelbar mit dem Grundeigentum verknüpfte Nutzungsbefugnisse. Solche rechtlich gesicherten vermögenswerten Nutzungsbefugnisse sind, dem Gehalt eines Freiheitsgrundrechts entsprechend, von Art. 14 Abs. 1 S. 1 GG geschützt[17].

Der sachliche Schutzbereich der verfassungsrechtlichen Eigentumsgarantie ist somit im vorliegenden Fall eröffnet.

2. Personeller Schutzbereich

E und G müßten auch Träger des Eigentumsgrundrechts sein können. Die *Grundrechtsberechtigung* von E ist nicht zweifelhaft; Art. 14 Abs. 1 S. 1 GG gewährleistet die Eigentumsgarantie ohne personale Eingrenzung. Grundrechtsträger sind in bezug auf Art. 14 Abs. 1 S. 1 GG demnach alle natürlichen Personen[18]. Für E ist somit der personelle Schutzbereich des Eigentumsgrundrechts eröffnet.

a) Prinzipielle Grundrechtsfähigkeit juristischer Personen

Fraglich ist jedoch die Grundrechtsberechtigung der Gemeinde G. Gemeinden sind Gebietskörperschaften und infolgedessen ihrem Rechtsstatus nach juristische Personen des Öffentlichen Rechts[19]. Daher ist zweifelhaft, ob G Träger des Eigentumsgrundrechts sein kann. Die Grundrechtsfähigkeit juristischer Personen ist allerdings nicht von vornherein ausgeschlossen. Nach Art. 19 Abs. 3 GG gelten die Grundrechte auch für inländische juristische Personen, soweit sie ihrem Wesen nach auf diese anwendbar sind. Die danach bestehende Möglichkeit einer *Grundrechtsfähigkeit juristischer Personen* könnte indes auf solche des Privatrechts begrenzt sein. Indem nämlich Hoheitsträger gem. Art. 1 Abs. 3 GG als Grundrechtsadressaten an die Grundrechte gebunden sind, könnte es prinzipiell

---

16   BVerfGE 20, 150 (154); BVerfG, NJW 1998, 3264 (3265).
17   *Wendt* in: Sachs, GG, Art 14 Rn 45.
18   *J. Ipsen* Staatsrecht II, Rn 676; *Bryde* in: von Münch/Kunig, GG, Bd 1, Art 14 Rn 6; *Wieland* in: Dreier, GG, Bd I, Art 14 Rn 60.
19   BVerfGE 52, 95 (117 ff); *Schmidt-Aßmann* Besonderes Verwaltungsrecht, 11. Aufl 1999, 1. Abschn Rn 10; *Dreier* in: ders, GG, Bd II, Art 28 Rn 83.

ausgeschlossen sein, daß die Träger von Hoheitsgewalt gleichzeitig grundrechtsberechtigt sind[20].

Dieses aufgrund einer *systematischen* Verfassungsinterpretation gewonnene *Konfusionsargument* ist jedoch nicht zwingend. Es setzt eine mono-
lithische, einheitliche Staatsgewalt voraus, die es angesichts der Ausdifferen-
zierung der Hoheitsmacht und deren gewaltenteilender Zuordnung auf die
verschiedensten, rechtlich verselbständigten Hoheitsträger so nicht gibt[21].
Im übrigen kann ein bestimmter Rechtsträger in unterschiedlichen Rechtsbeziehungen durchaus unterschiedlich gebunden bzw. berechtigt sein[22]. So
sind etwa die öffentlichrechtlichen Rundfunkanstalten als Verwaltungsträger gegenüber den Bürgern an die Grundrechte gebunden; hinsichtlich
des Grundrechts der Rundfunkfreiheit (Art. 5 Abs. 1 S. 2 GG) ist ihnen hingegen zur Aufgabenwahrnehmung ein grundrechtlich geschützter Lebensbereich unmittelbar zugeordnet, so daß die Rundfunkanstalten insoweit
grundrechtsberechtigt sind[23]. Vergleichbares gilt für Universitäten und
Fakultäten in bezug auf die Wissenschaftsfreiheit (Art. 5 Abs. 3 S. 1 GG)[24].
Angesichts dieser differenzierten Verfassungsrechtslage kann nicht mit dem
undifferenzierten Konfusionsargument von vornherein ausgeschlossen
werden, daß Gemeinden, die im übrigen aus der Organisation der unmittelbaren Staatsgewalt ausgegliedert sind und als Element dezentralisier-
ter Demokratie über einen verfassungsrechtlichen Autonomiestatus verfügen[25], Inhaber bestimmter Grundrechte sein können.

b) Grundrechtsfähigkeit juristischer Personen des Öffentlichen Rechts
aa) Theorie der grundrechtstypischen Gefährdungslage

Für die grundsätzliche Anerkennung der Grundrechtsfähigkeit juristischer
Personen des Öffentlichen Rechts könnte der *Wortlaut* des Art. 19 Abs. 3
GG sprechen, da dieser die Grundrechtsberechtigung nicht ausdrücklich

---

20 BVerfGE 21, 362 (369 f); *Bethge* AöR 104 (1979) 54 (104 ff); *von Arnauld* DÖV
1998, 437 (449); *Schwabe* Grundkurs Staatsrecht, 109; *Katz* Staatsrecht, Rn 605;
Huber in: von Mangoldt/Klein/Starck, GG, Bd 1, Art 19 Rn 261.
21 *von Mutius* Jura 1983, 30 (39); *Pieroth/Schlink* Grundrechte, Rn 160; *Dreier* in:
ders, GG, Bd I, Art 19 III Rn 41.
22 *Krebs* in: von Münch/Kunig, GG, Bd 1, Art 19 Rn 41.
23 BVerfGE 14, 121 (130f); 31, 314 (322); 59, 231 (254); 74, 297 (317f); 78, 101
(102f).
24 BVerfGE 15, 256 (262); *Schwabe* Grundkurs Staatsrecht, 109; *Huber* in: von
Mangoldt/Klein/Starck, GG, Bd 1, Art 19 Rn 275.
25 *Dreier* in: ders, GG, Bd II, Art 28 Rn 79.

auf juristische Personen des Privatrechts beschränkt[26]. Angesichts eines offenen Verfassungswortlauts könnte es nach dem *Schutzzweck der Grundrechte* für die Auslegung des Art. 19 Abs. 3 GG entscheidend darauf ankommen, ob sich eine juristische Person einer den natürlichen Personen vergleichbaren Gefährdungslage gegenübersieht[27].

Danach wäre die Grundrechtsfähigkeit juristischer Personen – auch des Öffentlichen Rechts – immer dann zu bejahen, wenn sich die juristische Person in einer *grundrechtstypischen Gefährdungslage* gegenüber einem (übergeordneten) Hoheitsträger befindet[28]. Diese Konstellation kann möglicherweise auch im Verhältnis zwischen einer Gemeinde und dem Staat (Bund oder Land) bestehen. Dann kommt die Grundrechtsfähigkeit der Gemeinde in Betracht, und die Gemeinde könnte sich zum Schutz ihres Eigentums auf Art. 14 Abs. 1 S. 1 GG berufen[29].

bb) Sinngehalt des Grundrechtsschutzes

Es ist indes fraglich, ob der Wortlaut des Art. 19 Abs. 3 GG wirklich so offen ist, daß eine prinzipielle Unterscheidung zwischen juristischen Personen des Privatrechts und solchen des Öffentlichen Rechts von vornherein ausscheidet. Der *Verfassungstext* gibt für die Verfassungsinterpretation eine maßgebliche Direktive dadurch vor, daß entscheidend auf das »*Wesen*« der Grundrechte abzustellen ist[30]. Die danach in Bezug genommene *Kernfunktion* des Grundrechtsschutzes besteht im Schutz der menschlichen Freiheit gegenüber Eingriffen der öffentlichen Gewalt[31]. Grundrechte sind also in erster Linie individuelle Abwehrrechte (Menschenrechte, Bürgerrechte), die den Schutz konkreter, besonders gefährdeter Bereiche menschlicher Freiheit zum Gegenstand haben[32]. Demgemäß dienen Grundrechte ihrem Wesen nach dem Freiheitsschutz des Einzelnen; darüber hinaus sichern sie Voraussetzungen und Möglichkeiten für eine freie Mitwirkung und Mitgestaltung im Gemeinwesen[33].

26 *Mögele* NJW 1983, 805; *Frenz* VerwArch 85 (1994) 22 (31 f.); *Pieroth/Schlink* Grundrechte, Rn 160; *Dreier* in: ders, GG, Bd I, Art 19 III Rn 38.

27 *von Mutius* Jura 1983, 30 (40 f.); *Mögele* NJW 1983, 805; *Jarass* in: ders/Pieroth, GG, Art 19 Rn 12.

28 *Pieroth/Schlink* Grundrechte, Rn 162; *Dreier* in: ders, GG, Bd I, Art 19 III Rn 21 und Rn 38.

29 *Pieroth/Schlink* Grundrechte, Rn 163; *Wieland* in: Dreier, GG, Bd I, Art 14 Rn 62.

30 *Krebs* in: von Münch/Kunig, GG, Bd 1, Art 19 Rn 35 und Rn 37.

31 BVerfGE 61, 82 (101); *Maunz/Zippelius* Staatsrecht, 146.

32 BVerfGE 50, 290 (337); 75, 192 (195); BVerfG, NJW 1990, 1783 = JZ 1990, 335.

33 BVerfGE 21, 362 (369); 59, 231 (255); 61, 82 (100 f); 65, 1 (43); 68, 193 (205); BVerfG, NJW 1997, 1634.

Bei Beachtung dieses *wesentlichen Sinngehalts* der Grundrechte können juristische Personen dann als Grundrechtsträger erachtet und in den Schutzbereich bestimmter materieller Grundrechte einbezogen werden, wenn deren Bildung und Betätigung Ausdruck der freien Entfaltung der privaten natürlichen Personen ist[34]. In einer solchen Konstellation läßt es der »Durchgriff« auf die hinter der Organisation stehenden Menschen als sinnvoll und erforderlich erscheinen, die Grundrechtsfähigkeit der juristischen Person selbst anzuerkennen[35].

Diese Voraussetzungen sind bei juristischen Personen des Privatrechts in der Regel erfüllt[36]. Demgegenüber handeln juristische Personen des Öffentlichen Rechts, die üblicherweise öffentliche Aufgaben wahrnehmen, nicht in Ausübung grundrechtlicher Freiheiten, sondern in Wahrnehmung öffentlichrechtlicher Kompetenzen, die vom positiven Recht zugeordnet, inhaltlich bemessen und begrenzt sind[37]. Nach ihrem wesentlichen Sinngehalt können die Grundrechte demnach rechtlich verselbständigte Verwaltungsträger grundsätzlich nicht berechtigen[38].

cc) Grundrechtlich geschützte Lebensbereiche juristischer Personen des Öffentlichen Rechts

Fraglich ist allenfalls, welche Ausnahmen von diesem Grundsatz bestehen und ob im vorliegenden Fall eine derartige Ausnahmekonstellation gegeben ist. Ihrem Wesen nach auch für juristische Personen des Öffentlichen Rechts Geltung beanspruchen können die *Verfahrensgrundrechte* (Art. 101 ff. GG). Sie enthalten primär objektive Verfahrensgarantien, die für jedes gerichtliche Verfahren gelten und damit jedem Beteiligten eines solchen Verfahrens zugute kommen[39]. Darum geht es hier jedoch nicht.

Im übrigen kennt das Grundgesetz einige durch bestimmte Grundrechte geschützte Lebensbereiche, die juristischen Personen des Öffentlichen Rechts

---

34 BVerfGE 75, 192 (195 f); BVerfG, NJW 1995, 582 (583); *Papier* in: Maunz/Dürig, GG, Art 14 Rn 205.
35 BVerfGE 61, 82 (101); BVerfG, NJW 1987, 2501 (2502); BVerfG, NJW 1990, 1783 = JZ 1990, 335; BVerfG, DVBl 1993, 1202 = NVwZ 1994, 262.
36 BVerfGE 68, 193 (206).
37 BVerfGE 39, 302 (312 f); 45, 63 (78); 61, 82 (101); 68, 193 (206); 75, 192 (196); BVerfG, NJW 1987, 2501 (2502); BVerfG, DVBl 1993, 1202 = NVwZ 1994, 262; BVerfG, NJW 1996, 1588; NJW 1997, 1634.
38 *J. Ipsen* Staatsrecht II, Rn 53; *Krebs* in: von Münch/Kunig, GG, Bd 1, Art 19 Rn 41 f.
39 BVerfGE 21, 362 (373); *Schwabe* Grundkurs Staatsrecht, 109; *Maunz/Zippelius* Staatsrecht, 147 f.

bezüglich der ihnen durch die Rechtsordnung übertragenen Aufgaben unmittelbar zugeordnet sind. Ist eine juristische Person des Öffentlichen Rechts dergestalt dem *grundrechtlich geschützten Lebensbereich* der Individuen zugeordnet (wie z. B. Universitäten im Hinblick auf die Forschungs- und Lehrfreiheit[40] oder Rundfunkanstalten bezüglich der Meinungsfreiheit[41]), handelt es sich um eigenständige, vom Staat unabhängige oder zumindest distanzierte Einrichtungen, die dem Einzelnen auch zur Verwirklichung seiner individuellen Grundrechte dienen[42]. Da es insoweit also auch um die Ausübung grundrechtlicher Freiheiten geht, kann die Grundrechtsberechtigung der betreffenden juristischen Person des Öffentlichen Rechts ausnahmsweise anerkannt werden[43].

c) Fehlender Grundrechtsschutz bei Gemeinden
aa) Gemeinden als Inhaber mittelbarer Staatsgewalt

Es ist zweifelhaft, ob eine vergleichbare Ausnahmekonstellation bei *Gemeinden* besteht. Dagegen spricht die systematische Verankerung der gemeindlichen Selbstverwaltung im Grundgesetz. Art. 28 Abs. 2 S. 1 GG belegt schon aufgrund seiner systematischen Stellung, daß verfassungsrechtlich nicht etwa eine gemeindliche Abwehrstellung zur Staatsorganisation konstituiert worden ist; die gemeindliche Selbstverwaltung ist vielmehr in den staatlichen Aufbau integriert und als sog. *mittelbare Staatsverwaltung* verfassungsrechtlich ausgeformt[44]. Gemeinden sind demnach nicht etwa gesellschaftliche Institutionen, sondern integrierte Teile der Staatsorganisation[45]. Damit jedoch können Gemeinden nicht als vom Staat unabhängige oder jedenfalls distanzierte Einrichtungen in einem grundrechtlichen Sinne angesehen werden[46].

Auch die Existenz der *Kommunalverfassungsbeschwerde* (Art. 93 Abs. 1 Nr. 4b GG, § 91 BVerfGG) bestätigt, daß Gemeinden trotz ihres Selbstverwaltungsrechts nicht etwa einem grundrechtsgeschützten Lebensbereich zugeordnet sind. Sollte Gemeinden das Recht zuzugestehen sein, ähnlich wie natürliche Personen gegen Beschränkungen ihrer Handlungsfreiheit in

---

40 Vgl o Nachw Fn 24.
41 Vgl o Nachw Fn 23.
42 BVerfGE 45, 63 (79); 61, 82 (103); 68, 193 (207).
43 BVerfGE 75, 192 (196 f).
44 BVerfGE 83, 37 (54); *Schwabe* Grundkurs Staatsrecht, 26; *Dreier* in: ders, GG, Bd II, Art 28 Rn 79.
45 *Krebs* in: von Münch/Kunig, GG, Bd 1, Art 19 Rn 42; *Papier* in: Maunz/Dürig, GG, Art 14 Rn 207.
46 BVerfGE 61, 82 (103).

dem durch Art. 28 Abs. 2 S. 1 GG garantierten Selbstverwaltungsbereich mit der Verfassungsbeschwerde nach Art. 2 Abs. 1 GG (unter Umständen auch nach Art. 12 Abs. 1 GG und Art. 14 Abs. 1 GG) vorgehen zu können, brauchte ihnen nicht ausdrücklich die Kommunalverfassungsbeschwerde zum Schutz ihres Selbstverwaltungsrechts verliehen zu werden[47].

bb) Keine Grundrechtsberechtigung von Gemeinden gem. Art. 14 Abs. 1 S. 1 GG

Ganz überwiegende Gründe sprechen somit dafür, der Gemeinde G die Berufung auf Art. 14 Abs. 1 S. 1 GG zu versagen. Gegenteiliges könnte allenfalls dann noch in Betracht gezogen werden, wenn sich Gemeinden außerhalb des Bereichs der unmittelbaren Wahrnehmung öffentlicher Aufgaben auf Art. 14 Abs. 1 S. 1 GG berufen könnten und die Nutzung des Grundeigentums durch G als Betriebsstätte zumindest teilweise den Bereichen fiskalischer bzw. erwerbswirtschaftlicher gemeindlicher Tätigkeit zuzuordnen wäre. Der Sachverhalt sagt nicht ausdrücklich, welche Funktionen der Bauhof von G im einzelnen wahrnehmen soll.

Darauf kommt es jedoch nicht an, wenn G auch außerhalb des Bereichs der unmittelbaren Wahrnehmung öffentlicher Aufgaben ein Grundrechtsschutz nicht zukommt. Dafür sprechen die gesetzlichen Bestimmungen des Gemeindewirtschaftsrechts. Diese belegen, daß die Nutzung von Gemeindevermögen und auch die erwerbswirtschaftliche Betätigung von Gemeinden nur im Zusammenhang mit der Wahrnehmung *öffentlicher Aufgaben* zulässig sind[48]. Dies zeigt, daß das Eigentum in der Hand einer Gemeinde nicht der Funktion dient, derentwegen es durch Art. 14 Abs. 1 S. 1 GG geschützt ist, nämlich dem Eigentümer als Grundlage *privater Initiative* und in eigenverantwortlichem *privatem Interesse* von Nutzen zu sein. Es fehlt also beim Eigentum der öffentlichen Hand an einer »grundrechtstypischen Gefährdungslage«, wenn die Funktion des Eigentumsgrundrechts bedacht wird. Als Grundrecht schützt Art. 14 Abs. 1 S. 1 GG nicht jegliches Privateigentum, sondern das Eigentum Privater[49]. Die öffentliche Hand genießt einen Eigentumsschutz allein nach Maßgabe des Gesetzesrechts.

---

47 BVerfGE 21, 362 (371).
48 Baden-Württemberg: §§ 91, 92, 102 GO; Bayern: Art 83 Abs 1 BV, Art 74, 75, 86 ff GO; Brandenburg: §§ 89, 90, 100 GO; Hessen: §§ 108, 109, 121 GO; Mecklenburg-Vorpommern: §§ 56, 57, 68 KV; Niedersachsen: §§ 96, 97, 108 GO; Nordrhein-Westfalen: §§ 89, 90, 107 GO; Rheinland-Pfalz: §§ 78, 79, 85 GO; Saarland: §§ 96, 97, 108 KSVG; Sachsen: §§ 89, 90, 97 GO; Sachsen-Anhalt: §§ 104, 105, 116 GO; Schleswig-Holstein: §§ 89, 90, 101 GO; Thüringen: 66, 67, 71 KO.
49 BVerfGE 61, 82 (108 f).

> **Zwischenergebnis:** Gemeinden können somit nicht Träger des Eigentumsgrundrechts gem. Art. 14 Abs. 1 S. 1 GG sein[50]. Unabhängig von den konkreten Nutzungsabsichten ist G nicht grundrechtsberechtigt. Da der personelle Schutzbereich des Art. 14 Abs. 1 S. 1 GG für G nicht eröffnet ist, kann G in diesem Grundrecht auch nicht verletzt sein.

II. Beeinträchtigung der Eigentumsfreiheit

In seinem Eigentumsfreiheitsbereich könnte jedoch E verletzt sein. Dann müßte zunächst einmal ein *Eingriff* in das Eigentumsgrundrecht von E vorliegen. Die Feststellung eines Grundrechtseingriffs könnte bei Art. 14 Abs. 1 S. 1 GG deshalb problematisch sein, weil der Gesetzgeber eigentumsreglementierende Maßnahmen im Wege der Enteignung (Art. 14 Abs. 3 GG) sowie durch Inhalts- und Schrankenbestimmungen (Art. 14 Abs. 1 S. 2 GG) vornehmen kann und im letztgenannten Falle fraglich sein könnte, ob bei der Neuordnung eines Rechtsgebiets angesichts der Normgeprägtheit des Schutzbereichs von Art. 14 Abs. 1 S. 1 GG[51] überhaupt von einem »Grundrechtseingriff« gesprochen werden darf[52]. »Eigentum« i. S. d. Art. 14 Abs. 1 S. 1 GG ist ohne gesetzgeberisches Tätigwerden gar nicht denkbar[53]. Demzufolge müßten Änderungen des eigentumsrelevanten Rechts als Inhalts- und Schrankenbestimmung den Schutzbereich von »Eigentum« i. S. d. Art. 14 Abs. 1 S. 1 GG definieren und zugleich einen »Eingriff« in das Eigentum darstellen können[54].

1. Eigentumsbeeinträchtigung durch Rechtsänderung

Rechtsdogmatisch ausgeschlossen ist eine solche Betrachtungsweise nicht. Der Gewährleistungsgehalt des Art. 14 Abs. 1 S. 1 GG umfaßt nicht nur eine *Institutsgarantie*, sondern auch eine *Bestandsgarantie* des Eigentums[55]. Die

---

50 *J. Ipsen* Staatsrecht II, Rn 677; *Bryde* in: von Münch/Kunig, GG, Bd 1, Art 14 Rn 8; *Krebs* ebd, Art 19 Rn 42; *Papier* in: Maunz/Dürig, GG, Art 14 Rn 204; *Depenheuer* in: von Mangoldt/Klein/Starck, GG, Bd 1, Art 14 Rn 193 ff.
51 S o Nachw Fn 1 und Fn 2.
52 *Schoch* Jura 1989, 113 (115).
53 *Bryde* in: von Münch/Kunig, GG, Bd 1, Art 14 Rn 50.
54 *Pieroth/Schlink* Grundrechte, Rn 899.
55 BVerfGE 58, 300 (336, 339); *Hesse* Grundzüge des Verfassungsrechts, Rn 442; *Wendt* in: Sachs, GG, Art 14 Rn 9 f; *Wieland* in: Dreier, GG, Bd I, Art 14 Rn 21, 24; *Badura* in: HdbVerfR, § 10 Rn 32.

Bestandsgarantie manifestiert die personale Seite des Eigentumsgrundrechts, indem sie zur Sicherung der persönlichen Freiheit im vermögensrechtlichen Bereich[56] einen Bestand an konkreten vermögenswerten Rechten in der Hand des jeweiligen Eigentümers gewährleistet[57] und damit individualschützend wirkt[58]. Vom Bestandsschutz des Art. 14 Abs. 1 S. 1 GG umfaßt sind alle vermögenswerten Rechtspositionen, die der Normgeber nach Art. 14 Abs. 1 S. 2 GG zu einem bestimmten Zeitpunkt geschaffen hat, sowie die damit verbundenen Befugnisse des Eigentümers[59]. Tritt eine Rechtsänderung ein, kann sich das neue Recht durchaus als Eingriff in bestehende individuelle Rechtspositionen darstellen.

2. Eingriff in das Grundeigentum durch Nutzungsbeschränkung

Ausgehend von der Bestandsgarantie des Individualgrundrechts »Eigentum« liegt eine Beeinträchtigung des Eigentums vor, wenn durch eine hoheitliche Maßnahme eine vom Grundrechtstatbestand (Art. 14 Abs. 1 S. 1 GG) geschützte Eigentümerfreiheit von einem bestimmten Zeitpunkt an verkürzt wird[60]. Eine solche *Freiheitseinbuße* beim Grundrechtsträger kann durch Entzug einer eigentumskräftig geschützten vermögenswerten Position oder durch Beschränkung bestehender Nutzungs- bzw. Verfügungsbefugnisse erfolgen[61]. Derartige Beeinträchtigungen des Eigentums können rechtsdogmatisch als Eingriff in die Eigentumsgarantie gewertet werden. Dabei kommt es für die Ermittlung des Grundrechtseingriffs nicht darauf an, ob dieser in Form einer Enteignung oder einer Inhalts- und Schrankenbestimmung geschehen ist; diese Unterscheidung gewinnt erst im Rahmen der Grundrechtsschranken bei der Frage der Rechtfertigung des Eingriffs Bedeutung[62].

Im vorliegenden Fall werden E durch die Nutzungsverbote gem. § 2 NatSchVO bislang rechtlich zulässige und früher auch tatsächlich vorge-

---

56 S o Nachw Fn 7 und Fn 8.

57 *Badura* in: HdbVerfR, § 10 Rn 25; *Bryde* in: von Münch/Kunig, GG, Bd 1, Art 14 Rn 31; *Papier* in: Maunz/Dürig, GG, Art 14 Rn 8 f.

58 *Schoch* Jura 1989, 113 (117); *Katz* Staatsrecht, Rn 817.

59 BVerfGE 58, 300 (330, 336); 83, 201 (209); *Erbguth* JuS 1988, 699 (702); *Ossenbühl* JuS 1993, 201.

60 *von Heinegg/Haltern* JuS 1993, 121 (124); *Pieroth/Schlink* Grundrechte, Rn 920.

61 *Hösch* JA 1998, 727 (729); *Jarass* in: ders/Pieroth, GG, Art 14 Rn 20a.

62 *von Heinegg/Haltern* JuS 1993, 121 (123 f); *Jarass* in: ders/Pieroth, GG, Art 14 Rn 21.

nommene Nutzungen seines Grundstücks untersagt. Dabei handelt es sich um vermögenswerte Positionen, die vom Schutzbereich des Art. 14 Abs. 1 S. 1 GG umfaßt sind[63]. Infolgedessen stellt die aus Gründen des Natur- und Landschaftsschutzes erfolgende Beschränkung ursprünglich bestehender Eigentümerbefugnisse eine Eigentumsbeeinträchtigung dar[64]. Die Nutzungsverbote des § 2 NatSchVO sind somit als Eingriff in das Eigentumsgrundrecht von E zu qualifizieren.

B. Verfassungsrechtliche Rechtfertigung der Eigentumsbeeinträchtigung

Der Grundrechtseingriff ist gerechtfertigt, wenn er sich im Rahmen der für die Beeinträchtigung der Eigentumsfreiheit maßgeblichen *Schrankenregelung* hält. Art. 14 Abs. 1 S. 1 GG unterliegt zwei unterschiedlichen Grundrechtsschranken. Das Eigentumsgrundrecht kann durch Maßnahmen nach Art. 14 Abs. 1 S. 2 GG oder durch Akte gem. Art. 14 Abs. 3 GG begrenzt werden. Die verfassungsrechtlichen Anforderungen an die Rechtfertigung einer Eigentumsbeeinträchtigung hängen somit davon ab, ob es um eine Inhalts- und Schrankenbestimmung oder um eine Enteignung geht[65]. Im vorliegenden Fall ist fraglich, ob die Nutzungsverbote der Naturschutzverordnung administrative Konkretisierungen gesetzlicher Inhalts- und Schrankenbestimmungen sind oder Administrativenteignungen darstellen.

I. Maßgebliche Grundrechtsschranke
1. Abgrenzung zwischen Enteignung und Inhalts- und Schrankenbestimmung

Damit bedarf es der Abgrenzung zwischen hoheitlichen Maßnahmen, die als Enteignung i.S.d. Art. 14 Abs. 3 GG zu qualifizieren sind und solchen, die den Inhalts- und Schrankenbestimmungen i.S.d. Art. 14 Abs. 1 S. 2 GG zuzuordnen sind. Im Verhältnis der beiden Schrankenregelungen zueinander stellt die Enteignung einen *spezifischen* Eigentumszugriff dar[66]. Infolgedessen unterscheiden sich Enteignung einerseits sowie Inhalts- und Schrankenbestimmung andererseits kategorial und nicht nur graduell.

---

63 Vgl o A. I. 1. b).
64 BVerfG, NJW 1998, 367 (368).
65 *Ossenbühl* JuS 1993, 200 (201); *Jarass* in: ders/Pieroth, GG, Art 14 Rn 26.
66 *Ehlers* VVDStRL 51 (1992) 211 (235); *Schoch* FS Boujong (Fn 2) 660.

a) Untauglichkeit materieller Abgrenzungsversuche

Fragwürdig sind daher bereits im Ausgangspunkt materielle Abgrenzungs-versuche. Deshalb kann die Abgrenzung nicht nach einem »Schwerekriterium« danach vorgenommen werden, ob eine Eigentumsbeeinträchtigung eine gewisse Intensität überschreitet, so daß schwer beeinträchtigende Maßnahmen als Enteignung und nur unwesentlich beschwerende Maßnahmen als Inhalts- und Schrankenbestimmung des Eigentums sowie Ausdruck seiner Sozialpflichtigkeit zu qualifizieren wären[67]. Im übrigen ist diese Abgrenzungsformel gänzlich unbestimmt.

Unvereinbar mit der Normgeprägtheit des Eigentumsgrundrechts[68] ist die Bejahung einer – entschädigungspflichtigen – Enteignung, wenn eine schon ausgeübte oder im Hinblick auf die Situation des Grundstücks ver-nünftigerweise in Betracht zu ziehende Nutzungsmöglichkeit durch eine eigentumsrelevante Maßnahme ausgeschlossen wird[69]. Nach dieser Ab-grenzungsformel läge eine Inhalts- und Schrankenbestimmung nur vor, wenn ein vernünftiger, auch die Belange des Gemeinwohls nicht aus den Augen verlierender Eigentümer im Hinblick auf die durch die Lage und die Umweltverhältnisse geprägte Situation des Grundstücks von sich aus von der nun durch die eigentumsrelevante Maßnahme entzogenen Nutzung absehen würde[70]. Auch dieser Abgrenzungsversuch ist gänzlich unbe-stimmt; er operiert überdies rechtlich unvermittelt mit Realfaktoren und ist daher mit der Normativität des Eigentumsschutzes unvereinbar[71].

b) Formalisierter Enteignungsbegriff

»Enteignung« im verfassungsrechtlichen Sinne ist – ausgehend vom Wort-sinn dieses Verfassungsbegriffs (Art. 14 Abs. 3 GG) und der spezifischen Funktion dieser Form des Eigentumszugriffs – die durch Rechtsakt erfol-gende vollständige oder teilweise Entziehung konkreter subjektiver Rechts-positionen, die durch Art. 14 Abs. 1 S. 1 GG gewährleistet und geschützt

---

67 So *Schwabe* Jura 1994, 529 (532, 533); *Axer* DVBl 1999, 1533 (1540f).

68 Vgl Nachw o Fn 1 und Fn 2.

69 So aber *Burmeister/Röger* JuS 1994, 840 (846 Rn 57); *Schönfeld* NVwZ 1999, 380 (381 f).

70 So *Burmeister/Röger* Fn 69.

71 VGH BW, NVwZ-RR 1995, 191 f; BayVGH, BayVBl 1995, 242 (245); OVG NW, NVwZ-RR 1998, 229 (231); *Pietzcker* NVwZ 1991, 418 (421); *Osterloh* DVBl 1991, 906 (911); *Ehlers* VVDStRL 51 (1992) 211 (227); *Lege* JZ 1994, 431 (439); *de Witt* DVBl 1995, 107 (108); *Schlette* JuS 1996, 204 (206); *Schönfeld* BayVBl 1996, 673 (674 f).

werden, um bestimmte öffentliche Aufgaben zu erfüllen[72]. Nicht maßgeblich für das Vorliegen einer Enteignung ist, daß es sich um einen Güterbeschaffungsvorgang handelt. Entscheidend ist der Entzug des Eigentums und der dadurch bewirkte Rechts- und Vermögensverlust, nicht aber die Übertragung des entzogenen Objekts[73].

Demnach ist der verfassungsrechtliche *Enteignungsbegriff* durch die Form eines Rechtsakts und durch das Merkmal der Finalität gekennzeichnet[74]. Der Rechtsakt muß auf die Entziehung konkreter Rechtspositionen gerichtet sein, die durch Art. 14 Abs. 1 S. 1 GG geschützt sind[75]. Demgegenüber ist die Bestimmung von *Inhalt und Schranken* des Eigentums i. S. d. Art. 14 Abs. 1 S. 2 GG die generelle und abstrakte Festlegung von Rechten und Pflichten durch den Gesetzgeber hinsichtlich solcher Rechtsgüter, die als Eigentum i. S. d. Verfassung zu verstehen sind[76]. Dem stehen Verordnungen, die der Konkretisierung entsprechender gesetzlicher Anordnungen dienen, gleich[77].

Damit sind die unterschiedlichen Eigentumsbeeinträchtigungen handlungsbezogen und nicht etwa folgenorientiert voneinander abzugrenzen. Die Enteignung ist keine Steigerung der Inhalts- und Schrankenbestimmung[78]. Vielmehr legen Inhalts- und Schrankenbestimmungen Rechte und Pflichten des Eigentümers für die Zukunft fest, Enteignungsmaßnahmen zielen auf die Entziehung und damit Aufhebung bestimmter Rechtspositionen[79].

---

72   BVerfGE 70, 191 (199 f); 79, 174 (191); 83, 201 (211); BVerfGE 100, 226 (239 f); BVerwGE 84, 361 (366); BVerwG, NVwZ-RR 1998, 225 (227); BayVGH, BayVBl 1995, 242 (245); *Ossenbühl* JuS 1993, 200 (201); *Hösch* JA 1998, 727 (729); *Kube* Jura 1999, 465 (466 f).

73   BVerfGE 79, 174 (191); 83, 201 (211); *Rennert* VBlBW 1995, 41 (43); *Kube* Jura 1999, 465 (467); *Maurer* in: FS Dürig, 1990, 293 (303 f); *Wieland* in: Dreier, GG, Bd I, Art 14 Rn 69.

74   *Rennert* VBlBW 1995, 41 (43); *Kube* Jura 1999, 465 (470); *Maurer* FS Dürig (Fn 73) 304; *ders* Allgemeines Verwaltungsrecht, 12. Aufl 1999, § 26 Rn 49.

75   BVerfG, NJW 1998, 367.

76   BVerfGE 52, 1 (27); 58, 137 (144 f); 58, 300 (330); 72, 66 (76); BVerfG, NJW 1998, 367 und NVwZ 1998, 725 (726); BVerwGE 84, 361 (366 f); 94, 1 (4); BVerwG, NVwZ 1997, 887 (890) und NVwZ-RR 1998, 225 (227); BayVGH, BayVBl 1995, 242 (245); *Ossenbühl* JuS 1993, 200 (202); *Hösch* JA 1998, 727 (729).

77   BVerwGE 94, 1 (4 f); BVerwG, NVwZ-RR 1998, 225 (227); *Rennert* VBlBW 1995, 41 (43); *Wieland* in: Dreier, GG, Bd I, Art 14 Rn 78; *Jarass* in: ders/Pieroth, GG, Art 14 Rn 28 f.

78   BVerwG, NVwZ-RR 1998, 225 (227).

79   *Ehlers* VVDStRL 51 (1992) 211 (235); *Depenheuer* in: von Mangoldt/Klein/Starck, GG, Art 14 Rn 210.

2. Neuordnung eines Rechtsgebiets als Eigentumsinhaltsbestimmung

Fraglich ist, ob diese Abgrenzung nach dem formalisierten Enteignungsbegriff auch bei der *Neuordnung eines Rechtsgebiets* gilt. Die abstrakt-generelle Neuregelung eines Rechtsbereichs könnte für die *Zukunft* als neue Eigentumsinhaltsbestimmung zu qualifizieren sein, dieselbe Regelung könnte aber zugleich eine Enteignung bewirken, soweit sie in der *Vergangenheit* aufgrund des alten Rechts erworbene Eigentumsrechte entzieht oder entwertet[80]. Danach könnte die Umgestaltung einer Rechtsmaterie sowohl Inhalts- und Schrankenbestimmung als auch – mit Rücksicht auf die nach altem Recht erworbenen Rechtspositionen – Enteignung sein. Im vorliegenden Fall könnte dies bedeuten, daß die Naturschutzverordnung mit Blick in die Zukunft als neue Eigentumsinhaltsbestimmung wirkt, in bezug auf die dem Grundeigentümer E untersagten Nutzungsmöglichkeiten als Enteignung.

Die Annahme einer derartigen Doppelwirkung – Eigentumsneugestaltung und sog. Aufopferungsenteignung – widerspricht indes dem formalen, handlungsbezogenen Kriterium[81] zur Abgrenzung zwischen Enteignung und Inhalts- und Schrankenbestimmung[82]. Und in der Sache wäre jene Rechtsauffassung nur überzeugend, wenn der Normgeber bei der Neuordnung eines Rechtsgebiets vor der Alternative stünde, alte Rechtspositionen zu konservieren oder gegen Entschädigung zu entziehen. Das ist jedoch nicht der Fall. Art. 14 Abs. 1 S. 2 GG erlaubt der Gesetzgebung, Eigentumsrechten einen neuen Inhalt zu geben. Die Vorschrift ist aber nicht etwa eindimensional dergestalt ausgeformt, daß der Normgeber lediglich neue Rechte *einführen* dürfte; er darf vielmehr auch das Entstehen von Rechten, die nach bisherigem Recht möglich waren, für die Zukunft *ausschließen*[83]. Dem Normgeber ist es durch Art. 14 Abs. 1 S. 2 GG nicht verwehrt, in bestehende Rechtspositionen umgestaltend einzugreifen und die nach der alten Rechtslage bestehenden Rechte der Neuregelung auch dann anzugleichen, wenn dabei die bisher mit dem Recht verbundenen Befugnisse eingeschränkt werden[84]. Die Eigentumsgarantie gebietet nicht, eine einmal

---

80 BVerfGE 45, 297 (332); 52, 1 (28); 58, 300 (331 f.); *Papier* in: Maunz/Dürig, GG, Art 14 Rn 319 f; *Wendt* in: Sachs, GG, Art 14 Rn 150 a, 154.

81 S o Text vor Fn 78.

82 *Schoch* Jura 1989, 113 (121); *Bryde* in: von Münch/Kunig, GG, Bd 1, Art 14 Rn 57, 72 f.

83 BVerfGE 83, 201 (212); BVerwG, NVwZ 1997, 887 (890).

84 BVerfGE 70, 191 (201); BVerfG, NJW 1998, 367 (368).

ausgestaltete Rechtsposition für alle Zukunft nach Art. 14 Abs. 1 S. 2 GG unangetastet zu lassen[85].

Damit liegt auch dann eine Eigentumsbeeinträchtigung in Gestalt einer Inhalts- und Schrankenbestimmung gem. Art. 14 Abs. 1 S. 2 GG vor, wenn aufgrund alten Rechts erworbene Rechtspositionen durch Normgebung umgestaltet werden. Dennoch droht nicht, wie E meint, eine »Enteignung auf kaltem Wege«. Nicht vorentschieden ist nämlich die Frage, welchen inhaltlichen Voraussetzungen die verfassungsrechtliche Zulässigkeit eines derartigen Eingriffs durch gesetzliche bzw. verordnungsrechtliche Neuregelung unterliegt. Möglicherweise müssen im Rahmen des Art. 14 Abs. 1 S. 2 GG angemessene und zumutbare Überleitungsregelungen getroffen werden[86], so daß es bei der Neuordnung eines Rechtsgebiets letztlich nicht um ein Enteignungsproblem, sondern um ein allgemeines Übergangsproblem wie bei vielen anderen Neuregelungen gehen könnte[87]. Im übrigen könnte bei der Abschaffung oder massiven Beschränkung bestehender Rechte oder Befugnisse in Betracht zu ziehen sein, ob das Gewicht des in Art. 14 Abs. 3 GG – der nicht unmittelbar als Maßstab herangezogen werden darf[88] – zum Ausdruck kommenden Eigentumsschutzes bei der vorzunehmenden Abwägung zu beachten ist[89]. Derartige inhaltliche Anforderungen änderten allerdings nichts an der Qualifizierung der Neuordnung eines Sachbereichs als Inhalts- und Schrankenbestimmung.

3. Naturschutzverordnung als Inhalts- und Schrankenbestimmung des Grundeigentums

Danach sind abstrakt-generelle Regelungen, die das Eigentum neu gestalten, Inhalts- und Schrankenbestimmungen i. S. d. Art. 14 Abs. 1 S. 2 GG. Sie sind auch dann nicht – zugleich – als Enteignung zu qualifizieren, wenn sie sich für Alteigentümer im Effekt wie eine Enteignung auswirken[90]. Für die Qualifizierung als Enteignung fehlt es bei derartigen abstrakt-generellen Regelungen an der begriffsnotwendigen Finalität der Maßnahme[91]. Bei der

85 BVerfG, NVwZ 1998, 725 (726); OVG NW, NWVBl 1995, 333 (336).
86 BVerfGE 70, 191 (201); *Bryde* in: von Münch/Kunig, GG, Bd 1, Art 14 Rn 57; *Depenheuer* in: von Mangoldt/Klein/Starck, GG, Bd 1, Art 14 Rn 213.
87 *Maurer* FS Dürig (Fn 73) 308 f; *ders* AllgVerwR (Fn 74) § 26 Rn 52; *Osterloh* DVBl 1991, 906 (913); *Rennert* VBlBW 1995, 41 (45).
88 BVerfG, NJW 1998, 367 (368).
89 BVerfGE 83, 201 (212 f); BVerfG, NJW 1998, 367 (368); *Schönfeld* BayVBl 1996, 673 (680); *Ossenbühl* in: FS Friauf, 1996, 391 (396).
90 *Ossenbühl* JuS 1993, 200 (202 f).
91 Vgl Nachw o Fn 74 und Fn 75.

eigentumsrechtlichen Neuordnung einer Materie geht es der Normgebung – sei es durch Gesetz oder sei es durch Verordnung oder Satzung – nicht um den finalen Zugriff auf eigentumskräftig geschützte Positionen Einzelner[92]. Hauptzweck der Reform ist die Neuordnung des Rechtsgebiets durch abstrakt-generelle Eigentumsgestaltung für die Zukunft; der damit eventuell verbundene Wegfall alter Eigentumsrechte und -befugnisse stellt sich als Nebenfolge der Neuregelung dar[93].

a) Naturschutzverordnung als Neuregelung für die Zukunft

Es sind keine Bedenken ersichtlich, die gegen eine Anwendung dieser Grundsätze bei Naturschutzverordnungen sprechen könnten. Derartige Verordnungsregelungen zielen auf die Neuregelung eines bestimmten Rechtsbereichs für die Zukunft[94]. Ihrem objektiven Sinngehalt nach sind sie auf eine situationsbedingte Umgestaltung der Eigentumsordnung in einem bestimmten Bereich gerichtet, nicht jedoch auf die Durchbrechung der Eigentumsordnung im Wege der Enteignung[95]. Derartige abstrakt-generelle Regelungen bestimmen, wie weit die durch Art. 14 Abs. 1 S. 1 GG geschützten Rechtspositionen überhaupt reichen[96]. Infolgedessen stellen Nutzungsverbote und -beschränkungen aus Gründen des Naturschutzes keine Enteignung i.S.d. Art. 14 Abs. 3 GG, sondern Bestimmungen von Inhalt und Schranken i.S.d. Art. 14 Abs. 1 S. 2 GG dar[97]. Und da eine Inhalts- und Schrankenbestimmung nicht zugleich eine (Aufopferungs-)Enteignung sein kann[98], gilt dies auch insoweit, als im Zuge der Neuregelung in bestehende, durch die Eigentumsgarantie geschützte Rechtspositionen eingegriffen wird[99].

Ergänzend kommt hinzu, daß durch Nutzungsverbote und -beschränkungen aus Gründen des Naturschutzes kein Grundeigentum entzogen wird, so daß auch deshalb keine Enteignung bejaht werden kann[100]. Näher

---

92 *Burgi* NVwZ 1994, 527 (528).
93 *Ossenbühl* JuS 1993, 200 (203).
94 BVerfG, NJW 1998, 367 (368).
95 BVerwGE 94, 1 (5).
96 BVerfG, NJW 1998, 367.
97 BVerwGE 84, 361 (370); BVerwG, NVwZ 1997, 887 (890); BGHZ 121, 328 (332); BGHZ 123, 242 (244); BGHZ 126, 379 (381); BayVGH, BayVBl 1995, 242 (245); OVG NW, NWVBl 1995, 333 (336) und NVwZ-RR 1998, 229 (230); *de Witt* DVBl 1995, 107 f; *Rennert* VBlBW 1995, 41 (46); *Hösch* JA 1998, 571 (576).
98 *Wieland* in: Dreier, GG, Bd I, Art 14 Rn 76.
99 BVerwG, NVwZ 1998, 772 (773); BGH, DVBl 1996, 671 (673); VGH BW, NVwZ 1994, 1024 (1028); OVG NW, NVwZ-RR 1998, 229 (230).
100 BVerwG, NVwZ-RR 1998, 225 (228).

geregelt wird lediglich die Art und Weise der Grundstücksnutzung[101]. Dabei handelt es sich im verfassungsrechtlichen Sinne um Regelungen, die die Nutzung von Grundstücken aus Umweltgründen (Art. 20a GG) und als Ausdruck des sozialen Bezugs des Grundeigentums (Art. 14 Abs. 2 GG) situationsbedingt beschränken und deshalb Bestimmungen von Inhalt und Schranken des Eigentums gem. Art. 14 Abs. 1 S. 2 GG sind[102].

Danach wäre im Fall des E durch § 2 NatSchVO eine Inhalts- und Schrankenbestimmung i. S. d. Art. 14 Abs. 1 S. 2 GG getroffen worden. Das Grundeigentum wird E nicht entzogen. Ausgeschlossen werden mit Wirkung für die Zukunft zur Erfüllung der öffentlichen Aufgabe »Naturschutz« lediglich Nutzungsmöglichkeiten, die vor Inkrafttreten der Neuregelung (§ 2 NatSchVO) bestanden haben. Die Verfassungsmäßigkeit der Nutzungsverbote und -beschränkungen, denen E sich ausgesetzt sieht, ist demgemäß grundsätzlich nach den Anforderungen rechtlich zulässiger Inhalts- und Schrankenbestimmungen zu beurteilen.

b) Teilentzug von Eigentumspositionen

Fraglich könnte im vorliegenden Fall allenfalls noch sein, ob in bezug auf den Grundeigentümer E nicht deshalb eine Enteignung i. S. d. Art. 14 Abs. 3 GG anzunehmen ist, weil sich die ihn treffenden Nutzungsverbote und -beschränkungen als *teilweiser Entzug* seiner Eigentumsposition darstellen. Für die Bejahung eines Eigentumszugriffs in Gestalt der Enteignung ist nicht ein vollständiger Eigentumsentzug notwendig; auch die teilweise Entziehung konkreter subjektiver Rechtspositionen i. S. d. Art. 14 Abs. 1 S. 1 GG kann im verfassungsrechtlichen Sinn eine Enteignung sein[103]. Deshalb könnten die durch eine Naturschutzverordnung angeordneten Nutzungsverbote und -beschränkungen als *Teilentzug* konkreter Rechtspositionen und damit als *Enteignung* zu deuten sein[104]. Danach wäre der Entzug von Nutzungsrechten als Teilentzug der im Grundeigentum enthaltenen Nutzungsbefugnisse zu qualifizieren[105], und die rechtliche Beschneidung von Eigentümerbefugnissen müßte als Teilentziehung des Grundeigentums gewertet werden[106].

---

101 BVerwG, NJW 1996, 409.
102 VGH BW, NVwZ 1994, 1024 (1028); BayVGH, BayVBl 1995, 242 (245); OVG NW, NVwZ-RR 1998, 229 (230, 231).
103 BVerwG, NVwZ 1997, 887 (889); ferner Nachw o Fn 72.
104 *Schlette* JuS 1996, 204 (205); *Axer* DVBl 1999, 1533 (1539 f.).
105 *Götz* DVBl 1993, 1156; *Schwabe* Jura 1994, 529 (531 f.).
106 *Schwabe* in: FS Thieme, 1993, 251 (257); *Axer* DVBl 1999, 1533 (1540).

aa) Verselbständigte Rechtsposition als Gegenstand des Eigentumsentzugs

Es ist indes zweifelhaft, ob diese Auffassung mit der geltenden Eigentumsdogmatik und dem formalisierten Enteignungsbegriff vereinbar ist. Durch »Enteignung« (Art. 14 Abs. 3 GG) kann nur eine Position entzogen werden, die als »Eigentum« (Art. 14 Abs. 1 S. 1 GG) geschützt ist[107]. Infolgedessen besteht eine unauflösliche Verbindung zwischen dem Enteignungsbegriff und dem Eigentumgsbegriff[108]. Daher müßten Nutzungs*befugnisse* des Grundeigentums durch die Rechtsordnung als eigenständige vermögenswerte *Rechts*positionen ausgeformt und als Schutzgut dem Grundrechtstatbestand (Art. 14 Abs. 1 S. 1 GG) zugeordnet sein[109]. Denn eine Teilentziehung setzt rechtlich selbständige oder verselbständigungsfähige Teile der als Eigentum geschützten *Rechts*position voraus[110]. Ohne eine derartige Verselbständigung fehlt das Objekt, das Gegenstand der (Teil-)Entziehung sein kann. Bleibt das rechtlich strukturierte, individuelle Zuordnungsverhältnis, das das Eigentumsrecht konstituiert[111], unberührt, kann allenfalls eine Änderung von Verfügungs- bzw. Nutzungsbefugnissen und damit eine Inhalts(neu)bestimmung des Eigentums gegeben sein, nicht aber eine Enteignung[112]. Konstitutives Element der »Enteignung« im verfassungsrechtlichen Sinne ist also die (partielle) Auflösung des bislang bestehenden individuellen *Zuordnungsverhältnisses* zwischen dem Rechtsträger und dem eigentumskräftig gewährleisteten Schutzgut[113]. Dies trifft etwa bei der Dienstbarkeit des BGB-Sachenrechts oder der Baulast nach der Landesbauordnung zu[114]. Nutzungsverbote und -beschränkungen hingegen entziehen keine verselbständigten *Rechts*positionen, sondern verkürzen unselbständige, über § 903 BGB mit dem (Grund-)Eigentum verknüpfte Eigentümer*befugnisse* und stellen daher auch unter dem möglichen Aspekt einer Teil-

107 *Burgi* NVwZ 1994, 527 (530).
108 *Wieland* in: Dreier, GG, Bd I, Art 14 Rn 69.
109 Vgl o A. I. 1. a).
110 *Maurer* FS Dürig (Fn 73) 304; *ders* AllgVerwR (Fn 74) § 26 Rn 47; *Ehlers* VVDStRL 51 (1992) 211 (236 f); *von Heinegg/Haltern* JuS 1993, 121 (125); *Burgi* NVwZ 1994, 527 (530 f); *Schlette* Jura 1996, 428 (431); *Pieroth/Schlink* Grundrechte, Rn 923; *Wieland* in: Dreier, GG, Bd I, Art 14 Rn 71; *Ossenbühl* Staatshaftungsrecht, 5. Aufl 1998, 179 Fn 65.
111 Vgl Nachw o Fn 2.
112 *Ossenbühl* Staatshaftungsrecht (Fn 110) 179 Fn 65; *Depenheuer* in: von Mangoldt/Klein/Starck, GG, Bd 1, Art 14 Rn 214 f.
113 BVerwG, NVwZ 1997, 887 (889).
114 *Maurer* FS Dürig (Fn 73) 304.

entziehung lediglich Eigentumsinhaltsbestimmungen für die Zukunft dar[115].

Danach kann die in § 2 NatSchVO getroffene Regelung nicht als (Teil-) Enteignung qualifiziert werden. Geändert wird durch einen abstrakt-generellen normativen Akt die bislang zugelassene Nutzung des Grundeigentums durch E. Das bestehende individuelle Zuordnungsverhältnis zwischen Grundeigentümer E als Rechtsträger und dem Grundstück als Schutzobjekt des Eigentums wird nicht aufgelöst. Dies zeigt sich nicht zuletzt daran, daß E nach wie vor über Nutzungsmöglichkeiten an dem betreffenden Grund und Boden verfügt.

bb) Entleerung des Rechts als Eigentumsentzug

Bezieht sich somit der (teilweise) Eigentumsentzug i. S. d. Art. 14 Abs. 3 GG auf die formale *Rechtsinhaberschaft* und das rechtliche *Zuordnungsverhältnis*, nicht aber auf die materiellen Eigentümer*befugnisse*, könnte dennoch ausnahmsweise eine »Enteignung« anzunehmen sein, wenn alle Eigentümerbefugnisse beschnitten würden und das Eigentum dadurch entleert würde[116]. Dann bestünde das rechtliche Zuordnungsverhältnis zwar fort, die Nutzungs- und Verfügungsbefugnisse wären jedoch derart drastisch reduziert, daß nur noch eine leere Hülse des Eigentumsrechts existierte. Dem Eigentümer verbliebe kaum eine Privatnützigkeit seines Eigentums. Eine solche Totalentwertung, die E hier behauptet (»Enteignung auf kaltem Wege«), könnte dem Eigentumsentzug gleichzustellen sein.

Gegen eine derartige Gleichsetzung sprechen allerdings Gründe der dogmatischen Klarheit[117]. Der der Rechtssicherheit verpflichtete *formalisierte Enteignungsbegriff* widerstreitet einer Einbeziehung verbleibender tatsächlicher Verwendungsmöglichkeiten des Eigentumsobjekts und daraus zu erzielender wirtschaftlicher Renditen in die Abgrenzung zur Inhalts- und Schrankenbestimmung[118]. Dies spricht dafür, auch diejenigen Fälle, bei denen durch Eigentumsgestaltung eine sinnvolle wirtschaftliche Nutzung eines Grundstücks zukünftig entfällt, der Eigentumsbindung nach Art. 14 Abs. 1 S. 2 GG zuzuordnen, wobei aus Gründen der Verhältnismäßigkeit ein

---

115　*von Heinegg/Haltern* JuS 1993, 121 (125); *Rennert* VBlBW 1995, 41 (44); *Jarass* in: ders/Pieroth, GG, Art 14 Rn 56a.

116　*von Heinegg/Haltern* JuS 1993, 121 (125); *Burmeister/Röger* JuS 1994, 840 (845 f); *de Witt* DVBl 1995, 107 (108); *Schönfeld* BayVBl 1996, 673 (680); *Axer* DVBl 1999, 1533 (1540f); *Pieroth/Schlink* Grundrechte, Rn 923; *Maurer* AllgVerwR (Fn 74) § 26 Rn 48; *Ossenbühl* Staatshaftungsrecht (Fn 110) 179 Fn 65.

117　*Jarass* in: ders/Pieroth, GG, Art 14 Rn 56.

118　BVerwG, NVwZ 1997, 887 (890).

finanzieller Ausgleich gefordert sein kann[119]. Diese Kompensationsfrage betrifft indes nicht mehr die Abgrenzung zur Enteignung, sondern die Rechtmäßigkeit einer Inhalts- und Schrankenbestimmung.

Der prinzipielle Meinungsstreit um die verfassungsrechtliche Zuordnung einer »Totalentleerung« des Eigentumsrechts kann offen bleiben, wenn eine solche Konstellation hier entgegen der Auffassung von E nicht vorliegt. Durch Nutzungsverbote und -beschränkungen einer Naturschutzverordnung geht die *Privatnützigkeit* des Grundeigentums erst dann verloren, wenn dem Eigentümer auf Dauer keine rechtlich zulässige private Verwendungsmöglichkeit mehr verbleibt[120]. Das ist nicht der Fall, wenn dem Eigentümer noch gewisse – wenn auch eng begrenzte, so doch nicht völlig unbedeutende – *Nutzungsmöglichkeiten* zustehen wie z.B. die forstwirtschaftliche Bodennutzung oder die Ausübung der Jagd[121]. Derartige Nutzungsmöglichkeiten sind durch § 3 NatSchVO ausdrücklich vorgesehen. Auch eine verordnungsrechtliche Befreiungsmöglichkeit von den grundsätzlichen Verboten streitet dafür, daß das Grundstück weiterhin privat nutzbar sein kann[122]. Derartiges ist in § 4 NatSchVO vorgesehen. Weiterreichende Anforderungen an eine fortbestehende Privatnützigkeit des Grundeigentums bestehen nicht, zumal jede Ausweisung eines Naturschutzgebiets zu einschneidenden Nutzungsbeschränkungen führt, weil andernfalls der Zweck der Maßnahme – Schutz von Natur und Landschaft – gar nicht erreichbar wäre[123].

> **Zwischenergebnis:** Es bleibt somit dabei, daß § 2 NatSchVO keinen Enteignungsakt, sondern eine Inhalts- und Schrankenbestimmung des Grundeigentums i.S.d. Art. 14 Abs. 1 S. 2 GG darstellt.

II. Verfassungsmäßigkeit der Inhalts- und Schrankenbestimmung

Die verordnungsrechtlichen Bestimmungen müßten verfassungsmäßig sein. Das wäre der Fall, wenn sie sich im Rahmen der für das Eigentumsgrundrecht geltenden Schrankenregelung gem. Art. 14 Abs. 1 S. 2 GG hielten und damit verfassungsrechtlich gerechtfertigt wären. Allein die Qualifizierung

---

119 *Ehlers* VVDStRL 51 (1992) 211 (237 f); *Jarass* in: ders/Pieroth, GG, Art 14 Rn 56.
120 BGHZ 121, 328 (337); OVG NW, NVwZ-RR 1996, 129 (130 f).
121 BGH, DVBl 1995, 104 (106) = NJW 1994, 3283 (3285) – insoweit in BGHZ 126, 379 nicht abgedruckt.
122 BVerwGE 94, 1 (15).
123 BGHZ 121, 328 (340).

einer Regelung als Inhalts- und Schrankenbestimmung besagt noch nichts zu ihrer Verfassungsmäßigkeit [124]. Auch Inhalts- und Schrankenbestimmungen bedürfen einer eigenständigen *verfassungsrechtlichen Rechtfertigung*. Dabei ist zu beachten, daß selbst eine Norm, die für die Zukunft allen rechtlichen Anforderungen des Art. 14 GG entspricht, die Eigentumsgarantie – gemessen am bisherigen Bestand des Eigentumsrechts – durch Beeinträchtigung der in der Vergangenheit entstandenen Rechtspositionen verletzen kann [125].

Voraussetzung der Zulässigkeit eines Eingriffs in bestehende Rechtspositionen ist zunächst, daß die Neuregelung als solche – unabhängig von der Beeinträchtigung eigentumskräftig geschützter Rechtspositionen – verfassungsmäßig ist [126]. Zunächst dürfen also in formeller Hinsicht keine Bedenken bestehen [127]. Sodann muß der Normgeber mit seiner Regelung verfassungslegitime Ziele verfolgen, und die angeordneten Eigentumsbindungen müssen zur Zielverwirklichung geeignet, erforderlich und verhältnismäßig sein [128]. Bei untergesetzlichen Regelungen (Rechtsnormen im materiellen Sinn) muß überdies der gesetzliche Ermächtigungsrahmen eingehalten sein.

1. Formelle Rechtmäßigkeit der Verordnung

In formeller Hinsicht bestehen im vorliegenden Fall keine Bedenken. Nach dem Sachverhalt ist die Verordnung formell ordnungsgemäß erlassen worden. E ist durch die verordnungsrechtlichen Verbote und Beschränkungen also nicht etwa deshalb in seinem Eigentumsrecht verletzt, weil die Verordnung von einer unzuständigen Behörde oder in verfahrenswidriger Weise erlassen worden wäre.

2. Materielle Rechtmäßigkeit der Verordnung

Die Naturschutzverordnung dürfte auch in materieller Hinsicht nicht zu beanstanden sein. Das wäre der Fall, wenn sie auf einer wirksamen Rechtsgrundlage beruhte und den gesetzlichen Rahmen einhielte.

---

124 *von Heinegg/Haltern* JuS 1993, 121 (125).
125 BVerfGE 72, 9 (22).
126 BVerfGE 83, 201 (212); BVerfG, NJW 1998, 367 (368); *Papier* in: Maunz/Dürig, GG, Art 14 Rn 317.
127 *von Heinegg/Haltern* JuS 1993, 121 (125); *Bethge/Detterbeck* JuS 1994, 229 (230 f).
128 BVerfGE 72, 9 (23); 74, 203 (214 f); 75, 78 (97 f); 76, 220 (238 f); *von Heinegg/ Haltern* JuS 1993, 121 (125); *Bethge/Detterbeck* JuS 1994, 229 (231); *Hösch* JA 1998, 571 (576); *Jarass* in: ders/Pieroth, GG, Art 14 Rn 30 f; *Wendt* in: Sachs, GG, Art 14 Rn 70, 73.

a) Wirksamkeit der Verordnungsermächtigung

Als administrative Inhalts- und Schrankenbestimmung bedarf eine Naturschutzverordnung einer gesetzlichen Ermächtigungsgrundlage[129]. Diese besteht hier in § 21 NatSchG des Landes L. An der Verfassungsmäßigkeit dieser Gesetzesgrundlage für die von E angegriffene Verordnung bestehen keine Bedenken. Das Land hatte die Gesetzgebungskompetenz zum Erlaß des Gesetzes; das Naturschutzgesetz des Bundes[130] ist nur ein Rahmengesetz (Art. 75 Abs. 1 S. 1 Nr. 3 GG), das landesgesetzliche Regelungen zum Naturschutz zuläßt (§ 4 BNatSchG)[131]. Hinsichtlich der Durchführung eines ordnungsgemäßen Gesetzgebungsverfahrens bestehen keine Bedenken.

§ 21 NatSchG des Landes L entspricht auch den verfassungsrechtlichen Anforderungen an eine gesetzliche Verordnungsermächtigung[132]; insbesondere sind Inhalt, Zweck und Ausmaß der erteilten Ermächtigung in § 21 NatSchG hinreichend klar bestimmt. Inhaltlich ist § 21 NatSchG ebenfalls verfassungsgemäß. Die Vorschrift dient der Verwirklichung des Staatsziels Umwelt (Art. 20a GG), und in bezug auf Art. 14 Abs. 1 S. 1 GG ist die Bestimmung schon deshalb unbedenklich, weil Anforderungen aus dem Eigentumsgrundrecht bei der Verordnungsgebung im Rahmen des Verordnungsermessens Rechnung getragen werden kann.

b) Verfassungsgemäßes Gebrauchmachen von der Verordnungsermächtigung

Die Naturschutzverordnung selbst müßte, um die Eigentümerbefugnisse von E rechtswirksam zu beschränken, den gesetzlichen Ermächtigungsrahmen einhalten und auch im übrigen mit höherrangigem Recht in Einklang stehen. Zu beachten ist insbesondere das *Übermaßverbot*[133]. Im vorliegenden Fall bestehen nach dem Sachverhalt keine Zweifel daran, daß die Vorgaben gem. § 21 Abs. 2 NatSchG eingehalten sind. Nicht zweifelhaft ist ferner, daß die Unterschutzstellung des ehemaligen Steinbruchgeländes im

---

129 VGH BW, NVwZ 1994, 1024 (1026); BayVGH, BayVBl 1995, 242 (243); *Rennert* VBlBW 1995, 41 (46).
130 Sartorius I Nr 880.
131 *Kloepfer* Umweltrecht, 2. Aufl 1998, § 3 Rn 84 und § 11 Rn 3 und Rn 21.
132 Baden-Württemberg: Art 61 LV; Bayern: Art 55 Nr. 2 BV; Berlin: Art 64 VvB; Brandenburg: Art 80 LV; Bremen: Art 124 LV; Hamburg: Art 53 LV; Hessen: Art 107, 118 LV; Mecklenburg-Vorpommern: Art 57 LV; Niedersachsen: Art 43 LV; Nordrhein-Westfalen: Art 70 LV; Rheinland-Pfalz: Art 110 LV; Saarland: Art 104 LV; Sachsen: Art 75 LV; Sachsen-Anhalt: Art 79 LV; Schleswig-Holstein: Art 38 LV; Thüringen: Art 84 LV.
133 S o Nachw Fn 128.

Interesse des Naturhaushalts, insbesondere wegen der dort vorkommenden
Tier- und Pflanzenwelt, erfolgt ist (§ 21 Abs. 1 NatSchG).

Damit verfolgt die Naturschutzverordnung verfassungslegitime Ziele
(Art. 20 a GG). Die durch § 2 NatSchVO herbeigeführte Eigentumsbindung
ist zur Erreichung des angestrebten Ziels auch geeignet. Fraglich sind hingegen die Erforderlichkeit und die Verhältnismäßigkeit der getroffenen
Maßnahmen.

aa) Erforderlichkeit der Unterschutzstellung

Die Erforderlichkeit der Unterschutzstellung ist nicht nur aus Gründen des
Übermaßverbots notwendig, sondern auch in § 21 Abs. 1 NatSchG ausdrücklich gefordert. Diese Voraussetzung ist dann erfüllt, wenn die
Schutzwürdigkeit des konkreten Gebietes, das unter Naturschutz gestellt
werden soll, zu bejahen ist[134]. Dabei ist die Schutzbedürftigkeit eines
schutzwürdigen Geländes bereits anzunehmen, wenn eine abstrakte Gefahr
für die Schutzgüter des Naturschutzes besteht[135].

Das ist vorliegend der Fall. Die Schutzwürdigkeit des betroffenen Gebietes ist auf der Grundlage fachwissenschaftlicher Gutachten, an deren
Richtigkeit zu zweifeln der Sachverhalt keinen Anlaß bietet, festgestellt
worden. Auf dem Gelände befinden sich wertvolle und seltene Pflanzengesellschaften sowie vielfältige Biotope. Das ehemalige Steinbruchgelände
ist damit für den Naturhaushalt von hervorragender Bedeutung. Der Betrieb einer Rindenkompostierungsanlage, der im übrigen mit Kraftfahr-
zeugverkehr verbunden wäre, bedeutete eine ernsthafte Gefährdung der
Pflanzengesellschaften und Biotope. Das schutzwürdige Gelände ist demnach schutzbedürftig. Auch an der Erforderlichkeit des geschützten Ge-
bietsumfangs kann nach dem Sachverhalt nicht gezweifelt werden.

bb) Verhältnismäßigkeit der Eigentumsbindung

Die dem Grundeigentümer E auferlegte Eigentumsbindung dürfte schließlich nicht unverhältnismäßig sein. Eine übermäßige Belastung des Eigentümers wäre vermieden, wenn die Eigentumsbeeinträchtigung als für ihn
zumutbar qualifiziert werden könnte[136]. Das ist der Fall, wenn die mit der
Unterschutzstellung des ehemaligen Steinbruchgeländes verbundene Grundrechtsbeeinträchtigung ihrer Intensität nach in einem angemessenen Verhältnis zur Bedeutung des vom Verordnungsgeber verfolgten Zwecks steht.

---

134 BayVGH, BayVBl 1995, 242 (243 f.).
135 VGH BW, NVwZ 1994, 1024 (1027).
136 BVerfGE 58, 137 (148); 72, 9 (23); 74, 203 (214 f.).

(1) Direktiven einer angemessenen Eigentumsbindung

Der Gesetz- bzw. Verordnungsgeber muß bei Regelungen i.S.d. Art. 14 Abs. 1 S. 2 GG sowohl der grundgesetzlichen Anerkennung des *Privateigentums* durch Art. 14 Abs. 1 S. 1 GG als auch dem *Sozialgebot* des Art. 14 Abs. 2 GG Rechnung tragen[137]. Daher sind die konfligierenden Interessen in einen gerechten Ausgleich und ein ausgewogenes Verhältnis zu bringen; eine einseitige Bevorzugung oder Benachteiligung stünde mit der verfassungsrechtlichen Vorgabe eines sozialgebundenen Privateigentums nicht in Einklang[138]. Das Wohl der Allgemeinheit (Art. 14 Abs. 2 GG) ist Grund und Grenze für die dem Eigentum (Art. 14 Abs. 1 S. 1 GG) aufzuerlegenden Beschränkungen. Einschränkungen verfassungsrechtlicher Eigentumspositionen dürfen nicht weiter gehen, als der Schutzzweck selbst reicht, dem die Regelung dient[139].

Die Grenzen der Gestaltungsbefugnis des Gesetz- bzw. Verordnungsgebers hängen maßgeblich von dem betroffenen Sachbereich ab. Dabei bemißt sich die Reichweite des Schutzes der Eigentumsgarantie danach, welche Befugnisse einem Eigentümer zum Zeitpunkt der gesetzgeberischen Maßnahme konkret zustehen[140]. Ausgehend von der Funktion des betroffenen Eigentumsobjekts wiegt der Eigentumsschutz um so schwerer, je mehr der Eigentumsgegenstand der Sicherung der persönlichen Freiheit des Eigentümers dient[141]. Umgekehrt ist die Befugnis des Gesetz- bzw. Verordnungsgebers zur Inhalts- und Schrankenbestimmung um so weiter, je mehr das Eigentumsobjekt in einem sozialen Bezug und einer sozialen Funktion steht[142].

(2) Situationsgebundenheit des Grundeigentums

Die Konkretisierung dieser verfassungsrechtlichen Direktiven für eine angemessene und nicht übermäßig belastende Eigentumsbindung verlangt vom Verordnungsgeber eine *Abwägung* der unterschiedlichen, zum Teil

---

137 BVerfGE 52, 1 (29); 58, 300 (338); 64, 87 (101); 68, 361 (367 f); 70, 191 (200); 71, 230 (246); 87, 114 (138); 89, 237 (241); 95, 64 (84); BVerwGE 84, 361 (373f); BVerwG, NVwZ-RR 1998, 225 (227).
138 BVerfGE 37, 132 (140 f); 52, 1 (29); 58, 137 (146); 68, 361 (368); 72, 66 (77f); 79, 174 (198); OVG NW, NWVBl 1995, 333 (336).
139 BVerfGE 21, 73 (86); 50, 290 (341); 72, 66 (78); 79, 174 (198); 87, 114 (138 f); BVerfG, NJW 1999, 414; BVerfGE 100, 226 (241); BVerwGE 84, 361 (373).
140 BVerfGE 58, 300 (336); 70, 191 (201).
141 BVerfGE 50, 290 (340 f); 70, 191 (201); 95, 64 (84); BVerfGE 100, 226 (241).
142 BVerfGE 52, 1 (32); 53, 257 (292); 68, 361 (368); 79, 292 (302); 84, 382 (385); 95, 64 (84); BVerwGE 84, 361 (374); 94, 1 (4); BVerwG, NJW 1996, 2807 (2808).

gegenläufigen öffentlichen und privaten Belange[143]. Da hierbei insbesondere an den sozialen Bezug des Eigentumsobjekts anzuknüpfen ist, müssen Lage und Beschaffenheit des Grundeigentums sowie seine Einbettung in die Umwelt beachtet werden. Daraus ergibt sich, daß jedes Grundstück durch seine konkrete Situation geprägt wird. Diese *Situationsgebundenheit* kann den *Normgeber*, der gem. Art. 14 Abs. 1 S. 1 GG Inhalt und Schranken des Eigentums zu bestimmen und hierbei den privaten und sozialen Nutzen des Eigentumsgebrauchs in ein ausgewogenes Verhältnis zu bringen hat, zu einer entsprechenden Beschränkung der Eigentümerbefugnisse berechtigen[144]. Sind nämlich Eigenart und Funktion des Eigentumsobjekts von entscheidender Bedeutung für die Gestaltungsbefugnisse des Normgebers nach Art. 14 Abs. 1 S. 2 GG, spricht der starke soziale Bezug des Grundeigentums dafür, daß bei der Austarierung der konfligierenden Interessen naturschutzrechtliche Maßgaben grundsätzlich verfassungsmäßige Inhalts- und Schrankenbestimmungen sind, wenn sie der Situationsgebundenheit des Grundeigentums Ausdruck geben[145].

Im vorliegenden Fall könnte eine solche Art immanenter, d. h. dem Grundstück gleichsam selbst anhaftender Beschränkung der Eigentümerbefugnisse gegeben sein. Voraussetzung hierfür ist, daß die natürlichen Gegebenheiten des Grundstücks im Interesse der Allgemeinheit erhaltenswert sind; dann zeichnet eine naturschutzrechtliche Regelung diese Situationsgebundenheit im Grunde nur nach[146]. Das bedeutet nicht, daß den Realfaktoren normative Verbindlichkeit zukäme. Aber der Normgeber kann die Realfaktoren zum Anknüpfungspunkt seiner Rechtsentscheidung nehmen und entsprechend gewichten[147]. Ein solcher Fall ist hier gegeben. Der Verordnungsgeber hat an die vorgefundene besondere tatsächliche Situation des ehemaligen Steinbruchgeländes angeknüpft. Er hat durch § 2 NatSchVO im wesentlichen festgeschrieben, was der natürlichen Gegebenheit des Areals entspricht und im Interesse der Allgemeinheit erhaltenswert ist. Daher ist es rechtlich nicht zu beanstanden, wenn der Verordnungsgeber im Rahmen der Abwägung private Nutzungsinteressen zurückgestellt und

---

143 VGH BW, NVwZ 1994, 1024 (1028); BayVGH, BayVBl 1995, 242 (244).
144 BVerwGE 94, 1 (4); VGH BW, NVwZ-RR 1995, 191 f; BayVGH, BayVBl 1995, 242 (245); OVG NW, NWVBl 1995, 333 (336); *Pietzcker* NVwZ 1991, 418 (421).
145 BVerwGE 84, 361 (371); OVG NW, NVwZ-RR 1998, 229 (231).
146 BVerwGE 94, 1 (4); BayVGH, BayVBl 1995, 242 (245); OVG NW, NWVBl 1995, 242 (245).
147 *Ehlers* VVDStRL 51 (1992) 211 (227); *Lege* JZ 1994, 431 (439); *Schönfeld* BayVBl 1996, 673 (674 f); *Schoch* FS Boujong (Fn 2) 669.

im Hinblick auf die besondere Schutzwürdigkeit des Geländes den Belangen des Naturschutzes Vorrang eingeräumt hat.

(3) Beeinträchtigung von Altrechten
Damit stellt sich nur noch die Frage, ob die Naturschutzverordnung deshalb unverhältnismäßig ist, weil sie im Fall des E keine spezifischen Maßnahmen des *Verhältnismäßigkeitsausgleichs* vorsieht. Dies könnte aus verfassungsrechtlichen Gründen zur Wahrung der Zumutbarkeit notwendig sein, weil E nach der alten Rechtslage bei Beachtung der gesetzlichen Voraussetzungen nach dem Baurecht und dem Immissionsschutzrecht einen Anspruch auf Erteilung der Genehmigung für die Rindenkompostierungsanlage gehabt hätte.

Zur Wahrung der Verhältnismäßigkeit im Einzelfall kommen in der gem. Art. 14 Abs. 1 S. 2 GG getroffenen gesetzlichen bzw. verordnungsrechtlichen Regelung vorrangig Dispense und Übergangsregelungen, nachrangig auch Geldleistungen in Betracht[148]. Die Möglichkeit eines Dispenses, um Härtefällen Rechnung tragen zu können, ist in § 4 NatSchVO vorgesehen. Einen Bestandsschutz gewähren Nr. 3 und Nr. 4 des § 3 NatSchVO. Von diesen Privilegierungen wird E jedoch nicht erfaßt. Es fragt sich daher, ob zur Vermeidung einer unangemessenen Beschränkung der Eigentümerbefugnisse von E ein finanzieller oder sonstiger Ausgleich in der Verordnung vorgesehen sein müßte.

Ausgleichs- und Übergangsregelungen könnten aus Gründen der Verhältnismäßigkeit vor allem dann notwendig sein, wenn mit Wirkung für die Zukunft Eigentümerbefugnisse ausgeschlossen werden, die sich als Eingriff in bereits verwirklichte Nutzungen oder als Untersagung von Nutzungsmöglichkeiten darstellen, die sich nach Lage der Dinge objektiv anbieten oder sogar aufdrängen[149]. Eine derartige Konstellation liegt hier indes nicht vor. E hatte in dem Naturschutzgebiet mit Blick auf sein geplantes Vorhaben noch nichts ins Werk gesetzt; er hatte noch nicht einmal eine Genehmigung für die Rindenkompostierungsanlage. Die Verordnung entzog E also kein bereits ausgeübtes Recht und keine eingeräumte Befugnis. In einer solchen Lage darf es der Verordnungsgeber angesichts des hohen Ranges des Natur-

---

148 BVerfGE 100, 226 (245); BVerwGE 84, 361 (367); 94, 1 (7); BVerwG, NVwZ-RR 1998, 225 (227f); VGH BW, NVwZ 1994, 1024 (1028 f); OVG NW, NWVBl 1995, 333 (336 f); *Pieroth/Schlink* Grundrechte, Rn 934, 936; *Jarass* in: ders/Pieroth, GG, Art 14 Rn 32, 34 f.; *Wieland* in: Dreier, GG, Bd I, Art 14 Rn 122 ff.
149 BVerwGE 84, 361 (371); 94, 1 (11, 13 f); BVerwG, NJW 1996, 409; NVwZ-RR 1998, 225 (227); BGHZ 121, 328 (342); 123, 242 (254); BGH, DVBl 1996, 671 (674) = NVwZ 1996, 930 (932); OVG NW, NWVBl 1995, 333 (337).

und Landschaftsschutzes (Art. 20a GG) den Grundeigentümern zumuten, auf erst in Zukunft geplante Vorhaben zu verzichten[150]. Eine *Übergangsregelung* zugunsten des E mußte in der Naturschutzverordnung also nicht geschaffen werden. Aus denselben Gründen mußte auch eine *finanzielle Ausgleichspflicht* in der Verordnung nicht vorgesehen werden.

> **Ergebnis**: Die Naturschutzverordnung ist als verfassungsmäßige Inhalts- und Schrankenbestimmung mit dem Eigentumsgrundrecht von E vereinbar. E muß die Nutzungsverbote und -beschränkungen übergangs- und entschädigungslos hinnehmen.

Hinweise zur methodischen und sachlichen Vertiefung

1. Aufbau

Das von der Aufgabenstellung geforderte erschöpfende Rechtsgutachten zielt auf eine materiellrechtliche Fragestellung. Zu untersuchen ist die Vereinbarkeit der Naturschutzverordnung mit Art. 14 GG. Daraus ergeben sich die zwei großen Teile für den Aufbau des Rechtsgutachtens: Eingriff in den Schutzbereich, verfassungsrechtliche Rechtfertigung. Dabei kann – anstelle der selbstverständlich ebenfalls möglichen getrennten Vorgehensweise – eine gemeinsame Prüfung für E und G durchgeführt werden.

Bei der Frage nach der Eröffnung des *Schutzbereichs* ist zwischen der sachlichen und der personellen Seite zu unterscheiden. Beim *sachlichen* Schutzbereich nimmt der Lösungsvorschlag eine klare Trennung zwischen dem Schutzgut des Art. 14 Abs. 1 S. 1 GG (»Eigentum«) und dem Umfang der Grundrechtsgewährleistung (Bestand des Eigentums, Privatnützigkeit, Verfügungsbefugnis) vor. Damit wird auch aufbaumäßig eine Grundlage dafür gelegt, das später zu behandelnde schwierige Problem des Teilentzugs einer Eigentumsposition einer gut nachvollziehbaren Lösung zuzuführen. Beim *personellen* Schutzbereich wird die Problematik zu Art. 19 Abs. 3 GG in drei Schritten abgearbeitet: Der Frage nach der prinzipiellen Grundrechtsfähigkeit juristischer Personen folgt der Abschnitt zur Grundrechtsberechtigung juristischer Personen des Öffentlichen Rechts, um schließlich auf der so geschaffenen allgemeinen Basis die Frage nach dem Grundrechtsschutz von Gemeinden beantworten zu können. – Der *Eingriff* in den grundrechtlichen Schutzbereich schließt den ersten Teil der Prüfung ab.

150 BVerfG, NJW 1998, 367 (368).

Aufbaumäßig ist darauf zu achten, daß die Eigentumsbeeinträchtigung angesichts der Normgeprägtheit des Grundrechtstatbestandes präzise herausgearbeitet wird und daß andererseits nicht schon an dieser Stelle geprüft wird, ob es sich bei der Naturschutzverordnung um eine Enteignung oder um eine Inhalts- und Schrankenbestimmung handelt (vgl. auch *von Heinegg/ Haltern* JuS 1993, 121 [123 f.]).

Die Frage nach der verfassungsrechtlichen Rechtfertigung der Eigentumsbeeinträchtigung zerfällt in zwei große Prüfungsabschnitte. Zunächst muß geklärt werden, ob der Grundrechtseingriff rechtsdogmatisch als Enteignung oder als Inhalts- und Schrankenbestimmung zu qualifizieren ist. Die kategoriale Zuordnung entscheidet über die Anforderungen für die Verfassungsmäßigkeit des Eingriffs. Die sonach zunächst zu klärende Frage nach der maßgeblichen Grundrechtsschranke (Art. 14 Abs. 3 GG oder Art. 14 Abs. 1 S. 2, Abs. 2 GG) muß wegen der Komplexität der Problematik schrittweise beantwortet werden. Zuerst muß prinzipiell geklärt werden, wie die Enteignung (mit den strengen Voraussetzungen des Art. 14 Abs. 3 GG) von der Inhalts- und Schrankenbestimmung abzugrenzen ist. Nach dieser grundlegenden Vorentscheidung ist zu prüfen, wie die – gesetzliche oder verordnungsrechtliche – Neuordnung eines Rechtsgebiets grundrechtsdogmatisch zu qualifizieren ist. Anschließend läßt sich dann eine das Grundeigentum betreffende Naturschutzverordnung den verfassungsrechtlichen Kategorien zuordnen. Dabei muß, um die Sachprobleme erfassen zu können, die Neuregelung eines Sachbereichs für die Zukunft von dem möglichen Teilentzug von bestehenden Eigentumspositionen deutlich unterschieden werden.

Erst nach der rechtskategorialen Zuordnung des Eingriffs (im vorliegenden Lösungsvorschlag: zu Art. 14 Abs. 1 S. 2 GG) kann die Frage seiner *Verfassungsmäßigkeit* erörtert werden. Aufbaumäßig ist zu beachten, daß es um die Überprüfung der Rechtmäßigkeit einer Verordnung geht. Der Frage nach der *formellen* Rechtmäßigkeit folgt die Untersuchung der *materiellen* Rechtmäßigkeit. Dabei muß sich die Verordnung als untergesetzliche Rechtsnorm auf eine rechtswirksame gesetzliche Ermächtigungsgrundlage stützen können, von der rechtsfehlerfrei Gebrauch gemacht worden ist. Insoweit handelt es sich um einen geläufigen Prüfungsaufbau.

2. Inhalt

Fallbearbeitungen zu Art. 14 GG gelten allgemein als extrem schwierig (*von Heinegg/Haltern* JuS 1993, 121; *Burmeister/Röger* JuS 1994, 840 [841]), so daß die Vorschrift nicht von ungefähr als »die Eigernordwand in der

Grundrechtslandschaft« bezeichnet worden ist (*Schwabe* Jura 1994, 529 f.). Die hier ausgewählte Aufgabenstellung bestätigt diesen Befund, verlangt für eine angemessene Lösung des Falles also gute Kenntnisse zur Eigentumsdogmatik. Im thematischen Zuschnitt zielt der Fall auf aktuelle Fragestellungen zur Abgrenzung zwischen Enteignung sowie Inhalts- und Schrankenbestimmung am Beispiel einer das Grundeigentum betreffenden umweltrechtlichen Maßnahme. Dazu liegen etliche neuere obergerichtliche Entscheidungen vor, die in der Lösung berücksichtigt sind.

Ergänzend ist in die Sachverhaltsgestaltung die Grundrechtsfähigkeit juristischer Personen des Öffentlichen Rechts eingeflochten. Auch dieses Problem aus der allgemeinen Grundrechtsdogmatik verlangt überdurchschnittliche verfassungsrechtliche Kenntnisse, um einen ansprechenden Lösungsvorschlag entwickeln zu können.

a) Sachlicher Schutzbereich des Art. 14 Abs. 1 S. 1 GG

Der Grundrechtstatbestand des Art. 14 Abs. 1 S. 1 GG weist in sachlicher Hinsicht die Besonderheit auf, daß er *normgeprägt* ist. Der Gesetzgeber bestimmt nach Art. 14 Abs. 1 S. 2 GG den Inhalt des – dann allerdings: verfassungsrechtlich geschützten – Eigentums. Vor diesem Hintergrund ist in einem ersten Prüfungsschritt das konkrete Schutzobjekt zu bestimmen. Insoweit geht es im vorliegenden Fall um das privatrechtliche Grundeigentum, das unstreitig zu den durch Art. 14 Abs. 1 S. 1 GG geschützten Rechtspositionen gehört.

Von dieser *Rechts*position zu unterscheiden sind die mit dem Eigentum verbundenen *Befugnisse*, die letztlich den Umfang der Grundrechtsgewährleistung und damit den Eigentumsfreiheitsschutz manifestieren. Vorliegend geht es um bestimmte Grundstücksnutzungen, die vor Inkrafttreten der Naturschutzverordnung von der Rechtsordnung zugelassen waren, lediglich einer verwaltungsbehördlichen Unbedenklichkeitskontrolle unterlagen und damit sachlich von der Eigentumsgarantie geschützt sind.

b) Personeller Schutzbereich des Art. 14 Abs. 1 S. 1 GG

Soweit sich die Gemeinde G auf Art. 14 Abs. 1 S. 1 GG beruft, ist deren *Grundrechtsfähigkeit* (synonym: Grundrechtsberechtigung, Grundrechtsträgerschaft) problematisch. Ob auch juristische Personen des Öffentlichen Rechts Grundrechtsträger sein können, bestimmt sich gem. Art. 19 Abs. 3 GG nach dem »*Wesen*« des einschlägigen Grundrechts. Eine Grundrechtsfähigkeit kann Verwaltungsträgern, wie z. B. Art. 5 Abs. 1 S. 2 GG (Rundfunkanstalten) und Art. 5 Abs. 3 S. 1 GG (Universitäten) zeigen, nicht prinzipiell

abgesprochen werden. Worin das »Wesen« i.S.d. Art. 19 Abs. 3 GG zu er-
blicken ist, ist allerdings umstritten.

Die im Schrifttum vertretene Theorie der grundrechtstypischen Ge-
fährdungslage fragt letztlich danach, ob sich auch ein Privater (hier: als
Grundstückseigentümer) in der Lage des Verwaltungsträgers wiederfinden
könnte. Es geht gleichsam um die Austauschbarkeit des Grundrechtsträgers.
Danach könnte man die Grundrechtsfähigkeit der Gemeinde G bejahen.
Der Lösungsvorschlag folgt jedoch der h.M. (insbesondere der Rechtsprechung des BVerfG) und ermittelt den fundamentalen Sinngehalt des
Grundrechtsschutzes, der im Freiheitsschutz des Einzelnen liegt. Bei diesem
grundrechtsdogmatischen Ansatz kann Gemeinden eine Grundrechtsberechtigung nicht attestiert werden. Letztlich erweist sich mit Blick auf
Art. 14 Abs. 1 S. 1 GG, daß nicht einmal eine »grundrechtstypische Gefährdungslage« (in einem materiellen Sinne) bejaht werden kann, weil das
Eigentum einer Gemeinde nicht der Privatinitiative und dem vermögensrechtlichen Schutz im privaten Bereich dient.

c) Grundrechtseingriff
Angesichts der Normgeprägtheit des Grundrechtstatbestandes kann bei
der Neuordnung eines Rechtsgebiets durch Rechtssatz (Gesetz, Verordnung, Satzung) nicht ohne weiteres von einem »Eingriff« (im üblichen
Sinne) in den Schutzbereich des Eigentumsgrundrechts gesprochen werden. Die bei Art. 14 Abs. 1 S. 1 GG anerkannte Unterscheidung zwischen
»Institutsgarantie« und »Bestandsgarantie« bietet den entscheidenden
Ansatzpunkt für die präzise Bestimmung der als »Eingriff« zu qualifizie-
renden Eigentumsbeeinträchtigung: Die rechtssatzförmige Minderung der
in einem bestimmten Zeitpunkt bestehenden und von der Rechtsordnung
anerkannten Eigentümerbefugnisse stellt eine hoheitlich verfügte Freiheitseinbuße beim Grundrechtsträger dar, die – da den Bestand an vermögenswerten Rechten tangierend – als Grundrechtseingriff qualifiziert
werden kann.

In der Sache liegt dieser Eingriff – selbstverständlich – in demjenigen
Hoheitsakt, der die *Freiheitsverkürzung* bewirkt. Bei der untergesetzlichen
administrativen Rechtsetzung durch Naturschutzverordnung ist dies die
Verordnung. Unrichtig und gekünstelt ist die Annahme, die Ermächtigungsgrundlage für die Verordnung stelle den Eingriff dar, da es sich um »potentielle Beschränkungen« handele, die zu einer »Gefährdungslage für das
Grundrechtsgut« führten, also »latent« belasteten (so *Schlette* Jura 1996, 428
[430]).

d) Abgrenzung zwischen Enteignung sowie Inhalts- und Schrankenbestimmung

Eines der zentralen Probleme des Falles liegt in der Abgrenzung zwischen Enteignung sowie Inhalts- und Schrankenbestimmung. Der Lösungsvorschlag folgt dem formalisierten Enteignungsbegriff der h. M., so daß die finale Entziehung einer konkreten Rechtsposition gegeben sein muß, um zur Anwendung des Art. 14 Abs. 3 GG zu gelangen.

Das besondere Problem – der aktuellen Diskussion in der Praxis wie im vorliegenden Fall – liegt in der kategorialen Erfassung der abstrakt-generellen Neuregelung eines Sachbereichs, wenn dadurch zwar für die Zukunft (und damit für alle Neueigentümer) ein Rechtsgebiet in bestimmter Weise neu geordnet wird, die getroffene Regelung jedoch zugleich auf bestehende vermögenswerte Rechtspositionen einwirkt. Insoweit war die frühere Rechtsprechung des BVerfG von der Möglichkeit einer Doppelqualifizierung des Rechtsetzungsaktes (Eigentumsneugestaltung für die Zukunft, sog. Aufopferungsenteignung bezüglich bestehender Eigentumsrechte) ausgegangen. Diese Rechtsauffassung, die auch der Lösungsvorschlag ablehnt, wird vom BVerfG mittlerweile nicht mehr vertreten.

Auf der Grundlage der neuen Eigentumsdogmatik ist die Naturschutzverordnung als Inhalts- und Schrankenbestimmung für das Grundeigentum zu qualifizieren. Die für die Zukunft getroffene Neuregelung i. S. d. Art. 14 Abs. 1 S. 2 GG ist allerdings noch daraufhin zu überprüfen, ob sie nicht einen Teilentzug von Eigentumspositionen darstellt und daher doch noch dem Enteignungsbegriff zuzuordnen ist. Hier kommt die im Grundrechtstatbestand getroffene Unterscheidung zwischen dem Schutzgut »Eigentum« und den damit verbundenen (Nutzungs-)Befugnissen zum Tragen. Ist die Befugnis als solche keine (verselbständigte) Rechtsposition, läßt ihre naturschutzrechtliche Einschränkung das Zuordnungsverhältnis zwischen Rechtsträger und Schutzgut unberührt, so daß auch keine Teilentziehung einer Rechtsposition vorliegt.

e) Verfassungsmäßigkeit der Inhalts- und Schrankenbestimmung

Die Rechtsprechung des BVerfG zur Verfassungsmäßigkeit einer Inhalts- und Schrankenbestimmung operiert mit unterschiedlichen Formulierungen zum maßgeblichen normativen Maßstab. Die hier entwickelte Lösung wahrt den Zusammenhang mit den Kriterien des Übermaßverbots, muß zuvor jedoch beachten, daß es um die Überprüfung einer untergesetzlichen Rechtsnorm geht.

Auch im Rahmen des Art. 14 Abs. 1 GG muß der Grundrechtsträger nur solche Grundrechtsbeeinträchtigungen hinnehmen, die in jedweder Beziehung mit der Rechtsordnung in Einklang stehen[151] (vgl. *Bethge/Detterbeck*, JuS 1994, 229 [230 f.]). Folglich muß zunächst die formelle Rechtmäßigkeit der Verordnung festgestellt werden, und auch die Wirksamkeit der gesetzlichen Verordnungsermächtigung ist zu klären. Inhaltlich muß das Übermaßverbot beachtet werden. Die Elemente »verfassungslegitimes Ziel« und »Geeignetheit« begegnen hier keinen Bedenken. Einer gutachtlichen Prüfung bedürfen jedoch die *Erforderlichkeit* der Naturschutzverordnung und die *Verhältnismäßigkeit* der getroffenen Eigentumsbindung. Beide Anforderungen lassen sich nach der Sachverhaltsgestaltung bejahen. In bezug auf die Angemessenheit der naturschutzrechtlichen Regelung sollten zunächst die verfassungsrechtlichen Direktiven für die Eigentumsbindung herausgearbeitet werden, um anschließend – ausgehend von Art. 14 Abs. 2 GG – darlegen zu können, daß der Normgeber die sog. Situationsgebundenheit des Eigentums (als Realfaktor) zum Anlaß nehmen darf für die normative Ausformung einer spezifischen Eigentumsbindung. Am Ende ist dann noch zu sehen, daß der Verhältnismäßigkeitsgrundsatz bei der Beeinträchtigung sog. Altrechte mitunter Dispense und Übergangsregelungen sowie – nachrangig – finanzielle Ausgleichsleistungen des Staates verlangt. Im Ergebnis muß zugunsten des E jedoch weder eine Übergangsregelung noch ein finanzieller Ausgleich von Verfassungs wegen gefordert werden.

3. Rechtsprechungs- und Literaturhinweise
a) Ausgangsfall
Der Sachverhalt ist gebildet in Anlehnung an BGH, Urt. v. 7.7.1994 – III ZR 5/93 – BGHZ 126, 379 = DVBl 1995, 104 (m. Anm. *de Witt*) = DÖV 1995, 156 = NJW 1994, 3283 = JuS 1995, 545 (*Osterloh*); dazu Bespr. *Schlette* JuS 1996, 204.

b) Zum Eigentumsgrundrecht
Aus der Ausbildungsliteratur allgemein: *Schoch* Die Eigentumsgarantie des Art. 14 GG, Jura 1989, 113; *Rinne* Die eigentumsmäßig geschützte Rechtsposition in der neueren Rechtsprechung des Bundesgerichtshofs, JA 1993,

---

[151] Dieser Hinweis darf nicht mit der Frage verwechselt werden, wie weit die Kontrollmöglichkeiten des BVerfG im Falle einer Verfassungsbeschwerde gingen. Insoweit wäre das BVerfG auf die Überprüfung der Verletzung spezifischen Verfassungsrechts beschränkt.

193; *von Heinegg/Haltern* Keine Angst vor Art. 14 GG!, JuS 1993, 121 und 213; *Sproll* Staatshaftungsrecht – Verfassungsrechtliche Eigentumsgarantie und Enteignungsentschädigung, JuS 1995, 1080.

Speziell zur Enteignung (Art. 14 Abs. 3 GG): *Schmidt-Aßmann* Formen der Enteignung, JuS 1986, 833; *Eschenbach* Die Enteignung, Jura 1997, 519.

c) Zur Abgrenzung zwischen Enteignung sowie Inhalts- und Schrankenbestimmung

Zum Einstieg in die Problematik: *Osterloh* Die Abgrenzung zwischen Sozialbindung und Enteignung – Grundprobleme der Systematik des grundrechtlichen Eigentumsschutzes, JuS 1992, L 9; *Reuss* Eigentum – Eigentumsbeschränkung – Entschädigung, JuS 1998, L 89. – Weitere Beiträge aus der Ausbildungsliteratur: *Sproll* Staatshaftungsrecht – Inhaltsbestimmung nach Art. 14 I 2 GG und Aufopferungsentschädigung, JuS 1996, 125; *Eschenbach* Die ausgleichspflichtige Inhaltsbestimmung, Jura 1998, 401; *Hösch* Art. 14 GG: Inhaltsbestimmung oder Enteignung?, JA 1998, 727.

Aus der verfassungsgerichtlichen Rechtsprechung:

– BVerfGE 58, 300 = DVBl 1982, 340 = DÖV 1982, 543 = NJW 1982, 745 = *von Mutius* JK 82, GG Art. 14/13 = JA 1983, 219 (*Birk*) = JuS 1982, 852 (*H. Weber*) – Naßauskiesungsentscheidung; dazu Bespr. *Schwerdtfeger* JuS 1983, 104.
– BVerfGE 83, 201 = DVBl 1991, 376 = DÖV 1991, 377 = NJW 1991, 1807 = JZ 1991, 774 (m. Anm. *Schwabe*) = *Erichsen* JK 91, GG Art. 14 III/8 – Eigentumsgarantie und Vorkaufsrecht; dazu Bespr. *Ossenbühl* JuS 1993, 200.
– BVerfG, NJW 1998, 367 – Landschaftsschutzverordnung als Inhalts- und Schrankenbestimmung des Grundeigentums; dazu abl. Bespr. *Schönfeld* NVwZ 1999, 380, sowie krit. Bespr. *Kube* Jura 1999, 465.
– BVerfGE 100, 226 = DVBl 1999, 1498 = DÖV 1999, 870 = NJW 1999, 2877 = JZ 1999, 895 (m. Anm. *Ossenbühl*). – unverhältnismäßige Beeinträchtigung des Eigentums durch Denkmalschutzgesetz.

Aus der verwaltungsgerichtlichen Rechtsprechung (am Beispiel von Naturschutzverordnungen):

– BVerwGE 84, 361 = DVBl 1990, 585 = DÖV 1991, 24 = NJW 1990, 2572 = JZ 1991, 86 (m. Anm. *Ossenbühl*) = *Erichsen* JK 91, GG Art. 14 III/7 – salvatorische Entschädigungsklausel als ausgleichspflichtige Inhaltsbestimmung; dazu Bespr. *Pietzcker* JuS 1991, 369.

- BVerwGE 94, 1 = DVBl 1993, 1141 (m. Anm. *Götz* S. 1355) = DÖV 1993, 1090 = NJW 1993, 2949 = JuS 1994, 532 (*Osterloh*) – Nutzungsein-schränkung des Grundeigentums und finanzielle Ausgleichspflicht.
- BVerwG, NVwZ-RR 1998, 225 – Festsetzung eines Naturschutzgebiets als Inhalts- und Schrankenbestimmung des Grundeigentums.

Aus der zivilgerichtlichen Rechtsprechung (unter Entschädigungsgesichts-punkten):

- BGHZ 121, 328 = DVBl 1993, 1085 = NJW 1993, 2095 – ausgleichs-pflichtige Inhaltsbestimmung; dazu Bespr. *Schwabe* Jura 1994, 529, sowie *Burmeister/Röger* JuS 1994, 840.
- BGHZ 123, 242 = DVBl 1993, 1092 = NJW 1993, 2605 = JA 1994, 547 (*Mecking*) – Beschränkung eines Sandabbaurechts.
- BGHZ 126, 379 (Ausgangsfall, s. o. Nachw. bei a) – salvatorische Ent-schädigungsklausel als ausgleichspflichtige Inhaltsbestimmung.
- BGH, DVBl 1996, 671 (m. Anm. *Schmaltz*) = NVwZ 1996, 930 = *Kunig* JK 97, GG Art. 14 III/8 – Entschädigungsanspruch bei Versagung einer Bimsabbaugenehmigung.

d) Zur Grundrechtsfähigkeit juristischer Personen

Zum Einstieg aus der Ausbildungsliteratur: *Berg* Gemeinden als Grund-rechtsträger?, JuS 1990, L 41; ferner *von Mutius* Grundrechtsfähigkeit, Jura 1983, 30; *Wirth* Die Grundrechtsberechtigung der Deutschen Post AG, JA 1998, 820.

e) Fallbearbeitungen (mit Schwerpunkt bei Art. 14 GG)

Bethge/Detterbeck Rembrandt als Pflichtexemplar, JuS 1994, 229 (Examens-klausur); *Schlette* Das umstrittene Wasserschutzgebiet, Jura 1996, 428 (Fall aus dem Examensklausurenkurs); *Remmert* Die Stellplatzpflicht, Jura 1997, 96 (Fall aus dem Examensklausurenkurs); *Hösch* Campingplatz im Land-schaftsschutzgebiet (schwierige Fortgeschrittenenklausur). – Speziell zu Art. 14 Abs. 3 GG sowie prozessual mit einer Verfassungsbeschwerde und unter Einbeziehung des Art. 19 Abs. 3 GG *Schenke* VBlBW 1991, 358 und 394 (Examensklausur).

Stichwortverzeichnis